Gisela

Das große Lexikon der Spiele

Die 1000 schönsten Spiele der Welt

Herausgegeben von Miloš Zapletal
(Originaltitel »Encyklopedie Her«, © Olympia Verlag, Prag)
Deutsche Bearbeitung: Gabriele Schopohl
unter Verwendung von Texten von
Ulla Leippe (Ratespiele)
Theodor Müller-Alfeld (Kartenspiele)
Axel Rex (Spielereien im Kinderlabor)
Farbfotos: Hannes Rosenberg

Lizenzausgabe für Eska-Verlag GmbH, Bielefeld
1. Auflage 1975 · 1.-25. Tausend
 · ISBN 3 517 00516 9
Satz: Rudolf Eimannsberger, München
Gesamtherstellung: Karl Wenschow GmbH, München

Inhaltsverzeichnis

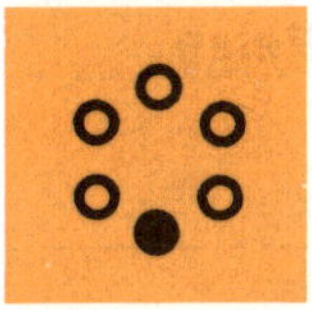

SPIELE IM FREIEN

SPIELE IM HAUS

Spielen

ist das Erfolgsgeheimnis harmonischer Familien, beliebter Gastgeber und glücklicher Kinder – und je mehr Freizeit der Mensch hat, desto mehr läßt er seinem Spieltrieb freien Lauf. »Das Buch der 1000 Spiele« ist also das richtige Buch zur richtigen Zeit.
Kinder lernen ihre Spielkameraden, Erwachsene ihre Mitmenschen »spielend« kennen. Das so wichtige »fair play«, eine Voraussetzung für jedes Spiel, wird trainiert, und man lernt, mit den Möglichkeiten anderer zu rechnen.
Für dieses Buch wurde der Spieleschatz aus aller Welt gesammelt, um dem Leser eine möglichst umfassende Anleitung für Spiele aller Art zu geben. Ausgangspunkt war dabei, daß die einfachsten Spiele meist die schönsten sind; denn es kommt beim Spiel nicht auf wertvolle Figuren und teure Geräte an, sondern auf gute Ideen – und an guten Ideen herrscht hier wahrlich kein Mangel.
Durchgehend farbig bebildert, werden mit leicht verständlichen Texten und Zeichnungen 1000 Spiele erklärt, die im Haus, im Garten und auf der Wiese, im Hof, auf dem Sportplatz, in der Halle und im Wasser gespielt werden können. Das größte Gewicht wurde allerdings auf solche Spiele gelegt, die im häuslichen Familien- und Freundeskreis zu spielen sind, weil unser Buch ein echtes Hausbuch sein soll, eine Fundgrube für die ganze Familie.

Und nun – viel Spaß beim Spiel. *Der Verlag*

Erklärung der Symbole

Wir haben jedem Spiel ein kleines Symbol vorangesetzt, das schematisch die Altersgruppe anzeigt, für die es in erster Linie in Betracht kommt. Selbstverständlich sind nach oben und unten (fast) keine Grenzen zu ziehen. Einfache Spiele können Erwachsenen ebensoviel Freude machen wie kompliziertere Spiele ganz ausgefuchsten kleinen Spielern. In unserem Schema haben wir vier Altersgruppen erfaßt:

◔ 5 bis 7 Jahre

◑ 7 bis 10 Jahre

◕ 10 bis 14 Jahre, Erwachsene

● 14 Jahre und darüber, Erwachsene

Ähnlich wie mit den Alterssymbolen verhält es sich mit denen für die Anzahl der Spielteilnehmer, die gleichfalls jedem Spiel voranstehen. Auch hier haben wir vier Gruppen erfaßt:

① ein Spieler

② zwei Spieler (in Einzelfällen auch ③ bzw. ④ Spieler usw.)

Ⓖ eine Gruppe von Spielern

Ⓜ Mannschaften

Es gibt dabei von uns als Gruppenspiele gekennzeichnete Spiele, die auch zu zweien oder allein vergnüglich sind, und Einzelspiele, die in Gesellschaft noch mehr Spaß machen. Das gilt besonders für die »Spielereien im Kinderlabor« und die »Faltspiele«. Wir mußten uns bei unseren Symbolen auf die wichtigsten Merkmale beschränken und freuen uns geradezu, dem oder den Findigen einige Variationsmöglichkeiten zur Entdeckung offen zu lassen.

Bei den mit Ⓜ gekennzeichneten Mannschaftsspielen handelt es sich zumeist um altbekannte Sportplatz- und Hallenspiele, bei denen die Anzahl der Spieler je Mannschaft streng festgelegt ist.

Die »Zutaten« zu jedem Spiel sind am Rand neben dem jeweiligen Spiel vermerkt. Falls dort nichts steht, braucht man auch nichts dazu – es sei denn Findigkeit, Ausdauer, Schnelligkeit, Kraft, Konzentration und Köpfchen!

Abzählreime

Bevor wir in einer Gruppe ein Lauf- oder Wettspiel beginnen, müssen wir uns erst einmal darüber einig werden, wer von uns den Anfang machen soll.
Sind wir nur zu zweit, können wir knobeln, Münzen werfen oder Streichhölzer ziehen. Bei einer ganzen Gruppe von Kindern ist es seit Jahrzehnten üblich, die Reihenfolge der Spieler durch sogenannte Abzählreime festzulegen.
Wir stehen in einem Kreis, und ein Spieler spricht den Vers, wobei er bei jedem Wort auf einen Mitspieler zeigt. Derjenige, den das letzte Wort trifft, scheidet entweder aus oder darf das Spiel beginnen, je nach dem Sinn der Verse, die dabei ausgesprochen werden.
Wir haben hier eine Sammlung alter, mündlich überlieferter Reime zusammengestellt, die heutzutage noch genauso lebendig sind wie vor fünfzig oder hundert Jahren.

1 O ho, Schneck!
Du mußt weg!

2 Ich und du, Bäckers Kuh,
Müllers Esel, der bist du.

3 Eins, zwei, drei,
In der Dechanei
Steht ein Teller auf dem Tisch,
Kommt die Katz' und frißt die Fisch';
Kommt der Jäger mit der Gabel,
Schlägt das Kätzchen auf den Schnabel.
Schreit die Katz' miau, miau,
Will's mein Lebtag nimmer tau!

4 Eins, zwei, drei,
Picke, packe, pei;
Picke, packe, Ohren bohren,
Morgen werden zwei Ohren geboren;
Eins lag auf dem Tisch,
Eins lag unterm Tisch,
Kam die Katze, fraß den Fisch.
Kam der lange Leineweber,
Schlug die Katze auf das Leder.
Schrie die Katze: miau, miau, miau!
Liebe junge Frau.
Wart, ich werd' es Muttern sagen,
Mutter soll mir Dreier geben,
Dreier will ich Bäcker geben,
Semmel will ich Muttern geben,
Mutter soll mir Suppe kochen;
Suppe will ich Katze geben,
Katze soll mir Mäuse fangen;
Mäuse will ich Fell abzieh'n,
Fell will ich Schuster geben;
Schuster soll mir Schuhe machen,
Schuhe will ich Braut geben;
Braut soll mir Ring geben,
Ring will ich Priester geben:
Priester soll uns trauen.

5 1, 2, 3!
Butter auf den Brei,
Salz auf den Speck,
Du mußt weg!

6 1, 2, 3,
Rische, rasche, rei,
Rische, rasche, Dudeltasche,
1, 2, 3!

7 1, 2, 3, 4,
Knecht holt Bier,
Herr trinkt aus,
Du bist raus.

8 1, 2, 3, 4,
Es saß ein Männchen an der Tür,
Hatt' ein Gläschen in der Hand,
Pink, pank, Zuckerland.

9 1, 2, 3, 4, 5, 6, 7,
Eine Bauersfrau kocht Rüben,
Eine Bauersfrau kocht Speck,
Ich oder du bist weg!

10 Ein Reiter ließ sein Pferd beschlagen,
Wieviel Nägel mußt' er haben?
1, 2, 3, 4, 5, 6, 7.
Butter, Schmalz, Käse, Rüben. Ab dran!

11 3, 6, 9;
Jung', schenk ein.
Herr, trink aus,
Ich oder du mußt 'naus!

12 1, 2, 3, 4, 5, 6, 7, 8, 9, 10, 11, 12, 13,
Gehe hin, hole Weizen,
Gehe hin, hole Korn,
Bleibe hinten oder vorn.

13 1, 2, 3, 4, 5, 6, 7, 8, 9,
10, 11, 12, 13, 14, 15,
16, 17, 18, 19, 20.
Wer geht mit nach Danzig,
Wer geht mit nach Wien
Und kauft sich ein Bund Kien.

14 Bim, bam, bum,
Das Zählen geht herum.
Schnecke, Schnecke, schnüre,
Männchen, komm und führe
Uns herein, heraus,
Du bist 'raus!

15 Eine, beine Nuß!
Wer nicht ausrennt, muß!

16 Eine beine Rätsel, wer backt Brezel?
Wer backt Kuchen? Der muß suchen.

17 Enige, denige, ticken, tacken;
Hähne knacken,
Vögel singen,
Glocken klingen,
Piff, paff, puff!
Peter, schlag druff!
Mit Eisen, Pulver, Schrot,
Schießen die Soldaten tot!

18 Ene, dene, Taffetband,
's ist nicht weit vom Engelland.
Engelland ist zugeschlossen;
's Schlüsselchen ist abgebrochen;
Bauer bind dein Hündlein an,
Daß es mich nicht beißen kann;
Beißt es mich, so straf' ich dich,
Hundert Taler kost' es dich!

19 Ene, dene, Ditzelchen,
Meine Mutter, die kocht
Schnitzelchen,
Da geh' ich dran und leck',
Da kommt sie mit dem Steck;
Da geh' ich zu dem Knecht,
Der hat gesagt, 's wär' recht;
Da geh' ich zu der Magd,
Die hat mich ausgelacht;
Da geh' ich zu der Maus,
Ich oder du bist 'naus!

20 Ene, dene, Tintenfaß,
Geh in die Schul' und lerne was;
Lerne nicht zuviel,
Denke auch ans Spiel.

21 Ene, dene, Tintenfaß,
Geh in die Schul' und lerne was!
Wenn du was gelernet hast,
Komm nach Haus und sag mir was;
Eins, zwei, drei.
Du bist am allerersten frei!

22 Dreimal eiserne Stangen,
Wer nicht läuft, wird gefangen!
Dreimal eiserne Spitzen,
Läufst du nicht,
werd' ich dich hetzen!
Dreimal über den Rhein,
Wer nicht läuft, ist mein!

23 Es geht ein Männchen über die Brück',
Hat ein Säckchen auf dem Rück',
Schlägt es wider den Pfosten.
Pfosten kracht,
Männchen lacht,
Dipp, dipp, dapp!
Du bist ab!

24 Es wollt' ein Schmied ein Rad beschlagen,
Wieviel Nägel mußt' er dazu haben?
Rate, rate du,
Mach die Augen zu!

Spiele im Freien

Im Garten und auf der Wiese

Ballspiele

Um Steinchen — 25

Tücher für die Spieler, kleine Glocke

Die Spieler verteilen sich rings um den Leiter in einem Kreis. Jeder ritzt auf seinem Platz mit der Ferse eine kleine Delle in den Boden. Der Leiter wirft dann von der Mitte den Ball zu. Wer den Ball nicht fängt, erhält ein kleines Steinchen. Wer zum Schluß am wenigsten Steinchen in der kleinen Grube hat, siegt.

Der Mittlere — 26

1 Ball

Zwei voneinander etwa 10 Meter entfernte Spieler spielen sich den Ball zu. Zwischen ihnen bewegt sich der dritte Spieler und versucht, den Ball abzufangen. Gelingt ihm das, vertauscht er seinen Platz mit dem, der den Ball zuletzt in der Hand gehabt hat.

Schützenspiel — 27

1 Tennisball

Wir losen einen Spieler aus, der Schütze wird. Er stellt sich, den Ball in der Hand, in die Mitte eines großen Kreises. Die übrigen Spieler legen je einen Stein so an den Kreisrand, daß einer vom anderen 5 Meter entfernt ist. Danach besetzt jeder seinen Stein. Sobald der Schütze den Ball in die Höhe wirft, ist das für alle Spieler am Kreisrand das Zeichen, ihren Stein sofort zu verlassen und einen anderen Stein zu besetzen. Der Schütze fängt den Ball auf und wirft ihn so, daß er einen trifft, der noch nicht auf dem Stein steht. Gelingt ihm das, vertauscht er mit ihm die Rolle, trifft er nicht, so muß er weiterwerfen.

Wer warf den Ball? — 28

Kleine Bälle

Die Mannschaft stellt sich in eine Reihe, und ein ausgeloster Spieler – der Frager – tritt einige Schritte vor, hat also sein Gesicht von der Mannschaft abgewandt. Die übrigen haben die Hände, die einen Ball halten, am Rücken. Der Leiter zeigt auf einen von ihnen, der dann den Ball über den Kopf des Fragers wirft. Dieser dreht sich im Augenblick, wo er den fliegenden Ball erblickt, blitzschnell um und versucht zu bestimmen, wer geworfen hat. Alle haben bereits die Hände wieder auf dem Rücken. Falls er den Richtigen bezeichnet, vertauscht er die Rolle mit dem, der geworfen hat, falls nicht, kehrt er den übrigen wieder den Rücken zu, und der Leiter zeigt auf einen anderen Spieler, der jetzt werfen soll.

Bockspiel Ⓖ 29

1 kleiner Ball, für jeden Spieler 1 Stab

Die Spieler verteilen sich in einem größeren Kreis, und bis auf einen graben sie sich im Boden ein Loch. Der übriggebliebene Spieler erhält den Ball. Er legt ihn in die Mitte des Kreises, und von dort treibt er ihn mit Schlägen des geraden Stabes zu den Löchern und versucht, ihn in eines zu stoßen.
Die übrigen stehen bei ihrer Grube und schützen diese dadurch, daß sie die Spitze ihrer Stäbe auf deren Grund stützen. Erst wenn ihnen die Gefahr droht, daß der Ball ins Loch fällt, ziehen sie den Stab heraus und bemühen sich, den Ball wegzustoßen. Der Angreifer, der nach einer alten Volkstradition den Spottnamen »Bock« hat, kann sich seiner Aufgabe dadurch entledigen, daß er die Spitze seines Stabs in jene Grube legt, die im Augenblick nicht vom Stab des Besitzers geschützt ist. Der Spieler, der auf diese Weise seine Grube verlor, oder der, in dessen Grube der Ball fiel, wird zum »Bock«.

Stein raustragen Ⓖ 30

1 Tennisball o.ä., 1 Steinchen

Wir zeichnen in die Mitte des Spielfeldes einen Kreis von 1 Meter Durchmesser. Der erste Spieler stellt sich in die Mitte des Kreises mit einem Tennisball und einem Kieselstein in der Hand. Der Spieler wirft den Ball so hoch er kann, läuft aus dem Kreis, legt das Steinchen auf den Boden, kehrt in den Kreis zurück und fängt den fallenden Ball auf.
Wenn ihm das gelingt, messen wir ab, in welcher Entfernung vom Kreisumfang das Steinchen gelegen hat. Fällt jedoch der Ball zu Boden, so scheidet der Spieler für die folgende Runde aus. Wer das Steinchen am weitesten weglegt und doch den Ball fängt, siegt.

Indianische Geschicklichkeitsprüfung Ⓖ 31

1 kleiner Ball

Man stellt sich auf ein Bein, wirft den Ball hoch und dann stößt man ihn mit dem Fuß in die Höhe. Wir zählen, wie oft der Ball mit dem Fuß in die Höhe gestoßen wurde, bevor er zum ersten Mal den Boden berührte. Die Spieler kämpfen gegeneinander.
Es handelt sich eigentlich um ein Spiel für Jungen; beim Indianerstamm Cheyenne übten jedoch hierbei merkwürdigerweise vor allem Mädchen ihre Geschicklichkeit.

Ballzweikampf ② 32

1 Ball

Die südamerikanischen Indianer pflegten dieses einfache Spiel vor allem aus Übungsgründen. Wenn sie dem fliegenden Ball auswichen, eigneten sie sich Geschicklichkeit an, die ihnen in Zukunft häufig das Leben retten konnte – sie verstanden es dann, den schnell fliegenden Pfeilen oder Lanzen auszuweichen. Zwei Spieler stehen einander in einer Entfernung von etwa 4 Metern gegenüber. Abwechselnd werfen sie einen leichten Ball aufeinander und versuchen, ihren Gegner zu treffen, der ausweicht, in die Höhe springt oder sich plötzlich zu Boden wirft. Wer zuerst 20 Treffer erzielt, siegt.

Ausrufen mit dem Ball ◕ Ⓖ 33

1 Ball, 10 Steinchen pro Spieler

Die Teilnehmer stellen sich rings um einen Spielleiter in einem Kreis auf. Jeder hat hinter seinem Platz ein kleines Loch in den Boden gegraben, in das er zehn Steinchen legte.
Der Leiter wirft in der Mitte des Kreises einen Ball in die Höhe und ruft dabei den Namen eines Spielers auf. Dieser muß blitzschnell vorspringen, um den Ball zu fangen. Wenn ihm das gelingt, wirft er einem seiner Mitspieler den Ball hinterher, denn diese haben sich bei der Nennung des Namens augenblicklich umgedreht und sind in alle Richtungen davongelaufen. Trifft der Ball einen Läufer, dann erhält der Werfende von dem Davonlaufenden ein Steinchen. Falls der Ball zu Boden fällt, darf der Aufgerufene nach niemandem zielen und übergibt dem Spielleiter seinerseits ein Steinchen.
Es wird eine vorher festgelegte Zeitdauer gespielt. Wer am Ende die meisten Steinchen hat, siegt.

Köpfeln ◕ ② 34

1 Tennisball

Köpfeln ist ein beliebtes Jungenspiel, für das man einen Rasenplatz von geringen Ausmaßen, einen Tennisball, gute Wahrnehmung und Geschicklichkeit benötigt.
Zwei Gegner kennzeichnen mit Fähnchen oder abgelegten Kleidern 2 Meter breite Tore, die 5 bis 7 Meter von einander entfernt sind. Dann wird im Tor abwechselnd der Ball aufgeworfen und mit dem Kopf auf des Gegners Tor gestoßen. Fliegt der Ball hinter die Torlinie, erzielt der köpfelnde Spieler einen Punkt. Es wird über eine festgesetzte Zeit oder auf eine bestimmte Punktezahl gespielt.
Manchmal fügt man noch eine Regel ein, wonach der Spieler, der des Gegners Köpfeln ebenfalls mit Köpfeln abwehrt, für sich einen Vorteil erringt und den Ball statt auf seiner Torlinie an der Mittellinie des Spielfeldes aufwerfen darf.

Spatz ◔ Ⓖ 35

1 Pflock, 1 Brett, 1 Ball

Eines der beliebten Volksspiele, die im vorigen Jahrhundert in ganz Böhmen verbreitet waren. In die Mitte des Spielfeldes wird ein stärkerer Pflock so eingeschlagen, daß etwa 25 Zentimeter aus der Erde hervorragen. Auf das obere Ende legen die Spieler ein kleines Brett, das Schäuflein. Das Schäuflein ist an einem Ende verbreitert. Auf das breite Ende wird ein Ball gelegt. Ein Spieler schlägt sodann mit dem Stock auf das schmale Ende des Schäufleins, und der Ball fliegt hoch in die Luft. Die übrigen um den Pflock verteilten Spieler versuchen den Ball zu fangen. Falls der Ball wieder zu Boden fällt, darf derselbe Spieler nochmals schlagen. Andernfalls übernimmt der den Stock, der den Ball gefangen hat.

Wächter ◐ Ⓖ 36

1 Tennisball

Jeder Spieler bohrt mit der Ferse in der Mitte des Spielfeldes eine kleine Grube. Alle Gruben sollen in einer Reihe und 25 Zentimeter voneinander entfernt sein. Dann wird ein Wächter ausgewählt, der sich ans Ende der Reihe stellt. Die übrigen Spieler gehen hinter den 4 Meter entfernten Strich, und von dort aus kugeln sie den Tennisball zu den Löchern. Fällt der Ball in irgendein Loch, begeben sich alle mit Ausnahme des Wächters und des Eigentümers des getroffenen Lochs schnell auf die Flucht. Der Eigentümer der Grube bleibt ruhig stehen, denn ihm droht keine Gefahr. Der Wächter springt schnell zum Ball und versucht, einen der Flüchtenden zu treffen. Da er sich vom Loch nicht entfernen darf, hängt der Erfolg vor allem von der Schnelligkeit ab, mit der er den Ball ergreift. Je langsamer er ist, desto weiter laufen die Spieler davon und desto schwieriger ist das Treffen. Falls der Wächter einen der Flüchtenden trifft, legt er einen Kieselstein in dessen Grube.
Wer am Ende der festgesetzten Zeit die meisten Steinchen in seiner Grube hat, hat verloren.

Schweinchenspiel ◐ Ⓖ 37

1 Ball,
1 m lange Stäbe

In einen festgestampften Boden gräbt man ein kleines Loch, in das man einen Ball hineinlegen kann. Dann verteilen sich mit Ausnahme eines Spielers alle in einem Kreis von fünf Metern Durchmesser rings um das Loch. Zwischen den einzelnen sollte genügend Abstand sein, der den Spielern freie Bewegung ermöglicht, mindestens fünfundsiebzig bis einhundert Zentimeter. Die Spieler graben sich am Kreisrand je eine kleine Grube aus, dann kehren sie in die Kreismitte zurück und legen die Spitze ihres ein Meter langen Stabes in das Loch. Oben an die Spitze des Stabes legen sie den Ball. Auf das Kommando des Schiedsrichters hin schleudern sie mit den Stäben den Ball in die Höhe und schlagen ihn irgendwohin. Dann laufen alle sofort zu den Gruben, die sie besetzen, indem sie die Spitze ihres Stabes hineinlegen. Für einen, nicht unbedingt den zuvor ausgelosten Spieler, bleibt jedoch keine Grube mehr übrig. Dieser läuft dann hinter dem Ball her und wird »Schweinehirt«. Er soll den Ball – »das Schweinchen« – in das Loch in der Kreismitte treiben oder sich seiner Rolle entledigen, indem er mit dem Stab eine freie Grube am Kreisrand besetzt. Alle übrigen spielen gegen den Schweinehirten. Sie verlassen ihre Löcher und bemühen sich, den Ball mit dem Stab von der Grube zu vertreiben. Der Schweinehirt darf im geeigneten Augenblick den Ball im Stich lassen und einen Angriff auf eine gerade freie Grube starten. Die übrigen Spieler stehen jedoch in Bereitschaft und versuchen, die bedrohte Grube zu decken, indem sie sie selbst besetzen. Besetzt der Schweinehirt eine Grube, ruft er: »Ich habe sie!« Das ist das Signal für die anderen, wieder eine Grube zu besetzen. Wer ohne Grube bleibt, übernimmt die Rolle des Schweinehirten. Das Spiel beginnt von neuem.

Gauchospiel ◕ Ⓖ 38

Rute, Strick, Pflock, Ball

Wir befestigen an einer stärkeren Rute einen langen Strick und erproben mit dieser Peitsche unsere Geschicklichkeit. Auf der Wiese wird ein Pfahl so eingeschlagen, daß er etwa einen Meter aus dem Boden ragt. Auf die Spitze des Pfahls legen wir einen kleinen Ball, streuen mit Sand rings um den Pfahl einen Kreis, dessen Radius etwas kürzer ist als die Länge der Peitsche. Dann nimmt der erste Gaucho die Peitsche und versucht, den Ball vom Pfahl herunterzuschlagen. Die ganze Mannschaft löst sich nacheinander ab.

Das Ergebnis kann auf zweierlei Art gewertet werden: Entweder zählen wir, wie viele Versuche der Gaucho benötigt, um den Ball abzuschlagen, oder wir messen mit der Stoppuhr, wieviel Sekunden vom Augenblick, da wir dem Gaucho die Peitsche übergeben, bis zu dem Augenblick verstreichen, in dem der Ball fällt. Das obere Ende des Pfahls sollte breit genug sein, damit der Ball bei einer leichten Erschütterung nicht herunterfällt, wenn die Peitsche nur den Pfahl trifft.

Ein ähnliches Spiel pflegten die mongolischen Hirten zu spielen. Wem es gelingt, den Ball abzuschlagen, der hat sofort das Recht, ein zweites Mal anzusetzen. Im Fall eines erfolglosen Versuchs muß er die Peitsche dem nächsten übergeben.

Numerierte Löcher ◕ Ⓖ 39

1 Tennisball

Wir graben im Sandboden mehrere kleine Löcher aus, die etwa dreiviertel Meter voneinander entfernt liegen. Dann teilen wir jedem Spieler durch Los eines der Löcher zu und numerieren sie, beim nächstliegenden beginnend.

Vor Beginn des Spieles markieren wir in einer Entfernung von 3 Metern vor dem ersten Loch einen Strich, von wo aus wir der Reihe nach mit dem Ball auf die Löcher zielen.

Rollt der Ball in eine Grube, erzielt der Spieler soviel Punkte, wie das betreffende Loch wert ist. Ein Treffer in die erste Grube bedeutet demnach einen Punkt, ein Treffer in die fünfte Grube 5 Punkte und so fort. Der Besitzer einer Grube kann das Spiel fortsetzen, wenn der Ball eines Mitspielers in seine Grube rollt. Falls der Ball sein Ziel verfehlt, kommt der Spieler mit der folgenden Zahl an die Reihe.

Das Spiel ist beendet, wenn jemand die vorher vereinbarte Punktezahl erreicht hat, zum Beispiel bei 50 oder 100 Punkten.

In die Grube treffen ◕ Ⓖ 40

1 kleiner Ball, Kieselsteine

Jeder der drei bis sieben Spieler dreht mit der Ferse in der Erde eine kleine Grube aus. Die Löcher sind fünfundzwanzig Zentimeter voneinander entfernt. Dann rollen die Spieler einen Ball von einem fünf Meter entfernten Strich zu den Löchern. Jeder ist bestrebt, daß der Ball in seiner eigenen Grube landet, weil er damit einen Kieselstein gewinnt. Das Spiel gewinnt, wer zuerst zehn Kieselsteine hat.

Völkerspiel ◐ Ⓖ 41

1 Tennisball

Dieses Spiel ist besonders unterhaltend und eine ausgezeichnete Sprinterübung. Die Spieler versammeln sich um ein kleines Loch, in dem ein Tennisball liegt. Jeder sucht für sich einen Ländernamen aus wie England, Japan. Dann ruft der Schiedsrichter: »Die Suppe kocht, das Fleisch ist im Teller, es wird genommen vom Engländer!« Der Spieler, der sich England ausgewählt hat, springt auf. Sobald er den Ball fest in der Hand hält, ruft er laut: »Stillgestanden!« Die übrigen Spieler, die inzwischen nach allen Richtungen auseinandergestoben sind, müssen augenblicklich stehenbleiben. Der Engländer wirft dann von der Grube aus den Ball nach irgendeinem Spieler. Derjenige, auf den der Ball zufliegt, darf sich nicht von der Stelle rühren; seine Füße müssen fest auf dem Boden stehen. Er darf sich jedoch bücken und so dem fliegenden Ball ausweichen. Falls ihn der Engländer trifft, belastet der Schiedsrichter den getroffenen Spieler mit einem Strafpunkt. Trifft er jedoch niemanden, erhält der Engländer einen Strafpunkt.
Dann wird der Ball zurückgelegt, und sämtliche Spieler versammeln sich wieder um das Loch. Der Schiedsrichter ruft ein anderes Land auf. Er notiert die Strafpunkte und merkt sich an, wie oft jeder einzelne aufgerufen wurde. Manchmal wird das Völkerspiel nach vereinbarter Zeit gespielt, und wer am Ende die wenigsten Strafpunkte hat, siegt.

Titoro ◐ Ⓖ 42

1 kleiner Ball

Diesem Spiel ließen wir den ursprünglichen afrikanischen Namen. Man könnte ihn dem Sinn nach als »Häuptling« übersetzen, doch zeigt uns die Erfahrung, daß ein fremdländischer Name manchmal eine große Faszination auf die Kinder ausübt.
Die Regeln des Spiels »Titoro« beschrieb Ch. Béart in der umfangreichen Sammlung »Jeux et jouets de l'Ouest Africain«. Der Häuptling – Titoro – nimmt eine Zitrone und wirft sie in die Höhe. Wer die Zitrone fängt, wirft mit ihr nach einem Spieler. Falls er ihn nicht trifft, ergreift ein anderer die Zitrone und versucht mit ihr, jemanden zu treffen. Das wird so lange wiederholt, bis ein erfolgreicher Wurf gelingt. Der Getroffene wird zum »Pferd«, und der, der ihn getroffen hat, zum Häuptling. Der Häuptling klettert dem Pferd auf den Rücken und wirft die Zitrone über den Kopf den Mitspielern zu. Diese fangen sie auf und spielen sie einander zu. Der Häuptling verbleibt so lange auf dem Pferd, bis die Zitrone auf den Boden fällt. Dann beginnt das Spiel von neuem.
Ersetzen Sie die Zitrone durch einen kleinen Ball und versuchen Sie dieses interessante Spiel auf dem Spielplatz oder auf der Wiese. Auf den ersten Blick scheint es, daß sich dieses Spiel nur für kleine Kinder eignet, aber wenn es gut geführt ist, wird es auch bei den älteren Erfolg haben. Die reiferen Jungen und Mädchen werfen und fangen den Ball besser; außerdem muß das Pferd den Häuptling häufig sehr lange tragen, bis sich jemand einen Fehler zuschulden kommen läßt.

Steinkreis Ⓖ 43

Größere flache Steine und gleich viele Stäbe, 1 kleiner Ball

Dieses Spiel ist in Irland sehr beliebt. Die Jungen verteilen größere flache Steine in einem Kreis, wobei die Zahl der Spieler die der Steine um einen übertrifft. Der ausgeloste Spieler stellt sich in die Mitte des Kreises, die übrigen nehmen ihre Plätze jeweils hinter dem Stein mit dem vorbereiteten Stab in der Hand ein. Der Spieler im Kreis wirft dann den Ball der Reihe nach auf jeden Stein, und die übrigen Spieler schützen ihre Steine mit dem Stab. Falls der Stein eines Spielers mit dem Ball getroffen wird, darf der Verteidiger den Stab nur noch in der linken Hand halten. Wird derselbe Stein zum zweiten Mal getroffen, scheidet der Verteidiger aus dem weiteren Spiel aus. Es wird so lange gespielt, bis nur noch ein einziger Verteidiger im Spiel geblieben ist.

Hasenspiel ② 44

1 kleiner Ball

Wir markieren einen Kreis von drei Metern Durchmesser. Der erste Spieler – der Hase – stellt sich in die Mitte, der zweite – der Jäger – an seinen Rand. In dem Augenblick, wo der Hase den Ball mindestens drei Meter hoch wirft und sich auf die Flucht begibt, stürzt der Jäger in den Kreis und versucht, den Ball zu fangen, bevor er zu Boden fällt. Gelingt ihm das, wirft er den Ball dem fliehenden Hasen nach. Falls er ihn trifft, erhält er einen Punkt. Falls er den Ball nicht fängt oder den Fliehenden nicht trifft, erzielt der Hase einen Punkt. Falls der Hase den Ball nicht hoch genug wirft, z.B. weniger als drei Meter, oder wenn der Ball außerhalb des Kreises zu Boden fällt, erhält der Jäger einen Punkt. Beide Spieler vertauschen dann die Rollen. Sieger ist, wer zuerst zwanzig Punkte erzielt.

Kampf beim Pfahl Ⓖ 45

1 Ball, 7–9 m großer Pfahl, 1 Strick

Indianer pflegten dieses Spiel bei einem 7 bis 9 m großen Pfahl zu spielen, an dessen Spitze ein Kuh- oder Pferdeschädel befestigt war und manchmal – ähnlich wie auf den Totemsäulen – ein aus Holz geschnittener Fisch oder Vogel. Die Spieler waren in zwei Mannschaften eingeteilt, kämpften um den Ball und versuchten, mit ihm das in einer Höhe von drei Metern befindliche Zeichen zu treffen. Für einen solchen Treffer erzielte die Mannschaft einen Punkt. Falls der Ball den Pfahl unter dem Zeichen berührte, war der Wurf ungültig. Falls jemand mit dem Ball den Kuhschädel auf der Spitze des Pfahles traf, erzielte seine Seite 5 Punkte. Wir binden um den Stamm eines Baumes einen Strick in der Höhe von 2 Metern, und 1 Meter höher kennzeichnen wir eine Zielscheibe. Wer in dieser Zone einen Treffer erzielt, erhält 5 Punkte. Dann teilt sich die Gruppe in 2 Mannschaften. Wir werfen den Ball zwischen beide und welche den Ball erwischt, fängt an. Beide Parteien werfen nacheinander auf den Stamm. Die Gegenpartei versucht dabei, den Ball zu erobern. Verboten sind nur schmerzhafte und gefährliche Schläge. Man kann das Spiel mit der Regel ergänzen, daß nach der Erbeutung des Balls erst der zweite Spieler den Ball auf den Stamm werfen darf. Wer ihn den Gegnern wegnimmt, darf nicht selbst auf den Stamm werfen.

Husarenspiel 46

Ball

Wir markieren auf dem Boden ein 5 x 5 m großes Quadrat. Durch Auslosung teilen sich acht Spieler in zwei Gruppen – vier Husaren und vier Reitpferde auf. – Die Pferde stellen sich in die Ecken des Quadrats, die Husaren setzen sich ihnen auf die Schultern und beginnen, sich am Quadratsumfang entlang den Ball zuzuspielen. Wenn einer der Husaren den Ball nicht fängt, werfen die Pferde die Husaren ab, ergreifen den Ball und versuchen, mit ihm einen der Husaren zu treffen. Falls ihnen das gelingt, vertauschen Pferde und Husaren die Rollen. Treffen sie jedoch nicht mit dem ersten Wurf, wird abermals mit unveränderten Rollen gespielt.
Wenn es den Husaren gelingt, sich den Ball ohne Fehler so lange zuzuspielen, daß er dreimal hintereinander das ganze Quadrat umflogen hat, müssen die Pferde zur Strafe um das ganze Quadrat herumtraben.

Hinaustragen des Balls aus dem Kreis 47

1 Ball,
Fähnchen,
1 Pfeife

Wir markieren auf der Wiese mit Fähnchen ein 50 x 50 Meter großes Quadrat. Am Schnittpunkt der Diagonalen kennzeichnen wir einen Kreis von 1 Meter Durchmesser. Vor Beginn des Kampfes legt der Schiedsrichter einen Ball in den Kreis. Eine Hälfte der dreißig Spieler besetzt das Quadrat, die andere verteilt sich entlang seiner Außenlinie.
Das Spiel wird angepfiffen. Die Angreifer dringen in das Quadrat ein. Sie sollen so schnell wie möglich zum Ball gelangen und ihn aus dem Quadrat hinaustragen, wobei sie ihn jedoch weder hinauswerfen noch -kicken dürfen.
Der Versuch soll nicht länger als 90 Sekunden dauern. Bemächtigt sich ein Angreifer des Balles, kann er ihn dem Mitspieler in die Hand geben. Zuspielen auf Entfernung ist nicht gestattet. Die Verteidiger dürfen sich dem mittleren Kreis auf nicht mehr als 3 Meter nähern. Es ist ihnen auch verboten, den Ball zu berühren, ihn in die Hand zu nehmen, den Gegnern zu entreißen oder wegzuschlagen. Sie sollen den Angreifern nur verwehren, zum Ball zu gelangen. Sollte das den Angreifern aber doch gelingen, versuchen die Verteidiger, sie aufzuhalten, indem sie sich ihnen in den Weg stellen und das Übergeben des Balls zu verhindern suchen.
Das Hinaustragen des Balls aus dem Kreis ist ein hartes Kampfspiel! Alles ist erlaubt, mit Ausnahme von gefährlichen Griffen.
Nach 90 Sekunden wird das Spiel mit einem Pfiff beendet. Falls es den Angreifern gelang, den Ball über die Quadratgrenze hinauszutragen, erzielen sie ein Punkt.
Dann legt man den Ball wieder in die Kreismitte. Die Angreifer verwandeln sich in Verteidiger und besetzen das Quadrat, während die bisherigen Verteidiger sich an den Quadratgrenzen verteilen, um nach Beginn der zweiten Runder von allen Seiten zum Ball vordringen zu können. Es wird eine vorher festgelegte Anzahl von Ablösungen gespielt. Es siegt die Mannschaft, die am Ende eine größere Punktzahl erzielt hat.

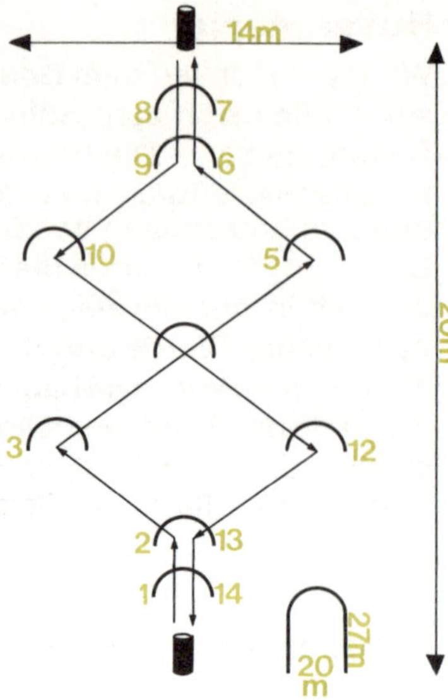

Krocket

⊕ Ⓖ **48**

Schläger, Tore, Kugeln und Zielpfähle

Es können sich acht Spieler beteiligen, es genügen jedoch auch nur zwei. Entweder spielen demnach gegeneinander zwei Einzelspieler oder zwei zahlenmäßig gleich starke Mannschaften. Jeder Spieler hat einen Holzschläger und eine farbige Kugel. Wenn er an der Reihe ist, stellt er den Schläger hinter die Kugel und versucht, sie durch das Tor zu schießen. Der Schläger kann dabei auf dem Boden entlang geschoben werden. Falls die Kugel das erste Tor durchrollt, hat er noch auf einen weiteren Schlag Anrecht, sonst muß er warten, bis die Reihe abermals an ihn kommt. Bis dahin sieht er nur zu. Die Spieler wechseln einander regelmäßig ab. Die Kugel jedes Spielers soll die Tore Nr. 1 bis 7 durchrollen, am entgegengesetzten Ende des Spielfeldes den Wendepfahl berühren, auf dem Rückweg die Tore Nr. 8 bis 14 durchrollen und wieder den Grundpfahl berühren.

Der Spieler bzw. die Mannschaft, die diese Aufgabe zuerst beendet, siegt. Falls der Ball nach einem Schlag zwei Tore durchrollt, darf der Spieler zwei Schläge vollführen.

Falls die Kugel des Spielers bereits ein Tor passierte und beim Spiel irgendwo auf dem Spielfeld auf eine andere Kugel stößt, muß der Spieler die getroffene Kugel »abschießen«. Er legt die Kugel knapp neben die des Gegners, tritt auf seine und schlägt mit dem Schläger seitlich gegen sie. Seine Kugel bleibt auf der Stelle liegen, die freie Kugel des Gegners fliegt zur Seite. Jede Kugel, die das letzte Tor durchrollt, wird zum »Korsaren«. Ihr Besitzer erhält den gleichen Namen und darf mit seiner Kugel die Kugel der Gegner in eine ungünstige Lage hinausschlagen oder die Kugeln der Mitspieler in eine günstigere Lage verschieben. Beim Spiel einer gegen einen mit einer Kugel fällt diese Regel allerdings weg. Der

Spieler bemüht sich, so bald wie möglich gegen den Grundpfahl zu schlagen und sich hiermit den Sieg zu sichern. Beim Mannschaftsspiel haben jedoch die Spieler, die hinter das letzte Tor gelangen, keine Eile mit dem Endschlag. In diesem Augenblick würde nämlich für sie das Spiel beendet sein, und sie würden die Möglichkeit verlieren, den Sieg ihrer Seite zu beschleunigen.
Der Korsar muß jede Kugel, die er anschlägt, wegschlagen. Auf einen anderen Schlag hat er kein Anrecht.
Ein Krocketspiel, bestehend aus Schlägern, Toren, Kugeln und Zielpfählen kann man in jedem Kaufhaus und Spielwarenladen bekommen. Da dieses Spiel vor allem auf Wiesen und ebenen Rasenflächen gespielt wird, ist die Ausrüstung bis auf die Tore aus Holz.

Überwerfen des Balls (G) 49

Schnur, 2 Pfosten, 1 Ball

Wir spannen eine Schnur ungefähr 2,50 m über den Boden zwischen zwei Pfosten. Dann zeichnen wir auf der einen Seite zur Schnur parallel verlaufende Striche. Die erste Linie 1 m von der Schnur entfernt, die zweite $1\frac{1}{2}$ m, die dritte 2 m und die folgenden in Abständen von je $\frac{1}{2}$ m. Die Spieler stellen sich hinter dem ersten Strich in einer Reihe auf, und einer nach dem anderen führt folgende Aufgabe durch: Er wirft den Ball über die Schnur, läuft schnell unter der Schnur hindurch und fängt den Ball auf der anderen Seite auf. Wem es gelingt, der steigt in die nächste Runde auf. Falls der Ball nicht über die Schnur fliegt oder auf der anderen Seite zu Boden fällt, scheidet der Spieler aus.
Wenn alle an der Reihe waren, beginnt die zweite Runde. Jetzt werfen wir von der Linie, die $1\frac{1}{2}$ m entfernt ist, dann von der folgenden usw. Im Verlauf des Spiels fallen immer mehr Teilnehmer aus. Wer sich am längsten im Spiel hält, siegt.

Einfaches Volleyball (G) 50

Schnur, 2 Pfosten, 1 Ball

In der Regel wird das Spiel auf dem Volleyballplatz gespielt, aber man kann es auch auf der Wiese und am Wasser spielen. Es genügt, wenn man zwischen zwei Pfosten oder Bäumen eine Schnur spannt und einen großen, leichten Ball verwendet. Dann werden die Spieler in zwei Mannschaften eingeteilt. Jede Mannschaft verteilt sich auf ihrer Hälfte des Spielfeldes. Die Regeln sind einfach: Jede Mannschaft darf sich den Ball auf ihrem Gebiet so oft sie will zuspielen, muß ihn jedoch wie beim Volleyball sofort abschlagen. Falls das Abschlagen unterbrochen wird, indem der Ball zu Boden fällt oder von jemandem mit der Hand gefangen wird, erzielen die Gegner einen Punkt. Den Gegnern wird ebenfalls ein Punkt gutgeschrieben, wenn ihnen die andere Seite den Ball unter dem Netz zuspielt oder wenn er außerhalb des Spielfeldes aufkommt.
Die Mannschaft, die zuerst 15 Punkte erzielt, gewinnt den Satz. Der Wettkampf ist beim Stand von 2 : 0 Sätzen beendet. Beim unentschiedenen Ergebnis wird ein dritter, entscheidender Satz hinzugefügt.
Dieses Spiel ist eine gute Vorbereitung für Volleyball.

König, Edelmann, Bürger, Bauer

Volleyball

Wir verteilen dem Plan entsprechend flache Steine. Die niedrigsten Zahlen bezeichnen die Bauern. Das ist etwa die Hälfte der Spieler. Ein Drittel der höheren Zahlen sind die Bürger. Der Rest sind Adlige. Der mit x bezeichnete Stein hinter der Reihe der Adligen ist für den König bestimmt. Die Gruppe der Spieler steht etwa dreißig Meter vom Spielfeld entfernt. Auf das Signal: »Achtung, jetzt!« machen alle kehrt und laufen zurück, um irgendeinen freien Stein zu besetzen. Das größte Interesse ist begreiflicherweise auf den königlichen Thron und die Adelsstühle gerichtet. Wer den Fuß zuerst auf einen Stein setzt, der hat ihn besetzt. Die Schnellsten werden die besten Steine besetzen. Für die Langsamsten verbleiben die niedrigen Bauernplätze.

Jetzt erst beginnt das wirkliche Spiel. Zwischen den Spielern fliegt der Volleyball. Wer den Ball in den Händen hat, darf ihn jedem aus dem nächsthöheren oder nächstniedrigeren Stand zuwerfen, der Bauer also dem Bürger, der Bürger dem Adligen oder Bauern, der Adlige dem König, Bürgern und Bauern. Der König schließlich darf jedem den Ball zuwerfen.

Der Schiedsrichter beurteilt, ob ein Wurf gültig ist. Wer wirft, ruft schnell den Namen des vorgesehenen Fängers auf. Der Ball darf nicht mehr als einen Meter vom Körper des Fangenden entfernt aufkommen, nicht tiefer als sein Knie und nicht höher als sein Kopf. Fängt der Aufgerufene den Ball, so wirft er ihn einem anderen zu, wenn nicht, muß der Werfer den Ball holen. Falls der Aufgeforderte aber den ihm richtig zugespielten Ball nicht fängt, muß er den Ball holen.

Wenn ein Spieler seinen Platz verläßt, entsteht augenblicklich auf dem Spielfeld ein heilloser Wirrwarr. Die Regeln gestatten nämlich jedem, jeden freien Stein zu besetzen. Nehmen wir an, daß die Acht dem Ball nachläuft. Die Verschiebung erfolgt zwischen den Bauern, denn die niedrigen Zahlen wollen wenigstens ein Stückchen aufsteigen. Verläßt jedoch ein Bürger oder sogar ein Adliger seinen Stein, bemühen sich alle niedrigen Zahlen, seine Abwesenheit auszunützen und den freigewordenen Stein zu besetzen. Es geschieht häufig, daß ein Bürger den Kampf um den Adelssitz verliert. Bevor es ihm gelingt, auf seinen Platz zurückzukehren, ist dieser schon von irgendeinem Bauern besetzt.

17 18 19 20 21 X

Der Spieler, der mit dem Ball zurückkehrt, kann noch in den Kampf um einen besseren Platz eingreifen. Sind alle Plätze besetzt, geht er zum leeren Stein – in der Regel ist es der letzte in der Reihe der Bauern.

Beim Spiel ist nur das Werfen im unteren Bogen gestattet, so wie man Kugeln in eine Grube wirft. Es ist präziser und allzu scharfe Schüsse werden vermieden.

Ziel jedes Spielers ist es, so lange wie möglich auf dem Königsstuhl zu verbleiben.

16 15 14 13 12 11

10 9 8 7 6 5 4 3 2 1

Boule (Kugelspiel) ◐ Ⓖ 52

1 kleine Metallkugel oder Stein,
3 Holz- oder Metallkugeln pro Spieler

Jeder, der seine Ferien schon einmal in Frankreich oder Italien verbrachte, wird dieses Spiel beobachtet haben. Es wird überall dort gespielt, wo sich ein freier Platz findet. Die Männer der Dörfer verbringen ihre Sonntage fast ausschließlich mit diesem Vergnügen.

Die Regeln sind im Grunde ganz einfach: Jeder Spieler hat drei Metall- oder Holzkugeln, die etwa so groß wie ein Tennisball sind. Außerdem gehört zur Spielausstattung noch eine kleine Metallkugel, die in Frankreich »le cochonnet«, das heißt »das Schweinchen«, in Deutschland »Daube« oder einfach »Zielkugel« genannt wird. Man kann auch einen Stein nehmen.

Ein Spieler ergreift die Daube und wirft sie auf das Spielfeld. Dort, wo sie hinkugelt, bleibt sie für diese Runde liegen. Dann wirft ein Spieler nach dem anderen seine Kugel, und jeder versucht, sie möglichst in die Nähe der Daube zu werfen. Der, dessen Kugel der Daube am nächsten liegt, braucht nicht mehr weiterzuspielen. Die anderen haben jedoch noch weitere Würfe. Mit der zweiten und dritten Kugel können sie den ersten Spieler noch übertreffen, wobei sie zusätzlich seine Kugel in eine ungünstigere Position schlagen können. Dann tritt allerdings auch wieder der Spieler an, der seine führende Position eingebüßt hat. Das Spiel ist beendet, wenn die Teilnehmer alle drei Kugeln geworfen haben. Der, dessen Kugel der Daube am nächsten liegt, hat gewonnen.

Metallkugeln sind für dieses Spiel am günstigsten, denn sie bleiben nach einem richtig angesetzten Wurf dort liegen, wo sie aufgekommen sind. Wir können aber auch mit Plastik- oder Holzkugeln spielen, und die Daube kann durch einen glatten Stein ersetzt werden.

Kleines Golf ◔ Ⓖ 53

Kleine Bälle

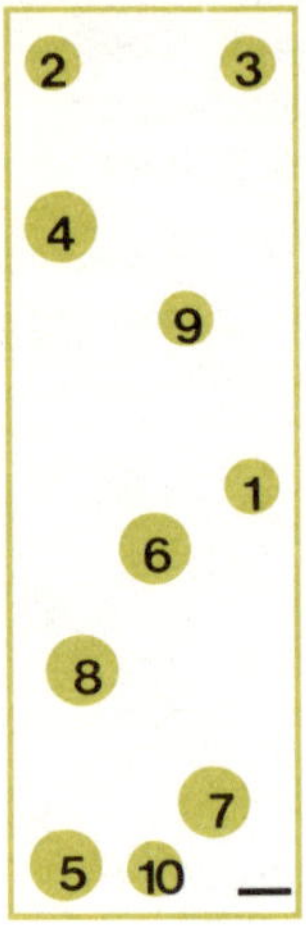

Start

Mit dem wirklichen Golf hat dieses Spiel nur eine einzige Regel gemein: Die Spieler versuchen, den Ball in die Löcher zu bekommen. Für das Kleine Golf benötigen wir jedoch weder Golfschläger noch eine besonders vorbereitete Spielfläche. Es genügt, auf dem Platz einige kleine Löcher auszugraben; die Spieler sollen dann nach und nach in alle ihren Ball stoßen. Nach der Verlosung der Reihenfolge wird von der Grundlinie aus begonnen. Zunächst rollt oder wirft der erste Spieler den Ball nach Loch eins, kullert er hinein, auf Loch zwei usw. Falls der Ball vor dem Loch liegenbleibt, tritt der nächste Spieler an. Der Ball des ersten bleibt liegen, bis dieser wieder an der Reihe ist. Sollte es vorkommen, daß der zweite Spieler den Ball des ersten aus seiner ursprünglichen Position wegschießt, legt der erste Spieler den Ball in der zweiten Runde wieder an seine zuletzt eingenommene Ausgangsposition zurück und spielt dann weiter.

Rollt der Ball in das Loch und bleibt dort liegen, hat der Spieler das Recht weiterzuspielen und darf den Ball auf das nächste Loch werfen. Wer zuerst an das zehnte Loch gelangt, siegt.

Uhrengolf ◕ Ⓖ 54

12 Blechdosen, 1 unten abgebogener Zweig, 1 Ball, 1 Hammer, 1 Nagel

Ein richtiger Golfschläger ist nicht nötig, an seiner Stelle genügt für dieses interessante Spiel ein am unteren Ende bogenförmiges Stück eines Zweigs. 12 Blechdosen besorgen wir uns ohne Schwierigkeiten. Wir kennzeichnen auf einer geraden Wiese einen Kreis von 6 Metern Durchmesser. Wir entfernen von jeder Blechdose vollkommen den Deckel, klopfen ihren oberen Rand glatt aus und machen mit einem großen Nagel in den Boden Löcher (damit später eventuell das Regenwasser ablaufen kann). Die auf diese Weise vorbereiteten Blechdosen sollen so in den Boden versenkt werden, daß sie nicht die umliegenden Rasenstücke überragen. Wir verteilen sie am Umfang des Kreises von 6 Metern Durchmesser in regelmäßigen Abständen, und dann numerieren wir sie, als ob aus ihnen das Zifferblatt einer großen Uhr entstehen sollte. Dann bauen wir eine kleine erhöhte Fläche, den Sockel, von dem aus die Spieler den Ball in die Gruben, die Blechdosen, abgefeuert werden. Den Sockel placieren wir nicht in der Mitte des Kreises, damit es von ihm aus zu den einzelnen Gruben verschieden weit ist.

Und dann können wir mit dem Spiel beginnen. Jeder Spieler legt einen kleinen Ball auf den Sockel und feuert ihn mit dem Stock dann auf die erste Grube. Falls der Ball in die erste Blechdose fällt, legt ihn der Spieler sofort wieder auf den Sockel und feuert den Ball auf die Grube Nr. 2 ab. Falls er die erste Blechdose nicht trifft, läßt er den Ball da liegen, wo er auffiel, und hört zu spielen auf.

Die Spieler schlagen den Ball aufeinanderfolgend in die Gruben ab, beginnend mit der ersten und abschließend mit der zwölften. Sieger wird, wer sämtliche Gruben in der vorgeschriebenen Reihenfolge mit der geringsten Anzahl von Schlägen trifft.

Laufduell ◔ Ⓖ 55

Die Spieler stellen sich mit Ausnahme von einem in einen Kreis, das Gesicht nach innen. Sie stehen ungefähr auf Armlänge voneinander entfernt. Der überzählige Spieler soll einen zum Laufduell auffordern. Er geht also langsam hinter den übrigen her und wählt durch einen plötzlichen leichten Schlag auf den Rücken den geeigneten Gegner heraus. Dies ist für beide das Startzeichen. Der Herausforderer läuft in Richtung des Uhrzeigers um den Kreis herum, der Herausgeforderte entgegengesetzt. Beide laufen im Slalom zwischen den Mitspielern hindurch. Wer zuerst auf dem freigewordenen Platz ist, kann ihn besetzen und hat gewonnen. Der Unterlegene beginnt das gleiche Spiel von neuem, bis auch er einen Platz erwischt.

Springen auf der Wiese ◔ Ⓖ 56

Kieselsteine

Wir verteilen im Gras in einer Reihe und jeweils ein bis eineinhalb Meter voneinander entfernt, glatte Kieselsteine etwa von der Größe einer Kastanie. Der erste Spieler stellt sich vor die Reihe und beginnt, auf einem Bein zu hüpfen. Mit jedem Sprung muß er jeweils einen Kieselstein überspringen. Hat er alle übersprungen, so macht er kehrt, ergreift mit den Zehen des erhobenen Fußes den letzten Kieselstein und hüpft mit ihm zurück. Vor dem ersten Kieselstein läßt er ihn ins Gras fallen, macht kehrt und hüpft wieder über die Kiesel zum Ende der Reihe, um den letzten Kieselstein zu holen. Er hüpft so lange, bis er einen Fehler macht. Dann kommt der nächste Spieler an die Reihe, für den wir die Reihe der Steine wieder auf fünfzehn ergänzen. Der Spieler begeht einen Fehler, wenn er

a. zweimal in einem Zwischenraum zwischen den Kieselsteinen aufhüpft,
b. auf einen der Kieselsteine tritt,
c. den Boden mit dem angewinkelten Bein berührt. Nur beim Erfassen des letzten Kieselsteins ist das gestattet,
d. unterwegs den Kieselstein, den er hält, fallen läßt,
e. das Sprungbein im Verlaufe der Sprünge wechselt.

Wer die meisten Kieselsteine ohne Fehler wegträgt, wird Sieger.

Ohne Salz – Salz ◔ Ⓖ 57

2 Tücher

Es handelt sich um ein altes russisches Spiel, eine gute Reaktions- und Geschicklichkeitsübung. Zwei Wächter setzen sich auf den Boden und strecken die Beine so aus, daß sie sich gegenseitig mit den Fußsohlen berühren. Sie stützen sich mit den Händen hinter dem Rücken auf dem Boden ab, die Augen haben sie mit einem Tuch verbunden. Von einer Seite tritt der erste Spieler schnell an sie heran, sagt: »Ohne Salz!« und überspringt schnell ihre ausgestreckten Beine. Nach dem Sprung dreht er sich um und sagt: »Salz!« und überspringt mit beiden Beinen gleichzeitig ihre ausgestreckten Beine – dieses Mal so schnell wie möglich, denn kaum spricht er das Wort »Salz« aus, versuchen beide Wächter, ihn beim Überspringen zu schlagen.

Nach ursprünglichen Regeln mußte der Springer, den einer der Wächter berührte, mit letzterem die Rolle tauschen. Damit das Spiel mehr Schwung hat, wechseln die Wächter nicht nach jeder Berührung ab, sondern es wird den Spielern für jeden gelungenen Rücksprung ein Punkt gutgeschrieben.

Doppelgänger ◔ Ⓖ 58

Wir teilen die Spieler in zwei zahlenmäßig gleich starke Gruppen ein. Die erste Gruppe bildet in der Mitte des Spielfeldes einen großen Kreis und hält sich bei den Händen. Die zweite Gruppe bildet innerhalb des großen Kreises ebenfalls einen Kreis, der aber im Durchmesser einen Meter kleiner ist als der erste. Auch diese Spieler halten sich an den Händen. Die Gruppen haben sich das Gesicht zugewandt, d.h. die innere Gruppe blickt nach außen, die äußere nach innen. Auf das Zeichen des Schiedsrichters hin beginnen sich die Kreise in entgegengesetzter Richtung zu drehen. Auf ein Kommando lassen sich die Spieler los, und jeder beginnt seinen Doppelgänger, den Spieler, der ihm zu Beginn gegenüberstand, zu suchen. Sobald sich das Paar findet, klettert ein Spieler dem anderen auf den Rücken, und wenn er oben ist, hebt er die Hand.
Das Paar, das die Aufgabe zuerst gelöst hat, siegt. Dann beginnt das Spiel von neuem, mit ausgewechselten Paaren.

Elefantenrennen ◔ Ⓖ 59

1 Pflock, 1 Stein

Schlagen Sie einen Pflock so in den Boden, daß er 30 cm über die Erde hervorragt. In eine Entfernung von etwa 15 m legen Sie einen Stein – das Ziel. Der erste Wettkämpfer stellt sich zum Pflock, streckt den linken Arm vor, die rechte Hand schiebt er unter die vorgestreckte Linke und hält

sich am Ohr. Diese Stellung wird als »Elefant« bezeichnet. Dann beugt er sich so vor, daß sein linker Arm, der Rüssel, auf der Spitze des Pflockes ruht und beginnt sich schnell um den Pflock zu drehen. Sobald er den Pflock zehnmal umgangen hat, richtet er sich auf und begibt sich so schnell wie möglich zum Ziel. Der Schiedsrichter stoppt die Zeit. Nur wenige sind imstande, direkt zum Ziel zu gehen, die Mehrzahl der Spieler taumelt stark und einige fallen sogar um.
Über die Rangordnung der Sieger entscheidet die Zeit, die vom Beginn der ersten Drehung gerechnet wird. Je schneller sich der Wettkämpfer dreht, eine desto bessere Zeit erzielt er, aber desto größere Schwierigkeiten hat er dann mit dem Gleichgewicht.

Fangt den Plumpsack! ◔ Ⓖ 60

1 Kieselstein, 1 Taschentuch

Dieses Bewegungsspiel lernten wir bei beduinischen Jungen. Ein ausgewählter Spieler legt einen glatten Kieselstein ins Taschentuch, bindet die Zipfel zusammen, stellt sich hinter den Zielstrich und wirft von dort den 30 Schritte entfernten Mitspielern das Taschentuch zu. Wer das fliegende Taschentuch fängt, beginnt mit ihm seine Kameraden leicht zu schlagen. Diese warten jedoch nicht, da der Schlag mit dem Kieselstein empfindlich kneipt, sondern laufen so schnell wie möglich zum Ziel. Sie befinden sich erst hinter dem Ziel in Sicherheit. Bis alle hinter das Ziel gelangen, bleibt der stehen, der das Taschentuch hat, die übrigen kehren zurück und das Spiel beginnt von neuem.
Wer vom Plumpsack einen Schlag erhalten hat, setzt für eine Runde aus. Derjenige, der den Plumpsack hat, darf ihn beim nächsten Spiel werfen.

Blindsprünge ◔ Ⓖ 61

1 Tuch, mehrere Ruten

Man legt in einer Entfernung von etwa einem Meter dünne Ruten parallel hintereinander. Dann werden dem ersten Spieler die Augen verbunden. Führen Sie ihn zur äußersten Rute und tragen Sie ihm auf, so weit wie möglich blind zu gehen und hierbei weder auf eine der Ruten zu treten, noch zur Seite aus der Reihe auszuschwenken.
Die Ruten sind etwa einen Meter lang. Für jede erfolgreich überschrittene Rute wird ihm ein Punkt gutgeschrieben. Wenn sich alle abgelöst haben, wiederholen wir Sprünge auf einem Bein, später beidbeinige Sprünge, Seitensprünge. Wir können auch die Regeln ändern: Die Teilnehmer können dann zwischen zwei Ruten anstatt eines langen Schritts jeweils zwei kurze Schritte oder Sprünge machen.
Die Punkte aus den einzelnen Runden werden zusammengezählt. Wer die meisten Punkte hat, siegt.

Lahmes Huhn ◕ Ⓖ 62

10–15 Holzklötzchen oder Holzscheite

Vor Beginn dieser kleinen Geschicklichkeitsprüfung, die wir von chinesischen Kindern gelernt haben, verteilen wir in Abständen von einem viertel Meter 10 bis 15 Holzklötzchen oder Tennisschuhe, eventuell Turnschuhe. Dann springen die Spieler auf einem Bein über die Klötzchen bis zum letzten, wobei sie in jeden Zwischenraum jeweils nur einmal treten dürfen. Das letzte Klötzchen sollen sie mit dem »lahmen« Bein, d. h. mit dem Bein, das sie angewinkelt halten, zur Seite wegkicken. Dann müssen sie das weggekickte Klötzchen vom Boden aufheben und mit ihm zurückkehren. Vom Start bis zum Ziel darf der Spieler den Boden nicht mit dem angewinkelten Bein berühren, selbst dann nicht, wenn er sich bückt, um das Klötzchen vom Boden aufzuheben. Wer einen Fehler begeht, muß das Springen unterbrechen und warten, bis er abermals an die Reihe kommt. Jener siegt, der zum Schluß am meisten Holzklötzchen hat.

Sprünge über Steine ◔ Ⓖ 63

Steine

Wir verteilen zwanzig oder mehr flache Steine kreisförmig auf dem Rasen. Zwischen ihnen lassen wir so weite Abstände – je nach Alter der Spieler –, daß man sie mit Mühe überspringen kann. Dann beginnt das Spiel auf Zeit. Ein Spieler nach dem anderen startet, und derjenige, der von einem Stein abrutscht, muß die ganze Partie noch einmal von vorne beginnen.
Wir können auch nur auf Zeit spielen, und jedem Spieler, der von einem Stein abrutscht oder ihn im Sprung nicht erreicht, werden fünf Sekunden zugerechnet. Es kommt hierbei also darauf an, so schnell und geschickt wie möglich zu sein.

Steinesammeln ◔ Ⓖ 64

8 größere Steine

Wir zeichnen auf dem Spielfeld eine Startlinie und legen in Abständen von 1 m je einen glatten Stein, der etwa so groß wie eine Kartoffel ist. Der erste Wettkämpfer bereitet sich zum Start vor. Auf ein Kommando läuft er vor, hebt den ersten Stein auf, kehrt mit ihm zur Startlinie zurück und legt ihn in den hier markierten Kreis. Dann holt er den zweiten Stein, kehrt mit ihm zurück, holt den dritten, und so bringt er nach und nach einen Stein nach dem anderen. Wenn er den letzten, den achten Stein in den Kreis gelegt hat, stoppt der Schiedsrichter ab. Die Stellen, auf denen die Steine liegen, bezeichnen wir mit Sand oder Ästchen, damit die Strecke nicht jedesmal von neuem ausgemessen werden muß. Wer die Steine am schnellsten gesammelt hat, ist Sieger.

Lauf um die Mütze ◔ Ⓖ 65

3 Mützen

Es spielen zwei Mannschaften. Beide stellen sich hinter der Startlinie in einer Reihe einander gegenüber. Die Linien sind dreißig Meter voneinander entfernt, und zwischen ihnen liegen in einem kleinen Kreis drei Mützen. Auf Kommando des Schiedsrichters hin läuft von jeder Mannschaft der erste Spieler vor, ergreift eine Mütze, kehrt mit ihr zurück und

übergibt sie dem nächsten seiner Mannschaft, der hinter der Startlinie steht. Dann läuft er abermals zum kleinen Kreis und versucht, dort die noch verbliebene dritte Mütze zu ergreifen. Falls er sich ihrer bemächtigt und zurück zu den Seinen läuft, ohne daß ihm sein Gegner den Abschlag gegeben hat, erringt er für seine Mannschaft einen Punkt.
Dann geben wir alle Mützen in den Kreis zurück, und die nächsten zwei Läufer bereiten sich zum Start vor. Wenn sich alle ein- bis dreimal abgewechselt haben, rechnen wir die Punkte zusammen. Die Mannschaft, die die meisten Punkte erkämpft hat, siegt.

Belbeu Ⓖ 66

1 Plumpsack

Wir zeichnen ein vierzig Meter langes und zehn Meter breites Rechteck. An einem Ende des Spielfeldes stehen zwei Gruppen, in der Regel zehn bis fünfzehn Spieler. Vor jeder Mannschaft ist ein kleiner Kreis markiert. Jedes Mitglied ist numeriert, und jede Gruppe hat ihren Kapitän. Der Kapitän A bestimmt irgendeine Nummer, und Kapitän B wählt ihm aus den eigenen Reihen einen passenden Gegner aus. Das nächste Mal bestimmt der Kapitän B die Nummer, und den Gegner wählt ihm Kapitän A aus. Beide Gegner stellen sich auf die Grenzlinie, und auf das Kommando des Schiedsrichters hin laufen sie vor. In der Mitte des Spielfeldes liegt in einem besonders gekennzeichneten kleinen Quadrat der Plumpsack. Der Läufer, der zuerst dort anlangt, hebt ihn schnell auf und schlägt damit leicht nach seinem langsameren Gegner, bis dieser den Kreis am Ende des rechteckigen Spielfeldes erreicht. Jeder Schlag, den er dem Gegner versetzt, ist für seine Gruppe ein Punkt. Schläge ins Leere werden nicht gezählt. Im Kreis muß er den Plumpsack zu Boden werfen, dann kehrt er um und läuft zurück. Der zweite Läufer hebt den Plumpsack auf, und jetzt kann er seinen Gegner treffen, während dieser zu seiner Gruppe zurückläuft. Den Gegner darf er schlagen, bis er die Mitte des Spielfeldes erreicht. Dort legt er den Plumpsack wieder in das kleine Quadrat, wo er ursprünglich gelegen hatte. Und von dort begeben sich beide Spieler im Laufschritt zurück zum Start. Inzwischen wählen die Kapitäne zwei weitere Läufer aus. Der Schiedsrichter notiert die erzielten Punkte und gibt das Zeichen zum Start.
Die Gruppe, die nach fünfzehn Minuten mehr Punkte erzielt, siegt.

Pferderennen Ⓖ 67

Die Spieler werden in Dreierriegen eingeteilt. Die beiden ersten jeder Riege übernehmen die Rolle der Pferde. Sie stellen sich nebeneinander und halten die Hände hinter dem Rücken; der dritte – der Reiter – setzt den linken Fuß in die Handflächen des linken, den rechten Fuß in die Handflächen des rechten Pferdes und stützt sich auf ihre Köpfe. Die Dreierriegen laufen auf einer zwanzig bis dreißig Meter langen Strecke. Die Länge der Strecke richtet sich nach Alter und körperlicher Fähigkeit.

Bockspringen ◔ Ⓖ 68

Die Mannschaften sind zahlenmäßig gleich stark. Alle stellen sich in eine Reihe hinter die Startlinie. Etwa hundert Meter vom Start entfernt befindet sich das Ziel. Auf das Kommando des Schiedsrichters laufen aus allen Riegen die ersten vor. Nach sieben Schritten bleiben sie stehen und stützen die Hände auf die Knie. In diesem Augenblick laufen die zweiten vor, überspringen in der Grätsche die ersten, und nach weiteren sieben Schritten machen sie ebenfalls »einen Bock«. Das ist das Startzeichen für die dritten der Riege. So wird der Wettkampf fortgesetzt, bis sich die ganze Mannschaft vom Start bis zur Ziellinie verschiebt. Zwei Grundregeln sind dabei einzuhalten: Wer als letzter den Bock überspringt, läuft sieben Schritte und beugt sich selbst vor; der nächste Wettkämpfer darf erst in dem Augenblick starten, wenn der vorhergehende Läufer an der Spitze seiner Mannschaft stehenbleibt.
Der Mannschaftskampf ist erst dann beendet, wenn das letzte Mitglied die Ziellinie überschreitet.

Kurierwettkampf ◔ Ⓖ 69

Die wettkämpfenden Mannschaften sind zahlenmäßig gleich stark. Jede Mannschaft wählt aus ihrer Mitte einen Kurier aus – den leichtesten Spieler. Dann verteilen sich die Mannschaften so, daß zwischen den einzelnen Spielern etwa fünfzehn Meter Abstand sind. Die ausgewählten Kuriere stehen am Ende. Auf das Zeichen des Schiedsrichters setzen sie sich auf den Rücken des letzten Spielers. Der Wettkampf beginnt; der letzte läuft zum vorletzten. Hier steigt der Kurier um, ohne den Boden zu berühren. Das neue »Pferd« trägt ihn einen Abschnitt weiter und übergibt ihn dann dem nächsten Mitglied seiner Mannschaft. So gelangt der Kurier bis auf den Rücken des ersten, der mit ihm ins Ziel läuft.
Sieger ist dann die Mannschaft, die ihren Kurier am schnellsten zum Ziel befördert.

Beduinenkämpfe ◔ Ⓖ 70

1 Stein

Die jungen Araber stecken sich ein etwa hundert Schritte entferntes Ziel ab, und auf Startzeichen hin laufen sie darauf zu. Wer zuerst das Ziel erreicht, bleibt stehen und schreit: »Ake akab«, den Befehl, daß die restlichen zum Start zurücklaufen müssen. Wer dort als erster anlangt, bleibt stehen, und mit dem gleichen Befehl schickt er den Rest der Spieler wieder zum Ziel zurück. Und so laufen sie hin und her, und bei jeder Wendung ist ein Läufer weniger, bis am Ende nur ein einziger, der langsamste, läuft.
Wir können die Strecke auch wesentlich verkürzen, je nach Alter und Möglichkeiten der Spieler. Start und Ziel bezeichnen wir mit einem Stein. Diesen Stein muß jeder bei der Wendung umlaufen.

Lauf zum unbekannten Ziel ◔ Ⓖ 71

Pfeife

Markieren Sie auf dem Spielplatz fünfundzwanzig bis dreißig Meter voneinander entfernte parallele Striche. Sämtliche Spieler versammeln sich hinter einem Strich, und auf ein Signal hin laufen sie zum nächsten Strich vor. Sobald jedoch die Pfeife wieder ertönt, kehren sie um und laufen zum Start zurück. Der Schiedsrichter kann noch mehrere Male pfeifen, und jedesmal ist das der Befehl: »Macht kehrt und lauft in entgegengesetzter Richtung!« Keiner der Spieler weiß, welcher Strich das Ziel sein wird. Verstummt die Pfeife, so hat gesiegt, wer zuerst den Strich nach vorn gewandt überscheitet.

Balancieren mit dem Stab ◔ Ⓖ 72

je Spieler 1 Stab

Die Spieler stehen am Ende des Spielfeldes. Jeder stellt sich auf die rechte Handfläche einen Stab und hält ihn mit der linken Hand fest. Auf das Zeichen des Schiedsrichters hin lassen die Spieler den Stab mit der linken Hand los und beginnen, zum anderen Ende des Feldes vorzugehen. Wer den Stab nicht richtig balanciert und ihn zu Boden fallen läßt, bleibt stehen. Die übrigen gehen mit dem freistehenden Stab bis an das Ende des Spielfeldes, berühren dort das Ziel, kehren um und gehen zurück. Den Wettbewerb gewinnt, wer den Stab über die weiteste Strecke in der Balance hält.

Blinder Wächter ◔ Ⓖ 73

1 Tuch

Die Spieler bilden einen nicht allzu großen Kreis, dessen Durchmesser ungefähr drei Meter beträgt. Ein Wächter, dem die Augen verbunden werden, wird ausgelost, und dann numerieren wir die Spieler. Der blinde Wächter bewegt sich nun innerhalb des Kreises und ruft in Abständen zwei Nummern auf. Die Inhaber dieser Nummern müssen innerhalb von dreißig Sekunden ihre Plätze vertauschen.
Sie dürfen dabei allerdings nur durch den Kreis laufen. Der Wächter versucht, sie beim Platzwechsel zu fangen.
Wen er berührt, der wird Wächter, und der frühere Wächter nimmt den Platz seines Nachfolgers ein.
Wir können so lange spielen, bis jeder Teilnehmer mindestens einmal Wächter war.

Leuchtturm ◕ Ⓖ 74

Taschenlampen

Ein Spiel für ältere Kinder, das sich wunderbar für einen weitläufigen Garten oder einen Park eignet. Ein Spieler läuft dabei mit einer Taschenlampe voraus. Die übrigen bleiben stehen und konzentrieren sich auf das zu erwartende Lichtsignal. Der ausgesandte Spieler macht nach einer Weile halt und beginnt, wie ein Leuchtturm zu blinken, jedoch nur für einen ganz kurzen Augenblick. Die anderen schätzen nun ab, wie weit der »Leuchtturm« entfernt ist. Dann laufen sie alle auf ihn zu, und wer ihn zuerst erreicht, siegt. Er übernimmt als nächster die Rolle des Leuchtturms.

Wettkampf der Kreise ◔ Ⓖ 75

Wir teilen die Gruppe in zahlenmäßig gleich starke Mannschaften ein. Jede Mannschaft bildet hinter der langen Startlinie einen Kreis, und die Spieler fassen sich an den Händen. Fünfundzwanzig Meter vom Start befindet sich das Ziel. Auf das Signal eines Spielleiters laufen die Mannschaften zum Ziel los. Sie dürfen es jedoch nicht direkt anlaufen. Jeder Kreis muß sich während der Vorwärtsbewegung um die eigene Achse drehen, und zwar mindestens zehnmal. Der Spielleiter achtet auf die Einhaltung dieser Regel. Die Spieler führen demnach gleichzeitig zweierlei Bewegungen durch. Das ist nicht ganz einfach, und es kommt dabei häufig zu harmlosen Zusammenstößen. Ein Kreis, der zerreißt, bleibt stehen und darf erst weitermachen, wenn sich alle wieder an den Händen halten. Die Mannschaft, die zuerst das Ziel erreicht, siegt. Dieses ungewöhnliche Spiel haben wir den Eskimos von Alaska abgeschaut.

Fangspiele

Schlangenfangen ◔ Ⓖ 76

Es handelt sich hier um ein uraltes Kinderspiel. In seiner ursprünglichen Form eignet es sich für kleinere Kinder, durch eine Variante aufgelokkert, lieben es auch ältere Jungen und Mädchen. Die Riege stellt sich hintereinander auf, und jeder Spieler faßt den vor ihm stehenden um die Hüften. Der erste der Reihe stellt den Schlangenkopf, der letzte den Schlangenschwanz dar. Der Kopf soll so schnell wie möglich den Schwanz fangen. Der Schwanz weicht aus, und die übrigen Mitspieler sind ihm hierbei behilflich. Fängt der Kopf endlich den Schwanz, begibt sich der erste Spieler auf den letzten Platz in der Reihe und das Spiel beginnt von neuem.

Katz und Maus ◔ Ⓖ 77

Dieses einfache, für kleinere Kinder jedoch sehr amüsante Spiel ist wohl in der ganzen Welt bekannt.
Außer zwei Kindern bilden alle einen Kreis und fassen sich an den Händen. Einer der überzähligen Spieler ist die Maus, der andere die Katze. Das Mäuschen läuft um den Kreis, unter den Händen durch, in den Kreis hinein usw. Die Katze jagd ihm nach und versucht es zu berühren. Gelingt es ihr, vertauschen die Kinder die Rollen. Die Spieler im Kreis beschützen die Maus und hindern die Katze in den Kreis hineinzulaufen. Falls ein Paar sich müde gelaufen hat, übernehmen andere die Rollen.

Fangt die Schlange beim Schwanz! ◔ Ⓖ 78

Es handelt sich hier um eine Variante des vorhergehenden Spiels für zwei Gruppen. Jede bildet eine Schlange, indem sich die Kinder um die Hüften fassen. Vor dem ersten jeder Schlange nimmt ein Fänger Stellung. Auf das Kommando des Schiedsrichters hin, versuchen beide Fänger, die Schlange beim Schwanz zu fassen, d. h. dem letzten Spieler den Abschlag zu geben. Die ganze Mannschaft bewegt sich jedoch und schützt den letzten Spieler. Dem Fänger, dem es gelingt, die Aufgabe als erster zu lösen, bucht für seine Mannschaft einen Punkt. Dann werden zwei neue Fänger bestimmt, und das Spiel beginnt von neuem. Die Schlange, die während des Spiels zerreißt, verliert die Runde.

Bärenspiel ◔ Ⓖ 79

Die Kinder aus Lappland in Nordschweden spielen dieses einfache Laufspiel folgendermaßen: Ein Spieler imitiert den Bären und stellt sich etwa drei Meter vor die Reihe der übrigen Spieler. Dann ruft er jemanden mit dem Namen auf. Der aufgerufene Spieler soll sicher »nach Hause« laufen, ohne den Bären zu berühren. Das Haus wird durch einen flachen Stein dargestellt, der sich zwanzig Meter vor der Reihe der Spieler befindet. Der Bär steht demnach bei der Ausrufung der Namen mit dem Rükken zum Stein. Falls es dem aufgerufenen Spieler gelingt, Haken zu schlagen, kann er hoffen, früher zum Stein zu gelangen als der Bär. Wer vom Bären den Abschlag erhält, bevor er »zu Hause« ankommt, wird selbst zum Bären.

Bärentreiben ◕ Ⓖ 80

1 Stück Schnur, Mützen und Tücher

Das ist ein altes englisches Volksspiel. Ein Junge ist der Bär, der sich auf allen vieren bewegt. Den Kopf zieht er tief zwischen die Schultern, und mit einer Hand hält er das Ende eines Strickes. Das zweite Ende ergreift der Bärentreiber mit der linken Hand; in der rechten Hand hat er eine Mütze oder ein Tuch, dessen Zipfel zu einem Knoten zusammengebunden ist. Die übrigen Jungen springen um den Bären herum und patschen auf ihn mit Mützen oder mit verknoteten Tüchern. Der Bärentreiber schützt den Bären. Wenn er jemanden mit seiner Mütze trifft, muß der getroffene Spieler mit dem Bären die Rolle vertauschen.

Mit verbundenen Augen ◕ Ⓖ 81

1 Tuch

Zeichnen Sie einen Kreis von 5 m Durchmesser. Wählen Sie dann einen Spieler aus, verbinden Sie ihm die Augen und fordern ihn auf zu versuchen, einen der übrigen Spieler zu fangen. Falls er tatsächlich jemanden berührt, muß dieser Spieler bewegungslos stehenbleiben, und der »Blinde« muß durch Tasten erraten, wer es ist. Falls er den richtigen Namen ausspricht, vertauschen beide die Rollen. Sagt er jedoch den falschen Namen, behält er das Tüchlein weiter um. Niemand darf außer dem Blinden die Grenzen des Kreises überschreiten. Sobald jedoch der Blinde die Grenze überschreitet, machen ihn die übrigen Spieler durch Zurufe darauf aufmerksam – wobei sie ihm zugleich andeuten, an welcher Stelle sie sich befinden.

Fangen mit dem Tennisball ◕ Ⓖ 82

1 Tennisball

Vom üblichen Fangen unterscheidet sich dieses Spiel dadurch, daß der Spieler, der den Ball in der Hand hält, den Abschlag nicht erhalten kann. Die Verfolgten helfen sich gegenseitig, werfen den Ball stets dem zu, der am meisten bedroht ist. Dabei darf der Fänger den Ball nicht einmal berühren.

Krocket Nr. 48 (S. 18) ▶

Dämon ◔ Ⓖ 83

1 Tuch
je Spieler

Der ursprüngliche Name dieses Spiels lautet nach einer Märchengestalt »Gbenké«. Zunächst zeichnen wir auf dem Spielfeld einen Kreis von zwei Meter Durchmesser. Dann stellen sich die Spieler etwa fünfzehn Meter vom Kreis entfernt auf. Auf ein Kommando laufen alle zum Kreis, und wer als letzter ankommt, wird der »Dämon«. Er krabbelt auf allen vieren in die Mitte des Kreises, die übrigen Spieler umzingeln ihn und beginnen, ihn mit einem zu einem Knoten zusammengebundenen Tüchlein auf den Rücken zu schlagen. Hierbei singen sie gemeinsam: »Dämon, fange mich, Dämon, fange mich ...«

Sobald sie diese Formel zum drittenmal aussprechen, flüchten sie alle nach allen Seiten aus dem Kreis. Der Dämon springt auf und versucht jemanden zu fangen, um ihm seine Rolle zu übergeben. Wenn der Dämon den Kreis verläßt, versuchen die übrigen Spieler, in den Kreis hineinzugelangen. Der Dämon darf den Kreis nicht mehr betreten, und so ist, wer sich in seiner Mitte befindet, gerettet.

Wer außerhalb des Kreises vom Dämon den Abschlag erhält, übernimmt dessen Rolle.

Trag den Handschuh weg! ◕ Ⓖ 84

1 Handschuh
oder ähnliches

Dieses Spiel sahen wir auf einem Weg einer Pariser Parkanlage. Zwei kleine Mannschaften stehen sich in einer Entfernung von 15 Metern gegenüber. Zwischen ihnen liegt ein Handschuh. Die Spieler sind numeriert, und der Schiedsrichter (einer der Jungen) ruft die Nummern nacheinander auf. Die Spieler laufen auf den Handschuh los. Sie sollten ihn nehmen und ihn zurücktragen oder dem Gegner in dem Fall den Abschlag geben, wenn er etwa den Handschuh bekommen hat und ihn forttragen will. Beim Aufheben dürfen sich aber die Gegner nicht berühren.

Manchmal läuft einer der Spieler mit einem kleinen Vorsprung zum Handschuh und kann ihn blitzschnell vom Boden aufheben, einen Haken schlagen und mit ihm auf seinen Platz zurückkehren. Ein anderes Mal erreichen jedoch beide Gegner gleichzeitig das Ziel, und dann beginnt ein spannendes Umherspringen rings um den Handschuh, einer bewacht den anderen und wartet eine passende Gelegenheit ab, um den Handschuh zu erbeuten. Falls der unentschiedene Kampf allzu lange dauert, ruft der Schiedsrichter ein weiteres Paar auf, nachher eventuell ein drittes, und jetzt gibt es rund um den Handschuh tatsächlich ein unübersichtliches Gedränge. Die Spieler schieben sich und bewachen einander, bis schließlich einer von ihnen den entscheidenden Ausfall wagt und den Handschuh an sich nimmt. Manchmal dauert es jedoch lange, bevor der entscheidende Angriff erfolgt. In einem solchen Fall werden alle Spieler vom Schiedsrichter abgerufen. Falls der Spieler mit seinem Handschuh auf den Platz zurückkehrt, ohne daß ihn einer der Gegner berührt hat, erzielt er einen Punkt. Falls er jedoch auf der Flucht vom Gegner den Abschlag erhält, erzielt der Gegner einen Punkt. Wir spielen 15 Minuten. Die Mannschaft, die nach dieser Zeit mehr Punkte hat, siegt.

◀ Boule Nr. 49 (S. 21)

Hölle 85

Die englische Version des »Schwarzen Peter«. Auf den Britischen Inseln spielen die Kinder dieses Spiel nach folgenden Regeln: Auf dem Spielplatz wird eine breite Zone markiert, die in drei Felder eingeteilt wird. Im Mittelfeld, das man als »Hölle« bezeichnet, läuft ein ausgewähltes Paar, das sich an den Händen hält. Die übrigen Spieler laufen von einem Randfeld über das Mittelfeld in das andere Randfeld, und das Wächterpaar versucht, sie zu fangen, wobei es sich nicht loslassen darf. Wer von dem Paar berührt wird, geht »in die Hölle«, d.h. er schließt sich den Fängern an. Auf diese Weise verlängert sich die Kette der Wächter beständig, bleibt jedoch immer verbunden.

Läufer, stopp! 86

1 Tuch

Wählen Sie einen Spieler aus, verbinden Sie ihm die Augen mit dem Tuch und stellen Sie ihn in die Mitte des Spielfeldes. Die übrigen bilden um ihn einen kleinen Kreis. Der »Blinde« beginnt sich dann schnell um seine Achse zu drehen, und das ist für die übrigen das Zeichen, so schnell wie möglich nach allen Seiten zu entfliehen. Hat sich der Blinde zum dritten Mal gedreht, hält er still und ruft: »Läufer, stopp!« Auf diesen Befehl hin müssen die Spieler augenblicklich stehenbleiben. Der Blinde begibt sich dann in die Richtung, in der er seiner Ansicht nach am ehesten auf einen Spieler trifft. Die Spieler stehen bewegungslos und achten darauf, sich nicht einmal durch den Atem zu verraten. Der Blinde geht nur vorwärts, er darf also beim Gehen keinen Zickzackweg einschlagen, und versucht unterwegs einen der Spieler mit den Händen abzutasten. Falls ihm das gelingt, vertauscht er mit ihm die Rolle. Findet er jedoch niemanden, kehrt er zurück, und das Spiel beginnt von neuem.

Überlaufen 87

Wir stecken ein Rechteck mit den Ausmaßen 10 x 20 m ab, in dessen Mitte ein kleines quadratisches »Gefängnis« eingezeichnet wird. Dann losen wir einen Wächter aus, der sich im großen Rechteck frei bewegen darf. Die übrigen Spieler laufen stets von einem Ende des Rechtecks zum anderen und zurück. Wer beim Überlaufen vom Wächter den Abschlag erhält oder einen Seitenstrich überschreitet, ist gefangen und wandert ins »Gefängnis«. Das Spiel beginnt von neuem, wenn alle Läufer eingefangen sind oder fünf Minuten gespielt wurde. Dann wird der in der nächsten Runde Wächter sein, der zuerst gefangen wurde.

Glöckner 88

Tücher für die Spieler, 1 kleine Glocke

Es handelt sich um eine interessante englische Variante des Blindekuhspiels. Sämtliche Spieler haben die Augen verbunden, nur ein einziger sieht. Der Sehende läutet in kurzen Intervallen mit einem Glöcklein, und die Blinden fangen ihn nach Gehör. Wer ihn berührt, übernimmt das Glöcklein und vertauscht mit ihm die Rolle.

Gockelspiel ◔ Ⓖ 89

Die Spieler stehen in einer Reihe hintereinander. Der Fänger stellt sich vor den ersten und sagt:
»Gockel!«
»Was willst du?« fragt dieser.
»Den letzten!« antwortet der Fänger.
»Dann fang ihn beim Flügel!« sagt der Gockel.
Der Fänger läuft los, um den letzten Spieler zu fangen. Er darf an beiden Seiten der Reihe entlanglaufen. Gelingt es dem letzten, an den Anfang der Reihe zu laufen, ohne daß der Fänger ihn bekommen hat, ist er gerettet und wird Gockel. Falls ihn der Fänger jedoch schlägt, übernimmt er die Rolle des Fängers und dieser wird Gockel.
Wollen wir dieses Spiel mit älteren Kindern spielen, können wir es, um die Sache interessanter zu machen, auch umbenennen.
Es wird zu einem alten Indianerspiel, in dem der Fänger den Dämon der Krankheit darstellt. Er stellt sich vor die Reihe der Spieler in Position und sagt: »Sirasu Catuaini huashama!« Das heißt nichts anderes als: »Gebt mir den letzten von hinten!« Und dann versucht er, ihn zu fangen. Drei unverständliche Worte schaffen so die Illusion eines neuen, unbekannten Spiels und machen es auch für höhere Altersstufen geeignet.

Den dritten abschlagen ◔ Ⓖ 90

Wir teilen uns paarweise so auf, daß sämtliche Paare einen größeren Kreis bilden, das Gesicht zur Mitte des Kreises gewandt. Die jeweiligen Partner stehen hintereinander, es wird also ein innerer und ein äußerer Kreis gebildet. Die Entfernung zwischen den einzelnen Partnern beträgt ungefähr eine Armlänge. Ein Paar beginnt das Spiel, indem einer die Rolle des Läufers übernimmt, der andere diejenige des Fängers. Der Läufer flieht außen am Kreis entlang, der Fänger verfolgt ihn. Kann er ihn fangen, vertauschen sie die Rollen. Falls der Läufer in den Kreis schlüpft, und sich vor einem der Paare aufstellt, übergibt er damit automatisch seine Rolle demjenigen, der im äußeren Kreis steht, also jetzt überzählig geworden ist. Daher heißt dieses Spiel auch: »Der dritte Mann«. Der dritte wird zum Läufer, und der Fänger muß nun einen neuen, ausgeruhten Spieler jagen.

Hahn ◕ Ⓖ 91

Mützen, Tuch

Ein Spieler stellt den Hahn dar. Er verbindet sich die Augen und stellt sich in breitem Grätschstand auf. Die übrigen treten von vorn zu ihm heran, und jeder wirft seine Mütze so weit wie möglich zwischen dessen Beinen durch und stellt sich dorthin, wo die Mütze niederfiel. Haben sich alle abgelöst, kniet der »Blinde« nieder und beginnt, abtastend die Mützen zu suchen. Falls er eine findet, muß sich deren Eigentümer zu dem 20 Meter entfernten Ziel auf die Flucht begeben. Die übrigen Spieler heben schnell ihre Mützen vom Boden auf und beginnen, den Fliehenden mit den Mützen zu schlagen. Der Flüchtling ist erst hinter dem Ziel in Sicherheit. Wird er erwischt, übernimmt er beim nächsten Spiel die Rolle des Hahns.

Paarfangen ◔ Ⓖ 92

Man beginnt wie beim üblichen Fangenspiel. Ein ausgeloster Spieler versucht, jemandem den Abschlag zu geben. Gelingt ihm das, so nehmen sich beide Spieler bei den Händen und verfolgen gemeinsam die anderen Spieler. Die beiden nächsten Abgeschlagenen bilden ihrerseits wieder ein Paar und helfen, die noch freien Spieler zu fangen. Die Zahl der Verfolgerpaare nimmt demnach ständig zu. Das Spiel verliert jedoch nichts von seiner Spannung, da die einzelnen Spieler bessere Manövriermöglichkeiten haben als die Paare.

Kampf um Kärtchen ⓖ 93

20 Kärtchen, 2 Mützen

Wir zeichnen nach dem Plan ein rechteckiges Spielfeld. In die Quadrate A und B verteilen wir je zwanzig Kärtchen, etwa so groß wie Spielkarten. Dann teilen wir die Spieler in zwei Mannschaften ein. Die Mannschaft A nimmt auf der mit A bezeichneten Hälfte des Spielfeldes Stellung, die Mannschaft B auf der Hälfte B. Jede Seite wählt aus ihrer Mitte einen Wächter aus und kennzeichnet ihn mit einer Mütze. Auf Signal hin beginnen die Spieler in das Gebiet der Gegner einzudringen. Jeder versucht, bis zu dem Quadrat vorzudringen, in dem sich die Kärtchen befinden, eines zu ergreifen und in das eigene Quadrat zu bringen. Falls er beim Einfall in das fremde Gebiet vom Wächter gefangen wird, indem der ihm den Abschlag erteilt, geht er in das Gefangenenlager der Gegner. Falls er dabei schon ein Kärtchen in der Hand hat, muß er es in das Quadrat zurückgeben, aus dem er es vorher entnommen hat. Der gefangene Spieler kann befreit werden, wenn einer seiner Mitspieler zu ihm läuft und ihn berührt. Bei einem Ausfall darf jeder nur einen Gefangenen befreien.

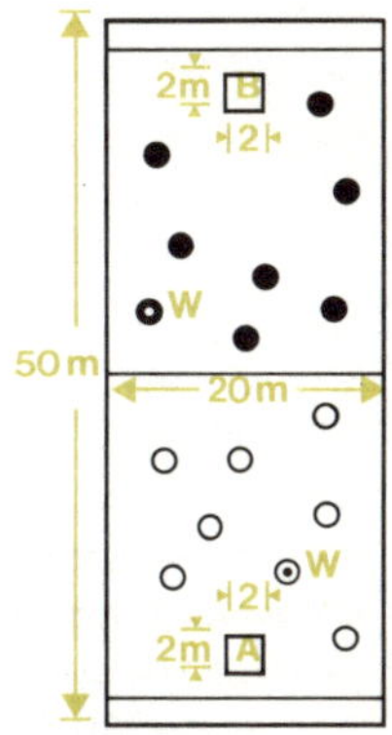

Die Wächter verlassen ihr Gebiet nicht, dürfen jedoch von Zeit zu Zeit ausgetauscht werden: Einer übergibt dann dem anderen die Mütze. Der Kampf um die Kärtchen dauert zehn Minuten. Sieger wird die Seite, die beim Schlußsignal mehr Kärtchen in ihrem Quadrat hat. Die Kärtchen, die die Spieler in diesem Augenblick noch in der Hand halten, werden nicht berücksichtigt.

Erbeuten von Stäbchen ⓖ 94

Stäbchen

Wir kennzeichnen auf der Wiese ein rechteckiges Spielfeld von 20 x 20 m und teilen es in zwei quadratische Hälften ein. Dann teilt sich die Gruppe in je zwei Dreier- bis Fünfermannschaften. Jede besetzt nun eine Hälfte des Spielfeldes, und dann entsendet jede Mannschaft abwechselnd eines ihrer Mitglieder auf das Gebiet des Gegners. Wer zwischen den Gegnern hindurch bis zur Grenzlinie ihres Quadrates schlüpft, erringt eine Trophäe – eines der fünf Stäbchen, die frei auf beiden Seiten hinter dem Feld liegen. Mit den erbeuteten Stäbchen kann er, von niemandem bedroht, auf sein Gebiet zurückkehren. Die Trophäe legt er auf seine Seite zu den übrigen Stäbchen.
Falls der Angreifer auf dem Gebiet der Gegner den Abschlag erhält oder im Eifer des Gefechts die Seitengrenzen überschreitet, muß er unverrichteter Dinge zurückkehren.
Bei den Ausfällen wechseln einander nicht nur beide Seiten ab, sondern auch die einzelnen Spieler.
Die Mannschaft, die alle Stäbchen verlor, ist besiegt.

Karnevalsnacht ◐ Ⓖ 95

Masken, Verkleidungen, Notizbücher, Bleistifte, Taschenlampen

Wir besorgen so viele große Papiersäcke wie Kinder an dem Spiel teilnehmen. Jeder bekommt dann einen Sack mit dem Auftrag, sich aus ihm eine einfache Maske herzustellen. Die Öffnungen für die Augen werden herausgeschnitten. Nach Sonnenuntergang ziehen sich sämtliche Spieler gesondert um und entwerfen dabei selbständig die phantastischsten Kostüme aus Decken, Schilfmatten, Gras und ausgeliehenen Kleidern. Auf den Kopf setzt sich jeder eine Maske aus dem Papiersack und schreibt eine dreistellige Zahl darauf.
Auf Kommando sammeln sich alle, spazieren umeinander herum, um festzustellen, wer sich hinter dieser und jener Maske versteckt. Keiner darf jedoch vom anderen angefaßt werden. Die Spieler dürfen die anderen nur nach Stimme, Höhe der Gestalt, charakteristischen Bewegungen usw. erraten. Jeder notiert sich die identifizierten Personen nach ihren Nummern, zum Beispiel: 357 – Georg; 228 – Hans.
Das Spiel dauert eine halbe Stunde. Für jeden erratenen Gegner erhält der Spieler einen Punkt. Dagegen wird ihm ein Punkt für jeden Gegner abgezogen, der ihn erkannt hat.

Schwarzer Peter ◔ Ⓖ 96

Eines der ältesten und besten Bewegungsspiele für groß und klein. Die Spieler laufen hierbei von einem Ende des Spielfeldes zum anderen und zurück, und der »Schwarze Peter« kommt ihnen entgegen, um sie zu fangen. Der »Schwarze Peter« darf nur nach vorn oder zur Seite laufen, niemals zurück. Wem er den Abschlag gibt, der wird zu seinem Helfer. Wenn alle gefangen sind, beginnt das Spiel von neuem. Wer zuerst gefangen wurde, ist in der nächsten Runde Schwarzer Peter.

Schuhgeschäft ◔ Ⓖ 97

Die Spieler ziehen sich für dieses Spiel die Schuhe aus, die auf einem Haufen zusammengeworfen werden. Je mehr Teilnehmer sich an diesem Spiel beteiligen, desto lustiger wird es. Auf das Kommando: »Auf die Plätze, fertig, los!« laufen alle auf den Haufen zu, am besten von einer weiter entfernten Startlinie, und beginnen, ihre Schuhe zu suchen. Haben sie endlich das zusammengehörige Paar gefunden, ziehen sie es an und kehren auf ihren Platz zurück. Falls alle Teilnehmer Schnürschuhe besitzen, können wir falsche Paare zusammenknüpfen, so daß das Spiel länger dauert und noch spannender wird. Wir können auch eine ganze Schuhkette bilden. Wer zuerst seine Schuhe wieder anhat, ist Sieger und erhält eine kleine Belohnung.

Sackhüpfen ◔ Ⓖ 98

Säcke, Belohnungen

Es handelt sich sowohl für die Spieler als auch für die Zuschauer um eine lustige Unterhaltung. Jeder Wettkämpfer steigt vor der Startlinie in einen Sack, hält dessen Rand mit den Händen in Höhe der Hüften fest, und auf ein Signal hin läuft er auf das 10 Meter entfernte Ziel los. Der Sack gestattet nur winzige Schritte oder kleine Sprünge, und wir werden oft hinfallen. Dem Sieger muß eine verlockende Belohnung winken, damit sich alle auch richtig anstrengen.

Wettkampfspiele ◕ Ⓖ 99

Tücher, Ruten, Sprungseile

Unsere Kindergruppe teilt sich in Paare ein, die ungefähr gleich stark sein sollten.
Wir bezeichnen auf der Rasenfläche eine Startlinie und ein Ziel, das je nach Spiel näher oder weiter gelegen sein kann. Dann können wir mit dem ersten Wettkampfspiel beginnen, bei dem es auf die gute Zusammenarbeit der beiden Partner ankommt.

Schubkarren: Ein Spieler stützt sich mit den Händen auf den Boden, der andere ergreift die Beine seines Partners an den Knöcheln und hebt sie so vom Boden ab. Jetzt versuchen beide, schnell gemeinsam zum Ziel zu gelangen; einer läuft auf Händen, der andere balanciert aus. Sind sie am Ziel angelangt, wechseln sie schnell die Rollen und laufen zurück. Das Paar, das als erstes anlangt, siegt.
Mit drei Beinen: Zwei Spieler stehen nebeneinander, und ihr jeweils rechtes und linkes Bein werden in der Höhe der Knöchel mit einem Tuch zusammengebunden. So steht die ganze Gruppe der Kinder am Start. Auf das Kommando: »Achtung, fertig, los!« laufen die zusammengebundenen Paare zum Ziel, wo sie sich blitzschnell das Tuch um die anderen Beine binden und zurücklaufen.
Das Paar, das als erstes wieder am Start ankommt, erhält einen Preis.
Slalom mit verbundenen Augen: Wir stecken in den Rasen zehn Zweige, die so versetzt sind, daß sie eine interessante Slalombahn ergeben. Dann verbindet sich ein Partner die Augen, winkelt die Arme an und nimmt ein Sprungseil in beide Hände. Der andere ergreift von hinten beide Enden des Seils und der Wettkampf kann beginnen. Der zweite Spieler dirigiert den ersten durch die Bahn, indem er ihn durch leichtes Anziehen des Seils nach rechts oder links schwenken läßt. Tritt ein Spieler einen Zweig um oder läßt er ein Tor aus, muß das Paar wieder von vorn beginnen.
Die beiden Spieler, die als erste das Ziel erreichen, erhalten eine Prämie.

Spiel mit Grashalmen ◕ Ⓖ 100

Lange Grashalme

Dieses Spiel gelangte aus dem Fernen Osten zu uns, die Kinder Japans, Chinas und Koreas pflegen es zu spielen. Zu Beginn reißt jeder Spieler ein Büschel von langen biegsamen Grashalmen aus. Der erste Spieler biegt sodann einen Halm zu einem Bogen und faßt seine beiden Enden zwischen Daumen und Zeigefinger an. Der Gegner, den er zum Zweikampf auffordert, fädelt seinen Halm durch den Halm des Herausforderers, biegt ihn gleichfalls zu einem Bogen und ergreift beide Enden. Dann beginnt der stille Kampf – beide ineinander verschlungene Halme spannen sich, und die Gegner ziehen vorsichtig an. Wem der Halm dann reißt, der verliert und muß beide Reste seines Halms seinem Überwinder als Trophäe übergeben.
Der Sieger fordert sodann den nächsten Spieler zum Zweikampf auf.

Blind um einen Kieselstein ◔ Ⓖ 101

1 Stab, 1 Kieselstein, 1 Tuch

Stechen Sie in der Mitte des Spielfeldes einen Stab in die Erde und legen Sie auf sein oberes Ende einen Kieselstein. Dann schicken Sie einen Spieler nach dem anderen mit verbundenen Augen los. Die Startlinie ist 15 m entfernt. Wer den Weg zum Stab nicht findet oder den Kieselstein zu Boden stößt, erhält nichts. Wer den Kieselstein von der Stange abnimmt, erzielt einen Punkt. Wiederholen Sie das Spiel 5- bis 10mal.

Balancieren von Blechdosen ◕ Ⓖ 102

Jeder trägt eine Pyramide von zehn Blechdosen von dem Start zum Ziel. Falls ihm eine Blechdose herunterfällt, muß er stehenbleiben, sie aufheben, und erst dann darf er den Weg fortsetzen. Der Leiter stoppt die Zeit ab. Wer die schlechteste Zeit hat, muß dreimal um das Spielfeld laufen.

10 Blechdosen, Stoppuhr

Erbeute die Mütze! ◔ Ⓖ 103

Ritzen Sie auf dem Spielfeld einen Kreis von 1,50 m Durchmesser ein. In die Mitte legen Sie eine Mütze, die von einem Wächter bewacht wird. Die übrigen Spieler verteilen sich an der Linie des Kreises und versuchen die Mütze zu erbeuten. Sie dürfen sie mit der Hand ergreifen oder mit dem Fuß hinausstoßen. Wem das gelingt, der erzielt einen Punkt. Dann wird die Mütze in die Mitte des Kreises zurückgelegt. Der Wächter muß sehr aufmerksam sein, und falls er einen Angreifer in dem Augenblick schlägt, wenn dieser eine Hand oder einen Fuß im Kreis hat, vertauscht er mit ihm seine Rolle.
Der Spieler siegt, der nach 10 Minuten am meisten Punkte erzielt hat.

Mütze

Spiel des Stammes Kwakiuti ◕ Ⓖ 104

Die Spieler teilen sich in zwei Mannschaften auf. Die erste verteilt sich in ein 5 x 5 m großes Quadrat, die zweite wirft aus einer Entfernung von 5 m den Ring in das Quadrat. Jeder Spieler im Quadrat hat einen Speer (einen Stab) und bemüht sich, mit ihm den fliegenden Ring aufzufangen. Falls er den Ring nicht auffängt, erhält die werfende Seite Zählhölzchen. Der Ring muß jedoch in den Raum des Quadrats fallen.
Wenn sich beim Werfen alle aus der ersten Mannschaft abgelöst haben, zählen sie die gewonnenen Zählhölzchen zusammen und vertauschen ihre Rolle mit der anderen Mannschaft.
Es wird auf zwei bis zehn Ablösungen gespielt. Jene Mannschaft, die mehr Zählhölzchen gewinnt, siegt.

1 Ring, Stäbe, Zählhölzchen

Werfen um Preise ◕ Ⓖ 105

Jeder Spieler legt irgendeinen kleinen Preis in eine Reihe, bei uns kann das eine Nuß, Pflaume u. ä. sein. Danach wird in einer bestimmten Entfernung ein Strich gezogen. Von hier aus wirft dann einer nach dem anderen einen Ring auf die Reihe der Preise. Wenn der Ring so niederfällt, daß er einen der Preise umschließt, erwirbt der werfende Spieler diesen Preis für sich. Es wird so lange gespielt, bis kein Preis mehr übrig bleibt. Dann wird von neuem eingesetzt. Die Eskimos spielen dieses alte Spiel mit einem aus Gras geflochtenen 15 Zentimeter großen Ring. Unter unseren Bedingungen genügt ein beliebiger anderer Ring, annähernd gleichgroß.
Ein ähnliches Spiel zählte früher zu den beliebten Kirchweihunterhaltungen. Bis heute hat es noch nicht seinen Zauber verloren.

1 Ring, kleine Preise

Indianerspiel mit Ringen ⊕ Ⓖ 106

1 Ring, Gerten

Bei zahlreichen Indianerstämmen zählte es zu den beliebtesten Spielen. Wir besorgen uns einen im Durchschnitt etwa 20 cm großen Ring. Wenn nichts besseres zur Hand ist, binden wir eine biegsame Gerte zusammen. Außerdem benötigen wir wenigstens zwei Speere – längere, gerade Gerten. Die Apachen spielten manchmal nur mit dünnen Weidengerten. Ein langer Strich wird auch in den Boden gezogen.

Der Schiedsrichter ergreift einen Ring und wirft ihn so auf den Boden, daß er nach vorn rollt. Einige Meter vor dem Schiedsrichter warten zwei Spieler mit dem Speer in der Hand – sie stehen neben dem Strich, an dem der Ring entlangrollt. Sobald der Ring in ihrer Nähe ist, versuchen sie, ihren Speer durch ihn hindurchzuwerfen. Das ist recht schwierig, denn der Ring rollt normalerweise mit großer Geschwindigkeit. Wem es gelingt, der siegt.

Schießen auf den Ring ⊕ Ⓖ 107

1 Ring, Pfeile, 1 Bogen

Hängen Sie an den unteren Zweig eines Baumes einen Ring – es kann eine alte Felge vom Fahrrad sein, ein Gummireifen oder eine elastische Rute, deren Enden man zusammenbindet. Es ist von Vorteil, wenn sich nicht weit hinter dieser Zielscheibe ein grasiger Hang befindet, dann muß man nicht weit nach den Pfeilen laufen.

Die Spieler schießen nacheinander mit dem Bogen und bemühen sich, daß ihr Pfeil den Ring durchfliegt. Wem das gelingt, der ritzt in sein Zählhölzchen eine Kerbe.

Die ersten Pfeile werden aus einer Entfernung von 5 Metern, die weiteren nach und nach aus größerer Entfernung abgeschossen.

Wer zum Schluß auf seinem Hölzchen die meisten Kerben hat, der hat auch gesiegt.

Stürze den Ring um! 108

1 Ring, Gerten, Stäbe, Zählhölzchen

Einige Indianerstämme spielten das Spiel mit dem Ring in folgender Variante: Eine Gruppe von Spielern steht in der Reihe. Derjenige, der das Spiel beginnt, wirft den Ring so, daß er 5 bis 10 m vor die Reihe der Spieler, parallel zu ihr, rollt. Jeder Spieler hat eine gerade Gerte in der Hand und bemüht sich, den Ring zu treffen und umzustürzen. Wer ihn umstürzt, sammelt die Gerten aller übrigen Mitspieler ein, auch derjenigen, die ihre bisher nicht geworfen hatten. Falls gleichzeitig zwei Spieler den Ring treffen, teilen sie die Gerten untereinander auf. Dann hängt der Sieger den Ring unter einem Ast auf und wirft aus einer Entfernung von 2 m die eingesammelten Gerten der Gegner durch den Ring. Erst die Gerten, die er durch den Ring wirft, bekommt er als dauerndes Eigentum. Die übrigen muß er ihren Besitzern zurückgeben.
Jeder bereitet sich für dieses Spiel ein Bündel von Gerten vor, die er kennzeichnet, indem er einen oder mehrere Streifen der Rinde abschält.

Fangen des Ringes 109

1 Ring, 1 Gerte

Es handelt sich im Grunde genommen um eine Variante des berühmten Indianerspiels mit Ring und Speer, aber um eine so unterschiedliche Variante, daß man sie als neues Spiel betrachten kann. Der erste Spieler wirft den Ring unmittelbar über seinem Kopf so in die Höhe, daß er mindestens 3 Meter hoch fliegt. Sein Gegner bemüht sich, den fallenden Ring mit seinem Speer aufzufangen. Gelingt ihm das, erzielt er einen Punkt. Dann vertauschen die Spieler ihre Rollen.
Wer zuerst die vorher festgelegte Punktezahl erreicht, siegt. Dieses Spiel ist eine gute Geschicklichkeits- und Wahrnehmungsprüfung. Die Dakotas Oglala fingen den Ring auf einer Spitze, die die auf der Abbildung dargestellte Gestalt hatte. Wenn der Spieler den fallenden Ring auf der Spitze fing, erhielt er zehn Punkte. Fing er ihn am Seitenansatz, der näher bei der Spitze lag, erhielt er fünf Punkte. Für das Fangen am entfernteren Ansatz gab es einen Punkt.

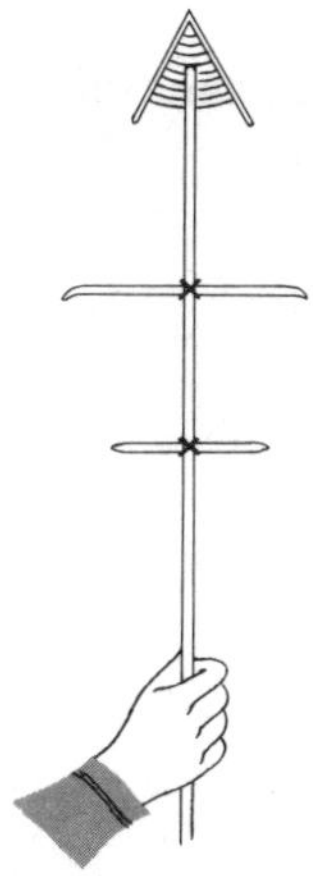

Topfschlagen 110

1 Topf, 1 Stock, 1 Tuch

Mit diesem Spiel unterhielten sich Kinder und Erwachsene bereits in vergangenen Jahrhunderten. Wir stellen einen alten Topf mit dem Boden nach oben auf die Wiese und legen unter diesen eine kleine Belohnung. Wir verbinden dann dem ersten Spieler die Augen, geben ihm ein Stöckchen in die Hand, stellen ihn auf einen vom Topf zehn Meter entfernten Strich und drehen ihn dreimal um seine eigene Achse. Dann schicken wir ihn nach vorn, um den Topf zu suchen und ihm mit dem Stock einen Schlag zu versetzen. Jeder darf nur einmal mit dem Stöckchen unmittelbar von oben schlagen. Falls er den Topf verfehlt, knüpft er das Tuch, mit dem seine Augen verbunden sind, auf, sieht sich um, wo er steht und übergibt dann Tüchlein und Stöckchen dem nächsten. Wer den Topf trifft, erhält den Preis, der unter dem Topf liegt.

Schießen auf Pfeile ◐ Ⓖ 111

1 Bogen, Pfeile, 1 Stein

Dieses Spiel ist uns von dem Stamm Tewa überliefert. Auf der Wiese kennzeichnen wir einen kleinen Kreis von 15 bis 30 Zentimetern Durchmesser. Jeder Mitspieler bohrt einen Pfeil senkrecht in diesen Kreis ein. Nun beginnt der Kampf darum, in welcher Reihenfolge wir auf die Pfeile im Kreis schießen werden. Dazu markieren wir eine Stelle oder legen dorthin einen Stein. In einer bestimmten Entfernung ziehen wir einen Strich und schießen von hier aus auf den Stein. Wessen Pfeil dem Stein am nähesten kommt, ist der erste Spieler, wessen Pfeil vom Stein am weitesten entfernt ist, tritt als letzter an. Nun beginnt das eigentliche Spiel: Aus einer Entfernung von 10 Metern schießt einer nach dem anderen auf die Pfeile im Kreis. Wer einen Pfeil trifft, gewinnt ihn.

Speer in den Kreis ◐ Ⓖ 112

1 Speer, 1 Tuch

Wir markieren in der Mitte der Wiese einen Kreis. In einer Entfernung von 15 Metern vom Kreis befindet sich die Startlinie. Von hier aus geht ein Spieler nach dem anderen mit verbundenen Augen und mit dem Speer in der Hand auf den Kreis zu. Wer bohrt den Speer am nächsten zur Mitte des Zielkreises ein?

Würfe zum Totem ◐ Ⓖ 113

1 Pfahl oder Holzscheit, Speere

Wir stellen in die Mitte der Wiese senkrecht einen Pfahl oder ein Holzscheit auf und werfen darauf aus verschiedenen Entfernungen einen aus einer geraden Rute gefertigten Speer, der an einem Ende zugespitzt ist. Der, dessen Speer am nächsten beim »Totem« einschlägt, siegt. Gültig ist nur jener Wurf, bei dem sich der Speer in den Boden bohrt.

Wurfhölzchen ◑ Ⓖ 114

Hölzchen, Federn

Die Indianer des Stammes Zuni spielten das Pfeilespiel in einer interessanten Variante. Sie verwendeten hierbei keine Pfeile, sondern warfen mit Hölzchen – mit kleinen nur mehrere Zentimeter messenden Ästchen. An einem Ende waren sie zugespitzt, am anderen Ende der Ästchen befestigten die Indianerjungen längere Federn. Jeder der Mitspieler schaffte sich mehrere solche Wurfhölzchen an. Zunächst warf der erste Spieler ein Hölzchen von einem Strich aus, dann warf der zweite, daß sein Hölzchen nach dem Niederfall mit seiner Feder die Feder des Hölzchens des Gegners berührte. Falls ihm das gelang, gewann er beide Hölzchen. Falls er nicht traf, blieben beide Hölzchen dort liegen, wo sie niedergefallen waren. Abermals warf der erste, der auf jede beliebige Feder zielen durfte.

Knopfschießen ◑ Ⓖ 115

1 Pfahl, Stäbchen, Knöpfe oder Steinchen

Dieses Spiel ist eine der beliebtesten Unterhaltungen der englischen Jungen. Sie ritzen dafür auf dem Spielfeld einen Kreis von 20 cm Durchmesser ein. In seine Mitte stechen sie einen Pfahl so ein, daß er noch 10 cm aus der Erde hervorragt. Auf die Spitze des Pfahls legt einer der Spieler – der Bankier – einen Knopf. Wer sein Glück versuchen will, legt einen weiteren Knopf hinzu und wirft aus einer Entfernung von einigen Metern seinen Stab nach dem Pfahl. Falls er das Ziel trifft und der Knopf aus dem Kreis hinausfliegt, muß der Bankier dem Werfenden nicht nur den abgeschlagenen Knopf geben, sondern zusätzlich einen weiteren aus seinem Kapital dazulegen. Wenn jedoch das Stäbchen sein Ziel verfehlt, der Knopf vielleicht nur herunterfällt, aber im Kreis liegen bleibt, gewinnt der Bankier den gesetzten Knopf.

In der Umgebung von Newcastle (England) wurde dieses Spiel mit drei Pfählen von zwanzig Zentimetern, die in drei flache, in den drei Ecken eines Dreiecks verteilte Löcher eingestochen waren, gespielt. Die Löcher lagen in Abständen von 60 Zentimetern. Auf jedem Pfahl lag irgendeine Kleinigkeit – der Preis. Wer einen ähnlichen Gegenstand einsetzte, konnte den Stab auf den Pfahl werfen. Er gewann den Gegenstand dann, wenn er ihn so vom Pfahl herunterstieß, daß er nicht in das Loch fiel. Es wurde nicht nur um Knöpfe, sondern um kleine Kugeln, Nüsse oder kleine Münzen gespielt.

Werfen in einen schaukelnden Korb ◑ Ⓖ 116

1 Eimer oder Topf, 1 Strick, 10 Wurfgeschosse pro Spieler

Wir binden an den Ast eines freistehenden Baumes einen Strick und hängen an diesen einen Korb, einen Eimer oder einen alten Topf. Den schwingen wir hin und her. Jeder hat zehn Wurfgeschosse, entweder Papierkugeln, Tennisbälle oder Tannenzapfen. Alle Spieler sollten allerdings die gleiche Art von Wurfgeschossen haben, damit es zu einem fairen Wettkampf kommt. Sieger wird, wer aus einer Entfernung von drei Metern die meisten Zapfen oder Kugeln in den schwingenden Korb wirft.

Lauf zum Ring ⊕ Ⓖ 117

1 kleiner Ring, Faden, 1 Holzlanze

Dieses Spiel erhielt sich bis zum heutigen Tag als ein Andenken an die mittelalterlichen Ritterturniere. Wir hängen auf einer erhöhten Fläche einen kleinen Ring mit einem dünnen Faden an einen Zweig. Die »Ritter«, die ihre Geschicklichkeit unter Beweis stellen wollen, laufen aus zehn Meter Entfernung mit einer kurzen Lanze in der Hand los. Sie sollen in scharfem Lauf den Ring aufspießen.

Das erste Mal wird mit der rechten Hand gekämpft, das zweite Mal mit der linken, das dritte Mal wird der Ring in Schulterhöhe aufgehängt, das vierte Mal niedrig über dem Boden. Wer die meisten Versuche erfolgreich absolviert, der erhält als Belohnung das »Ritterwappen« – ein schön bemaltes Stück Papier.

Eskimo-Zweikampf ◔ ② 118

Täfelchen, Pflöcke

Wir binden eine biegsame Rute zu einem Ring von etwa zehn Zentimetern Durchmesser und hängen ihn in Taillenhöhe an einem Zweig auf. Zwei Gegner stehen etwa 2 Meter vom Ring nebeneinander, und jeder hat ein Stöckchen von einem Meter Länge in der Hand. Auf das Zeichen des Schiedsrichters versuchen beide, mit der Spitze ihres Stöckchens in den Ring zu stechen und den Gegner gleichzeitig daran zu hindern. Es wird nur mit den Stöckchen gekämpft. Wem es gelingt, den Ring zuerst zu treffen, der gewinnt die erste Runde. Der Zweikampf setzt sich aus fünf Runden zusammen.

Aus Sicherheitsgründen ist es nicht erlaubt, den Platz zu verlassen und die Stockspitze gegen den Gegner zu wenden. Der Zweikampf spielt sich also Seite an Seite ab.

Häuptlingsstab ⊕ Ⓜ 119

2 Stäbe von 1 m Länge

Dieses Spiel kann auch in der Turnhalle gespielt werden – wo man gewöhnliche Stäbe verwenden kann. Weitaus schöner wird es jedoch auf dem Spielplatz sein, wenn jeder einen mit Kerben verzierten und hübsch bemalten Stock von 1 Meter Länge vorbereitet hat. Dann wird aus der üblichen Geschicklichkeitsübung ein exotisches Spiel.

Wir teilen die Gruppe in zwei gleich starke Mannschaften ein, die sich paarweise aufteilen. Die Spieler verteilen sich entlang zweier 3 Meter voneinander entfernter paralleler Striche. Die Mannschaften sind einander zugewandt, hinter einem Strich stehen die ersten Spieler der Paare, hinter dem zweiten ihre Partner. Ein Paar stammt jeweils von Mannschaft A, das zweite von Mannschaft B. Der erste des äußersten Paares ergreift den Stab des Häuptlings und wirft ihn seinem Kameraden zu. Falls ihn dieser im Flug fängt, ohne seinen Strich zu überschreiten, verbleibt das Paar weiter im Spiel. Fällt der Stab zu Boden, scheidet das Paar aus. Dann erhält der erste Spieler des zweiten Paares den Stab, der der gegnerischen Mannschaft gehört. Nach und nach werfen auch alle übrigen Spieler den Stab des Häuptlings. Wenn der Stab bis zum Ende der Reihe

gelangt ist, kehrt er zurück. Dieses Mal werden die zweiten und die ersten fangen – allerdings nur die Paare, die nach der ersten Runde im Spiel verblieben sind.
Der Stab wandert so abwechselnd hin und her, und das Spiel endet, wenn eine der Mannschaften kein Paar mehr im Spiel hat. Die siegreiche Mannschaft übernimmt den Häuptlingsstab als Trophäe.

Böckleinspiel ◕ Ⓖ 120

Pro Spieler 1 Stab

Jeder Spieler hat sein Böcklein – einen von einem geraden Zweig abgeschnittenen Stab. Von der Startlinie wirft er ihn so ins Feld, daß er sich im Flug dreht und mit seinen Enden abwechselnd den Boden berührt. Ein richtig geworfener Stab »springt« demnach über das Spielfeld.
Der, dessen Stab am weitesten springt, siegt. Manchmal wetteifern die Spieler, wessen Stab die meisten Sprünge macht. In Rußland hatte dieses einfache Spiel noch eine Regel: Der, dessen Stab die kleinste Entfernung übersprang, mußte von der Startlinie loslaufen, mit angehaltenem Atem alle Stöcke aufsammeln und ohne Luft zu schöpfen mit ihnen zurückkehren. Zur Kontrolle sagte er langsam »Tschut-tschut-tschut ...«. Falls er Atem schöpfte, schied er aus dem weiteren Spiel aus.

Wer schafft es weiter? ◕ Ⓖ 121

Pro Spieler 1 Stab

Gerade die einfachsten Spiele sind oft die beliebtesten. Die russischen Jungen im Gebiet von Cherson spielten mit Stäbchen von einem halben Meter ein Spiel, das sie »Schkorbet« nannten. Die Spieler sitzen in Abständen von etwa eineinhalb Metern in einer Reihe nebeneinander. Jeder hat einen kräftigen Stab, der mit Kerben verziert ist. Auf ein Zeichen hin werfen sie ihn so weit wie möglich auf das Spielfeld. Wessen Stab am wenigsten weit kommt, der muß alle übrigen Stäbe zurückholen. Der Nächstschwächere muß zur Strafe auf einem Bein um die Stöcke hüpfen. Den kürzesten Wurf zum dritten Mal zu haben, bedeutete nicht nur, auf allen vieren die Stäbchen zu holen, sondern aus dem weiteren Spiel auszuscheiden.

Ausschlagen ◕ Ⓖ 122

Stäbe, 1 Tennisball

Man dreht mit der Ferse eine kleine Vertiefung in den Boden und legt einen Tennisball hinein. Einer der Spieler, der »Wächter«, steht in der Nähe davon. Die übrigen werfen mit Stäben aus einer Entfernung von 5 Metern nach dem Ball, um ihn damit aus der Vertiefung zu schlagen. Wer den Ball verfehlt, läßt sein Stäbchen dort liegen, wo es hingefallen ist. Falls es einem Spieler gelingt, den Ball mit dem Stäbchen aus dem Loch »auszuschlagen«, dürfen die übrigen ihre Stäbchen wieder holen und erneut werfen. Verfehlen alle Spieler das Ziel, ergreift der Wächter den Ball und rollt ihn vom Loch aus zu einem der herumliegenden Stäbchen. Trifft er es, gehört es ihm. Er vertauscht mit dem vorherigen Besitzer die Rollen.

Wachtelspiel (G) 123

½ m langer Stab pro Spieler

Ein Spiel der russischen Dorfkinder. Jeder Spieler schnitt sich von einem stärkeren Zweig einen etwa einen halben Meter langen Stab ab, verzierte ihn mit Kerben, und manchmal bemalte er auch die weißen Stellen.
Die ganze Gruppe der Spieler versammelt sich in der Mitte des Spielfeldes. Einer von ihnen wirft seinen Stab so in die Höhe, daß er seitlich niederfällt. Die übrigen versuchen den fliegenden Stab – »die Wachtel« – mit ihrem Stab zu treffen, bevor er auf den Boden fällt. Falls das jemandem gelingt, sagen die Kinder: »Die Wachtel wurde vom Falken erbeutet.« Der Spieler, dessen Stäbchen die fliegende Wachtel erreicht hat, wirft in der nächsten Runde seinen Stab in die Höhe, und die übrigen werfen nach ihm. Falls die Wachtel von keinem Stab getroffen wird, wirft der gleiche Spieler seinen Stab nochmals in die Höhe.
Variante: In anderen Gebieten ist das Spiel unter dem Namen »Schwalbenspiel« bekannt. Hierbei stehen die Spieler in ausreichenden Abständen entlang eines Striches, und einer von ihnen wirft seinen Stab – »die Schwalbe« – in die Höhe. Die übrigen versuchen, sie im Flug zu treffen. Falls jemand die Schwalbe trifft, muß ihr Eigentümer alle Stäbe aufsammeln, und die übrigen Spieler schlagen ihn hierbei leicht mit den Mützen. Falls die Schwalbe von niemandem getroffen wird, stellt sich jeder Spieler an die Stelle, wo sein Stab niederfiel, und von dort versucht er, die auf der Erde liegende Schwalbe mit seinem Stab zu treffen. Als erster wirft der, dessen Stab von der Schwalbe am weitesten entfernt ist. Trifft er die Schwalbe, dann wirft der nächste. Trifft er sie nicht, dann muß er im nächsten Spiel den übrigen die Schwalbe machen, d.h. seinen Stab in die Höhe werfen. Dieses auf den ersten Blick einfache Spiel erfordert einen guten Blick und eine sichere Hand.

Titschkerlspiel ② 124

1 Titschkerl (Holzklötzchen, an einem Ende zugespitzt), Schlagstock

Das »Buch der tausend Spiele« wäre nicht vollständig, wenn wir eines der beliebtesten Jungenspiele aus der Zeit unserer Großväter – das Titschkerlspiel – ausließen.
Verschiedene Abwandlungen dieses Spiels kann man wohl in allen Teilen der Welt finden. Das scheint ein Beweis zu sein, daß es sich um ein interessantes und lebendiges Spiel handelt.
Wir führen hier eine Form des Titschkerlspiels an, die jede Unfallgefahr ausschließt, die sonst gegeben ist, da ja ein Ende des Titschkerls zugespitzt ist.
Vor dem eigentlichen Beginn des Spiels muß entschieden werden, welcher Spieler »oben« und welcher »unten« spielt. Um dies herauszubekommen, stellt sich der erste in die Mitte eines Kreises und schlägt das hochgeworfene Titschkerl mit dem Schläger in der linken Hand ab. Falls der andere Spieler das Titschkerl mit der Mütze auffängt, oder wenn er es von der Stelle, an der es zu Boden fiel, aufhebt und in den Kreis wirft, erhält er dafür das begehrte »oben«. Wenn ihm weder das eine noch das andere gelingt, setzt der erste Spieler das Spiel fort. Er hat nun die Auf-

Mannschaftsziehen mit dem Tau Nr. 131 (S. 52) ▶

gabe, das Titschkerl dreimal mit dem Schläger abzufeuern – falls er es mit einem der drei Schläge nicht fünf Schlägerlängen weit vom Kreis schlägt, muß er mit Schande nach »unten«.
Im anderen Fall schätzt er die Entfernung, die das Titschkerl vom Kreisumfang trennt, und fordert: »15,40,100!« und mehr. Wir geben dabei nur Zahlen an, die durch fünf teilbar sind. Falls der »untere« Spieler anerkennt, daß das Titschkerl soviel Schlägerlängen vom Kreisumfang entfernt liegt, sagt er: »Gehört dir!« Wenn er die Angaben bezweifelt, fordert er, daß die Entfernung genau nachgemessen wird.
Sollte die Entfernung geringer sein, als der Spieler geschätzt hatte, ist das Spiel ungültig, und die Teilnehmer vertauschen ihre Rollen. Stimmt die Entfernung, so hat der erste Spieler einen Punkt erzielt.
Falls ein Spieler von »oben« nach »unten« gehen muß, verliert er nichts, allerdings kann er »unten« keine Punkte gewinnen. Gelangt er in der folgenden Runde wieder nach »oben«, so werden die Punkte den schon einmal erzielten dazugerechnet.
Wer am Ende die meisten Punkte errungen hat, siegt.

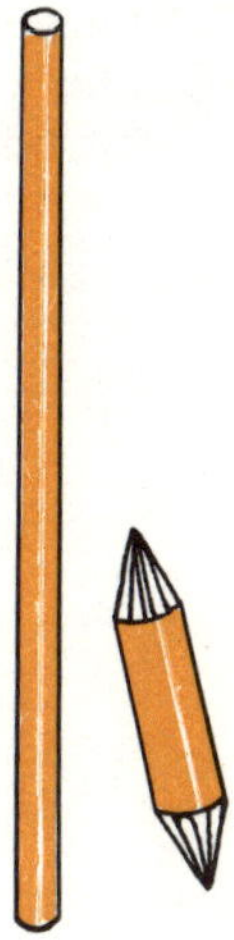

Englisches Titschkerl ⊕ ② 125

Titschkerl (oder Ball), 2 Schläger, 2 Stöcke

Noch zu Beginn dieses Jahrhunderts wurde dieses Spiel mit Vorliebe von den Jungen in den Londoner Vorstädten gespielt.
Zwei annähernd gleich starke Spieler benötigen ein Titschkerl: ein hölzernes Klötzchen, das an einem oder beiden Enden zugespitzt ist; einen Schläger von einem Meter Länge und einen stärkeren, runden Stock. Es wird in die Erde ein Kreis eingeritzt und ein Titschkerl hineingelegt. Dann klopft der erste Spieler mit dem Schläger auf die Spitze des Titschkerls, daß es in die Luft fliegt, und das fliegende Titschkerl schießt er mit dem Stock so weit wie möglich aufs Spielfeld ab. Wenn das Titschkerl wieder am Boden liegt, schätzt der zweite Spieler die Entfernung ab, die es vom Kreis trennt, und sagt dem ersten Spieler, mit wieviel Sprüngen er aus dem Kreis zum Titschkerl gelangen muß. Erreicht dieser mit der entsprechenden Anzahl sein Ziel, so wird sie ihm in Punkten gutgeschrieben. Den Schläger übernimmt dann der zweite Spieler.
Kommt der erste Spieler nicht mit den vorgeschriebenen Sprüngen zum Titschkerl, springt der nächste. Auch er erhält im positiven Fall seine Sprungzahl in Punkten und nimmt anschließend den Schläger, um das Titschkerl aus dem Kreis auf den Spielplatz abzuschießen. Kam er jedoch ebenfalls mit seinen Sprüngen nicht zu Rande, schießt der erste das Titschkerl zurück.
Das Spiel dauert eine vorher festgesetzte Zeit von fünfzehn bis dreißig Minuten. Wer am Ende mehr Punkte hat, siegt.
Aus Sicherheitsgründen kann man den zugespitzten Pfahl durch einen kleinen Ball ersetzen.

◄ Zieh den Gegner aus dem Kreis Nr. 192 (S. 80)

Der Bär brüllt ◐ Ⓖ 126

4 Stöcke, 1 kleiner Quader aus Holz oder Pappe, 1 dicker Filzstift

Dieses originelle Spiel stammt aus Rußland. Jeder der 4 Spieler hat einen 70 bis 80 Zentimeter langen Stock, gemeinsam haben alle einen »Bären«, d. h. einen Quader mit den Maßen von etwa 8 x 8 x 20 Zentimetern. Diesen Bären kann man gut aus Pappe oder kleinen Brettchen selbst machen. Von den 4 Längsseiten werden 3 mit dicken Punkten markiert: die erste mit einem Punkt, die zweite mit 2 Punkten, die dritte mit 3 Punkten. Die vierte und die kleinen Flächen an den Enden bleiben frei. Die Punkte könnt ihr mit Filzstift oder Kreide oder einer anderen Farbe malen. – Nun graben die Spieler an einer ebenen Stelle eine kleine Grube und ziehen einen Kreis um sie herum. Das ist die »Bärenhöhle«. Hinter der Höhle und dem Kreis werden, einen Schritt voneinander enfernt, 3 weitere kleine Löcher gegraben.

Nun beginnt das Spiel. Ein Spieler nach dem anderen legt seinen Stab über die »Bärenhöhle«, die Fußspitze in die Höhle und versucht, den Stab mit dem Fuß so weit wie möglich wegzustoßen. Derjenige, dessen Stab am weitesten fliegt, erhält die Nummer 1, der nächste die Nummer 2, der dritte die Nummer 3. Diese Ziffern werden auch auf die jeweiligen Stöcke gemalt. Der, dessen Stab der Höhle am nächsten liegt, bekommt keine Nummer und wird der »Diener«. Der Diener wirft nun den »Bären« irgendwohin auf das Spielfeld und legt seinen Stab (ohne Nummer) über die Höhle. Alle 4 Spieler gehen dann zum Bären. Der Spieler, dessen Nummer nach oben schaut, muß den »Bären vertreiben«. Liegt der Bär mit einer leeren Seite, die dem Diener gehört, nach oben, so wirft der Diener (aber nur zu Beginn des Spieles) den Bären so oft, bis eine Nummer nach oben zeigt.

Der Diener bestimmt dann, in welche Richtung der Bär vertrieben werden soll. Dabei achtet er darauf, daß die Stöcke der Spieler von der Höhle so weit enfernt wie möglich niederfallen. Die Richtung, die er angibt, geht also immer von der Höhle weg!

Der Spieler, dessen Nummer nach oben schaut, wirft nun aus mindestens 3 Meter Entfernung seinen Stock auf den Bären, um ihn dadurch in die vom Diener bestimmte Richtung zu bewegen. Der Stock bleibt liegen, wo er hinfällt, und alle gehen wieder zum Bären. Nun ist der an der Reihe, dessen Nummer jetzt oben liegt. Der Diener bestimmt wieder die Richtung und so fort.

Falls der Bär die Nummer zeigt, die schon beim vorhergehenden Wurf gefallen war, muß der Diener diesem Spieler den Stab holen.

Wenn der Bär einmal mit einer Seite ohne Punkte, die dem Diener gehört, nach oben fällt, ruft der Diener: »Der Bär brüllt!« Dann packt er den Bären, trägt ihn schnell in die Bärenhöhle, nimmt dort seinen Stock und legt ihn in eines der kleinen Löcher. Damit besetzt er dieses und sichert sich so für das nächste Spiel eine Nummer. Die übrigen 3 Spieler laufen, um ihre Stäbe zu holen, und bemühen sich, die übrigen 2 Löcher zu besetzen. Wer keins mehr erwischt, ist im nächsten Spiel Diener, und der ehemalige Diener übernimmt dessen Nummer.

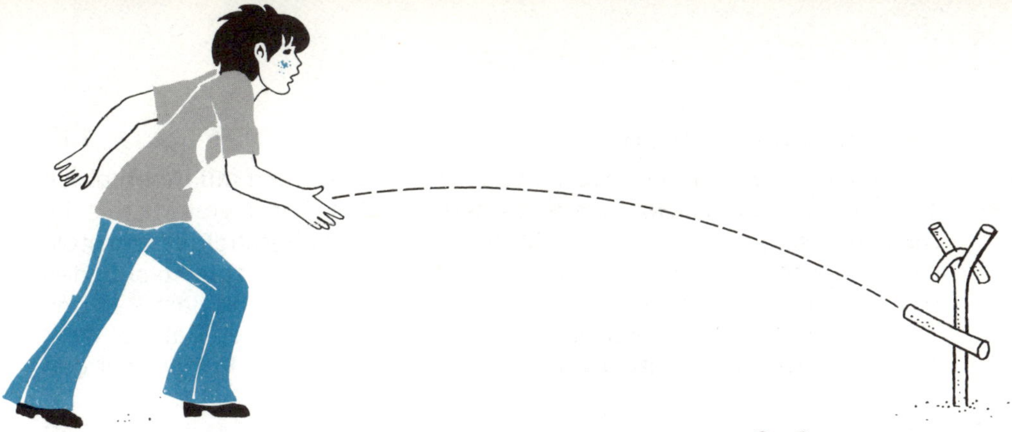

Auf die Gabel werfen ◑ Ⓖ 127

Die holländischen Kinder spielen dieses Spiel mit einem 1 Meter langen Stock, der eine Gabel hat und den sie in den Boden stechen. Oben auf die Gabel legen sie ein kleines Ästchen, auf das Gras einen Maßstab, einen Zollstock zum Beispiel. Dann werfen alle Kinder der Reihe nach mit einem Stab vom 5 Meter entfernten Ziel auf den Stock mit der Gabel, und wenn sie sie treffen, messen sie mit dem Zollstock die Entfernung, die das krumme Ästchen geflogen ist. Sieger wird der, dessen Wurf das Ästchen am weitesten fliegen ließ.

1 Stock mit Astgabel, 1 kleines Ästchen, 1 m langer Stab

Hawaiisches Titschkerl ◑ ② 128

Ein Spiel zu zweit. Auf einer Wiese wird ein etwa zwanzig Zentimeter breites Loch gegraben und darüber ein Pflock von fünfundzwanzig Zentimeter Länge gelegt, das Titschkerl. Die Beschreibung, wie ein Titschkerl aussieht, finden wir auf der Seite 49. Ein Spieler nimmt den Ein-Meter-Stab, schiebt dessen Spitze in das Loch unter das Titschkerl und schleudert es in die Luft. Wenn der Pfahl in die Höhe fliegt, feuert er ihn mit dem Stab so weit wie möglich auf das Spielfeld ab. Dann mißt er mit dem Stab die Entfernung, die das Titschkerl zurückgelegt hat. Danach tritt der nächste Spieler zum Abfeuern an, und so wechseln beide regelmäßig ab. Jeder erzielt soviel Punkte, wie er Stäbe gemessen hat.

1 Pflöckchen von 25 cm Länge, 1 Stab von 1 m Länge

Fechter ◑ ② 129

Wir zeichnen auf den Boden zwei 1 m voneinander entfernte Kreise von 1 m Durchmesser. An den Rand beider Kreise stellen wir ein dünnes Holzbrett. Hinter den Brettern stehen zwei »Fechter«, die einen Stab von 1 m Länge halten. Auf das Zeichen des Schiedsrichters hin versuchen sie, die Schilde des Gegners umzustürzen. Sie machen Ausfälle und parieren auch die gegnerische Waffe, falls sich diese in gefährlicher Weise ihrem Schild nähert. Sie dürfen ihren Kreis nicht verlassen und die Spitze ihres Stabes nicht höher als bis zur Hüfte heben. Hiermit wird die Sicherheit des Zweikampfes gewährleistet. Jedesmal, wenn ein Schild fällt, wird der Kampf für eine Weile unterbrochen, der Schiedsrichter stellt das Brett an seinen ursprünglichen Platz und schreibt dem erfolgreichen Fechter einen Punkt gut. Der Zweikampf ist beendet, wenn die Summe von fünf Punkten erreicht ist.

2 Stäbchen von 1 m Länge, 2 Bretter

Verteidigung des Turms ◔ Ⓖ 130

3 Stangen, 1 Ball

Wir binden drei Stangen oben so zusammen, daß man mit ihnen einen Turm bauen kann. Die Spieler bilden um den Turm einen Kreis im Durchmesser von acht bis zehn Metern. Einer wird Verteidiger und stellt sich in die Mitte des Kreises vor den Turm. Die Spieler spielen sich den Ball zu, und im geeigneten Augenblick versuchen sie, mit dem Ball den Turm umzuwerfen. Der Verteidiger schlägt den fliegenden Ball ab. Wem es gelingt, den Turm umzuwerfen, der tauscht mit dem Verteidiger den Platz.

Mannschaftsziehen mit dem Tau ◔ Ⓖ 131

Tau von 15 m Länge, 1 Taschentuch, Kreide

Tauziehen ist eine alte, beliebte Unterhaltung, dabei eine gute Übung für Kraft, Ausdauer und kollektive Zusammenarbeit. Für ein Mannschaftsziehen benötigt man ein festes, etwa fünfzehn Meter langes Tau. Auf beiden Seiten, drei Meter von einer eingezeichneten Mittellinie entfernt, zeichnen wir zwei parallele Ziellinien. Die Mitte des Taus kennzeichnen wir mit einem Taschentuch, und das Tau legen wir so auf den Boden, daß die Mitte genau auf der Mittellinie des Feldes liegt.

Die Spieler bestehen aus zwei gleich starken Mannschaften von jeweils fünf bis zehn Teilnehmern. Die Spieler jeder Mannschaft stellen sich jeweils rechts und links vom Tau hinter ihrer Ziellinie auf, am besten in Abständen von je einem Meter. Auf Anweisung des Schiedsrichters ergreifen beide Mannschaften das Tau, und auf ein Signal hin beginnen sie zu ziehen. Gute Zusammenarbeit der ganzen Mannschaft ist unerläßlich. Alle müssen gleichzeitig ziehen, damit die Kraft richtig verteilt ist. Eine wichtige Rolle spielen die letzten Mitglieder der Mannschaft, die mit einer Hand ziehen. Der Mannschaft, der es gelingt, die Mitte des Taues über ihre Ziellinie zu bringen, fällt der Sieg zu. Beim Hinüberziehen wird das Tau in der Regel in Hüfthöhe gehalten, man kann es jedoch auch über den Kopf oder in einer Hand halten. Wir können aus verschiedenen Stellungen und Lagen in einer bestimmten Entfernung von der Ziellinie starten.

Variante: Zonenwettbewerb. Der Raum auf beiden Seiten wird in Zonen aufgeteilt, die mit Nummern versehen werden. Das Hinüberziehen wird fünfmal wiederholt, jeder Versuch dauert dreißig Sekunden. Der siegreichen Mannschaft wird die Punktezahl gutgeschrieben, die der Zone entspricht, in welche die Mannschaft die Mitte des Seils hinüberziehen konnte: I. Zone = 1 Punkt, II. Zone = 2 Punkte usw. Sieger ist die Mannschaft mit der höchsten Punktezahl.

Pfad über dem Abgrund ◔ Ⓖ 132

5–15 Bretter

Man legt 5 bis 15 Bretter aus, so daß sie einen langen geschlängelten Gehsteig bilden. Zwischen den einzelnen Brettern werden Lücken von etwa 40 Zentimetern gelassen. Dann werden einem Spieler die Augen verbunden, er wird an den Rand des ersten Brettes geführt, und man mißt die Zeit, die er für den Übergang über den »gefährlichen Pfad« benötigt.

Der Teilnehmer überquert die Bretter blind und darf kein einziges Mal auf den Boden treten. Wenn er bis ans Ende eines Brettes gelangt, muß er mit dem Fuß tastend das nächste Brett suchen.
Wer überquert die Bretter am schnellsten?

Springerwettkampf ◐ Ⓖ 133

Auf einer Wiese wird ein Strich markiert. Mannschaft A stellt sich rechts, die zahlenmäßig gleich starke Mannschaft B links vom Strich auf. Der Wettkämpfer A steht mit den Fußspitzen zum Strich und springt aus dem Stand so weit wie möglich auf das Gebiet der Gegner. Der Schiedsrichter kennzeichnet die Aufsprungstelle mit einem geraden Ast. Spieler B stellt sich nun mit den Fußspitzen von der anderen Seite vor den Ast und springt in Richtung des Trennstrichs. Von seiner letzten Spur aus, normalerweise ist es das Absatzende oder auch das Ende des Hand- oder Körperabdrucks, wenn der Springer beim Aufsprung nach rückwärts fällt, springt dann Spieler A. Beide Mannschaften wechseln sich so ab und versuchen, den Gegner in die Tiefe seines Gebiets zurückzudrängen. Der Wettkampf endet mit dem Sprung des letzten Spielers der Mannschaft B. Seine Leistung entscheidet über das Ergebnis des Springerwettbewerbs. Den Wettbewerb verliert die Mannschaft, auf deren Gebiet sich die letzte Spur des letzten Springers befindet.

Afrikanische Träger ◐ Ⓖ 134

1 leere Pappschachtel

Jedermann sah das bereits – eine Reihe von schwarzen Trägern marschiert durch den Busch mit Lasten auf den Köpfen. Dieses Bild inspirierte uns zu einem unterhaltenden Spiel. Ein Teilnehmer nach dem andern startet als »afrikanischer Träger« mit einer Pappschachtel. Die Grundregeln sind für alle die gleichen: niemand darf die Schachtel mit den Händen festhalten, und jeder muß die Strecke vom Start zum Ziel so schnell wie möglich durchqueren. Wem die Schachtel vom Kopf fällt, oder wer die Schachtel mit der Hand berührt, scheidet aus.
Wer die bestimmte Strecke in der kürzesten Zeit überwindet, ist Sieger.

Hufeisenwerfen ⊕ ② 135

4 Hufeisen, 2 Eisen- oder Holzstäbe, 1 Metermaß

Es handelt sich um ein uraltes Spiel, das in Nordamerika unter den Cowboys beliebt war. Man schlägt auf dem Spielfeld zwei 11 Meter voneinander entfernte Eisenstäbe in den Boden. Beide Stäbe sind einander leicht zugeneigt. 2 Meter vor jeden zeichnen wir einen Strich. Wer zuerst spielen darf, wird durch das Los bestimmt. Der Spieler, der das Los gewann, stellt sich hinter den Strich und wirft zwei Hufeisen hintereinander, so daß sie so nah wie möglich am Stab des Gegners niederfallen. Dann wirft der andere Spieler zwei Hufeisen und beide messen ab, wessen Hufeisen sich näher am Stab befindet, und schreiben sich die erzielten Punkte nach folgender Tabelle gut:

6 Punkte erzielt der Spieler, dessen beide Hufeisen über den Stab des Gegners gefallen sind. Sie dürfen allerdings den Stab nicht berühren.
4 Punkte erzielt der Spieler, der mindestens ein Hufeisen über den Stab geworfen hat und dessen zweites Hufeisen näher am Ziel liegt als beide Hufeisen des Gegners.
3 Punkte erzielt der Spieler, der ein Hufeisen über den Stab geworfen hat.
2 Punkte erzielt der Spieler, dessen beide Hufeisen näher am Ziel liegen als die des Gegners.
1 Punkt schließlich erzielt der Spieler, von dem sich ein Hufeisen näher am Stab befindet als das vom Gegner.
Falls beide Spieler das gleiche Ergebnis verbuchen können, wird die Spielrunde annulliert.
Falls das zweite Hufeisen nach dem Niederfallen das liegende erste Hufeisen verschiebt, wird dessen endgültige Lage gemessen. Das Hufeisen, das nach dem Wurf an den Stab gestützt stehen bleibt, wird genauso gezählt wie das Hufeisen, das neben dem Stab liegt und ihn berührt.
Die Spieler wechseln einander beim Werfen ab. Eine Runde wird bis zu fünfzig Punkten gespielt. Wer als erster fünfzig Punkte hat, gewinnt. In der nächsten Runde beginnt der besiegte Spieler zu werfen. Mit der dritten Runde endet das ganze Spiel. Gesamtsieger der Begegnung wird der Spieler, der mehr Runden gewinnt.

Fußballstäbchen ⊕ (G) 136

1 kleines oder 1 großes Fußballstäbchen

Dieser Name ist allgemein nicht bekannt. Wir entdeckten ihn in einem alten Buch über Indianer. Das Fußballstäbchen ist ein 15 bis 20 Zentimeter langer Stab, so dick wie ein Bleistift. Manchmal ist es auch ein Stäbchen von einem Meter und mehr. Wir verzieren es mit geschnitzten Ornamenten. Dann spielen wir mit ihm ein altes Spiel. Wir kennzeichnen eine Startlinie, dann schieben wir das kleine Stäbchen zwischen die Zehen des Fußes und kicken es sodann kräftig nach vorn. Der, dessen Fußballstäbchen am weitesten fliegt, gewinnt. Das Stäbchen müssen wir von unten und nur mit dem Ende zwischen die Zehen einlegen, sonst bleibt es zwischen ihnen hängen und fliegt auch nicht beim stärksten Kicken weg. Der große 1 Meter lange Fußballstab wird waagrecht auf den Rist des gebeugten Fußes gelegt und kräftig nach vorn geschleudert. Bei der ersten

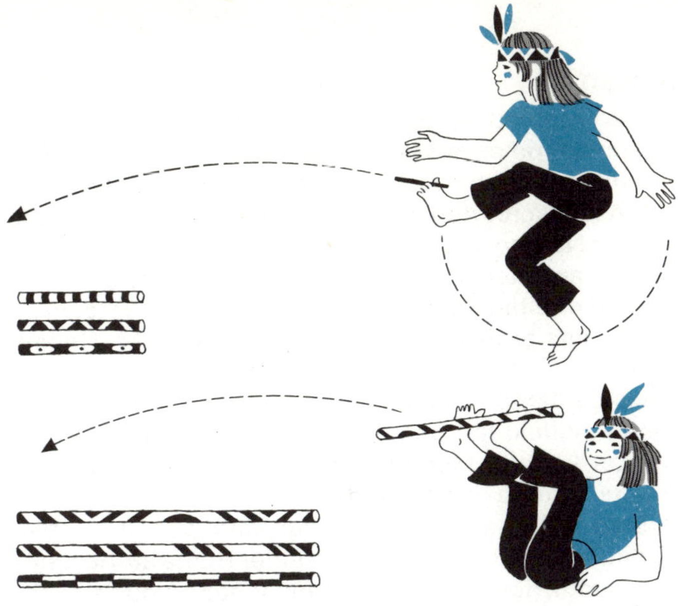

Runde mit dem Fußballstäbchen hat jeder nur einen Versuch. Beim zweiten Mal darf er fünfmal kicken, der zweite und die weiteren Versuche beginnen dort, wohin das Stäbchen vorher gefallen war.
Variante: Manche Stämme »kicken« das große Stäbchen auf ganz besondere Art. Der Spieler legt sich auf den Rücken, hebt die gebeugten Beine in die Höhe, der Helfer legt ihm das Fußballstäbchen quer über die Fußsohlen, und der Spieler schleudert es aus dieser Lage kräftig nach vorn.
Variante: Mit dem großen Fußballstäbchen wird auch folgendermaßen gespielt: Der Spieler legt es auf zwei Steine, zwischen denen sich eine Lücke von einem halben Meter befindet, in die Mitte unter das Stäbchen setzt er die Fußspitze und kickt es dann mit der Spitze so weit wie möglich in die Wiese.

Spiel mit Rollstein ◔ Ⓖ 137

Für dieses alte Indianerspiel benötigt man einen etwa 7 bis 10 cm großen glatten Flußstein. Man legt ihn sich auf den Rist des rechten Fußes, und dann kickt man ihn soweit wie möglich weg. Das linke Bein darf sich nicht von der Stelle rühren. Veranstalten wir einen Wettbewerb,

a. wer den Stein am weitesten wegkickt, mit dem rechten Fuß,
b. mit dem linken Fuß,
c. wer ihn in nächste Nähe eines Zielpflocks befördert.

1 Zielpflock, 1 größerer Flußstein

Werfen von Ringen ◕ Ⓖ 138

Es wird nach den beim Hufeisenwerfen beschriebenen Regeln gespielt. Jeder Spieler hat zwei Ringe aus Rohr, Holz oder Metall. Je nach Größe und Gewicht der Ringe setzen wir die Maße des Spielfeldes fest. Normalerweise wird auf eine Entfernung von 5 bis 10 Metern geworfen.

2 Ringe pro Spieler, 2 Stäbe

Knöchelchen 139

Je Mannschaft 10 Holzklötzchen 3x6 cm und ein größeres

Dieses alte Volksspiel wurde ursprünglich mit den Knochen kleiner Haustiere gespielt, da es auf dem Land davon genug gab. Heute jedoch ersetzen wir die Knochen durch 3x6 cm große Holzklötzchen, die von einem starken Ast geschnitten werden. Wir lassen dem Spiel allerdings ruhig seinen alten Namen. Die Spieler teilen sich in zwei Mannschaften, die gegeneinander antreten werden. Jede Mannschaft soll über 10 Holzklötzchen von einheitlichen Ausmaßen verfügen, außerdem soll sie noch eines besitzen, das größer ist als die übrigen und als »Kegelkugel« eingesetzt wird.

Auf einem festgestampften Sand- bzw. Lehmboden bezeichnen wir ein rechteckiges Spielfeld mit den Seitenlängen von 8 x 4 Metern. In einer Entfernung von 1 bzw. 2 Meter vor den Schmalseiten des Rechtecks ritzen wir je zwei Striche in den Boden.

Auf dem ersten Strich werden von jeder Mannschaft in Abständen von jeweils 10 Zentimetern 10 Holzklötze in einer Reihe aufgestellt, von dem 2 Meter entfernten Strich werfen die Mannschaften dann nach den Klötzchen der Gegner.

Die Spieler, die zuerst alle Klötze des Gegners umstoßen, siegen. Die Regeln sehen vor, daß mit einem Wurf nur ein oder zwei Klötze von der linken Seite weggestoßen werden dürfen. Wenn ein Spieler mehr trifft oder die, die nicht vorgesehen sind, können die Gegner alle 10 Klötzchen wieder aufstellen, einschließlich der, die schon aus dem Spiel ausgeschieden waren.

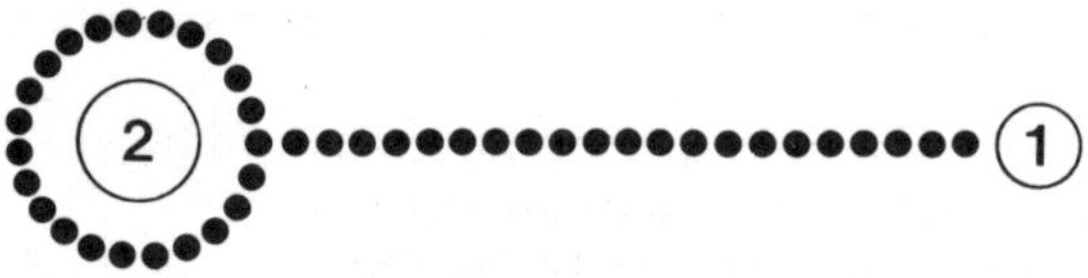

Hölle – Paradies 140

3 Stäbchen, 30 kleine Steine, 2 große Steine, 1 mittelgroßer Stein, 1 Taschenmesser

Ein besonderes Kapitel alter Volksspiele sind Spiele mit dem Messer. Sie pflegen in der Regel eine kleine Geschicklichkeitsübung zu sein, vor allem jedoch eine Unterhaltung zur Verkürzung der Langweile. Beim Spiel Hölle – Paradies legen die Spieler auf den Boden in die Figur, die die Zeichnung zeigt, zwei große flache Steine, einen mittelgroßen Stein und 30 kleine Steine. Zu Beginn legte jeder sein »Pferd« – ein 5 Zentimeter großes, mit Kerbschnitten verziertes Stäbchen – auf den die Hölle darstellenden Stein. Sodann werfen sie abwechselnd das Taschenmesser in die Höhe. Wenn sich das Messer nach dem Niederfall in die Erde bohrt, verschiebt der Spieler sein Pferd um 10 kleine Steine in Richtung des Steins, der das Paradies darstellt. Falls das Messer mit der scharfen Seite der Klinge nach oben liegen blieb, verschiebt der Spieler das Pferd um 5 kleine Steine. Falls es mit der stumpfen Seite der Klinge nach oben niederfällt, verschiebt der Spieler sein Pferd um 3 kleine Steine.

Wer mit seinem Pferd bis an den Rand des Kreises gelangt, in dessen Mitte der Stein liegt, der das Paradies bezeichnet, muß den ganzen Kreis umreiten, und erst dann darf er sein Pferd ins Paradies hineintragen.

In früheren Zeiten wurde dieses Spiel folgendermaßen beendet: Wer verlor und als letzter im Paradies eintraf, dem schlugen die Mitspieler sein Pferd mit einem Stein in den Boden, bis nur die Spitze hervorragte. Der Besiegte mußte es mit den Zähnen herausziehen und von Ort und Stelle irgendwohin ins Gebüsch werfen, wo ihn die anderen nicht mehr finden konnten.
Falls ihm das nicht gelang, schlugen die Gegner das Pferd abermals in den Boden.

Spiele mit dem Messer ◒ Ⓖ 141

1 Klappmesser

Die Jungen knien auf dem Rasen, und einer nach dem anderen versucht die einzelnen Aufgaben zu erfüllen. Sie sollen das Messer stets auf die vorgeschriebene Art und Weise einstechen. Wer einen Fehler begeht, übergibt das Messer dem nächsten und wartet so lange, bis er wieder an der Reihe ist. Dann beginnt er wieder mit jener Übung, die er vorher verpatzt hatte.
Reihenfolge der Aufgaben. Einstechen des Messers:

a. aus der üblichen Haltung mit zwei Fingern, mit Daumen und Zeigefinger am Ende der Klinge;
b. aus der Haltung mit zwei Fingern an der Spitze der Klinge;
c. aus der geöffneten Handfläche. Das Messer liegt mit der Spitze der Klinge in Richtung des Daumens, mit dem Ende des Schaftes in Richtung des kleinen Fingers – der Spieler dreht die Handfläche um und läßt das Messer fallen;
d. aus der geöffneten Handfläche. Das Messer liegt mit der Spitze in Richtung zum kleinen Finger, mit dem Schaft in Richtung des Daumens;
e. vom Handrücken der geöffneten Hand. Das Messer liegt mit der Spitze in Richtung des kleinen Fingers;
f. vom Handrücken der geöffneten Hand. Das Messer liegt mit der Spitze in Richtung des Daumens;
g. das Messer wird quer über den Mittelfinger der rechten Hand gelegt;
h. das Messer wird quer über den Mittelfinger der linken Hand gelegt;
i. aus der geöffneten Handfläche. Das Messer liegt mit der Spitze der Klinge in Richtung der Finger, mit dem Schaft in Richtung der Handwurzel;
j. aus der geöffneten Handfläche mit der Klingenspitze in Richtung der Handwurzel;
k. vom Handrücken, mit der Klingenspitze in Richtung der Finger;
l. vom Handrücken, mit der Klingenspitze in Richtung der Handwurzel.

In den zuletzt genannten vier Fällen muß sich das Messer in der Luft umdrehen. Dann krümmt der Spieler das Messer so, daß die Klinge mit dem Messerschaft einen rechten Winkel bildet, und wirft aus dem Stand;

m. aus der Haltung mit Daumen und Zeigefinger am Ende des Messerschaftes;
n. aus dem Halten mit Daumen und Zeigefinger an der Klingenspitze.

Klick-Klack ◑ Ⓖ 142

2 mittelgroße Steine, evtl. 1 Tuch

In Georgien wird dieses Spiel von 10 bis 16 in zwei Mannschaften eingeteilten Kindern gespielt. Die Spieler stellen sich im Kreis auf, in dessen Mitte die beiden Steine »Klick-Klack« liegen. Jede Mannschaft hat ihren Kapitän. Die Spieler der einen durch Los ausgewählten Mannschaft werden von denen der anderen Mannschaft huckepack genommen. Nehmen wir hier einmal an, daß die Mannschaft A das Los gewonnen hat. Ehe sie den Spielern der Mannschaft B auf den Rücken steigt, bekommt heimlich jeder Spieler von dem Kapitän einen Decknamen zugeteilt, normalerweise einfach einen Tiernamen. Dann steigen die Spieler auf die Rücken der Gegner. Wir verhalten uns nun alle mäuschenstill, bis auf den Kapitän der Mannschaft A, der auf dem Rücken des Kapitäns der Mannschaft B sitzt und diesem die Augen zuhält. Er sagt laut einen Tiernamen, z. B. »Tiger«. Der Tiger der Mannschaft A rutscht jetzt leise vom Rücken seines Gegners hinunter, schleicht sich in die Mitte des Kreises, wo die beiden Steine liegen, und klickt sie aneinander. »Klick-Klack!« Der Kapitän der Mannschaft B muß nun erraten, um welchen Teilnehmer der Mannschaft A es sich handelt. Er durfte sich daher, als alle Spieler huckepack saßen, genau ansehen, wo sie sich befanden, bevor ihm die Augen zugehalten wurden. Sind die Augen erst verdeckt, müssen alle Spieler in ihrer Position verharren. Nur der aufgerufene Spieler pirscht sich in der tiefen Stille in die Mitte des Kreises. Um den blinden Kapitän zu täuschen, kann er einen Umweg zur Kreismitte machen, muß aber wieder auf den Rücken des Gegners zurückkehren. Falls der Kapitän B errät, wer geklickt hat, vertauschen die Mannschaften die Rollen. Wenn nicht, gibt sich die Mannschaft A neue Namen und klettert der anderen Mannschaft wieder auf den Rücken, und das Spiel beginnt von vorn.

Palo – sebo ◑ Ⓖ 143

1 Beutel mit Münzen, Zettel, kleine Pfänder

Wir lassen dem Spiel den philippinischen Namen. Auf diesen Inseln handelt es sich um eine beliebte Unterhaltung der Jungen. Oben auf einem hohen Bambusstamm ist ein kleiner Beutel mit Münzen befestigt. Jeder Junge darf versuchen, hinaufzuklettern und sich aus dem Beutel eine Münze zu nehmen. Wer abrutscht, überläßt dem nächsten den Platz. Wählen Sie für dieses Spiel einen glatten Stamm aus und befestigen Sie in einer Höhe von zwei Metern, je nach dem Grad der Beschwerlichkeit und dem Alter der Spieler, ein Bündel von Zetteln. Jedem, dem es gelingt, in diese Höhe hinaufzuklettern, darf sich einen Zettel abreißen, der eine Anweisung für irgendeine kleine Belohnung enthält.

Werfen in Blechdosen ◑ ② 144

2 Blechdosen, 60 Steinchen

Zwei Spieler setzen sich in einer Entfernung von zwei Metern einander gegenüber und legen ihre Blechdosen zwischen die ausgespreizten Beine. Jeder hat dreißig Steinchen gesammelt, und jetzt werfen sie abwechselnd jeweils ein Steinchen so, daß es in die Blechdose des Gegners fällt. Wer schließlich am meisten Steinchen in seiner Blechdose hat, verliert.

Anschleichen an Bonbons ◐ Ⓖ 145

5 Taschenlampen, Bonbons

Wir spielen in einer dunklen, mondscheinlosen Nacht. Die Hälfte der Gruppe sind die »Hüter«, die sich entlang der Grenze eines quadratischen Gebiets verteilen. Die Größe des Gebiets hängt von der Anzahl der Spieler ab. Die Grenzen sind in den Ecken durch vier leuchtende Taschenlampen gekennzeichnet. Innerhalb des Vierecks hängt auf einem Baum eine fünfte Taschenlampe, die jedoch in durchsichtiges rotes Papier verpackt ist und nur einen schwachen roten Schein gibt. Unter ihr liegt ein Haufen von Bonbons. Bis hierher soll sich durch die Kette der Hüter die zweite Hälfte der Spieler heranschleichen. Zu Beginn des Spiels befinden sie sich etwa hundert Meter vom bewachten Quadrat. Wer bis zum roten Licht heranschleicht, ohne von einem Wächter zurückgehalten worden zu sein, nimmt sich ein Bonbon und schleicht wiederum zurück. Wird er auch diesmal nicht gefangen, darf er das Bonbon aufessen. Falls ihn jedoch einer der Hüter berührt, muß er das Bonbon herausgeben. Und die Beute wird Eigentum des Wächters. Wer von der Wache bereits auf dem Weg ins Viereck zurückgehalten wird, muß um zwanzig Schritte zurückgehen, und erst dann darf er abermals versuchen durchzudringen.

Zähmung wilder Pferde ◐ ② 146

Ein Spieler beugt sich vor und stützt die Hände auf die Knie. Der zweite schwingt sich dem ersten auf den Rücken, mit den Händen stützt er sich auf dessen Schultern, die Fußsohlen drückt er hinter dem Körper des vorgebeugten Spielers zusammen; er darf ihn also nicht mit den Beinen um die Taille fassen. Das »Pferd« beginnt dann zu hüpfen und versucht, den Reiter abzuwerfen. Die Hände hält er beständig auf den Knien. Falls der Reiter den Boden berührt, verliert er. Falls jedoch das Pferd zuerst hinfällt, siegt der Reiter.
Messen Sie die Zeit. Falls nach der zweiten Runde der Stand des Spieles 1 : 1 ist, entscheidet über den Sieger die Dauer, während der sich der Reiter auf dem Pferd hielt.

Leg den Ball in den Kreis! ◐ ② 147

1 Ball, Stoppuhr

Wir markieren auf der Wiese zuerst einen Kreis von 1 Meter Durchmesser. In der Mitte bezieht der Verteidiger seine Stellung. Etwa 5 Meter vom Kreisrand entfernt wartet der Angreifer. Auf ein Zeichen läuft er los und versucht, den Ball in den Kreis zu legen. Der Versuch darf nicht länger als 60 Sekunden dauern. Der Verteidiger läuft entweder dem Angreifer entgegen oder er erwartet ihn in unmittelbarer Nähe des Kreises. Er darf nicht zulassen, daß der Gegner seine Absicht verwirklicht. Er behindert ihn in der Bewegung, versucht ihn auf den Boden niederzuwerfen und kämpft mit sonstigen zulässigen Mitteln. Er darf jedoch dem Gegner den Ball nicht aus der Hand schlagen oder ihn ihm wegnehmen. Falls es dem Angreifer gelingt, den Ball binnen einer Minute in den Kreis zu legen, gewinnt er. Nach einer Pause werden die Rollen vertauscht.

Kegelspiele

Kampf um die Kegel Ⓖ 148

25 Kegel (Holzklötze), 1 Ball

Teilen Sie die Spieler in zwei Mannschaften ein. Beide Mannschaften stellen sich 20 m voneinander jeweils in einer Reihe auf. In der Mitte zwischen ihnen verteilen Sie 25 Kegel und übergeben der Mannschaft, die das Los gewann, den Ball. Dann rollen beide Mannschaften abwechselnd den Ball auf die Kegel und nehmen die umgestürzten Kegel weg. Das Spiel endet, wenn sämtliche Kegel umgestürzt sind. Die Mannschaft, die mehr Kegel hat, siegt.

Agimbóko Ⓖ 149

15 Kegel (Holzklötze), Kieselsteine, Pfeife

Stellen Sie in Abständen von einem halben Meter eine Reihe von fünfzehn Kegeln auf. 10 m von den Kegeln entfernt bezeichnen Sie eine Schützenlinie, von der die Mannschaft das Feuer mit Kieselsteinen eröffnet. Jedesmal, wenn es jemandem gelingt, einen Kegel umzustürzen, pfeift der Leiter. Auf dieses Zeichen hin wird das Feuer eingestellt, der erfolgreiche Schütze holt sich den umgestürzten Kegel als Trophäe, die übrigen ergänzen inzwischen ihre Munitionsvorräte. Dann ertönt die Pfeife zum zweiten Mal, und das Spiel beginnt wieder.
Das Spiel endet, wenn der letzte Kegel umfällt. Wer am meisten Kegel beisammen hat, siegt.
Dieses Spiel ist in Thailand sehr beliebt.

Russische Kegel Ⓖ 150

5 Kegel (Holzklötze), mehrere Stäbe von 50 cm Länge

Es handelt sich um eines der uralten Spiele, die bis heute nicht ihren Zauber eingebüßt haben. Außer 5 Holzkegeln benötigt man für dieses Spiel mehrere 4 bis 5 cm starke und 50 cm lange Stäbe. Das Spielfeld wird nach dem aufgezeichneten Plan auf dem Boden markiert. Dann stellen Sie aus den Kegeln in das Quadrat die erste Figur, die »Lokomotive«. Der erste Spieler der Mannschaft A tritt an den Start und wirft von dort den ersten Stab ins Quadrat. Falls er die Lokomotive nicht trifft, wirft der Spieler auch den zweiten Stab vom Start. Falls es ihm jedoch gelingt, mit dem ersten Wurf wenigstens einen Kegel aus dem Quadrat hinauszuschlagen, wirft er den zweiten Stab vom Hilfsziel aus, das um die Hälfte näher ist. Auch alle übrigen Spieler der Mannschaft A werden vom Hilfsziel aus werfen, bis sie den letzten Kegel aus dem Quadrat hinausgeschlagen haben. Sodann stellt sich die Mannschaft A die zweite Figur im Quadrat auf – das »Geschütz«. Jener, der gerade an der Reihe ist, beginnt abermals, vom entfernteren Grundziel auf die neue Figur zu werfen. Erst der mit der ganzen Fläche aus dem Quadrat hinausgeschlagene Kegel berechtigt den Werfenden, auf das Hilfsziel vorzurücken.
Nach der zweiten Figur werden die dritte, vierte und nach und nach alle übrigen Figuren aufgestellt. Die Mannschaft hält hierbei folgende Regeln ein:

a. Die Spieler treten zu den Würfen in vorhinein festgesetzter, unabänderlicher Reihenfolge an.

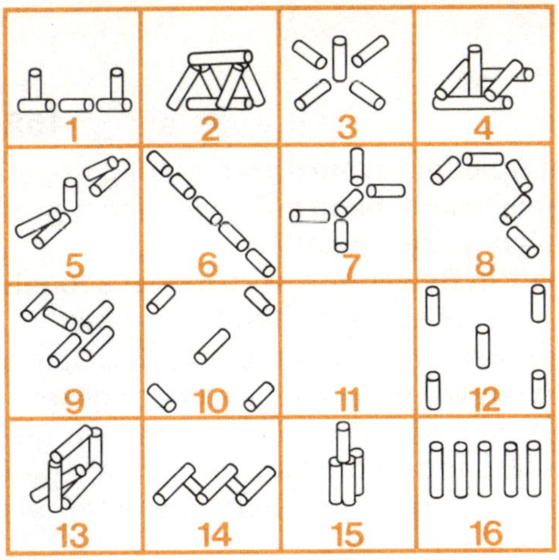

1 Lokomotive 2 Geschütz 3 Stern 4 Brunnen 5 Batterie 6 Wurst 7 Krebs 8 Sichel 9 Flugzeug 10 Brief 11 Weitere Bilder 12 Brief 13 Maschinengewehr 14 Schlange 15 Turm 16 Popen

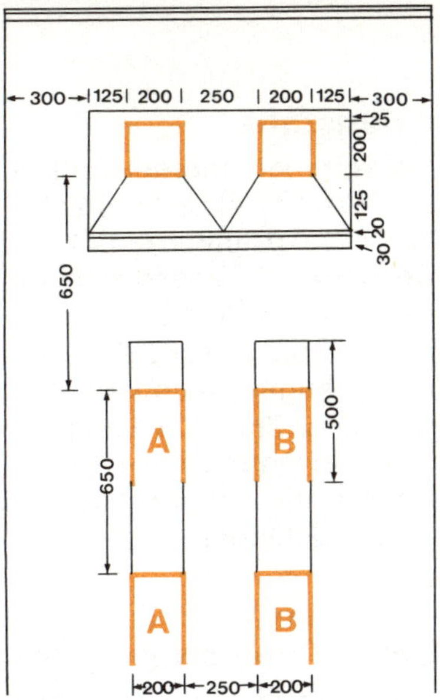

b. Jeder hat zwei Würfe.
c. Eine neue Figur darf erst dann aufgestellt werden, wenn sämtliche Kegel, die die vorhergehende Figur bildeten, aus dem Quadrat hinausgeschlagen sind.
d. Wenn der letzte Spieler der Mannschaft A mit dem zweiten Stab geworfen hat, tritt die Mannschaft B zum Spiel an.
e. Die Mannschaft B wirft nach den Figuren, die sie sich im Quadrat B aufstellt. Wenn ihr letztes Mitglied den zweiten Stab geworfen hat, die Mannschaften sind zahlenmäßig gleich stark, kommt wieder die Mannschaft A an die Reihe.
f. Beide Mannschaften wechseln sich bis zum Ende des Spiels ab. Das Spiel ist beendet, wenn eine Mannschaft aus ihrem Quadrat den letzten Kegel der zehn Figuren hinausschlägt. Falls das der Mannschaft A, die das Spiel eröffnete, gelang, hat die Mannschaft B noch das Recht auf die Anzahl von Würfen, wie die Mannschaft A bei der letzten Ablösung hatte.
g. Das Ergebnis des Spieles wird zahlenmäßig notiert, z. B. 10 : 9/2. Das bedeutet, daß die Mannschaft A alle zehn Figuren beendete, während die unterlegene Mannschaft B mit der gleichen Anzahl von Würfen nur neun Figuren beendete und bei der letzten nur zwei Kegel aus dem Quadrat hinausschlug.

Burmesische Kegel (G) 151

Kegel (Holzklötze), 1 dicke Holzscheibe

Sie ähneln unseren Kegeln, aber es sind nur glatte Stücke stärkerer Äste. Sie sind in der Regel 25 cm lang und 5 cm dick. Anstelle der Kugel wirft man mit einer aus einem dicken Stamm abgeschnittenen Holzscheibe auf die Kegel. Die Grundaufstellung der Kegel ist die gleiche wie sonst beim Kegeln.
Sie werden auf zweierlei Art umgestürzt: entweder durch Werfen oder durch Rollen. Die Art des Schießens wird vorher festgelegt, und sie ist für alle Spieler verbindlich.

Kriegstanz ◑ Ⓖ 152

20–30 Kegel

Wir verteilen unregelmäßig auf dem Spielfeld zwanzig bis dreißig Kegel. Dann stellen sich die Spieler mit dem Gesicht nach außen in einem großen Kreis drumherum und fassen sich an den Händen.
Der ganze Kreis setzt sich nun langsam in Bewegung, wird immer schneller, bis einer der Spieler einen der im Kreis aufgestellten Kegel umstößt. Dieser Spieler scheidet aus und der Kreis wird so im Laufe des Spiels immer enger. Nach jeder Runde drehen wir uns in der entgegengesetzten Seite. Um einen wahren »Kriegstanz« zu vollführen, können wir unsere Bewegung mit rhythmischem Gesang begleiten. Die letzten fünf Spieler, die am geschicktesten die Kegel gemieden haben, werden als Sieger deklariert.

Umstellen von Kegeln ◑ Ⓖ 153

4 Kegel

Wir teilen die Gruppe in Mannschaften von vier bis sieben Mitgliedern auf. Dann zeichnen wir an einem Ende des Rasens für jede Mannschaft je zwei Halbmeterkreise auf den Boden. Im linken Kreis stellen wir vier Kegel auf, der rechte Kreis bleibt frei. In der ersten Runde stehen die Mannschaften in einer Reihe am entgegengesetzten Ende des Rasens. Auf das Startsignal hin laufen aus jeder Mannschaft die ersten Wettkämpfer zur Gegenseite, stellen dort mit der rechten Hand sämtliche vier Kegel in den leeren Kreis, laufen zurück und geben dem nächsten Läufer durch Handschlag das Startzeichen. Falls einer der Kegel umfällt oder außerhalb des Kreises aufgestellt wird, muß der Spieler zurücklaufen und den Fehler korrigieren. Die zweiten Läufer stellen die Kegel vom rechten in den linken Kreis und die dritten wiederum vom linken in den rechten Kreis. Die Mannschaft, die sich zuerst abgelöst hat, erhält einen Punkt.
Zweite Runde: Die Läufer stellen die Kegel nur mit der linken Hand um.
Dritte Runde: Im Kreis steht nur ein Kegel. Die Läufer sollen ihn mit den Füßen in den Nachbarkreis befördern, ohne die Hände zu benutzen, und ihn dort richtig aufstellen.
Vierte Runde: Der erste Läufer nimmt sämtliche Kegel aus dem Kreis, läuft zurück und übergibt sie dem zweiten; dieser trägt die Kegel vom Start in den Kreis zurück, läuft ohne Kegel wieder zur Riege zurück, wo er dem dritten durch Handschlag das Startzeichen gibt.
Die Punkte aus den einzelnen Runden werden addiert. Die Mannschaft mit der höchsten Punktzahl siegt.

Maya-Kegeln ◑ Ⓖ 154

6 Kegel, 1 Stab von 50 cm Länge

Die Mayas stellen dabei 6 Kegel nebeneinander auf, jeder mit 1 bis 6 Streifen gekennzeichnet, je nach der Punktewertung. Es wird demnach die Summe der Streifen aller umgestürzten Kegel gerechnet. Man wirft mit einem 50 Zentimeter langen Stab nach ihnen. Wer zuerst 100 Punkte erzielt, der gewinnt.

Zonenkegeln ◐ Ⓖ 155

4 Kegel

Wir ziehen einen Strich auf dem Spielfeld, von dem aus die Spieler werfen, und dazu in 5 Meter Entfernung eine Parallele, ferner in Abständen von je einem halben Meter 5 weitere Striche.
Anschließend stellen wir 3 Holzkegel im Abstand von 10 Zentimetern vor dem zweiten Strich auf. Mit dem vierten verbliebenen Kegel werfen wir vom Start aus.
Bei den Würfen wechseln wir uns ab, der Reihe nach, jeder kann jeweils auf alle 3 Kegel zielen. Wer einen Kegel umstößt, erzielt eine vorher vereinbarte Anzahl von Punkten, je nachdem wie weit der Kegel geflogen ist. Für einen Kegel, der zwischen dem zweiten und dritten Strich liegen geblieben ist, gibt es einen Punkt, für den Kegel zwischen dem dritten und vierten Strich gibt es 2 Punkte, zwischen dem fünften und sechsten 4 Punkte, zwischen dem sechsten und siebten Strich 5 Punkte; für den Kegel, den der Spieler bis über den letzten Strich hinausschlägt, gibt es sogar 10 Punkte.
Wer in der festgesetzten Rundenzahl die meisten Punkte erzielt, ist der Sieger.

Malaiisches Kegeln ◐ Ⓖ 156

10 Holzpflöcke
1 Kugel oder
1 Stein

Malaiische Kegel sind auf einer Seite zugespitzte 25 Zentimeter lange Pflöcke – insgesamt 10Stück. Die Spieler stechen sie in Abständen von 20 Zentimeter in den Boden und werfen dann aus 3 Meter Entfernung einen Stein oder eine Kugel nach ihnen. Wer den Pflock aus der Erde herausschlägt, behält ihn als Trophäe.
Die Spieler werfen abwechselnd so lange, bis sämtliche Pflöcke einen Besitzer haben. Sieger ist, wer die meisten Pflöcke hat.

Polnisches Kegeln 157

Kegel, Fußball

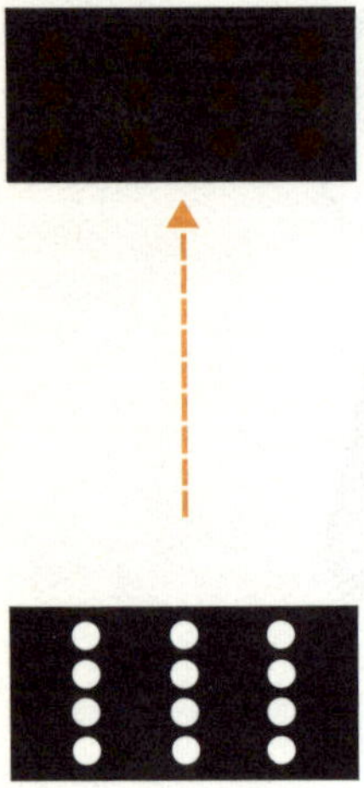

Wir zeichnen nach Plan zwei zehn Meter voneinander entfernte 6 x 3 m große Rechtecke. In jedem Rechteck stellt die jeweilige Mannschaft nach Gutdünken zwölf Kegel auf, in einer, zwei oder drei Reihen, oder auch über das ganze Rechteck verteilt. Das Los entscheidet, welche Seite den ersten Wurf hat. Jede Mannschaft numeriert ihre Mitglieder, womit die Reihenfolge bis Ende des Spiels feststeht. Nehmen wir an, Mannschaft A hat das Los gewonnen. Eins A ergreift dann den Ball und wirft oder rollt ihn vom Ziel A auf die Kegel der Mannschaft B zu und versucht, mit dem Ball soviel Kegel wie möglich zu treffen.

Der Wurf war erfolgreich, im Rechteck B fielen zwei Kegel um. Eins B ergreift einen der umgestürzten Kegel und wirft ihn vom Ziel B ins Rechteck A. Falls er dabei keinen gegnerischen Kegel trifft, verliert Mannschaft B den Kegel. Mannschaft A legt ihn hinter ihr Ziel als Beute. Dann wird der zweite Kegel von Eins B geworfen. Wirft er jedoch mit seinem Kegel einen Kegel im Rechteck A um, so gewinnt er diesen geworfenen Kegel zurück und kann ihn abermals in seinem Rechteck aufstellen.

Dann wirft Eins B vom Ziel aus den Ball. Nehmen wir an, es ist ihm nicht gelungen, im Rechteck A einen Kegel umzuwerfen, dann ist Mannschaft A wieder an der Reihe, diesmal der zweite Spieler. Er ergreift zunächst den liegenden Kegel und wirft ihn ins Rechteck B. Trifft er dort keinen Kegel, gewinnt Mannschaft B den geworfenen Kegel als Beute. Beim Ballwerfen war Zwei A erfolgreicher und warf drei gegnerische Kegel um. Nun ist Zwei B an der Reihe, mit drei umgestürzten Kegeln und dem Ball zu werfen ...

Das Spiel wird so lange fortgesetzt, bis eine Mannschaft sämtliche Kegel verloren hat. Die Sieger erhalten einen Punkt, und das Spiel beginnt von vorn. Jetzt hat Mannschaft B den ersten Wurf. Es kann bis zu fünf oder zehn Punkten gespielt werden.

Lappländer Kegeln ◑ Ⓖ 158

Holzstücke als Kegel, Wurfstäbe

Von einem etwa 4 Zentimeter starken Ast schneidet man Stücke von 30 Zentimetern Länge ab, verziert sie mit Kerben und stellt sie aufrecht auf einen flachen Stein oder Baumstamm. Die Spieler werfen nun aus 5 Meter Entfernung einen kurzen Stab danach. Wer eines der Stücke so umstößt, daß es auf dem Stein liegenbleibt, erhält einen Punkt. Wer eins vom Stein herunterstößt, hat 2 Punkte.

Jeder Spieler hat seinen Stab, der Leiter stellt die Kegel immer wieder auf. Die Stäbe bleiben da liegen, wo sie hingefallen sind. Sobald der letzte geworfen hat, ergreift der Kegelaufsteller einen Stab, und die Spieler laufen von der Startlinie aus, um ihre Stäbe zu holen. Die Regeln gestatten, jeden beliebigen liegenden Stock zu ergreifen. Der Langsamste allerdings wird keinen Stab mehr erwischen und in der nächsten Runde die Kegel aufstellen und kann keine weiteren Punkte erzielen.

Lappländer Kegeln wird nach vorhergehender Übereinkunft über fünf bis zehn Runden gespielt.

Kegelwächter ◑ Ⓖ 159

Schlagstöcke, 1 Kegel oder Holzstück

Ein russisches Volksspiel. Jeder hat einen Stock von 1 Meter Länge, einen »Schläger«. Wer beim Auslosen verliert, übernimmt die Rolle des Wächters. Er stellt, 10 Schritte von den übrigen entfernt, einen Kegel auf (ein Holzstück) und tritt zu Seite. Die Spieler werfen dann nacheinander mit ihrem Schläger nach dem Kegel. Wird der Kegel umgestoßen, muß ihn der Wächter aufstellen, und der entsprechende Spieler erzielt einen Punkt. Alle Schläger bleiben da liegen, wo sie hingefallen sind. Wenn der letzte Spieler den Schläger wirft, ergreift der Wächter den Kegel und wirft ihn nach einem beliebigen Schläger. Falls er ihn trifft, vertauscht er mit dessen Besitzer die Rollen. Trifft er den Schläger nicht, bleibt er auch in der nächsten Runde Wächter.

Wer nach einer vorher festgelegten Anzahl von Runden die meisten Punkte hat, siegt.

Ausschlagen von Kegeln ◑ Ⓖ 160

10 Kegel, 1 Ball

Wir teilen die Spieler in zwei Mannschaften ein. Jede Mannschaft besetzt eine Hälfte des Spielfeldes und stellt dort maximal 10 Kegel auf, die regelmäßig über die ganze Fläche verteilt sein sollen.

Dann wird nach den üblichen Regeln des Abtreffens gespielt. Die Kegel vertreten auf beiden Seiten »mehrere« Spieler. Wird ein Kegel von einem fliegenden Ball, der den Boden noch nicht berührt hatte, getroffen, beseitigen wir den umgestoßenen Kegel vom Spielplatz. Voraussetzung ist jedoch, daß der werfende Spieler »geladen« hatte, das heißt, der Spieler muß den Ball durch Zuspiel eines Kameraden erhalten haben, und zwar so, daß der Ball den Boden nicht berührt hat. Falls der Kegel von einem Ball umgestoßen wurde, der bereits vom Boden absprang oder dessen Schütze nicht »geladen« hatte, stellt der nächste Spieler den Kegel wieder auf seinem Platz auf.

Sportspiel Kegeln 161

9 Kegel
1 Kugel

Aus einem der zahlreichen Kegelspiele wurde im Verlauf der Zeit ein Sport mit präzisen Regeln, der nur auf speziellen Bahnen gespielt werden kann. Es gibt sie in vielen Gaststätten, oft mit automatischer Anlage, die die Kegel nach unseren Wünschen aufstellt.

Die Grundaufstellung besteht aus 9 Kegeln. Die eigentliche Bahn von der Startlinie bis zu den Kegeln ist 19,5 Meter lang und 1,5 Meter breit.

Die Kegel werden so verteilt, wie es die Abbildung zeigt.

Die Spieler rollen die Kugel in die komplette Aufstellung. Dann werden entweder nach jedem Wurf die umgestürzten Kegel wieder aufgestellt, oder die stehen gebliebenen Kegel werden mit weiteren Würfen nach und nach umgeworfen.

Wir können uns auch darauf einigen, bestimmte Figuren zu schießen, bei denen einige Kegel umfallen, andere unbedingt stehen bleiben müssen. Diese gelten für den kompletten Kegelsatz von 9 Kegeln, die nach jedem Schub entweder wieder aufgestellt werden oder vom Spieler mit mehreren Schüben abgeräumt werden. Wir können auch von vornherein nur ganz bestimmte Kegel aufstellen, die jeder Spieler dann in einer vorher vereinbarten Zahl von Schüben – meist stehen ihm 10 Schübe zur Verfügung – abräumen muß.

Die Auswertung der einzelnen Spiele ist unterschiedlich. Beim Sportkegeln wird sie so gehandhabt, daß jeder Spieler zu Beginn mit 100 Minuspunkten belastet ist, die er im Laufe des Spiels abbauen muß. Für jeden umgeworfenen Kegel wird ihm ein Pluspunkt gutgeschrieben; schießt er ganz bestimmte Kegel aus der kompletten Aufstellung, werden ihm einige Punke mehr zugerechnet.

Trifft er zum Beispiel mit einem Schub »alle Neune«, so werden ihm 18 Punkte zusätzlich gutgeschrieben, schießt er einen »Kranz«, das heißt, bleibt nur der mittlere Kegel, der »König«, stehen, so kann er 12 Pluspunkte für sich verbuchen.

Die oben angeführten einzelnen Figuren zählen ebenfalls unterschiedlich.

Räumt ein Spieler beim Figurenkegeln alle Neune ab, so erhält er ebenso wie bei Acht Paladine 30 Punkte, das Vordereck, das Hamburger Wappen und das Hintereck zählen 20 Punkte, und für das Herz können wir uns 10 Punkte gutschreiben.

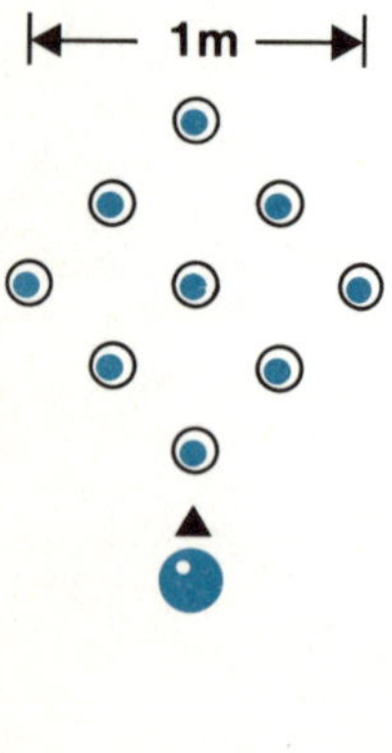

Dies hier kann nur ein oberflächlicher Überblick über einige Grundregeln dieses jahrhundertealten Sportspieles sein.

Wollten wir ausführlich auf die Feinheiten und einzelnen Variationsmöglichkeiten eingehen, würde das über den Rahmen dieses Buches hinausgehen.

Für Liebhaber und Laien, die es nicht unbedingt zu internationaler Meisterschaft bringen wollen, sollte dies ein Anreiz sein, sich auch einmal diesem viel Geschicklichkeit erfordernden Gemeinschaftsspiel zuzuwenden.

Wasserspiele

Fangen im Wasser ◐ Ⓖ 162

A. *Entenjagd.* Der Verfolgte rettet sich vor dem Abschlag, indem er den Kopf unter die Wasseroberfläche steckt.
B. *Taucherfangen.* Der Spieler kann sich durch Untertauchen des ganzen Körpers retten.
C. *Fangen mit Spritzen.* Die Verfolgten dürfen den Fänger bespritzen und ihn auf diese Weise aufhalten und ihm die freie Aussicht verwehren.
D. *Schwimmerfangen* ist nur für gute Schwimmer. Man spielt es auf einem kleinen Raum (etwa 10 bis 15 Meter). Ein Spieler ist der Fänger, die übrigen schwimmen von ihm fort. Sie dürfen untertauchen, verschiedene Schwimmstile anwenden, dürfen auch auf das Ufer steigen. Am Ufer dürfen sie jedoch höchstens drei Schritte gehen, dann müssen sie sofort wieder ins Wasser springen. Gute Schwimmer geben einander den Abschlag nur dadurch, daß sie mit dem Kopf den verfolgten Spieler berühren.

Staffelschwimmen mit dem Holzscheit ◐ Ⓖ 163

1 Holzscheit

Zwei gleichgroße Gruppen stehen in einer Reihe am Ufer. Jeweils vor dem ersten Spieler liegt ein Holzscheit von einem Meter Länge. Auf Kommando läßt jeder erste Schwimmer das Holz ins Wasser gleiten und schwimmt mit ihm zum gegenüberliegenden Ufer. Dort wendet er und kehrt mit dem Holz zurück. Das Scheit wird von dem zweiten übernommen, dann vom dritten, bis sich alle in der Riege abgelöst haben. Die Mannschaft siegt, die den Wettkampf als erste beendet.

Mit der Botschaft über das Wasser ◐ Ⓖ 164

1 altes Schulheft mit Tinte beschrieben

Für dieses Spiel benötigen wir ein mit Tinte beschriebenes altes Schulheft. Aus ihm reißen wir für jeden Teilnehmer ein Blatt heraus. Dann stellen wir uns in einer Reihe am Wasserrand auf. Der Spielleiter gibt ein Kommando und alle gehen vorsichtig ins Wasser und schwimmen an das andere Ufer. Dabei müssen wir uns bemühen, daß kein Tropfen Wasser auf das Blatt kommt. Sieger ist der Schwimmer, dessen Blatt am anderen Ufer keine verwischte Tintenschrift aufweist.

Wasserjagd ⊕ Ⓖ 165

1 Ball

Wir teilen uns im Wasser in zwei Gruppen. Der Spielleiter wirft den Ball zwischen die Parteien. Die Mannschaft, die den Ball erobert, eröffnet das Spiel. Sie verfolgt die Gegner und bemüht sich, sie mit dem Ball zu treffen. Der getroffene Spieler muß ans Ufer. Die zweite Gruppe weicht natürlich aus und taucht vor dem fliegenden Ball unter. Dabei bemüht sie sich, den Ball in ihre Gewalt zu bekommen, zum Beispiel, wenn der Ball allein an der Wasseroberfläche liegt. Sieger ist die Mannschaft, die die meisten Gegner aus dem Wasser ans Ufer schickt.

Perlenjagd ⊕ Ⓖ 166

Mehrere Kieselsteine, Stanniolpapier

Dieses Spiel versuchen wir zum ersten Mal in Wasser, das nur Brusthöhe hat. Wir packen mehrere Kieselsteine in Stanniolpapier ein und werfen sie als Perlen ins Wasser. Dann tauchen wir einer nach dem anderen unter und versuchen die Perlen zu holen. Wer beim Untertauchen die meisten Perlen gefischt hat, ist Sieger.

Fangen auf der Luftmatratze ⊕ Ⓖ 167

Mehrere Luftmatratzen
1 Ball

Dieses Spiel können wir auch mit Paddelbooten veranstalten. Der Kampf wird auf einer genau abgegrenzten Wasserfläche von 50 mal 50 Metern ausgetragen. Zu Beginn losen wir die Besatzung des Bootes bzw. der Luftmatratze aus, die die übrigen verfolgen und einem von ihnen den Abschlag geben soll. Der Abschlag wird gegeben, indem ein Ball auf das Boot bzw. auf die Luftmatratze der Gegner geworfen wird. Sobald sich das Verfolgerboot einem der fliehenden Wasserfahrzeuge nähert, versucht es, den Ball an Bord zu werfen. Die Besatzung darf den fliegenden Ball mit der Hand zurückschlagen, nicht mit dem Paddel oder dem Ruder. Falls das Boot getroffen wird, zählt das als die Übergabe des Abschlags. Falls der Ball jedoch mit der Hand zurückgeschlagen wird, ist die Besatzung für eine Weile gerettet. Die Gegner müssen den Ball erst wieder aus dem Wasser fischen.
Wir spielen eine festgesetzte Zeit und zählen dann die Erfolge der Angreifer. Dann werden die Rollen der beiden Besatzungen getauscht.

Straßenspiele

Ballspiele

Eselspiel 168

1 Ball

Ein Spiel aus England, hauptsächlich für kleine Kinder. Vier Spieler stellen sich in die Ecken eines Quadrats und spielen sich der Reihe nach einen Ball zu. Wer den Ball nicht fängt oder schlecht zuspielt, sagt laut: »E«, beim zweiten Fehler »S«, beim dritten »E«, beim vierten »L«. Wer als erster das ganze Wort buchstabiert, verliert, und es wird von neuem begonnen.

Montag – Dienstag 169

1 Ball

In England ist dieses Spiel schon lange bekannt. Sieben Spieler geben sich die Namen der einzelnen Wochentage. Ein ausgezählter Spieler wirft dann einen Ball hoch und ruft z.B.: »Montag«. Wer Montag heißt, muß den Ball fangen, bevor er zu Boden fällt. Fängt er ihn, hat er den nächsten Wurf, fällt der Ball aber zu Boden, muß er ihn aufheben und nach einem Mitspieler werfen. Die übrigen Spieler fliehen nach allen Richtungen. Man muß also sehr schnell handeln, um jemanden zu treffen. Trifft der Spieler niemanden, erhält er einen Strafpunkt, darf aber sein Glück noch einmal versuchen, allerdings erst, wenn er den Ball selbst wieder aufgehoben hat, was einen nicht unbedeutenden Zeitverlust mit sich bringt, denn die anderen laufen ja inzwischen weiter.
Trifft er einen Mitspieler, so erhält dieser den Strafpunkt, und der erste darf die nächste Runde beginnen, indem er wieder einen neuen Wochentag aufruft.
Wer 3 Strafpunkte hat, scheidet aus dem Spiel aus.

Jonglieren 170

2–3 Bälle

Ein ausgezeichnetes Geschicklichkeitsspiel. Mit der rechten Hand wirft man einen Ball nach dem anderen in die Höhe, fängt ihn mit der linken und spielt ihn der rechten wieder zu.
Wir versuchen es zunächst nur mit einem Ball, dann mit zweien und, wenn uns die Bälle nicht mehr auf den Boden fallen, mit einem dritten. Veranstalten wir ein Wettspiel! Es handelt sich nicht um eine den Zirkusleuten abgeschaute Unterhaltung. Die Beschreibung finden wir in alten Sammlungen von Volksspielen. Mit dem Jonglieren unterhielten sich auch die nordamerikanischen Indianer. Sie verwendeten nicht immer Bälle, häufig jonglierten sie auch mit Kieselsteinen. Sie waren angeblich imstande, gleichzeitig fünf Steine in der Luft zu haben.

Den Ball an die Wand — Ⓖ 171

1 Ball, Steinchen

Dieses Ballspiel besteht aus einer Reihe von verschiedenen Übungen, von den leichtesten angefangen bis zu den schwierigsten. Jede Übung wird wiederholt: Die erste zehnmal, die zweite neunmal, die dritte achtmal und jede weitere um einmal weniger. Am leichtesten ist die Ballübung an die Wand. Die Kinder stellen sich in einer Entfernung von etwa zwei bis drei Metern vor eine Wand, werfen den Ball gegen die Wand und fangen ihn wieder auf. Wer die genau vorgeschriebene Übung nicht durchführt oder wem der Ball zu Boden fällt, hört zu spielen auf, und wenn er wieder an der Reihe ist, beginnt er dort, wo er aufgehört hat.

A. Für Anfänger und kleinere Kinder:

a. Den Ball mit der rechten Hand an die Mauer werfen und ihn mit beiden Händen fangen.
b. Den Ball mit der rechten Hand werfen und ihn nur mit der rechten Hand fangen.
c. Den Ball mit der linken Hand werfen und mit der linken Hand fangen.
d. Den Ball mit der rechten Hand werfen, in die Hände klatschen, den Ball mit beiden Händen fangen.
e. Den Ball mit der rechten Hand werfen, einmal vor dem Körper und einmal hinter dem Körper in die Hände klatschen und den Ball mit beiden Händen fangen.
f. Den Ball mit der rechten Hand werfen, eine Kniebeuge machen, mit den Fingern beider Hände den Boden berühren, sich aufrichten und den Ball mit beiden Händen fangen.
g. Den Ball mit der rechten Hand werfen, Drehung um 360°, mit beiden Händen fangen.
h. Den Ball unter dem rechten Knie hindurch werfen, ihn mit der linken Hand fangen.
i. Den Ball mit der linken Hand unter dem linken Knie hervor werfen und ihn mit der rechten Hand fangen.
j. Den Ball aus dem Stand rücklings über den Kopf an die Mauer werfen, sich umdrehen und ihn mit beiden Händen fangen.

B. Für fortgeschrittene und ältere Spieler:

a. Den Ball mit der rechten Hand an die Wand werfen, zweimal hüpfen, den Ball mit beiden Händen fangen.
b. Den Ball mit der rechten Hand werfen, nach dem Abprallen ihn mit der rechten Handfläche zurück an die Wand schlagen und dann mit der rechten Hand fangen.
c. Die vorhergehende Übung mit der linken Hand wiederholen.
d. Den Ball mit der rechten Hand werfen, mit dem Kopf an die Wand zurückschlagen und ihn mit der rechten Hand fangen.
e. Den Ball mit der rechten Hand werfen, ihn zweimal nacheinander mit der rechten Handfläche abschlagen und mit beiden Händen fangen.
f. Der Spieler legt ein Steinchen vor seine Füße. Dann wirft er den Ball an die Wand, und bevor er ihn mit beiden Händen fängt, hebt er das Steinchen vom Boden auf.

g. Der Spieler legt je ein Steinchen rechts und links neben sich, und zwischen dem Werfen und Fangen muß er beide Steinchen aufheben.
h. Der Spieler wirft zwei Bälle an die Wand und fängt sie schnell hintereinander wieder auf.
i. Der Spieler stellt sich mit dem Rücken zur Wand, in der Grätsche wirft er den Ball zwischen den Beinen hindurch an die Wand, dreht sich um, schlägt ihn mit der Handfläche an die Wand zurück, dann fängt er ihn.
j. Der Spieler wirft gleichzeitig zwei Bälle an die Wand – einen mit der linken, den anderen mit der rechten Hand –, und er fängt sie wiederum mit der linken und der rechten Hand.

Werfen auf gemalte Fenster ◑ Ⓖ 172

1 Ball,
1 Stück Kreide

Wir zeichnen $1\frac{1}{2}$ Meter vom Boden entfernt 10 quadratische 25x25 Zentimeter große Fenster an die Wand. Dann werfen die Spieler hintereinander den Ball aus einem Schritt Entfernung auf die Fenster, beginnend mit dem ersten Fenster. Treffen die Spieler die richtigen Fenster, haben sie das Recht, weiterzuwerfen. Wer das Fenster, das gerade an der Reihe ist, nicht trifft, scheidet aus und übergibt den Ball dem nächsten. Wenn er wieder an die Reihe kommt, wird er auf das Fenster zielen, bei dem er das letzte Mal den Fehler begangen hat.
Wer bis zum zehnten Fenster gelangt, muß den Ball dem nächsten übergeben, selbst wenn er keinen Fehler gemacht hat. Bei der nächsten Runde wird er den Ball aus einer Entfernung von zwei Schritten gegen die Fenster werfen, hat er das geschafft, wirft er aus einer Entfernung von drei Schritten. Die vierte und fünfte Runde wirft er aus entsprechender Entfernung.

Werfen in Kreise (G) 173

1 Ball,
1 Stück Kreide

Wir zeichnen auf den Gehsteig 10 Kreise. Den ersten am größten, am besten mit einem Durchmesser von etwa $1/2$ Meter, der zweite und alle weiteren werden jeweils etwas kleiner. Der letzte Kreis sollte nicht mehr als 20 Zentimeter Durchmesser haben. Die Spieler stellen sich an den Rand des Gehsteigs und werfen nacheinander die Bälle in die Kreise. Anfangs auf den ersten, dann auf den zweiten, dritten usw. Wer den richtigen Kreis trifft, darf sofort auf die anderen werfen. Wer nicht trifft, wobei nur das erste Aufprallen des Balls gezählt wird, übergibt den Ball dem nächsten und wartet, bis er wieder an die Reihe kommt. Dann wirft er auf den Kreis, den er das letzte Mal nicht getroffen hatte.

Puppe mit Ball (G) 174

1 Ball,
1 Stück Kreide

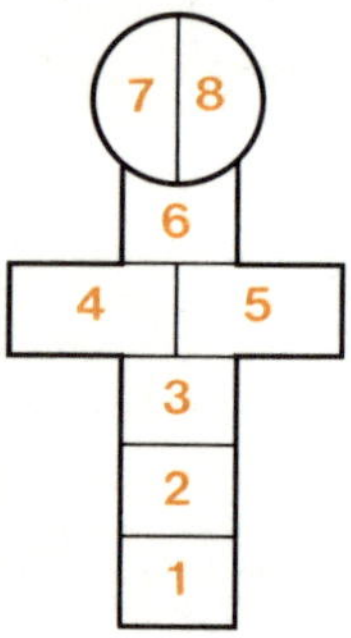

Wir zeichnen eine Puppe auf den Gehsteig und teilen sie in mehrere Felder ein. Diesmal hüpfen wir nicht, sondern zielen mit dem Ball auf die einzelnen Felder der Puppe. Wir beginnen mit dem untersten Feld, gehen bis zum Kopf vor und kehren in entgegengesetzter Reihenfolge zurück. Stehen können wir, wo immer wir wollen, demnach auch auf dem Strich, den Ball müsssen wir jedoch mit der Handfläche jeweils in das Feld abschlagen, das an der Reihe ist – jedesmal nur einmal. Falls wir den Ball in ein falsches Feld abschlagen oder falls er zu Boden fällt, unterbrechen wir das Spiel und übergeben den Ball dem nächsten. Wenn wir wieder an der Reihe sind, beginnen wir von Anfang an. Für jedes gelungene Überschreiten der Puppe, hin und zurück, erzielen wir einen Punkt. Wer am Schluß am meisten Punkte hat, siegt.

Amerikanisches Ballspiel (G) 175

1 Ball

Nach alter Tradition in den Vereinigten Staaten von Amerika schlägt der Spieler zehnmal nacheinander den Ball mit der Hand auf den Boden und sagt folgenden Reim:

Eins, zwei drei,
hopp, Brüder.
Vier, fünf, sechs,
hopp, Brüder.
Sieben, acht, neun,
hopp, Brüder.
Zehn, hopp – Bär.

Bei den Worten »Hopp, Brüder« führt er die vorgeschriebene Aufgabe aus. Nach den Worten »drei«, »sechs«, »neun« und »zehn« schlägt er den Ball stärker ab, so daß er höher springt, und nach dem Wort »Bär« fängt er ihn. Falls er einen Fehler begeht, d.h. den Ball nicht richtig abschlägt oder die vorgeschriebene Aufgabe nicht erfüllt, hört er zu spielen auf und übergibt den Ball dem nächsten. Auf die Worte »hopp, Brüder« führt der Spieler folgende Übung aus:

a. Er schwingt das rechte Bein über den Ball.
b. Er schwingt das linke Bein über den Ball.
c. Er klatscht hinter dem Körper in die Hände.
d. Er klatscht hinter und vor dem Körper in die Hände.
e. Er faltet die Hände vor dem Körper zu einem Kreis und läßt den Ball durch diesen Kreis springen.
g. Er dreht sich um die eigene Achse.
h. Er springt in die Höhe und macht mit den Beinen über dem Ball eine Schere.
i. Er schwingt erst das rechte, dann das linke Bein über den Ball.

Zwanzig Felder Ⓖ 176

1 Ball,
1 Stück Kreide

Wir zeichnen zwei Meter von einer Mauer entfernt ein 30x600 Zentimeter großes Rechteck und teilen es in zwanzig quadratische Felder ein, die wir durchnumerieren.
Wir nehmen daraufhin den Ball und werfen ihn so an die Wand, daß er nach dem Abprallen ins erste Quadrat fällt. Wenn er vom Boden abspringt, fangen wir ihn auf. Dann werfen wir den Ball so, daß er ins zweite Quadrat fällt usw. Wenn wir einen Fehler machen, indem der Ball zum Beispiel nicht in dem richtigen Quadrat aufkommt oder wir ihn nicht fangen können oder auch nur, wenn er einen Strich der Abgrenzung berührt, hören wir zu spielen auf und können erst fortsetzen, wenn wir wieder an der Reihe sind.
Wer als erster bis zum zwanzigsten Feld gelangt, siegt.

Neunjährige Grundschule Ⓖ 177

1 Ball,
1 Stück Kreide

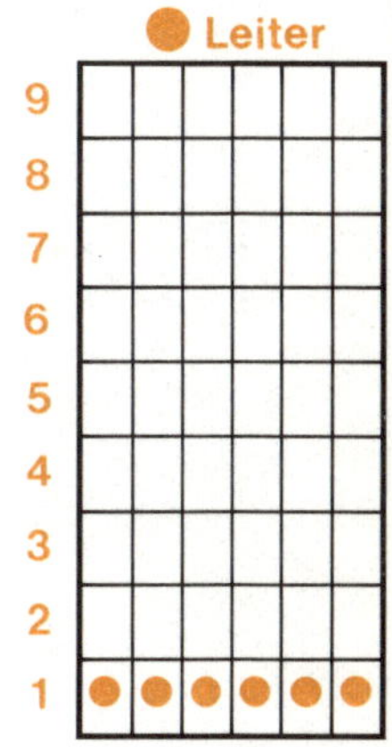

Wir zeichnen ein Rechteck auf den Gehsteig und teilen es in neun Zonen bzw. »Klassen« ein, jede Zone in soviel Felder, wie sich Spieler beteiligen.
Der Leiter stellt anfangs den Lehrer dar. Er steht zwei Schritte hinter der letzten, der neunten Zone, und von dort aus wirft er den Ball der Reihe nach dem Spieler in der ersten Klasse zu. Wer den Ball nicht fängt, bleibt an Ort und Stelle. Wer den Ball fängt, steigt dann in die höhere Klasse auf, also eine Zone weiter.
Wer als erster die neunte Klasse verläßt, übernimmt die Rolle des Lehrers. Und das Spiel beginnt von neuem.

Ballwerfen auf die Zielscheibe Ⓖ 178

Wir zeichnen mit Kreide eine runde oder quadratische Zielscheibe auf eine Wand, teilen sie in Felder und schreiben in diese verschiedene Zahlen. In einer bestimmten Entfernung von der Wand ziehen wir einen Strich und werfen von da aus mit einem Tennisball auf die Scheibe. Jeder Spieler schreibt sich die Zahl, die auf dem getroffenen Feld vermerkt ist, als Pluspunkte gut. Wer nach 10 Würfen die meisten Punkte hat, siegt.

1 Ball,
1 Stück Kreide

Aufrufen an der Mauer (G) 179

1 Ball

Die Spieler stehen auf dem Gehsteig an einer Mauer. Einer hat den Ball und wirft ihn mindestens 2 Meter hoch an die Mauer. Gleichzeitig ruft er den Namen eines Spielers auf. Die Aufgerufene muß den Ball fangen, bevor er zu Boden fällt. Gelingt ihm das, wirft er seinerseits den Ball und ruft einen anderen auf. Fällt aber der Ball zu Boden, laufen alle Spieler auseinander, und er muß den Ball von der Stelle aus nach ihnen werfen, wo er ihn aufgehoben hat. Wer getroffen wird, erhält einen Strafpunkt. Falls der Ball sein Ziel verfehlt, erhält der Werfer einen Strafpunkt.
Wer nach zwanzig Minuten die wenigsten Strafpunkte hat, gewinnt.
Variante: Die übrigen Spieler stellen sich dem Aufgerufenen in den Weg und erschweren ihm das Fangen des Balles. Sie dürfen ihn nur behindern, ihn aber nicht mit den Händen aufhalten.

Grubenspiel (G) 180

1 kleiner Ball, Steinchen

Wir suchen uns eine Mauer, die an einen ungepflasterten Gehsteig grenzt. Ungefähr einen Meter von der Mauer entfernt, höhlt jeder Spieler ein Loch aus. Alle Löcher liegen in einer Reihe in Abständen von 25 Zentimetern.
Die Spieler werden numeriert und rollen der Reihe nach aus einer Entfernung von 3 Metern den Ball zur Mauer, und zwar so, daß der Ball nach dem Abprallen in eines der Löcher fällt. Gelingt das, läuft der Spieler, dem das betreffende Loch gehört, schnell zum Ball und zielt nach einem der Mitspieler. Trifft er, hebt der getroffene Spieler den Ball auf und wirft von der Stelle aus nach einem anderen Spieler.
Dann kehren alle zu dem 3 Meter von der Mauer entfernten Strich zurück, und der nächste Spieler rollt den Ball.
Errechnung der Punkte: Falls der Spieler, in dessen Grube der Ball fiel, niemanden trifft, legt er nichts hinein. Falls der getroffene Spieler niemanden mit dem Ball trifft, legt er ein Steinchen in die Grube. Die afrikanischen Kinder spielen dieses Spiel so lange, bis einer 12 Steinchen gesammelt hat.

Mannschaftsschießen (M) 181

Kleine Bälle

Mannschaft A verteilt sich vor einer fensterlosen Mauer in einem Abschnitt von 5 Metern, dessen Seitengrenzen klar gekennzeichnet sind. Mannschaft B steht in einer Entfernung von 10 Metern. Jedes ihrer Mitglieder hat einen Gummi- oder Tennisball und versucht, einen der Gegner an der Wand zu treffen. Alle Bälle müssen spätestens innerhalb einer Minute nach dem Signal des Schiedsrichters geworfen werden. Es ist unwichtig, ob die ganze Mannschaft B zugleich die Bälle wirft oder einer nach dem anderen. Die Spieler der Mannschaft A weichen allerdings den Bällen aus. Jeder Treffer ist ein Punkt. Manchmal können mit einem Ball auch mehrere Spieler getroffen werden – der Treffer gilt, selbst wenn der Ball einen der Spieler erst nach dem Abprallen von der Mauer berührt. Dann vertauschen beide Mannschaften die Rollen. Es wird auf 5 Ablösungen gespielt. Die Mannschaft mit den meisten Punkten siegt.

Um die Mauer 182

1 Ball,
1 Stück Kreide

Ein russisches Volksspiel. Einen Meter über dem Boden wird ein waagerechter Strich auf eine Mauer gezeichnet. Ein zweiter Strich wird dann, 2 Meter von der Mauer entfernt, in den Boden geritzt. Die Seitenlinien bis zur Mauer werden hinzugefügt. Es entsteht eine rechteckige Fläche, die erste Stadt. Dahinter zeichnen wir eine gleichgroße zweite Stadt.

Die eine Hälfte der Spieler verteilt sich in der ersten Stadt, die andere in der zweiten. Ein Spieler der ersten Stadt läßt den Ball auf dem Boden aufprallen und schlägt ihn dann mit der Handfläche an die Mauer, die er über dem Strich berühren muß. Die Mannschaft der zweiten Stadt bemüht sich, ihn nach dem Abprallen von der Wand zurückzuschlagen. Die Mannschaft erzielt einen Punkt, falls die Gegner:

a. den Ball überhaupt nicht abgeschlagen haben,
b. ihn unter dem Strich an die Mauer schlugen und
c. der vom Gegner nach dem Abprallen abgeschlagene Ball außerhalb des Gebietes beider Städte auf den Boden fiel und niemand ihn bis dahin berührt hatte.

Beide Seiten wechseln einander beim Abschlagen des Balls ab. Nach der Halbzeit, d.h. nach 5 Minuten, beginnt die Mannschaft, die einen Fehler machte. Beide Mannschaften vertauschen dann auch die Städte. Die Seite mit den wenigeren Punkten unterliegt.

Eins, zwei, drei – hierher, Brüder! ◕ Ⓖ 183

Die holländischen Jungen pflegten dieses Spiel in ruhigen Straßen zu spielen. Ein ausgeloster »Führer« stellt sich mit dem Gesicht zur Wand und schließt die Augen, die übrigen treten nacheinander zu ihm heran. Jeder schlägt ihn leicht auf den Rücken und fragt mit verstellter Stimme:
»Wo, wo, wo
soll ich hin?«
Der Führer bestimmt jedem seinen Platz, zum Beispiel: »Stell dich zur Linde!« oder »Stell dich auf die dritte Stufe des Nachbarhauses!«.
Wenn alle nach verschiedenen Orten geschickt sind, ruft der Führer: »Eins, zwei, drei – hierher, Brüder!« Auf dieses Kommando beginnen alle, zu ihm hin zu laufen. Wer ihn zuletzt berührt, hat verloren.

Verkaufe die Ecke! ◕ Ⓖ 184

Die russischen Kinder pflegen dieses Spiel bei Windmühlen zu spielen, man kann es jedoch bei jedem alleinstehenden Gebäude, der Scheune, dem Heuboden, der Garage spielen.
Vier Spieler stellen sich an die Ecken des Gebäudes. Der fünfte, der überzählige, tritt an einen heran und sagt: »Verkaufe die Ecke!« »Ich verkaufe nicht, ich gebe sie als Geschenk!« lautet die Antwort. Sowie er den Satz beendet hat, läuft der Herausgeforderte nach links, der Herausforderer nach rechts los. Wer als erster das Gebäude umlaufen hat und die freigegebene Ecke berührt, wird deren Besitzer. Der Unterlegene geht, um die Ecke eines anderen zu kaufen.
Seid ihr mehr als fünf? Gibt es in der Nähe kein geeignetes Gebäude? Legt Steine auf den Boden, die die Ecken des Gebäudes symbolisieren.

Schreiberspiel ◕ Ⓖ 185

Der Schreiber steht, den Rücken den Spielern zugewandt, vor der Wand. Die Spieler nähern sich ihm von einer Ausgangslinie aus. Sowie der Schreiber mit seinen symbolischen Wandkritzeleien aufhört und sich umdreht, muß jeder erstarren. Wen der Schreiber bei einer Bewegung ertappt, der muß auf seine Aufforderung hin zur Startlinie zurückkehren und von dort aus von neuem in Richtung des Schreibers vorgehen.
Je mehr sich die Spieler dem Schreiber nähern, desto vorsichtiger bewegen sie sich. Wer so nahe an den Schreiber herankommt, daß er ihn mit der Hand berühren kann, übernimmt seine Rolle. Alle übrigen kehren zur Startlinie zurück.
In manchen Gegenden muß der Schreiber die Worte: »Zucker, Kaffee, Schokolade, Tee«! aufsagen, und erst bei »Tee« darf er sich umdrehen. Die Geschwindigkeit des Aufsagens ändert er allerdings, um die Spieler unsicher zu machen.
Ein altes beliebtes Spiel, das nicht nur kleine, sondern auch größere Kinder unterhält.

Berliner Versteckspiel ◕ Ⓖ 186

1 langer Stock, 9 kleine Hölzchen

Aus Berlin stammt diese interessante Variante des klassischen Versteckspiels. Eine Gruppe von Spielern wählt durch das Los 2 Sucher aus. Dann legen sie auf den Rand des Gehsteigs einen längeren Stock, so daß er mit weniger als der Hälfte seiner Länge über die Fahrbahn hinausragt. Quer über den längeren Teil des Stocks, der auf dem Gehsteig liegt, legt man neun dünne kleine Stöckchen. Einer der Spieler tritt dann mit dem Fuß auf das herausragende Ende des Stocks, und die Stöckchen fliegen nach allen Seiten. Die beiden Sucher beginnen sofort damit, sie aufzusammeln und zurück auf den Stock zu legen. Die übrigen Spieler laufen unterdessen auseinander und verstecken sich in der nächsten Umgebung. Je mehr Verstecke es gibt, desto interessanter wird das Spiel. Wenn die Sucher sämtliche kleinen Stöckchen auf den großen Stock gelegt haben, beginnen sie, die versteckten Kameraden zu suchen. Wenn sie einen finden, laufen sie auf ihn zu und nehmen ihn durch Berührung gefangen. Falls es jedoch einem der versteckten Spieler gelingt, bis zum Stock zu gelangen, ohne daß er den Abschlag erhält, darf er mit dem Fuß auf das herausragende Ende des Stocks treten und so die neun kleinen Stöckchen abermals auseinanderwerfen. Damit befreit er alle Gefangenen, die sich inzwischen beim Stock eingefunden haben. Die Gefangenen laufen daraufhin wieder auseinander und verstecken sich.
Das Spiel endet, wenn alle Spieler gefangengenommen sind. Das nächste Mal werden die zwei Spieler, die zuerst in Gefangenschaft gerieten, Sucher sein.
Da es in den Städten nur wenige Spielstraßen gibt, suchen wir uns im Hof eine Stelle mit einem Höhenunterschied.

Walliser Versteckspiel ◕ Ⓖ 187

1 Blechdose

Eine andere Variante des Versteckens spielen die Walliser Kinder. Einer der Spieler muß suchen. Er nimmt eine alte Blechdose und wirft sie weit weg. Beim Suchen hält er die gespreizten Hände vor die Augen. Er darf nur durch die Fingerspalten hindurchsehen und nur in Richtung der Büchse, nirgendwo andershin. Erreicht er die Blechdose, ruft er: »Ich komme!« Von diesem Augenblick an sucht er die versteckten Spieler, bewacht aber gleichzeitig auch die Blechdose. Falls er jemanden im Versteck aufstöbert, ruft er dessen Namen, läuft zur Blechdose und stößt sie mit dem Fuß weg. Der genannte Spieler wird nun Sucher. Der ursprüngliche Sucher sollte die Blechdose möglichst in die Richtung stoßen, die für ihn vorteilhaft ist. Falls einer der Spieler die Blechdose nämlich vor ihm erreicht, stößt er sie mit dem Fuß weg und ruft: »Versteckt euch wieder!« Das ist das Signal für alle schon gefangenen Spieler, auseinanderzulaufen und sich zu verstecken.
Sobald alle gefangen sind, wird von neuem begonnen. Sucher wird, wer als erster entdeckt wurde.

Versteckspiel Ⓖ 188

Gewiß eines der ältesten und zugleich beliebtesten Spiele. Ein Spieler stellt sich mit dem Gesicht zur Wand, schließt die Augen und zählt laut von eins bis hundert. Dann ruft er: »Eins, zwei, drei, vier, Eckstein. Alles muß versteckt sein. Hinter mir, da gilt es nicht. Eins, zwei, drei; ich komme!« Dann öffnet er die Augen und beginnt, die versteckten Spieler zu suchen. Wenn er einen erblickt, ruft er dessen Namen und läuft zur Wand zurück. Er schlägt mit der Hand an die Wand und sagt: »Zehn, zwanzig, dreißig ...« und den Namen des entdeckten Spielers. Erreicht jedoch einer der Spieler die Wand früher als der Sucher, kann er sich mit der gleichen Formel befreien. Falls der Sucher im Verlauf des Spiels mindestens von drei Spielern, die die Wand vor ihm erreichten, überholt wurde, muß er im folgenden Spiel wieder Sucher sein. Im anderen Fall übernimmt jener die Rolle des Suchers, der als erster entdeckt wurde.

Diebeshöhle Ⓖ 189

Ein Durchgang oder ein Hauseingang wird »Diebeshöhle«. Dann losen wir einen Spieler aus, der »Polizist« wird. Alle übrigen Spieler versammeln sich zu Beginn des Spiels in der »Diebeshöhle«. Der Polizist versteckt sich irgendwo in der Nähe. Wer ihn entdeckt, schlägt Alarm und ruft: »Achtung! Zurück!« Der Polizist springt aus dem Versteck vor und läuft zur Diebeshöhle, in die in diesem Augenblick auch alle übrigen Spieler rennen. Der, den der Polizist fängt, bevor dieser die Höhle erreicht, wird sein Gehilfe.

Der Polizist versteckt sich dann mit seinem Gehilfen im Umkreis, und die verbliebenen Spieler verlassen abermals die Diebeshöhle. Diesmal wird bereits Alarm geschlagen, wenn der erste Polizist entdeckt wird.

Das Spiel wird so lange wiederholt, bis sämtliche Diebe gefangen sind.

Briefsendung ④ 190

Ein Spiel aus den Berliner Gassen. Die Spieler zeichnen mit Kreide einen Kreis von 4 Metern Durchmesser und teilen ihn in vier gleiche Teile ein. Dann besetzt jeder Spieler einen Sektor und stellt sich dort an den Kreisrand. In der Mitte, auf dem Schnittpunkt der Grenzstriche, wird ein kleiner Kreis markiert. Dann wählt jeder Spieler den Namen eines Staates, ähnlich wie beim Völkerspiel. Der durch Los ausgewählte Ausrufer eröffnet das Spiel mit der Ankündigung: »Ich sende einen Brief nach ...« und fügt den Namen des Staates hinzu, den sich einer seiner drei Gegner ausgesucht hat. Nehmen wir an, er hat sich »Venezuela« ausgewählt. Der »Venezolaner« stürzt zur Mitte des Kreises, und wenn er mit beiden Beinen im kleinen Kreis steht, ruft er: »Halt!« Die übrigen Spieler laufen inzwischen vom Kreisumfang nach allen Richtungen fort. Auf die Aufforderung »Halt« müssen sie jedoch augenblicklich stehenbleiben. Der »Venezolaner« wählt den Gegner aus, der ihm am nächsten steht, und be-

ginnt, gegen ihn vorzugehen. Er darf jedoch nur soviel Schritte machen, wie der Name seines Staates Silben hat. Das bedeutet in unserem Beispiel fünf: Ve-ne-zu-e-la! Er schreitet allerdings weit aus. Wenn er mit den fünf erlaubten Schritten so weit gelangt, daß er mit der Hand den Spieler berühren kann, gegen den er vorgegangen war, hat er das Recht, ein Stück von seinem Gebiet zu besetzen.
Er kniet sich in seinem eigenen Sektor hin und trennt mit einem Kreidestrich vom Gebiet seines Gegners soviel ab, wie er kann. Er darf hierbei jedoch nicht die Grenzlinie berühren, darf sie also auch nicht überschreiten, sonst verliert er das Recht auf die Besetzung des Gebietes. Das gewonnene Stück Land bezeichnet er mit seinem Monogramm, oder er bezieht es in die Grenze seines eigenen Landes mit ein. Der Spieler, dessen Gebiet zum Teil besetzt wurde, wird Ausrufer. Falls jedoch der Spieler niemanden erreichte, wird er das nächste Mal wieder ausrufen. Wer sein gesamtes Gebiet verliert, scheidet aus dem weiteren Spiel aus.

Hebt die Hantel auf! ② 191

1 Seil, 2 Hanteln

Die beiden Enden eines Seiles werden verknotet. Dann stellen sich die Spieler einander gegenüber und halten mit ihren Händen das Seil fest. 2 Meter hinter jedem liegt jeweils eine Hantel am Boden. Auf ein Kommando versucht jeder, den anderen mit Hilfe des Seiles auf seine Seite zu ziehen, um die hinter ihm liegende Hantel aufzuheben. Gelingt es einem Spieler, den Gegner bis zur Hantel hinüberzuziehen, muß er zwangsläufig mit einer Hand das Seil loslassen, um die Hantel aufheben zu können. Diese Schwächung wird meist vom Gegner ausgenutzt, indem er versucht, mit einem schnellen Zug die drohende Gefahr abzuwenden.

Zieh den Gegner in den Kreis! ② 192

Zwei Spieler stehen einander gegenüber und halten sich gegenseitig an der rechten Hand oder an beiden Händen. Zwischen ihnen befindet sich ein auf dem Boden aufgezeichneter Kreis mit einem Durchmesser von einem halben Meter. Die Gegner versuchen, sich gegenseitig in den Kreis zu reißen oder zu ziehen, so daß einer von beiden mit der ganzen Fußsohle auftritt.

Griechisches Grenzspiel ② 193

1 kurzes Seil, 2 feste Stäbe

Binden Sie die Enden des kurzen Seiles zusammen. Zwei Wettkämpfer stellen sich einander gegenüber, drei Schritte hinter beiden befindet sich je ein Zielstrich. Vor Beginn des Wettkampfes steckt jeder einen Stab durch das zusammengebundene Seil, ergreift ihn mit beiden Händen, und auf das Zeichen des Schiedsrichters hin beginnen sie zu ziehen. Wer mit beiden Beinen den Strich hinter seinem Rücken überschreitet, siegt. Dieses Kampfspiel stammt aus dem alten Griechenland. Wir kennen nicht nur seine Beschreibung, es ist auch bildlich dargestellt.

Wippen ② 194

Zwei Wettkämpfer stellen sich Rücken an Rücken und haken die Arme ineinander. Auf das Zeichen des Schiedsrichters hin versuchen sie, sich gegenseitig durch Vorbeugen vom Boden zu heben. Wer mit beiden Füßen vom Boden abgehoben wird, hat verloren.

Schattenkampf Ⓜ 195

Es spielen zwei Mannschaften. Sie stellen sich paarweise auf, wobei die Spieler in A und B unterteilt sind. Auf Signal hin beginnt das erste Paar auf einem Bein zu hüpfen. Tritt A auf den Schatten von B (und umgekehrt), so erhält seine Mannschaft einen Punkt. Auch wenn einer sich auf beide Beine stellt, ist das ein Punkt für die Gegner. Das Wechseln des Sprungbeins ist beim Wettkampf verboten. Die Paare lösen einander ab. Die Mannschaft mit den meisten Punkten siegt.

Himmel und Hölle Nr. 216 (S. 89) ▶

HIMMEL
5
4
3
2
1

Hinüberziehen mit einem Arm ② 196

Die Wettkämpfer stellen sich rechts und links eines Striches auf, jeder von einer Seite, in breiter Grätsche die Beine, die rechte Hüfte einander zugewandt. Sie stemmen sich mit der Außenseite des rechten Fußes direkt vor den Strich gegeneinander. Sie reichen sich die rechte Hand, und auf das Zeichen des Schiedsrichters beginnen sie sich hinüberzuziehen. Wem es gelingt, den Gegner mit beiden Beinen auf seine Seite hinüberzuziehen, ist Sieger.

In der nächsten Runde zieht sich das Paar mit dem linken Arm hinüber, wobei die Gegner mit der linken Hüfte einander gegenüberstehen.

Ziegenspiel Ⓖ 197

Erwähnt wurde dieses alte Volksspiel zuerst in England. Ein Spieler stellt sich mit dem Gesicht zur Wand und legt den Kopf auf die Brust. Der zweite macht eine »Ziege« hinter ihm, indem er sich bückt, den Kopf senkt und den Vordermann um die Taille greift. Der dritte Mitspieler springt aus kurzem Anlauf auf die Ziege und versucht, den ersten zu »krönen«, mit der rechten Hand seinen Kopf zu berühren. Die Ziege bemüht sich, ihn daran zu hindern. Sie schlägt aus und macht Sprünge, um den Springer abzuschütteln. Falls der Springer abrutscht und den Boden berührt, verliert er und muß sich hinter den zweiten stellen und ebenfalls eine Ziege machen, der vierte Spieler springt in der Grätsche auf den Rücken der letzten Ziege und versucht ebenfalls den ersten zu »krönen«. Hat er keinen Erfolg, macht er eine weitere Ziege.
Wer den ersten »krönt«, vertauscht mit ihm Platz und Rolle. Zu Beginn dieses Spiels springen die kleinsten und schwächsten, später die kräftigen Kinder.

Prag Ⓖ 198

1 größerer Ast, kleine Ästchen

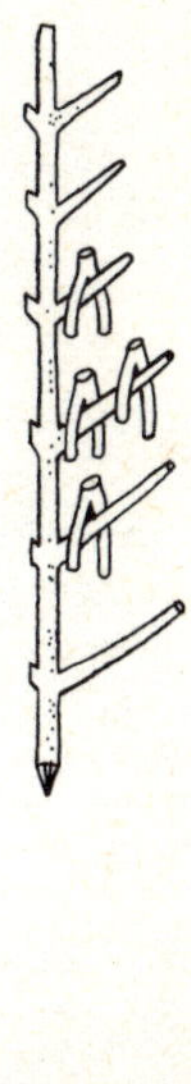

Für dieses alte Volksspiel, das nicht nur in Böhmen, sondern auch in Rußland vermerkt war, eignet sich am besten ein Garten oder eine Wiese. Auf einem freien Platz stecken die Spieler einen langen Ast in den Boden, der nach einer Seite hin mehrere Sprossen hat. Jeder Spieler hat außerdem einen kleinen Ast, dessen oberer Teil mit einer Gabel abschließt. In der vorher festgelegten Reihenfolge werfen die Spieler ein flaches Steinchen in die Höhe, das auf einer Seite hell, auf der anderen dunkel ist. Jeder sagt jeweils, welche Seite des Steinchens nach oben zeigen wird. Wer es errät, hängt seinen Ast in der untersten Sprosse ein. Wer zum zweiten Mal richtig rät, verschiebt seinen Ast auf die zweite Sprosse. Wenn das Steinchen jedoch mit der entgegengesetzten Seite nach oben auf dem Boden liegen bleibt, muß der Spieler seinen Ast um eine Sprosse niedriger einhängen. Das Spiel endet, wenn jemand mit seinem Ast bis zur höchsten Sprosse gelangt.
Der Sieger erhält ein Pfand.

◄ Hüpfen mit Gummiband Nr. 220 (S. 92)

Kieselsteine,
Indianerwürfel,
2 Stäbchen

Pfeilspiel ② 199

Das Spielfeld setzt sich aus dreiundzwanzig kleinen Gruben zusammen, wobei die 12. Grube in der Mitte größer ist als die übrigen. Auf dem Gehsteig können die Gruben auch durch Kreise ersetzt werden, die wir mit Kreide aufzeichnen.
Zu Beginn des Spiels legen die beiden Teilnehmer in ihre Vertiefung je einen Kieselstein, das »Wild«. Dem Spieler A gehören die Gruben 1 – 11, dem Spieler B die Nummern 13 – 23. Die Grube 12 bleibt frei, sie soll den Fluß darstellen.
Wer durch Los oder Knobeln als erster dran ist, nimmt vier Indianerwürfel und wirft sie in die Höhe. (Herstellung der Würfel siehe Seite 322.) Je nachdem, ob die Würfel mit der gewölbten oder der glatten Seite zu Boden fallen, kann der Spieler mit seinem »Pfeil«, d.h. dem Stäbchen, um eine Grube vorrücken. Fallen alle vier Würfel mit der gewölbten Seite nach oben, sticht er seinen Pfeil in die vierte Grube. Fallen drei Würfel mit der gewölbten Seite nach oben, sticht er seinen Pfeil in die dritte Grube. Fallen drei Würfel mit der gewölbten Seite nach oben und einer mit der glatten, bedeutet das demnach, daß er drei Gruben vorrücken darf. Er darf so lange ohne Unterbrechung werfen, bis eine Null fällt. Dann übernimmt der andere Spieler die Würfel. Dieser beginnt von der entgegengesetzten Seite, von Grube 23 aus. Falls wir anstelle der Gruben Kreise aufgezeichnet haben, legen die Spieler den Pfeil über den jeweiligen Kreis. Wer mit seinem Pfeil den »Fluß« überquert, also die Grube 12, darf das »Wild« von der gegnerischen Seite aus der Grube nehmen, die er der Würfelzahl entsprechend mit seinem Pfeil besetzen darf. Der Spieler B hat zum Beispiel einen Pfeil in der 13. Grube und wirft nun eine Vier. Er setzt den Pfeil auf Grube 9 und bekommt als Beute das »Wild«, das sich noch dort befindet. Falls ein Spieler seinen Pfeil in eine Grube schiebt, in der sich noch der Pfeil des anderen befindet, muß dieser seinen Pfeil aus der Grube nehmen und in der nächsten Runde von neuem beginnen. Ziel des Spiels ist es, dem Gegner sein ganzes Wild abzunehmen und schließlich auch seinen Pfeil rauszuwerfen. Wem das als erstem gelingt, der hat gewonnen. Wer mit seinem Pfeil direkt in die 12. Grube gerät, was bedeutet, daß sein »Kahn« gekentert ist, der muß es schaffen, mit dem nächsten Wurf hinauszugelangen, sonst wird sein Pfeil aus dem Spiel geworfen, und er muß ganz von vorn beginnen.
Wer mit dem Pfeil die letzte Grube der entgegengesetzten Seite erreicht, kehrt von dort aus über das Spielfeld zurück. Erst wenn er wieder bei seiner ersten Grube angelangt ist, darf er erneut mit dem Vorrücken beginnen. Diese Pendelbewegung ist für die ganze Spieldauer unbedingt einzuhalten. Es ist also nicht erlaubt, mitten in der Reihe die Richtung zu ändern.

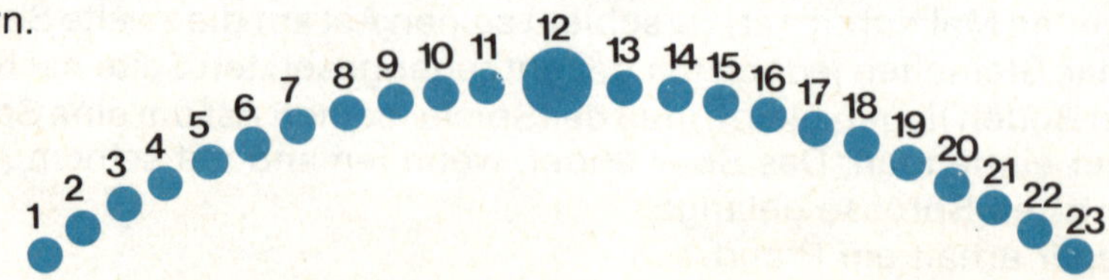

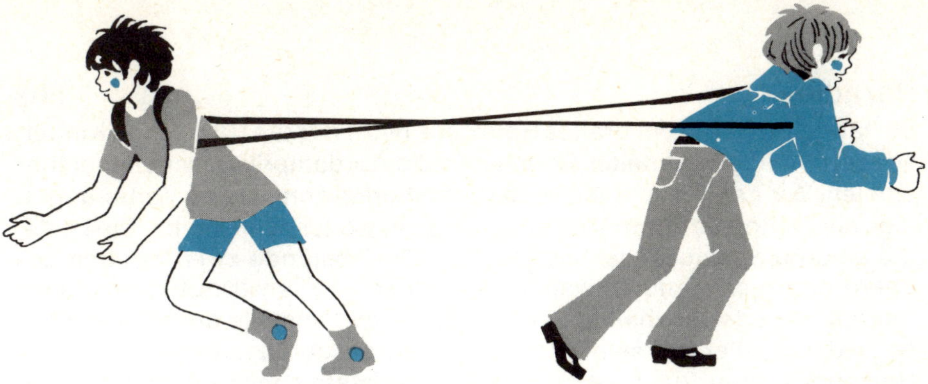

Kirgisisches Überziehen ◑ ② 200

Wir binden ein 7 bis 8 Meter langes Seil zusammen. Zwei Kämpfer legen sich das Seil so um, wie es die Abbildung zeigt – nach hinten um den Hals und unter den Achseln. Dann versuchen sie auseinanderstrebend den anderen hinter sich herzuziehen. Wer den Gegner bis zu dem in 2 Meter Entfernung markierten Strich schleppt, siegt.
Die Kirgisen verwenden bei diesem Volksspiel anstelle des Seils ein schön besticktes Tragband aus festem Gewebe. Falls Sie sich ein solches Band besorgen können, ersetzen Sie das Seil. Das kirgisische Spiel wird stilechter, und die Spieler können sich in ein breites Band besser einstemmen.

1 langes Seil

Die Zielscheibe ◑ Ⓖ 201

Wir zeichnen auf die Wand oder auf einen Holzzaun einen kleinen Kreis. Dann ritzen wir in einer Entfernung von zehn Metern vom Zaun die Startlinie in den Boden, verbinden dem ersten Spieler mit einem Tuch die Augen und fordern ihn auf, blind von der Linie bis zur Mauer bzw. zum Zaun zu gehen und mit der Kreide einen Punkt direkt in den kleinen Kreis zu machen. Wenn der Spieler an der Mauer ein Zeichen macht, schreiben wir gleich sein Monogramm hinzu. Kreide und Tuch übergeben wir dem nächsten. Wessen Zeichen unmittelbar im kleinen Kreis oder wenigstens in nächster Nähe des Kreises ist, der siegt.
Variante: Wir schicken gleichzeitig je einen Spieler von jeder Mannschaft und geben jener Mannschaft einen Punkt, deren Vertreter den präzisesten Treffer hat.

1 Tuch,
1 Stück Kreide

Zielscheibenkicken ◑ Ⓖ 202

Wir zeichnen nach der Abbildung eine Zielscheibe auf den Asphalt und kicken dann aus einer Entfernung von 5 Metern leere Blechdosen hinein. Die Spieler lösen sich in der ausgelosten Reihenfolge ab, jeder hat jeweils drei Stöße hintereinander. Er legt die Dose auf den Startstrich und kickt sie so, daß sie auf die Zielscheibe fliegt. Wenn er alle 3 Dosen weggekickt hat, notieren wir die erzielten Punkte. Für jede Dose, die mit der ganzen Fläche in der Zielscheibe liegt, erhält der Spieler die entsprechende Punkteanzahl. Jener siegt, der zuerst 50 Punkte hat.

1 Blechdose pro Spieler

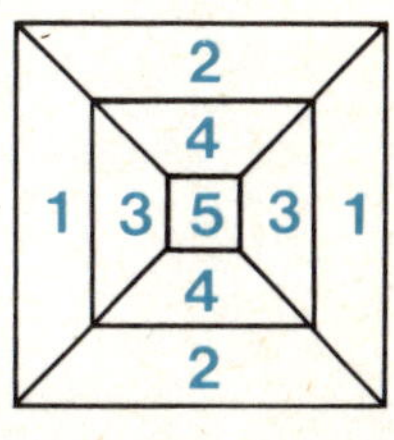

Paradies ◕ Ⓖ 203

1 Poney (Holzpflock) pro Spieler, 1 Holztäfelchen

Pferdchen

Täfelchen

Es handelt sich um ein uraltes Spiel, das nicht nur die russischen Kinder, sondern in abgewandelter Form auch die nordamerikanischen Indianer spielen. Wir höhlen im Sand- oder Lehmboden zehn kleine Vertiefungen aus, eine elfte, die dreimal so groß ist, dann weiter zehn kleine. Die letzte, die einundzwanzigste, ist wieder groß. Die Abstände zwischen den Löchern betragen fünfundzwanzig Zentimeter. Falls wir auf einem betonierten Hof oder Asphalt spielen, zeichnen wir anstelle der Löcher Kreise. Jeder Spieler hat sein »Poney«, einen geschnitzten oder gefärbten Holzpflock. Zum Spiel gehört noch ein Holztäfelchen, auf dessen einer Seite eine kleine Sonne aufgezeichnet ist, die andere Seite ist leer.
Die Spieler werfen nach der ausgelosten Reihenfolge abwechselnd das Täfelchen in die Höhe. Wenn es mit der Sonne nach oben auf den Boden fällt, schiebt der Spieler sein Poney um ein Loch weiter vor und hat sofort Anspruch auf einen weiteren Wurf. Man beginnt mit dem Poney in der ersten Vertiefung. Wer bis zur zehnten gelangt, muß unmittelbar hintereinander zwei erfolgreiche Würfe haben, um ohne Spielunterbrechung über das große Loch hinaus zu gelangen. Wenn sein Pflock im großen Loch stehenbleibt und das Brettchen beim nächsten Wurf mit der leeren Seite nach oben auffällt, »fällt das Poney in die Grube«, und der Spieler muß zum Start zurückkehren. Wenn einer mit seinem Poney bis zur letzten großen Vertiefung in der Reihe gelangt, die man »Paradies« nennt, muß er vor dem letzten Wurf folgenden Spruch aufsagen: »Paradies, Paradies, spiele ich jetzt gut oder mies?«
Fällt dann die Sonne, springt das Poney aus der letzten Grube, und sein Besitzer siegt. Wenn jedoch die leere Seite fällt, muß das Poney bis zum ersten Loch zurückkehren.

Fünf Kreise ◔ ⑤ 204

1 Stück Kreide

Ein altes holländisches Spiel, für das man einen kleinen Raum benötigt. Fünf Mädchen oder Jungen zeichnen in den Ecken eines gedachten Quadrats je einen Kreis. Der fünfte Kreis befindet sich genau in der Mitte, wo sich die Diagonalen kreuzen. Vier Spieler stellen sich an den Kreisrändern auf und vertauschen dann laufend ihre Plätze. Der fünfte Spieler, der anfangs im mittleren Kreis steht, versucht einen freien Kreis am Rand zu besetzen. Beim Besetzen der Kreise gilt der Grundsatz: Wer auch nur einen Fuß im Kreis hat, ist dessen rechtsgültiger Besitzer.

Zum Pfahl rollen ◕ Ⓖ 205

1 Pfahl, 1 Holzscheibe

Schlagen Sie in der Mitte des Spielfeldes einen Pfahl in den Boden, zu dem wir Holzscheiben rollen wollen. Der Spieler, dessen Scheibe dem Ziel am nächsten kommt, gewinnt.
Die Startlinie markieren wir je nach Alter der Teilnehmer 10 bis 15 Meter vom Ziel entfernt.
Für die zweite Runde ändern wir die Regeln des Spiels insofern ab, als die Spieler die Holzscheibe nicht rollen, sondern wie Disken werfen.

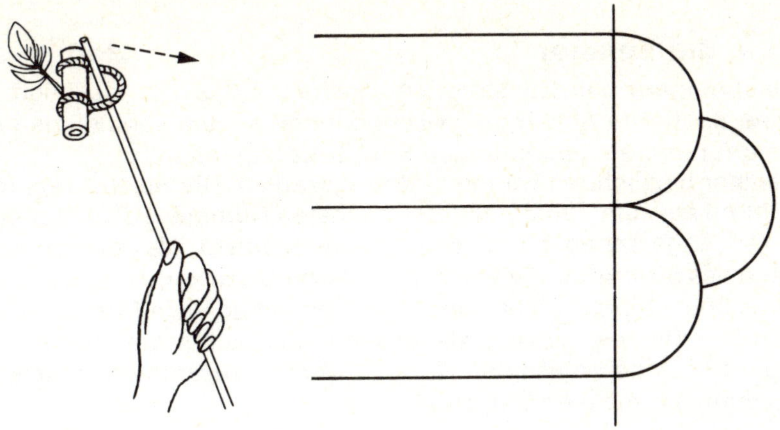

Regenwolke

Ⓖ 206

Wir zeichnen nach der Abbildung das Indianersymbol einer Regenwolke auf den Gehsteig und werfen aus einer Entfernung von 4 Metern besondere Wurfhölzchen, die mit Kerben verziert sind und an denen eine kleine Feder mit einem Bindfaden befestigt ist. Mit dem Faden macht man noch eine kleine offene Schlinge.
Jeder Spieler hängt das Wurfhölzchen mit der Schlinge an ein Stöckchen und wirft es so, daß das Ganze in die Wolke fällt. Wenn das Wurfhölzchen im rechten oder linken Halbkreis liegenbleibt, nimmt man sich 2 Zählhölzchen. Entscheidend ist die Lage des Wurfhölzchens, nicht die der Feder. Die Spieler lösen sich beim Werfen regelmäßig ab. Es wird so lange gespielt, bis der Haufen mit den Zählhölzchen verschwindet. Wer zum Schluß die meisten Zählhölzchen hat, der siegt.
Dieses Spiel pflegten die Indianer des Stammes Zuñi zu spielen. Die Herstellung der Wurfhölzchen, ihre Verzierung mit Kerbschnitten und Farben, das Suchen einer geeigneten Feder und deren Färbung – das alles gehört zum Spiel.

1 Stück Kreide, 1 Würfelhölzchen mit Feder pro Spieler, Bindfaden, Zählhölzchen

Zielwerfen

Ⓖ 207

Wir teilen die Spieler in zwei Gruppen auf, die sich einander gegenüber in einer Reihe aufstellen. Der Zwischenraum zwischen den Gruppen und der Mittellinie beträgt 5 m. Der Leiter steht in der Mitte an der Wand. Er nimmt den Medizinball und wirft ihn so, daß er auf der Mittellinie an die gegenüberliegende Wand rollt. Alle Spieler werfen die kleinen Bälle nach dem Medizinball. Wer ihn trifft, erhält einen Punkt. Dann laufen die Spieler los und sammeln die kleinen Bälle wieder auf. Wir rollen den Medizinball einmal langsam, dann wieder schneller und machen ruhig zwischendurch Täuschungsmanöver. Wer nach zwanzig Minuten die höchste Punktzahl erreicht, siegt. Wir können noch die Variante einführen, daß alle Spieler erst dann ihre kleinen Bälle einsammeln dürfen, wenn der Schiedsrichter pfeift.
Jeder darf soviel Bälle werfen, wie er erbeutet hat. So kann der Schnellste die meisten Punkte erzielen.

1 Medizinball, kleine Bälle

Blind in die Fenster ◕ Ⓖ 208

1 Stück Kreide

Wir zeichnen auf den Gehsteig eine Reihe von Fenstern, größere und kleinere; auch die Abstände zwischen ihnen sollten verschieden sein, aber nicht mehr als einen langen Schritt betragen.
Die Fenster bezeichnen wir mit Ordnungszahlen. Die Spieler versuchen dann, blind bis zum Fenster mit der höchsten Nummer zu gelangen. Sie dürfen so lange gehen, bis sie einen Fehler machen. Als Fehler wird das Betreten des Strichs oder ein Schritt außerhalb des Fensters, das gerade an der Reihe ist, betrachtet. Der Spieler erzielt so viele Punkte, wie die Zahl im Fenster zeigt, das er als letztes fehlerlos betreten hatte.
Die Punkte aus den einzelnen Runden werden zusammengezählt. Wer zum Schluß am meisten hat, siegt.

Schießen auf Nüsse ◕ Ⓖ 209

Nüsse

Dieses Spiel stammt aus Serbien. Ein Spieler fordert die übrigen zum Einsatz von einer bis vier Nüssen auf. Wenn jemand die Aufforderung annimmt, einigen sie sich über die Anzahl, und der Herausforderer legt die bestimmte Anzahl von Nüssen auf den Zielstrich. Zwei oder drei Nüsse legt er dicht nebeneinander, beim Einsatz von vier Nüssen legt er drei zu einem Dreieck auf und die vierte legt er oben darauf. Wer die Herausforderung angenommen hat, wirft aus vorgeschriebener Entfernung, die beim Einsatz von drei oder vier Nüssen bei sechs Schritt liegt, auf die aufgebauten Nüsse seine eigene Nuß. Falls er das Ziel trifft, gewinnt er die aufgebauten Nüsse, falls er verfehlt, muß er dem Herausforderer die eingesetzte Anzahl von Nüssen geben.

Schlag den Klotz! ◕ ② 210

1 Holzscheit,
1 Holzklotz

Wir zeichnen ein Viereck mit einer Seitenlänge von 2 m auf den Boden. Der erste Spieler stellt sich mit einem runden Holzscheit in der Hand in die Mitte. Der andere Spieler legt auf einen beliebigen Platz im Viereck einen Holzklotz. Er sucht hierfür einen solchen Platz aus, wo der Klotz nach seiner Meinung am schlechtesten getroffen werden kann. Der erste Spieler wirft dann das Holzscheit auf den Klotz. Falls er den Klotz hinter die Grenzen des Vierecks hinausschlägt, bekommt er einen Punkt. Der Klotz wird vom Gegner wieder in das Viereck gelegt, und der erste Spieler wirft von neuem. Trifft er nicht, vertauscht er mit dem anderen Spieler die Rolle und darf selbst den Klotz setzen. Legt er den Klotz hinter den werfenden Spieler, so darf dieser mit einem Sprung auf einem Bein sich drehen und erst dann mit dem Holzscheit werfen. Dabei muß er auf einem Bein stehen bleiben. Das zweite darf er erst nach dem Wurf auf den Boden setzen. Falls er einen Fehler macht, indem er zum Beispiel nach der Drehung noch einmal weiterspringt oder das zweite Bein auf den Boden setzt, tritt sofort sein Gegner in der Mitte des Vierecks an.
Es wird 15 Minuten gespielt. Wer nach dieser Zeit mehr Punkte hat, der siegt.

Pflöckewerfen (G) 211

1 Holzpflock pro Spieler

Jeder Spieler bereitet sich einen längeren Pflock vor, den er spitz zurechtschneidet. Es wird auf lockerem Sandboden gespielt, oder die Kinder lockern vorher die Erde auf. Jeder Spieler bemüht sich, seinen Pflock nicht nur so zu werfen, daß er so tief wie möglich im Boden steckenbleibt, sondern daß er zusätzlich vorher den Pflock eines Gegners trifft und umstößt. Wessen Pflock am tiefsten im Boden steckt, der siegt. Beim nächsten Mal werfen die Spieler ihre Pflöcke in der Reihenfolge, in der sie sich im vorhergehenden Spiel placiert haben.

Hüpfspiele

Springen auf neun Quadraten (G) 212

1 Stück Kreide

Die Berliner Kinder spielen »Hoppse« auf einem aus neun Quadraten zusammengesetzten Netz. Die Sprünge wechseln, ihre Reihenfolge ist aber für jeden Spieler verbindlich: Der Spieler springt mit beiden Beinen gleichzeitig ins zweite Feld, ins erste Feld muß er mit gekreuzten Beinen springen, von der Eins springt er zur Drei und muß dort ebenfalls mit gekreuzten Beinen aufkommen, mit beiden Beinen gerade ins fünfte Feld, mit überkreuzten Beinen in die Vier und Sechs. Weiter springt er mit beiden Beinen gerade ins achte Feld, mit überkreuzten Beinen in die Sieben und Neun. Beim letzten Sprung (ins neunte Feld) muß sich der Spieler im Flug umdrehen, so daß sein Gesicht nach hinten zeigt. Nun springt er in entgegengesetzter Reihenfolge auf dieselbe Art von einem Feld ins andere zurück und aus dem zweiten Feld dann hinaus.
Falls er einen Fehler macht, auf den Strich tritt, anders aufkommt als vorgeschrieben oder ins falsche Feld springt, setzt er eine Runde aus.
Sobald ein Spieler die Sprünge zur Neun und zurück beendet hat, wird er abermals springen, diesmal jedoch mit abgekehrtem Gesicht. Wer das Quadrat auf beide Arten als erster fehlerlos überspringt, siegt.

Hüpfen in der Schnecke (G) 213

1 Stück Kreide

Wir zeichnen auf den Gehsteig eine einem Schneckenhaus ähnliche Figur und teilen sie in 35 Zentimeter lange Felder ein.
Jeder Spieler springt nun auf einem Bein von einem Feld zum anderen, und wenn er ohne Fehler vom Rand bis zur Mitte der Schnecke gesprungen ist, erringt er eine »Klasse«. Er wählt sich ein freies Feld aus und schreibt seinen Namen hinein. Für die übrigen Spieler ist dieses Feld nun tabu, sie müssen es jeweils überspringen. Der Besitzer eines Feldes darf sich dort ausruhen, d.h. dort darf er beide Beine auf den Boden stellen.
Im Verlauf des Spiels nimmt die Zahl der besetzten Felder zu. Es ist demnach taktisch wichtig, welche Felder ein Spieler besetzt. Überlegt er sich die Auswahl nicht vorher genau, kann es passieren, daß er sich selbst vom weiteren Spiel aussperrt, da er nicht mehr imstande ist, die lange Kette der besetzten Felder zu überspringen.
Wie auch bei den übrigen »Hoppse-Spielen« wechseln wir uns ab, nach jedem Fehler tritt der nächste Spieler an. Er beginnt dort, wo er in der vorherigen Runde aufgehört hatte.

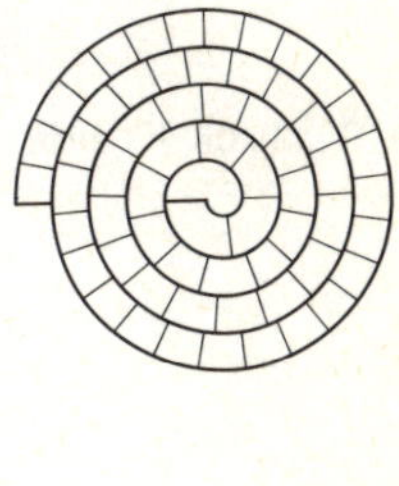

Springen ◔ Ⓖ 214

1 Stück Kreide

Wir zeichnen auf den Gehsteig ein größeres Quadratnetz und numerieren die einzelnen Felder. Die Spieler werden dann auf einem Bein von einem Feld ins andere hüpfen, entsprechend der Reihenfolge der Zahlen. Wir beginnen mit dem Sprung in die Eins, von der Eins hüpfen wir zur Zwei, von der Zwei zur Drei usw. Wer auf den Strich tritt, mit dem erhobenen Bein den Boden berührt, in irgendeinem Feld einen Sprung mehr tut oder in das unrichtige Feld springt, muß aussetzen und warten, bis er wieder an der Reihe ist.
Denken wir daran, daß der Verlauf des Spiels, dessen Leichtigkeit oder Schwierigkeit von der Verteilung der Ordnungszahlen abhängt. Wir können die aufeinanderfolgenden Zahlen so festlegen, daß ein Sprung von einem Quadrat ins andere eine größere Kraftanstrengung erfordert.
Wertung: Wer ohne Fehler am weitesten hüpft, erhält einen Punkt. Falls mehrere Spieler alle Quadrate überspringen, erhält jeder je einen Punkt. Das Spiel wiederholen wir zehnmal, fünfmal hüpfen wir auf dem rechten, fünfmal auf dem linken Bein. Mit kleineren Kindern oder auf einem größeren Netz, wo die Sprünge schwieriger sind, spielen wir Springen auf Kindergartenart: Wer einen Fehler macht, der setzt aus und beginnt beim nächsten Mal in dem Feld, bei dem er aufhörte.

Puppenspringen ◕ Ⓖ 215

1 Stück Kreide

Eines der bekanntesten Kinderspiele, das auf der ganzen Welt zu finden ist. Bei uns spielt man es nach folgenden Regeln:
Die Spieler zeichnen das Schema einer Puppe auf den Gehsteig, das in eine größere Anzahl von Feldern aufgeteilt ist. Dann zählen wir mit einem Reim aus, in welcher Reihenfolge wir zum Spiel antreten wollen.
Der erste Spieler nimmt ein Steinchen oder ein Stück Glas, wirft es ins er-

ste Feld, dann hüpft er, das erste Feld überspringend, ins zweite Feld, von dort weiter auf einem Bein in das dritte. Ins vierte und fünfte Feld muß er mit beiden Füßen zugleich springen, wobei er mit dem linken Fuß im linken, mit dem rechten Fuß im rechten Feld aufkommen muß. Ins sechste Feld hüpft er nur mit dem rechten Bein, ins siebte und achte wiederum mit beiden Beinen gleichzeitig. Dort macht er im Sprung kehrt und hüpft auf dieselbe Weise zum zweiten Feld zurück. Dort hebt er, auf einem Bein stehend, den Stein auf und hüpft, das erste Feld überspringend, hinaus. Falls er die ganze Aufgabe ohne Felder löst, wirft er das Steinchen ins zweite Feld, hüpft auf einem Bein ins erste Feld, dann ins dritte usw. Jedesmal, wenn er die Puppe fehlerlos durchsprungen hat, wirft er den Stein in der nächsten Runde ein Feld weiter. Ist er beim achten Feld angelangt, rückt er beim Werfen des Steins zurück, bis er wieder beim ersten Feld angelangt und damit seine große Runde beendet hat. Wenn der Spieler den Stein ins vierte, fünfte, siebte und achte Feld wirft, muß er auf nur einem Bein ins Nachbarfeld springen.Begeht er einen Fehler, nimmt er den Stein an sich und wartet, bis er wieder an die Reihe kommt. Er wirft dann den Stein in das Feld, in dem er sich befand, als er den Fehler in der letzten Runde machte.

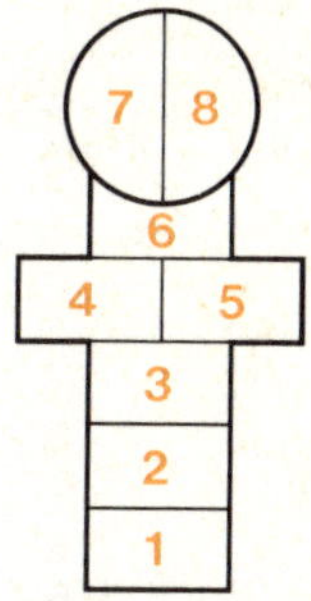

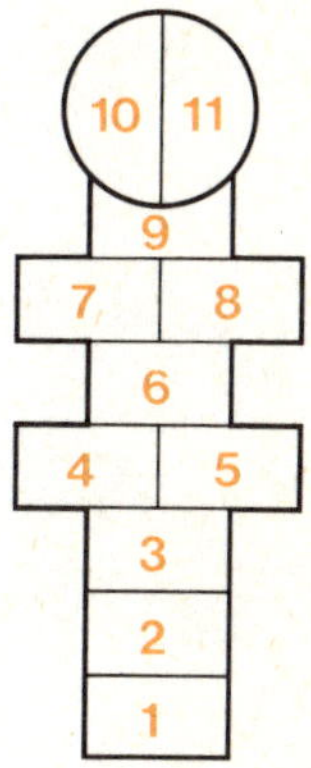

Als Fehler zählt, wenn der Spieler:
a. den Stein in ein falsches Feld oder auf den Strich wirft,
b. das Feld, in dem der Stein liegt, berührt,
c. auf den Strich springt,
d. bei den Sprüngen auf einem Bein den Boden mit dem angewinkelten Bein berührt,
e. in einem Feld das Standbein wechselt,
f. beim Sprung mit beiden Beinen nicht gleichzeitig mit beiden Füßen aufkommt,
g. beim Rückweg vergißt, den Stein aufzuheben und mitzunehmen.

Die gleichen Regeln gelten auch für die »Große Puppe«. Sieger ist, wer die große Runde als erster beendet hat.

Himmel und Hölle ◔ Ⓖ 216

1 Stück Kreide

Wir zeichnen ein Rechteck auf den Boden, teilen es in 8 Felder ein und numerieren die Felder oder bezeichnen sie mit dem passenden Stichwort. Der Spieler, der nach dem Aufzählreim als erster an der Reihe ist, wirft in das erste Feld einen Stein. Bleibt er liegen, so hüpft der Spieler auf einem Bein ins sechste Quadrat, von dort ins fünfte, ins vierte, weiter in den »Himmel«, ins dritte und ins zweite. Im zweiten Quadrat bückt er sich, auf einem Bein stehend, nimmt den Stein auf, hüpft dann ins erste Quadrat und von dort ins Aus.

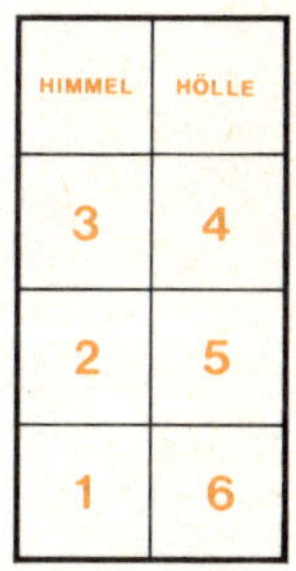

Falls er das alles ohne Fehler hinter sich bringt, wirft er den Stein ins zweite Quadrat und setzt so das Spiel fort. Im Laufe des Spiels wirft er den Stein fortlaufend in jedes Quadrat, bis auf die »Hölle«, die er ja auch beim Springen meidet. Beim Werfen rückt er von den niedrigen zu den höheren Zahlen, beim Springen umgekehrt.

Hat er die ganze Runde beendet, beginnt er von vorn. Bei der zweiten Runde werden wir dann nicht wie zuvor den Stein mit der Hand hinaustragen, sondern auf dem Rist des linken Fußes. Als Fehler gilt auch, wenn wir den Stein auf den Strich oder in ein falsches Feld werfen oder mit dem angewinkelten Bein den Boden berühren. In der dritten Runde wird das Steinchen auf dem Rist des rechten Fußes hinausgetragen, in der vierten auf der rechten Schulter und in der fünften auf der linken Schulter. Wer im Lauf des Spiels einen Fehler macht, scheidet bis zur nächsten Runde aus und beginnt wieder da, wo er vorher steckengeblieben ist.

Quadrate ◐ Ⓖ 217

1 Stück Kreide

Wir zeichnen ein Rechteck auf den Gehsteig und teilen es dann in 6 numerierte Felder ein. Am oberen Rand setzen wir einen Halbkreis an. Die Spieler werfen einen Stein oder ein Stückchen Glas ins erste Feld und hüpfen dann auf einem Bein von diesem bis ins siebte Feld und zurück. Wieder im ersten Feld angelangt, stoßen sie mit der Fußspitze des Standbeins den Stein aus dem Rechteck. Dann kommt der Stein ins zweite Feld. Von dort wird er auf dem Rückweg zuerst ins erste und dann hinausgestoßen. Aus dem dritten wiederum ins zweite, dann ins erste und dann hinaus usw. Eine Ausnahme bei diesem Spiel macht das Feld sieben: Von dort wird der Stein, den wir uns zuvor auf den Rist gelegt haben, direkt durch die Luft hinausgestoßen. Wer einen Fehler macht, hört auf und setzt erst bei der nächsten Runde wieder ein, und zwar an dem Punkt, an dem er aufgehört hatte. Als Fehler gilt, wenn der Spieler:

a. den Stein nicht in das richtige Feld wirft oder auf den Strich,
b. auf den Strich tritt,
c. das Steinchen nicht mit einem einzigen Stoß von einem Feld ins andere befördert,
d. beim Hinausstoßen einen zusätzlichen Schritt macht.

Hüppekasten ◐ Ⓖ 218

1 Stück Kreide

Die Hüpfkästen, die sich die Kinder für dieses Spiel auf den Gehsteig malen, sind in jedem Land anders. Wir halten uns bei der Beschreibung an die Skizze Seite 91 oben.

Die Spieler malen den Kasten auf den Gehsteig und zählen die Reihenfolge ab. Wer als erster drankommt, nimmt einen Stein und wirft ihn ins erste Feld. Dann springt er auf einem Bein in das andere Feld und schiebt den Stein mit dem Standbein ein Feld weiter. Falls es ihm gelingt, den Stein mit einem Stoß ins zweite Feld zu verschieben, springt er auf dem rechten Bein hinterher und verschiebt ihn mit dem Fuß ins dritte Feld; dann vom dritten ins vierte. Beim nächsten Schritt droht allerdings eine Gefahr: Dem mit »Hölle« bezeichneten Feld muß er ausweichen und daher den Stein aus dem vierten Feld mit einem einzigen Stoß bis zum Rastplatz verschieben. Dort darf er sich ausruhen und das Spiel für eine Weile unterbrechen, dort darf er auch wieder auf beiden Beinen stehen.

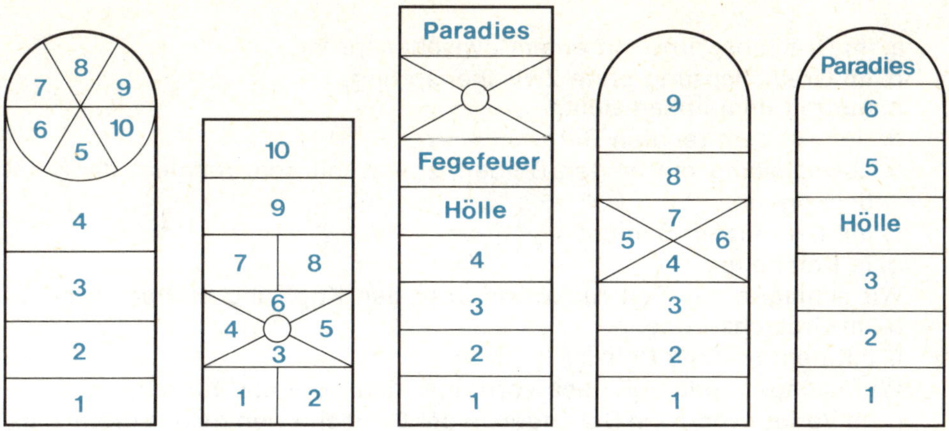

Schottland **UdSSR** **Frankreich** **BRD** **Nordafrika**

Nach einer kurzen Pause stellt er sich wieder auf das rechte Bein und befördert den Stein ins erste Dreieck, hüpfen muß er allerdings sofort mit gegrätschten Beinen ins dritte und zweite Dreieck. Er läßt den Stein eine Weile liegen und dreht sich mit einem weiteren Sprung um 180°. Nun muß er mit dem linken Bein im zweiten Dreieck stehen, mit dem rechten im dritten. Ein weiterer Sprung bringt ihn mit dem rechten Bein ins erste Dreieck und mit dem linken ins vierte. Nach dem folgenden Sprung mit Kehrtwendung steht er mit dem rechten Bein im vierten und mit dem linken im ersten Dreieck. Dann wechselt er im ersten Dreieck auf das linke Bein über und stößt den Stein ins zweite Dreieck, von dort aus ins dritte, weiter ins vierte, ins linke Quadrat, ins rechte Quadrat und schließlich in den »Himmel«. Wenn er einen Fehler macht, setzt er aus und macht erst bei der nächsten Runde wieder weiter.

Als Fehler gilt:

a. auf den Strich zu treten,
b. den Stein auf den Strich zu schieben,
c. den Stein in ein falsches Feld zu schieben,
d. den Stein mit mehr als einem Stoß zu verschieben,
e. beim Springen mit dem angewinkelten Bein den Boden zu berühren,
f. beim Aufsprung mit beiden Beinen nicht gleichzeitig mit beiden Fußsohlen zu landen,
g. den Stein in die »Hölle« zu stoßen,
h. die Reihenfolge in den Drei- und Vierecken nicht einzuhalten.

Seilspringen 219

Die Spieler lösen sich beim Seilspringen in festgesetzter Reihenfolge ab. 1 Sprungseil
Jede der unten genannten Übungen wird zehnmal wiederholt oder so lange, bis der Springer einen Fehler macht. In diesem Fall muß der Spieler beim nächsten Mal wieder mit der ganzen Klasse beginnen, die er zuvor nicht beendet hat.

Wir schlagen das Seil von hinten über den Kopf nach vorn und überspringen es:

a. im Grätschsprung mit einem Zwischensprung,
b. im Grätschsprung ohne Zwischensprung,
c. nur mit dem linken Bein,
d. nur mit dem rechten Bein,
e. abwechselnd mit beiden Beinen, zuerst mit dem rechten, dann mit dem linken,
f. mit gekreuzten Beinen,
g. in Kniebeuge.

Wir schlagen das Seil rückwärts über den Kopf und überspringen es
h. im Grätschsprung,
i. mit dem rechten Bein.

Wir schlagen das Seil nach vorn über den Kopf und führen
j. im Verlauf von zehn Sprüngen in der Grätsche wenigstens dreimal einen Doppelschwung aus.

Hüpfen mit Gummiband ◕ ③ 220

1 langes Gummiband

Dieses ungewöhnliche Spiel tauchte vor einigen Jahren in den Straßen von Prag auf und verbreitete sich von dort aus schnell in anderen Großstädten. Wir kennen seinen Ursprung nicht genau, manchmal nennt man es »Chinesischer Kindergarten«, möglicherweise handelt es sich auch um ein Spiel, das irgendein Sportlehrer erfunden hat.
Die Prager Kinder nennen dieses Spiel mit Gummiband »Chinese-Japaner«, aber keines der befragten Mädchen konnte uns erklären, warum das so ist.
Wir benötigen ein 4 Meter langes Gummiband, das ungefähr 5 Millimeter breit und an den Enden fest zusammengenäht ist. Zwei Spieler ziehen es zwischen sich bis zu den Fußknöcheln hoch und stellen sich in einer Entfernung von 2 Metern einander gegenüber. Die Beine müssen sie dabei leicht grätschen. Das Gummiband spannt sich dann und bildet etwa 10 Zentimeter über dem Boden ein schmales Rechteck.
Der dritte Spieler, der die nun folgende Übung durchführt, stellt sich jetzt in die Mitte des Rechtecks zwischen die beiden, dem einen mit dem Gesicht , dem anderen mit dem Rücken zugewandt. Dann beginnt das eigentliche Spiel:

1. Übung: Absprung aus dem Stand mit beiden Beinen, wobei wir beim Aufkommen das Gummiband mit dem rechten und dem linken Fuß auf den Boden treten. Wenn sich das Gummiband nach dem Aufkommen nicht unter den Füßen befindet, ist das ein Fehler, der Spieler setzt aus bis zur nächsten Runde und vertauscht seinen Platz mit dem nächsten Spieler. Falls sich das Seil richtig unter den Fußsohlen befindet, springt der Spieler noch einmal hoch und kommt mit beiden Beinen gleichzeitig auf. Das Gummiband kehrt so in seine ursprüngliche Lage zurück.

2. Übung: Aus dem Stand innerhalb des Rechtecks in die Höhe springen und auf beiden Seiten außerhalb des Bandes aufkommen, dann eine

Drehung um 180° machen. Die linke Ferse bleibt dabei auf dem Boden, der rechte Fuß beschreibt einen Bogen um sie und nimmt dabei von unten her beide Längsseiten des Gummibandes auf seinen Rist; am Ende hat demnach der Spieler beide Seiten des Bandes in Form einer Acht auf dem rechten Rist und hinter der linken Ferse; die Füße sind nah beieinander. Aus dieser Position einen Absprung ausführen; das Gummiband kehrt in seine ursprüngliche Lage zurück, und der Spieler im Rechteck springt in die Grundstellung.

3. Übung: Aus dem Rechteck links heraustreten und sich, das Gesicht zum Boden, so weit nach innen begeben, daß sich der linke Teil des Gummibandes über den Risten beider Füße befindet. Hochspringen. Dabei diesen Teil des Gummibandes auf die Riste ziehen, auf die linke Seite des Gummibandes springen. Eine Viertelwendung nach links durchführen sowie einen kleinen Schritt mit dem linken Bein machen. Dann hochspringen, das Gummiband in seine ursprüngliche Lage zurückkehren lassen und im Rechteck mit beiden Beinen aufkommen.

4. Übung: Aus dem Rechteck heraustreten, sich mit dem Rücken zur rechten Seite des Gummibandes stellen, so daß es sich knapp hinter den Fersen beider Füße befindet. Hochspringen. Beim Hochspringen das Band mit den Fersen hochziehen, auf der linken Seite das Gummibandes aufkommen. Eine Viertelwendung nach links und einen kleinen Schritt mit dem rechten Bein durchführen, dann hochspringen, das Gummiband in seine Grundstellung zurückkehren lassen und mit beiden Beinen ins Rechteck springen.

5. Übung: Absprung mit dem linken Bein im Rechteck, mit dem rechten außerhalb des Rechtecks aufkommen. Hochspringen. Dabei mit dem rechten Bein den rechten Teil des Gummibandes nachziehen und hinter dem linken Teil des Bandes aufkommen. Hochspringen, das Gummiband in seine ursprüngliche Lage zurückkehren lassen und innerhalb des Rechtecks aufkommen.

6. Übung: Aufsprung. Mit beiden Beinen außerhalb des Rechtecks aufkommen, neben dem rechten Teil des Gummibandes, Hochsprung. Den rechten Teil des Bandes mit beiden Beinen nachziehen, auf dem linken Teil des Bandes aufkommen. Sprung. Das Gummiband in seine ursprüngliche Lage zurückkehren lassen und im Rechteck in der Grundstellung aufkommen.
Mit der sechsten Übung endet die erste Klasse dieser Hüpfereien. In den folgenden Klassen werden die Übungen wiederholt, wobei allerdings die Spieler, die am Rand stehen, das Gummiband bei jeder weiteren Stufe höher ziehen. Bei der zweiten Klasse halten sie es in halber Wadenhöhe, bei der dritten in Kniehöhe, bei der vierten in halber Schenkelhöhe usw. Von der vierten Klasse an werden die Übungen nicht mehr gesprungen, sondern »gegangen«; sie werden langsam erst mit dem einen, dann mit dem anderen Bein durchgeführt. Nach jedem Fehler hört der Spieler auf und beginnt in der zweiten Runde dort, wo er ausgesetzt hatte.

Steinchenspiele

Haeyo ② 221

2 Steine

Die Pima, ein Indianervolk, das im Gebiet des Arizonas siedelte, nannte dieses Spiel Haeyo.
Zwei Spieler besorgen sich je einen Stein von der Größe einer Faust. Dann graben sie zwei 15 Meter voneinander entfernte Löcher. Sie stellen sich vor ein Loch und werfen ihren Stein zum nächsten. Wer seinen Stein ins Loch oder in seine unmittelbare Nähe bringt, setzt sich dem besiegten Kameraden auf den Rücken, der ihn zum ersten Loch zurücktragen muß. Dann folgt der nächste Wurf.
Variante: Haeyo ähnelt auffallend einem Spiel, das im alten Griechenland gespielt wurde. Zwei Spieler stellen in die Mitte des Spielfeldes einen höheren Stein, den man als Grenzstein bezeichnet. Dann wirft jeder mit seinem Stein, der etwa so groß wie ein Tennisball ist, aus einer festgelegten Entfernung auf den größeren Stein. Trifft ein Spieler den Grenzstein, der andere nicht, setzt sich der Sieger dem Unterlegenen auf den Rücken, verdeckt ihm mit den Handflächen die Augen und läßt sich so lange tragen, bis das »Pferd« blind in die Nähe des Grenzsteins gelangt.

Tupfen mit Steinen ② 222

2 Steine

Zwei Gegner stehen sich im Abstand von 6 Metern gegenüber. Zwischen ihnen ist ein Strich oder ein anderes Zeichen. Jeder der beiden hat einen runden Stein in der Hand. Spieler A beginnt. Er wirft seinen Stein so auf den Boden, daß er langsam in Richtung des Gegners rollt. Spieler B muß nun mit seinem Stein den Stein von A treffen, bevor dieser das Zeichen erreicht, das in der Mitte zwischen beiden Spielern liegt. B darf seinen Stein rollen oder durch die Luft werfen, auf jeden Fall muß er mehr Kraft und Schnelligkeit in den Wurf legen, da sein Stein eine längere Bahn durchfliegen soll.
Falls Spieler B den Stein des Spielers A trifft, erzielt er einen Punkt. Danach vertauschen beide ihr Rollen: B wirft, A zielt. Wer mehr Punkte erzielt hat, gewinnt.

Apachenspiel ◑ Ⓖ 223

2 diskusähnliche Steine pro Spieler

Jeder Spieler hat 2 diskusähnliche Steine. Dann wird auf dem Spielfeld eine runde Grube von 25 Zentimetern Durchmesser und 25 Zentimetern Tiefe ausgehoben. 10 Meter von der Grube entfernt markieren wir einen Strich. Dann losen wir die Reihenfolge aus, in der die Spieler werfen werden. Jeder hat pro Runde einen Wurf, 2 Runden werden gespielt.
Die Leistungen wollen wir folgendermaßen werten:

a. In der Grube befindet sich kein Stein, der, dessen Stein am nächsten zur Grube liegt, bekommt einen Punkt.
b. Liegen beide Steine eines Spielers näher an der Grube als die Steine aller übrigen Spieler, erzielt dieser Spieler 2 Punkte.
c. Liegt ein Stein in der Grube, erhält sein Besitzer 4 Punkte.
d. Liegen 2 Steine eines Spielers in der Grube, erhält er 10 Punkte.
e. Falls sich in der Grube 2 Steine befinden, die 2 verschiedenen Spielern gehören, erzielt weder der eine noch der andere einen Punkt. Sollte zu den 2 Steinen noch ein dritter Stein in der Grube hinzukommen, erhält sein Besitzer die üblichen 4 Punkte.

Durch jeden weiteren Stein, also den vierten, fünften usw. wird das Recht des vorhergehenden Steins auf die 4 Punkte annulliert.
4 Punkte erhält nur der Spieler, dessen Stein als letzter in die Grube fiel. Diese Punktetabelle galt tatsächlich bei den Apachen, und wir richten uns nach ihr, obwohl sie sich nach Belieben ändern ließe. Nach jeder Runde wird eine neue Reihenfolge der Würfe festgelegt.

Spiel mit der Scheibe aus Stein ◑ Ⓖ 224

2 Stäbe, 1 flacher Stein

Wir stecken im Abstand von 20 Zentimetern 2 Stäbchen in den Boden. Dann kicken wir mit dem Fuß einen flachen Stein so von der Startlinie aus, daß er möglichst zwischen den Stäben hindurchfliegt. Die Spieler wechseln sich nach vorher ausgeloster Reihenfolge ab. In der ersten Runde kicken wir aus 1 Meter Entfernung, später verschieben wir den Start jeweils um ein Stückchen weiter nach hinten. Wer das Ziel verfehlt, scheidet aus dem Wettkampf aus. Sieger wird demnach der Spieler, der sich am längsten im Spiel hält.

Schnecke ◑ ② 225

kleine Bälle

Zwei Spieler sammeln je 20 Steinchen und legen sie dann in je einer Reihe auf den Boden. Beide Reihen sind etwa einen halben Meter voneinander entfernt. Zwischen den einzelnen Steinchen besteht in jeder Reihe ein Zwischenraum von jeweils rund 10 Zentimetern. Der erste Spieler legt sich ein besonderes, rundes Steinchen auf den rechten Handrücken und »frißt« dann mit ihm die Steinchen des Gegners. Er beginnt am Ende der Reihe, schiebt die rechte Hand über den Boden, und wenn er zum ersten Steinchen gelangt, zieht er es mit den Fingern in die gewölbte Handfläche. Das tut er so lange, bis ihm das runde Steinchen vom Handrücken fällt. Dann kehrt er zu seiner Reihe zurück und fügt die gegnerischen Steinchen, die er »verschlungen« hat, den seinen hinzu. Nun legt sich der zweite Spieler das runde Steinchen auf den rechten Handrücken und beginnt, die Steinchen aus der Reihe des Gegners zu verschlingen. Das Spiel endet, wenn ein Spieler alle Steine verloren hat.

Pferdchen ② 226

Steinchen

Beide Spieler sammeln einen Vorrat hübscher runder größerer Steinchen. Der erste stellt aus 4 Steinen ein Pferdchen zusammen – 3 Steinchen legt er zu einem Dreieck, das vierte legt er in die Mitte obenauf. Der Gegner stellt sich über dieses Pferdchen und läßt aus dem Stand ein Steinchen auf das Pferdchen fallen. Falls er das Pferdchen trifft, nimmt er die 4 Steinchen, aus denen das Pferdchen zusammengestellt war, an sich. Der erste Spieler muß nun wieder ein Pferdchen aus neuen Steinchen aufstellen. Wieder läßt der Gegner ein Steinchen darauffallen. Verfehlt er das Pferdchen, vertauschen die Spieler die Rollen. Jetzt wird der erste bauen und der zweite Steinchen auf das Pferdchen fallenlassen.

Malaiisches Steinchenspiel Ⓖ 227

Plastikschälchen oder Sandförmchen, kleine Steine

Die malaiischen Mädchen nehmen kleine Kieselsteine und eine Kokosnußschale für dieses Spiel. Sie füllen die Schale mit Steinchen auf, dann stürzen sie sie schnell auf den Boden um und heben sie so vorsichtig wieder an, daß der Steinchenhaufen möglichst unberührt bleibt. Die erste Spielerin versucht dann, einen Kieselstein nach dem anderen aus dem Häufchen herauszuklauben, und zwar so lange, bis sich ein Steinchen bewegt oder verschiebt. Danach beginnt das nächste Mädchen nach dem gleichen Muster. Wer am Ende mehr Steinchen hat, siegt. Die Kokosnußschale ersetzen wir durch ein tieferes Gefäß, zum Beispiel einen Kindereimer. Ansonsten können wir nach den ursprünglichen malaiischen Regeln spielen.

Spiel der Londoner Jungen Ⓖ 228

5 Steinchen

Wir legen erst ein Steinchen auf den Boden, die übrigen 4 stecken wir in die Tasche. Eines der 4 legen wir dann auf die linke Handfläche, schlagen von unten gegen die Hand, damit es hochfliegt und versuchen, es im Fallen mit der linken Hand zu fangen. Dann legen wir 2 Steinchen aus der Tasche in die linke Handfläche, schlagen wieder von unten gegen die Hand und fangen die fallenden Steinchen auf. Das gleiche machen wir mit 3 und schließlich auch mit allen 4 Steinchen. Wir müssen aber, bevor wir die 4 mit der linken Hand auffangen, ganz schnell das fünfte Steinchen vom Boden aufheben, wo es anfangs abgelegt wurde. Für die erfolgreich durchgeführte Aufgabe erhalten wir einen Punkt.

Wer einen Fehler begeht, etwa die fallenden Steinchen nicht fängt, oder am Ende das fünfte Steinchen nicht vom Boden aufhebt, scheidet für eine Runde aus. Beim nächsten Mal beginnt er von vorn. Die Punkte aus den einzelnen Runden werden zusammengezählt.

Mexikanisches Spiel mit Steinen Nr. 237 (S. 100) ▶

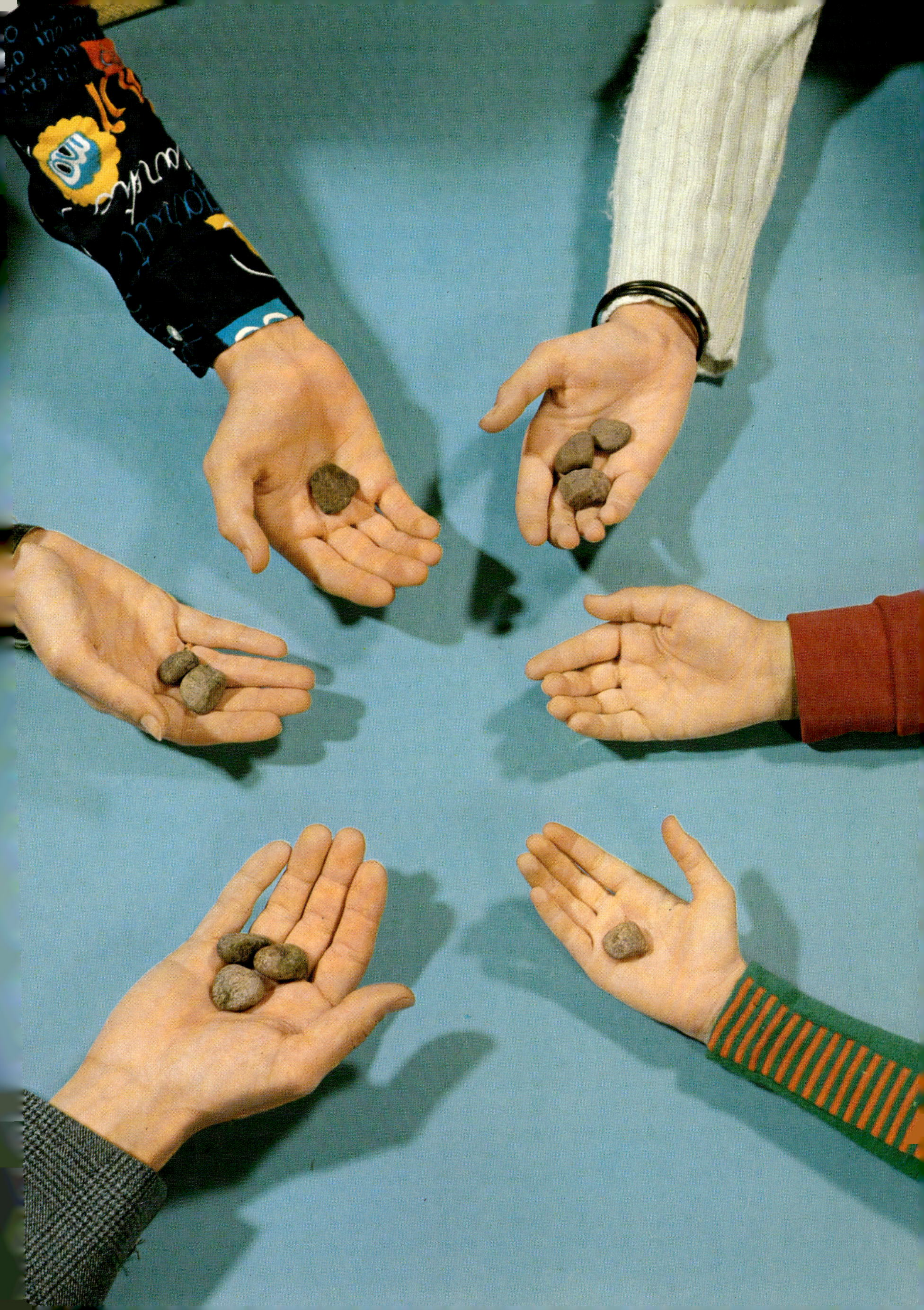

Drei Ritter ◑ ② 229

Steinchen

Zwei Spieler sammeln je 30 kleine Steinchen und noch je 3 größere Kieselsteine, die von den kleinen auf den ersten Blick zu unterscheiden sind. Die großen Steine sind die »Ritter«. Der erste Spieler formt aus seinen Handflächen eine Schüssel, und der zweite legt ihm die eigenen 30 und die Steinchen des Gegners in seine Hände. Oben darauf legt er alle 6 Ritter. Der erste wirft dann sämtliche Steinchen hoch, dreht schnell die Hände um und versucht, soviel Ritter wie möglich auf seinem Handrükken zu fangen. Zusammen mit den größeren Steinen bleiben ihm normalerweise auch mehrere kleine Steinchen auf dem Handrücken, die er herunterwerfen muß. Er darf sie jedoch nicht mit den Fingern wegschnippen, sondern nur mit vorsichtigen Bewegungen der Muskeln. Wenn alle kleinen Steinchen auf dem Boden sind, zählt er, wieviel Punkte er mit Rittern erzielt hat. Für jeden eigenen Ritter erhält er einen Punkt, für jeden Ritter des Gegners 2 Punkte. Dann übernimmt der zweite sämtliche Steinchen. Das Spiel wird insgesamt zehnmal wiederholt. Wer zum Schluß mehr Punkte hat, siegt.

Rixiwátali ◕ ④ 230

3 Steinchen je Spieler

Ein Spiel der Tarahumare-Indianer, die in dem Gebiet des heutigen Mexiko lebten. Vier Spieler bildeten zuerst zwei Parteien, die gegeneinander spielten. Die Spieler sammelten vorher je 3 Steinchen von der Größe eines Markstücks, feuchteten dann einen auf einer Seite an und losten nach der Methode Kopf oder Adler aus, welches Paar beginnen sollte. Zunächst warf dann ein Spieler 3 Steinchen auf eine 20 Meter entfernte kleine Grube. Dann warf der erste Spieler des zweiten Paares, dann der zweite des ersten Paares und am Ende der zweite des zweiten Paares, jeweils 3 Steinchen nacheinander. Fiel eines der Steinchen in die Grube, zählte das 4 Punkte. Fiel jedoch das zweite Steinchen in die Grube, wurde das erste als erschlagen angesehen, und die Punkte erzielte nur der Eigentümer des zweiten Steinchens. Das gleiche galt für eventuelle weitere Steinchen – Punkte erzielte jeweils nur der letzte. Falls sich kein einziges Steinchen in der kleinen Grube befand, erzielte das Paar einen Punkt, dessen Steine der Grube am nächsten lagen. Die Entfernung wurde mit einem kleinen Zweig abgemessen.
Das Paar, das zuerst insgesamt 12 Punkte erzielte, hatte gesiegt.

Schiffsgolf ◕ ② ④ 231

10 Steinchen

Wir zeichnen auf den Gehsteig ein unregelmäßiges Kreuz mit 11 quadratischen Feldern. Sämtliche Felder haben die gleichen Ausmaße von 20x20 cm. Die Zahlen, die wir in die Felder schreiben, bezeichnen deren Punktwert. Dann gehen wir, vom Rand des Kreuzes aus gemessen, 5 Meter weiter und zeichnen dort die rechteckige Basis. Schließlich sammeln wir 10 Steinchen von der Größe eines Einmarkstücks – und die erste Schiffsgolfbewegung kann beginnen. Der Spieler, der den kürzesten Halm gezogen hat, stellt sich auf die Basis und wirft Steinchen auf die

◄ Ablösungslauf Nr. 310 (S. 134)

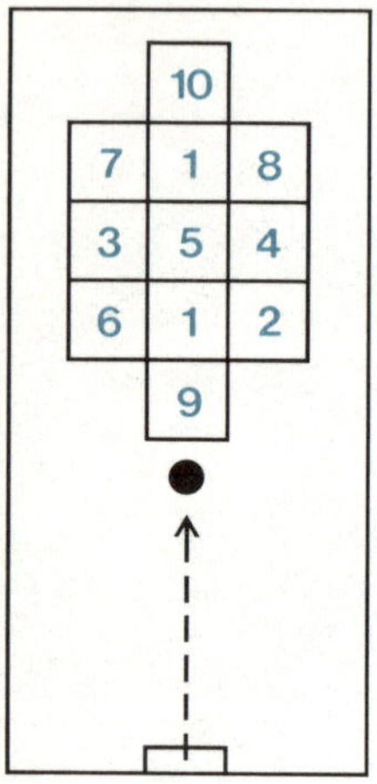

numerierten Felder. Nachdem er das letzte, das zehnte Steinchen, geworfen hat, versammeln sich alle um das Kreuz, um seine Punkte zu zählen. Für jedes Steinchen, das in einem der Felder liegen blieb, erhält er die der Zahl des Feldes entsprechende Anzahl von Punkten. Falls ein Steinchen auf dem Strich liegen blieb, gehört es in das Feld mit dem größeren Anteil. Für außerhalb des Kreuzes liegende Steinchen gibt es keinen Punkt. Das gilt auch für die aus einem der Felder wieder abgesprungenen. Die Summe der Punkte tragen wir in eine Tabelle ein und sammeln sämtliche Steinchen auf. Der zweite Spieler tritt auf der Basis an. Beim Werfen wechseln wir uns der Reihe nach ab. Wer nach fünf Runden die meisten Punkte hat, siegt. Warum nun heißt dieses Spiel Schiffsgolf, obwohl es dem Golf überhaupt nicht ähnelt? Die Matrosen pflegten auf dem Schiffsdeck ein ähnliches Spiel zu spielen. Statt mit Steinchen zu werfen, spielten sie aber mit Scheiben, die sie mit einem Golfstock zum Ziel schickten. Schiffsgolf kann man demnach in einer Variante spielen, die dem wirklichen Vorbild näherkommt. Wir schneiden hölzerne Scheiben aus, oder wir besorgen uns Schuhkremschachteln, und schicken sie mit einem Hockeyschläger vom Strich auf das Kreuzziel.

Zielen mit Kieseln ◕ Ⓖ 232

Kieselsteine

Wir ritzen auf einem ungepflasterten Fußweg eine Startlinie ein, und 1 Meter dahinter machen wir mit dem Absatz ein erstes Loch, einen halben Meter weiter ein zweites und so fortlaufend 8 kleine Löcher, jeweils im Abstand von einem halben Meter. Jeder Spieler sucht sich einen hübschen Kieselstein, etwas größer als eine kleine Murmel. Dann wird die Reihenfolge der Spieler ausgezählt. Die Spieler versuchen der Reihe nach, beginnend an der ersten Vertiefung und endend mit der zehnten, von der Startlinie aus möglichst viele Löcher zu treffen. Wer sein Ziel verfehlt, läßt seine Marke da, wo er bei der nächsten Runde beginnen muß. Vom zehnten Loch aus geht es zurück, bis wir das erste Loch wieder erreicht haben. Wer als erster wieder bei Loch 1 ist, hat gewonnen.

Kampf um Pflastersteine ◔ Ⓖ 233

1 Stein,
1 Stück Kreide

Ein etwas ungewöhnliches Spiel, das wir auf einem Gehsteig aus Betonquadern spielen können. Zunächst grenzen wir mit Kreide das Spielfeld ab, hier eine Fläche von 10x10 Pflastersteinen. Dann werfen wir einer nach dem anderen aus 3 Meter Entfernung einen Stein auf das Spielfeld. Bleibt das Steinchen eines Spielers auf einem der freien Pflastersteine im Spielfeld liegen, gilt der Stein als »besetzt« und der Spieler kennzeichnet ihn. Niemand darf dann dorthin werfen. Fliegt ein Stein aus dem Spielfeld auf einen der besetzten Pflastersteine oder bleibt er auf dem Strich liegen, geht der Spieler leer aus und versucht sein Glück in der nächsten Runde. Zu Anfang ist es leicht, einen Pflasterstein zu besetzen. Je mehr Plätze aber besetzt sind, um so interessanter und spannender wird das Spiel. Wer innerhalb einer vorher festgelegten Zeit die meisten Steine besetzen kann, hat gewonnen.

Auf Quadrate werfen ◐ ② 234

2 Steine

Wir zeichnen auf den Asphalt oder ritzen in den festgestampften Boden 2 Quadrate hintereinander, jedes mit einer Seitenlänge von ungefähr 25 Zentimetern. Der erste Spieler legt in eines der Quadrate einen flachen Stein, etwas größer als ein Zweimarkstück. Der andere wirft aus 3 Metern Entfernung mit seinem Stein. Trifft er das Feld mit dem Stein, hat er 2 Punkte. Falls der Stein aber in das leere Quadrat fällt, hat er einen Punkt. Bleibt der geworfene Stein außerhalb beider Quadrate liegen, gibt's keinen Punkt.

Dann legt der zweite Spieler seinen Stein in eines der Quadrate, und der erste wirft. Beide wechseln einander ab. Wer zuerst 25 Punkte erzielt, siegt.

Polnische Klassen ◐ Ⓖ 235

1 Stein,
1 Stück Kreide

Wir zeichnen ein großes Rechteck auf den Boden, das wir in 6 Felder einteilen, die wir dann numerieren. Der Spieler wirft nun den Stein auf das erste Feld, dann auf das zweite usw. Hat er sich vergewissert, wo der Stein liegt, schließt er die Augen und hebt den Kopf so hoch, daß er den Boden nicht mehr sehen kann. Dann geht er ohne zu schummeln, d.h. blind, von einem Feld ins andere, vom ersten bis zum sechsten, wo er dann aus dem Rechteck aussteigt. Er darf nur jeweils mit einem Fuß in jedes Feld treten und muß dem Feld, in dem das Steinchen liegt, ausweichen. Falls er einen Fehler macht, indem er zum Beispiel zweimal ins gleiche Feld tritt, den Strich oder das Feld berührt, in dem das Steinchen liegt, setzt er bis zur nächsten Runde aus. Wer zuerst alle Klassen beendet, hat gewonnen.

Turkmenisches Spiel ◑ Ⓖ 236

Helle und dunkle Steine

Jeder Spieler hat 5 helle und 5 dunkle Steine. Vor dem Spielbeginn nennen die Spieler ihre Farbe. Dann werfen sie in festgesetzter Reihenfolge ihre 10 Steine über den Kopf und versuchen, möglichst alle Steine ihrer Farbe aufzufangen, sowohl mit der rechten als auch mit der linken Hand. Jeder aufgefangene Stein zählt einen Punkt. Ist jedoch auch ein Stein der anderen Farbe darunter, gibt es keinen Punkt. Wer zuerst 20 Punkte zusammen hat, ist Sieger.

Mexikanisches Spiel mit Steinen ◑ Ⓖ 237

1 Metallgefäß, Steinchen

Wir stellen ein altes Metallgefäß auf den Gehsteig und werfen dann aus 3 Meter Entfernung kleine Steinchen hinein. Jeder Spieler wirft so lange ununterbrochen, bis er einmal daneben wirft. Insgesamt kann jeder 20 Steinchen werfen. Nach jedem Wurf holt jeder Spieler die Steine, die im Gefäß gelandet sind, wieder heraus, wirft sie mit der rechten Hand in die Höhe und versucht, soviel wie möglich mit dem rechten Handrücken aufzufangen. Die aufgefangenen Steinchen wirft er wieder hoch und fängt sie mit der rechten Handfläche.
Wer die meisten Steinchen fängt, siegt.

Steinpferde ◑ Ⓖ 238

Steinchen

Kinderspiele haben interessante Schicksale! Manche gelangen nicht einmal über die Grenzen einer Gemeinde hinaus. Andere wandern von Stadt zu Stadt, von einem Land ins andere. Das Steinchenspiel, von dem hier die Rede sein soll, durchreiste den ganzen Erdball. Es ist eine glänzende Übung für Reaktionsgeschwindigkeit und Fingerfertigkeit.
Wir sammeln dazu 5 Steinchen von der Größe einer Haselnuß und legen sie in einer Entfernung von ca. 10 Zentimetern in einer Reihe auf festen Boden. Dann werfen wir das erste Steinchen in die Höhe, nehmen schnell ein zweites Steinchen aus der Reihe und fangen dann das erste auf. Falls uns das gelingt, legen wir das zweite Steinchen zur Seite und werfen das erste nochmals in die Höhe. Bevor wir es auffangen, heben wir das dritte Steinchen auf, das wir nach dem Auffangen des ersten Steines dann ebenfalls zur Seite legen. Haben wir das fünfte Steinchen aufgenommen, ist die erste Runde beendet. Alle 5 Steine liegen wieder in der Reihe. Bei der zweiten Runde heben wir, wenn das erste Steinchen geworfen ist, schnell 2 Steinchen vom Boden auf und fangen dann das fallende erste Steinchen. Beim nächsten Wurf heben wir die beiden restlichen Steine auf. Bei der dritten Runde heben wir einmal 3 und danach auch noch das letzte Steinchen auf. Schließlich werfen wir in der vierten Runde den ersten Stein abermals nach oben und raffen blitzschnell alle 4 Steinchen aus der Reihe auf. Dann werfen wir alle 5 Steinchen auf einmal hoch, drehen die Hand um und fangen sie mit dem rechten Handrücken auf. Soviel Steine einer mit dem Handrücken auffangen kann, soviel »Pferde« hat er gewonnen. Damit ist der erste Satz beendet. Der nächste beginnt wieder mit der ersten Runde. Wer einen Fehler macht, indem er zum Bei-

spiel das fallende Steinchen vom Boden aufhebt, der scheidet eine Runde aus. Er beginnt die nächste Runde da, wo er vorher aufgehört hat und spielt den Satz zu Ende. Der Wurf aus der Hand auf den Handrücken darf nicht wiederholt werden, auch wenn nicht ein Pferd gewonnen wurde. Es wird so lange gespielt, bis einer der Spieler die vorher festgesetzte Zahl von Pferden gewonnen hat. Wir werden feststellen, wie langsam und unbeweglich unsere Finger anfangs sind, wie oft sie ins Leere greifen. Aber mit jedem weiteren Versuch wird unsere Hand schneller und sicherer werden.

Kai makamaka ◑ Ⓖ 239

5 Steinchen

Die Maori-Kinder spielen diese Variante des Steinpferdespiels. Die Spieler zeichnen einen kleinen Kreis auf den Boden und legen um die Außenfläche im Quadrat 4 Steine. Den fünften wirft ein Spieler in die Höhe, und bevor er ihn auffängt, hebt er schnell den ersten der 4 und legt ihn dann in den Kreis. Falls er den fünften Stein auffangen kann, bevor dieser zu Boden fällt, wiederholt er mit ihm den Wurf und legt den zweiten Stein in den Kreis. Beim nächsten Wurf den dritten, nachher den vierten. Am Ende der ersten Runde wirft er den fünften Stein in die Höhe und nimmt schnell alle 4 aus dem Kreis. In der zweiten Runde wirft der Spieler den fünften Stein in die Höhe und schiebt gleichzeitig 2 der auf dem Boden liegenden Steine in den Kreis. Am Schluß nimmt er abermals alle 4 Steine aus dem Kreis. In der dritten Runde wirft der Spieler sämtliche 5 Steine nach oben und fängt sie auf dem rechten Handrücken auf. Falls er zum Beispiel nur einen Stein auffängt, wirft er ihn in die Höhe und sammelt schnell die Steine auf, die ihm vorher auf den Boden gefallen waren. Er darf sie jedoch vor dem Wurf nicht verschieben. Falls er 2 Steine auf dem Handrücken auffängt, legt er einen zur Seite, den zweiten wirft er in die Höhe, und die übrigen sammelt er vom Boden auf.

Setzeier ◑ Ⓖ 240

5 Steinchen

Der erste Spieler legt die linke Hand mit der Handfläche auf den Boden, und daneben legt er 4 kleine Steine in eine Reihe.Das fünfte Steinchen wirft er in die Luft, und bevor er es wieder auffängt, schnippt er das erste Steinchen unter die linke Handfläche. Dann wirft er das fünfte Steinchen erneut hoch und schnippt das zweite Steinchen unter die Handfläche. Das gleiche tut er mit dem dritten und vierten. Dieses Spiel nennt man in Korea »Setzeier«. Falls der Spieler einen Fehler macht, etwa das hochgeworfene Steinchen nicht auffängt oder das geschnippte Steinchen nicht unter die linke Handfläche bekommt, setzt er bis zur nächsten Runde aus. In der zweiten Runde steckt sich ein Spieler ein Steinchen in die Wölbung des gekrümmten kleinen Fingers, 3 Steinchen verteilt er auf dem Boden, und das fünfte wirft er wieder in die Luft. Beim ersten Wurf muß er mit dem Steinchen, das er mit dem linken kleinen Finger hält, eines von den 3 liegenden Steinchen antippen, beim zweiten das zweite, beim dritten das dritte und gleich darauf jeweils das fünfte niederfallende Steinchen auffangen. Das nennt man »Zerschlagen der Eier«. Wer alle diese Aufgaben als erster beendet, ist Sieger.

Wolf Ⓖ 241

16 kleinere Kieselsteine, 1 größerer

Wir benötigen für dieses Spiel 16 kleinere und dann noch einen etwas größeren Kieselstein. In die Mitte des Gehsteigs zeichnen wir einen Kreis, die »Wolfshöhle«. Dann verteilen wir im Abstand von ungefähr 30 Zentimetern (der Abstand richtet sich nach dem jeweiligen Alter der Spieler) 16 kleinere Kieselsteine, die »Schafe«, so daß sie die Wolfshöhle in einem geschlossenen Kreis umzingeln. Den größeren Kieselstein, den »Wolf«, legen wir in die Höhle. Das Spiel kann nun beginnen. Der erste schnippt mit dem Wolf vom Kreis aus auf alle 16 Schafe und beginnt dabei mit dem ersten. Er darf nach jedem nur einmal zielen. Die getroffenen Schafe nimmt er zu sich in die Höhle. Die anderen Schafe sind gerettet. Nach dem sechzehnten Schnippen werden die Schafe in der Wolfshöhle gezählt und alle Kieselsteine wieder an ihren ursprünglichen Platz gelegt. Der nächste Spieler kann nun zum Spiel antreten. Sieger wird der Spieler, der als Wolf die meisten Schafe in seiner Höhle zusammengetragen hat. Wir bezeichnen vor Beginn die Stellen genau, an denen die Schafe aufgestellt werden. Das verhindert Streit und Ungerechtigkeiten.

London ② ③ 242

Kreide, Steinchen oder Knopf

Dieses Spiel haben wir in England gefunden, wo es die Kinder meist zu zweit, manchmal auch zu dritt spielen. Wir zeichnen auf dem Gehsteig mit Kreide ein Spielfeld, wie es die Abbildung zeigt. Es soll etwa 25 Zentimeter lang und 15 Zentimeter breit sein. Seine Innenfläche teilen wir dann in 10 Einzelfelder von je 2,5 Zentimetern ein. Dann legen wir einen Tonscherben, einen Kieselstein oder einen Knopf in den kleineren Bogen, der das Feld oben abschließt, und schnippen ihn so auf das Spielfeld, wie man Murmeln in die Grube schnippt. Der Spieler, der beim Abzählvers ausgezählt wurde, beginnt.

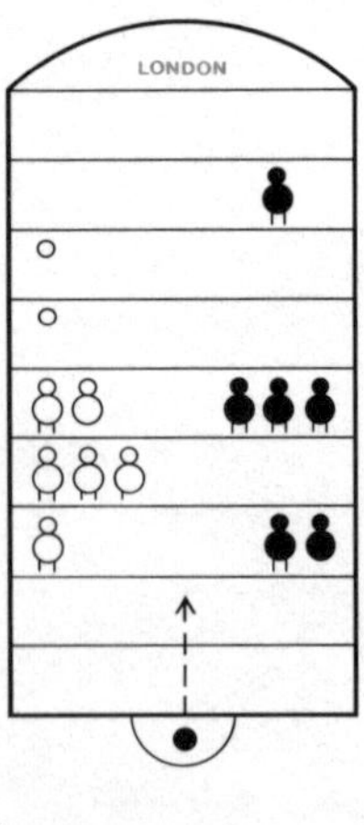

Wenn der Stein in einem der von 1 bis 9 numerierten Felder liegen bleibt, darf der Spieler es kennzeichnen und nochmals aus dem Bogen schnippen. Erst wenn der Kieselstein auf einem Strich liegen bleibt oder aus dem Feld hinausfliegt, muß der Spieler aufhören und den Stein dem nächsten weitergeben. Bleibt der Stein in einem der Felder zum ersten Mal liegen, wird ein kleiner Kreis hineingezeichnet. Beim zweiten Treffer im selben Feld wird an den kleinen Kreis ein größerer angeschlossen, beim dritten Treffer ein Strich, beim vierten ein zweiter Strich. Aus diesen miteinander verbundenen Zeichen entsteht bald eine menschliche Figur. Die Spieler einigen sich vorher, wer die linke und wer die rechte Hälfte der Zeichnung ergänzt. Wenn ein Spieler in einem Feld drei Figuren fertig hat, d.h. sein Kieselstein ist zwölfmal dort liegen geblieben, streicht er dieses Feld mit einem waagrechten Strich durch. Die englischen Jungen

nennen das: »Dem Puppemann die Hände zeichnen«. Das durchgestrichene Feld wird jetzt aus dem weiteren Spiel ausgeschlossen und gehört dem, der es besetzt ha Der Gegner hat nicht mehr das Recht, seine Kieselsteine dorthin zu schnippen, und wenn der Stein aus Versehen hineinrutscht, gilt das, als sei er aus dem Spielfeld hinausgeflogen: Der Spieler scheidet bis zur nächsten Runde aus. Jeder versucht, soviel Felder wie möglich zu besetzen. Wer am Schluß die meisten hat, siegt.
Bleibt der Stein oben im Bogen, in »London« liegen, darf der Spieler dort zwar kein Männchen malen, aber er hat das Recht, ein Zeichen in einem beliebig von ihm gewählten Feld anzubringen. Nach den Regeln bleibt es ihm überlassen, ob er irgendwo den Kopf, den Körper oder das Bein an eine seiner Figuren fügt. Wegen dieser Möglichkeit versuchen die Spieler, so oft wie möglich London zu erreichen.

Pferderennen 243

Steinchen, Holzstück

Wir sammeln für dieses Spiel etwa 40 bis 50 flache Steine und legen sie kreisförmig auf den Boden. Sie werden die »Pferderennbahn« darstellen. Dann malen wir auf dem Gehsteig nach der Abbildung eine quadratische Zielscheibe mit neun Feldern. Jeder Spieler schnitzt sich vorher ein »Pferd«, d.h. ein schönes gerades 25 Zentimeter langes Holzstückchen, das reich mit Einschnitten und Kerben verziert ist, außerdem besitzt er einen flachen Kieselstein von der Größe eines Zweimarkstücks. Die Pferde legen wir auf einen Stein, bei dem das Rennen beginnt und endet. Dann wird gelost. Wer die Eins zieht, eröffnet das Spiel. Er stellt sich an den 5 Meter von der Zielscheibe entfernten Strich und zielt mit einem kleinen Kieselstein nach der Scheibe. Falls der Kieselstein in einem Feld liegen bleibt, darf der Spieler sein Pferd auf der Rennbahn im Uhrzeigersinn um so viele Steine verschieben, wie die Zahl in dem betreffenden Feld lautet. Falls der Kieselstein auf dem Grenzstrich liegen bleibt, zählt das Feld, in dem der größere Teil des Steines liegt. Falls der Kieselstein eines der Felder trifft, von der Zielscheibe jedoch wieder abspringt, ist der Wurf ungültig.
Der Spieler, der ins Zentrum der Zielscheibe in die Fünf trifft, darf noch einmal werfen. In allen anderen Fällen wechseln sich die Spieler regelmäßig ab, und jeder hat nur einen Wurf. Wer mit seinem Pferd die Rennbahn als erster umfährt, der siegt.
Dieses Spiel ist indianischen Ursprungs. Die Indianer warfen jedoch nicht mit Kieselsteinen auf die Zielscheibe, die Fortbewegung der Pferde wurde durch Würfel bestimmt. Es handelte sich also um ein Spiel, bei dem der Zufall entschied. Beim Pferderennen auf dem Gehsteig entscheiden jedoch Zielsicherheit und eine sichere Hand über Sieg und Niederlage.
Variante: Wir lassen zwischen den Steinen auf der Rennbahn einen zweifachen Zwischenraum, den »Wassergraben«. Die Pferde dürfen diesen Graben nur dann überspringen, wenn der Spieler eine Drei auf der Zielscheibe wirft.

1	3	1
3	5	3
1	3	1

Um Steine spielen ② 244

1 großer Stein

Die Spieler sammeln Steine, die etwa so groß wie eine Handfläche sind. Dann knobeln sie um die Reihenfolge, in der sie antreten wollen. Der Verlierer legt daraufhin seine 10 Steine in einer Reihe auf den Boden und sein Gegenspieler wirft aus 3 m Entfernung danach, wobei er versucht, soviel Steine wie möglich zu treffen. Hat er den zehnten Stein geworfen, so nimmt er die eigenen 10 Steine und zusätzlich die getroffenen des Gegners an sich. Dann legt er alle Steine wieder in einer Reihe auf und der zweite wirft aus 3 m Entfernung wieder nach ihnen. Beide Spieler wechseln sich beim Werfen so lange ab, bis einer alle Steine verloren hat. Der Sieger hat demnach am Ende alle 20 Steine gewonnen.

Dreizehn Steine Ⓖ 245

13 größere Steine, viele kleine Kieselsteine

Wir legen im Abstand von je 3 Metern 13 größere, gut sichtbare Steine in einer Reihe hintereinander auf den Boden. Die Spieler füllen ihre Taschen mit Kieselsteinen und treten nacheinander zum Wettkampf an. Der erste stellt sich auf den ersten Stein und zielt so lange auf den zweiten, bis er ihn schließlich trifft. Dann rückt er auf den zweiten Stein vor und wirft von dort aus auf den dritten, dann vom dritten auf den vierten usw. Wenn er vom zwölften Stein aus den dreizehnten trifft, stoppt der Schiedsrichter die Zeit ab. Wer mit seinen Kieseln am schnellsten die Steinreihe abzuschießen vermag, siegt.

Doki ② 246

12 Steinchen, 12 Ästchen

»Doki« bedeutet in der afrikanischen Haussa-Sprache »Pferd«. So heißt auch unser Spiel, das Kinder dort oft im festgetretenen Sand spielen. Das Spielfeld setzt sich aus 30 kleinen Kuhlen zusammen, die in 5 Reihen zu je 6 eingeteilt sind. Beide Spieler verfügen über je 12 Spielelemente: der eine hat kurze Ästchen, der andere kleine Steine. Das Spiel beginnt, indem beide Spieler abwechselnd je ein Spielelement in eine freie Kuhle legen. Die Steine oder Ästchen werden wie bei einem Brettspiel so placiert, daß das später für die Spieler von Vorteil ist. Wenn alle 24 Elemente liegen, beginnt der zweite Teil der Spiels. Die Spieler schieben abwechselnd jeweils ein Spielelement aus einer Kuhle in eine freie benachbarte.

Sie versuchen dabei, aus 3 eigenen Steinchen eine ununterbrochene Kette zu bilden. Die Spielelemente müssen in 3 Kuhlen liegen, die entweder senkrecht oder waagerecht nebeneinanderliegen, keineswegs jedoch diagonal. Wem es gelingt, eine solche Kette zu bilden, der darf aus einer der Kuhlen des Gegners ein Spielelement nehmen. Die Kette, in der sich mehr als 3 Spielelemente nebeneinander befinden, ist ungültig. Das Spiel ist beendet, wenn einer der Spieler nicht mehr imstande ist, eine Kette zu bilden, weil ihm nur noch 2 Steine übrig geblieben sind. Wer also gewinnen will, muß sich schon bei Spielbeginn genau überlegen, wie er seine Steine legen will. Beide Spieler versuchen, aus ihren Elementen ein Bild zu schaffen, das man Doki, also Pferd nennen kann. 5 Elemente werden dabei so in 2 benachbarte Reihen von Kuhlen gelegt, daß immer ein Spielstein aus einer Reihe in die andere verschoben werden kann und dabei jeweils eine Dreiergruppe abschließt. Wem es gelingt, ein solches Pferd, an das der Gegner nicht mehr heran kann, zu bilden, der hat gesiegt. Ein solches unzerstörbares Pferd bilden auf der Abbildung die weißen Spielsteine auf den Feldern B 1, B 2, B 3 und C 2, C 3.

Ruru (G) 247

3 Steine

Hier handelt es sich um ein Spiel der Maori, das eine ausgezeichnete Übung für die Finger und das Reaktionsvermögen ist. Die Spieler legen 3 Steine, in etwa so groß wie Kartoffeln, im Dreieck so auf den Boden, daß sie sich gegenseitig berühren. Der erste Spieler wirft einen der Steine, der besonders gekennzeichnet ist, in die Höhe. Die Maori nennen diesen Stein den »Hai«. Während der Stein in die Luft fliegt, ergreift der Spieler blitzschnell mit der rechten Hand den zweiten Stein, wirft ihn hoch, fängt dabei den fallenden ersten Stein mit der rechten Hand wieder auf und wirft ihn abermals schnell in die Luft. Dann schnappt er sich den dritten gewöhnlichen Stein, wirft ihn in die Höhe, fängt dabei den zweiten gewöhnlichen Stein mit der linken Hand auf und wirft ihn wieder hoch; mit der rechten Hand fängt er den niederfallenden Hai, mit der linken den niederfallenden dritten Stein auf. Den zweiten Stein läßt er dabei einfach auf den Boden fallen.
Der Spieler, der einen Fehler macht, übergibt die Steine dem anderen, um in der nächsten Runde wieder das Spiel von Anfang an durchzuspielen. Wer diese ungewöhnlich schwierige Aufgabe in 10 Runden mehrmals schafft, siegt.

Kokosnußschalen (G) 248

10 größere Steine,
1 Kieselstein

Die Kinder auf Celebes spielen dieses Spiel mit Schalen von Kokosnüssen, man kann bei uns aber auch flache Steine verwenden. Wir verteilen 10 Steine auf eine Länge von zirka 10 m. Die Spieler hüpfen dann auf einem Bein über die Steine, und zwar vom unteren bis zum oberen Ende der Reihe. Dabei tragen sie einen Kieselstein so, wie wir es vorher vereinbart haben. Beim ersten Durchgang auf der Handfläche, beim zweiten Durchgang auf dem Handrücken, beim dritten Durchgang auf dem Rist des erhobenen Fußes, beim vierten Durchgang auf der linken Schulter, beim fünften Durchgang auf der rechten Schulter und beim sechsten Durchgang auf dem Kopf. Hinter dem letzten Stein der Reihe springen sie noch zweimal, drehen sich dann um 180° und versuchen, mit dem Kieselstein den nächstliegenden Stein zu treffen. Falls ihnen das gelingt, können sie den Stein als Beute behalten. Der zweite Spieler beginnt, wenn der erste den Kieselstein geworfen hat oder ihm ein Fehler unterlief, also wenn er mit beiden Füßen auftrat, in einen der Zwischenräume zweimal sprang, einen der Steine berührte oder beim Hüpfen den Kieselstein fallen ließ. Wer am Ende des Spiels die meisten Steine erbeutet hat, siegt.

Kampf um den Thron 249

1 größerer flacher Stein

Wir legen einen größeren, flachen Stein als Thron, auf den Boden. Ein Spieler stellt sich als »König« auf den Thron und der andere versucht, ihn auf einem Bein anzugreifen. Er darf den König vom Thron stoßen oder drängen, muß aber dabei immer auf einem Bein stehen. Falls der König mit beiden Beinen den Thron verläßt, hat er verloren. In der nächsten Runde vertauschen dann beide Spieler ihre Rollen.

Murmelspiele

Spiel mit dem Kreuz 250

Murmeln, Steinchen

Die afrikanischen Kinder zeichnen zunächst ein Kreuz auf, dessen Balken je einen Meter lang sind. Dann verteilen sich 4 Spieler an den Endpunkten, und jeder legt an sein Balkenende eine Murmel oder ein Steinchen. Der ausgeloste erste Spieler schnippt seine Murmel gegen die seines Nachbarn zur Rechten. Falls er sie trifft, darf er einen Schritt nach links rücken. Die Richtung ist nicht genau vorgeschrieben; die Spieler rücken im Uhrzeigersinn um das Kreuz, daß es ungefähr einen Kreis ergibt. Das Verschieben der Position wird mit einem Strich kenntlich gemacht, an dessen Ende der Spieler dann seine Murmel niederlegt. Von der neuen Grundstellung aus darf der Spieler sofort wieder werfen. Nach einem Fehler legt er seine Murmel auf den zuletzt eingenommenen Platz, und der Nachbar zu seiner Linken übernimmt das Spiel. Der schnippt gegen die Murmel des dritten, der dann wiederum gegen die des vierten, und dieser wieder gegen die Murmel des ersten. Das Spiel geht so fortlaufend im Uhrzeigersinn weiter.

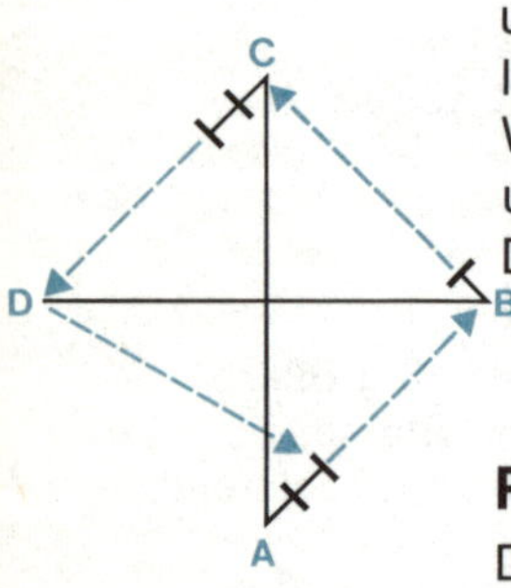

Wer einen Gegner überholt, »köpft« ihn, das heißt, er schnippt ihn weg, und dieser muß aus dem Spiel ausscheiden.

Der Spieler, der als letzter übrigbleibt, hat gewonnen.

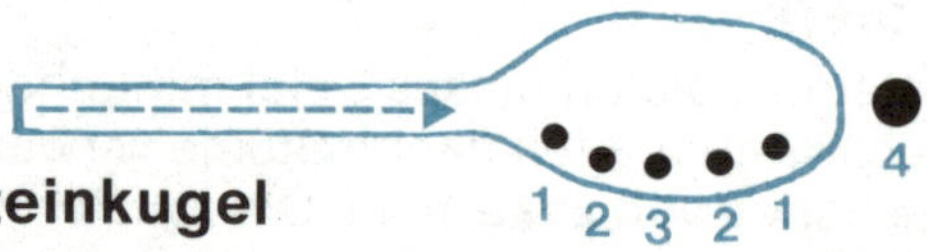

Rollen einer Steinkugel 251

1 glatter runder Stein oder 1 Metallkugel

Die Indianer des Stammes Cree pflegten mit einer größeren Steinkugel ein Spiel zu spielen, das einen für uns schwer aussprechbaren Namen hat: »Tcati tcali´tcka«.

Sie rollten bei diesem Spiel eine Kugel von einem Strich aus über einen ausgetretenen Pfad in eine leichte Vertiefung, an deren Rand sich 5 Löcher befanden. Etwa einen Meter hinter den kleinen Löchern lag ein sechstes, das ein wenig größer war. Wenn die Kugel in eines der Löcher rollte, erhielt der Spieler eine gewisse Anzahl von Punkten. Auf der Abbildung sind die Löcher nach ihrem Punktewert aufgezeichnet. Wir versuchen, dieses Spiel mit einem runden, abgeglätteten Stein oder einer Metallkugel zu spielen. Die Spieler wechseln sich nach einer vorher ausgelosten Reihenfolge ab. Wer ein Loch trifft, übergibt die Kugel bzw. den Stein dem nächsten. Es wird bis zu einer vorher festgesetzten Anzahl von Punkten gespielt.

Wieviel habe ich in der Hand? ② 252

Murmeln

Der erste Spieler schließt höchstens 7 Murmeln in seiner Hand ein und fragt den Partner: »Wie viele habe ich in der Hand?« Der zweite Spieler versucht, die Zahl zu erraten. Falls er richtig rät, hat er Anspruch auf alle Murmeln des Gegners. Wenn er eine falsche Zahl nennt, muß er dem anderen soviel Murmeln geben, wie der Unterschied zwischen der erratenen und der tatsächlichen Anzahl der Murmeln in seiner Hand beträgt.

Werfen auf Spannweite ② 253

Murmeln

Hier handelt es sich um ein Spiel von englischen Schülern. Der erste wirft die Murmel beliebig weit auf den Gehsteig. Der zweite versucht dann, sie mit seiner Murmel zu treffen oder seine Murmel mindestens so weit zu werfen, daß sie höchstens einen Spann weit von der des anderen liegen bleibt. Wenn er die Murmel des Gegners trifft oder beide zugleich mit der ausgespannten Hand berühren kann, darf er beide behalten. Im entgegengesetzten Fall gewinnt der, der zuerst geworfen hat, beide Kugeln. Dann wirft der zweite Spieler zuerst, und so wird abgewechselt.

Alle Murmeln ② 254

Murmeln,
1 Stück Kreide

Die Spieler machen zuerst eine kleine Vertiefung in den Boden (auf dem Bürgersteig können sie auch einen Kreis malen) und ziehen 2 Meter davon entfernt eine Linie.
Beide Spieler setzen nun die gleiche Anzahl von Murmeln ein. Dann losen sie, wer als erster spielen darf. Wer das Los gewinnt, nimmt alle Murmeln und wirft sie auf einmal von der Linie aus in die kleine Grube. Wenn alle Murmeln, beziehungsweise alle bis auf eine, in die Grube fallen, siegt er, und sie gehören ihm.
Wenn jedoch 2 Kugeln außerhalb der Vertiefung oder des Kreises liegen bleiben, muß der, der geworfen hat, bei ihnen niederknien und versuchen, die eine so zu stupsen, daß sie die andere trifft und beide ins Loch rollen. Wenn ihm das gelingt, gewinnt er alle Murmeln, die im Loch liegen. Allerdings kann der Gegner bei 2 Murmeln, die außerhalb liegen geblieben sind, bestimmen, mit welcher Murmel er auf welche zielen soll. Gelingt es demjenigen, der die Murmeln schnippen soll, nicht, sie in das Loch zu befördern, so kann der zweite sämtliche Murmeln aus dem Loch nehmen, sie gehören ihm. Zusätzlich hat er noch das Recht, in der zweiten Runde als erster zu werfen, und verbessert somit seine Gewinnchancen beträchtlich.

Hunderter ② 255

Murmeln

Ein Spiel aus England. Seinen Namen hat es nach den 100 Punkten, die man in diesem Spiel erreichen muß. Die Spieler machen eine kleine Vertiefung in den Boden und ziehen 5 Meter entfernt davon eine Linie. Dann werfen sie nacheinander vom Strich aus je 1 Kugel in die Grube. Falls der Spieler A trifft und der Spieler B nicht, rechnet er sich 10 Punkte an. Haben beide getroffen, bekommt keiner einen Punkt, und sie werfen von neuem. Falls weder A noch B treffen, setzt derjenige das Spiel fort, dessen Kugel näher an der Grube liegt. Er darf sie entweder in die Grube stupsen oder damit gegen die Kugel des Gegners stoßen. Trifft er, so bekommt er 10 Punkte und spielt sofort weiter. Verfehlt er das Ziel, so läßt er die Kugel da liegen, wohin sie gerollt ist. Der Spieler B kann dann seine Kugel entweder in die Grube oder gegen die Kugel des Spielers A stoßen. Wir wollen voraussetzen, daß der Spieler A das Ziel trifft und demnach das Recht hat, sofort weiterzuspielen. A nimmt nun seine Kugel und wirft sie wieder vom Strich aus in die Grube. Trifft er die Grube, erhält er weitere 10 Punkte, trifft er nicht, dann läßt er die Kugel liegen. Der Spieler B kann nun wählen, so wie vorher der Spieler A. B kann seine Kugel von der Stelle, wo sie liegt, entweder in die Grube oder gegen die Kugel des Spielers A stoßen. Falls er das Ziel trifft, schreibt er sich 10 Punkte gut und spielt sofort weiter – er wirft die Kugel vom Strich in die Grube. Falls er das Ziel verfehlt, kommt wieder A an die Reihe. Das wird so lange wiederholt, bis einer der Spieler 100 Punkte hat. Das Spiel gelangt so in die Endphase. Der »Hunderter« nimmt die Kugel und wirft sie in die Grube. Falls die Kugel in die Grube fällt, ist das Spiel beendet. Falls sie jedoch außerhalb der Grube liegen bleibt, kommt der Gegner an die Reihe. Falls er die Kugel in die Grube wirft, erzielt er 10 Punkte und hat das Recht auf einen neuen Wurf, trifft er jedoch die Kugel des Gegners – des »Hunderters« –, bekommt er alle Punkte, die ihm bis 100 fehlen angerechnet und wird ebenfalls »Hunderter«. Für seinen Wurf gelten dieselben Regeln wie für den Wurf des ersten »Hunderters«. Das wird so lange fortgesetzt, bis einer der »Hunderter« die Kugel vom Strich in die Grube wirft.

Lisolo ◐ ② 256

Murmeln

Wir graben 32 kleine Gruben in 4 Reihen von je 8 (siehe Abbildung). Dem Spieler X gehören die Gruben in den Reihen 4 und 3, dem Spieler Z in den Reihen 1 und 2.

Beide Spieler haben vor Beginn der Partie je 32 Murmeln. Diese verteilen sie in die Gruben des Gegners. Dabei gehen die beiden zu Beginn des Spiels abwechselnd vor: zunächst füllt der Spieler X eine Grube der Seite des Spielers Z auf, dann der Spieler Z eine Grube auf der Seite des Spielers X, bis alle Murmeln in den Gruben sind.

Die Verteilung der Murmeln muß nicht gleichmäßig sein. Es hängt von der taktischen Erwägung des Spielers ab, ob er 32 Kugeln auf 5 verschiedene Gruben verteilt oder nur auf 2 oder eventuell gar auf alle 16. Aus strategischen Gründen verteilen wir die Kugeln so, daß wir dem Gegner die ersten Züge nach Eröffnung des Spiels erschweren.

Wenn 64 Murmeln auf dem Feld liegen, entscheiden wir durch das Los, wer anfangen darf.
Der Spieler, der das Los gewinnt, nimmt alle Murmeln aus einer der Gruben auf seiner Seite. Diese Kugeln beginnt er in die Gruben zu verteilen. Er beginnt mit der folgenden Grube, legt eine Murmel hinein und fährt dann im Verteilen der Kugeln in eine Grube nach der anderen fort. Er muß hierbei die vorgeschriebene Richtung einhalten; sie wird von Pfeilen angezeigt. Der Spieler darf keine Grube auslassen. Die bezeichneten Gruben bilden einen geschlossenen Kreis, und nach der Grube A ist die Grube A 1 an der Reihe.
Falls bei diesem Verteilen die letzte Kugel auf eine mit Kugeln besetzte Grube, ohne Rücksicht auf die Anzahl, fällt, darf der Spieler die Kugeln, die in der folgenden Grube liegen, an sich nehmen. Die so gewonnenen Kugeln gibt er in seine Bank am Rand der Spielfläche. Dann nimmt er die Kugeln aus der Grube heraus, in der das Verteilen endete, und beginnt sie eine nach der anderen in die weiteren Gruben zu verteilen. Falls dieses Verteilen in einer besetzten Grube beendet wird, darf er wiederum den Inhalt der nächsten Grube an sich nehmen. Ein Zug setzt sich demnach aus mehrerem Verteilen und aus mehreren Beschlagnahmen zusammen. Das Recht auf das weitere Spiel verlieren wir:
a. wenn die letzte Kugel beim Verteilen auf eine leere Grube fällt;
b. falls die letzte Kugel beim Verteilen auf eine besetzte Grube fällt, jedoch die Nachbargrube in Richtung des Verteilens leer ist, aus der wir sonst das Recht hätten, die Kugeln zu beschlagnahmen.

Dann tritt unser Gegner zum Zug an. Auch er kann das Verteilen von jeder beliebigen vollen Grube auf seiner Seite beginnen. Das Spiel ist beendet, wenn der Spieler, der gerade am Zug ist, in seinen beiden Reihen keine einzige Murmel mehr hat. Das Spiel ist auch beendet, wenn in den Gruben so wenig Murmeln verbleiben, daß keiner der beiden Spieler die Hoffnung hat, noch welche zu gewinnen. In diesem Fall müssen sich beide über die Beendigung der Partie einigen.
Nach dem Lesen der Regeln wird es uns klar sein, weshalb die Eröffnungsverteilung der Kugeln so wichtig ist. Auf der Abbildung haben sie die Gegner gegenseitig so verteilt, daß weder der eine noch der andere beim ersten Zug irgendwelche Kugeln beschlagnahmen kann und im Verteilen fortfahren muß. Nach den ersten Zügen ändert sich jedoch die Lage vollständig, und in diesem Augenblick entwickelt sich der Kampf um die Kugeln. Jeder Spieler ist bemüht, für das Verteilen eine solche Grube auszuwählen, durch die er soviel Kugeln wie möglich beschlagnahmen kann und so lange wie möglich seinen Gegner vom Spiel ausschließen kann. Aus den oben beschriebenen Regeln geht hervor, daß beide Spieler die Murmeln in ihren und des Gegners Reihen beschlagnahmen können und daß der Spieler nur zum ersten Verteilen zu Beginn jedes Zuges eine seiner eigenen Gruben wählen muß. Beim Zug, der sich aus mehreren hintereinander erfolgenden Verteilvorgängen zusammensetzt, darf das zweite und weitere Verteilen auch von des Gegners Gruben begonnen werden.

Auseinandergeworfene Kugeln 257

Murmeln

Bereits beim vorigen Spiel sahen wir, daß Murmelspiele nicht nur in Europa und Amerika gespielt werden, sondern auch in Afrika. Hier handelt es sich um ein weiteres afrikanisches Spiel. Die Jungen von Dahomey einigen sich, um wieviel Murmeln sie spielen wollen, und diese vertrauen sie dann einem Teilnehmer an, der sie in die Luft wirft und zu Boden fallen läßt. Dann tritt der erste Spieler an: Er wählt sich eine Murmel aus und versucht, sie mit Daumen und Zeigefinger gegen eine andere zu schnippen. Falls er sie trifft, nimmt er die getroffene an sich und schnippt mit der ersten Murmel nun gegen eine dritte. Er darf so lange schnippen und die getroffenen Kugeln nehmen, bis er das Ziel verfehlt; dann kommt der nächste an die Reihe. Es wird so lange gespielt, bis keine Murmel mehr übrigbleibt. Wer die letzte Murmel trifft, nimmt sich auch die, mit der er geschnippt hat. Wer die meisten Murmeln hat, ist Sieger.

Dreiecksspiel 258

Murmeln

Wir zeichnen ein Dreieck auf den Boden und ziehen 5 Meter davon entfernt eine Linie. Jeder Spieler legt eine zu Beginn vereinbarte Anzahl von Murmeln ins Dreieck. Wir bestimmen die Reihenfolge, in der wir zum Spiel antreten wollen, durch einen Wurf von der Linie. Wer dabei seine Murmel am nächsten zur Mitte des Dreiecks wirft, darf beginnen. Die Reihenfolge der Spieler ergibt sich aus der Entfernung je Murmel zur Mitte des Dreiecks. Einer nach dem anderen wirft mit seiner Kugel. Beim ersten Mal werfen wir vom Strich aus, dann wird von der Stelle aus weitergeschnippt, an der die Murmel liegen geblieben ist. Wer mit seiner Murmel eine andere aus dem Dreieck hinausschlägt, der darf sie sich nehmen. Der, dessen Schnipp-Murmel innerhalb des Dreiecks liegen bleibt, muß sie dort lassen und in der nächsten Runde mit einer neuen Murmel wieder vom Strich aus beginnen. Es wird so lange gespielt, bis ein Spieler alle Murmeln gewonnen hat.

Murmeln 259

Murmeln

In den verschiedenen Gegenden werden viele Murmelspiele beschrieben, das bekannteste ist wohl das gewöhnliche Spiel, bei dem die Spieler zuerst aus einer gewissen Entfernung eine Handvoll Murmeln in Richtung auf eine Grube werfen und dann die mit Daumen und Zeigefinger in die Grube schnippen, die außerhalb liegen geblieben sind. Dieses Spiel setzt sich im Grunde aus 2 Teilen zusammen. Anfangs einigen sich die Spieler, um wieviel Murmeln sie spielen wollen. Die Reihenfolge, in der wir auf die Grube werfen, können wir auszählen oder auslosen. Wer beim ersten Wurf die meisten Murmeln in die Vertiefung gebracht hat, fängt an. Wenn keiner beim ersten Mal getroffen hat oder wenn 2 Spieler die gleiche Anzahl in der Grube haben, so fängt der an, dessen Murmeln der Grube am nächsten liegen. Dann wechseln wir uns regelmäßig ab. Wer als erster seine letzte Murmel in die Grube schnippt, gewinnt und bekommt alle anderen Murmeln, die in der Grube sind.

Spiel mit 2 Murmeln ◔ Ⓖ 260

Murmeln

Die Spieler werfen gleichzeitig aus einer Entfernung von zwei Schritten 2 Murmeln in eine Vertiefung. Der, dessen beide Murmeln in die Grube fallen, erhält von allen anderen Teilnehmern, die vor ihm ohne Erfolg versucht haben, die Grube zu treffen, je eine Murmel. Wir können vereinbaren, daß jeder, der wirft und dessen Murmeln nicht beide in die Grube fallen, eine beiseite in die »Bank« legt. Der, der dann trifft, kann sich alle in der »Bank« befindlichen Murmeln nehmen.
Die Reihenfolge, in der wir antreten, wird vor Beginn des Spiels mit einem Auszählreim festgesetzt und muß genau eingehalten werden. In der zweiten Runde beginnt dann der, der vorher gewonnen hatte.

Hinausfliegen ◔ Ⓖ 261

Murmeln

Die Spieler treten in einer vorher ausgeknobelten Reihenfolge an und werfen jeweils 2 Murmeln gleichzeitig in eine Grube. Die eine soll liegen bleiben, die andere drüber hinausfliegen. Wenn jedoch beide liegen bleiben oder beide hinausfliegen, muß der Spieler sie liegen lassen. Dann kommt der nächste an die Reihe, und das Spiel wiederholt sich. Bleibt von seinen Murmeln eine in der Grube und die andere fliegt über sie hinaus, hat er Anspruch auf alle Murmeln, die bis dahin geworfen wurden. Wir wiederholen dieses Spiel einige Male in jeweils veränderter Reihenfolge, damit jeder Spieler einmal die Chance hat zu gewinnen.

König ◔ Ⓖ 262

Murmeln

Wir höhlen rings um ein großes Loch 4 kleine Vertiefungen aus, in die jeder Spieler seinen Einsatz legt. In die kleinen Gruben je eine Murmel, in die größere 2. Etwa 2 Meter entfernt wird ein Strich gezogen. Dann bestimmen wir durch einen Wurf auf die mittlere Grube die Reihenfolge, in der wir antreten wollen. Der, dessen Murmel am nächsten bei der großen Grube liegen bleibt, beginnt und darf vom Strich aus auf die 5 Gruben werfen. Trifft er eine, nimmt er sich den Inhalt. Alle wechseln sich regelmäßig ab. Das Spiel wird so lange fortgesetzt, bis sämtliche Gruben leer sind.

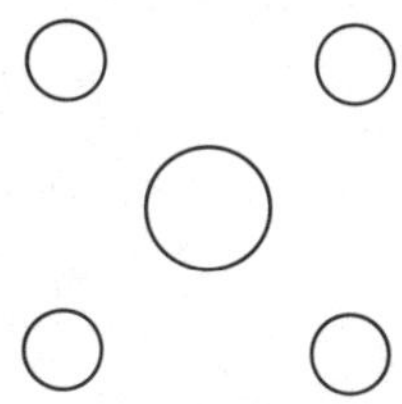

● König

Variante: Wir höhlen vor den 5 Gruben eine ganz kleine Vertiefung aus, in der nur für eine Murmel Platz ist. Wenn jemand in diese Vertiefung trifft, ist er »König« und kann hiermit das Spiel beenden, weil er sich den Inhalt von allen 5 Gruben nehmen darf.

Aus der Reihe schlagen ◔ Ⓖ 263

Murmeln

Dieses Spiel erfordert einen guten Blick. Jeder Spieler legt 2 oder mehrere Murmeln in eine Reihe, wobei er zwischen ihnen Abstände von mehreren Zentimetern läßt. Ein anderer Spieler zieht in 2 Meter Entfernung eine Linie. Dann werfen alle in einer vorher festgelegten Reihenfolge mit einer anderen Murmel vom Strich aus auf die Murmeln in der Reihe. Wer eine aus der Reihe schlägt, darf sie behalten, und der nächste kommt dran. Das Spiel ist aus, wenn keine Murmel mehr in der Reihe liegt.

Tippen 264

Murmeln

Die Spieler graben eine Grube und ziehen im Abstand von 3 Metern einen Strich. Dann wirft jeder Spieler von diesem Strich aus 2, 4 oder 6 Murmeln, und zwar so, daß sie alle möglichst nahe vor der Grube liegen bleiben. Sie sollen jedoch nicht hineinrollen. Falls dies der Fall ist, nimmt der Spieler sie heraus und wirft von neuem. Mit diesen Würfen wird die Reihenfolge bestimmt, in der wir antreten wollen. Der, dessen Murmel am nächsten bei der Grube liegt, darf beginnen. Der erste sucht sich nun eine beliebige Murmel und schnippt sie so, daß sie wiederum gegen eine andere stößt. Beide Murmeln sollen dabei näher an die Grube heranrollen. Der Spieler setzt das Schnippen so lange fort, bis beide Murmeln gleichzeitig in die Grube fallen oder bis die Geschnippte ihr Ziel verfehlt. Im ersten Fall nimmt sich der Spieler beide Murmeln und kann mit einem anderen Paar weiterspielen, im zweiten Fall muß er aussetzen.
Der Spieler muß auch aussetzen, wenn nach dem letzten Schnippen nur eine der beiden Murmeln in die Grube fällt und die andere außerhalb liegen bleibt. Er darf sich dann auch keine der Murmeln nehmen.
Wer die meisten Murmeln erobert hat, hat gewonnen.

Murmelspiel 265

1 große und 1 kleinere Murmel

Die arabischen Jungen graben eine kleine Grube in die Erde und legen an deren Rand eine Steinkugel oder Murmel. Aus 5 Meter Entfernung schnippen sie mit einer zweiten, etwas größeren Steinkugel nach der ersten, um diese in die Grube zu stoßen. Jeder Spieler darf nur einmal schnippen. Wer die kleine Kugel in die Grube stößt, darf sich einem der erfolglosen Gegner auf den Rücken setzen, der Unterlegene muß mit ihm eine Runde traben.

Rollen zur Glaskugel 266

Murmeln

Ein Spieler wirft von einem Strich aus eine größere Glaskugel, einen »Bucker«, wie die Berliner sagen, und die übrigen werfen nacheinander eine gewöhnliche Murmel so, daß sie so nahe wie möglich bei dem Bukker liegen bleibt. Der, dessen Murmel am nächsten liegt, nimmt sich alle übrigen. Zusätzlich hat er das Recht, ein neues Spiel mit dem Werfen des Buckers zu eröffnen.

Kollern 267

1 Glaskugel, Murmeln

Das Spiel beginnt in der ersten Runde mit dem Auswerfen. Die Spieler werfen hintereinander je eine Murmel von einem Strich aus aufs Spielfeld. Dann rollt einer nach dem anderen, in einer vorher festgesetzten Reihenfolge, die wir durch Knobeln, Losen oder Auszählen festsetzen können, seine Murmel von der Stelle aus, an der sie lag, gegen die Murmel eines anderen. Wenn er sie trifft, muß der Besitzer eine Murmel aus seinem Vorrat auszahlen. Wenn sie danebenrollt, bekommt keiner etwas. Wer die meisten Murmeln hat, ist Sieger.

Hinausschlagen aus dem Kreis ◔ Ⓖ 268

Murmeln

Wir kennzeichnen einen Kreis von 2 Meter Durchmesser und zeichnen in dessen Mitte wiederum einen Kreis von 40 bis 50 Zentimeter Durchmesser. In diesen Kreis legt jeder Teilnehmer zu Beginn des Spiels seine Murmel, wobei es am günstigsten ist, wenn jede Murmel eine andere Farbe hat oder die Murmeln sonst gekennzeichnet sind. Dann zählen wir die Reihenfolge ab, in der wir antreten wollen. Jeder Spieler hat das Recht, einmal mit seiner Murmel zu schnippen, wenn er an der Reihe ist. Er versucht dabei, die eines Mitspielers aus dem kleinen Kreis über den Rand des großen Kreises hinauszuschlagen oder seine Murmel wieder vom gefährlichen äußeren Rand in die Mitte zu befördern. Wenn eine Kugel aus dem großen Kreis rollt, muß sein Besitzer jedem Teilnehmer eine Murmel aus seinen Vorräten abgeben. Diese Regel gilt auch, wenn man aus Versehen die eigene Murmel über den Rand stößt.
Bei diesem Spiel kämpfen alle gegen alle, manchmal können sich jedoch mehrere »Arme« verständigen, die dann gegen einen vorgehen, der ihnen schon zu viel »Geld« abgenommen hat.
Murmeln, die einmal hinausgeflogen sind und deren Besitzer den Tribut gezahlt haben, können irgendwohin in den Kreis gelegt werden. Wir spielen 10 bis 15 Minuten. Wer die meisten Murmel hat, ist Sieger.

Murmeln an die Wand ◕ Ⓖ 269

1 Glaskugel, Murmeln oder Knöpfe

Die Jungen aus London pflegten ursprünglich dieses Spiel mit Knöpfen zu spielen, wir können es jedoch zu den traditionellen Frühlingsspielen mit Murmeln rechnen. Ein Spieler legt einen »Bucker«, also eine größere Glasmurmel, nicht weit von einer Mauer entfernt auf den Gehsteig. Die übrigen werfen der Reihe nach je eine Murmel, so daß sie so nah wie möglich bei der Glasmurmel liegen bleibt oder diese sogar berührt. Die Würfe werden dann nach folgender Tabelle gewertet: Wenn die geworfene Murmel das Ziel nicht berührt und höchstens 3 Handspannen entfernt liegt, zählt das einen Punkt. Bleibt sie 2 Spannen entfernt liegen, zählt das 2 Punkte, eine Spanne 3 Punkte, und wenn sie berührt, erhält der Spieler 4 Punkte und ist damit Sieger dieser Runde. Das Spiel endet, wenn sich alle Spieler mindestens einmal beim Werfen des »Buckers» abgelöst haben. Wer insgesamt die meisten Punkte erzielt, siegt.

Pyramide ◕ Ⓖ 270

Murmeln

Wir zeichnen einen Kreis auf den Gehsteig. In der Mitte baut einer der Spieler aus den Murmeln eine dreiseitige Pyramide auf. Als Basis legt er 6, auf diese weitere 3 und auf den Gipfel eine Murmel. Die übrigen Spieler werfen aus einer Entfernung von 5 Schritten je eine Murmel auf die Pyramide. Wer sie trifft, hat Anspruch auf alle Murmeln, die aus dem Kreisumfang hinausrollen. Wenn niemand trifft, behält der Baumeister der Pyramide die geworfenen Murmeln. Das Spiel ist beendet, wenn von der Pyramide nichts mehr übrigbleibt.

Belgische Murmeln ◐ Ⓖ 271

Murmeln

In einer umrissenen Fläche von etwa 1 Quadratmeter höhlen wir mit dem Absatz im Lehm- oder Sandboden eine größere Vertiefung aus und ziehen 5 Meter davon entfernt einen Strich. Von hier aus wirft jeder Spieler eine Murmel auf die Fläche. Der, dessen Murmel am nächsten bei der umrandeten Fläche liegen bleibt, sammelt die Murmeln aller übrigen Spieler ein und wirft sie dann vom Strich aus nacheinander in die Vertiefung. Die, die hineinfallen, kann er behalten. Der nächste Spieler wirft dann die übriggebliebenen Murmeln in das Loch. Die Teilnehmer wechseln sich so lange ab, bis keine Murmel mehr übrigbleibt. Wer am Schluß die meisten Murmeln hat, ist Sieger.

Indianerspiel mit Murmeln ◐ Ⓖ 272

Murmeln, 2 Hölzchen

Wir graben ein kleines Loch aus, an dessen Rand wir links und rechts 2 Hölzchen in die Erde stechen. Die Hölzchen sollten etwa die Dicke eines Bleistiftes haben. Wir einigen uns über den Einsatz, und jeder gibt dann die gleiche Anzahl von Murmeln in die »Bank«. Dann wird 6 Meter von dem Loch entfernt eine Linie gezogen. Von hier aus werfen die Spieler nacheinander je eine Murmel auf das Loch. Der, dessen Murmel am Loch vorbeifliegt, jedoch dabei zwischen den Hölzchen durchkommt, erhält seinen Einsatz zurück. Der, dessen Murmel seitlich an den Hölzchen vorbeifliegt, verliert seinen Einsatz. Wer so gut gezielt hat, daß seine Murmel ins Loch fällt, gewinnt und kann sich alle Murmeln der anderen nehmen, die das Ziel verfehlt hatten. Ist kein eindeutiger Sieger zu ermitteln, bleiben die verlorenen Murmeln für das nächste Spiel in der »Bank«.

Burgen ◐ Ⓖ 273

Murmeln

Die Gruppe der spielenden Kinder teilt sich in 2 Mannschaften von je 2 oder 4 Spielern. Beide Mannschaften stellen sich in einer Entfernung von 3 Metern einander gegenüber, ritzen einen Strich in den Sand und stellen dort eine kleine »Burg« auf, d.h. sie bilden eine kleine Pyramide aus Murmeln. Die Basis der Pyramide bilden 3 Murmeln, auf der die vierte Murmel liegt. So werden 2 bzw. 4 Pyramiden aufgebaut. Die Abstände zwischen den nebeneinander liegenden Pyramiden sollen nicht mehr als 25 Zentimeter betragen. Durch das Los wird nun entschieden, welche Gruppe das Spiel eröffnet. Alle Mitglieder rollen je eine Murmel gegen die Burgen der Gegner. Wird eine getroffen, erhält die Gruppe alle Bausteine der gegnerischen Burg, zusätzlich die Murmel, mit der sie zerstört wurde. Die Murmel, die die Burg verfehlt, wird Eigentum der Gegner. Nach einem Fehlschuß hat die Gegenpartei das Recht auf einen Schuß. Der Spieler, dessen Burg zerstört wird, hat das Recht, sich aus 4 weiteren Murmeln eine neue Burg zu bauen. Diese richten wir allerdings einen Meter hinter dem Strich auf, auf dem die erste Burg gestanden hatte. Es wird dann schwieriger, die entfernteren Burgen anzugreifen, allerdings sind auch ihre Besitzer benachteiligt, da sie ebenfalls von ihrem neuen Standpunkt aus zielen müssen. Wenn einem Spieler auch die zweite Burg zerstört wird, darf er sich keine neue mehr errichten; er bleibt jedoch im Spiel und kämpft nur noch für seine Gruppe. Das Spiel endet, wenn eine Gruppe alle ihre Burgen verloren hat.

Iranisches Spiel ◐ Ⓖ 274

Murmeln, Kugeln oder Steinchen

Jeder Spieler höhlt mit seinem Absatz eine Vertiefung aus. Diese liegen in einer Entfernung von 25 Zentimetern in einer Reihe hintereinander. Vom 4 Meter entfernten Strich werfen dann die Teilnehmer nacheinander jeweils eine Kugel, ein Steinchen oder eine Murmel in das eigene Loch. Wenn der Spieler nicht gut zielt und die Kugel in ein fremdes Loch wirft, muß er sie dort lassen, und der nächste kommt an die Reihe. Wenn sich alle fünfmal abgelöst haben, sammeln sie den Inhalt, der sich in ihren Vertiefungen befindet, auf, er gehört ihnen. Die Kugeln, die danebengefallen sind, gehören wiederum dem, der sie geworfen hat. Die Besitzer der Löcher am Rand sind bei diesem Spiel benachteiligt, daher werden die einzelnen Vertiefungen in jeder neuen Runde der Reihe nach ausgetauscht.
Wer beim letzten Mal die meisten Kugeln verdient hat, bekommt ein Loch am Rand, der, der die wenigsten hatte, ein Loch in der Mitte.

Neun Gruben ◐ Ⓖ 275

Murmeln

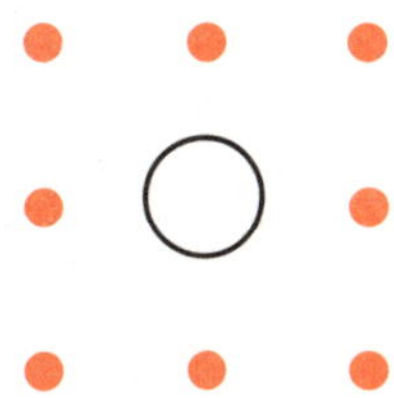

Wir höhlen 9 Gruben aus, wie es die Abbildung zeigt. In die mittlere, die größere, legt jeder Spieler seinen Einsatz, eine Murmel. Danach werfen wir in einer vorher ausgeknobelten Reihenfolge je eine Murmel von einem Strich, der ungefähr 7 Meter entfernt ist. Der, dessen Murmel in die größere Grube fällt, darf sich alle Murmeln aus dieser Grube nehmen. Der, dessen Murmel in eines der kleineren Löcher rollt, kann sich eine Murmel aus der größeren Grube nehmen. Es wird so lange gespielt, bis keine Murmel mehr übrigbleibt. Gewonnen hat, wer die meisten Murmeln bekommt.

Münzspiele

Dere-dere ◐ ② 276

1 glatter Stein oder 1 Brettchen, Münzen

Ein Spieler läßt über einen schrägen glatten Stein oder ein kleines Brett eine Münze gleiten. Dann läßt der nächste Spieler eine Münze von gleicher Art hinabgleiten und versucht, mit ihr die liegende Münze des Gegners zu treffen. Falls ihm das gelingt, gewinnt er beide. Trifft er nicht, läßt er seine Münze liegen. Der dritte hat nun die Chance, falls er trifft, beide Münzen zu gewinnen. Wer siegt, läßt beim nächsten Spiel die Münze als erster niedergleiten. Dere-dere heißt dieses Spiel auf den Inseln des Stillen Ozeans.

Werfen auf ein Dreieck ⊕ ② 277

Münzen

Es handelt sich um ein Spiel aus dem Fernen Osten. Ein Spieler übernimmt die Rolle des »Bankiers« und stellt 3 kleine Münzen in Form eines Dreiecks auf. Der zweite Spieler wirft aus einer Entfernung von 3 Metern eine Münze auf das Dreieck. Falls er eine der Münzen im Dreieck trifft, erhält er vom Bankier die 3 Münzen und nimmt sich überdies die Münze, mit der er geworfen hat. Falls er keine Münze trifft, seine Münze jedoch höchstens 10 Zentimeter entfernt von einer der Münzen des Bankiers liegen bleibt, erhält er die Münze zurück, die er geworfen hat. Bleibt jedoch seine Münze weiter als 10 Zentimeter vom Dreieck entfernt liegen, behält sie der Bankier.

Münzenwerfen auf ein Loch ⊕ ② 278

Münzen

Wir höhlen im Boden eine kleine Vertiefung aus und basteln uns ein Maß, entweder ein 20 Zentimeter langes Hölzchen oder einen Halm der gleichen Länge. Der erste Spieler wirft dann aus einer Entfernung von 3 Metern 4 Münzen in das Loch. Der zweite zahlt ihm daraufhin soviel Zehner aus, wie Münzen im Loch liegen geblieben sind. Wenn eine der Münzen außerhalb des Loches liegt, kann der andere Spieler eine Münze auswählen und den Werfenden anweisen, vom Loch aus eine weitere nach ihr zu werfen. Wenn er sie trifft, nimmt er sie und erhält zusätzlich vom anderen 2 weitere Münzen. Wenn er die Zielmünze nicht trifft, mißt er ab, wie weit die geworfene Münze von der Ziellinie entfernt liegt. Wenn beide Münzen noch mit dem Maßstab erreicht werden können, zahlt niemand. Besteht zwischen ihnen eine größere Entfernung, als das Maß angibt, zahlt der erste Spieler dem zweiten 2 Münzen aus. Der sammelt denn die Münzen auf, die um das Loch herum liegen, und setzt mit einem neuen Wurf das Spiel fort.

Englisches Münzspiel ⊕ Ⓖ 279

Münzen

Ein Spiel, das bereits im 18. Jahrhundert in England beleibt war. Jeder Spieler hat eine bestimmte Anzahl von Münzen. Als Vorbereitung höhlen wir mit dem Absatz eine kleine Vertiefung aus und werfen von einem 5 Meter entfernten Strich je eine Münze in die Grube. Wenn wir uns alle abgelöst haben, wirft jeder eine zweite, dann eine dritte, eine vierte usw. Wer alle Münzen geworfen hat, nimmt die, die nicht in der Grube liegen, auf und wirft sie von neuem von einem zweiten Strich, der von dem Ziel nur 2½ Meter entfernt ist, mit einem Wurf in die Vertiefung. Die Münzen, die dort liegen bleiben, gewinnt er. Die restlichen sammelt der Spieler auf, der als zweiter an der Reihe ist. Auch er wirft alle umherliegenden Münzen von einem Strich, der näher beim Ziel ist, und behält jene, die ins Loch gefallen sind. Die übriggebliebenen wirft nun der dritte Spieler. Wir wechseln uns beim Werfen so lange ab, bis keine Münzen mehr übrig

sind. Um die Gewinnchancen gleich zu verteilen, müssen wir uns in den verschiedenen Runden auch abwechseln.
Die erste Runde wird entweder ausgelost oder ausgeknobelt.

Werfen auf den Strich ⓖ 280

Münzen, 1 Stück Kreide

Es handelt sich um ein weitverbreitetes Münzenspiel, das ältere und jüngere Kinder auf der Straße spielen. Zunächst zeichnen wir einen etwa 1½ Meter langen Strich auf den Gehsteig, dessen Enden wir mit einem kleinen Strich begrenzen. Dann werfen wir Münzen auf den Strich. Nach Übereinkunft wird um eine, zwei oder mehrere Münzen gespielt. Der, dessen Münze dem Zielstrich am nächsten liegen bleibt, eröffnet das Spiel.
Der erste Spieler sammelt alle geworfenen Münzen auf, schüttelt sie in der Hand, sagt »Kopf« oder »Zahl« und wirft sie in die Höhe. Dann nimmt er alle Münzen, die entweder mit dem Kopf oder mit der Zahl nach oben liegen geblieben sind. Die übrigen übergibt er dem nächsten. Auch dieser wählt Kopf oder Zahl und behält die Münzen, die mit der gewählten Seite nach oben fielen. Die Spieler wechseln sich beim Werfen der restlichen Münzen so lange ab, bis keine mehr übrigbleibt.

Holzschuhwerfen ⓖ 281

1 Holzklötzchen, Münzen

Die Flamen warfen bei diesem Spiel mit dem Holzschuh. Wir ersetzen ihn durch ein Holzklötzchen. Die Spieler ritzen einen Kreis von 1 Meter Durchmesser in den Boden, und jeder legt eine Münze hinein. Dann werfen sie der Reihe nach mit dem Holzklötzchen von einem Meter vom Kreisrand entfernten Strich. Wer eine der Münzen aus dem Kreisumfang hinausschlägt, erhält sie als Eigentum. Es wird so lange gespielt, bis keine Münze mehr übrigbleibt. Dann setzt abermals jeder eine Münze ein, und die nächste Runde beginnt.

Chinesisches Münzenspiel ⓖ 282

Münzen

Jeder Spieler legt eine Münze an die Wand und läßt sie so niedergleiten, daß sie die Wand hinunter und so weit wie möglich von der Wand ab auf den Gehsteig rollt. Der, dessen Münze sich am weitesten von der Wand entfernt, hebt sie von dieser Stelle auf und wirft sie scharf gegen die Wand, so daß sie so weit wie möglich von ihr abprallt. Das gleiche tun nach und nach auch die übrigen Spieler. Der, dessen Münze am weitesten kam, wirft als erster. Der dritte und letzte Teil des Spiels ist nur dem vorbehalten, dessen Münze nach dem Wurf am weitesten von der Wand entfernt liegen blieb. Er nimmt sie auf und wirft sie auf die am nächsten liegende Münze eines anderen Spielers. Falls er sie trifft, nimmt er sie und wirft von der ursprünglichen Stelle abermals auf eine weitere Münze. Das macht er so lange, bis er die Zielmünze verfehlt. Dann verteilen die Spieler untereinander die übriggebliebenen Münzen, wobei jeder nur seine eigene erhält, und das Spiel beginnt von neuem.

Sportplatzspiele

Ballspiele

Abshlag mit 2 Bällen ◐ Ⓖ 283

2 Bälle

Die Spieler verteilen sich über die ganze Spielfläche. Der Leiter gibt mit der Pfeife das Zeichen und wirft 2 Bälle unter die Spieler. Wer sich des Balles bemächtigt, darf ihn nach jedem anderen Spieler werfen. Wer getroffen wird, scheidet aus dem Spiel aus.
Falls der Ball den Boden berührt, darf jeder ihn straflos fangen oder aufheben.
Das Fangen wird so lange fortgesetzt, bis nur noch ein Spieler übrigbleibt: der Sieger.

Vertreiben mit dem großen Ball ◐ Ⓖ 284

1 großer Ball, mehrere kleine Bälle, 1 Stück Kreide

Wir legen einen großen Ball, am besten einen leichten Wasserball, auf die Mittellinie und zeichnen 5 Meter vom Ball entfernt auf beiden Seiten eine parallel zur Mittellinie verlaufende Ziellinie.
Dann teilen wir die Spieler in 2 Gruppen ein. Jede Gruppe stellt sich hinter eine Ziellinie. Beide erhalten die gleiche Anzahl an kleinen Bällen. Auf das Kommando des Schiedsrichters eröffnen sie mit den kleinen Bällen das Feuer auf den großen Ball, wobei sie versuchen, ihn hinter die Ziellinie des Gegners zu treiben. Rollt der Ball über die Linie einer Gruppe, hat die andere ein Tor erzielt. Nach jedem Tor wird der Ball auf die Mittellinie zurückgelegt, beide Seiten teilen die kleinen Bälle wieder unter sich auf, und der Kampf beginnt von neuem. Kein Spieler darf den großen Ball mit der Hand berühren, niemand darf das Gebiet zwischen den Mittellinien betreten, es sei denn, um die verstreuten, kleinen Bälle wieder aufzusammeln. Während des Spiels können die Spieler ihre »Munition« nur durch die Bälle ergänzen, die auf ihr Gebiet hinter die Ziellinie rollen.

Verjagen ◐ Ⓖ 285

1 kleiner Ball

2 Mannschaften spielen einander auf dem Spielfeld abwechselnd den Ball zu. Die Mannschaft, die bis ans Ende des Platzes zurückgedrängt wird, verliert.
Regeln:
a. Wer den Ball fängt, wirft,
b. wer den Ball unmittelbar aus dem Flug fängt, noch ehe er den Boden berührt, darf 3 Schritte vorgehen,
c. fällt der Ball zu Boden, wird von der Stelle aus geworfen, wo er aufgehoben wurde.

Geheimes Ausschlagen ◕ Ⓜ 286

1 Tennisball

Zunächst zeichnen wir einen Kreis von 10 Metern Durchmesser auf das Spielfeld. Danach bestimmen wir durch Los, welche Mannschaft sich als Verteidiger in den Kreis begibt und welche als Angreifer draußen bleibt. Der zweiten Mannschaft übergeben wir einen Tennisball oder einen kleinen Gummiball.

Die Angreifer versammeln sich für einen Augenblick, einer von ihnen steckt sich den Ball in die Tasche oder unter das Hemd, und zwar unauffällig, damit die Verteidiger nicht wissen, wer den Ball hat. Dann greift die ganze Mannschaft gleichzeitig an. Die Spieler laufen von verschiedenen Seiten zum Kreis, und wenn sie sich knapp vor dessen Grenze befinden, zieht der eine Spieler den Ball aus seinem Versteck und wirft ihn nach einem der Verteidiger. Trifft er, verläßt der getroffene Verteidiger den Kreis. Vor dem Ausschluß kann er sich nur retten, indem er den Ball schnell aufhebt und mit ihm den Angreifer trifft, der nach ihm geworfen hat. Er darf jedoch die Grenzen des Kreises nicht überschreiten. Falls der Angreifer niemanden trifft, scheidet er selbst aus dem Spiel aus.

Die Regeln gestatten, daß der Ball im Kreis nicht nur vom getroffenen Spieler, sondern von jedem Verteidiger aufgehoben werden und nach einem beliebigen Angreifer geworfen werden kann. Wer getroffen wird, scheidet aus. Trifft der Verteidiger nicht, verläßt er selbst das Spiel. Wenn sich der Ball außerhalb des Kreises befindet, versammeln sich die Angreifer von neuem und teilen ihn insgeheim jemandem zu. Das Spiel wird so lange fortgesetzt, bis eine Mannschaft geschlagen ist. Dann vertauschen beide Seiten die Rollen.

Eskimo-Ausschlagen ◕ Ⓖ 287

1 kleiner Ball

Ein Sommerspiel der Eskimos aus Alaska. Den Ball stellten sie aus Gras her. Wir nehmen einen Tennis-, Gummi- oder Lederball, markieren ein größeres Spielfeld und teilen die Spieler in 2 Mannschaften ein, die sich deutlich voneinander unterscheiden. Die durch Los bestimmte Mannschaft verfolgt den Gegner mit dem Ball. Wer getroffen wird, muß das Spielfeld verlassen. Sobald der Ball jedoch auf dem Boden aufkommt, darf jeder beliebige Spieler ihn aufheben. So wechseln die Seiten ständig die Rollen, und im Laufe des Spiels verbleiben immer weniger Spieler auf dem Feld. Die Mannschaft, die zuerst bis auf den letzten Mann ausgeschlagen ist, verliert.

Die Regeln schreiben vor, daß der Ball nach dem Gegner geworfen werden muß; ein Spieler ist demnach noch nicht ausgeschieden, wenn ihn ein Gegner berührte, der den Ball in der Hand hielt.

Variante: Die getroffenen Spieler verbleiben weiter im Spiel. Der Schiedsrichter zählt nur mit lauter Stimme die Punkte für erfolgreiche Treffer.

Es wird 5 Minuten gespielt. Die Mannschaft mit der größeren Punktzahl siegt.

Fuchsjagd ◐ Ⓖ 288

1 Volleyball

Wir markieren auf dem Sportplatz ein etwa 20 x 20 Meter großes Gebiet. Dann losen wir aus, in welcher Reihenfolge die Spieler die Rolle des verfolgten Fuchses übernehmen werden. Der Fuchs betritt das bezeichnete Gebiet, und sobald er sich in der Mitte befindet, dringen hinter ihm von allen Seiten die Jäger in den Raum ein und versuchen, ihn so schnell wie möglich zu fangen, d. h. ihn mit dem Ball zu treffen. Der Fuchs schlägt Haken, weicht dem fliegenden Ball aus, darf jedoch nicht die Grenzen des Gebiets überschreiten. Der Schiedsrichter stoppt die Zeit und notiert sich, wie lange sich der Fuchs »am Leben hält«.
Daraufhin beginnt das Spiel von neuem mit einem anderen Fuchs. Wer dem Ball am längsten ausweichen konnte, siegt.

Kampf um den Ball ◐ Ⓜ 289

1 Fußball,
1 Tennisball

Zwei Mannschaften stehen einander in einer Entfernung von 30 Metern in 2 Reihen gegenüber. Die Spieler beider Seiten sind numeriert. Genau in der Mitte zwischen ihnen liegen 2 Bälle – 1 Fußball und 1 Tennisball. Sie sind etwa 1/2 Meter voneinander entfernt.
Der Schiedsrichter steht in der Mitte des Spielfeldes und ruft nach und nach verschiedene Nummern auf. Die Spieler mit der aufgerufenen Nummer laufen zur Mitte des Spielfeldes. Wer von ihnen zuerst den großen Ball berührt, kann einen Punkt erzielen, vorausgesetzt, daß er den Ball seiner Mannschaft bringt. Seinem langsameren Gegner verbleibt die Möglichkeit, den Gegner daran zu hindern. Er hebt schnell den Tennisball auf und versucht mit ihm den Gegner zu treffen, bevor dieser mit dem großen Ball seinen Platz erreicht.
Die Regeln gestatten dem schnelleren Spieler, den liegenden Tennisball mit dem Fuß wegzustoßen und sich so den Rückzug zu erleichtern. Der Schiedsrichter ruft die Nummern unerwartet auf.
Sieger wird die Seite, die nach 20 Minuten mehr Punkte erzielt hat.

Königsschießen ◐ Ⓜ 290

2 Bälle,
4 flache Steine

Wir legen etwa 1/2 Meter voneinander entfernt 2 ganz flache Steine auf den Boden. Dann markieren wir 6 Meter weiter ein Mittelzeichen. 6 Meter hinter diesem Mittelzeichen legen wir das zweite Paar Steine.
Ist das Spielfeld gekennzeichnet, verteilen sich die Spieler. Beide Mannschaften werden numeriert. Die Spieler mit der Nummer 1 sind die »Könige« und besteigen den »Thron« – jeder stellt sich auf ein Paar Steine. Von diesem Augenblick an dürfen sie nicht mehr auf den Boden treten, den Fuß nicht mehr vom Stein heben. Der Spieler A 2 ergreift den Ball, stellt sich auf das Mittelzeichen und zielt auf den König der Gegner. Der versucht, dem Ball auszuweichen, wobei seine Beine fest auf den Steinen verbleiben. Es genügt, daß er nur eine Fußsohle hebt oder daß ihn der Ball nur leicht berührt – und er ist vom Thron gestürzt.

Die übrigen Spieler der Mannschaft B verteilen sich hinter ihrem König und fangen den Ball. Wer den Ball fängt, läuft mit ihm zum Mittelzeichen und zielt von dort auf den König der Gegner.
Beide Seiten versuchen auf diese Weise abwechselnd, den fremden König vom Thron zu stürzen. Nach den ersten Spielern werden die Spieler Nr. 2 Könige usw. Wenn der letzte König einer Mannschaft vom Thron gestürzt ist, endet das Spiel. Die Seite, die ihren letzten König verloren hat, unterliegt.
Variante: Im Spiel befinden sich gleichzeitig 2 Bälle. Die Regeln gestatten, daß eine Mannschaft gleichzeitig mit beiden Bällen nach dem fremden König wirft. So werden mehr Spieler beschäftigt, und der König wird zu größerer Kraftanstrengung gezwungen.

Eckenspiel ⑧ 291

1 Volleyball

Wir markieren ein 5 x 5 Meter großes Quadrat. An seinen 4 Ecken tritt die erste Viererriege an, die zweite Viererriege schickt einen ihrer Vertreter ins Quadrat. Die Spieler in den Ecken spielen einander den Ball zu. Wer den Ball aus der Luft fängt, darf nach dem Gegner schießen, der sich im Quadrat aufhält. Falls er ihn trifft, tritt ein weiterer Gegner ins Quadrat. Trifft er ihn nicht, muß er selbst ausscheiden. Die verbliebenen drei spielen den Ball einander weiter zu. Falls der Ball zu Boden fällt, darf ihn der Spieler im Eck nicht nach dem Gegner werfen, sondern muß ihn weiter zuspielen, d. h. »er hat nicht geladen«. Diese Regel betrifft nur den letzten Spieler nicht, der allein in einer Ecke des Quadrats übrigbleibt. Er darf nach dem Gegner schießen, selbst wenn er den Ball vom Boden aufgehoben hat. Sollte die ganze zweite Viererriege ausgeschlagen sein, bevor alle Spieler in den Ecken ausscheiden, beginnt man von neuem in derselben Aufstellung. Scheiden die Spieler in den Ecken früher aus, vertauschen beide Seiten die Rollen.

Kampf zweier Kreise ◑ Ⓜ 292

1 Ball

2 Mannschaften besetzen 2 Kreise mit einem Durchmeser von 6 Metern, die 30 Meter voneinander entfernt sind. Der Kapitän des ersten Kreises schickt einen seiner Kämpfer mit dem Ball zum Kreis der Gegner. Der ausgewählte Spieler nähert sich dem zweiten Kreis so weit, daß er jemanden mit dem Ball treffen kann. Das Kreisinnere darf er jedoch nicht betreten. Je näher er dem zweiten Kreis kommt, desto bessere Chancen hat er, jemanden zu treffen, desto schwieriger wird jedoch sein Rückzug werden. In dem Augenblick, wo er den Ball wirft, darf die Mannschaft ihren Kreis verlassen und den Angreifer verfolgen. Wird er eingeholt, bevor es ihm gelingt, seinen Kreis zu erreichen, wird der Angreifer gefangengenommen. Sollte er auf dem Rückweg nicht gefangen werden, da keiner der Verfolger ihm den Abschlag gab, befindet er sich in seinem Kreis wieder in Sicherheit.
Der Schiedsrichter notiert das Ergebnis. Falls der ausgeschickte Spieler jemanden mit dem Ball traf, erzielt er für seine Seite einen Punkt. Wurde er jedoch bei der Rückkehr eingeholt, verliert er einen Punkt.
Der erste Spieler kehrte in seinen Kreis zurück. Nun ist die andere Mannschaft, die ihn verfolgte, an der Reihe, und der Kapitän schickt jemanden mit dem Ball zur ersten Mannschaft. So wechseln sich beide Seiten gegenseitig ab. Das Spiel ist beendet, wenn sämtliche Spieler mit dem Ball in der Hand den Kreis des Gegners angegriffen haben. Die Mannschaft mit den meisten Punkten siegt.

Läufer und Bauern ◑ Ⓜ 293

1 Volleyball

Vor einer 5 Meter langen Startlinie wird ein Ziel plaziert. Dann entscheidet das Los, welche Mannschaft die »Bauern« und welche die »Läufer« darstellt. Die Läufer sind numeriert. Spieler Nr. 1 steht an der Startlinie bereit. Die Bauern verteilen sich zwischen Startlinie und Ziel. Der erste Spieler wirft dann den Ball zwischen die Bauern und spurtet zum Ziel und zurück. Sollte es den Bauern nicht gelingen, den ersten Läufer während des Laufes mit dem Ball zu treffen, erzielt dieser für seine Mannschaft einen Punkt. In dem Augenblick, in dem er zur Startlinie zurückkehrt, startet Läufer Nr. 2 zum Ziel. Sollte der erste beim Lauf vom Ball getroffen werden, endet sein Versuch, und der nächste läuft sofort von der Startlinie los. Der Ball wird also nur vom ersten Läufer ins Feld geworfen, die übrigen laufen nur noch zum Ziel und zurück.
Die Regeln verbieten den Bauern, sich mit dem Ball zu bewegen. Der Bauer darf demnach hinter dem Ball herlaufen, sobald er ihn aber aufhebt, muß er stehenbleiben. Er darf den Ball entweder nach dem Läufer werfen oder ihn einem Mitspieler zuspielen.
Wenn sich sämtliche Läufer abgelöst haben, vertauschen die Mannschaften ihre Rollen. Es wird in einer vorher festgelegten Zeitspanne gespielt. Der erste Spieler wirft wieder den Ball ins Feld und läuft zum Ziel. Die folgenden Spieler werfen den Ball nicht mehr.
Die Mannschaft mit den meisten Punkten siegt.

Kapitänsspiel ◐ Ⓜ 294

1 Ball,
1 Stück Kreide

Zeichnen Sie nach dem Plan auf dem Spielfeld sechs Kreise mit einem Durchmesser von sechzig bis einhundertfünfzig Zentimeter. Je älter und wendiger die Spieler sind, desto kleiner sollten die Kreise sein, die »Basen« genannt werden.

Drei in einem Viereck verteilte Basen auf der linken Seite gehören der Mannschaft A, drei Basen auf der rechten Seite der Mannschaft B. Jede Mannschaft hat sieben Spieler: den Kapitän, zwei Fänger, drei Wächter und einen Feldspieler.

Die Fänger gehen in die Kreise Nr. 1 und 2 auf ihrer Seite. Der Kapitän begibt sich in den rückwärtigen Kreis Nr. 3. Die Wächter gehen auf die Hälfte des Gegners über; jeder stellt sich in die Nähe einer Basis. Der Feldspieler steht etwa in der Mitte des Platzes. Die Fänger dürfen unter keinen Umständen ihre Basis verlassen, sie dürfen ihre Außenlinie maximal mit einem Schritt überschreiten. Die Wächter dürfen den Kreis überhaupt nicht betreten. Der Feldspieler steht meist in der Mitte des Spielfeldes; als einziger darf er sich jedoch überall bewegen und dem Ball nachlaufen.

Das Spiel beginnt damit, daß der Schiedsrichter den Ball in der Mitte des Feldes in die Höhe wirft. Der Feldspieler, der den Ball mit beiden Händen fängt, eröffnet das Spiel und kann den Ball seinem Mitspieler – dem anderen Fänger – zuwerfen. Dieser versucht, ihn dem Kapitän zuzuwerfen und so für seine Seite einen Punkt zu erzielen. Wie wir bereits anführten, steht bei jeder Basis ein Wächter der gegnerischen Mannschaft, der den Ball zu fangen und einem der Fänger auf der eigenen Hälfte des Spielfeldes zuzuspielen versucht. Spielregeln:

1. Wenn der Kapitän den vom eigenen Fänger zugespielten Ball fängt, erzielt seine Mannschaft einen Punkt. Zuspiele seitens der Wächter oder des Feldspielers zählen nicht und werden als Fehler betrachtet.
2. Nach jedem Punkt beginnt das Spiel erneut, indem der Schiedsrichter in der Mitte des Spielfeldes den Ball zwischen den beiden Feldspielern in die Höhe wirft.
3. Falls der Fänger oder der Kapitän ihre Basis mit beiden Beinen verlassen bzw. der Wächter den Kreis betritt, ist das ein Fehler; die entsprechende Mannschaft verliert einen Punkt.
4. Die Wächter dürfen sich nur gegenseitig, ihren Fängern oder ihrem Feldspieler zuspielen. Der Feldspieler spielt nur den Fängern zu; dem Kapitän darf er nicht zuspielen. Die Fänger spielen dem Kapitän zu, dürfen einander jedoch gegenseitig oder dem Feldspieler zuspielen.
5. Mit dem Ball darf weder gelaufen noch gegangen werden, und man darf ihn auch nicht mit dem Fuß stoßen. Zuspielen ist nur von der Stelle erlaubt, wo der Spieler den Ball gefangen hat.
6. Niemand darf den Ball länger als drei Sekunden halten.
7. Wer einen Fehler macht, muß den Ball dem nächstliegenden Gegner übergeben.
8. Der Wettkampf dauert die vorher festgesetzte Zeit von fünfzehn bis dreißig Minuten. Die Mannschaft, die mehr Punkte erzielt, siegt.

Ungarischer Hirte ◕ Ⓜ 295

1 kleiner Ball

Wir legen als Ziel einen flachen Stein an den Rand des Spielfeldes. Die erste Mannschaft, »die Schläger«, stellt sich hinter das Ziel, und ein Spieler nach dem anderen steigt auf den Stein, wirft mit der linken Hand den Ball hoch und schlägt ihn mit der rechten Handfläche ins Spielfeld ab. Die »Feldspieler« dort versuchen, den Ball im Flug zu fangen, noch bevor er zu Boden fällt. Falls ihnen das gelingt, geben sie den Ball zum Ziel zurück – die Schläger haben keinen Punkt, und der nächste Spieler tritt an. Fällt der Ball auf den Boden, müssen die Feldspieler ihn von da abwerfen, wo sie ihn aufgehoben haben, um damit den Spieler zu treffen, der ihn abgefeuert hat. Der Schläger steht so lange am Ziel, wie die Feldspieler nach ihm werfen. Er darf dem fliegenden Ball ausweichen, muß aber mit beiden Beinen auf dem Stein bleiben. Trifft ihn der Ball, darf er nicht mehr zurückfeuern – und der nächste Schläger tritt zum Abfeuern an. Wird der Schläger nicht vom Ball getroffen, erzielt seine Mannschaft einen Punkt. Haben sich sämtliche Schläger beim Abschuß abgelöst, vertauschen beide Seiten die Rollen. Sieger ist die Mannschaft, die in einem vorher festgelegten Zeitraum die meisten Punkte erzielt.

Aufschlagen im Quadrat ◕ Ⓖ 296

4 Baseballschläger,
1 kleiner Ball

Schlagspiele werden überall auf der Erde gespielt. Dieses kleine Spiel stammt aus Afrika. Es ist eine gute Einübung in das bekannte Baseball. Wir zeichnen auf dem Spielfeld ein 2 x 2 m großes Quadrat. An jede Seite des Quadrats stellt sich ein Spieler, den Schläger in der Hand. Die anderen vier Spieler stehen etwa zehn Meter von den vieren entfernt und versuchen, den Ball ins Quadrat zu werfen. Die Abschläger suchen das zu verhindern und den fliegenden Ball abzuschlagen. Falls der Ball ins Quadrat fällt, vertauschen beide Viererriegen ihre Rollen.
Es wird nur die erste Berührung des Bodens im Quadrat gerechnet: Ein Ball, der außerhalb des Quadrats aufschlägt und danach ins Quadrat springt, ist ungültig.
Anstelle von Viererriegen können auch Dreierriegen oder Paare spielen.

Belgischer Hirte ◕ Ⓖ 297

1 kleiner Ball

Wir haben ein 5 x 10 Meter großes Rechteck markiert. 3 Meter von jeder Ecke entfernt schütten wir einen Kreis von 1/2 Meter Durchmesser mit Sand aus. Die erste Viererriege – die Schläger – stellt sich in der Mitte des rechteckigen Gebiets in eine Reihe. Die zweite Viererriege – die Feldspieler – verteilt sich um das Rechteck, ein Spieler von ihnen stellt sich mit dem Tennisball auf die Marke X.
Von dort wirft er den Ball so, daß ihn der erste Schläger mit der Handfläche abfeuern kann. Ist ihm das gelungen, läuft Schläger Nr. 1 aus dem Rechteck in den ersten Kreis. Die Feldspieler stürzen sich inzwischen auf den Ball und versuchen, den Schläger zu treffen, bevor er in den Kreis ge-

langt. Gelingt es ihnen, scheidet der Schläger aus, und beide Viererriegen vertauschen die Rollen. Das geschieht auch dann, wenn einer der Schläger den Ball direkt aus der Luft fängt, noch ehe er den Boden berührt.
Wenn ein Schläger in den ersten Kreis gelangt, bleibt er dort stehen. Den Ball erhält nun wieder der Feldspieler auf Zeichen X, der ihn dem zweiten Schläger zuwirft. Der feuert ihn ab und läuft sofort zum ersten Kreis. Schläger Nr. 1 muß inzwischen zum zweiten Kreis laufen. 2 Schläger dürfen sich niemals gleichzeitig in einem Kreis befinden. Die Feldspieler können den ersten oder den zweiten Schläger mit dem Ball ausscheiden. Falls die Schläger alle 4 Kreise besetzen konnten, haben sie einen Punkt. Sie treten wieder in der Mitte des Rechtecks an, und das Spiel beginnt von vorne.
Jedesmal, wenn ein Schläger ausscheidet, vertauschen die Riegen ihre Rollen. Die bei den einzelnen Ablösungen erzielten Punkte werden addiert. Die Viererriege mit den meisten Punkten siegt.

Russisches Softball (M) 298

1 kleiner Ball, 1 Softballschläger

Wir haben auf dem Spielfeld ein 20 x 40 Meter großes Rechteck markiert, dessen schmälere Enden die Stadt und das Ziel darstellen.
Die Spieler werden in 2 gleich starke Mannschaften eingeteilt, und das Los entscheidet, welche Mannschaft das Spiel »auf dem Abschlag« und welche es »im Feld« beginnt. Die Abschläger stellen sich hinter den

Strich, der die Stadt bezeichnet, die Feldspieler verteilen sich im Rechteck. Die Abschläger werfen der Reihe nach den Ball hinter dem Strich in die Höhe und schießen ihn in das rechteckige Feld ab. Nach gelungenem Abschuß läuft der Abschläger durch das Rechteck zum anderen Ende, dem Strich, der das Ziel bezeichnet. Sobald er das Ziel erreicht, macht er eine Wendung und läuft, je nach Lage, entweder zurück oder bleibt dort und wartet auf einen weiteren Abschuß, um erst dann zurückzulaufen. Der Abschläger, der zum Ziel und zurück in die Stadt läuft, erringt für seine Seite einen Punkt. Die Feldspieler heben allerdings den abgeschossenen Ball schnell auf und bemühen sich, den laufenden Abschläger zu treffen, noch bevor er sich hinter dem Ziel oder in der Stadt in Sicherheit bringt. Falls ihm das gelingt, vertauschen beide Mannschaften ihre Rollen.
Der Abschläger, der den Ball verfehlt hat, bleibt in der Stadt, hinauslaufen darf er erst dann, wenn der nächste Spieler den Ball richtig ins Feld abgeschossen hat.
Der laufende Abschläger darf die Seitengrenzen des Rechtecks nicht überschreiten.
Das Spiel dauert 30 Minuten. Jede Mannschaft zählt ihre bei den einzelnen Ablösungen erzielten Punkte zusammen. Die Mannschaft, die mehr Punkte hat, siegt.

Verteidigung von Steinen ◕ Ⓖ 299

1 kleiner Ball, 1 Baseballschläger, 3–6 große Steine

3 bis 6 große Steine werden in der Mitte des Spielfeldes verteilt. Zu jedem Stein stellt sich ein »Verteidiger« mit dem Schläger in der Hand. In 7 Meter Abstand von den Steinen nach rechts und links befindet sich je ein Strich. Auf jedem dieser Striche steht ein »Angreifer«. Die beiden werfen sich abwechselnd den Ball so zu, daß sie einen Stein treffen. Die Verteidiger schützen jedoch ihre Steine mit dem Schläger. Gelingt es ihnen, den fliegenden Ball abzuschießen, muß der Angreifer, in dessen Nähe er niederfällt, ihn holen, und die Verteidiger vertauschen inzwischen die Steine, keiner darf bei dem Stein bleiben, den er bisher besetzt hatte. Falls ein Angreifer einen Stein mit dem Ball trifft oder es ihm gelingt, in dem Augenblick den Fuß auf einen freien Stein zu setzen, wo die Verteidiger nach dem Abschuß die Plätze wechseln, löst er den Verteidiger ab, dessen Stein er getroffen oder besetzt hat.

Wieviel? ◕ ② 300

1 Ball

Dieses Spiel der englischen Jungen ist eine gute Vorbereitung für Baseball und Aufschlagen. Bezeichnen Sie auf dem Spielfeld ein 1 x 1 Meter großes Ziel. Dann wird ausgelost, wer »Abschläger« und wer »Fänger« ist. Der Abschläger stellt sich auf das Ziel, und wenn ihm der Fänger aus einer Entfernung von einigen Metern den Ball zuwirft, schießt er ihn ins Feld ab. Der Fänger muß dem Abschläger so lange den Ball hochwerfen,

bis der Schläger einen guten Abschuß hat. Sodann läuft der Fänger dem Ball nach. Wenn er ihn vom Boden hebt, ruft der Abschläger: »Wieviel?« Und der Fänger antwortet zum Beispiel: »2 Schläger!«
Dann wirft er den Ball zum Ziel. Falls er 2 Schlägerlängen vor dem Ziel niederfällt, so wie es sich der Fänger selbst bestimmt hat, vertauschen beide Spieler ihre Rollen. Falls der Ball in weiterer Entfernung als angegeben zum erstenmal den Boden berührt, hat der Abschläger das Recht auf einen weiteren Abschuß.
Auf die Frage: »Wieviel?« kann der Fänger beliebig antworten – 2 Schlägerlängen, 3, 4 – je nach der Entfernung vom Ziel.

Lacrosse 301

Einige Schläger und Bälle

Heute ein großes Sportspiel mit komplizierten Regeln, die seinen Verlauf genau festsetzen, war Lacrosse ursprünglich eine einfache Unterhaltung der Indianerstämme in Nordamerika, die man mit einigen Sätzen beschreiben kann.
Zu den Wettkämpfen treten 2 Mannschaften an. Jeder Spieler hat einen etwa 120 Zentimeter langen Schläger, der ursprünglich aus einer biegsamen Gerte gefertigt und am Ende mit geflochtenen Lederriemen versehen war. Einige Stämme spielten Lacrosse auch mit 2 Schlägern. Der Ball, der etwa die Größe eines Tennisballs besaß, war aus Leder gefertigt und im Inneren mit Moos oder Haaren ausgestopft. Manchmal wurde eine Holzkugel verwendet.
An beiden Enden des langen Spielfeldes steht je ein Holzpfahl, der das Tor darstellt. Die Pfähle waren manchmal $1^1/_2$ km voneinander entfernt, auch mehr. Beide Seiten bemühen sich, mit dem Ball den Pfahl der Gegner zu treffen. Das Spiel beginnt mit dem Aufwurf des Balls in der Mitte des Feldes. Der Spieler, der ihn mit dem Ende des Schlägers auffängt, läuft mit ihm zum Pfahl der Gegner. Er trägt den Schläger beinahe waagrecht vor sich, und der Ball liegt auf dessen Spitze. Der laufende Spieler bewegt den Schläger hin und her, damit ihn der Gegner nicht mit dem Stiel seines Schlägers treffen und so den Ball aus dem Geflecht hinausschlagen kann. Es ist verboten, den Ball mit der Hand zu berühren. Will der Spieler den Ball vom Boden aufheben, hilft er sich mit dem Fuß oder dem zweiten Schläger.

Abschießen 302

1 flacher Schläger, 1 Tennisball

2 zahlenmäßig gleich starke Mannschaften, jeder Spieler hat eine Nummer. Das Los bestimmt, welche Mannschaft »ins Feld« geht und welche »beim Schläger« bleibt. Die Schläger begeben sich dann hinter das eigene Ziel, ein Quadrat von 1 Meter Seitenlänge. Das Ziel der Gegenmannschaft wird in 20 Meter Entfernung markiert. Ihr Spieler Nr. 1 ergreift den Holzschläger und stellt sich ins Quadrat. Die Feldspieler verteilen sich inzwischen im Feld, und einer von ihnen wirft aus einer Entfernung von 5 Metern dem ersten Schläger einen Tennisball zu. Geschlagen wird von unten nach oben. Der Ball muß über das Heimziel hinausfliegen, aber nicht unter Kniehöhe des Abschlägers und nur bis zu dessen Kopfhöhe, sonst ist der Wurf ungültig, und der Feldspieler muß ihn wiederholen. Der Ball des Feldspielers muß vom Schläger ins Feld abgeschossen werden. Falls ihm das gelingt, legt er den Schläger hin und läuft zum 20 Meter entfernten Endziel. Erreicht er es, ohne daß ihn ein Feldspieler mit dem Ball getroffen hat, erringt seine Mannschaft einen Punkt, und als Schläger tritt der nächste Spieler seiner Mannschaft an.
Die Feldspieler bemühen sich allerdings, den abgeschossenen Ball so schnell wie möglich zu fangen und die Abschläger mit dem Ball zu treffen, bevor sie in Sicherheit sind. Falls ihnen das gelingt, vertauschen beide Mannschaften die Rollen. Das Spiel dauert 30 Minuten.

Baseball 303

Schläger. 1 Ball

Früher wurde auch in Europa wesentlich mehr Baseball gespielt als heute. Der Fußball hat als Volkssport dieses Ballspiel fast völlig verdrängt. Baseball, Playgroundball, Softball und Hardball sind Namen für Spiele, bei denen eine Mannschaft aus 9 Spielern einen kleinen Ball mit einem Schlagholz ins Feld abschießt. Der Schläger läuft ohne Holz als Läufer zum Ziel, während die Feldmannschaft, auch sie besteht aus 9 Spielern, versucht, den Ball im Feld zu fangen und damit den Läufer zwischen den Zielen zu treffen, wodurch er aus dem Spiel ausscheidet.
Wir markieren auf dem Sportplatz ein rautenförmiges Spielfeld, indem wir die Grenzlinien in den Boden einritzen oder mit Fähnchen abstecken. Dann nehmen die 9 Schläger am Zielmal Aufstellung. Ein Werfer der gegnerischen Mannschaft steht in etwa 18 Meter Entfernung dem Schläger gegenüber und wirft ihm den Ball zu. Hinter dem ersten Schläger kniet ein Fänger aus der anderen Mannschaft, der nicht getroffene Bälle auffängt und zurückwirft, womit der jeweilige Schläger ausscheidet. Die restlichen 8 gegnerischen Spieler bilden die Feldmannschaft. 3 von ihnen decken die von den Läufern zu durchlaufenden Male, die anderen verteilen sich außerhalb des Quadrats. Der Schläger versucht, den Ball so weit wie möglich zu schlagen, um so möglichst viele Male durchlaufen zu können, ehe einer der Feldspieler den Ball dem am Mal stehenden Spieler zuwirft, der den Läufer durch Berühren mit dem Ball ausscheidet. Ein Läufer, der alle Male berührt hat und zum Ziel zurückkehrt, hat einen Lauf gemacht. Die Anzahl der Läufe entscheidet über den Sieg.

Der Läufer darf zum ersten Zielpunkt, dem ersten Mal, und dann zum nächsten laufen, solange der Ball im Spiel ist, d. h. bis zu dem Augenblick, wo der Aufwerfer »stopp!« sagt. Bei diesem Kommando darf der Läufer, der sich zwischen den Malen befindet, nur noch bis zum nächstliegenden weiterlaufen. Dort ist er in Sicherheit, sofern der dort plazierte Spieler den Ball noch nicht in der Hand hat. Schießt der nächste Schläger den Ball ins Feld, kann er weiterlaufen. Er darf sich im Lauf nur auf den Verbindungslinien bewegen, kann allerdings, falls die Situation es gebietet, auch zurücklaufen. Zickzacklauf ist untersagt.
Die Feldspieler können sich als Aufwerfer ablösen, wobei der Ball nur scharf von unten geworfen werden darf. Ein gut gezielter Wurf erreicht den nächsten Schläger genau in Knie- oder Schulterhöhe. Andernfalls gilt ein Wurf als schlecht. Bei 4 schlechten Würfen des Aufwerfers kann der Läufer ohne Schuß um ein Mal weiterrücken. Das gilt auch für die Läufer, die schon am zweiten, dritten oder vierten Mal stehen, falls die Regeln des Pflichtvorrückens berücksichtigt werden. An jedem Mal darf sich nämlich jeweils nur ein Läufer befinden, der, ob er will oder nicht, seinen Platz räumen muß, sowie ein weiterer Läufer hinzukommt. Die Läufer allerdings, die am zweiten, dritten oder vierten Mal stehen, müssen nicht zwangsweise vorrücken, sofern das erste Mal unbesetzt ist.

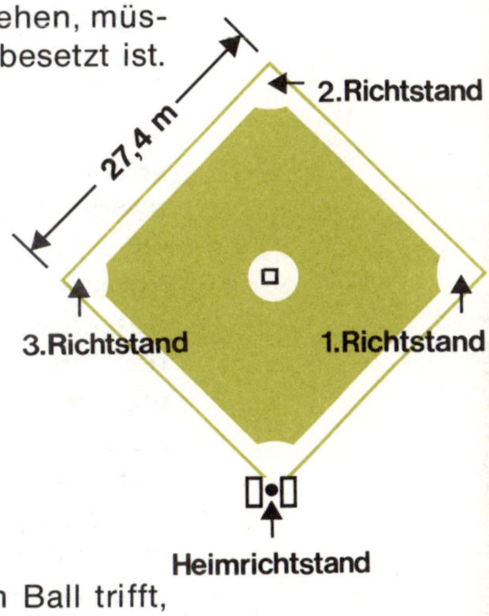

Ein Schläger scheidet aus, wenn:

a. der von ihm abgeschossene Ball von einem Feldspieler im Flug gefangen wird, ehe er den Boden berührt,
b. es ihm nicht gelingt, einen von drei guten Würfen abzuschießen und der Fänger beim dritten Versuch den Ball aus der Luft fängt,
c. er nicht zum Schlag antritt, wenn er an der Reihe ist,
d. er den Ball nicht trifft,
e. er den Ball zwar mit dem Schläger berührt, dieser aber ins Gebiet des Fängers flog,
f. er den Ball ins Aus geschossen hat.

Der Läufer scheidet aus, wenn:

a. ein Feldspieler ihn im Lauf zwischen den Malen mit dem Ball trifft,
b. ein Feldspieler mit dem Ball ein bisher freies Mal besetzt, das der Läufer erreichen muß. Das Mal ist dann verschlossen,
c. er vorzeitig das Mal verläßt und ein Feldspieler es ihm verschließt, ehe er zurückkehren konnte.

Bei mißlungenen Manövern des Schlägers muß der Fänger den Ball allerdings im Flug erwischen. Fliegt der Ball nach dem dritten guten Wurf auf den Boden und wird erst dann vom Fänger aufgehoben, darf der Schläger wie nach einem gelungenen Schlag zum ersten Mal loslaufen.
Falls 3 Spieler einer Mannschaft als Schläger ausscheiden, wechseln die Mannschaften die Plätze, und die Läufer, die gerade an den Malen stehen, erhalten keine Punkte.
Die Begegnung endet, wenn sich die Mannschaften siebenmal abgelöst haben. Die Mannschaft mit den meisten zu Ende geführten Läufen siegt.

Badminton ⊕ ② ④ 304

1 Badmintonball, 2 oder 4 Badmintonschläger

Spiele mit Schlägern und Federball kann man in zahlreichen Ländern finden, zum Beispiel in Japan, bei den amerikanischen Indianern und in Indien.
Das moderne Badminton entstand aus dem indischen Poona-Spiel, das im vergangenen Jahrhundert nach England gelangte. Da es auf dem Landsitz des Herzogs von Beaufort – Badminton gespielt wurde, war es bald in England und später in der ganzen Welt unter diesem neuen Namen verbreitet. Ähnlich wie beim Tennis gibt es auch beim Badminton Einzel- und Doppelspiele. Das Feld für das Einzel mißt 13,40 x 5,18 Meter, für das Doppel 13,40 x 6,10 Meter. Das Netz ist in der Mitte 152,5 Zentimeter hoch, an den Seiten 155 Zentimeter.
Ursprünglich wurde mit befederten Bällen gespielt, heute erhält man spezielle Bälle, bei denen das Gefieder durch eine durchbrochene Kunststoffmanschette ersetzt wird. Der Badmintonschläger ist kleiner als der Tennisschläger und hat Saiten- oder Nylonbespannung.
Vor dem Wettkampf wird gelost. Wer gewinnt, wählt entweder Aufschlag oder Seite. In den weiteren Sätzen, d. h. im zweiten, eventuell dritten Satz, beginnt der Sieger des vorhergehenden Satzes mit dem Aufschlag. Nach Beendigung des Satzes wechseln die Spieler die Seiten. Im dritten entscheidenden Satz werden die Seiten beim Stand von 8 oder von 6 Punkten gewechselt. Es wird auf 2 siegreiche Sätze gespielt, der Wettkampf endet beim Stand 2:0. Beim Unentschieden wird ein weiterer, entscheidender Satz gespielt. Die Einzelspiele der Männer und Doppelspiele werden bis zu 15 Punkten gespielt, die Einzelspiele der Frauen bis zu 11 Punkten.
Aufschlag: Man schlägt mit einem Schlag von unten zunächst aus dem rechten Aufschlagfeld über das Netz in diagonaler Richtung. Der Ball muß unter Hüfthöhe geschlagen werden und muß in des Gegners rechtes Aufschlagfeld fliegen. Fällt der Ball außerhalb des gegnerischen rechten Aufschlagfeldes nieder, ist er im Aus. Nachdem der Gegner im rechten Aufschlagfeld mit dem Schläger den Ball berührt hat, können beide Spieler auf jedem beliebigen Platz auf ihrer Seite Stellung nehmen. Falls der Ball beim Aufschlag das Netz streift, wird der Aufschlag wiederholt. Später, im Verlauf des Spiels, darf das Netz gestreift werden. Der Spieler schlägt abwechselnd aus dem rechten und linken Aufschlagfeld so lange auf, bis er einen Fehler macht. Nach dem Fehler hat der Gegner den Aufschlag. Beim Doppel hat der Spieler im rechten Aufschlagfeld den Aufschlag. Er schlägt im Spielverlauf abwechselnd vom rechten und linken Feld auf, soweit er keinen Fehler begeht. Nach dem ersten Fehler übernimmt sein Partner den Aufschlag. Erst nach dem zweiten Fehler übernimmt das gegnerische Paar den Aufschlag. Beim Doppel darf kein Spieler den Aufschlag zweimal nacheinander empfangen. Der Aufschlag darf nur vom empfangenden Spieler zurückgeschlagen werden, jedoch kann der Ball von diesem Augenblick an auf beiden Seiten von jedem beliebigen Spieler zurückgeschlagen werden.
Der Ball muß zurückgeschlagen werden, bevor er den Boden berührt.

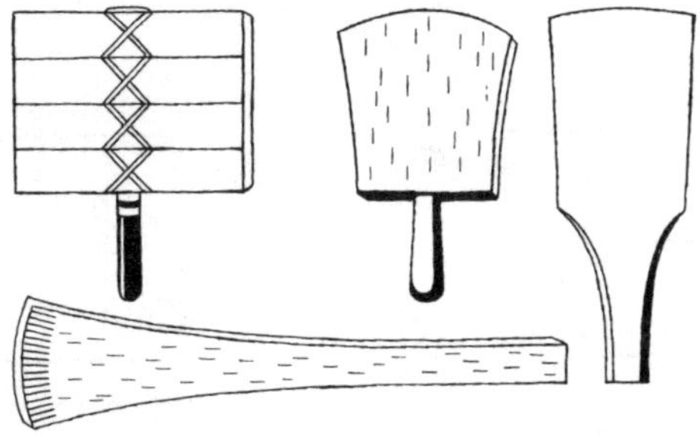

Falls er außerhalb des Spielfelds niederfällt oder im Netz endet, ist das ein Fehler der Seite, die vorher den Ball zum letztenmal berührt hat. Die Linien werden als Bestandteil des Spielfelds betrachtet.
Weitere Fehler sind: Schlag des Balls mit dem Schlägerkopf; 2 Treffer des Balles hintereinander, beim Einzel durch einen Spieler, beim Doppel auch durch beide Partner; Netz- oder Pfahlberührung; mit dem Schläger das Netz übergreifen.
Punkte kann nur die Seite erzielen, die gerade Aufschlag hat. Beim Einstand (zum Beispiel 13:13 beim Spiel bis zu 15 Punkten oder 9:9 beim Spiel bis zu 11 Punkten) kann jene Seite, die zuerst 13 oder 9 Punkte erzielte, eine Verlängerung des Spiels bis auf 18 oder 12 verlangen. Eine Satzverlängerung ist nur einmal gestattet. Gewonnen wird sie von dem, der zuerst die festgesetzte Punktezahl erreicht. Zum Sieg genügt ein Unterschied von einem Punkt.

Kleintennis ② 305

2 Holzschläger, 1 Tennisball

Wir kennzeichnen auf dem Asphalt oder einem festgestampften Platz nach dem Plan ein Feld für Kleintennis. Dann bereiten wir 2 aus einem dünnen Brettchen geschnittene Schläger vor. Beim Kleintennis spielt auf jeder Seite nur ein Spieler, der den Ball nach genau festgelegten Regeln auf die Hälfte des Gegners schlägt. Das Spiel wird mit dem Aufschlag eröffnet, der von der Linie am Ende des Spielfeldes ausgeführt wird. Bevor der Ball zum zweiten Mal aufschlägt, muß er direkt auf die Seite des Gegners geschlagen werden. Auf jeder Hälfte des Feldes darf der Ball nur einmal vom Boden abspringen. Die Regeln gestatten, den Ball auch direkt aus der Luft zu nehmen, ohne daß er den Boden berührt hat. Sieger des Wettkampfes wird, wer 2 Sätze von insgesamt 3 gewinnt. Der dritte Satz wird nur dann gespielt, wenn der Stand nach 2 Sätzen 1:1 ist, ansonsten endet die Begegnung bereits mit dem Ergebnis 2:0.
Ein Satz setzt sich aus wenigstens 6 Spielen zusammen. Ein Spieler muß diesen Satz mindestens mit einem Vorsprung von 2 Spielen gewinnen, zum Beispiel: 6 – 0, 6 – 1, 6 – 2, 6 – 3, 6 – 4, 7 – 5, 8 – 6, 9 – 7 usw.
Jedes Spiel hat mindestens 4 Punkte; das Spiel gewinnt, wer einen Vorsprung von 2 oder mehr Punkten erzielt: 4 – 0, 4 – 1, 4 – 2, 5 – 3, 6 – 4, 7 – 5 usw. Beim Aufschlag wechseln einander beide Gegner erst nach Beendigung des ganzen Spiels ab. Beim ersten Spiel hat der Spieler A Aufschlag, beim zweiten der Spieler B, beim dritten abermals der Spieler A. Der Punkt ist die Grundeinheit. Wir erzielen ihn, wenn unser Gegner:

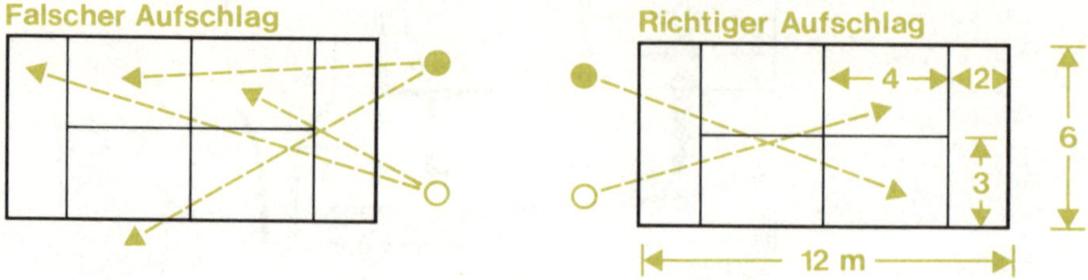

a. den richtig zugespielten Ball mit dem Schläger überhaupt nicht erreicht oder ihn öfter als einmal berührt;
b. den Ball zweimal auf seiner Hälfte auffallen läßt;
c. den Ball über unsere Hälfte hinausschlägt; gezählt wird die Stelle des ersten Auffallens nach dem Abschlagen.

Richtiger und falscher Aufschlag ist aus dem Plan ersichtlich. Aufgeschlagen wird nach jedem Fehler. Einmal wird der Aufschlag von der rechten, das andere Mal von der linken Seite ausgeführt. Falls der aufschlagende Spieler den ersten Ball verpatzt, bedeutet das noch nicht den Verlust des Punktes, er darf den Aufschlag von der gleichen Stelle wiederholen. Gelingt ihm auch der zweite Aufschlag nicht, erhält der Gegner den Punkt.

Spiel der Indianerinnen ⊕ Ⓜ 306

Dünne Stöckchen und Doppelbälle

Die Indianerstämme Nordamerikas unterscheiden sich in vieler Hinsicht voneinander – am ausgeprägtesten durch die Sprache –, eines hatten sie jedoch gemeinsam: Spiele. Das Spiel zum Beispiel, dessen Regeln wir hier anführen, pflegten sämtliche Stämme an der Ostküste Nordamerikas sowie die Prärieindianer zu spielen, und zwar die Indianerinnen, da es sich um ein Frauenspiel handelt.

Nach den ursprünglichen Regeln mißt das Spielfeld etwa 100 Meter – an beiden Enden der Wiese ist ein Pfahl in den Boden versenkt, der das Tor vorstellt. Zum Spiel treten 2 Seiten an. Jeder Spieler hat 2 dünne Stöcke in der Hand und bemüht sich, mit diesen einen Doppelball zum Pfahl der Gegner zu befördern. Gerade dieser Doppelball ist eine interessante Besonderheit. Manchmal waren es 2 etwas abgeflachte, ausgestopfte Lederbälle, ein anderes Mal hatten sie eine längliche Form und waren mit Sand gefüllt. Die Chipeway-Frauen verwendeten anstelle von Bällen zwei dicke, mit einem Lederstreifen verbundene kleine Klötze.

Jede Mannschaft hat ihren Kapitän. Einer der Kapitäne wirft zu Beginn in der Mitte des Spielfeldes den Doppelball in die Höhe. Die übrigen Spieler laufen sofort vor und versuchen, den Ball auf ihr Stöcklein zu fangen, mit ihm zum Pfahl der Gegner zu laufen und ihn dort so zu werfen, daß die Bälle den Pfahl treffen. Bei manchen Stämmen wurde das Tor so erzielt, daß der Doppelball auf einen bestimmten waagrechten Zweig des Torbaums geworfen wurde und auf ihm hängen blieb. Die Mannschaft, die ein Tor erzielt, hat das Recht, das Spiel wieder zu eröffnen.

Farbenspielen ◔ Ⓖ 307

Es handelt sich um ein altes Kinderspiel, das bis heute seine Anziehungskraft nicht verloren hat. Ein ausgesuchter Spieler ruft: »Haltet euch an eine Farbe!«, und nach einer kurzen Pause fügt er zum Beispiel hinzu: »blau.« Die übrigen fliehen nach allen Richtungen, und jeder bemüht sich, schnell irgendeinen Gegenstand zu finden, der die bestimmte Farbe hat, und ihn zu berühren. Der Ausrufer versucht inzwischen, die Spieler zu fangen. Falls er einen fängt, der die festgesetzte Farbe noch nicht berührt hat, vertauschen beide die Rollen.

Wächterspiel ◕ Ⓜ 308

2 Mannschaften, deren Spieler numeriert sind, stellen sich in einer Reihe hinter ihren Linien, die 15 Meter voneinander entfernt sind, auf. Im Raum zwischen den Linien steht der Wächter – ein schneller und ausdauernder Läufer. Der Schiedsrichter ruft eine Nummer auf. Der aufgerufene Spieler startet sofort, läuft zu den Gegnern, umläuft deren Mannschaft und kehrt auf seinen Platz zurück. Gelingt es ihm, hin- und zurückzulaufen, ohne daß ihn der Wächter zwischen den Linien berührt, erringt er für seine Mannschaft einen Punkt.

Der Schiedsrichter notiert die Punkte und merkt sich mit Strichen an, welche Nummern er bereits aufgerufen hat, damit jeder einmal drankommt. Von Zeit zu Zeit ruft er gleichzeitig 2 Nummern auf – dann laufen von jeder Mannschaft gleichzeitig 2 Spieler los.

Die Mannschaft, die innerhalb von 15 Minuten die meisten Punkte erringt, siegt.

Flugzeuge im Nebel ◔ Ⓖ 309

Tücher

Die Spieler verbinden sich mit einem Tuch die Augen oder ziehen eine Mütze über das Gesicht. Der Leiter entfernt sich auf 20 bis 30 Schritte und pfeift dann kurz in Intervallen von 5 Sekunden. Die Mannschaft nähert sich ihm, nur von der Stimme der Pfeife geleitet, so wie Flugzeuge bei Nacht und Nebel im Blindflug von einer Bodenstelle geleitet werden. Wer als erster den Leiter berührt, gewinnt. Das Spiel wiederholen wir mehrmals, und nach und nach vergrößern wir die Entfernung zwischen Sender und Empfängern.

Stafettenlauf ◑ Ⓜ 310

Wir teilen die Abteilung zuerst in gleich starke Mannschaften von 7 bis 10 Mitspielern auf. Vor Beginn des Spiels stellen sich alle hintereinander in einer Reihe in Abständen von 3 bis 4 Metern auf, der erste Spieler jeder Mannschaft steht also an der Startlinie. 10 Meter vor jeder Mannschaft ist das Ziel gekennzeichnet. Auf Kommando des Schiedsrichters startet aus jeder Reihe der erste Spieler, umläuft das Ziel und kehrt zurück. An der Linie wartet bereits jeweils der nächste mit ausgestreckter Hand. Berühren sich beide Handflächen (nicht nur die Fingerspitzen), darf der zweite starten. Der Wettkampf dauert so lange, bis sich alle abgelöst haben. Sobald der letzte zu seiner Mannschaft zurückgekehrt ist, hebt der erste, der nun wieder vorne stehen muß, den Arm. Der Wettkampf erstreckt sich über 5 bis 10 Runden. Die Siegermannschaft erhält dann einen Punkt pro Runde. Spielt eine Mannschaft unehrlich, wird sie disqualifiziert.
Varianten für die einzelnen Runden:

1. Bewegung zum Ziel auf verschiedene Arten:
   a. üblicher Lauf,
   b. auf einem Bein hüpfend,
   c. hüpfend auf zwei Beinen,
   d. rückwärts laufend,
   e. Galopp seitlich, zum Ziel hin mit dem rechten Bein voraus, vom Ziel zurück mit dem linken Bein voraus,
   f. auf allen vieren laufend,
   g. froschhüpfend, d. h. aus der Hocke hochspringend.
2. Jeder Wettkämpfer startet aus einer vorgeschriebenen Stellung:
   a. aus der Hocke,
   b. aus dem Schneidersitz,
   c. aus der Rückenlage,
   d. aus der Bauchlage,
   e. aus dem Liegestütz,
   f. aus der Kerze.
3. Aus jeder Mannschaft starten 2 Spieler gleichzeitig:
   a. das Paar faßt sich beim Laufen an einer Hand,
   b. das Paar hält sich beim Laufen an beiden Händen,
   c. der erste trägt den zweiten auf dem Rücken zum Ziel, vom Ziel zurück der zweite den ersten,
   d. der erste schiebt den zweiten als »Schubkarre« zum Ziel, auf dem Rückweg wechseln sie die Rollen.

Mannschaftswettkämpfe ◑ Ⓜ 311

Wir teilen die Spieler in gleich starke Mannschaften von jeweils bis 10 Spielern auf. Zu Beginn des Spiels stehen die Mannschaften in einer Kette hinter der Startlinie. Auf das Zeichen des Schiedsrichters hin laufen sie gemeinsam zu dem ca. 10 Meter entfernten Ziel, umlaufen es und kehren zum Start zurück. Die Art des Laufens wird vorher vereinbart.

Falls die Kette der Spieler unterwegs zerreißt, wird die Mannschaft disqualifiziert. Erst wenn die Mannschaft wieder zum Startplatz zurückgekehrt ist, hebt der erste der Reihe zum Zeichen, daß die Mannschaft den Lauf beendet hat, die Hand. Die schnellste Mannschaft siegt.

Varianten:

a. Die Spieler einer Mannschaft stehen dicht hintereinander. Jeder hält seinen Vordermann mit beiden Armen um die Taille gefaßt. Üblicher Lauf zum Ziel und zurück.

b. Jedes Kind mit einer ungeraden Zahl dreht sich rechts herum, das mit einer geraden Zahl links herum. Dann fassen sich alle an den Händen, und in dieser Aufstellung laufen sie zum Ziel und zurück.

c. Alle Spieler stellen sich auf das rechte Bein, das linke winkeln sie ab. Der zweite in der Reihe hält mit der linken Hand das gebeugte Bein des ersten, der dritte das Bein des zweiten usw. Zum Ziel und zurück wird so nur auf einem Bein gehüpft.

d. Die Spieler beugen sich mit leicht gespreizten Beinen vor und stecken den rechten Arm zwischen den Beinen nach hinten. Die linke Hand strecken sie nach vorn und fassen die rechte Hand des vor ihnen stehenden Spielers. Auf diese Weise verbunden, läuft die Mannschaft zum Ziel und zurück.

Steinchenfangen ◑ Ⓖ 312

1 Steinchen

10 bis 15 Meter von einer Startlinie entfernt stecken wir das Ziel ab. Die Spieler verteilen sich in loser Reihe hinter der Startlinie.
Jeder faltet die Hände auf der Brust, die Daumen nach oben. Der Leiter hält in der hohlen Hand einen kleinen Kieselstein. Er geht langsam die Reihe entlang, bei jedem Spieler bleibt er stehen und legt seine gefalteten Hände in die gefalteten Hände des Spielers. Einem der Spieler läßt er dabei heimlich den Kieselstein in die hohlen Hände gleiten.
Der so ausgewählte Spieler soll das Ziel ereichen, ohne daß ihn jemand berührt. Er kann, sowie er das Steinchen in der Hand fühlt, von der Startlinie loslaufen, darf aber auch auf eine bessere Gelegenheit warten. Die Aufmerksamkeit der übrigen Spieler konzentriert sich nämlich auf den Leiter, da keiner den Augenblick verpassen will, wenn der Stein fällt. Falls der Flüchtling unbehelligt zum Ziel gelangt, wird er selbst im nächsten Spiel Leiter. Andernfalls wird das Steinchen von dem ausgegeben, der den Flüchtling gefangen hat.

1 Täfelchen oder eine flache kleine Schachtel

Rot-Weiß ◑ Ⓜ 313

Eines der ältesten und spannendsten Turnspiele. Es wird von 2 gleich starken Mannschaften gespielt. Einer Mannschaft teilen wir die rote Farbe zu, der anderen die weiße. Dann markieren wir in der Mitte des Spielfeldes die Startlinie. 15 Meter von beiden Seiten der Startlinie entfernt ritzen wir die Ziellinien ein.
Zu Beginn des Spiels stehen beide Mannschaften einander zugewandt in loser Reihe auf ihrer Seite der Startlinie. Der Schiedsrichter steht in der Mitte ein wenig abseits und hat ein kleines Täfelchen in der Hand, das auf einer Seite rot, auf der anderen weiß ist. Sind die Mannschaften startbereit, wirft er das Täfelchen in die Höhe. Falls die rote Seite nach oben fällt, laufen die Roten über die Startlinie vor und versuchen, den Weißen den Abschlag zu geben. Die Weißen warten allerdings nicht, sondern fliehen sofort. In Sicherheit befinden sie sich erst hinter ihrer Ziellinie.
Wer von einem Roten berührt wurde, bevor er die Ziellinie erreicht, scheidet aus und verläßt das Spielfeld.
Alle Teilnehmer kehren dann zur Startlinie zurück, und der Schiedsrichter wirft wieder das Täfelchen in die Höhe. Das Spiel wird so lange fortgesetzt, bis eine Mannschaft den letzten Spieler verliert.
Bei diesem Spiel scheiden zuerst die Langsamsten aus. Anstatt die Gefangenen ausscheiden zu lassen, kann man auch nach Punkten werten. Für jeden eingeholten Gegner wird den Verfolgern ein Punkt gutgeschrieben. Das Spiel beschränken wir dann aber auf 5 bis 10 Minuten. Die Mannschaft, die nach dieser Zeit mehr Punkte erzielt, siegt.
Die Beschreibung dieses hervorragenden Spiels findet sich bereits in altgriechischen Quellen. Es wurde Ostrakind benannt, nach der Muschel, die die alten Griechen anstelle des zweifarbigen Täfelchens verwendeten. Man kann also das Täfelchen durch irgendeinen flachen Gegenstand ersetzen, der an beiden Seiten verschieden gefärbt ist, z. B. durch ein Schächtelchen oder durch einen flachen Stein, der auf der einen Seite mit Ruß bestrichen ist.

Paar ◑ Ⓖ 314

Wir wählen 2 Wächter aus. Die übrigen Spieler stellen sich in Zweierreihen an dem einen Ende des Spielfeldes auf. Etwa 20 Meter vor ihnen befindet sich die Ziellinie. Die Wächter nehmen ihren Platz, den Spielern zugewandt, zwischen der Riege und der Ziellinie ein.
Dann läuft das erste Paar los und versucht, bis zum Ziel zu laufen, ohne sich von den Wächtern fangen zu lassen. Falls ein Wächter einen Läufer festhält, eilen sowohl der andere Wächter als auch der zweite Läufer sofort zu ihm. Falls der zweite Wächter früher beim Festgehaltenen eintrifft, sind beide Läufer gefangen und vertauschen ihre Rollen mit den Wächtern. Falls jedoch der zweite Läufer früher anlangt, ist der gefangene Läufer wieder frei. Die Läufer können dann hinter die Ziellinie gehen, von dort zum Start zurückkehren und sich am Ende der Zweierreihe einreihen. Dann versucht das nächste Paar, unbehelligt zum Ziel zu laufen.

Fangen ◑ Ⓖ 315

Wir wollen hier die schwedische und die russische Version des allgemein bekannten Spiels anführen.
Die Spieler stellen sich zu zweit in einer Reihe auf. Etwa 5 Meter vor dem ersten Paar steht der Fänger, mit dem Rücken zu den Spielern. Zunächst läuft das letzte Paar aus der Zweierreihe vor, ein Spieler links, der andere rechts an der Reihe entlang. Wenn sie ins Blickfeld des »Fängers« gelangen, läuft dieser hinter ihnen her und versucht, ihnen den Abschlag zu geben, bevor das Paar wieder zusammengefunden hat, indem es sich die Hände reicht. Der Fänger darf sich nicht umsehen und nicht loslaufen, bevor er nicht wenigstens einen der Läufer sieht.
Das Paar, das sich irgendwo vor dem Fänger die Hände reicht, hat seine Aufgabe erfüllt und tritt vom Spiel ab. Falls jedoch einer der Läufer den Abschlag erhielt, ehe er seinem Mitspieler die Hand reichen konnte, wird er selbst Fänger, und der bisherige bildet mit dem zweiten, nicht eingeholten Spieler ein neues Paar. Beide kehren dann in die Zweierreihe zurück.
Wer am Ende allein als Fänger auf dem Spielplatz übrigbleibt, hat das Spiel verloren.

Herausforderung ◑ Ⓜ 316

Es spielen 2 zahlenmäßig gleich starke Mannschaften. Jede stellt sich mit dem Gesicht zum Gegner in eine Reihe. Zwischen beiden Reihen besteht ein Abstand von 10 bis 15 Metern.
Das Spiel wird von der Mannschaft A eröffnet. Ein Teilnehmer geht zu den Gegnern, die ihm die offenen Hände entgegenstrecken. Der Angreifer geht langsam an der Reihe der Gegner entlang, die zum schnellen Start vorbereitet sind. Im geeigneten Augenblick schlägt er einen auf die Handfläche, womit dieser zum Lauf herausgefordert ist. Der Angreifer dreht sich schnell um und flieht zu seiner Mannschaft zurück.Der Verfolger, der versucht, ihm den Abschlag zu geben, bevor er seinen Platz erreicht, ist ihm auf den Fersen. Falls der Angreifer unbehelligt auf seinem Platz ankommt, wird der Herausgeforderte sein Gefangener und muß sich hinter ihn stellen. Falls jedoch der Angreifer eingeholt wird, wird er Gefangener des Herausgeforderten und stellt sich in dessen Mannschaft hinter ihn.
Dann entsendet Mannschaft B den Angreifer, und das Spiel wird fortgesetzt. Die Spieler sind numeriert und wechseln einander der Reihe nach ab. Es dürfen also nicht ständig die schnellsten gehen.
Wird ein Spieler gefangengenommen, der selbst einen Gefangenen hat, verliert er nicht nur seine Freiheit, sondern auch den Gefangenen. Die befreiten Gefangenen kehren auf ihre Seite zurück und setzen das Spiel fort.
Sieger wird die Mannschaft, die nach fünfzehn Minuten die meisten Gefangenen gemacht hat.

Indisches Überlaufen (G) 317

Wir markieren nach dem Plan ein 10 bis 20 Meter großes Rechteck. Dann stellen wir aus 5 Spielern die Verteidigung zusammen. Die Verteidiger nehmen nun ihre Plätze auf den 5 Querstrichen ein. Die ersten 4 dürfen sich nur auf ihrem Querstrich bewegen, der fünfte Spieler darf auch auf allen übrigen laufen und auch auf den 3 Längsstrichen.
Die übrigen Teilnehmer übernehmen die Rolle der Angreifer. Es sollten mindestens 5 Spieler sein. Zu Beginn des Spieles stellen sie sich vor den Strich Nr. 1 an den mit A bezeichneten Plätzen auf. Von dort laufen sie auf den Längsstrichen auf die andere Seite zu dem mit B bezeichneten Platz. Die Verteidiger versuchen sie beim Überlaufen zu berühren, wonach sie ausscheiden müssen. Wem das unbehelligte Überlaufen von A nach B und von dort zurück nach A gelingt, erringt für seine Seite einen Punkt. Der Angreifer, der beim Überlaufen den Abschlag erhält oder den Längsstrich verläßt, ist gefangen, und die Verteidiger erhalten einen Punkt. Die Angreifer unternehmen in der Regel von beiden Seiten gleichzeitig Ausfälle; hierdurch verringert sich die Gefahr, gefangengenommen zu werden.
Die Seite, die zum Schluß mehr Punkte erzielt, siegt.

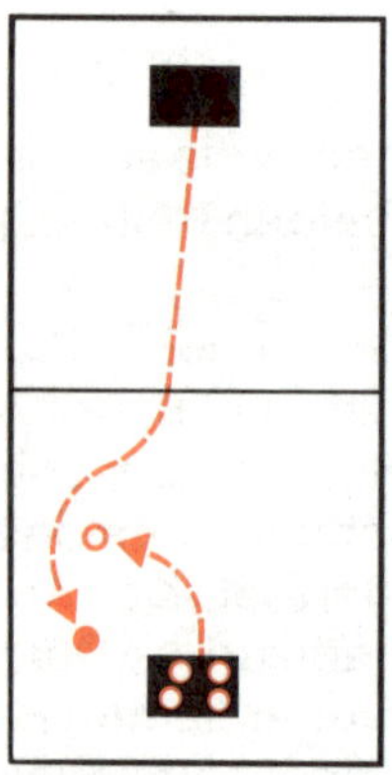

318

317

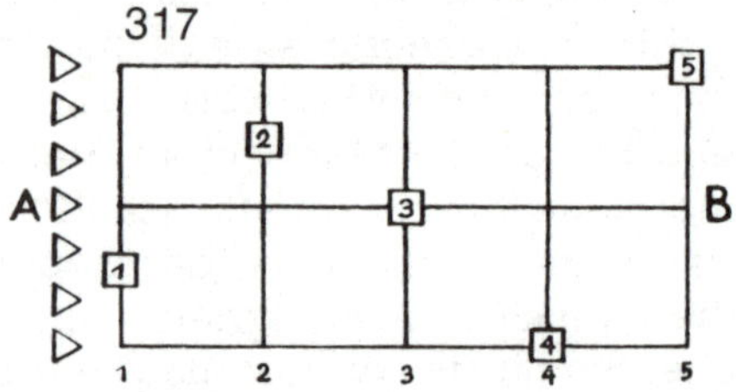

Angriff auf die Basis (M) 318

Wir markieren auf dem Spielplatz ein 30 x 15 Meter großes Rechteck, teilen es in 2 Quadrate ein und stecken am Ende jedes Quadratfeldes eine Basis von 2 x 3 Metern ab. Auf jeder Basis nimmt eine numerierte Mannschaft Stellung. Die Mannschaft A entsendet den Spieler A 1 zum Angriff auf die gegnerische Basis. In dem Augenblick, wo dieser die eigene Basis verläßt, läuft aus der zweiten Basis Spieler B 1 vor. Er soll seine Basis vor dem Angriff der gegnerischen Partei schützen. Falls es ihm gelingt, dem Spieler A 1 den Abschlag zu geben, bevor dieser mit dem Fuß die Basis berührt, ist der Angriff abgeschlagen, und der Spieler A 1 wird gefangengenommen. Dann greift der Spieler B 2 die vom Spieler A 2 verteidigte Basis A an.

Die Regeln schreiben vor, daß jeder Angriff spätestens eine Minute nachdem der Angreifer die Heimbasis verlassen hatte, beendet sein muß. Weder Angreifer noch Verteidiger dürfen die Seiten- oder Endlinie überschreiten.
Beide Mannschaften wechseln einander auch weiterhin beim Angriff und bei der Verteidigung ab. Wenn das letzte Paar seine Aufgabe beendet hat, zählen beide Seiten ihre Gefangenen, und die zweite Runde beginnt. Hierbei greift zuerst der Spieler B 1 an, und der Spieler A 1 schützt seine Basis. Wer also in der ersten Runde Angreifer war, ist in der zweiten Runde Verteidiger. Zum Schluß werden die Gefangenen aus der ersten und zweiten Runde gezählt.
Die Mannschaft, die die meisten Gegner gefangengenommen hat, ist dann Sieger.

Entflieht aus dem Kreis! Ⓜ 319

Eine Mannschaft – die »Wächter« – verteilt sich an der Kreislinie. Der Kreis soll so groß sein, daß zwischen den einzelnen Wächtern Abstände von 2 Metern bestehen. Im Kreise steht die Mannschaft B, die auf das Zeichen des Schiedsrichters versucht, zwischen den Wächtern hindurch in die Freiheit zu schlüpfen. Das erfordert große Reaktionsfähigkeit und gute taktische Zusammenarbeit. Die Wächter dürfen die Linie nicht verlassen, dürfen sich jedoch nach links und rechts bewegen, so wie es die Situation erfordert. Wer aus dem Kreis ausbricht, ohne daß ihn ein Wächter abgeschlagen hat, erzielt für seine Mannschaft einen Punkt. Wen der Wächter berührte, der verläßt den Kreis ohne Punktgewinn.
Wenn sämtliche Spieler B aus dem Kreis geflohen sind, vertauschen die Mannschaften ihre Rollen.

Löwe – Jungfrau Ⓖ 320

Wir malen auf dem Spielplatz 2 konzentrische Kreise, den ersten mit einem Radius von 1,5, den zweiten mit einem Radius von 6 Metern. In die Mitte stellt sich ein Läufer, der den »Löwen« darstellt. Alle übrigen verteilen sich an der Linie des kleineren Kreises. Der Schiedsrichter steht abseits mit einer Münze in der Hand. Sobald sich die Spieler auf ihren Plätzen befinden, wirft er die Münze in die Höhe und gibt bekannt, ob »Löwe« oder »Jungfrau« gefallen ist. Falls das Symbol für die Jungfrau fällt, dürfen sich die Spieler nicht bewegen. Wer losläuft, erhält einen Strafpunkt. Falls das des Löwen fällt, versuchen sich die Spieler an der Linie des kleinen Kreises durch Flucht in Sicherheit zu bringen, und der Löwe verfolgt sie. Wenn sie die Linie des großen Kreises überschreiten, sind sie in Sicherheit. Wer vom Löwen den Abschlag erhält, bevor er aus dem großen Kreis hinausläuft, erhält einen Strafpunkt.
Es wird in einer vorher festgesetzten Zeit gespielt. Wer zum Schluß die wenigsten Strafpunkte hat, siegt.

Hu-tu-tu 321

Wir markieren auf der Wiese ein 30 x 15 Meter großes Spielfeld und teilen es in der Mitte. Vor Beginn des Spiels verteilt sich die Mannschaft A im linken Quadrat und die Mannschaft B im rechten. Dann entsenden beide Seiten abwechselnd einen Angreifer auf das Gebiet des Gegners, der dort einen oder mehrere Gegner berühren und auf sein Gebiet zurückkehren soll. Solange er sich auf feindlichem Gebiet befindet, darf der Angreifer nicht Atem schöpfen – sonst ist er gefangen. Zur Kontrolle muß er daher mit lauter Stimme »Hu-tu-tu-tu . . .« sagen. Die Verteidiger weichen dem Angreifer aus, aber im geeigneten Augenblick stürzen sie auf ihn und versuchen, ihn mit allen Mitteln auf ihrem Gebiet zurückzuhalten, bis ihm der Atem ausgeht. Sobald der Angreifer Atem holt, ist er gefangen und scheidet aus. Falls ihm jedoch vor dem Atemholen die Rückkehr auf sein Gebiet gelingt – es genügt, wenn er nur einen Finger über die Grenzlinie streckt –, sind sämtliche Spieler, die er berührt hat, Gefangene und scheiden aus dem weiteren Spiel aus.
Beide Mannschaften numerieren sich zu Beginn des Spiels und entsenden die Angreifer der Nummer nach. Sie wechseln einander regelmäßig ab, und Angreifer B kann die Grenze sofort überschreiten, sobald Angreifer A auf sein Gebiet zurückkehrt oder in Gefangenschaft gerät. Die Mannschaft, die sämtliche Gegner zu Gefangenen macht, siegt.
Hu-tu-tu ist in Spiel indischer Herkunft.

Pfänder erbeuten 322

Pfänder

Dieses alte niederländische Spiel ist schon originell durch die Art, in der die Einteilung der Mannschaften ermittelt wird: Ein Spieler setzt sich auf den Boden und breitet die Beine aus. Ein zweiter verdeckt ihm mit den Handflächen die Augen. Die übrigen treten dann zum Sitzenden heran, und jeder legt ihm zwischen die Beine irgendein kleines Pfand, d. h. also ein Steinchen, einen Bleistift, eine Pfeife usw. Der Sitzende sammelt blind alles auf und wirft die Gegenstände abwechselnd nach links und rechts. So bildet er zahlenmäßig gleich starke Mannschaften, da jeder dahin gehört, wo sein Pfand liegt.
Dann beginnt der erste Teil des Spiels. Das Spielfeld hat die Maße eines 10 x 20 Meter großen Rechtecks und wird durch einen Mittelstrich in 2 Zonen aufgeteilt. In beiden Zonen ist ein Quadrat markiert, das »die Burg« vorstellt. Die Spieler legen ihre Pfänder in die Burg, jeder eins. Dann beziehen beide Mannschaften in ihren Zonen Stellung. Beim Mittelstrich beginnt das Hinüberziehen. Jede Seite schickt einen Kämpfer, beide reichen sich am Mittelstrich die rechte Hand, und auf das Kommando des Schiedsrichters beginnen sie zu ziehen. Wer den Gegner ganz über den Strich auf seine Seite zieht, gewinnt. Der Unterlegene wird zum Gefangenen und geht in die feindliche Burg.
Sobald der Zweikampf des letzten Paares beendet ist, beginnt der zweite Teil des Spiels: Die Mannschaftskapitäne nehmen aus ihrer Burg alle

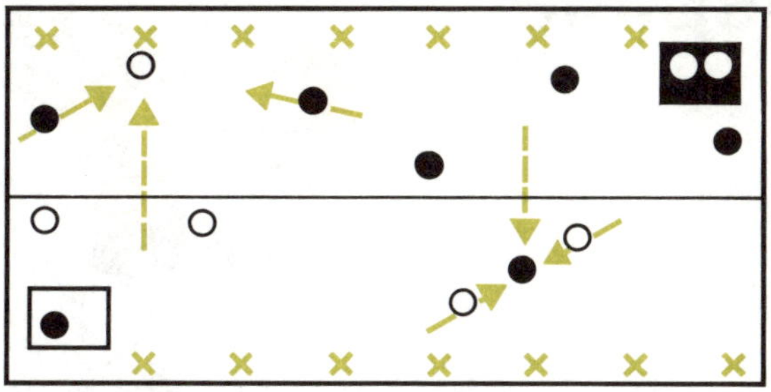

Pfänder und verteilen sie an der hinteren Abgrenzung ihrer Zone. Die Spieler, die im ersten Teil des Spiels nicht in Gefangenschaft geraten sind, versuchen nun, in das Gebiet der Gegner einzudringen und dort ein oder mehrere Pfänder zu erbeuten, um sie in ihre Burg zu bringen, ohne daß ihnen ein Gegner in der fremden Zone den Abschlag gibt. Falls sie ein Gegner beim Angriff berührt, sind sie gefangen und wandern in die Burg zu den übrigen Gefangenen. Sollten sie das erbeutete Pfand bereits in der Hand halten, müssen sie es wieder zurückgeben. Sollten sie mit dem fremden Pfand unbehelligt ihr Gebiet erreichen, bewahren sie die Beute in der Burg auf.
Die Gefangenen können dadurch befreit werden, daß einer ihrer freien Mitspieler zur feindlichen Burg läuft und die Gefangenen berührt. Beim Angriff kann allerdings jeder nur einen Teilnehmer befreien. Die in der Burg aufbewahrten erbeuteten Pfänder können nicht mehr weggetragen werden.
Das Spiel ist beendet, wenn eine ganze Mannschaft in Gefangenschaft geraten ist oder wenn es einer Seite gelungen ist, alle fremden Pfänder zu erbeuten und in ihre Burg zu befördern. Sollte es in der festgesetzten Frist (15 Minuten z. B. von Beginn des zweiten Teils an) zu keiner Entscheidung kommen, siegt die Seite mit den meisten Punkten. Für jedes Pfand und jeden Gefangenen wird je ein Punkt gutgeschrieben.

Dakota-Hockey ◐ ② 323

Die Indianer vom Stamm der Dakota entwickelten eine originelle Variante des Hockeyspiels. Zum Wettkampf treten 2 Spieler an. Sie stellen sich in die Mitte des Spielfeldes mit dem Rücken gegeneinander, legen zwischen sich den Puck – ein 8 Zentimeter breites Holzscheibchen –, dann mißt jeder 50 Schritte ab und bezeichnet mit einem größeren Stein sein Ziel. Auf ein Zeichen laufen beide mit den Stöcken, die unten verbreitert sind, zum Puck in die Mitte des Spielfeldes los. Wer ihn zuerst erreicht und den Fuß auf ihn setzt, hat das Recht, ihn mit dem Stock zum Ziel des Gegners zu schießen. Sobald der Puck fliegt, laufen ihm beide nach. Wer auf ihn tritt, schickt ihn weiter zum gegnerischen Ziel, ohne daß der Gegner ihn dabei irgendwie behindern darf. Wenn der Puck in das Ziel einschlägt, bedeutet das ein Tor. Dann wird das Spiel von neuem begonnen.

1 Holzscheibchen, 2 Stöcke

Hallenspiele

Ballspiele

Kleine Stafetten 324

Bälle

Zu dieser Art von Stafettenläufen reicht selbst die kleinste Turnhalle. Zahlenmäßig gleich starke Mannschaften stehen eng hintereinander und führen einige der folgenden Übungen durch:

a. Übergeben des Balles über den Kopf hinweg. Der erste in jeder Reihe erhält den Ball, hebt ihn über den Kopf, und auf Kommando übergibt er ihn über den Kopf weg dem hinter ihm stehenden Mitspieler, der ihn genauso dem nächsten übergibt. Der Ball wandert so bis ans Ende der Reihe. Der letzte läuft mit dem Ball nach vorn und übergibt ihn sofort nach rückwärts. Der Wettkampf wird fortgesetzt, bis der erste Spieler wieder mit dem Ball in der Hand an der Spitze seiner Mannschaft steht und dem Schiedsrichter meldet: »Fertig.«
Die schnellste Mannschaft siegt.

b. Übergeben des Balles über den Kopf hinweg, zwischen den Beinen durchkriechen. Der Verlauf ist ähnlich wie beim vorhergehenden Spiel, die Spieler stehen jedoch mit breit gespreizten Beinen, und der letzte kriecht mit dem Ball in der Hand zwischen den Beinen seiner Mitspieler durch, stellt sich vor dem ersten auf, und der Ball wandert abermals über die Köpfe nach rückwärts.

c. Rollen des Balles. Die Spieler stehen mit breit gespreizten Beinen in der Reihe, und der erste rollt den Ball zwischen den Beinen der Mitspieler dem letzten zu, der bereits auf ihn wartet; dieser hebt den Ball auf, läuft mit ihm nach vorn, rollt ihn dem letzten zu und stellt sich sofort an die Spitze der Reihe. Ansonsten gelten die gleichen Regeln wie bei den vorhergehenden Wettkämpfen.

Scheibenwerfen 325

1 Holzscheibe je Spieler

Wir zeichnen auf den Boden des Spielfeldes eine kreisförmige oder quadratische Zielscheibe, die in verschiedene Wertfächer unterteilt wird. Dann werfen wir aus einer Entfernung von ca. 5 Metern unsere Holzscheiben auf das Ziel. Jeder Spieler erhält soviel Punkte gutgeschrieben, wie die Ziffer anzeigt, in deren Feld die Scheibe liegen geblieben ist. Wir haben pro Runde das Recht auf 2 Würfe. Derjenige Spieler siegt, der nach einem vereinbarten Zeitraum die meisten Punkte für sich buchen konnte.

Werfen 326

Kleine Bälle, 1 Ring

Unter den »Spielen auf dem Sportplatz« finden wir ein ursprüngliches Indianerspiel, das »Spiel mit dem Ring« (S. 42). In der Turnhalle können wir eine Variante davon spielen. Dazu teilen wir die Spieler in zwei Mannschaften ein. Jede stellt sich an einer Wand in der Turnhalle auf. Zwischen den Mannschaften stehen zwei neutrale Helfer, jeder an einer Kopfseite der Halle, die einen Ring durch die Mitte der Turnhalle rollen. Rollt der Ring von links nach rechts, wirft die Mannschaft A, kehrt er von rechts nach links zurück, die Mannschaft B. Jeder Spieler hat einen kleinen Ball in der Hand und versucht, ihn durch den vorbeirollenden Ring zu werfen. Wer mit dem Ball den Ring umwirft, verliert zwei Punkte. Für jeden gelungenen Wurf erhält die Mannschaft einen Punkt. Es wird so lange gespielt, bis eine Mannschaft die vorher vereinbarte Punktzahl erreicht.

Ballkrieg 327

Bälle aller Art

Bei diesem Spiel verwenden wir alle Bälle, die sich in der Turnhalle befinden – Fußbälle, Basketbälle, Volleybälle, Medizinbälle sowie kleine Bälle. Vor dem Spiel hängen wir das Volleyballnetz in die Mitte der Turnhalle; sein unteres Ende sollte während des Ballkriegs mindestens einen dreiviertel Meter über dem Boden hängen. Dann teilen wir die Spieler in zwei Gruppen auf. Jede Gruppe besetzt eine Hälfte der Halle und erhält ihren Teil sämtlicher Bälle. Nach dem Anpfiff beginnen beide Gruppen, die Bälle von ihrer Seite aus in das Gebiet des Gegners zu rollen. Gleichzeitig fangen sie die Bälle, die von der anderen Hälfte auf sie zurollen und schicken sie sofort zurück. Sobald der Schiedsrichter zum zweiten Mal pfeift, lassen die Helfer das Netz in der Mitte des Feldes auf den Boden fallen, so daß kein Ball mehr die Mittellinie überqueren kann. Dann stellen beide Seiten fest, wieviel Punkte alle Bälle ergeben, die sich auf ihrem Gebiet befinden. Für jeden kleinen Ball erhalten sie einen Punkt, für einen Fuß-, Volley- oder Basketball zwei Punkte und für einen Medizinball drei Punkte. Die Gruppe mit weniger Punkten siegt.

Ballschlacht 328

6 Bälle

Wir teilen die Spieler in 2 Gruppen ein. Jede Gruppe besetzt eine Hälfte des Feldes und erhält 3 Bälle. Auf das Eröffnungssignal hin feuern beide Seiten mit allen Bällen aufeinander. Wer vom fliegenden Ball, der noch nicht den Boden berührt hat, getroffen wird, verläßt den Kampfplatz. Es wird bis zum letzten Mann gekämpft. Die Schützen dürfen mit dem Ball bis zur Mittellinie vorlaufen. Der gegnerische Ball darf sofort zurückgeworfen werden, kann aber auch zurückbehalten werden, so daß im geeigneten Augenblick eine ganze Ballsalve auf die Gegner abgefeuert wird.

Völkerball 329

1 Volleyball

Wir teilen die Spieler in 2 Mannschaften auf. Jede bezieht auf einer Hälfte der Spielfläche Stellung und schickt einen aus ihren Reihen hinter das Gebiet des Gegners.
Das Spiel wird mit einem Aufsprung, ähnlich wie beim Basketball, eröffnet. Beide Kapitäne stehen sich in der Mitte der Turnhalle gegenüber. Der Schiedsrichter wirft zwischen ihnen den Ball in die Höhe, die Kapitäne springen hoch, versuchen den Ball zu fangen oder auf ihre Seite zu stoßen. Die Mannschaft, die so den Ball erringt, eröffnet das Spiel.
Beide Seiten versuchen, so schnell wie möglich sämtliche Gegner zu treffen. Als »ausgeschlagen« gilt, wer vom gegnerischen Ball getroffen wird. Der Ball darf jedoch nicht vorher den Boden berühren, muß nach dem Treffer auf dem Boden landen, und der werfende Spieler mußte »geladen« haben, d. h., er mußte den Ball durch Zuspiel eines Kameraden erhalten oder den direkten Wurf des Gegners auffangen, ohne daß der Ball vorher den Boden berührt hatte. Nur dann durfte er auf einen Gegner zielen. Wer jedoch den Ball nach dem Abprall vom Boden fing oder aufhob, hat nicht »geladen« und kann daher auch nicht ausschlagen. Er muß dann den Ball einem Mitspieler zuwerfen.
Falls ein Spieler vom fliegenden Ball berührt wird, ihn aber geistesgegenwärtig fängt und nicht zu Boden fallen läßt, kann er auf dem Mittelfeld bleiben. Er gilt als nicht getroffen. Der getroffene Spieler läuft hinter das Gebiet des Gegners und kann von da das Spiel fortsetzen. Er hat das Recht, auf die Gegner zu zielen, ist selbst aber nicht mehr verwundbar. Trifft er einen Gegenspieler, ist er frei und darf wieder ins Feld. Wenn beim Spiel der erste Spieler getroffen wird, kehrt der, der vor der Eröffnung hinter das Gebiet des Gegners geschickt wurde, wieder zu seiner Gruppe zurück und setzt von dort aus das Spiel fort wie alle übrigen Mitspieler.
Wer die Grenze seines Gebiets überschreitet, wird als getroffen angesehen. Falls einer der ausgeschlagenen Spieler das Gebiet des Gegners betritt, verliert seine Seite den Ball und muß ihn der anderen übergeben.
Das Spiel endet mit dem Abtreffen des letzten Spielers auf einer der beiden Seiten. Die bis zum letzten Mann ausgeschlagene Mannschaft verliert.

Ausschlagen im Kreis 330

1 Volleyball

Wir teilen die Spieler in 2 Gruppen ein. Die erste Gruppe bildet einen größeren Kreis, die zweite nimmt im Kreis Aufstellung und weicht dem Ball aus, den die Spieler des äußeren Kreises werfen. Wer vom fliegenden Ball getroffen wird, reiht sich außen im Kreis ein. Die Anzahl der Schützen vergrößert sich demnach ständig, die der Spieler im Kreis vermindert sich schnell. Wer sich am längsten im Kreis hält, siegt. Beim nächsten Mal wechseln die Gruppen ihre Ausgangsposition.

Fangen auf Pferden Nr. 357 (S. 154) ▶

Kreisschießen

◐ ③ **331**

Der ausgeloste Spieler stellt sich in einen Kreis von 1 Meter Durchmesser. Der zweite Spieler macht 10 Schritte nach Norden, der dritte Spieler 10 Schritte nach Süden vom Kreis. Anschließend werfen sie den Ball abwechselnd auf den ersten Spieler im Kreis. Wer ihn trifft, erzielt einen Punkt. Der Spieler in der Mitte kann zur Seite springen, sich auf den Boden werfen, er darf jedoch den Kreis nicht verlassen.
Wer zuerst 10 Punkte hat, gewinnt und löst den Mitspieler ab.

1 Ball

Land-Volleyball

◐ Ⓜ **332**

Wir hängen in der Mitte der Turnhalle knapp über dem Boden ein Volleyballnetz auf. Dann teilen wir die Spieler in zwei Mannschaften. Jede bekommt eine Hälfte der Halle zugewiesen. Wer das Los gewinnt, beginnt das Spiel mit dem Aufschlag. Er wirft den Ball vom hinteren Ende so, daß er im eigenen Feld einmal aufspringt, dann das Netz überfliegt und auf dem Gebiet der Gegner niederfällt. Die andere Seite soll den Ball entsprechend zurückspielen. Der Ball wird also nicht in die Höhe geworfen, sondern auf den Boden. Der Schlag wird entweder mit einer oder mit beiden Händen von oben ausgeführt, damit der Ball vom Boden abspringt. Ansonsten hat das Spiel die gleichen Regeln wie das klassische Volleyball. Ein Spieler darf den Ball nicht zweimal unmittelbar nacheinander berühren, wenn ihn nicht inzwischen ein anderer abschlug. Auf beiden Seiten dürfen den Ball nur drei Spieler abschlagen (nach den oben beschriebenen Regeln), und der dritte muß ihn bereits über das Netz auf das Gebiet der Gegner befördern. Auch in diesem Fall soll der Ball nach dem Abschlagen einmal auf dem eigenen Gebiet abspringen und erst dann das Netz überfliegen.
Jede Verletzung der Regeln bedeutet einen Punkt für den Gegner. Ein Satz wird bis zu 15 Punkten gespielt. Der Wettkampf ist beim Stand 2:0 oder 2:1 in Sätzen beendet.

1 Ball, Volleyballnetz oder Bänke

◀ Kampf um Ballons Nr. 496 (S. 184)

Stafetten mit dem Ball 333

Mehrere Medizinbälle oder kleinere Bälle

Hier gelten dieselben Regeln wie bei den Stafetten auf Seite 134, Nr. 310. Die Wettkämpfer führen eine vorgeschriebene Aufgabe während des Weges zum Ziel und zurück aus.

a. Sie tragen den Ball oder den Medizinball in einer Hand,
b. sie tragen 2 Bälle auf beiden Handflächen hinter dem Rücken und übergeben sie so dem nächsten Mitspieler,
c. sie rollen den Medizinball mit den Händen über den Boden,
d. sie stoßen den Ball vor sich her,
e. sie stoßen mit dem Kopf einen Basketball vor sich her,
f. sie stoßen einen kleinen Ball mit einem Stab vor sich her.

Fangt den Ball! 334

1 kleiner Ball

Wir zeichnen einen Kreis auf den Boden mit einem Durchmesser von 3 m. Sämtliche Spieler verteilen sich ungezwungen innerhalb des Kreises, und der ausgewählte Spielleiter wirft einen Tennisball in die Höhe, allerdings so, daß er noch in seiner Mitte wieder aufschlägt. Wer den Ball fängt, erzielt einen Punkt. Die Regeln gestatten, den Gegner im kritischen Augenblick beiseite zu stoßen und ihn bei der Bewegung zu behindern. Je höher der Leiter den Ball wirft, desto schwieriger läßt er sich fangen. Der Kampf um den fliegenden Ball endet in dem Augenblick, wenn ihn ein Spieler fest in den Händen hält. Dann übernimmt der Leiter den Ball und wirf ihn abermals in die Höhe.
Auswertung: Falls nur eine kleine Gruppe spielt, kann jedermann auf eigene Faust Punkte erzielen, oder wir verteilen die Spieler zu zusammenarbeitenden Paaren oder Dreierriegen. Bei einer größeren Spielerzahl erzielt jeder Spieler Punkte für seine Mannschaft.
Wer am Ende am meisten Punkte hat, siegt.
Variante: Der Schiedsrichter wirft in einem Intervall von einigen Sekunden nach dem ersten Ball einen zweiten, eventuell auch einen dritten Ball.

Treffen im Quadrat 335

1 Ball, 1 Stück Kreide

Wir ziehen mit Kreide eine etwa 7 x 7 Meter große quadratische Fläche, wählen einen Schützen aus, geben ihm einen Ball und fordern ihn auf, die übrigen Spieler, die sich inzwischen innerhalb des Quadrats aufgestellt haben, zu treffen. Der Schütze darf sich frei auf der Spielfläche bewegen. Er kann demnach auch das Quadrat betreten, um den Ball aufzuheben. Werfen darf er jedoch nur, wenn er außerhalb des Quadrats steht. Falls der Schütze einen Spieler trifft, wird dieser sein Helfer. Wer sich am längsten im Quadrat hält, siegt, und im nächsten Spiel übernimmt er die Rolle des Schützen.

Medizinballkampf 336

2 Medizinbälle, 2 Bänke

Wir stellen in der Turnhalle zwei Bänke in einer Linie auf. 3 m von diesen entfernt stellen wir parallel an jeder Seite zwei weitere Bänke auf. Dann

teilen wir die Spieler in zwei zahlenmäßig gleich starke Gruppen von ungefähr acht bis fünfzehn Spielern auf. Jede Gruppe stellt sich mit dem Gesicht zum Gegner hinter den Bänken auf. Anfangs erhalten beide Gruppen je einen Medizinball. Auf Kommando des Leiters hin beginnt das Spiel. Jede Gruppe versucht, den Ball so zu werfen, daß er hinter der Bank des Gegners zu Boden fällt, wobei die gegnerische Mannschaft versucht, den Ball abzufangen. Für jeden erfolgreichen Wurf erhält die Mannschaft einen Punkt, der aber wieder abgezogen wird, sollte der Ball nur vor die Bank des Gegners gelangen. Die Gruppen können verschiedene Taktiken anwenden, zum Beispiel abwarten, bis ihnen der Ball des Gegners zufliegt und dann beide Bälle, also auch den eigenen, gleichzeitig an dieselbe Stelle werfen. Wir spielen eine vorher festgelegte Zeit lang oder bis zu einer bestimmten Punktzahl.

Werfen zweier Mannschaften ◕ Ⓜ 337

1 Basketball

An der Linie des Freiwurfraumes stehen zwei zahlenmäßig gleich starke Mannschaften nebeneinander. Ein Spieler erhält den ausgelosten Ball. Der erste aus dieser Reihe wirft auf den Korb, dann läuft er gemeinsam mit dem ersten der Gegner unter den Korb und beide versuchen, den Ball zu fangen. Wer den Ball fest in den Händen hält, hat das Recht auf den nächsten Wurf. Fängt nun ein Spieler der Mannschaft B den Ball, so übergibt er ihn dem nächsten aus seiner Mannschaft, und die beiden ersten (A und B) stellen sich ans Ende der Reihe.

Der zweite Spieler B wirft und läuft gemeinsam mit dem zweiten Spieler A, um den Ball zu bekommen usw. Ein erzielter Korb bedeutet zwei Punkte. Wir spielen in einem vorher festgelegten Zeitraum, oder es müssen sich im Verlauf einer Runde sämtliche Spieler mindestens einmal abgelöst haben.

Medizinball-Fangen Ⓖ 338

1 Medizinball

15 bis 20 Spieler nehmen an diesem Spiel teil. Sie stellen sich in Abständen von etwa $1^1/_4$ Meter im Kreis auf und spielen sich den Medizinball zu. Sie werfen ihn in die Luft, rollen ihn auf dem Boden oder übergeben ihn von Hand zu Hand. Außen um den Kreis herum läuft ein Spieler, der versucht den zu berühren, der den Medizinball gerade in der Hand hat oder ihn mit dem Körper berührt. Gelingt ihm das, tauscht er mit ihm Platz und Rolle. Der Läufer darf sich nur außerhalb des Kreises bewegen und das Kreisinnere nicht betreten.

Dreierriegen-Werfen Ⓖ 339

1–3 Basketbälle

Treffen sich auf dem Basketballfeld nur wenige Spieler und haben sie wenigstens einen Ball zur Verfügung, können wir einen interessanten Wettbewerb im Werfen veranstalten. Wir teilen die Spieler in Gruppen von 3 bis 4 Mann ein. Jede wird unabhängig von der anderen in einen Korb zielen, so daß also auch schon drei Spieler allein genügen.
Die Mitglieder der Riegen einigen sich, in welcher Reihenfolge sie auf den Korb zielen wollen. Später bestimmt das Ergebnis der einzelnen Runden die Reihenfolge.
Der erste Spieler wirft von der Freiwurflinie aus auf den Korb. Erzielt er keinen Korb, tritt der zweite am gleichen Platz an. Erzielt er ebenfalls keinen Korb, so bleibt er im Spiel, da auch sein Vorgänger kein Glück hatte. Der dritte Spieler ist jetzt an der Reihe. Erzielt er einen Korb, so muß der Spieler, der nach ihm an die Reihe kommt (also der vierte oder, bei drei Teilnehmern, wieder der erste) ebenfalls einen Korb erzielen, sonst scheidet er aus dieser Runde aus. Der nächste Schütze scheidet, falls er nun den Korb nicht trifft, vorübergehend aus dem Wettkampf aus. Der Spieler nach ihm braucht allerdings wieder keinen Korb zu erzielen.
So wird das Spiel nun fortgesetzt. Im Prinzip gilt die Regel: Erzielt der vorhergehende Spieler einen Korb, muß der nachfolgende ebenfalls einen Korb erzielen, sonst scheidet er für eine Runde aus. Der ihm nachfolgende Spieler bleibt aber in diesem Fall im Spiel, auch wenn er keinen Korb erzielt.
Der erste, der ausscheidet, übergibt den übrigen den Ball, so daß sich das Spiel beschleunigt. Falls vier Teilnehmer spielen, erhält der erste, der ausscheidet, einen Punkt, der zweite zwei Punkte, der dritte drei Punkte und der letzte vier Punkte. Das Werfen wird von einem Platz so lange fortgesetzt, bis die Runde beendet ist. Die Spieler treten immer in derselben Reihenfolge an – nach dem letzten kommt wieder der erste. Nach der Runde bestimmt derjenige, der zuerst ausgeschieden ist, den neuen Platz und tritt nun als erster zum Werfen an. Die Wurfreihenfolge auf den Korb entspricht jetzt der Reihenfolge, nach der die Spieler in der vorhergehenden Runde ausgeschieden sind. Der Sieger wirft als letzter.
Die Punkte jeder Runde werden notiert.
Sieger wird der Spieler, der nach dem festgelegten Zeitlimit die höchste Punktzahl hat.

Wurfwettbewerb ◐ Ⓖ 340

1 Medizinball, 1 Stück Kreide, 1 »Diplom«

Dieser Wettbewerb geht über mehrere Runden. Der Sieger jeder Runde bekommt soviel Punkte, wie Wettkämpfer an ihr teilnehmen, der zweite einen Punkt weniger usw., so daß der letzte nur noch einen Punkt erzielt. Wir werfen einen Medizinball.
1. Runde: Wurf mit der rechten Hand,
2. Runde: Wurf mit der linken Hand,
3.Runde: Wurf mit beiden Händen; der Ball wird von der Brust her weggestoßen,
4. Runde: Wurf mit beiden Händen weit über dem Kopf ausholend,
5. Runde: Wurf mit beiden Händen, mit gestreckten Armen.
Die einzelnen Leistungen notieren wir mit Kreide auf dem Boden. Der Sieger erhält den Ehrentitel »Ursus« und ein selbstgebasteltes Diplom. Durch diesen halb scherzhaften, halb ernsten Schluß wird ein kleiner Wettbewerb zum großen Erlebnis. Wenn wir die einzelnen Runden über die ganze Turnstunde verteilen und jedem jeweils 3 Leistungen bewerten, so ist das ein gutes Training, das zugleich spannend ist.

Dribbelwettkampf ◐ Ⓜ 341

1 Basketball

In den Ecken der Turnhalle stehen vier zahlenmäßig gleich starke Mannschaften in einer Reihe. Der erste jeder Mannschaft hält einen Ball. Auf ein Zeichen läuft und dribbelt er in der Diagonalen zur Mitte der Turnhalle, wo ein Ziel markiert ist, umläuft es und kehrt zurück. Den Ball übergibt er dem zweiten und reiht sich in seine Mannschaft ein. Die Mannschaft, die sich zuerst abgelöst hat, gewinnt.
Falls ein Spieler den Ball verliert, muß er ihm nachlaufen, in seine Ausgangsposition zurückkehren, und erst dann darf er das Spiel fortsetzen. Es wird auf festgesetzte Art gedribbelt – mit der rechten oder linken Hand.

Dribbeln und Werfen ◐ Ⓖ 342

2–5 Basketbälle

Ein Spiel für fortgeschrittene Basketballspieler. Zwei bis drei Spieler stellen sich mit dem Ball ans Ende des Platzes. Auf das Zeichen des Schiedsrichters hin dribbeln sie zum anderen Korb, und aus der Bewegung werfen sie, fangen den abspringenden Ball auf, dribbeln zum zweiten Korb usw., eine Minute lang. Nach dem Dribbeln darf nur einmal nach dem Korb geworfen werden, ohne Rücksicht darauf, ob ein Korb erzielt wurde oder nicht. Die Spieler dürfen sich so schnell bewegen wie sie wollen. Je schneller einer das Spielfeld durchläuft, desto mehr Gelegenheit hat er zum Werfen. Sieger ist, wer innerhalb von einer Minute die meisten Körbe erzielt.
Bei einer großen Gruppe verwenden wir gleichzeitig vier bis fünf Bälle. Das Minutendribbeln, verbunden mit dem Werfen, ist eine körperlich sehr anstrengende Übung. Wir verkürzen daher bei Jungen und Mädchen unter 14 Jahren das Zeitlimit auf 45 Sekunden.

Dribbeln über eine Zickzackbahn Ⓖ 343

1 Basketball

Wir markieren in der Halle eine etwa eineinhalb Meter breite und zwanzig bis dreißig Meter lange Bahn, die zahlreiche Kurven mit stumpfen und scharfen Winkeln aufweist. Die Spieler gehen nacheinander zum Start und dribbeln so wie beim Basketball mit dem Ball entlang der Zickzacklinie zum Ziel. Falls der Ball den Boden außerhalb der aufgezeichneten Bahn berührt, muß der Spieler zum Start zurückkehren und von neuem beginnen. Sieger ist, wer den Ball in kürzester Zeit zum Ziel bringt.

Wettkampf im Korbwerfen Ⓜ 344

2–5 Basketbälle

Zwei Mannschaften stehen in einer Reihe an beiden Enden der Turnhalle an der Freiwurflinie, das Gesicht zum Korb. Der erste in der Reihe hält den Ball. Auf das Zeichen des Schiedsrichters hin schießen beide auf den Korb, fangen den Ball wieder auf, spielen ihn dem nächsten in ihrer Reihe zu und stellen sich dann selbst hinter den letzten der Mannschaft. Die anderen rücken nach, werfen, sowie sie den Ball erhalten haben, fangen ihn auf, übergeben ihn dem dritten und reihen sich ein.
Die Mannschaftskapitäne zählen mit lauter Stimme die erzielten Körbe, damit die gegnerische Mannschaft den Stand des Wettkampfes verfolgen kann.
Sieger ist die Mannschaft, die als erste zwanzig Körbe erzielt oder aber innerhalb von fünf Minuten die meisten Körbe erzielt.

Zuspielen Ⓜ 345

1 Basketball

Ein schnelles Spiel, das auch nach mehrmaliger Wiederholung noch unterhaltsam ist. Hinzu kommt, daß die Spieler nach und nach größere Erfahrung und Geschicklichkeit gewinnen, das Spiel also schneller und spannender wird. Die günstigste Teilnehmerzahl beträgt zehn bis zwanzig Spieler. Es wird auf der ganzen Fläche der Turnhalle gespielt. Falls die Teilnehmer älter sind, kann man die Fläche (normalerweise vom Ausmaß eines Basketballspielplatzes) auf die Hälfte verkleinern.
Im Spiel kämpfen zwei zahlenmäßig gleich starke Mannschaften gegeneinander, die sich durch ihren Dreß voneinander unterscheiden. Es wird mit Aufschlag begonnen – der Schiedsrichter wirft den Ball zwischen zwei ausgewählten Spielern in die Höhe, die den Ball im Aufsprung mit der Hand einem ihrer Mitspieler zuschlagen. Setzen wir voraus, daß sich nach dem Aufsprung die Mannschaft A des Balls bemächtigt. Ihre Mitglieder spielen ihn einander gegenseitig schnell zu und bemühen sich, ihn sich vom Gegner nicht abnehmen zu lassen. Der Schiedsrichter zählt mit lauter Stimme jedes Zuspielen: »eins, zwei, drei . . .«. Im Augenblick, wo der Ball in den Besitz von Mannschaft B gelangt, wird das Zählen unterbrochen, und der Schiedsrichter gibt laut die Zahl der Zuspiele von Mannschaft A bekannt. Nach jedem Ballwechsel wird mit der Zählung bei eins begonnen. Das Zuspielen dauert fünf Minuten. Es siegt die Mannschaft, die innerhalb dieser Zeit ohne Unterbrechung die größere Anzahl von Punkten erzielen konnte.

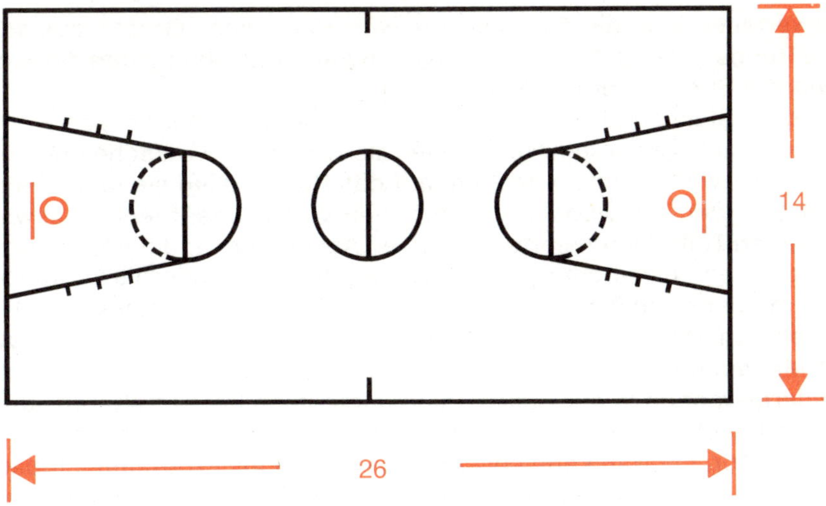

Basketball

346

1 Basketball

Wir wollen im Rahmen dieses Buches nur eine vereinfachte Darstellung der allgemein gültigen Regeln für das Basketballspiel geben. Wir spielen auf einem 14 x 26 m großen Spielfeld. An beiden Schmalseiten dieses Feldes befindet sich die 1,2 x 1,8 m große Platte, an der in 3,05 m Höhe ein Korb befestigt ist. In diesen Korb werden die Spieler den Ball werfen. In einer Mannschaft spielen fünf Spieler. Es gibt keinen eigentlichen Torwart. Mindestens sieben Spieler sitzen bei offiziellen Begegnungen allerdings auf der Reservebank, denn das Spiel ist außerordentlich anstrengend, und die Spieler müssen öfter ausgetauscht werden. Es ist den Spielern nicht gestattet, mit dem Ball in der Hand mehr als drei Bodenkontakte zu machen. Als Bodenkontakt zählt die Berührung des Bodens. Steht ein Spieler also mit beiden Beinen auf dem Boden, darf er nur noch einen Ausfallschritt machen. Ebensowenig darf der Spieler den Gegner festhalten oder sich als Angreifer im gegnerischen Freiwurfraum länger als drei Sekunden aufhalten.

Die Spieler müssen beim Lauf durch das Feld den Ball ständig in Bewegung halten, indem sie ihn mit einer Hand auf den Boden tippen lassen. Sie dribbeln den Ball. Es kommt darauf an, den Ball seinen Mitspielern möglichst rasch und geschickt zuzuspielen, um ihn im günstigen Augenblick in den Korb des Gegners zu werfen. Ein »Korb« bringt der Mannschaft zwei Punkte ein. Begeht eine Mannschaft einen Fehler, so bekommt die gegnerische Seite den Ball und darf von der Seite einwerfen. Die Spieldauer beträgt 2 x 20 Minuten. Die offiziellen Regeln für das Basketballspiel sind wesentlich differenzierter, wir glauben aber, daß Kinder nach dieser Darstellung das Spiel in seinen Grundzügen erlernen können.

Hindernisrennen in der Turnhalle ◔ Ⓖ 347

Wir verteilen über die Turnhalle die verschiedensten Geräte, aus denen eine Rennstrecke gebildet wird. Je nach Alter und Fähigkeiten der Kinder kann die Strecke variiert werden.
Vor dem Start erklären wir, wie jedes einzelne Hindernis überwunden werden muß. Den ersten Bock sollen sie z. B. in der Grätsche überspringen, den zweiten unterkriechen, auf das Pferd sollen sie längs hinaufspringen, den Schwebebalken auf allen vieren überkriechen usw. Die einzelnen Teilnehmer starten in kurzen Abständen, und die Zeit wird gestoppt. Wenn es einem Spieler nicht gelingt, ein Hindernis zu überwinden, muß er noch einmal zurückkehren und einen zweiten Versuch unternehmen. Dann erst darf er weiterlaufen, selbst wenn er es beim zweiten Mal auch nicht schafft, der Zeitverlust zählt ja.
Hindernisrennen in der Halle zählen namentlich bei den älteren Jungen zu den beliebtesten Unterhaltungen und sind ein gutes Training für den ganzen Körper. Man kann sie stets von neuem ins Programm einbauen, sollte dabei aber die Zusammenstellung der einzelnen Geräte variieren.

Duell der Springer ◔ Ⓖ 348

Wir teilen die Spieler in zwei gleich starke Gruppen ein. Jede Gruppe stellt sich auf die Außenlinie des Feldes. Auf das Zeichen des Schiedsrichters hin heben alle das linke Bein, kreuzen die Arme vor der Brust und beginnen, zum anderen Ende der Turnhalle zu hüpfen. Wer mit dem linken Fuß auf den Boden kommt oder die gekreuzten Arme fallen läßt, scheidet aus und setzt sich auf die Bank hinter der Seitenlinie.
Die Mitglieder der einzelnen Gruppen dürfen sich bei der Begegnung anrempeln und sich gegenseitig aus dem Gleichgewicht bringen, wie bei Hahnenkämpfen.
Wer ohne Fehler durch die ganze Turnhalle hüpft, bekommt für seine Seite einen Punkt. Die Gruppe mit der größeren Punktezahl siegt.

Nummernlauf ◕ Ⓜ 349

1 Medizinball

Es wird auf der ganzen Fläche des Feldes gespielt. In der Mitte der Stirnseiten wird je ein Ziel markiert, indem wir einen Medizinball hinlegen. Dann setzen sich beide Mannschaften hinter die Endlinien, das Gesicht einander zugewandt. Jeder Spieler erhält eine Nummer.
Der Schiedsrichter steht in der Mitte an der Wand und eröffnet das Spiel, indem er eine Nummer aufruft. In diesem Augenblick erheben sich beide Mannschaften. Die Spieler mit der aufgerufenen Nummer laufen zum Ziel auf der entgegengesetzten Seite des Feldes, umlaufen es und kehren so schnell wie möglich auf ihren Platz zurück. Die übrigen Spieler haben sich inzwischen auf ihrer Hälfte der Turnhalle verteilt. Das feindliche Gebiet darf nur der Spieler mit der aufgerufenen Nummer betreten. Die übrigen Spieler sollen den feindlichen Läufer im Lauf behindern. Sie dürfen

ihn jedoch nicht mit den Händen festhalten, sondern sich ihm nur passiv in den Weg stellen.
Der Läufer, dem es zuerst gelingt, sich zwischen den Gegnern durchzuschlagen, das Ziel zu umlaufen und auf seinen Platz zurückzukehren, siegt und erringt einen Punkt für seine Seite. Das Spiel wird für eine Weile unterbrochen. Bevor eine andere Nummer ausgerufen wird, müssen alle Spieler wieder wie zuvor an der Endlinie sitzen, und zwar wie vorgeschrieben, zum Beispiel mit gekreuzten Beinen.

Stangenfahrt ◕ Ⓖ 350

Bretter

Wir teilen die Abteilung in Dreierriegen ein und geben jeder Dreierriege ein Brett. Dann wird um die Wette gelaufen. Zwei aus jeder Riege halten das Brett, auf das sich der dritte stellt. Die Riegen laufen dann rund um das Spielfeld. Die Riege, die als erste ihren alten Platz wieder erreicht, ohne daß der auf dem Brett Stehende herunterspringen muß, hat gewonnen. Die jeweiligen Rollen können dann getauscht werden.

Fangspiele

Sitzfangen ◔ Ⓖ 351

Dieses Spiel eignet sich am besten für kleinere Kinder, insbesondere wenn es eine größere Gruppe ist. Wer sich vor dem Fänger retten will, muß niederhocken und mit beiden Händen den Boden berühren. Wir fordern die Kinder hierbei auf, die Rettungslage so wenig wie möglich zu gebrauchen.

Schildkrötenfangen ◔ Ⓖ 352

Es wird nach den üblichen Regeln gespielt. Wer in die Enge getrieben wird, kniet nieder, stützt sich mit den Unterarmen auf den Boden und zieht den Kopf unter dem Körper ein. Er ahmt so eine Schildkröte nach, die sich in ihren Panzer zurückzieht. In der Schildkrötenlage ist er vor dem Fänger geschützt.

Wiegefangen ◔ Ⓖ 353

Wem die Gefahr droht, gefangen und damit Fänger zu werden, der kann sich so retten, daß er sich schnell auf den Bauch legt und die Arme, Beine und den Kopf vom Boden abhebt. Ein auch nur kurzes Aushalten in dieser Lage ist eine gute Kraftübung.

Fangen mit Rettungssprung auf den Rücken ◔ Ⓖ 354

Der verfolgte Spieler kann sich vor dem Fänger nur dadurch retten, daß er einem seiner Mitspieler auf den Rücken springt. Beide sind dann unverletzlich.

Spatzenfangen ◔ Ⓖ 355

Der Fänger und die Spatzen bewegen sich auf dem Spielfeld nur auf allen vieren hüpfend.

Fangen der Dreifüßigen ◔ Ⓖ 356

Man teilt die Spieler in Paare auf. Ein Paar stellt sich jeweils nebeneinander und bindet mit einem Tuch die innen stehenden Beine zusammen. Auf dem Spielfeld bewegen sich dann aneinandergekettete Paare, und das Spiel verläuft nach den üblichen Regeln des Fangens. Fänger ist allerdings stets ein Paar, nicht ein einzelner. Es muß beide Spieler eines anderen Paares berühren, einer von beiden genügt nicht.

Fangen auf Pferden ◔ Ⓖ 357

Die Spieler werden so in Paare aufgeteilt, daß sich jeweils annähernd gleichstarke gegenüberstehen. Der eine hüpft dem anderen auf den Rücken. Den Abschlag übergibt jeweils ein Reiter dem anderen. Jedesmal, wenn einer den Abschlag erhält, vertauschen sämtliche Paare ihre Rollen. Alle Reiter werden zu Pferden und umgekehrt.

Fangen in Dreierriegen ◔ Ⓖ 358

Die Gruppe wird in Dreierriegen aufgeteilt. In jeder Riege halten sich die Spieler an den Händen und laufen so zusammen über das Feld. Den Abschlag geben nur die beiden Außenspieler weiter, die eine Hand frei haben. Es genügt, wenn sie einen einzelnen aus einer anderen Riege berühren.

Springerfangen ◔ Ⓖ 359

Dieses Spiel eignet sich besonders für eine kleinere Spielfläche. Fänger sind gleichzeitig zwei Spieler, sie dürfen die übrigen allerdings nur auf einem Bein hüpfend verfolgen. Da die ganze Gruppe natürlich auf beiden Beinen läuft, ist dies eine relativ schwierige Aufgabe für die Fänger. Sie treiben sich daher ihre Opfer am besten gegenseitig zu. Derjenige, den der Springer berührt, löst ihn in seiner Rolle ab. Der ermüdete Fänger darf während des Spiels stehenbleiben, beide Beine auf den Boden stellen und einige Sekunden ausruhen.

Hindernisfangen

◐ Ⓖ 360

Man verteilt über die Turnhalle sämtliche zur Verfügung stehenden Geräte: Böcke, Pferde, Leitern, Schwebebalken usw. Dann wird nach den üblichen Regeln Fangen gespielt. Der Zickzacklauf zwischen den Hindernissen hindurch, das Überspringen und Unterkriechen der einzelnen Geräte verwandelt dieses alte Spiel in ein neues, ungewöhnliches.

Turngeräte

Affenfangen

◐ Ⓖ 361

Wir lassen in der Turnhalle sämtliche Ringe so weit herunter, daß wir sie im Sprung erreichen können, und lockern die Kletterseile. Dann wird Fangen nach den üblichen Regeln gespielt. Wer sich vor der Verfolgung retten will, muß sich mit beiden Händen in die Ringe, an das Seil, die Kletterstangen oder die Leitern hängen und beide Füße frei in der Luft schweben lassen. Solange einer hängt, kann er den Abschlag nicht erhalten.

Turngeräte

Arabisches Fangen

◐ Ⓖ 362

Es wird auf einer abgegrenzten Fläche gespielt, einem Quadrat mit einer Seitenlänge von 20 bzw. 50 m, je nach der Anzahl der Teilnehmer. Jeder Spieler trägt eine Kopfbedeckung.
Der ausgeloste Fänger nimmt die Mütze vom Kopf und beginnt, die übrigen Spieler zu fangen, indem er sie mit dem Ball trifft. Derjenige, der getroffen wird, nimmt ebenfalls die Mütze ab und wird ein Gehilfe des Fängers. Im Verlauf des Spiels nimmt die Zahl der Verfolger ständig zu, jedoch gilt die Regel, daß nur der als gefangen gilt, der mit dem Ball getroffen wurde.

1 kleiner Ball, Mütze je Spieler

Wer übervorteilt wen? ② 363

2 Tücher

Zwei Spieler haben die Augen verbunden und suchen sich gegenseitig. Von Zeit zu Zeit klatschen sie in die Hände oder sie rufen: »Hier!«, um den Gegner anzulocken; zur gleichen Zeit aber springen sie zur Seite oder ducken sich und geben acht, von welcher Seite sich die Schritte nähern. Bei diesem Zweikampf siegt der, der zuerst den Gegner mit den Fingern der rechten Hand berührt.

Der lahme Fuchs Ⓖ 364

Am einen Ende der Turnhalle zeichnen wir einen Kreis, den »Fuchsbau«. Zwanzig Schritte vom Bau entfernt zeichnen wir ein Rechteck, den »Hühnerhof«. Dann wählen wir einen schnellen Läufer aus, der in diesem Spiel den Fuchs darstellt. Die übrigen Spieler sind die Hühner. Der Fuchs bezieht in seinem Bau Stellung, und die Hühner nähern sich ihm vom Hof aus und schreien: »Lah-mer Fuchs, lah-mer Fuchs, er fängt uns nicht, er fängt uns nicht!« Jedes Huhn nähert sich dem Bau, soweit es sich vorwagt. Wenn die Hühner bis auf Reichweite sind, springt der Fuchs vor. Er darf jedoch nur drei Schritte über die Grenzen seines Baus springen, dann muß er weiter auf einem Bein hüpfen. Die aufgescheuchten Hühner fliehen sofort auf ihren Hof, wo ihnen nichts mehr geschehen kann. Wer vom Fuchs gefangen wird, bevor er das Rechteck erreicht hat, wird zu seinem Helfer. Befinden sich alle Hühner in Sicherheit, kehrt der Fuchs mit seinen Helfern in den Bau zurück, und das Spiel beginnt von neuem. Der Spieler, der vom Fuchs und seinen Helfern als letzter gefangen wird, übernimmt im nächsten Spiel die Rolle des Fuchses.

Inselspiel Ⓖ 365

Matten

Mehrere Matten, die »Inseln«, werden auf der ganzen Fläche der Turnhalle verteilt. Dann wählen wir zwei schnelle Läufer aus, der eine wird Fänger, der andere Zutreiber. Die übrigen Spieler laufen zwischen den Inseln umher. Droht ihnen die Gefahr, vom Fänger eingeholt zu werden, können sie sich auf eine der Inseln retten. Solange sie mit beiden Beinen auf der Insel stehen, können sie nicht gefangen werden. Der Zutreiber darf sie jedoch von der Insel verdrängen oder hinunterstoßen. Setzt jedoch ein Spieler einen Fuß auf den Boden, kann ihm der Fänger den Abschlag geben und ihn so vom weiteren Spiel ausschließen. Die Verfolgten dürfen mit dem Zutreiber nicht auf der Matte kämpfen, sie dürfen sich nicht mit den Händen berühren. Beim Inselspiel ist es lediglich erlaubt, den Gegner mit dem Körper zu verdrängen und zu stoßen. Nach und nach verlassen alle Spieler das Spiel. Die beiden, die zuerst ausscheiden mußten, übernehmen im folgenden Spiel die Rollen des Fängers und des Zutreibers.

Ballfangen Ⓖ 366

1 Tennisball

Fügen Sie zum üblichen Fangen eine kleine Regel hinzu, und es entsteht ein neues, aufregendes Spiel. Übergeben Sie den Abschlag statt mit der

Hand mit dem Tennisball. So wird auch der Langsamste eine Chance haben, sich des Abschlags zu entledigen. Ein schlecht gezielter Wurf gibt allen Verfolgten Gelegenheit, sich auszuruhen.
Spielen Sie auf einem abgegrenzten Gebiet. Wer die Grenze überschreitet, wird automatisch Fänger.

Minutenfangen ◐ Ⓖ 367

Man bezeichnet dieses Spiel deshalb so, weil hierbei der ausgewählte Spieler alle übrigen auf einem begrenzten, nicht allzu großen Spielplatz genau eine Minute lang verfolgt. Jeder, der von ihm den Abschlag erhält, muß sich setzen. Wenn sechzig Sekunden verstrichen sind, zählen wir zusammen, wie viele Spieler der Verfolger gefangen hat, das Ergebnis wird notiert, und das Minutenfangen beginnt von neuem. Dieses Mal fängt ein anderer, und diejenigen, die in der vorhergehenden Runde den Abschlag erhalten haben, spielen abermals mit.
Wer fängt innerhalt einer Minute die meisten Gegner?
Diese Art Fangen hat einen großen Vorteil: Zum Unterschied von der Mehrzahl der übrigen Fangspiele kann sich am Minutenfangen eine große Menge von Spielern beteiligen. Je mehr Spieler es sind, desto interessanter wird das Spiel.

Fangen im Kreis ◐ Ⓖ 368

1 Stück Kreide

Für dieses malaiische Spiel benötigt man nur einen kleinen Raum, es kann nicht nur auf der Straße, sondern auch in Zimmern und auf dem Spielplatz gespielt werden.
Wir zeichnen einen Kreis auf den Boden und teilen ihn mit 2 Strichen in 4 Teile. Je mehr Spieler sind, desto größer ist der Kreis. Alle, mit Ausnahme eines Spielers, verteilen sich dann im Kreis. Der Überzählige ist der Fänger und bemüht sich, jemanden innerhalb des Kreises zu schlagen, ohne jedoch die Kreislinie zu überschreiten. Die Spieler im Kreis können sich frei von einem Teil in den anderen bewegen, allerdings dürfen sie nur in den benachbarten Sektor springen. Es ist demnach nicht erlaubt, in den Teil überzulaufen, der diagonal gegenüberliegt.
Erfahrene Spieler nähern sich von Zeit zu Zeit dem Rand, um den Fänger anzulocken, und falls ihnen das gelingt, laufen sie wiederum schnell zur Mitte des Kreises zurück. Wem der Fänger den Abschlag gibt, der vertauscht mit ihm die Rolle.

Kampfspiele

Schwippe den Gegner! Ⓖ 369

1 dünne Weidengerte je Spieler

Das Kämpferpaar steht einander gegenüber. Beide haben je eine dünne Weidengerte und versuchen, den Gegner mit dieser über das Bein zu schwippen. Ein gelungener Treffer bedeutet einen Punkt. Es ist verboten, die Gerte des Gegners mit der Hand aufzufangen. Beide wehren sich bloß durch Entgegenhalten der eigenen Gerte oder durch einen schnellen Sprung zur Seite.

Befreie dich vom Griff! ② 370

Es handelt sich eigentlich um eine spielerische Form der Selbstverteidigung. Ein Spieler faßt den anderen auf vorgeschriebene Art an, und dieser versucht, sich innerhalb von 20 Sekunden vom Griff zu befreien. Falls ihm das gelingt, siegt er. Nach kurzer Pause vertauschen die Spieler die Rollen.

Wiederholen Sie das Spiel mit folgenden Abänderungen: Der Angreifer hält den Angegriffenen

a. an beiden Knöcheln;
b. stehend vorn an beiden Handwurzeln;
c. hinten um die Taille;
d. vorn um die Taille;
e. der Angegriffene hat die Hände auf dem Rücken.

Wende den Gegner um! ③ 371

1 Stoppuhr

Der erste Spieler liegt auf dem Rücken, der zweite versucht, ihn auf den Bauch zu wälzen. Der Schiedsrichter stoppt die Zeit. Nach kurzer Pause vertauschen die Spieler die Rollen. Über den Sieger entscheidet die Zeit.

Variante: Der erste legt sich auf den Bauch, der zweite soll ihn auf den Rücken drehen.

Wirf den anderen nieder! ③ 372

Zwei Kämpfer stehen einander gegenüber. Auf das Zeichen des Schiedsrichters hin umklammern sie sich gegenseitig. Wer den Gegner in die Knie zwingt und auf den Rücken legt, siegt. Er muß nicht an den Schultern gehalten werden, zum Sieg reicht es aus, den Gegner umgewälzt zu haben.

Variante: Der eine greift an, der andere wehrt sich nur passiv.

Variante: Beide Kämpfer verteidigen sich und greifen an. Sie kämpfen von Anfang an kniend.

Holzscheibenspiel Ⓖ 373

1 Holzscheibe

Bei diesem Spiel aus Südostmähren kommt es darauf an, den Gegner möglichst weit zurückzutreiben. Die beiden gegnerischen Reihen werfen keinen Ball, sondern rollen eine Holzscheibe gegeneinander. Die Scheibe darf von niemandem angehalten werden; erst wenn sie von selbst auf den Boden fällt, können sie die Gegner aufheben und von dieser Stelle wieder zurückrollen.

Spiele im Haus

Kim- und Ratespiele

?

Die Nase

Auflösung der Ratespiele Seite 471

Auch du hast es! 374

Es hat zwei Flügel und kann nicht fliegen,
es hat einen Rücken und kann nicht liegen,
es hat ein Bein und kann nicht stehn,
es kann laufen, aber nicht gehn!

Nur ich kann sagen, was ich bin! **375** Zunge

376

Es sind zweiunddreißig Gesellchen
in einem kleinen warmen Ställchen,
sind lustig und munter,
gehen auf und gehen unter!

Zähne im Mund

Ein Rätsel für die Abendstunde **377**

Ein Gast kam ungeladen an
und setzt' bei Tisch sich nebenan.
Er winkte, und ich wehrte mich.
Er winkte mir so süße –
vergingen mir Augen und Füße.

Schlaf

Wenn du mich jagst, so flieh ich dich **378**
und fliehst du mich, so jag' ich dich!

Schatten

Es ist der Name einer Frucht, **379**
die zwar dem Gaumen sehr behagt;
doch wo sie sich dem Ohr vereint,
da wird darüber nur geklagt.
Und wer sich die gefallen läßt,
der ist das, was der Name sagt!

(Friedrich Rückert)

Feige, Ohrfeige, feige

380 Wie man die Kinder gern haben möchte

Sie sollen »Wort mit u« sein – aber nicht immer! Manchmal müssen sie sich auch ernsthaft benehmen, sonst werden sie ja »Wort mit ä«! Und natürlich dürfen sie nicht dumm und töricht sein, sondern »Wort mit i«, wenn es darauf ankommt!

381 Ein Rätsel für die Kleinen

Auf unserer Wiese gehet was,
watet durch die Sümpfe.
Es hat ein schwarz-weiß Röcklein an,
trägt auch rote Strümpfe.
Fängt die Frösche, quak, quak, quak,
klappert lustig klapp, klapp, klapp –
wer kann das erraten?

382 Rechnen – einmal leicht, einmal schwerer

Fritz ist sechs Jahre alt. Vor zwei Jahren war er doppelt so alt wie sein Bruder Jakob. Wie alt ist denn Jakob heute?

Nun wird's schwierig: Mary ist 24 Jahre alt. Sie ist doppelt so alt wie Anne war, als Mary so alt war, wie Anne jetzt ist. Wie alt ist Anne heute?

383 Tun sie alle dasselbe?

Es tut's der Mond, die Sonne,
das Herz, das Eis, der Teig,
die Tür, die Naht, die Blume,
die Saat, die Knosp' am Zweig!

(Clemens Brentano)

384 Eine Denkaufgabe

Ein geplagter Mann zog mit einem Wolf, einer Ziege und einem Kohlkopf über Land und hatte viel Mühe, den Wolf von der Ziege und die Ziege vom Kohlkopf fernzuhalten.
Da kam er an einen Fluß, der tief war und nicht durchwatet werden konnte. Ein kleines Boot lag bereit, so klein, daß der Mann nur mit einem seiner drei Begleiter darin Platz hatte. Wie sollte er nun die drei über den Fluß befördern? Fuhr er den Kohlkopf übers Wasser, fraß der Wolf inzwischen die Ziege.
Nahm er die Ziege zuerst mit, war der Kohl zwar sicher vor dem Wolf, aber wie sollte es weitergehen?

Mumien Nr. 518 (S. 194) ▶

Ihr seht die beiden täglich an 385

Der eine schlendert,
der andre geht schnell,
und doch bleibt der eine
des andern Gesell.
Nah hält sich der eine,
der andre zieht weit,
und doch gibt der eine
dem andern Geleit.
Und willst ob der Reise
die beiden du fragen,
wird jener dir mehr
als dieser sagen:
Der immer flüchtig
in seiner Eil,
beim Erzählen vergißt er
den wichtigsten Teil!

(Clemens Brentano)

Alte Rätsel – gar nicht schwer! 386

Ich hab' ein Loch
und mach' ein Loch
und schlüpfe auch durch dieses noch!

Was eßt ihr denn gern? 387

Ein großer »Wort« ist unser Hans,
und alles schmeckt ihm fein;
doch gibt es »Wort mit Kopf und Schwanz« –
das ißt er ganz allein!

Ich sag' dir nicht, was ich dir sage. 388
Was ich dir sage, sag' ich dir
nur darum, daß du sagest mir,
was ich nicht selbst dir sage!

(Clemens Brentano)

389
Sitt up dat Dak
und rookt een Pip Toback!
(Sitzt auf dem Dach
und raucht eine Pfeife Tabak.)

Die erste frißt, 390
der zweite ißt,
das dritte wird gefressen,
das Ganze wird gegessen!

Mein erstes ist nicht wenig, 391
mein zweites ist nicht schwer.
Mein Ganzes gibt dir Hoffnung –
doch traue nicht zu sehr!

(Friedrich Schleiermacher)

◄ Schokoladenessen Nr. 515 (S. 192)

392 Zwei Väter und zwei Söhne gingen miteinander auf eine lange Wanderung. Als die Sonne gegen Mittag zu heiß auf sie herunterbrannte, machten sie unter einem großen Baum Rast, öffneten die Rucksäcke und verteilten das Essen. Drei gebratene Hühner hatten sie bei sich. Wie ging es nur zu, daß trotzdem jeder von ihnen ein ganzes Huhn erhielt?

393 Beim Schmied

Leer bin ich so schwer,
als ob ich voll wär'.
Voll bin ich so schwer,
als ob ich leer wär'.
(Johann Peter Hebel)

394

Man läßt ihn sprechen,
man läßt ihn stechen,
er ist ein Vogel
und ein Gebrechen.
(Friedrich Schleiermacher)

395 Für die Französischstunde

Ein berühmter Scherz: Friedrich II., König von Preußen, bat seinen Gast, den französischen Dichter Voltaire, zu einem Essen zu sich. Die Einladung sah merkwürdig aus:

$$\frac{\textbf{p}}{\textbf{allez}}\ \textbf{à}\ \frac{\textbf{ci}}{\textbf{sans}}$$

Um das zu verstehen, muß man nicht nur Französisch können, sondern auch wissen, welchen Namen das Schloß des Königs trägt – noch heute trägt!
Voltaires Antwort: Ja – das heißt aber nicht »ja«, sondern?

G a

Für das Essen der beiden Herren galt aber sicher nicht folgender Spruch, der den Plappermäulchen zugedacht ist. Um ihn zu verstehen, muß man wieder Französisch kennen und wissen, wie das, was hier aufgezeichnet ist, auf Französisch heißt:

$$\frac{\textbf{p}}{\textbf{il faut}}\ \textbf{avec}$$

Und wer diese Scherze enträtselt hat, wird auch den folgenden sicherlich mit Glanz erraten! Was heißt: »Si sans eau goutte, dans d'y fils d'avec, si très d'ennemi!«

In der Bibliothek

Der Bücherwurm dehnte und streckte sich. »Ich habe wunderbar ge- 396
schlafen«, gähnte er. »Nun will ich mich an eine große Arbeit machen! Ich will das zweibändige Werk dort durchnagen. Von Seite eins des ersten Bandes bis Seite 500, der letzten Seite des zweiten Bandes, will ich nagen und nagen.« Wieviel Zentimeter hatte der Bücherwurm zu durchnagen? Jeder Band war acht Zentimeter dick, jeder Buchdeckel einen Zentimeter. Ganz leicht, nicht?

In einer alten Scheune saßen Katzen – in jeder der vier Ecken saß eine; 397
zwischen zwei Katzen saß eine Katze. Jeder Katze gegenüber saß eine Katze. Und neben dem Schwanz jeder Katze saß eine Katze. Wie viele saßen in der Scheune?

Ein jeder hat's, 398
im Grabe ruht's,
der Herr befiehlt's,
der Kutscher tut's.

Ein arabischer Scheich hatte drei prächtige Söhne, die einander voll- 399
kommen ebenbürtig in allen Künsten waren. Er liebte sie mit gleicher Zärtlichkeit und wußte deshalb nicht, wem von ihnen er sein Reich hinterlassen sollte, aber er wollte diese Frage gern entscheiden. Eines Tages rief er sie zusammen: »Meine Söhne«, sagte er, »wie soll ich es anstellen, um den Würdigsten unter euch herauszufinden, dem ich mein Reich hinterlassen will?« Die Söhne erwiderten: »Erhabener Vater, wir sind alle gleich tüchtig. Laßt doch unsere Pferde entscheiden! Gebt dem von uns das Reich, der das schnellste Pferd besitzt – einen anderen Rat wissen wir nicht. Wer auch immer die Herrschaft antritt, wird nicht würdiger sein als seine Brüder.« Der Scheich betrachtete seine Söhne lange, dann entschied er: »Wir wollen es anders machen. Daß ihr reiten könnt wie der Wind, daß ihr tüchtige Pferde habt, das weiß ich wohl. Könnt ihr auch eure Ungeduld bezähmen, könnt ihr langsam reiten? Nicht das schnellste Pferd soll entscheiden, sondern jenes, das zuletzt an der Dattelpalme ankommt, die ihr dort hinten am Horizont erblickt.« Die Söhne stutzten, dann rannten sie davon, schwangen sich auf die Pferde, spornten sie an und ritten alle drei wie der Sturmwind davon. – Warum taten sie das? Hatten sie die Bedingungen ihres Vaters nicht verstanden?

400 Widersprüche

Wer es wagt, hat keinen Mut,
wem es fehlt, dem geht es gut.
Wer's besitzt, ist bettelarm,
wem's gelingt, der ist voll Harm.
Wer es gibt, ist hart wie Stein,
wer es liebt, der bleibt allein.

401 Ich werde gestern sein –
bin morgen dagewesen!

402 Eine Flasche mit Korken kostet 1,10 DM. Die Flasche ist 1 DM teurer als der Korken. Was kostet die Flasche, was der Korken?

403 Welcher Vogel ist es, den – so laut er girrt –
doch ein Gleichgenannter schwerlich hören wird?

404 Eine Schnecke beschloß, auf die leuchtende Blüte einer Sonnenblume zu kriechen. Der glatte Stengel war 2,10 Meter hoch, und die fleißige Schnecke schaffte täglich 70 Zentimeter – rutschte aber leider nachts immer wieder 40 Zentimeter zurück. Wie lange brauchte sie, bis sie sicher und geborgen auf dem Blütenteller saß?

405 Kennst du das Bild auf zartem Grunde,
es gibt sich selber Licht und Glanz,
ein and'res ist's zu jeder Stunde,
und immer ist es frisch und ganz.

Im engsten Raum ist's ausgeführet,
der kleinste Rahmen faßt es ein,
doch alle Größe, die dich rühret,
kennst du durch dieses Bild allein.

Und kannst du den Kristall mir nennen,
ihm gleicht an Wert kein Edelstein,
er leuchtet, ohne je zu brennen,
das ganze Weltall saugt er ein,

der Himmel selbst ist abgemalet
in seinem wundervollen Ring.
Und doch ist, was er von sich strahlet,
oft schöner, als was er empfing.

406

Unter allen Schlangen ist eine,
auf Erden nicht gezeugt,
mit der an Schnelle keine,
an Wut sich keine vergleicht.

Sie stürzt mit furchtbarer Stimme
auf ihren Raub sich los,
vertilgt in einem Grimme
den Reiter und sein Roß.

Sie liebt die höchsten Spitzen,
nicht Schloß, nicht Riegel kann
vor ihrem Anfall schützen,
der Harnisch – lockt sie an.

Sie bricht wie dünne Halmen
den stärksten Baum entzwei,
sie kann das Erz zermalmen,
wie dicht und fest es sei.

Und dieses Ungeheuer
hat zweimal nur gedroht –
es stirbt im eignen Feuer,
wie's tötet, ist es tot!

Zwei Eimer sieht man auf und ab 407
in einem Brunnen steigen,
und schwebt der eine voll herauf,
muß sich der andre neigen.

Sie wandern rastlos hin und her,
abwechselnd voll und wieder leer,
und bringst du diesen an den Mund,
hängt jener in dem tiefsten Grund.
Nie können sie mit ihren Gaben
in gleichem Augenblick dich laben.

Es kommt ein Knabe gegangen, 408
mit klingenden Glocken behangen,
sagt, Müßiggang heiße ihm Pflicht.
Und was die Brüder mit Darben,
mit Mühen und Sorgen erwarben,
verzehrt er im leckern Gericht.
Sonst schön wie ein Engel und heilig dazu,
mißgönnt er dem Küster und Pfarrer die Ruh'!

Von Perlen baut sich eine Brücke 409
hoch über einen grauen See,
sie baut sich auf im Augenblicke,
und schwindelnd steigt sie in die Höh'.

Der höchsten Schiffe höchste Masten
ziehn unter ihrem Bogen hin,
sie selber trug noch keine Lasten
und scheint, wenn du ihr nahst, zu fliehn.

Sie wird erst mit dem Strom und schwindet,
sowie des Wassers Flut versiegt.
So sprich, wo sich die Brücke findet
und wer sie künstlich hat gefügt!

410 Ich wohne in einem steinernen Haus,
da lieg' ich verborgen und schlafe,
doch ich trete hervor, ich eile heraus,
gefordert mit eiserner Waffe.
Erst bin ich unscheinbar und schwach und klein,
mich kann dein Atem bezwingen,
ein Regentropfen schon saugt mich ein,
doch mir wachsen im Siege die Schwingen,
wenn die mächtige Schwester sich zu mir gesellt,
erwachs' ich zum furchtbar'n Gebieter der Welt.
(Friedrich Schiller)

411 Ein Mann hatte einmal eine wunderschöne Blumenfrau: Nachts lebte sie als seine Gemahlin in seinem Haus, tagsüber aber war sie in eine Blumen verwandelt, und niemals gelang es ihm, sie festzuhalten, wenn der Morgen dämmerte, oder sie im Garten unter den Blumen zu finden.

Eines Nachts aber sprach die Blumenfrau zu ihrem Mann: »Wenn der Morgen kommt, kannst du mich erlösen. Du wirst im Garten zwanzig schöne Rosen finden, darunter bin auch ich. Wenn es dir gelingt, mich zu finden und zu pflücken, bin ich erlöst und bleib' Tag und Nacht bei dir!« Als der Morgen kam und die Blumenfrau verschwunden war, ging der Mann in den Garten und sah zwanzig herrliche Rosen, die am Abend vorher noch nicht ganz aufgeblüht waren. Es fiel ihm leicht, seine Frau zu finden und zu erlösen. Woran erkannte er sie?

412 Hier stehen sechs Gläser:
Drei Gläser sind voll Saft, drei sind leer. Nun sollen drei volle Gläser nebeneinander stehen – aber nur ein einziges Glas darf berührt werden! Kann man das machen?

413 Peter und seine Schwester Lotte zählten ihr Geld. Jeder von ihnen sollte einen Schulausflug machen, und jeder wollte unterwegs Sprudel trinken und trotzdem Geld für Mutters Geburtstag übrigbehalten. Lotte sagte: »Zeig mal, Peter, wieviel Geld du noch hast!« Peter sah sich Lottes und seine Münzen an und schlug seiner Schwester dann vor: »Gib mir doch eine Mark von deinen, dann haben wir gleich viel!« Aber Lotte meinte: »Nein, gib du mir eine Mark – dann hab ich nämlich doppelt soviel wie du!« Könnt ihr sagen, wieviel Geld jeder von ihnen hatte?

414 Beim Buchhändler Petersen erschien ein fremder Herr, der es eilig hatte, und kaufte sich eine Ausgabe des Strafgesetzbuchs. Sie kostete 25 DM, und der Herr gab dem Buchhändler einen Hundertmarkschein. Aber Herr Petersen hatte so früh am Morgen noch nicht genügend Wechselgeld in der Kasse und schickte deshalb seinen Boten in die nebenan liegende Tankstelle zum Wechseln. Der Bote kam mit Wechselgeld zurück, Herr Petersen zahlte dem fremden Käufer 75 DM und gab ihm das Buch.

Als der Kunde den Laden verlassen hatte, kam der Tankstellenbesitzer aufgeregt an – mit einem Hundertmarkschein in der Hand. »Er war falsch!« rief er dem Buchhändler zu – und was half es? Herr Petersen nahm den falschen Schein wieder an sich und gab dem Tankstellenbesitzer 100 Mark – aber echte. Nun wußte er, warum der Kunde das Strafgesetzbuch brauchte – aber wieviel Geld hatte er nun zugesetzt?

Kein Gold, kein Silber kann heller, 415
kein Vogel in Lüften kann schneller,
kein Pfeil durchdringender sein.
Verwahret die Fenster und Riegel:
Ich breche nicht Stäbe noch Siegel
und komme doch plötzlich hinein!

Wir sind's gewiß in vielen Dingen, 416
im Tode aber sind wir's nicht.
Die sind's, die wir zu Grabe bringen,
und diese wieder sind es nicht.

Und weil wir leben, sind wir's eben,
in Geist und Angesicht.
Und weil wir leben, sind wir's eben
zur Zeit noch nicht.

Großvater hat Geburtstag. Der vierjährige Gero fragt: »Sag mal, Großvater, wie alt bist du jetzt schon?« Großvater denkt nach und antwortet dann: »Das könnt ihr leicht ausrechnen. Peter, du bist doch genauso alt wie die drei anderen zusammen. Die Zwillinge Heinz und Christa sind zusammen dreimal so alt wie der kleine Gero. Und ich bin doppelt so alt wie ihr alle zusammen.« Die Kinder denken: »Großvater macht aber Unsinn«, und gehen spielen. Aber Peter, der Älteste, rechnet doch nach, und er bringt es natürlich leicht 'raus. Aber ihr könnt auch ausrechnen, wie alt Peter, die Zwillinge und Großvater sind! 417

Als die beiden Araber Ali und Omar durch die Wüste zogen, begegnete ihnen ein reicher Mann, der sich verirrt hatte. Während der nächtlichen Rast hatten sich seine habgierigen Kameltreiber heimlich mit allen Tieren und allen Schätzen davongemacht in der Annahme, daß der reiche Mann umkommen und niemand etwas von ihrem Verrat erfahren würde. Ali und Omar nahmen ihn mit sich auf ihrem Weg und teilten redlich ihren Vorrat mit dem Fremden: Ali hatte fünf Datteln, Omar noch drei, und gemeinsam verzehrten sie die Früchte. Als sie in der Oase angelangt waren, verabschiedete sich der reiche Mann mit Dank und einem Geschenk von acht Goldstücken für die Datteln. Nun aber stritten sich Ali und Omar, wie die Goldstücke verteilt werden sollten! Ali wollte fünf haben und Omar drei geben, entsprechend der Zahl von Datteln, die jeder von ihnen gehabt hatte. Aber Omar erklärte: »Wir beide haben gegeben, was 418

wir hatten, jeder hat alles gegeben, was er besaß, da ist es nur gerecht, wenn wir jeder vier Goldstücke erhalten.« Die beiden zerstritten sich so gründlich, daß sie schließlich den weisen Richter um eine Entscheidung baten. Und wie lautete sie? »Ali«, sagte der Richter, »erhält sieben Goldstücke. Omar aber kann nur eins bekommen, wenn die Teilung gerecht sein soll.«
War das nicht sonderbar? Wer kann sagen, warum der Richter diese Entscheidung traf?

419 Kaum erwachs' ich wieder, mäht man mich schon nieder.
Macht der Schnitter es nicht gut, so vergießt der Acker Blut!

420 Ich hab' ein Ding im Sinn:
Wohl lieben es die Mädchen traut,
es liegt um ihre zarte Haut –
doch stecken Nägel drin!

421 Eine Familie hatte Töchter und Söhne. Wer wissen möchte, wie viele Mädchen und wie viele Jungen es waren, muß wissen, daß jedes Mädchen ebenso viele Schwestern wie Brüder hatte, jeder Junge aber nur halb so viele Brüder wie Schwestern.

422 Ein Mann sagte: »Zwar habe ich keine Geschwister, aber ohne Angehörige bin ich natürlich nicht! Denn der Vater dieses Mannes hier neben mir ist der Sohn meines Vaters!« Wer war denn der Mann, der neben ihm stand?

423

Die besten Freunde, die wir haben,
sie kommen nur mit Schmerzen an,
und was sie uns für Weh getan,
ist fast so groß wie ihre Gaben.
Und wenn sie wieder Abschied nehmen,
muß man zu Schmerzen sich bequemen!

(Johann Wolfgang von Goethe)

424 In das Herz des größten Weltbezwingers
setze du hinein,
und es wird der größte Leidensüberwinder
bezeichnet sein.

(Friedrich Schleiermacher)

425 Man ißt es nicht,
man trinkt es nicht,
und schmeckt doch allen gut!

426 Das blanke Hündchen
mit seinem langen Schwanz
springt noch kein Viertelstündchen –
schon ist er weg, der Schwanz!

Ein Bruder ist's von vielen Brüdern, 427
in allem ihnen völlig gleich,
ein nötig Glied von vielen Gliedern
in eines großen Vaters Reich.

Jedoch erblickt man ihn nur selten
fast wie ein eingeschobnes Kind:
Die andern lassen ihn nur gelten
da, wo sie unvermögend sind!

(Johann Wolfgang von Goethe)

Wenn du es sagtest, wärest du nicht klug, 428
wenn du es hättest, wär's mehr als genug.
Wenn du's entbehrtest, wärst du nicht glücklich,
wenn du es wünschtest, wär' es nicht schicklich.
Wenn du es glaubtest, wärst du zum Spott,
wenn du es könntest, wärst du ein Gott!

Zwei Eingänge hat das Haus, 429
und wer mit den Füßen wieder
draußen ist. ist erst richtig drinnen!

Nimm mir ein nu – 430
dann bin ich ein Nu!

Je mehr es bekommt, desto hungriger wird es, 431
und hat es alles gefressen,
dann stirbt es.

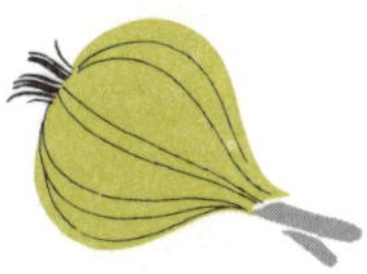

Ihr lieben Leut', 432
was das bedeut'?
Hat sieben Häut',
beißt alle Leut'!

Ich bin nicht, ich war nicht, ich werde nicht sein. 433
Du meinest, ich scherze? Ich sage dir: nein!
Ich stehe ja sichtlich vor deinem Gesicht,
und kannst du mich raten, so nennst du mich nicht.

(Clemens Brentano)

Familie Müller war in die kleine Stadt Ähausen gezogen, wo sie niemanden kannte und sich recht verloren vorkam. Deshalb freute sich Frau Müller sehr über die erste Einladung, die sie erhielt – zum Tee bei Frau Bäh. Sie traf dort Frau Zeh und Frau Dee. Weil sie gern noch einiges über 434

die Verhältnisse in Ähausen erfahren wollte, fragte Frau Müller: »Bitte, Frau Bäh, sind Sie mit Frau Zeh verwandt?« Ja, sie war es. Aber wie drückte Frau Bäh das aus? »Der Bruder der Schwiegermutter meines Mannes ist der Vater des einzigen Schwagers von Frau Zehs Mann, der übrigens keine Geschwister hat.« Und ehe Frau Müller noch daran denken konnte, diese schwierige Sache aufzulösen, erklärte Frau Dee auch schon: »Und auch ich bin mit Frau Bäh verwandt! Die Schwester der einzigen Schwiegertochter der Eltern meines Mannes ist die Nichte des Schwiegervaters von Frau Bähs Mann!«
Ach! Ob man das nicht auch einfacher ausdrücken könnte? Wie waren die Damen miteinander verwandt?

435 Kennt ihr die Geschichte von der schnell wachsenden Seerose in einem Park? Sie wuchs so schnell, daß sie jeden Tag doppelt soviel Fläche bedeckte wie am Tag vorher. Schon am achten hatte sie die Hälfte des Wasserbeckens mit ihren Blättern überzogen. Wann bedeckte sie die ganze Fläche?

436 Kommissar Kohlmacher steht vor einer schwierigen Aufgabe: Er sucht den Autofahrer, der ein wichtiges Verkehrsschild umgerissen und anschließend Fahrerflucht begangen hat. Ein Zeuge hat ausgesagt, daß es sich um einen grauen Personenwagen handelte.
Drei verdächtige Autofahrer hat der Kommissar nach langen Ermittlungen festgestellt, aber von jedem weiß er nur wenig – im ganzen hat er nur sechs Angaben, aus denen er den einzig möglichen Täter herausfinden soll. Helft ihm dabei!
1) Herr Blodau hat einen VW. 2) Der Citroën kommt aus Wittlage. 3) Fräulein Martling ist Kunststudentin. 4) Der Opel-Rekord ist weiß. 5) Herr Lautenbach und der Citroën-Fahrer kennen sich. 6) Der rote Wagen hat die Nummer B-UC 547.

Eine Aufgabe, die man mit Nachdenken und Rechnen und vielleicht auch ein wenig Ausprobieren lösen kann! Es geht um Würfel, und wer sich an die Lösung macht, muß sich einen Würfel genau ansehen: Die »Augen« (so nennt man die Punkte) sind so angeordnet, daß sie auf den gegenüberliegenden Flächen immer zusammen sieben betragen. Der Sechs liegt also die Eins gegenüber, der Fünf die Zwei und der Vier die Drei. Diese Tatsache wollten Peter, Hans und Ulla ausnutzen, um eine Tafel Schokolade auszuwürfeln. Wer den höchsten Wurf tat, sollte sie bekommen. 437

Sie würfelten jeder einmal, und zwar *mit zwei Würfeln.* Dabei hatten sie ausgemacht, daß nicht nur die Augenzahl, die oben zu sehen war, gelten sollte, sondern auch die verdeckte. Die obere Zahl galt als Zehner, die untere als Einer. Wer also eine Sechs würfelte, hatte auf der verdeckten Seite die Eins – der Wurf galt also 61, klar?

Sie würfelten also jeder einmal mit zwei Würfeln und zählten die Augenzahl zusammen.

Und als sie das getan hatten, konnte die Tafel Schokolade noch nicht übergeben werden: *Alle drei hatten nämlich die gleiche Augenzahl gewürfelt!* Und was das Sonderbare daran war: Es waren ja im ganzen sechs Würfel, also dreimal je zwei, gefallen, und jeder Wurf sah anders aus! Es wurde also kein einziges Mal die gleiche Zahl gewürfelt, und trotzdem hatten Peter, Hans und Ulla alle das gleiche Ergebnis.

Es gibt unter allen Möglichkeiten nur eine einzige Zahl, die diese Bedingungen erfüllt, die also, wenn man mit zwei Würfeln auf diese Weise spielt, dreimal erreicht werden kann, ohne daß sich eine Zahl wiederholt. Welche Zahl es ist, soll herausgefunden werden. Man braucht nicht nur zu probieren – man kann es auch errechnen!

Immer ist es nah, 438
niemals ist es da.
Wenn du denkst, du seist daran,
nimmt es andern Namen an.

Von meiner Mutter bin ich kommen, 439
hab' meine Mutter wiedergeboren!

Es wurzelt gen Himmel und wächst zur Erde! 440

Kein Kluger hält mich für gering: 441
Ich bin ein unverträglich Ding!
Drum bringt mich nicht in eure Taschen,
wollt ihr noch etwas drin erhaschen!
Sonst fress' ich's weg und werde doch nicht satt;
ich fresse immer mehr, je länger man mich hat!

442 Wir erzählen die berühmte Geschichte von den fünf Kappen: Es ist schon sehr lange her, da hatten sich in einem fernen Land drei Männer verschworen, den ungerechten und grausamen König vom Thron zu stoßen und einen besseren Herrscher an seine Stelle zu setzen. Doch ihr Plan wurde entdeckt; man nahm die Männer gefangen und führte sie gefesselt vor den König. Der war gerade in guter Laune, denn er hatte ausgezeichnet zu Mittag gegessen. Und als er die kräftigen, sicher auch tüchtigen und mutigen Männer vor sich stehen sah, beschloß er, ausnahmsweise ein gnädiger König zu sein!
Er ließ fünf Kappen, kleine, runde Kappen, bringen – drei weiße und zwei rote. Dann sprach er: »Ich werde euch die Augen verbinden und jedem von euch eine der Kappen aufsetzen lassen. Dann wird euch die Binde wieder von den Augen genommen, ihr stellt euch einander gegenüber und versucht, herauszufinden, welche Farbe die Kappe auf eurem eigenen Kopf hat. Sehen könnt ihr nicht, was ihr auf dem Kopf habt. Wer zuerst die richtige Antwort weiß, soll frei sein.«
So wurde es gemacht. Die drei Gefangenen standen sich eine Weile schweigend gegenüber und riefen dann wie aus einem Mund: »Ich habe eine weiße Kappe auf!«
Es war richtig. Und weil sie alle drei gleichzeitig gesprochen hatten, ließ der König sie alle drei frei.
Wie konnten sie wissen, welche Farbe die Kappe auf ihrem Kopf hatte?

443 Ach, was für ein Gebell und Gekläff auf der Hundeausstellung! Alle Hunde waren von einem Herrchen oder Frauchen begleitet, aber fünf Herren hatten sogar je zwei Hunde an der Leine! Wie soll man sie zählen? Zählen wir die Beine: Es sind 110 Beine, die auf der Ausstellung herumspazieren. Wie viele Menschen und wie viele Hunde sind anwesend?

444 Wie heißt das richtig, was hier so komisch verdreht ist?

Wer im Glashaus sitzt, geht viel irr.
Eigener Herd scheut das Feuer.
Gebranntes Kind wirft nicht mit Steinen.
Wer viel fragt, ist Goldes wert.

445 Ein Ei braucht acht Minuten, um ganz hart zu werden. Wie lange brauchen vier Eier dazu?

446 Auf einem Baum saßen zehn Krähen. Der Bauer erschoß vier davon. Wie viele blieben also sitzen?

447 Übersetzt: Ignis quis caput vir multum ab audere!
Und: Rex pulex post Africam et multum in plus!

448 Wie heißt es denn richtig: Die Oder fließt in der Nordsee – oder die Oder fließt in die Nordsee?

Eichhörnchenvater, Eichhörnchenmutter und Eichhörnchenkind 449
spazierten auf ihre Art durch den Wald – das heißt, sie schwangen sich von Wipfel zu Wipfel. Plötzlich kam ein gewaltiger Windstoß und schüttelte die Bäume so heftig, daß sich die Tiere fest anklammern mußten. »Hoppla!« sagte Eichhörnchenkind. »Jetzt wären wir beide fast gestürzt!« Warum sagte es denn »wir beide« und nicht »wir drei«?

»Isegrim, du böser Wolf!« schalt der König der Tiere. »Hast du vergessen, 450
daß ich Frieden geboten habe? Du hast meinen Befehl mißachtet und das arme Lamm der Frau Langwolle getötet! Was hast du dazu zu sagen?« – »Ach ja, mein König«, antwortete der Wolf, »ich gestehe, daß ich das Lamm getötet habe. Es geschah aus Zorn, vergebt mir! Das Lamm war sehr frech. Seht, ich stand am Bach und löschte meinen Durst. Weiter unten am Bachlauf stand das Lamm der Frau Langwolle und rührte mutwillig mit seinen Hufen den Grund auf, so daß ich trübes Waser trinken mußte. Da ergrimmte ich und zerriß das Schaf. Aber weil es aus Zorn geschah und nicht aus niedriger Gesinnung, werdet Ihr mich nicht bestrafen, mein König!« – »Und erst recht werde ich dich bestrafen«, rief der König. »Du hast nicht nur den Frieden gebrochen, sondern du hältst mich auch für sehr dumm, daß ich auf solche unverschämten Lügen hereinfallen soll!« Aber wieso hatte denn der Wolf gelogen?

»Wort« ist ein dunkelbrauner Mann, 451
den auch der »Wort umgekehrt« nicht weißwaschen kann!

Es ist mein eigen, 452
mein Paß kann's dir zeigen –
doch ihr braucht es öfter als ich.
Ist das nicht wunderlich?

»Warum stricken Sie denn in so großer Hast, Frau Müller?« fragte Frau 453
Meier. »Die Nadeln fliegen ja nur so!«
»Das muß ich ja – sehen Sie nur, mein Garn ist fast zu Ende. Da muß ich rasch stricken, damit der Ärmel noch fertig wird!«
»Ja, das verstehe ich«, antwortete Frau Meier. »Wieviel Wolle brauchen Sie denn bei dem dicken Garn für den Pullover?«
»Anderthalb Pfund.«
»Na, dann wird er aber schwer! Sehen Sie mein Garn – ich brauche nur 750 Gramm für meinen Pullover – er wird ganz leicht!«
Und was stimmt nun nicht?

Soll ich dir fröhlich erscheinen, 454
blick du mich nicht traurig an!
Sonst werd' ich mit dir weinen,
weil ich gar nicht anders kann.
Zeigst du mir aber ein böses Gesicht,
dann merkst du gleich: du gefällst mir nicht!

?

455 Von dem Ort Adorf fährt nach Behausen ein Zug. Er fährt um elf Uhr ab und schafft 50 Kilometer in der Stunde. Von Behausen nach Adorf fährt ein anderer Zug – er beginnt seine Fahrt erst um 13 Uhr, hat aber eine Geschwindigkeit von 70 Kilometern in der Stunde. Welcher ist nun, wenn sich die Züge begegnen, näher an Adorf?

456 Es ist meines Vaters Sohn und doch nicht mein Bruder – sonderbar?

457 Zu einem Kongreß trafen sich zehn Herren, die einander feierlich die Hand schüttelten – jeder gab jedem die Hand. Ein Reporter, der dabei stand, staunte über das lange Händeschütteln und begann auszurechnen, wieviel Händedrücke insgesamt ausgetauscht wurden. Wer hilft ihm dabei, die Summe auszurechnen?

458 Ein Ziegelstein wiegt 500 Gramm und die Hälfte seines Gewichts. Wieviel wiegt er also?

459 Uwe kam so spät vom Spielen nach Hause, daß er fast nicht mehr die Milch holen konnte, die seine Mutter für das Abendbrot von Uli und Uwe brauchte. Im Milchgeschäft war alles schon sauber abgewaschen, als er ankam, und der Milchmann sagte: »Du hättest aber auch ein bißchen früher kommen sollen! Wieviel Milch willst du haben? Die Kanne voll?« – »Nein«, antwortete Uwe, »ich soll nur einen Liter holen, und in meine Kanne gehen zwei.« Der Milchmann sagte: »Nun, nur meine Fünfliterkanne ist nicht abgewaschen. Wie kann ich dir denn nun mit Hilfe deiner Zweiliterkanne und meiner Fünfliterkanne am besten einen Liter Milch abmessen?« – »Das ist doch ganz einfach«, meinte Uwe. »Sie füllen mir zuerst . . .« Ja, wie wollte Uwe es gemacht haben?

460 Es liegt ein Mann im Krankenhaus – hat drei Füße! Wie geht denn das zu?

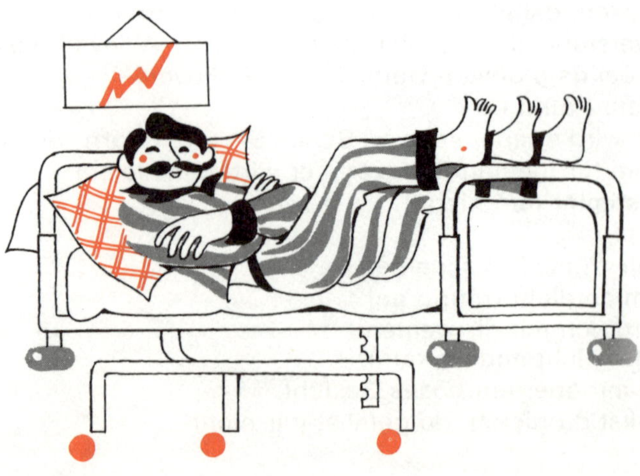

Ach, ach, ach, 461
wer läuft mir immer nach?
Ist ein kleiner schwarzer Mann,
der ohne mich nicht laufen kann!

Vergeblich hat Gefahr 462
dem Ithaker gedroht,
weil er »es« war.
Doch nein: Daß er »es« war,
das eben schuf die Not
ihm und Gefahr.

Triffst du mich recht, 463
so hast du falsch geraten.
Doch rätst du falsch –
so bin ich schon erraten!

Eine Mutter hatte fünf Söhne, und jeder Sohn hatte eine Schwester. Wie viele Töchter waren es? 464

Die Diebe werden doch immer frecher! Am hellen Mittag, als die Familie des Bauern Grotklaas beim Essen saß, ist das nagelneue Fahrrad des Knechts Krischan gestohlen worden! Krischan, der mit dem Trecker auf dem Feld gearbeitet hatte, war nur eben mit dem Rad zum Essen heimgefahren, hatte es an die Scheunenwand gelehnt und war in die Küche gegangen – und als er wieder abfahren wollte, war das Rad weg! Niemand hatte einen Fremden auf dem Hof gesehen oder gehört – nur Jochen, der zehnjährige Sohn von Grotklaas, wußte natürlich wieder mehr als alle anderen! »Das waren bestimmt die Zigeuner, die hier gestern Teppiche verkaufen wollten! Bestimmt! Ich glaub', ich hab' zwei Leute gesehen – ja, das hab' ich, wie sie das Fahrrad mitgenommen haben!« – »Junge«, sagte sein Vater, »denk doch nach, ehe du redest! Du hast hier gesessen und konntest die Scheunenwand doch überhaupt nicht sehen!« – »Nein«, rief Jochen eifrig, »hab' ich auch nicht! Aber ich hab' doch die Schatten von den beiden gesehen – ganz lange Schatten, und den Schatten vom Fahrrad auch, als sie es mitnahmen!« 465
Da gab ihm sein Vater einen Klaps – warum wohl?

466 Ich sitze oft in mir,
um meiner selbst zu pflegen,
und bin dann um mich selbst
recht herzlich oft verlegen!
(Friedrich Schleiermacher)

467 Mit Geduld und Konzentration kann man der Linie folgen, die von einem Buchstaben zum anderen führt, und auf diese Weise allmählich ein Wort zusammensetzen. Wie heißt es?

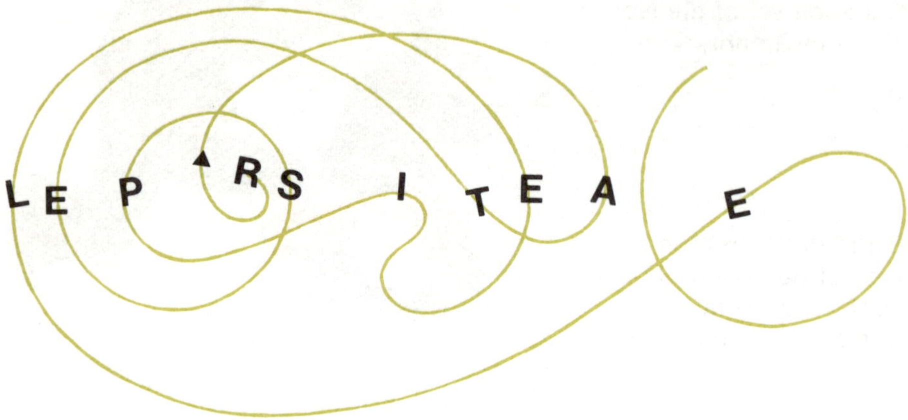

468 Welches Wort wird immer falsch geschrieben?
Was macht den Schmerz so peinlich?
Welche Zahl bleibt sich immer gleich, auch wenn man sie auf den Kopf stellt?
Wie kann man beweisen, daß die Hälfte von zwölf sieben ist?

469 Welcher Vogel hat hinten ein Öfchen?
Warum kann es niemals zwei Tage hintereinander regnen?
Wie hieß der erste Floh (von dem wir etwas wissen) mit Vornamen?
Welcher Abend fängt morgens an?
Warum ruft in England der Kuckuck nie vormittags?
Welches ist der höflichste Fisch?
Was ist Tesch? Und was ist Pensch?
Was hat einen Kopf wie eine Katze, Augen wie eine Katze, einen Schwanz wie eine Katze, miaut wie eine Katze, fängt Mäuse wie eine Katze – und ist doch keine Katze?

470 Er strahlt uns hell in dunkler Nacht.
Ein A davor: Welch bunte Pracht!
Setz statt des A ein O voran,
und fang nur gleich zu suchen an!

Was ist eigentlich ein Prügelknabe? 471

a. ein Raufbold?
b. einer, der die Prügel kriegt, die andere verdient hätten?
c. ein Junge, der mal tüchtig Prügel haben müßte?

In sieben Wortreihen sind immer fünf Begriffe zusammengestellt, von 472
denen einer nicht zu den anderen gehört, wie man schnell erkennt. Sucht diese Wörter heraus und lest ihre Anfangsbuchstaben der Reihe nach: Es ergibt sich ein beliebtes Getränk.

1. Stein, Eisen, Kupfer, Silber, Zink,
2. Flügel, Schnabel, Pelz, Feder, Daune,
3. Eidechse, Chamäleon, Regenwurm, Kreuzotter, Blindschleiche,
4. Meise, Uhu, Dompfaff, Schwarzdrossel, Rotkehlchen,
5. Sechseck, Viereck, Kreis, Diagonale, Quadrat,
6. nah, fern, benachbart, weit, eben,
7. Linde, Tanne, Eibe, Fichte, Kiefer.

Unterstreicht das falsche Wort und setzt den Anfangsbuchstaben an den Rand neben die Reihe!

In jedem der zwölf Wörter ist ein anderes versteckt, wobei es sich nicht nur um Hauptwörter handelt! Sogar eine Stadt in der Schweiz ist zu suchen!
Wenn man die Anfangsbuchstaben der kleinen Wörter in der gegebenen Reihenfolge hintereinander liest, hat man die Bezeichnung für einen sehnlich herbeigewünschten Tag vor sich!

Büfett ______
Nessel ______
Krume ______
Eigelb ______
Nest ______
Knie ______
albern ______
Diesel ______
Hafengasse ______
Kind ______
Knochen ______
Knoten ______

Eine Denkaufgabe, die nicht schwierig ist, aber sehr bekannt. Vor langer 473
Zeit lebte in einem fernen, fernen Land ein guter, aber ein bißchen schwächlicher König, dessen Minister die größte Gewalt im Land hatte.

Wenn ein Mann ein Verbrechen begangen hatte und mit dem Tode bestraft werden sollte, wollte ihm der gute König noch eine allerletzte Chance geben: Er ließ ein Kästchen bringen, in dem ein weißes Elfenbeinkügelchen und ein schwarzes Ebenholzkügelchen rollten. Dem Missetäter wurden die Augen verbunden, und er durfte sich eine Kugel herausgreifen. War es die weiße, dann konnte er sein Leben behalten, griff er die schwarze, führte man ihn dem Henker zu.
Merkwürdigerweise gelang es niemals irgendeinem Mann, das weiße Kügelchen zu erwischen – immer kam das schwarze in die Finger des Verurteilten, und im ganzen Lande flüsterte man sich zu: »Der böse Minister hat überhaupt nur zwei schwarze Kugeln in den Kasten gelegt!« Aber wie sollte man das beweisen?

474 Ein *Haus* aus *Saft* – gibt es das? Man muß nur richtig verwandeln! Von Wort zu Wort wird ein Buchstabe verändert – so daß zwischen Saft und Haus noch zwei weitere Wörter entstehen:

H	A	U	S
S	A	F	T

475 Hier sind neun Wörter gegeben, und in jedem von ihnen soll ein Buchstabe durch einen anderen ersetzt werden – aber so, daß immer ein neues sinnvolles Wort entsteht! Ob es sich um ein Hauptwort oder ein anderes handelt, ist gleichgültig.
Liest man dann die entfernten Buchstaben hintereinander, ergibt sich die Bezeichnung für das Urlaubsziel vieler Reisender, und wenn man die neu eingesetzten hintereinander liest, ergibt sich das, was auf dem anderen »Wort« steht!

Zeit ______

Echse ______

Fall ______

Scheit ______

Packer ______

fluchen ______

Aeste ______

bitten ______

Wanze ______

Wer kommt woher?

476 Hermann der Römer
Kleopatra die Italienerin
Shakespeare aus Amerika
Johann Strauß der Münchner
Johann Sebastian Bach der Österreicher
König Ludwig von Preußen
Thomas Alva Edison aus England
Albrecht Dürer aus den Niederlanden
Pablo Picasso der Italiener
Peter Paul Rubens der Deutsche

»Warum steckst du die Stummel deiner Zigaretten immer in eine Schachtel?« fragt Elsa ihren großen Bruder Norbert. »Weil ich sparen muß«, antwortet Norbert. »Aus drei Stummeln drehe ich mir eine neue Zigarette. In meine Schachtel passen genau achtzehn Stummel. Rechne mal aus, kleine Elsa, wie viele Zigaretten ich mir aus diesen achtzehn Stummen noch drehen kann!« Na – wie viele sind es? 477

In den nachstehenden zwölf Reihen sind Begriffe zusammengestellt, die zueinander passen. Aber Achtung! Ein Begriff ist in jeder Reihe dabei, der nicht hingehört. Den sollt ihr heraussuchen. Die Anfangsbuchstaben ergeben dann – in der Reihenfolge von eins bis zwölf gelesen, den Namen eines großen Malers und Bildhauers. 478

1. Realschüler – Volksschüler – Hochschüler – Musterschüler
2. Iltis – Maus – Hase – Eichhörnchen
3. München – Celle – Hamburg – Bamberg
4. Speerwerfen – Weitspringen – Handball – Dauerlauf
5. Schienbein – Nasenbein – Kreuzbein – Elfenbein
6. Tintenfleck – Leberfleck – Obstfleck – Teerfleck
7. Arbeitslohn – Stundenlohn – Monatslohn – Wochenlohn
8. Mittelmeer – Mittellinie – Mittelläufer – Nahrungsmittel
9. Schwergewicht – Gegengewicht – Leichtgewicht – Mittelgewicht
10. Hinterteil – Vorderteil – Einzelteil – Oberteil
11. Birke – Apfelbaum – Lärche – Ulme
12. Obstmesser – Regenmesser – Temperaturmesser – Windmesser

P	U	P	P	E
R	A	M	M	E

Aus einer zarten *Puppe* machen wir eine derbe *Ramme.* Und wie? Wir bilden drei Hilfswörter, in denen jeweils ein einziger Buchstabe verändert worden ist. Es müssen aber immer sinnvolle Wörter entstanden sein! 479

Quiz für Bücherfreunde 480

Wie heißen die Verfasser dieser berühmten Kinder- und Jugendbücher?

Pippi Langstrumpf
Der Ölprinz
Die Regulatoren am Arkansas
Die Wunderbare Reise des kleinen Nils Holgersson mit den Wildgänsen
Der letzte Mohikaner
Robinson Crusoe
Kein Winter für Wölfe
Die Schatzinsel
Max und Moritz
Alice im Wunderland
Das Dschungelbuch

481 Sprichwörter – total verdreht!

Bitte berichtigen!
Müßiggang hat Gold im Munde.
Was du nicht willst, daß man dir tu', das verschiebe nicht auf morgen.
Der Apfel ist aller Laster Anfang.
Hunger kommt vor dem Fall.
Dummheit und Stolz, das füg auch keinem andern zu!
Viele Köche haben kurze Beine.
Gleich und gleich macht Wangen rot.
Was Hänschen nicht lernt, macht noch keinen Sommer.
Morgenstund' studiert nicht gern.
Ein voller Bauch fällt nicht weit vom Stamm.
Eine Schwalbe gesellt sich gern.
Hochmut ist die Mutter der Weisheit.
Stille Wasser sprechen die Wahrheit.
Vorsicht ist der beste Koch.
Was du heute kannst besorgen, lernt Hans nimmermehr.
Lügen sind tief.
Kinder und Narren wachsen auf einem Holz.
Salz und Brot verderben den Brei.

482 Was gehört nicht in die Reihe?

Bei diesen neun Reihen von Begriffen ist immer einer, der nicht zu den anderen paßt. Sucht ihn heraus, und lest dann alle Anfangsbuchstaben dieser falsch eingereihten Wörter hintereinander, dann nennen sie euch eine deutsche Landschaft.

1. Mehl, Grütze, Sahne, Grieß, Kleie;
2. Marokko, Südwestafrika, Chile, Abessinien, Ägypten;
3. Leopard, Löwe, Jaguar, Puma, Hyäne;
4. Lotto, Sechsundsechzig, Skat, Doppelkopf, Bridge;
5. Henne, Eber, Pute, Kuh, Sau;
6. Paprika, Nelken, Stiefmütterchen, Majoran, Liebstöckel;
7. Maus, Igel, Ratte, Eichhörnchen, Meerschweinchen;
8. Erbse, Kirsche, Pflaume, Apfel, Birne;
9. Faden, Nadel, Nagel, Stopfgarn, Fingerhut.

483 Wer kennt die Namen der Städte?

Die Heinzelmännchen von?
Der Rattenfänger von?
Der Schneider aus?
Die Meistersinger von?
Die Jungfrau von?
Der Trompeter von?

Noch ein Quiz für Naturfreunde 484

1. Eine Languste ist a. eine Krötenart, b. eine Krebsart, c. ein Wasservogel;
2. eine Manguste ist a. eine Krebsart, b. eine Kürbisfrucht, c. eine Schleichkatze;
3. ein Ibis ist a. eine Frühlingsblume, b. ein Schreitvogel, c. eine Raubkatze;
4. ein Irbis ist a. ein Nadelbaum, b. ein Schneeleopard, c. ein Schreitvogel;
5. ein Lori ist a. eine Papageienart, b. eine Lotosblume, c. ein Molch;
6. ein Loris ist a. eine Papageienart, b. ein Halbaffe, c. ein Efeu.

Städte- und Länderquiz 485

1. Wie nennen wir die Stadt, die von ihren Bewohnern *Napoli* genannt wird?
2. Und was bezeichnen die Italiener mit *Monaco?*
3. Bei uns heißen viele Jungen *Peter.* Welche Namen in anderen europäischen Ländern entsprechen unserem Peter? In Spanien heißt er? In Frankreich? In England? In Italien? In Rußland?
4. Wenn man den französischen Männernamen *Etienne* übersetzen will, wie muß er dann deutsch heißen?
5. Wie nennen die Engländer die Ostsee?
6. Wie nennen die Franzosen die Wasserstraße zwischen ihrem Land und England? Wir sagen: *Ärmelkanal.*
7. Wie heißt bei uns die Stadt, die in Frankreich Cologne und in Italien Colonia genannt wird?
8. Wie nennt man einen Deutschen in Frankreich? In England? In Italien? In Dänemark? In Holland? In Finnland?
9. Eine sehr schwere Frage: Shakespeare hat das Drama »Hamlet, Prinz von Dänemark« geschrieben. Hamlet lebt in einem Schloß bei einer Stadt, die Shakespeare (und alle Engländer mit ihm) *Elsinore* nennt. Wie steht sie auf deutschen und dänischen Landkarten verzeichnet?
10. Wie nennen wir die italienischen Städte *Genova, Padova, Milano, Firenze?*

Was liegt nördlicher: 486

Rom oder New York?
Moskau oder Kopenhagen?
Ottawa oder Paris?
Athen oder New Orleans?
Mexiko-Stadt oder Bombay?
Peking oder Ankara?
Kap Hoorn oder
das Kap der Guten Hoffnung?

Was ist verschwunden? 487

Während die Spieler draußen vor der Tür warten, verteilt einer von ihnen ungefähr dreißig kleine Gegenstände des Haushalts durcheinander auf

1 größeres Tuch, kleine Gegenstände

einem Tisch. Wir decken sie erst einmal zu und bitten dann die Spieler herein. Vor ihren Augen wird dann das Tuch weggenommen, und sie können sich dreißig Sekunden oder eine Minute lang die Dinge auf dem Tisch genau ansehen. Dann decken wir sie wieder zu und bitten die Spieler, noch einmal kurz den Raum zu verlassen.
In ihrer Abwesenheit entfernen wir einen Gegenstand vom Tisch. Die Spieler sollen, wenn sie erneut die Gegenstände betrachten, bemerken, was fehlt und dies heimlich notieren. Wir können das Spiel nämlich so lange fortsetzen, bis wir den gesamten Vorrat abgeräumt haben, und bei Feststellung des Siegers kommt es dann darauf an, wer die richtige Reihenfolge bei seinen Notizen eingehalten hat.

Kimspiel Ⓖ 488

Schreibzeug, kleinere Gegenstände

Einer der Spieler legt, während die übrigen nicht im Raum sind, vierundzwanzig kleine Gegenstände auf den Tisch und breitet über sie ein großes Tuch aus. Dann ruft er die Spieler herein und deckt vor ihnen eine Minute lang die Decke ab. Die Spieler haben also Zeit, die Gegenstände zu betrachten und sie sich ins Gedächtnis einzuprägen. Dann wird alles wieder zugedeckt. Jetzt sollen die Spieler in einem festgelegten Zeitraum schnell notieren, welche Gegenstände sie sich gemerkt haben. Der, der das vollständigste Verzeichnis abliefert, hat gewonnen.

Ginitis – wieviel? Ⓖ 489

Stäbchen oder Streichhölzer

Die nordamerikanischen Indianer trainieren ihr Gedächtnis mit einem Spiel, bei dem sie vierzig dünne Stäbchen verwenden, die etwa 15 cm lang sind. Wenn wir nicht die Zeit haben, sie uns selbst zu basteln und mit Verzierungen zu versehen, können wir auch ganz gewöhnliche Streichhölzer bei diesem Spiel verwenden.
Wir legen zehn Häufchen von Streichhölzern in einer Reihe auf den Tisch. In jedem Häufchen sind jeweils eins bis fünf Hölzer. Dann versucht der erste Spieler im Zeitraum von einer halben Minute sich zu merken, wieviel Hölzchen jeweils in einem Haufen liegen. Nach dieser Zeit muß er sich umdrehen, und der Spielleiter fragt ihn: »Ginitis?« was soviel heißt wie: »Wieviel?«. Jetzt muß der Ratende versuchen, die Anzahl der Streichhölzer in den zehn Häufchen von links nach rechts aufzusagen. Schätzt er bei einigen Häufchen die richtige Anzahl, nimmt der Spielleiter diese Streichhölzer beiseite. Die, bei denen sich der Spieler geirrt hat, bleiben auf dem Tisch liegen.
Am Ende zählen wir die richtigen Streichhölzer zusammen und ermitteln so die »Gedächtniszahl« des Spielers.
Wer die höchste Zahl für sich verbuchen kann, ist Sieger.

Wer setzte sich um? Ⓖ 490

Zehn bis fünfzehn Mitspieler nehmen verstreut im Raum Platz, entweder auf Stühlen, aber auch auf dem Fußboden oder auf Tischen. Sie sollen möglichst ungeordnet herumsitzen.

Zwei ausgeloste »Detektive«, die vorher den Raum verlassen hatten, dürfen wieder hereinkommen, sich die Sitzordnung ansehen und das Zimmer erneut verlassen. Jetzt setzt sich ein Spieler blitzschnell um. Die wieder gerufenen Detektive müssen nun herausfinden, wer mit wem den Platz vertauscht hat. Raten sie richtig, dürfen sie weiterhin Detektive bleiben, irren sie sich, vertauschen sie mit den Genasführten die Rolle.

Was hat sich verändert? — 491

Die Spieler setzen sich alle schön in eine Reihe, möglichst sollten sie nicht von einem Tisch verdeckt sein. Ein ausgeloster »Detektiv« betrachtet sie alle aufmerksam und verläßt dann das Zimmer. Während seiner Abwesenheit verändert jeder Spieler irgendeine Kleinigkeit an sich. Der eine steckt sich das Haar hinter die Ohren, der andere bindet seinen Schuh auf usw. Jetzt betritt der Detektiv wieder den Raum und versucht herauszufinden, was sich an dem einzelnen verändert hat. Besonders lustig wird das Spiel, wenn sich einige Spieler überhaupt nicht verändern; auch dies muß dann der Detektiv herausfinden. Für jede Entdekkung bekommt er einen Punkt. In der nächsten Runde wird ein anderer Detektiv.

Abtasten von geometrischen Formen — 492

Formen aus Pappe

Wir schneiden gemeinsam je zehn Dreiecke, Quadrate, Rechtecke, Kreise und Rauten aus starkem Papier oder Pappe zurecht.
Einem Spieler werden die Augen verbunden, und ihm wird ein ganzer Stoß dieser Formen in die Hand gegeben. Seine Aufgabe besteht nun darin, die einzelnen Formen nur durch Abtasten schön geordnet jeweils aufeinander zu legen: Dreiecke auf Dreiecke, Quadrate auf Quadrate usw. Die Zeit, die er dazu benötigt, wird abgestoppt. Für jeden Fehler, der ihm unterläuft, werden fünf kostbare Sekunden hinzugerechnet.
Wer nun am schnellsten fertig ist, hat sich ein Pfand verdient.

Wie viele gingen vorbei? — 493

1 Tuch

Wir räumen Stühle, Tische und Bänke in die Ecken, wählen einen Spieler aus, verbinden ihm die Augen und stellen ihn in die Mitte des Raumes. Der Rest der Spieler versammelt sich am Ende des Raumes. Der Leiter sagt mit lauter Stimme: »Achtung, jetzt!« und von diesem Augenblick an darf niemand auch nur einen einzigen Laut von sich geben. Der Spieler mit den verbundenen Augen spitzt gehörig die Ohren, um feststellen zu können, wie viele Personen zum anderen Ende des Raums an ihm vorbeigegangen sind. Die Spieler wenden verschiedene Taktiken an – einmal schleicht nur ein einziger Spieler vorsichtig auf den Fußspitzen, ein anderes Mal gehen gleichzeitig mehrere, manchmal schreitet energisch ein Paar durch den Raum, und in dessen Schatten bewegt sich in aller Stille ein dritter. Der Leiter sagt dann: »Genug!« und der Blinde gibt bekannt, wie viele Personen seiner Ansicht nach den Raum durchquert haben. Falls er es errät, wird er abgelöst, falls er eine falsche Zahl nennt, verbleibt er auch beim nächsten Spiel auf seinem Platz.

Gesellschaftsspiele

Fangt den Sehenden ◔ Ⓖ 494

Tücher

Alle teilnehmenden Spieler verbinden sich mit einem Tuch die Augen, und ein vorher ausgeloster Spielleiter nimmt dann heimlich einem Spieler das Tuch wieder ab. Der Sehende steht jetzt den anderen gegenüber, die ihn suchen und fangen sollen. Er darf alle Ausweichmanöver anwenden, allerdings muß er sofort stehenbleiben, wenn ihn ein Fänger berührt. Dieser überzeugt sich zunächst, ob der von ihm festgehaltene Spieler auch wirklich kein Tuch mehr über den Augen hat. Wenn er diese Vermutung bestätigt findet, versucht er, ihn durch Abtasten zu erkennen. Dann nennt er seinen Namen, das ist der einzige Augenblick, in dem der »Blinde« sprechen darf. Falls er den Sehenden tatsächlich erkannt hat, ist das Spiel beendet, sagt er jedoch einen falschen Namen, muß er sein Opfer wieder loslassen, und die Suche geht weiter.

Die Reise nach Jerusalem ◔ Ⓖ 495

Stühle

Wir stellen in der Mitte des Zimmers 2 Stuhlreihen so auf, daß die Lehnen aneinanderstoßen. Die Spieler sitzen dann in 2 Reihen mit den Rücken aneinander. Es wird allerdings genau ein Stuhl weniger aufgestellt, als sich Spieler am Spiel beteiligen wollen. Dann beginnen wir, in einem langsamen Marsch hintereinander um die Stuhlreihen herumzuschleichen. Der Spielleiter klimpert dazu ein Lied auf der Gitarre oder dem Klavier. Wir können auch eine Platte laufen lassen. Jedenfalls sollten sich die Spieler bemühen, im Rhythmus um die Stühle zu laufen. Ohne daß es einer vorher weiß, hört der Leiter plötzlich auf zu spielen.
Genau in dem Moment müssen alle Spieler versuchen, einen Platz zu erwischen. Da ein Stuhl zuwenig ist, geht einer zwangsläufig leer aus. Er scheidet aus dem Spiel aus, und auch ein Stuhl wird entfernt. Dann beginnt die spannende Unterhaltung von neuem. Wer als letzter übrigbleibt und siegesgewiß auf dem letzten Stuhl sitzt, hat gewonnen und erhält eine kleine Belohnung.

Kampf um Ballons ◔ Ⓖ 496

2 Luftballons

2 Spieler binden einen aufgeblasenen Ballon am Knöchel des rechten Beins fest. Die Spieler umkreisen sich vorsichtig und versuchen, auf den Ballon des Gegners zu treten. Der, dessen Ballon zuerst platzt, hat verloren. Der ruhmreiche Sieger tritt nun, wenn wir in einer größeren Gruppe spielen, gegen den nächsten Herausforderer an.

Hirschjagd

◔ Ⓖ **497**

1 Tuch

Wir stellen in einem genügend großen Raum 2 Tische der Länge nach zusammen. Einem ausgelosten oder ausgezählten Spieler werden die Augen verbunden; er wird im Verlauf des Spiels der »Jäger« sein. Die übrigen Spieler sind die »Hirsche«. Der Jäger steht zu Beginn an der einen Seite des Tisches, die Hirsche am anderen Ende, und auf ein Signal hin beginnt die Jagd. Der Jäger soll so schnell wie möglich einen Hirsch mit der Hand berühren, um ihm so seine undankbare Rolle zu übergeben. Alle Spieler müssen trotz der Hitze des Gefechts immer mit einer Hand den Tisch berühren. Der Jäger ist insofern im Hintertreffen, als er die Hirsche nicht sehen kann; er kann sich jedoch vom Tisch leiten lassen. Die Hirsche können zwar die Bewegungen des Jägers genau verfolgen, jedoch ist ihr Rudel so groß, daß sie sich gegenseitig behindern und dadurch vom Jäger getroffen werden können. Sie dürfen zwar unter den Tisch kriechen und über ihn hinüberspringen, allerdings dürfen sie dabei die Grundregel nicht vergessen: Mit einer Hand muß der Tisch immer berührt werden! Wer sie vergißt, scheidet aus.
Im Verlauf des Spieles sollte jeder einmal Jäger werden.

Armes kleines Kätzchen

◔ Ⓖ **498**

Wir losen unter uns aus, wer am Anfang die Rolle des »armen kleinen Kätzchens« übernimmt. Das Kätzchen miaut dreimal herzzerreißend, dann tritt der erste Spieler zum Kätzchen, streichelt ihm den Kopf und sagt: »Armes kleines Kätzchen.« Falls er imstande ist, sich zu beherrschen und nicht zu lächeln, tritt er zurück. Das Kätzchen miaut abermals und der nächste Spieler streichelt es. Wer kein ernstes Gesicht bewahrt und lächelt oder laut lacht, der vertauscht die Rolle mit dem Kätzchen.

Die Federn des Feuervogels ◔ Ⓖ 499

Buntes Papier, Schere

Wir schneiden uns aus farbigem Papier Streifen von 10 Zentimetern Länge zurecht und befestigen sie am Körper bzw. der Kleidung eines ausgelosten Spielers, der dadurch zum »Feuervogel« wird.
Dann verbinden wir dem Feuervogel die Augen und stellen ihn in die Mitte des Raumes. Ein Spieler nach dem anderen versucht nun, dem Feuervogel eine Feder wegzunehmen, ohne daß er dabei vom Feuervogel gehört oder berührt wird.
Jeder hat für einen Versuch nur 30 Sekunden zur Verfügung und darf bloß eine einzige Feder wegtragen. Sobald sich alle abgelöst haben, kommt wieder der erste an die Reihe. Wer vom Feuervogel erwischt wird, scheidet aus. Es wird so lange gespielt, bis der Vogel alle Federn eingebüßt hat. Wer die meisten erbeutet hat, ist Sieger.

Fahrt durch das Zimmer ◔ Ⓖ 500

2 harte Pappdeckelstücke, 1 Stoppuhr

Wir schneiden aus Pappe 2 Rechtecke zu, schieben dann die Stühle unter den Tisch und markieren rund um den Tisch eine Rennbahn. Der zuvor ausgeloste »Rennfahrer« erhält beide Pappen und soll so schnell wie möglich die Rennbahn umfahren; er darf jedoch dabei nicht auf den Fußboden treten, und zwar geht das so:
Er legt das erste Stück Pappdeckel vor sich hin, stellt sich mit einem Fuß darauf, und einen Schritt entfernt legt er das zweite Stück, auf das er dann den anderen Fuß setzen kann. Dann hebt er das erste Stück hinter sich wieder auf und legt es nach vorn. So kann er sich dann durch den ganzen Raum bewegen. Die Zeit wird gestoppt. Wer die »Rennstrecke« in der kürzesten Zeit schafft, ist Sieger.

Wir können dieses Spiel natürlich auch gut im Garten spielen und so einen spannenden Wettlauf veranstalten. Wer zuerst am Ziel ist, ohne daß er unterwegs einen Fehler gemacht hat, siegt.

Kastanienschleppen 501

Kastanien oder kleine Kartoffeln

Wir markieren im Zimmer oder im Garten eine Bahn. Dann schütten wir einen Haufen Kastanien oder kleine Kartoffeln aus. Der Spieler soll sie auf das Startsignal hin so schnell wie möglich aufsammeln, mit ihnen loslaufen und sie zum Ziel befördern. Er darf sie allerdings weder in die Taschen noch unter das Hemd stecken. Wer dafür nach der Stoppuhr die wenigste Zeit braucht, siegt; allerdings werden für verlorene Kastanien Punkte abgezogen.
Wir können auch alle zugleich loslaufen. Sieger ist, wer auf dem Weg die wenigsten Kastanien verliert und dennoch der Schnellste ist.

Amselzweikampf 502

Vor noch nicht allzulanger Zeit wußten die Menschen nicht, was die Vögel eigentlich mit ihrem Gesang zum Ausdruck bringen. Den Wissenschaftlern gelang es, die wirkliche Bedeutung des Vogelgesangs zu enthüllen. Die Vögel geben mit ihrem Gesang der Umwelt bekannt, daß sie auf einem bestimmten Gebiet wohnen und dieses Gebiet als ihr Territorium betrachten.
Entsprechend ist auch dieses Spiel benannt. 2 Gegner stehen sich, die Rücken einander zugewandt, gegenüber, und auf Befehl beginnen beide irgendein Lied zu pfeifen. Jeder bemüht sich, den anderen zu übertönen und zum Schweigen zu bringen. Der Pfeifzweikampf dauert $^1/_2$ Minute – nachher beurteilen die übrigen, wer besser und lauter gepfiffen hat und deshalb »Recht auf das Gebiet« hat.

Vogelspiel 503

Die Spieler setzen sich rund um den Tisch, und einer nimmt an der Front des Tisches Platz. Er beginnt zu erzählen, wie er durch die Welt reiste und Fotos von Vögeln machte. Jedesmal, wenn er den Namen eines fliegenden Vogels ausspricht, heben alle den rechten Arm und schwingen mit der Hand – sie ahmen so die Flugbewegung der Vögel nach. Der Leiter schaltet von Zeit zu Zeit einen breiteren Begriff aus der Vogelwelt in seine Erzählung ein – zum Beispiel »Raubvögel«, »Vogelreservation«, »Zugvögel« usw. Dann müssen die Spieler beide Arme heben und mit beiden Händen schwingen. In der Erzählung treten auch andere zoologische Begriffe auf, Namen von Säugetieren, Schmetterlingen usw. Wenn der Leiter »Fledermaus« sagt, darf niemand die Hand heben. Die Hände bleiben auch auf dem Tisch bei Nennung eines nichtfliegenden Vogels – zum Beispiel des Strauß oder des Emu.
Wer sich zum erstenmal irrt, muß aufstehen. Nach dem zweiten Fehler stellt sich der Spieler auf ein Bein. Wer zum dritten Mal hereinfällt, scheidet aus dem Spiel aus.

Aufrufen von Zahlen 504

Die Spieler setzen sich in einen Kreis und numerieren die einzelnen Stühle. Die Spieler haben im Spiel die gleiche Nummer wie ihr Stuhl. Einer eröffnet das Spiel, indem er zum Beispiel sagt: »Eins ruft Vier!« Der Spieler, der auf Stuhl Nummer vier sitzt, muß sich sofort melden und eine andere Zahl rufen – zum Beispiel: »Vier ruft Sieben!«
Und so ruft ein Spieler den anderen, bis einer einen Fehler begeht. Als Fehler wird betrachtet, wenn sich der aufgerufene Spieler nicht augenblicklich meldet, wenn sich ein Spieler meldet, der nicht aufgerufen wurde, oder wenn jemand eine nicht existierende Zahl aufruft. Wer einen Fehler macht, begibt sich auf den letzten Stuhl mit der höchsten Ordnungszahl. Die übrigen Spieler rücken um einen Stuhl, damit sie ihm Platz machen. Das Spiel wird nun fortgesetzt, einige Spieler haben jedoch von diesem Augenblick an eine andere Nummer. Und gerade in den häufigen Veränderungen der Nummern liegt der Witz dieses Spiels. Die Stühle mit den niedrigsten Zahlen werden als ehrenvollste und sicherste betrachtet, da sich hier die Reihenfolge nicht so häufig ändert. Allerdings nur dann, wenn wir nicht mit unterschiedlich numerierten Stühlen spielen – manchmal verwenden wir nämlich nur gerade oder nur ungerade Zahlen, eventuell numerieren wir die Stühle entsprechend dem Vielfachen der Drei oder lassen einfach einige Zahlen aus.

Geheimer Befehlshaber 505

Wir losen vor dem eigentlichen Beginn des Spiels einen »Detektiv« aus, der anschließend den Raum verläßt. Während er draußen ist, kommen die Spieler überein, wer von ihnen der »geheime Befehlshaber« ist. Dann rufen sie den Detektiv zurück ins Zimmer. Der geheime Befehlshaber beginnt nun, verschiedene ausgefallene Bewegungen zu machen; er winkt mit der Hand, er glättet sich die Haare, reibt sich die Hände, beugt sich vor usw. Die übrigen Spieler müssen versuchen, die Bewegungen augenblicklich nachzuahmen, so daß es dem Detektiv schwerfällt, zu ermitteln, wer nun eigentlich der geheime Befehlshaber ist, d. h. von wem die Initiative zu diesen Bewegungen ausgeht. Wir stoppen die Zeit ab, die der Detektiv braucht, um den geheimen Befehlshaber zu ermitteln.
Dann losen oder knobeln wir einen neuen Detektiv und einen neuen Befehlshaber aus und setzen das Spiel so lange fort, bis jeder einmal eine Rolle spielen durfte.

Achtung auf den Leoparden! 506

Sämtliche Spieler setzen sich im Schneidersitz in einen Kreis und legen die Hände auf die Knie, die Handflächen nach oben. In der Mitte des Kreises hockt oder kniet der »Leopard« – ein Spieler, der sich langsam rundherum dreht und von Zeit zu Zeit versucht, jemanden mit einer schnellen Bewegung der linken oder rechten Hand auf die Handflächen zu schlagen. Falls ihm das gelingt, muß der Spieler, der nicht sofort reagierte und die Hand zurückzog, die Rolle des Leoparden übernehmen.

Konversation Ⓖ 507

Die beiden Spieler, die die spätere Konversation bestreiten sollen, werden erst einmal hinausgeschickt, und die übrigen Spieler einigen sich auf zwei grundverschiedene Themen, die die beiden behandeln sollen. Dann werden beide getrennt ins Zimmer gerufen, und wir teilen jedem mit, welchen bedeutungsvollen Satz er in der nun folgenden Unterhaltung erwähnen muß. Keiner der beiden kennt das Subjekt des anderen. Beide setzen sich nun bequem zurecht, und wir können amüsiert verfolgen, wie sie sich langsam im Gespräch näherkommen, wie sie beide ringen, um dem anderen das eigene Thema klarzumachen und damit den eigenen Satz unterbringen zu können.
Der eine möchte sich fortwährend über die Jungfernzeugung der Ameisenkönigin unterhalten, während dem anderen das Problem der Relativitätstheorie am Herzen liegt.
Wenn jeder das Thema des anderen erraten hat, ist das Spiel erfolgreich beendet.

Suche nach der eigenen Identität Ⓖ 508

2 Spieler aus der Gruppe gehen vor die Tür, während sich die übrigen untereinander einigen, welche Persönlichkeit die beiden jeweils darstellen werden. Dann rufen wir unsere Kandidaten einzeln wieder herein und teilen jedem von ihnen mit, wen er darstellen soll. Jeder Kandidat kennt also den »Namen« seines Gesprächspartners, nicht aber den eigenen. Der soll nun aus dem Verhalten und den Anspielungen des Gegenübers erraten werden.
Wir brauchen uns nicht darauf zu beschränken, allgemein bekannte Persönlichkeiten darzustellen, fast lustiger und für die Zuhörer spannender wird dies Spiel, wenn wir einen der Anwesenden oder gemeinsame Freunde, Verwandte oder Bekannte darstellen, die wir sicherlich treffender nachahmen können und über deren Verhältnisse, auf die wir anspielen wollen, wir alle besser informiert sind.

Mörder und Detektiv Ⓖ 509

Einige Zettel

Wenn es dunkel zu werden beginnt und wir uns alle einmal recht gruseln wollen, können wir »Mörder und Detektiv« spielen. Dieses Spiel hat auch durch die diversen Fernsehsendungen zu diesem Thema nichts von seiner Faszination eingebüßt.
Zur Vorbereitung des Spiels gehört es, daß wir für jeden Teilnehmer ein zusammengefaltetes Blatt Papier bereithalten; die Blätter werden dann verteilt.
Die Blätter sind bis auf 2 unbeschriftet, sollen aber geheim bleiben, d. h. niemand darf seinen Zettel einem anderen zeigen, damit keiner weiß, wer von uns der Mörder sein wird. Auf den beiden beschrifteten Blättern steht nämlich einmal ein M=Mörder und einmal ein D=Detektiv. Der Detektiv gibt sich zu erkennen und verläßt den Raum. Dann löschen wir das Licht, und im geeigneten Augenblick schleicht sich der Mörder an sein Opfer

heran, legt ihm (sacht!) die Hände um den Hals und schleicht sich von den anderen unbemerkt wieder auf seinen Platz. Das Opfer liegt, wenn wir die Lampe einschalten, auf dem Boden und ist zu keinerlei klärender Aussage mehr fähig.
Jetzt tritt der Detektiv in Aktion. Wir rufen ihn ins Zimmer und beauftragen ihn mit der Klärung des Falles. Während der strengen Kreuzverhöre sind wir alle verpflichtet, die Wahrheit zu sagen und unsere eventuellen Beobachtungen mitzuteilen. Der Mörder muß sich nun geschickt zu verstellen wissen, aber am Ende wird er durch den Scharfsinn des Detektivs entlarvt.

Was bin ich? ◕ Ⓖ 510

Wir teilen uns in 2 Gruppen. Die eine ist das Rateteam, die andere macht untereinander aus, welchen Beruf sich jeder zulegen und der Reihe nach mit einer »charakteristischen Handbewegung« andeuten will.
Im Kreis von Freunden müssen wir uns natürlich Berufe ausdenken, die wir gar nicht ausführen, damit die Unterhaltung spannender wird. Die Fragen des Rateteams werden ausschließlich mit ja oder nein beantwortet, weitere Hinweise können wir leider nicht geben.
Um in der Gruppe der Ratenden ein wenig Verwirrung zu stiften, können sich 2 oder mehr Teilnehmer der anderen Gruppe »Berufe« ausdenken, die es in Wirklichkeit gar nicht gibt. Allerdings gelingt der Bluff nur dann, wenn wir reale mit Phantasieberufen in unregelmäßiger Reihenfolge abwechseln. Die Gruppen sollten natürlich ihre Rollen im Verlauf des Spiels wechseln.

Persönlichkeiten ◕ Ⓖ 511

Bei diesem Spiel für ältere Kinder und Erwachsene kommt es auf gewisse Vorkenntnisse an, die alle Beteiligten gemeinsam haben sollten.
Ein ausgeloster Spieler merkt sich den Namen einer allgemein bekannten Persönlichkeit, sei es ein Dichter, Schriftsteller, Gelehrter, Erfinder, Musiker oder Politiker, ohne ihn einem der Mitspieler zu verraten.
Diese beginnen nun, indirekte Fragen zu stellen.
Sie nennen die Berufsbezeichnung der vermeintlichen Persönlichkeit und den Anfangsbuchstaben des Nachnamens. Der Befragte muß dann seinerseits erraten, welche bekannte Person der Frager gemeint haben könnte. Wir wollen zur Illustration ein einfaches Beispiel geben.
Der Spieler A denkt sich den Dichter Brentano.
Die anderen stellen ihm anfangs die indirekten Fragen: »Ist es ein Maler?« Antwort: »Nein, es ist nicht Breughel!« »Ist es ein Bildhauer?« Antwort: «Nein, es ist nicht Bellini!« »Ist es ein Politiker?« »Nein, es ist nicht Bismarck!«
Bis zu dem Zeitpunkt, an dem A keine Antwort mehr auf die präzisen Fragen der anderen weiß, laufen die indirekten Fragen weiter. Nehmen wir einmal an, es fällt ihm so schnell kein Bildhauer ein, dessen Name mit einem B beginnt. Er muß passen, darf aber zur Kontrolle nachforschen,

ob der Frager überhaupt wirklich an einen Bildhauer mit B gedacht hat. Man gibt ihm zur Antwort: »Bellini!« Nun hat der Frager das Recht auf eine direkte Frage, auf die A ausschließlich mit ja oder nein antworten darf. Bleiben wir bei unserem Beispiel: »Lebt(e) diese Persönlichkeit in Europa?« Antwort: »Ja!«
Jetzt setzen wir die indirekten Fragen fort. Es wird sich zwangsläufig ergeben, daß sich der Wissensvorrat von A so weit erschöpft, daß am Ende fast ausschließlich direkte Fragen gestellt werden dürfen, so daß sich das Spiel immer schneller seinem Ende nähert.

Stille Post — G — 512

Wir sitzen im Kreis zusammen, und ein ausgeloster Spieler beginnt, indem er einen verzwickten Satz seinem Nachbarn zur Rechten ganz leise ins Ohr flüstert. Dieser darf nicht nachfragen, sondern soll das, was er verstanden hat, wiederum seinem Nachbarn einflüstern, und so wandert die Botschaft die Reihe um. Der letzte der Runde sagt als einziger das laut, was er tatsächlich verstanden hat, und der erste wiederholt den Satz, der die Ausgangsbasis für die Botschaft bildete. Meist wird die Information durch unsere Stille Post so entstellt sein, daß wir den Anfangs- und Endsatz kaum noch in einen Zusammenhang bringen können. Derjenige, der in der ersten Runde als letzter an der Reihe war, darf nun wieder einen neuen Satz bilden.

Hänschen, piep einmal! — G — 513

1 Tuch

Dieses Spiel ist besonders für kleinere Kinder amüsant und wird gerne bei Kindergeburtstagen gespielt.
Wir sitzen alle im Kreis, und eines der Kinder oder auch die Mama bekommt ein Tuch vor die Augen gebunden und wird einige Male um sich selbst gedreht, so daß die Orientierung verlorengeht. Wir vertauschen nun untereinander heimlich die Plätze.
Dann soll sich das Kind in der Mitte einem von uns zart auf den Schoß setzen und erraten, auf wessen Schoß es sitzt. Kommt es nicht gleich von selbst auf den richtigen Namen, so darf es um ein Zeichen bitten mit den Worten: »Hänschen, piep einmal!«, worauf das Hänschen ein »Piep!« von sich geben muß. Hat der Ratende die verstellte Stimme nicht erkannt, muß er weiterrücken und sein Glück bei einem anderen Hänschen versuchen. Dasjenige Hänschen, das erkannt wurde, muß in der nächsten Runde raten.

Blinzeln — G — 514

Stühle

Wir stellen eine Anzahl Stühle nebeneinander, und hinter jeden Stuhl stellt sich ein Spieler. Auf den Stühlen sitzen die jeweiligen Partner. Nur ein einziger Spieler steht hinter einem leeren Stuhl. Jetzt versucht er, den fehlenden Partner durch Zublinzeln anzulocken.
Die Sitzenden werden ihren Partnern auch ohne weiteres untreu, wenn es gelingt, ihnen zu entkommen. Die Kinder, die stehen, müssen die

Hände auf dem Rücken verschränkt halten. Der einsame Spieler muß nun versuchen, einem Sitzenden so zuzublinzeln, daß dieser seinem Wächter entkommt. Die Sitzenden sind also immer auf dem Sprung; ihre Wächter dürfen sie nur an den Schultern festhalten.
Wer seinen Partner an einen anderen verloren hat, muß nun seinerseits versuchen, einen neuen Partner anzulocken. Nach einigen Runden tauschen wir die Rollen, und die, die bisher gesessen haben, werden zu Wächtern.

Schokoladenessen Ⓖ 515

1 Tafel Schokolade, einige Bogen Papier, Bindfaden, 1 Mütze, Fäustlinge, 1 Schal, 1 Sonnenbrille, 1 Würfel, 1 Würfelbecher, 1 Messer, 1 Gabel

Bei diesem Kinderspaß geht es meist sehr turbulent zu. Zu Beginn des Spiels wird eine Tafel Schokolade sauber in mehrere Bogen Papier eingepackt, die wir zusätzlich noch mit einem Bindfaden umwickeln können. Dann legen wir auf den Tisch eine Mütze, 2 Fäustlinge, einen Schal und eine Sonnenbrille. Zusätzlich brauchen wir einen Würfel, einen Würfelbecher, Messer und Gabel.
Jeder würfelt erst einmal, um festzustellen, wer beginnen darf. Selbstverständlich hat der Spieler das Recht anzufangen, der eine Sechs würfelt, dann geht es von ihm aus weiter links reihum. Wir beginnen mit dem eigentlichen Spiel. Der erste darf dreimal hintereinander würfeln. Wirft er eine Sechs, so muß er sich blitzschnell die Mütze auf den Kopf setzen, den Schal umbinden, die Handschuhe anziehen, die Sonnenbrille aufsetzen und anfangen, mit Messer und Gabel das Paket zu öffnen, um an die Schokolade zu gelangen, von der er mit Messer und Gabel soviel verschlingen darf, wie ihm Zeit bleibt. Seine Zeit ist nämlich sehr begrenzt. In dem Augenblick, in dem einer der nächsten Spieler ebenfalls eine Sechs würfelt, muß der Essende seine Mahlzeit unterbrechen und dem zweiten Glückspilz die Utensilien überlassen. Dieser darf dann mit dem Auspacken bzw. Essen dort fortfahren, wo der Vorgänger unterbrechen mußte.
Im Eifer des Gefechts reißen sich die Spieler die Gegenstände aus der Hand, um wenigstens ein Stückchen der heißbegehrten Schokolade zu ergattern. In den ersten Runden wird wohl kaum einer an die Beute direkt herankommen, da alle erst einmal bei der Verpackung stecken bleiben.

Ringlein auf der Wanderschaft Ⓖ 516

1 Ring, Schnur

Am besten spielt sich dieses Spiel auf dem Fußboden. Wir hocken alle im Kreis, und ein Kind sitzt in der Mitte.
Die übrigen umfassen gemeinsam mit beiden Händen eine Schnur, auf die ein Ring gefädelt ist. Wir lassen nun mit dem Spruch bzw. Lied: »Ringlein, Ringlein, du mußt wandern, von dem einen Ort zum andern. O wie schön, o wie schön, hat zwei Augen und kann nicht sehn!« den Ring von einer Hand in die andere gleiten.
Der Spieler in der Mitte muß nun erraten, erahnen oder sehen, in wessen Hand sich der Ring gerade befindet. Hat er ihn erspäht, so geht derjenige in die Mitte, bei dem der Ring gefunden wurde.

Auf der Mauer, auf der Lauer ◔ Ⓖ 517

Bei diesem Singspiel kommt es nicht darauf an, ganze Wörter zu verschlucken, sondern wir lassen nur die einzelnen Buchstaben der Wörter »Wanze« und »tanzen« langsam verschwinden, um sie dann wieder zusammenzusetzen. Wir können dieses Lied bereits mit kleinen Kindern spielen, denn der Text ist denkbar einfach:
»Auf der Mauer, auf der Lauer sitzt 'ne kleine Wanze. Auf der Mauer, auf der Lauer sitzt 'ne kleine Wanze. Seht einmal die Wanze an, wie die Wanze tanzen kann! Auf der Mauer, auf der Lauer sitzt 'ne kleine Wanze.«
In der folgenden Runde lassen wir das e bei der Wanze weg und das en bei »tanzen«. Dann folgen »Wan« »tan«, »Wa« »ta«, »W« »t«, und zum Schluß summen wir statt »Wanze« und »tanzen« nur noch »hm«, »hm«. Schwieriger und verwirrender wird es, wenn wir die Wörter wieder aufbauen wollen. Derjenige, der sich verhaspelt und eine Silbe zuviel nennt, muß ausscheiden.

Mumien Ⓖ 518

Mehrere Rollen Toilettenpapier

Hier kommt es darauf an, daß einer schneller und geschickter ist als der andere. Es wird also im Wettbewerb gespielt.
Ein Paar findet sich jeweils zusammen, und auf das Kommando: »Achtung! Fertig! Los!« beginnt einer, den Partner mit einer schier endlos langen Bahn Toilettenpapier von oben bis unten einzuwickeln. Wir müssen darauf achten, daß wir schnell arbeiten und uns in der Hast das Papier nicht einreißt.
Bei unseren Mumien sollen nur noch Augen, Mund und Nase zu sehen sein, alles andere muß fest verpackt werden, wenn wir das Spiel gewinnen wollen.
Es geht also einmal um Schnelligkeit und zusätzlich um Geschicklichkeit. Wer als erster seine Mumie am besten verpackt hat, hat gewonnen. Sind 2 Spieler zur gleichen Zeit fertig, so ist der der Gewinner, dessen Mumie sauberer gewickelt ist.

Mein Hut, der hat 3 Ecken Ⓖ 519

Für dieses alte Spiel brauchen wir keine Utensilien.
Wir singen zusammen erst einmal den Vers: »Mein Hut, der hat drei Ekken, drei Ecken hat mein Hut. Und hätt' er nicht drei Ecken, so wär es nicht mein Hut !« Viele von uns werden die alte, eingängige Melodie noch aus ihrer Kinderzeit kennen.
Beim zweiten Durchgang lassen wir jedesmal das Wort »Hut« aus und ersetzen es durch eine entsprechende Handbewegung, wir zeigen dafür auf unseren Kopf. Beim dritten Durchgang fällt das Wort »Ecken« weg, wir zeigen dafür auf unseren Ellenbogen. Als nächstes fällt »mein« aus, wir deuten auf unseren Körper. Bei dem Wort »drei« deuten wir mit unseren Fingern die entsprechende Zahl an.
Am Schluß besteht das Lied noch aus folgendem Text:
» . . . . . ., der hat . . . . . ., ... hat . . . . . . Und hätt' er . . . (Kopfschütteln) . . . . . ., so wär es . . . .«
Wenn wir dieses Lied von Pantomime unterbrochen schnell genug absingen, so ergeben sich immer wieder lustige Situationen, denn wir werden uns öfter verhaspeln, als uns lieb ist.
Wir können es allerdings auch so spielen, daß derjenige, der einen Fehler macht, ausscheiden muß, so daß am Ende nur der text- und pantomimensichere Sieger übrigbleibt.

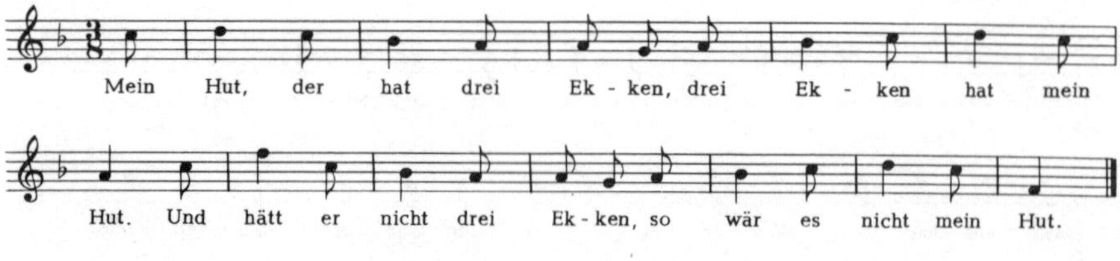

Fallschirmspringer ◐ Ⓖ **520**

Ein Teil der Gruppe, die sich freiwillig als Fallschirmspringer zur Verfügung stellt, muß das Zimmer verlassen.
Dann tritt der erste mutige Kamerad an. Ihm werden die Augen verbunden, und er wird auf ein Brett gestellt, das sich nun langsam aber sicher in höchste Höhen erhebt. Er darf sich dabei selbstverständlich an der Schulter eines Trägers festhalten. Die Träger stemmen das Brett jedoch nicht, sondern heben es in Wirklichkeit nur einige Zentimeter vom Boden ab, aber durch die feurigen Zurufe der Zuschauer, die dabei in die Knie gehen, hat der Flieger das Gefühl, immer höher zu schweben. Nun soll er in die Tiefe springen. Er wird sich sehr überwinden müssen, von dieser »Höhe« hinabzuspringen, und um so überraschter sein, wenn er bemerken muß, daß er nur etwa 10 Zentimeter überwunden hat. Selbstverständlich darf er seinem Nachfolger nichts verraten.

1 Tuch,
1 Brett

Flaschenhindernisse ◐ Ⓖ **521**

Bei diesem Spiel brauchen wir Akteure und Zuschauer, denn sonst läßt es sich nur mit einem »Opfer« einmal durchspielen.
Ein Teil der Gesellschaft verläßt das Zimmer, und dann rufen wir einen Spieler nach dem anderen einzeln wieder herein. Auf dem Fußboden haben wir eine Hindernisbahn aus leeren Bierflaschen aufgebaut, die sich der Kandidat so lange betrachten kann, wie er will. Er kann auch zur Probe einmal darüber hinwegsteigen, allerdings darf er dabei keine Flasche umstoßen. Dann verbinden wir ihm die Augen und fordern ihn auf, noch einmal die Hindernisbahn zu bewältigen. In der Zwischenzeit haben wir allerdings klammheimlich alle Flaschen weggeräumt, so daß wir jetzt mit Vergnügen beobachten können, wie unser Freund sich abmüht, Hindernisse zu übersteigen, die gar nicht mehr vorhanden sind.

1 Tuch,
leere Bierflaschen

Eselsschwanz 522

1 großes Stück Papier, Bänder oder Zwirnsfaden, Reißnägel

Einige von uns zeichnen auf ein großes Stück Papier einen schönen großen Esel, dem der Schwanz fehlt. Die anderen flechten derweil den zum Esel passenden Schwanz aus mehreren Bändern oder Zwirnsfaden. Das Bild wird an die Wand geheftet, und wir versuchen nun einer nach dem anderen mit verbundenen Augen, den Schwanz mit einer Reißzwecke an den Esel zu heften. Wir treten dafür etwa 10 Schritte zurück und steuern auf das Bild zu. Das hört sich sehr einfach an, aber es ist schon schwierig genug, den Esel auf dem Blatt Papier überhaupt zu treffen, geschweige denn die Stelle, an die der Schwanz angeheftet werden muß. Die Punkte, wo die einzelnen Spieler ihre Reißzwecke anbrachten, werden markiert, und die 3 Besten erhalten eine kleine Belohnung für ihre Zielsicherheit.
Dem Letzten wird der Schwanz hinten auf den Rücken geheftet. Er muß ihn als Strafe den Nachmittag über tragen.

Kofferpacken 523

Wir sitzen alle gemütlich zusammen, möglichst in einem Kreis, so daß jeder gut zu sehen ist. Ein ausgeloster Spieler verläßt das Zimmer, und wir anderen werden darüber einig, welcher Spieler aus unserer Mitte erraten werden soll. Dann rufen wir unseren Freund wieder herein. Er stellt nun an uns alle die Frage: »Du willst verreisen, was packst du in deinen Koffer?« Wir beschreiben in der Antwort dann den Spieler, der erraten werden soll.
Wir schildern zum Beispiel seine Kleidung, sein Aussehen, sein Alter und auch seine charakteristischen Eigenschaften. Am besten fangen wir mit letzteren an, denn dann wird es für den Kandidaten schwieriger, gleich den gesuchten Spieler zu entdecken. Als besonderen Witz können wir ihn natürlich sich selbst raten lassen. Allerdings geht das im Laufe eines Spiels nur einmal, der nächste Kandidat weiß ziemlich schnell Bescheid, wenn wir diesen Gag wiederholen wollen.

Zimmervermieten 524

1 Tuch, Stühle

Wir sitzen alle bis auf einen Spieler im Kreis auf unseren Stühlen, den »Zimmern«. Der Spieler, der keinen Stuhl erwischt hat, also auf Zimmersuche ist, hat die Augen verbunden.
Er muß nun von einem zum anderen gehen und jeden fragen: »Hätten Sie vielleicht ein Zimmer zu vermieten?«
Wenn er die Frage gestellt hat, versuchen ihn die Zimmerwirtinnen natürlich hinzuhalten. Sie vertauschen blitzschnell die Plätze, und der arme Kunde muß achtgeben, daß er beim allgemeinen Austausch der Plätze schnell einen leeren Stuhl erwischt. Hat er jemandem sein Zimmer weggenommen, so nimmt dieser die Augenbinde und begibt sich seinerseits auf die Suche.

Verreisen ◐ Ⓖ 525

Stühle

Wir können für unser Reisespiel gleich im Kreis sitzen bleiben und brauchen auch keinen zusätzlichen Stuhl.
Ein ausgeloster Mitspieler, der »Reiseleiter«, gibt an, wohin er fahren will. Alle anderen haben sich jeweils einen Städtenamen zugelegt.
Der Reiseleiter gibt jetzt die Route bekannt. Ruft er zum Beispiel: »Ich reise von Hamburg nach Istanbul!«, so springen die beiden Spieler, die sich diese Städte ausgewählt haben, schnell auf und vertauschen die Plätze. Reagiert eine »Stadt« nicht sofort, muß der Spieler ein Pfand geben. Aber auch der Reiseleiter spielt nicht ganz ohne Risiko. Nennt er nämlich einen Namen, der in der Runde nicht vertreten ist, muß er seinen Reiseleiterposten aufgeben und zusätzlich ein Pfand abliefern.

Spiel der afrikanischen Jungen ◐ Ⓖ 526

Kastanien oder Steine

Jedes Kind sammelt im Herbst gern Kastanien. Wir können sie für ein amüsantes und spannendes Spiel verwenden.
Wenn wir genügend zusammenhaben, verteilen wir sie säuberlich auf dem Fußboden in 2 Reihen. Zwischen den Kastanien sollten jeweils 20 Zentimeter Abstand sein, die einzelnen Kastanien der beiden Reihen sollen sich decken, sie liegen also nicht auf Lücke.
Wir losen dann die Reihenfolge aus, in der die Spieler antreten sollen. Der erste, der antritt, verbindet sich die Augen, und wir beauftragen ihn, blind die erste Kastanie zu ertasten und sie, ohne die anderen zu berühren, zwischen der ersten und zweiten Kastanie der zweiten Reihe hindurchzuziehen. Falls ihm das ohne Fehler gelingt, darf er die Kastanie, die er gezogen hat, in die Tasche stecken. Dann wird ihm erlaubt, sofort die zweite Kastanie zu nehmen und sie zwischen der zweiten und dritten in der zweiten Reihe durchzuziehen usw. Er hat so lange das Recht zu spielen, bis ihm ein Fehler unterläuft. Als Fehler gilt, wenn er:
a. mit der falschen Kastanie zieht;
b. seine Kastanie zwischen einem falschen Paar durchzieht;
c. beim Ziehen eine Kastanie der ersten oder der zweiten Reihe berührt.
Muß ein Spieler sein Spiel aufgrund eines Fehlers abbrechen, beginnt er in der zweiten Runde dort, wo er vorher aufhören mußte. Die erbeuteten Kastanien darf er behalten. Für den zweiten Spieler werden die Reihen wieder aus einem Vorrat aufgefüllt, was bedeutet, daß wir eine ganze Menge Kastanien oder gegebenenfalls Steine sammeln müssen.
Sieger wird der sein, der die meiste Beute macht.

Der Bär im Zimmer ◔ Ⓖ 527

Tücher

Wir verbinden uns alle die Augen. Ein Spieler, den wir vorher ausgelost oder ausgezählt haben, ist für die folgende amüsante Unterhaltung der »Bär«, der in ein Iglu eindringt, das voller Goldgräber ist. Er kann sie aber nicht sehen, sondern muß sich ausschließlich auf seinen Geruchssinn und sein Gehör verlassen. Der Bär bemüht sich, die Goldgräber so

schnell wie möglich zu fangen, die Goldgräber fliehen vor ihm. Sie dürfen unter den Tisch kriechen, sich hinter dem Schrank verstecken, sich in die Ecke drücken, den Raum dürfen sie jedoch nicht verlassen. Wen der Bär berührt, der scheidet aus. Da sich sämtliche Spieler blind bewegen, müssen Goldgräber und Bär beständig die Ohren spitzen. Der Bär brummt jeweils nach einigen Sekunden ärgerlich auf, damit sich die Goldgräber orientieren können.
Wenn alle gefangen sind, übernimmt der zuerst Gefangene die Rolle des Bären.

Auf dem Strich balancieren ◐ Ⓖ 528

1 Stück Kreide, 1 Tuch

Wir zeichnen im Raum, eventuell im Flur, einen langen, geraden Strich. Dann verbinden wir dem ersten Spieler die Augen, drehen ihn mehrmals um seine eigene Achse und lassen ihn den Strich entlanggehen. Bei jedem Schritt muß er ihn wenigstens mit einem Teil des Fußes berühren. Sobald er den ganzen Fuß neben den Strich setzt, muß er anhalten, und wir markieren die Stelle, bis zu der er gekommen ist. Falls jemand bis an das andere Ende des Raums gelangt, ohne einen Fehler zu machen, bekommt er eine kleine Belohnung.

Rutenordnen ◐ Ⓖ 529

Ruten, Zweige oder Stäbe, 1 Tuch

Wir nehmen ein Bündel Ruten, Zweige oder Stäbe, die eine Länge von 10 bis 50 Zentimeter haben. Diese Ruten werfen wir auf dem Tisch auf einen Haufen. Dann verbindet sich der erste Spieler die Augen und versucht, so schnell wie möglich die Ruten der Länge nach auf dem Tisch anzuordnen. Jede Rute muß mit ihrem unteren Ende genau mit dem Rand der Tischplatte abschließen, sie darf nicht darüber hinausragen, allerdings soll sie auch nicht vom Rand entfernt liegen. Hat der Spieler das Ordnen beendet, sagt er: »stopp!« und darf sich die Binde von den Augen nehmen.

Wir messen dann gemeinsam aus, wie viele Fehler er eventuell gemacht hat. Zulässig ist $^{1}/_{1}$ Zentimeter; differieren die Ruten mehr, wird das als Fehler gerechnet.
Wer am schnellsten mit der geringsten Fehlerzahl Ordnung in den Haufen gebracht hat, siegt.

Kampf um Steinchen ◔ Ⓖ 530

Glatte Zweige

Wir legen in die Mitte einer Tischplatte eine Reihe schöner, glatter Steine, und zwar einen Stein weniger, als Spieler am Tisch sitzen. Die Hände der Teilnehmer sind unter dem Tisch verborgen. In dem Augenblick, wo der ausgeloste »Spielleiter« pfeift, greift jeder nach einem Stein, versucht mindestens einen zu ergattern. Wer leer ausgeht, muß aus dem Spiel ausscheiden. In die zweite Runde steigen nur diejenigen auf, die einen Stein bekommen haben. Es kann passieren, daß 2 oder 3 Spieler ausscheiden müssen, da andere gleich mehrere Steine auf einmal erbeutet haben, was allerdings nicht leicht ist, da der Abstand zwischen den Steinen mindestens 10 Zentimeter beträgt. Sie liegen nicht in einem Haufen zusammen.
Vor Beginn der folgenden Runden muß die Anzahl der verbliebenen Spieler genau überprüft werden, damit die Zahl der zu erbeutenden Steine wieder stimmt. Für jeden, der ausscheidet, muß ein Stein weggenommen werden. Am Ende des Spiels sitzen sich dann die beiden schnellsten Spieler gegenüber und wetteifern um das letzte Steinchen. Wer es zu guter Letzt erbeutet, ist glorreicher Sieger.

Kartoffelstupsen ◔ ② 531

Kartoffeln, Kreide, Bleistifte

Wir zeichnen auf den Fußboden oder auf zusammengerückten Tischen eine Zickzackbahn von 15 Zentimetern Breite. Es kann ein einzelner Spieler anfangen, aber wir können den Wettkampf auch zu zweit, einer links und einer rechts der Bahn, austragen. Jeder soll so schnell wie möglich eine Kartoffel mit dem Bleistift zum Ziel rollen. Er darf sie unter keinen Umständen mit der Hand berühren. Sollte die Kartoffel vom Tisch rollen, wird der Spieler disqualifiziert. Solange sie nur aus der Bahn kugelt, kann sie der Spieler wieder zurückstupsen, allerdings verliert er dabei wertvolle Sekunden.

Laß den Strick fallen! ◕ Ⓖ 532

1 Seil

Wir besorgen uns ein starkes Seil und binden die beiden Enden zusammen. Die Spieler stellen sich dann in einem Kreis auf und halten sich mit einer Hand am Strick fest. Einer, der vorher ausgelost wurde, steht in der Mitte des Kreises und dreht sich langsam um sich selbst. Dabei versucht er, einem Mitspieler blitzschnell auf die Hand zu schlagen. Wird dieser getroffen, muß er augenblicklich den Strick fallen lassen. Wer zu langsam ist und den Strick nicht sofort losläßt, erhält einen Strafpunkt. Allerdings erhält auch einen Strafpunkt, wer den Strick auf ein Täuschungsmanöver hin zu früh fallen läßt. Wir müssen also sehr aufmerksam die

Bewegungen des Mitspielers verfolgen und versuchen, dahinterzukommen, ob er uns bloß täuschen will oder ob er wirklich zuschlagen wird. Wer die wenigsten Strafpunkte erhält, siegt.

Ball aus der Schlinge ◐ ③ 533

1 Strick, 1 Ball oder Apfel

Wir legen aus einem Strick auf dem Fußboden eine Schlinge, die sich schnell zusammenziehen läßt. Dann testen wir, welcher Spieler es schafft, einen Ball oder irgendeinen anderen Gegenstand aus der Schlinge zu nehmen, ohne daß sich die Hand in der Falle verfängt. Die beiden Spieler, die die Schlinge bewachen, müssen bei diesem Spiel genausoviel Reaktionsschnelligkeit beweisen wie der dritte, der es wagt, nach dem Apfel oder Ball zu greifen.

Fang die Rute auf! ◐ ② 534

1 Rute

Der erste Spieler streckt die Arme nach vorn, Handflächen nach innen. Indem er die Daumen nach oben, die kleinen Finger nach unten dreht, hält er eine Rute von 1 Meter Länge. Der zweite Spieler stellt sich ihm gegenüber auf und hebt die rechte Hand so in die Höhe, daß sich seine Finger etwa 20 Zentimeter über der Rute befinden.
Plötzlich läßt der erste Spieler die Rute fallen. Der zweite muß nun versuchen, sie aufzufangen, ehe sie den Boden berührt. Wenn ihm das gelingt, erzielt er einen Punkt.
Dann tauschen beide die Rollen. Wer nach 20 Ablösungen die meisten Punkte erzielt hat, ist Sieger.

Fang das Steinchen! ◐ ② 535

Steinchen

2 Spieler stehen sich bei diesem Spiel auf eine Entfernung von einigen Schritten gegenüber. Der erste streckt die Hände vor, die Handflächen nach innen gedreht, also die Daumen zeigen wieder nach oben, die kleinen Finger nach unten. Zwischen den Handflächen besteht ein Zwischenraum von 10 Zentimetern. Der zweite Spieler nimmt nun 10 Steinchen und läßt sie nacheinander zwischen den Händen des Partners durchfallen. Dieser wiederum muß sehr schnell reagieren und die Hände blitzschnell zusammenschlagen, um die Steinchen aufzufangen. Danach nehmen seine Hände wieder die Ausgangsposition ein. Für jedes, das er erwischt hat, bekommt er einen Punkt. Sind alle Steine gefallen, vertauschen beide Spieler ihre Positionen, und die zweite Runde beginnt. Wer die meisten Punkte hat, beweist, daß er reaktionsschneller ist. Das Steinchen muß aus mindestens 15 Zentimeter Höhe fallen.

Spiel mit Büroklammern ◐ Ⓖ 536

10 Büroklammern je Spieler Tücher

Dieses Spiel ist sehr einfach zu erklären, deshalb jedoch nicht minder amüsant.
Jeder Spieler erhält 10 Büroklammern. Dann werden allen die Augen verbunden, und nun soll jeder für sich versuchen, aus den Klammern so schnell wie möglich eine lange, zusammenhängende Kette zu bilden. Wir

können natürlich auch nacheinander zum Kampf antreten, dann haben die, die nicht an der Reihe sind, ihren Spaß beim Zuschauen. Allerdings stoppen wir für jeden die Zeit ab, so daß der Sieger werden kann, der am schnellsten diese Geschicklichkeitsaufgabe löst.

Achtung auf das Steinchen! ◑ Ⓖ 537

Steinchen, Spielmarken oder Zählhölzchen

Jeder Teilnehmer hat zu Beginn des Spiels 20 Spielmarken oder Zählhölzchen. Die Spieler hocken im Kreis und setzen je eine Marke in die gemeinsame »Bank« ein. Dann geht einer, den wir vorher ausgelost haben, der »Leiter«, von einem zum anderen und legt jedem seine geballte Faust in die gefalteten Hände. Unauffällig läßt er hierbei einem der Spieler ein Steinchen in die Hände fallen. Die anderen versuchen zu erraten, wo das Steinchen ist.
Sobald der Leiter einmal im Kreis herumgegangen ist, fordert er die übrigen auf, den Namen des Mitspielers aufzuschreiben, der ihrer Meinung nach das Steinchen besitzt. Er sammelt dann die Zettel ein, und der Besitzer des Steinchens gibt sich zu erkennen. Wer ihn erraten hat, hat Anspruch auf einen Gewinn, die anderen gehen leer aus.
Eine Spielmarke wird dem gegeben, dem der Leiter das Steinchen in die Hände fallen ließ, die übrigen werden unter den Gewinnern verteilt. Falls mehr als die Hälfte der Teilnehmer zu den Gewinnern zählt, erhält jeder nur seinen Einsatz zurück, die übrigen Marken bleiben in der Bank für die nächsten Runden. Das Spiel dauert eine festgelegte Zeit oder aber 20 Runden. Sieger wird, wer am Ende die meisten Spielmarken besitzt.

Wer hat das Steinchen? ◑ Ⓖ 538

1 Steinchen

Es spielen 2 Mannschaften gegeneinander. Beide sitzen sich in einer Reihe gegenüber, wobei die eine von der anderen etwa 5 Meter entfernt ist. Dann beginnt die Mannschaft A, ein Steinchen von einem zum anderen zu übergeben. Die Spieler dürfen das Steinchen nur vor dem Körper weitergeben. Die Mannschaft B beobachtet genau, wie die anderen das Steinchen weitergeben. Wenn der Kapitän der Mannschaft A »fertig!«

ruft, berät sich die Mannchaft B und sendet dann einen Spieler in die Mittellinie. Der ausgesandte Kundschafter muß auf jenen zeigen, der seiner Meinung nach das Steinchen in der Hand hält. Er darf nur ein einziges Mal raten. Hat er sich nicht geirrt, muß derjenige, der das Steinchen in der Hand hat, in Gefangenschaft gehen. Wenn sich die Mannschaft A irrt, kehrt ihr Kundschafter unverrichteterdinge wieder zurück.
Dann hat die Mannschaft B das Steinchen, und das Spiel beginnt von neuem. Wir setzen es so lange fort, bis alle Spieler einer Mannschaft in Gefangenschaft geraten sind. Bleibt auf beiden Seiten nur ein einziger Spieler übrig, muß der Kundschafter die Hand erraten, in der sich seiner Meinung nach das Steinchen befindet. Sieger wird die Mannschaft, der zum Schluß die meisten Spieler bleiben.

Wer hat die Münze? Ⓖ 539

1 Spielmünze

2 Mannschaften sitzen sich an einem Tisch gegenüber. Die Mannschaft A erhält eine Spielmünze und gibt sie unter der Tischplatte weiter. Die Mannschaft B beobachtet die Gegner aufmerksam und versucht festzustellen, wer gerade die Münze in der Hand hat. Alle Täuschungsmanöver sind gestattet. Nach einer Weile ruft der vorher ausgezählte Kapitän der Mannschaft B: »Hände hoch!« Sämtliche Spieler der Mannschaft A müssen die Hände hochnehmen, die alle zur Faust geballt sind. Bei dem zweiten Befehl: »Hände auf den Tisch!« schlagen alle Mitglieder der Mannschaft A die Hände auf den Tisch und öffnen sie dabei so, daß die Gegner nicht sehen, wer von ihnen dabei die Münze auf die Platte fallen läßt. Mannschaft B versucht nun zu erraten, unter wessen Handfläche sich die Münze befindet. Wer angesprochen wird, nimmt die Hände vom Tisch. Falls sie sich irrt, rät sie weiter, bis die Münze wirklich entdeckt ist.
Dann zählen wir die Spieler der Mannschaft A, deren Hände noch auf dem Tisch liegen. Mannschaft B erhält die entsprechende Anzahl an Punkten gutgeschrieben.
Dann übernimmt die Mannschaft B die Münze, und das Spiel geht in die zweite Runde. Sieger wird die Mannschaft, die am Ende des Spiels, das wir vorher beliebig festsetzen, die meisten Punkte hat.

Sucht die numerierten Kärtchen! Ⓖ 540

Kärtchen oder Spielkarten

Wir bereiten soviel kleine Kärtchen aus harter Pappe zu diesem Spiel vor, wie Teilnehmer zusammenkommen. Auf jede Karte schreiben wir eine Ordnungszahl, angefangen bei der »Eins«. Dann verstecken wir die Karten so im Raum, daß sie wirklich nur aus unmittelbarer Nähe sichtbar sind. Anstelle von selbstgebastelten Kärtchen können wir auch Spielkarten nehmen, die dann ihrem Wert nach gezählt werden, also 2, 3, 4, 5, 6, 7, 8, 9, 10, Bube, Dame, König, As. Wir können den Wert der Spielkarten auch noch nach ihrem Farbwert staffeln: 1. Kreuz; 2. Pik; 3. Herz und 4. Karo.
Dann bitten wir die Spieler wieder in den Raum, die während des Ver-

steckens draußen warten mußten. Sie beginnen nun, die Kärtchen zu suchen und zu sammeln. Jeder darf sich jedoch nur eine nehmen. Das Spiel endet für einen Teilnehmer, wenn er eine Karte in die Hand nimmt. Er darf sie dann nicht mehr gegen eine andere austauschen. Der Witz des Spiels liegt darin, daß es mit einem Risiko verbunden ist. Entweder ich suche, bis ich die höchste Karte gefunden habe – mit dem Risiko, gar keine zu bekommen – oder ich nehme gleich die erste beste, damit ich wenigstens eine niedrige Punktzahl gewinnen kann. Denn der Wert der gefundenen Karte entspricht der Plazierung bei der Gewinnausteilung. Wir spielen dieses Spiel mehrere Male, so daß fast jeder einmal die Chance bekommt, Gewinner zu werden.

Schießen mit Streichhölzern Ⓖ 541

Wir stellen einen leeren Topf auf einen Stuhl und blasen aus einigen Schritten Entfernung mit einem Strohhalm Streichhölzer hinein. Wer wird die meisten Treffer haben?
Anstelle eines Strohhalms kann man auch eine kleine Glasröhre oder ein Blasrohr verwenden und anstelle von Streichhölzern Erbsen.

Topf, Strohhalm, Streichhölzer ohne Kopf

Kampf um Mützen Ⓖ 542

Wir falten erst einmal gemeinsam wunderschöne Papiermützen aus Zeitungspapier. Dann schleichen 2 Spieler mit den Mützen auf dem Kopf umeinander herum und versuchen, sie sich herunterzureißen. Gleichzeitig müssen sie aber ihre eigenen Mützen verteidigen. Die Mützen dürfen im Laufe des Spiels nicht mit der Hand festgehalten werden. Wer zuerst die Mütze des Gegners bekommt, siegt. Wir können dieses Spiel natürlich auch in einer Gruppe im Garten spielen, in der Wohnung wird es bei mehreren Teilnehmern sicherlich zu turbulent.

Papiermützen

Fallenlassen von Erbsen 543

Stühle, Flaschen, Erbsen

Jeder Spieler stellt sich vor einen Stuhl, beugt sich über dessen Lehne, die er jedoch nicht berühren darf, und läßt nach und nach 20 Erbsen in eine Flasche fallen, die hinter dem Stuhl steht.
Wer wird am meisten Erbsen in der Flasche haben?

Volleyball mit einer Feder 544

Schnur, 1 kleine Feder

Wir ziehen je nach Größe der Teilnehmer in Kopfhöhe eine Schnur durch den Raum und verteilen uns in 2 Mannschaften zu beiden Seiten dieser Schnur. Dann wirft ein Spielleiter eine kleine Feder in der Mitte des Raums in die Höhe, und wir beginnen, diese Feder wie einen Volleyball über die Schnur zu befördern.
Allerdings dürfen wir hierbei nicht unsere Hände einsetzen, wir gebrauchen dazu nur den Atem. Jeder bläst mit aller Kraft die Feder einem Mitspieler zu, bis sich die Gelegenheit ergibt, sie über die Schnur in das Feld der Gegner zu blasen.
Fällt die Feder auf den Boden oder berührt ein Spieler sie mit den Händen, kann die Gegenpartei dafür einen Pluspunkt verbuchen.
Wir spielen 10 Minuten, dann tauschen die Mannschaften nach einer Ruhepause die Seiten, und nach der zweiten Runde ist das Spiel beendet.
Wir können dieses Spiel jedoch nicht allzulange spielen, da es ziemlich anstrengend ist.

Fechten mit Löffeln 545

2 Löffel, 2 kleine Kartoffeln

2 Spieler, die gegeneinander antreten wollen, nehmen sich je 2 Löffel. Der Löffel in der rechten Hand wird als Fechtwaffe gebraucht, auf den Löffel in der linken Hand legen wir eine kleine Kartoffel. Jetzt kann der Kampf beginnen! Wir fechten gegeneinander und versuchen dabei zusätzlich, dem anderen die Kartoffel vom linken Löffel zu stoßen. Jeder muß also gleichzeitig angreifen und verteidigen. Dabei ist es verboten, die Kartoffel mit der Hand festzuhalten; wir müssen den Löffel so gerade halten, daß sie nicht herunterfallen kann.
Derjenige, der sich gegen alle Spieler am längsten behauptet, ist Sieger.

Fröhlicher Zweikampf 546

2 Tücher, 2 Handtücher

2 Spieler mit verbundenen Augen gehen um den Tisch herum, wobei sie sich mit der linken Hand an der Tischplatte festhalten, in der rechten Hand halten sie ein Handtuch, das an einer Seite verknotet ist. Wenn sie sich einander nähern, versuchen sie, sich mit dem Knoten zu treffen und dann schnell wegzuspringen.
Der fröhliche Zweikampf ist für beide Kämpfer sowie für die Zuschauer eine lustige Unterhaltung.

Übergeben des Balls im Kreis ◔ Ⓖ 547

1 Ball

Die Spieler sitzen im Kreis und geben einen Ball in der Runde weiter. Ein Spielleiter klatscht, pfeift oder spielt auf einem Musikinstrument. Wenn er plötzlich verstummt, fällt der Spieler, der den Ball gerade in der Hand hält, aus dem weiteren Spiel aus. Er verschränkt die Hände auf dem Rükken und sieht nur noch zu.
Der Leiter beginnt von neuem zu pfeifen oder zu spielen, und der Ball wandert abermals von einem Spieler zum anderen. Jeder will sich natürlich des Balles so schnell wie möglich entledigen, da niemand weiß, wann der Leiter aufhört zu spielen. Falls einer den Ball zu Boden fallen läßt, muß er ihn aufheben, auf seinen Platz zurückkehren und ihn erst dann weitergeben. Wer am Ende allein im Spiel bleibt, der siegt.

Pantomime ◔ Ⓖ 548

Ein ausgeloster Spielleiter vereinbart vor Beginn des Spiels mit jedem einzelnen Teilnehmer, welche Pantomime dieser aufführen wird. Die Spieler setzen sich dann in einen Kreis, und in der Mitte beginnt der erste Spieler mit seinem Auftritt. Wer als erster errät, was die pantomimische Szene veranschaulichen soll, erhält einen Punkt.

Prüfung im Zielen ◕ Ⓖ 549

1 Stück Kreide oder Bleistift, Münzen, Zählhölzchen

Jeder Spieler hat ein Zehnpfennigstück. Wir zeichnen am Rand eines großen Tisches einen kleinen Startkreis und legen eine größere Münze irgendwohin auf die Tischplatte.
Ein Spieler nach dem anderen legt nun seine Münze in den Startkreis und schnippt sie mit Daumen und Zeigefinger in Richtung der größeren Münze. Derjenige, dessen Zehnpfennigstück trifft oder in nächste Nähe der Zielmünze fliegt, erhält ein Zählhölzchen.
Das Spiel endet, wenn ein Spieler 3 Zählhölzchen gewonnen hat. In der nächsten Runde darf der Gewinner der vorhergehenden Runde das Ziel plazieren.

Murmelrollen ◕ Ⓖ 550

1 Schachtel, Murmeln

Wir stellen an die kürzere Seite eines Tisches einen Stuhl, auf den wir eine kleine Pappschachtel legen. Der erste Spieler stellt sich mit 25 Murmeln an die entgegengesetzte Seite des Tisches und rollt nun eine Kugel nach der anderen so über die Tischplatte, daß sie in die Schachtel fällt. Das Ziel sieht er nicht, er kann bloß nach dem Geräusch abschätzen, ob er gut oder schlecht gezielt hat.
Wer wirft die meisten Murmeln in die Schachtel?

Schlacht um Türmchen ◕ ② 551

2 Knöpfe, Ruten oder Brettchen, kleine Äste

Wir legen an den Rand der Tischplatte Ruten oder kleine Brettchen. Dann verteilen wir auf dem Tisch 12 Türmchen, 6 schwarze und 6 weiße. Die Türmchen werden aus bleistiftstarken kleinen Ästchen hergestellt.

Beide Spieler legen dann in die festgelegte Ecke einen Knopf – einen schwarzen oder weißen – und beginnen mit ihm abwechselnd zu schnippen. Jeder Spieler, der an der Reihe ist, schnippt den Knopf von der Stelle aus, wo er in der vorigen Runde liegengeblieben war. Beide Teilnehmer versuchen, so schnell wie möglich soviel Türmchen wie sie können umzustoßen. Wer die meisten abgeschossen hat, siegt.

Besetzung von Inselchen ◕ Ⓖ 552

1 Stück Kreide, Knöpfe

Wir zeichnen mit Kreide an verschiedenen Punkten der Tischplatte oder auf dem glatten Fußboden 21 Kreise mit einem Durchmesser von je 3 Zentimetern. Jeder nimmt sich dann eine Handvoll Knöpfe, die möglichst unterschiedlich gekennzeichnet sind, und legt sie an den Rand der Tischplatte, wo wir den »Hafen« markiert haben.
Die Knöpfe sind unsere »Schiffe«, die Kreise »kleine Inseln«. Die Spieler versuchen nun, mit ihren Schiffen durch Schnippen so viele Inseln wie möglich zu besetzen. Eine Insel gilt als besetzt, wenn ein Knopf mit seiner ganzen Fläche im Kreis liegt. Er darf nicht mit der Kante die Ränder des Kreises berühren.
Beim Schnippen wechseln wir uns regelmäßig der Reihe nach ab. Jeder schnippt so lange hintereinander mit ein und demselben Knopf, bis er ein Inselchen ereicht hat. Er darf also nicht mit mehreren Schiffen zu gleicher Zeit operieren.
Das Spiel endet mit der Besetzung des letzten kleinen Inselchens.

Laufwettkämpfe ◕ Ⓖ 553

1 Stück Kreide, 1 Papierstreifen, 1 Zehnpfennigstück, Spielmarken

Wir entfalten an der Tischkante einen langen Papierstreifen, der in gleich große Felder eingeteilt wird. Auf das erste Feld legt jeder Spieler seine Spielmarke.
Mit Kreide zeichnen wir nun am anderen Ende des Tisches 3 Kreise auf, einen großen mit dem Durchmesser von 10 Zentimetern, einen mittleren mit dem Durchmesser von 6 Zentimetern und einen kleinen von 2 Zentimetern Durchmesser.
Dann schnippen wir abwechselnd vom anderen Ende des Tisches mit Daumen und Zeigefinger eine Zehnermünze in Richtung auf die Kreise. Der Spieler, dessen Münze in den großen Kreis rollt, darf seine Spielmarke auf dem Papierstreifen um ein Feld weiterrücken. Trifft er den mittelgroßen Kreis, rückt er 2 Felder weiter, sollte er sogar in den kleinen Kreis treffen, darf er um 3 Felder weiterrücken.
Wer als erster mit seiner Spielmarke den Papierstreifen durchlaufen hat, hat gewonnen.

Knöpfekampf ◕ Ⓖ 554

Verschiedene Knöpfe

Jeder Spieler nimmt sich zehn Knöpfe und legt sie an einem Ende der Tischplatte in einer Reihe auf. Jede Partei sollte ihre Knöpfe so kenn-

zeichnen, daß die eigenen von denen des Gegners zu unterscheiden sind. Dann schnippt jeder einen Knopf und versucht damit die Knöpfe des Gegners vom Tisch herunterzuschnippen.
Der Knopf, der herunterfällt, ist gefangen. Der zuletzt geschnippte Knopf bleibt dort liegen, wo er sich am Schluß befindet, das heißt, wir können ihn in der folgenden Runde nicht in eine günstigere Ausgangsposition zurücklegen.
Die Seite, die alle Feinde gefangengenommen hat, siegt.

Tischfußball ② 555

1 Stück Kreide, 1 Hemdenknopf, helle und dunkle Knöpfe

Wir zeichnen auf eine Tischplatte ein Fußballfeld. Dann stellen beide Spieler an ihrer Seite ihre Knopfelf auf, der eine verwendet dunkle, der andere helle Knöpfe. In die Mitte des Spielfeldes legen wir den Ball, einen weißen Hemdknopf.
Die Spieler beginnen dann abwechselnd, ihre Knöpfe so mit Daumen und Zeigefinger zu schnippen, daß sie mit ihnen möglichst schnell den Ball ins gegnerische Tor befördern. Nach jedem Schuß wird der Knopf dort liegengelassen, wo er hingeflogen ist. Wir können ihn also in unserer nächsten Runde nicht erst in eine zum Schießen günstigere Position bringen. Bei diesem Minifußball gelten die gleichen Regeln wie auf dem Sportplatz. Wenn ein Spieler den Ball hinter die Seitenlinie oder die Grundlinie schießt, ist dies entweder »Aus« oder »Ecke«. Falls ein Knopf den Gegner ohne »Ball« berührt, ist dies ein »Foul«, das entweder mit einem Freistoß oder sogar mit einem »Elfmeter« bestraft werden kann.

Bierky Ⓖ 556

15 Spielfiguren pro Spieler

Bierky wird in Polen seit undenklichen Zeiten gespielt. Die Spieler sägen sich selbst mit der Laubsäge aus dünnen Täfelchen eine Reihe von Figuren aus, die sie schön bemalen. Zu Beginn des Spiels legen wir uns diese Figürchen auf die rechte Handfläche, werfen sie dann in die Höhe und versuchen, sie mit dem Handrücken wieder aufzufangen.
Wer die Figuren mit dem höchsten Wert fängt, hat gewonnen.
Wir sägen den Satz der Figuren so aus, wie die Abbildung zeigt. Sie haben folgenden Punktwert:
König: 8 Punkte; Königin: 7 Punkte; Prinz: 6 Punkte; Prinzessin: 5 Punkte; 2 königliche Räte: 4 Punkte; 2 Kämmerer: 3 Punkte; 3 Herren: 2 Punkte; 4 Bauern: jeweils 1 Punkt.
Jede der fünfzehn Figuren hat genau den oben angegebenen Punktwert, der zusammengezählt wird.

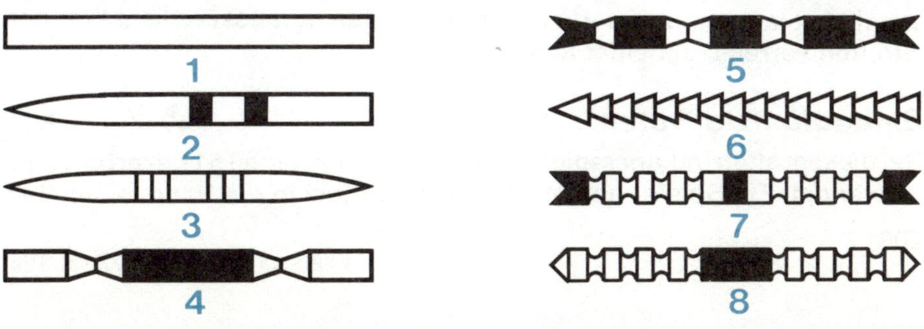

Tischschlacht um Steinchen ◔ Ⓖ 557

1 Stück Kreide, Kastanien oder Steinchen

Wir zeichnen mit Kreide über die Länge des Tisches 3 Linien, die die Tischplatte in 4 gleiche Streifen einteilen. Dann bilden wir 2 Mannschaften. Die Mannschaften stehen an der Längsseite des Tisches und stellen auf dem Strich in der Mitte ihrer Hälfte 10 Steinchen oder Kastanien auf. Auf Kommando versuchen beide Seiten auf der Hälfte des Gegners Steinchen aufzusammeln und sie über den Trennungsstrich auf ihre Hälfte herüberzuziehen. Jeder Spieler ist auf seiner Hälfte Verteidiger, auf der fremden Hälfte Angreifer. Wenn der Verteidiger den Angreifer auf die Hand schlägt, ist der Verteidiger gefangen und muß dem Verteidiger ein Steinchen von seiner Seite geben. Die erbeuteten Steinchen werden von den Spielern zwischen die eigenen Steinchen gelegt. Der Kampf dauert 3 Minuten. Die Seite mit den meisten Steinen siegt.

Abschlagen der Blinden ◔ ② 558

2 Tücher

2 Gegner stehen – einen Tisch zwischen sich – einander gegenüber. Beide haben die Augen verbunden und die rechte Hand auf dem Tisch. Der Spieler A soll nach dem Startsignal mit seiner rechten Hand so schnell wie möglich die rechte Hand des Gegners fangen. Es zählt nur die Berührung der gegnerischen Hand, nicht die des Arms! Der Spieler B darf seine Hand hin und her verschieben, darf sie jedoch nicht von der Tischplatte entfernen. Dabei stoppen wir die Zeit. Hat A die Hand von B erwischt, vertauschen die Spieler die Rollen. Wer des Gegners Hand schneller schlägt, der gewinnt.

Münzstafette ◔ Ⓖ 559

2 Münzen

Es spielen eine beliebige Anzahl von Teilnehmern. Sind genügend Teilnehmer vorhanden, können wir 2 Mannschaften bilden. Der erste Spieler jeder Mannschaft legt sich eine Münze auf den Handrücken und versucht, sie ohne Zuhilfenahme der anderen Hand seinem Nebenmann weiterzugeben. Der zweite übergibt sie dem dritten usw. Auf diese Weise wandert die Münze bis zum letzten. Niemand darf mit der freien Hand nachhelfen, die Münze wandert nur von Handrücken zu Handrücken. Wenn die Münze auf den Boden fällt, muß sie der Spieler, der sie bei der Übergabe fallen ließ, auf den rechten Handrücken legen.
Es siegt die Mannschaft, die sich die Münze am schnellsten übergibt.

Papierreißen ◔ Ⓖ 560

Papier

Jeder bekommt je ein gleich großes Blatt Papier und versucht, einen möglichst langen, ununterbrochenen Streifen herauszureißen. Wer den Streifen zerreißt, scheidet aus.

Einundfünfzig Ruten ◕ ② 561

51 Ruten, Zählhölzchen

Bei diesem alten Indianerspiel werden traditionsgemäß 51 gekerbte Ruten verwendet. Ein Spieler nimmt das ganze Bündel in die Hand, einen Teil

Eselsschwanz Nr. 522 (S. 196) ▶

der Ruten trennt er ab und übergibt sie dem Gegner, der schnell, ohne nachzurechnen, schätzen muß, wie viele Ruten er erhalten hat. Nachher wird die tatsächliche Anzahl der übergebenen Ruten festgestellt, und der Spieler muß dem ersten die gleiche Anzahl von Zählhölzchen geben, um die er sich bei den Ruten verschätzt hat. Dann nimmt der zweite Spieler das Bündel und übergibt dem ersten schnell einen Teil der Ruten, der sofort seine Schätzung nennt.
Es wird so lange gespielt, bis einer der Spieler seine sämtlichen Zählhölzchen verloren hat.

Spiel mit einer kleinen Feder Ⓖ 562

1 kleine Feder

Die Spieler sitzen eng nebeneinander im Kreis. Einer wirft von oben in die Mitte des Kreises eine kleine Feder, die langsam zu Boden schwebt. Die Spieler beginnen, die Feder weiterzublasen, und jeder versucht, sie dem Gegner zuzutreiben. Wer nicht verhindern kann, daß sie ihm über den Kopf fliegt, scheidet aus dem Spiel aus.
Der Kreis der Teilnehmer wird dadurch immer kleiner und das Spiel immer amüsanter. Spielen nur wenige mit, können wir anstelle des Ausscheidens auch Strafpunkte verteilen. Wer am Ende die meisten verbuchen mußte, ist der Verlierer.

Aufspulen Ⓖ 563

Fäden, Spielzeugautos oder andere kleine Gegenstände

Wir binden so viele kleine Gegenstände an langen Fäden fest, wie sich Spieler beteiligen wollen. Am besten eignen sich kleine Spielzeugautos, die das Ganze attraktiv machen. 2 angebundene Autos werden in eine Ecke des Zimmers gestellt, wir ziehen die Fäden quer durch das Zimmer und geben sie 2 Spielern in die Hand, die sie nun um die Wette auf einen Bleistift aufspulen, um so die Autos an sich zu ziehen.
Wer es als erster schafft, ist Etappensieger. Die einzelnen Etappensieger treten dann gegeneinander an, um den Endsieger festzustellen.

Flaschentransport Ⓖ 564

Flaschen

Wir verteilen leere Limo-, Bier-, Wein- oder Sektflaschen auf dem Fußboden und fordern einen Spieler nach dem anderen auf, die Flaschen ohne Benutzung der Hände in einen anderen Raum zu schleppen. Wer in der kürzesten Zeit die meisten Flaschen rüberschafft, siegt.

Kraftprobe Ⓖ 565

1 Brett, Nägel, Hammer

Ein Spiel, das wir auf fast allen Jahrmärkten finden. Wir bereiten dafür ein Brett vor, in das wir eine ganze Reihe Nägel locker einschlagen. Es geht jetzt darum, die einzelnen Nägel mit je einem Schlag in das Brett zu schlagen. Ein Spieler tritt nach dem andern an. Jeder hat maximal 5 Nägel zur Verfügung. Wer die meisten Nägel einschlägt, ist Sieger.

◄ Tischfußball Nr. 555 (S. 207)

Geschicklichkeitsprobe ⓖ 566

Knöpfe, Nadel, Faden, Schere, Stoff

Die Kraftprobe werden die Herren der Gesellschaft sicherlich besser bestehen als die Damen. Darum wollen wir nun einmal testen, wer geschickter ist. Wir lassen jeden Spieler einen Knopf annähen. Wer den Knopf am schnellsten und besten angenäht hat, ist Sieger. Den Schiedsrichter spielt hierbei die Hausfrau. Sie darf die letzte Entscheidung fällen.

Grimassenschneiden ⓖ 567

1 Gummiband

Ein Spieler ist jeweils der Akteur, die anderen sind Zuschauer, bis sie an die Reihe kommen. Der Akteur zieht sich ein nicht zu breites und nicht zu festes Gummiband so über den Kopf, daß es auf der Nasenwurzel aufliegt. Jetzt soll er versuchen, es ohne Benutzung der Hände nur durch die Bewegung seiner Gesichtsmuskeln von seiner Nase herunterzubefördern. Das gibt die herrlichsten Grimassen.

Bluff ③ 568

1 Lexikon

2 Spieler treten gegeneinander an. Ein Schiedsrichter sucht aus dem Lexikon ein schwieriges Wort, das die beiden Spieler erklären sollen. Sagen beide: »Ich passe!«, so fällt das Wort unter den Tisch. Sagt ein Spieler: »Ich spiele!« und der andere: »Ich passe!«, so schreiben wir dem ersten Spieler einen Punkt gut, auch wenn er sein Wissen nicht unter Beweis stellt. Der andere Spieler kann ihn allerdings auch um die Erklärung des Wortes bitten. Gibt ihm der erste Spieler dann eine richtige Antwort, so erhält der mißtrauische Spieler 2 Minuspunkte und der wissende Spieler 2 Pluspunkte. Hat der erste Spieler allerdings geblufft und kann keine Auskunft geben, so erhält der mißtrauische Spieler 5 Pluspunkte und der, der geblufft hat, 2 Minuspunkte.
Geben beide Spieler an: »Ich spiele!«, so erhält jeder einen Pluspunkt, ohne die Erklärung gegeben zu haben. Bittet ein Spieler den anderen um die Erklärung und erhält sie auch, so bekommt der, der sie geben kann, 2 Pluspunkte. Kann er sie nicht geben, erhält der Frager 5 Pluspunkte, da er seinen Mitspieler beim Bluffen ertappt hat. Wollen beide eine Erklärung vom anderen, und beide können sie auch geben, so erhalten beide 2 Pluspunkte. Kann sie keiner geben, haben also beide geblufft, erhalten beide 5 Minuspunkte.

Kontaktaufnahme ⓖ 569

1 Tuch

Einem Spieler werden die Augen verbunden. Die übrigen treten leise einer nach dem anderen an ihn heran und schütteln ihm freundschaftlich die Hand. Nur durch den Händedruck soll der Spieler erkennen, mit wem er eben Kontakt aufgenommen hat. Für jeden richtigen Tip bekommt er einen Punkt.

Schattenrisse ➕ Ⓖ 570

Wir wollen für dieses Spiel in halber Höhe eines Türrahmens ein Laken aufhängen, hinter dem sich die Schattenrisse zeigen. Am günstigsten ist es, wenn es sich um eine Verbindungstür zwischen zwei Räumen handelt. Ein Teil der Spieler ist Zuschauer, die anderen sind die Akteure. Hinter dem Bettuch lassen wir eine starke Lampe strahlen. Ein Schauspieler nach dem anderen tritt nun auf. Vor ihrem Auftritt haben sich die Darsteller allerdings noch phantastisch kostümiert. Anhand der Schatten, die sich auf dem Bettuch zeigen, sollen die Zuschauer nun raten, wer sich hinter der Kostümierung verbirgt. Sind alle entlarvt, tauschen die Gruppen ihre Plätze. Die Zuschauer werden zu Schauspielern und umgekehrt.

1 Laken, 1 starke Lampe, Utensilien zum Kostümieren

Arche Noah ➕ Ⓖ 571

Vor Beginn des Spiels teilen sich die Teilnehmer in 2 Gruppen. Am besten finden sich auf einer Seite des Zimmers die Mädchen bzw. Damen, auf der anderen Seite die Jungen bzw. Herren zusammen.

Jede Gruppe bekommt nun vom Spielleiter eine Mütze voller Kärtchen, die sie untereinander aufteilen soll. Niemand blickt in die Karte des Nachbarn.

Auf jeder Karte ist nämlich ein Tiername verzeichnet, dessen Pendant sich bei der gegenüberliegenden Gruppe befindet. Dann löschen wir das Licht. Die Tierpaare, die zusammengehören, versuchen nun, sich durch »Lautgebung« zu finden. Sie stoßen ihre charakteristischen Schreie aus, mit denen sie sich ihrem Partner zu erkennen geben. Wer sich gefunden hat, scheidet aus.

Kärtchen

Domino ◔ ② ⑧ 572

28 Dominosteine

Das Spiel besteht aus 28 viereckigen Holz- oder Elfenbeintäfelchen, die doppelt so lang wie breit sind.
Normalerweise kann man ein komplettes Spiel im Fachhandel kaufen. Die einzelnen Steine sind in 2 gleich große Rechtecke aufgeteilt. Beim ersten Stein sind beide Hälften unbedruckt, dann folgt der zweite mit einem leeren Feld und einem Punkt im zweiten Feld, die folgenden haben 0 und 2, 0 und 3, 0 und 4, bis 0 und 8. Dann kommen Steine mit 1 und 1, 1 und 2, 1 und 3, bis 1 und 8; dann 2 und 2, 2 und 3, bis 2 und 8; jede folgende Zahl fängt mit einem sogenannten Pasch, d. h. mit zweimal derselben Zahl, an und endet mit der 8 im zweiten Feld.
Über 8 hinaus vermehrt man die Punkte nicht, da es schwierig ist, mehr zu übersehen und zu berechnen.
Es können an diesem Spiel 2 oder mehr Spieler teilnehmen. Wir breiten zunächst alle Steine, die Punkte noch unten, auf dem Tisch aus. Dann mischen wir sie, indem wir sie ausgiebig verschieben. Jeder Spieler nimmt sich dann davon 6 Steine und stellt sie vor sich so auf, daß ihm der Mitspieler nicht »in die Karten gucken« kann.
Der erste Spieler legt einen Stein offen auf den Tisch, an den der folgende Spieler einen Stein mit einer der beiden bereits gelegten Zahlen anlegt, und zwar gleiche Zahl an gleiche Zahl. Jeder folgende Spieler hat unter seinen Steinen einen mit einer Endzahl auszusuchen, die eine der beiden Zahlen enthält, die der bereits gelegte Stein zeigt.
Wer nun seine 6 Steine zuerst los ist, macht »Domino«, d. h. er gewinnt das Spiel.
Hat ein Spieler keinen Stein mit der erforderlichen Zahl mehr zur Verfügung, muß er einen Stein »kaufen«, d. h. einen von den noch auf dem Tisch liegenden verdeckten Steinen nehmen, und zwar so lange, bis er einen gefunden hat, den er verwenden kann.
Sind alle Steine aufgekauft, ohne daß der Spieler die benötigte Zahl gefunden hat, kann man das Spiel für beendet erklären. Dann ist der Spieler mit den wenigsten Steinen Sieger. Oder der Spieler, der Pech beim Kauf gehabt hat, muß aussetzen und darf in der nächsten Runde weiterspielen.
Spielen nur 2 miteinander, dann kann man übereinkommen, die letzten 3 Steine unaufgedeckt liegen zu lassen, um so die Spannung zu erhöhen.
Die Kunst im Domino-Spiel besteht darin, solche Ziffern zu setzen, an die man in der folgenden Runde wieder anlegen kann. Außerdem versucht man, wenn das Spiel weiter vorgerückt ist, die eine Seite des Spiels mit der höchsten Punktezahl abzuschließen, so daß der folgende Spieler nicht mehr anlegen kann.

Mah-Jongg ◐ ④ 573

Spielzutaten

Dieses schöne Steinchenspiel kommt aus China. Es gibt besonders kostbare Spiele, bei denen die Steine aus echtem Elfenbein sind. Heute finden wir meist Spiele, deren Steine aus Holz oder Kunststoff gefertigt sind. Allerdings kommt dem ästhetischen Bild der Steine eine hohe Bedeutung zu, denn je schöner das Tableau ist, das wir am Ende auslegen können, desto höher ist seine Bewertung. Eine ausführliche Bewertungstabelle liegt jedem Spiel bei.
Die Grundprinzipien des Mah-Jongg sind relativ einfach. Wir haben Spielsteine vor uns, auf denen verschiedene Symbole abgebildet sind, und es kommt nun darauf an, mit diesen Symbolen ähnlich wie beim Rommé bestimmte Bilder zu legen.
Die Steine gliedern sich wie folgt:
1. 108 Ordnungssteine mit den Symbolen

a) Bambus

1. Kreise 1—9

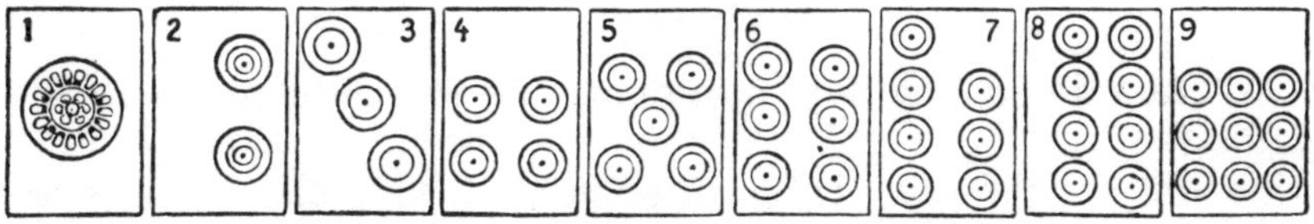

b) Räder

2. Bambus-Stäbchen 1—9

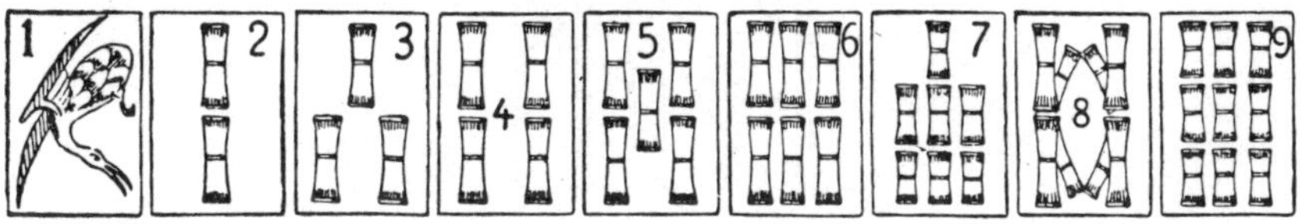

c) Schriftzeichen

3. Chinesische Ziffern 1—9

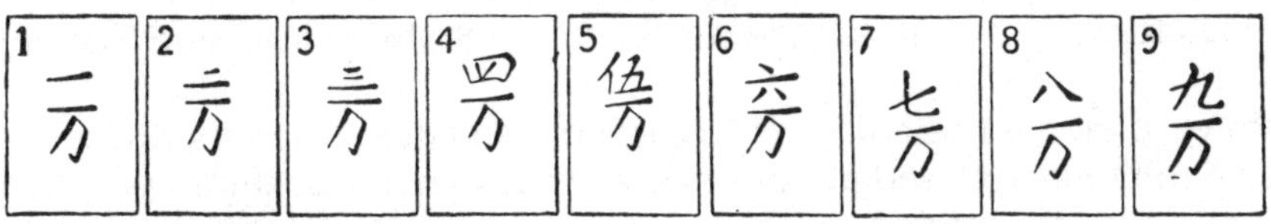

Jede Gruppe ist in Reihen von 1 bis 9 durchnumeriert.
2. 16 Steine mit den Symbolen der vier Winde, also Ost-, Süd-, West- und Nordwind;
3. 12 Steine, auf denen die Symbole der roten, blauen und grünen Drachen dargestellt sind;
4. 4 Steine der Jahreszeiten und 4 Steine mit Blumenzeichen, die meist besonders schön sind;

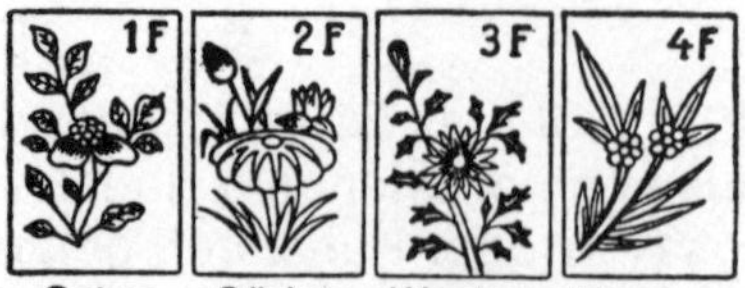

Osten Süden Westen Norden

Blumensteine

Osten Süden Westen Norden

Jahreszeitensteine

5. 4 Steine, die die verschiedenen Himmelsrichtungen darstellen. Osten gilt am meisten. Wer diesen Stein aufdeckt, darf mit dem Spiel beginnen. Zweiter Spieler ist dann der links vom Osten sitzende Süden, gefolgt vom Westen und vom Norden.

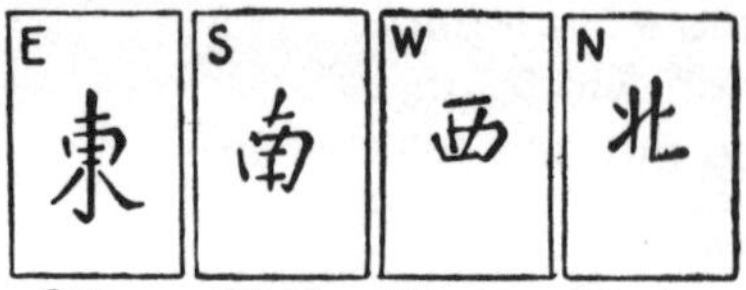

Osten Süden Westen Norden

Die vier Winde

Die Aufgabe der Steine liegt nun darin, die Reihenfolge der Spieler festzulegen.

6. Um unsere Ergebnisse richtig abrechnen zu können, liegen jedem Spiel sogenannte Zahlstäbchen bei. Vor Beginn des Spiels erhält jeder Teilnehmer ein Holzbänkchen, auf dem er seine Steine aufbauen kann, denn wir können sie ja nicht wie Spielkarten in der Hand halten.

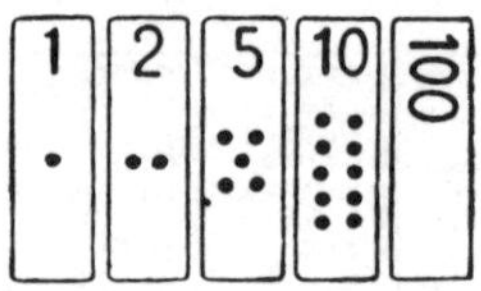

Wir mischen die Steine nun gut in der Mitte des Tisches, wobei sie mit dem Bild nach unten, also verdeckt liegen. Dann beginnt jeder an der Chinesischen Mauer zu bauen. Wir setzen zwei Steine aufeinander und bilden vor uns eine lange Reihe, die sich mit denen unserer Nachbarn in einem Quadrat vereinigt. Jede Mauerseite ist 18 Steine lang und 2 Steine hoch.

Der erste Spieler würfelt nun mit 2 Würfeln, zählt das Ergebnis von seiner Mauer nach links gehend ab, bricht die Mauer an der bestimmten Stelle auf und setzt die beiden hochgenommenen Steine rechts neben die Lücke auf die Mauer. Von dieser Lücke ausgehend, verteilt der Spieler jetzt die Steine, in der ersten Runde zwei Steinpaare, in der zweiten und dritten vier Steine.

Der erste Spieler nimmt in der vierten Runde zwei Steine, die anderen drei jeder einen Stein. Diese Steine baut jeder auf sein Bänkchen, wobei er sich bemüht, sie schon in eine gewisse Ordnung zu bringen.

Es kommt wie beim Rommé darauf an, entweder Sequenzen oder Pasche zu bilden.

Eine Dreier-Sequenz heißt »Tschau« und ein Dreier- oder Vierer-Pasch heißt »Pöng«.
Bekommt ein Spieler Blumen- oder Jahreszeitensteine, muß er sie gleich auslegen und bekommt die entsprechende Anzahl an Steinen aus der Mauer neu zugeteilt.
Kann Süden diesen Stein gebrauchen, so kann er ihn sich nehmen. Braucht er ihn nicht, so nimmt er sich den nächsten Stein aus der Mauer und legt dafür seinerseits einen anderen (oder denselben) ab.
Will jemand einen offenen Stein nehmen, der nicht von seinem unmittelbaren Vorgänger stammt, so muß er schnell das Bild angeben, also »Tschau« oder »Pöng«, das er mit diesem Stein vervollständigen will, und es dann sofort auslegen.
Er spielt dann weiter, d. h. alle Spieler, die eigentlich vor ihm an der Reihe waren, werden ausgelassen. Es spielt immer derjenige weiter, der als letzter einen Stein nahm. Wer als erster ein komplettes Bild von Sequenzen oder Paschen hat, das er mit zwei Schlußsteinen abschließen kann, sagt: »Mah-Jongg!« und legt aus.
Wer als erster auslegt, braucht nicht unbedingt Sieger zu sein, wenn ein anderer ein zwar unvollständiges, aber höher zu bewertendes Bild vorweisen kann.
Die Abrechnung jedes einzelnen Bildes ist sehr kompliziert. Wir müssen in diesem Punkt auf die genaue Spielanleitung verweisen, die jedem Spiel beiliegt. Dies sollte nur eine Darstellung der Grundprinzipien dieses alten Spiels sein.

Roulette ◐ Ⓖ 574

1 Tableau, 1 Roulett-Kessel, Chips

Roulette ist nicht nur das Spiel der großen Spielhöllen der Welt, wir können es mit kleinen Einsätzen auch wunderbar zu Hause spielen. Die Ausstattung gibt es in jedem Spielwarengeschäft zu kaufen. Wir wollen hier nur einige Grundzüge erklären.
Am günstigsten ist es, wenn sich 6 bis 8 Personen am Spiel beteiligen. Auf der einen Seite steht der Bankhalter, der Croupier, auf der anderen die Spieler. Im Spielverlauf sollte jeder Teilnehmer einmal Croupier sein, damit die Chancen gleich sind. Vor Beginn einigen wir uns über den Höchsteinsatz, der möglich ist.
Das Spiel beginnt damit, daß sich jeder Spieler vom Bankhalter eine Anzahl Chips bzw. Spielmarken kauft. Für die einzelnen Münzwerte erhält man jeweils unterschiedliche Chips. Dann breiten wir auf dem Tisch oder auf dem Fußboden unseren Spielteppich, den Tableau, aus. In der Mitte zeigt er eine Zahlenreihe von 36 Feldern (18 rote und 18 schwarze) mit durchlaufenden Zahlenreihen. Die 36 Zahlen sind nach Dutzenden unterteilt. Die Zahlenreihe wird von der Null (Zero) gekrönt, der eine besondere Bedeutung zukommt. Rechts und links von der Zahlenreihe sehen wir je 3 größere Felder, die mit den Worten »Passe« (Zahlen 1 bis 18), »Pair« (gerade Zahlen), »Noir« (Schwarz) bzw. »Manque« (Zahlen 19 bis 36) »Impair« (ungerade Zahlen) und »Rouge« (Rot) bezeichnet sind. Un-

terhalb der Rouge- und der Noir-Bezeichnung finden wir je drei Felder, die mit P 12 = Première Douze (Erstes Dutzend), M 12 = Milieu Douze (Mittleres Dutzend) und D 12 = Dernière Douze (Letztes Dutzend) ausgezeichnet sind.
Das Spiel beginnt mit der Aufforderung des Croupiers: »Faites votre jeu!«, was etwa bedeutet: »Machen Sie Ihr Spiel; beginnen Sie!« Daraufhin setzt jeder Teilnehmer einen oder mehrere Chips auf das Feld oder die Felder seiner Wahl. Im gleichen Moment, in dem der Croupier: »Rien ne va plus« sagt und damit die Kugel im Roulette-Kessel in Bewegung setzt, »geht nichts mehr«, niemand darf mehr setzen.
Die einzelnen Punkte auf dem Tableau, die wir besetzen können, bezeichnen wir als »Chancen«. Gewinnchancen und Gewinnauszahlung allerdings sind nicht gleich. Die »einfachen« Chancen sind die, bei denen der Einsatz verdoppelt wird, der Spieler also z.B. bei einem Einsatz von 10 Pfennigen 20 ausbezahlt erhält.
Einfache Chancen sind:

Manque (1–18) Legt ein Spieler seinen Chip also auf Manque, gewinnt er, wenn die Kugel auf einer der Zahlen von 1 bis 18 verhält;
Passe (19–36)
Pair (gerade Zahlen)
Impair (ungerade Zahlen)
Rouge (rote Zahlen)
Noir (schwarze Zahlen)

Bei den einfachen Chancen stehen sich die einzelnen Kategorien so gegenüber, daß sie einander ausschließen. Gewinnt Manque, so verliert Passe, gewinnt Pair, verliert Impair, gewinnt Rouge, verliert Noir und umgekehrt.
Mehrfache Chancen sind:

Plein (eine Zahl) Setzt ein Spieler seinen Chip auf nur eine Zahl und fällt sie, so erhält er das 35fache seines Einsatzes zurück, bei einem Einsatz von 10 Pfennigen also 3,50 Mark plus seinem Einsatz. Alle anderen Einsätze auf Zahlen sind damit verloren.

A cheval (2 Zahlen) können wir setzen, wenn wir zwei neben- oder übereinanderliegende Zahlen besetzen. Wir legen den Chip auf die Trennungslinie zwischen 2 Zahlen. Die Null mit den ersten 3 Zahlen können wir so auch besetzen. Fällt eine der 2 besetzten Zahlen, so erhält der Spieler das 17fache seines Einsatzes.

Traversale pleine (3 Zahlen) gewinnen wir mit den drei Nummern einer Querreihe. Der Chip kommt dafür an die Außenkante einer Reihe. Fällt eine der 3 Zahlen, bringt sie das 11fache des Einsatzes.

Carré (4 Zahlen) bedeutet, daß wir den Chip an den Kreuzungspunkt von 4 Zahlen legen; fällt eine, erhalten wir das 8fache des Einsatzes.

Traversale simple (6 Zahlen) umfaßt die 6 Zahlen zweier Reihen. Der Chip kommt außen an die Grenzlinie zwischen 2 Reihen. Fällt eine der 6 Zahlen, erhalten wir das 5fache unseres Einsatzes.

P, M, D 12 (3 Dutzend) bedeutet, daß dem Spieler das 2fache seines Einsatzes ausbezahlt wird, wenn eine Zahl aus dem ersten, zweiten oder dritten Dutzend fällt.

Colonnes (3 Kolonnen) dargestellt aus den Senkrechten der Zahlenreihen. Legt ein Spieler seinen Einsatz auf eines der Felder, so erhält er das 2fache zurück, wenn eine Zahl aus der Kolonne fällt, die über dem Feld liegt.

Zero (Null) hat, wie gesagt, eine Sonderstellung. Fällt eine Null, so fallen alle Einsätze auf volle Zahlen (1–36) oder Zahlenkombinationen der Bank zu, ebenso die Einsätze auf Dutzenden oder Kolonnen bzw. bei Manque und Passe. Beim Einsatz auf einer einfachen Chance (Rot; Schwarz; Gerade; Ungerade) kann sich der Spieler die Hälfte seines Einsatzes zurückzahlen lassen; die andere Hälfte gehört der Bank. Der Spieler, der auf Null oder auf eine mehrfache Chance zusammen mit der Null gesetzt hat, bekommt, wenn die Null fällt, genau die gleiche Auszahlung wie bei allen anderen vollbesetzten Zahlen oder einer Zahlenchance.

Stummes Theater ◕ Ⓖ 575

Ein Spielleiter verlost zusammengefaltete Zettel, auf denen die verschiedenen Rollen eines Theaterstücks verzeichnet sind. Einige Zettel sind leer, was bedeutet, daß der Besitzer in dieser Runde Zuschauer sein wird. Kein Spieler weiß vom anderen, welche Rolle dieser spielen wird. Jeder beginnt, seine Rolle stumm pantomimisch vorzutragen. Wer das so überzeugend tut, daß die Zuschauer schnell erraten, was er darstellen will, erhält eine Prämie. Am amüsantesten ist es natürlich, wenn sich die verschiedenen Rollen richtig aufeinander einspielen und wir das ganze Stück in seinen Zusammenhängen erraten können.

Theaterkette ◕ Ⓖ 576

Ein ausgeloster Spieler beginnt, uns pantomimisch eine Situation vorzuführen. Derjenige, der errät, worum es geht, springt auf, wiederholt die Situation und spinnt die Geschichte pantomimisch weiter. So beteiligen wir uns einer nach dem anderen an der Theaterkette. Es sollte sich natürlich niemand drücken. Wer seine Rolle beendet hat, setzt sich wieder und ist so lange Zuschauer, bis es ihm gefällt, in das Geschehen erneut einzugreifen.

Pfänderspiele

Alles, was Federn hat, fliegt ◔ Ⓖ 577

Pfänder

Wir sitzen gemeinsam um den Tisch und trommeln mit Mittel- und Zeigefinger auf die Tischkante, so daß es einen rechten Lärm macht. Der Spielleiter sagt dabei laut folgenden Spruch: »Alles, was Federn hat, fliegt! Alle Enten fliegen hooch!!!«
Bei der letzten Zeile müssen wir alle die Arme hochstrecken, um zu verdeutlichen, daß wirklich alle Enten fliegen können.
Dann erwähnt der Spielleiter eine andere Tierart, die fliegen kann, z. B. Fledermäuse, Mücken, Fliegen usw.
Plötzlich, im Eifer des Gefechts, erwähnt er die Hunde.
Da müssen wir reaktionsschnell die Hände auf der Tischkante lassen, denn wer auch die Hunde in die Luft fliegen läßt, indem er die Arme hochreißt, ist auf den Trick hereingefallen und muß ein Pfand hinterlegen.

Der Schlüssel zum königlichen Garten ◕ Ⓖ 578

Pfänder

Wir sitzen gemeinsam im Kreis. Einer beginnt das Spiel, indem er seinem Nachbarn zur Rechten einen Gegenstand in die Hand gibt mit der Bemerkung: »Ich übergebe dir den Schlüssel zum königlichen Garten!«
Dieser Satz wird von allen, die den Schlüssel weitergeben, möglichst rasch ohne zu stottern weitergesprochen. Kommt der Schlüssel wieder beim ersten Spieler an, so schließt er in der folgenden Runde den Satz an: »Ich übergebe dir die Schnur, die am Schlüssel zum königlichen Garten hängt!«
So können wir nach Wunsch und Laune das Spiel weiterspinnen. Etwa: »Ich übergebe dir die Ratte, welche die Schnur, die an dem Schlüssel zum königlichen Garten hing, abgenagt hat!«
»Ich übergebe dir die Katze, die die Ratte gefressen hat, welche die Schnur, die am Schlüssel zum königlichen Garten hing, abgenagt hat!«
»Ich übergebe dir den Hund, der die Katze totbiß, die die Ratte fraß, welche die Schnur, die am Schlüssel zum königlichen Garten hing, abgenagt hat!«
Es lassen sich eine beliebige Anzahl von Fortsetzungssätzen finden, der Phantasie sind keine Grenzen gesetzt. Zum Beispiel: »Der Stock, der den Hund getötet; das Feuer, das den Stock verbrannte; das Wasser, das das Feuer löschte; der Eimer, in dem das Wasser geholt wurde; der Brunnen, aus dem das Wasser kam« usw.
Wir glauben allerdings, daß sich im Laufe des Spiels jeder einmal verhaspelt, wenn wir es ins Endlose ausdehnen. Aber auch darin liegt ja ein Reiz des Spiels, wenn einmal alle Verlierer sind.
Wir können nun festlegen, daß derjenige, der sich einmal oder mehrmals verspricht, ein Pfand hinterlegt.

Hühner

579

Pfänder

Einer der Spieler wird für die Dauer dieses Spaßes der »Käufer« sein, ein anderer der »Verkäufer«, und alle übrigen werden zu »Hühnern«. Sie stellen sich in einer Reihe auf, d. h. hier »sitzen« sie alle »auf der Stange«, beugen sich vor und falten die Hände in den Kniekehlen.
Der Käufer betritt nun den »Laden« und verlangt ein Huhn.
Der Verkäufer begrüßt ihn umständlich und weist auf die Reihe der Spieler: »Bitte sehr, wir haben genügend auf Lager, wollen Sie sich eines aussuchen!« Der Käufer geht nun von einem zum anderen, betastet die Arme und Beine und spricht über jedes Huhn ein mehr oder weniger abfälliges Urteil aus. Eines scheint ihm zu mager, ein anderes zu fett, ein drittes zu alt, den phantasievollen Beanstandungen sind keine Grenzen gesetzt.
Weder der Verkäufer noch die Hühner dürfen über die Bemerkungen des schwer zu befriedigenden Käufers lachen oder auch nur schmunzeln. Sagt ihm endlich ein Exemplar zu, so ergreifen es Verkäufer und Käufer gemeinsam an den Ellenbogen und heben es hoch. Dann schaukeln sie es dreimal hin und her, ehe sie es wieder absetzen. Wenn das Huhn bei dieser Prozedur weder lacht noch seine ursprüngliche Stellung verändert, wird es endgültig gekauft und an die Seite gesetzt. Der Käufer wendet sich dem nächsten Huhn zu. Jeder Spieler, der sich nicht beherrschen kann und lacht oder seine Hockstellung aufgibt, muß ein Pfand geben.
Alle Hühner werden der Reihe nach fortgetragen, und das Spiel endet mit dem Ausverkauf der Pfänder.

Gehst in den Wald? ◔ ② 580

Pfänder Zwei Spieler sitzen sich gegenüber. Der eine fährt mit der Hand dem anderen vor dem Gesicht hin und her und stellt ihm folgende Fragen:

»Gehst in den Wald?« »Ja!«
»Nimmst auch ein Stück Brot mit?« »Ja!«
»Tust auch Salz drauf?« »Ja!«
»Fürchtest den Wolf?« –

Bei der letzten Frage macht er eine ruckartige Bewegung, um den anderen zu erschrecken. Hält dieser dabei trotzdem die Augen offen, so hat er seine Furchtlosigkeit bewiesen. Andernfalls muß er ein Pfand geben.

Hast du die Lektion gelernt? ◔ Ⓖ 581

Pfänder Ein ausgeloster Mitspieler wählt einen kurzen Reim, z. B.: »Ein Affe gar possierlich ist, zumal wenn er vom Apfel frißt!« Dann stellt er den übrigen Fangfragen, auf die sie weder mit ja noch mit nein antworten dürfen.
A fragt B: »Ist ein Affe ein Tier?« »Allerdings!«
A fragt C: »Sind Affe und Bär das gleiche Tier?« »Niemals!«
A fragt D: »Hast du schon einen Affen gesehen?« »Schon oft.«
A fragt E: »Gibt es Affen in Deutschland?« »Nein, in Asien!«
Da E mit einem Nein geantwortet hat, ist er als erster auf die kniffligen Fragen hereingefallen und muß ein Pfand geben. Dann denkt sich ein zweiter einen Spruch aus. Die Strafe bei diesem Spiel kann auch darin bestehen, daß sich der Verlierer als nächster einen phantasievollen Reim ausdenken muß.

Lirum, Larum, Löffelstiel ◔ Ⓖ 582

Pfänder Wir sitzen im Kreis zusammen, am besten an einem Tisch. Ein ausgeloster Spielleiter nimmt einen Löffel und klopft damit bei jeder Silbe auf den Tisch. Dabei spricht er folgenden Spruch: »Lirum, Larum, Löffelstil, wer das nicht kann, der kann nicht viel!« Dann übergibt er den Löffel seinem Nachbarn, wobei er allerdings eine von allen Nichteingeweihten als unwesentlich betrachtete Bewegung ausführt.
Der zweite Spieler soll nun in genau der gleichen Manier den Löffel seinerseits weitergeben. Vergißt er dabei die versteckte Bewegung, so muß er entweder ein Pfand geben, oder das Manöver wird in den nächsten Runden so oft wiederholt, bis auch der letzte Teilnehmer begriffen hat, worauf es bei diesem Spiel ankommt.

Tierkonzert ◔ Ⓖ 583

Pfänder Wir legen uns alle einen Tiernamen zu. Der eine ist der Löwe, der zweite das Schaf, der dritte der Uhu usw.
Dann beginnt das große Tierkonzert, d. h. wir dürfen nur noch in der Sprache des von uns gewählten Tieres reden.
Einer beginnt, er ruft den Ochsen, dieser muß mit einem Brüllen antworten. Dann ruft der Ochse den Löwen, dieser den Uhu usw. Das Spiel wird

spannender, wenn wir keine Sekunde mit der Antwort zögern, denn es kommt darauf an, die Mitspieler zu Fehlern zu veranlassen. Sei es, daß einer ein Tier ruft, das gar nicht vertreten ist, oder daß ein Tier nicht reagiert. Jeder Fehler wird damit bestraft, daß der Unaufmerksame ein Pfand geben muß.

Taube und Stumme ◔ Ⓖ 584

Pfänder

Wir sitzen alle in einem Kreis zusammen und teilen uns auf in »Taube« und »Stumme«. Neben einem Tauben, der sprechen kann, sitzt jeweils ein Stummer, der aber hören kann.
Die Tauben sprechen nun mit irgendwelchen witzigen Fragen die Stummen an, die ihrerseits nur durch Pantomime antworten dürfen. Wer hierbei seine Rolle vergißt, sei es also, daß ein Tauber auf eine an ihn gestellte Frage antwortet oder ein Stummer spricht, muß ein Pfand zahlen.
Bestraft wird auch derjenige, der sich nicht beherrschen kann und während des Spiels in Gelächter ausbricht.

Nach dem Alphabet fragen und antworten ◕ Ⓖ 585

Pfänder

Wir sitzen wie bei den vorhergehenden Spielen im Kreis, und derjenige, der den »Plumpsack« zugeworfen bekommt, darf schnell seinem Nachbarn die Frage stellen: »Wenn ich eine Ameise wäre, wozu würdest du mich bestimmen?« Dieser müßte jetzt sofort antworten: »Zur Arbeit!« Das Subjekt der Antwort sollte auf alle Fälle mit einem A beginnen.
Der zweite stellt dann die Frage an den neben ihm Sitzenden: »Wenn ich eine Blume wär, wozu würdest du mich bestimmen?« »Zum Blumenstrauß!«, wäre zum Beispiel eine passende Antwort. Findet der eine oder andere keine Frage bzw. Antwort innerhalb einer festgesetzten Zeit, so muß er ein Pfand abgeben.

Die Tauben im Getreidefeld 586

Pfänder

Jedem der Mitspielenden wird eine Nutzpflanze zugeteilt: dem einen der Weizen, dem anderen die Hirse, dem dritten der Roggen, dem vierten der Hafer usw. Einer beginnt das Spiel, indem er ausruft: »Meine Tauben fliegen aus, sie fliegen in den Hafer!«
Derjenige, der vorher den Begriff Hafer zugeteilt bekommen hatte, muß nun blitzschnell reagieren und ausrufen: »Meine Tauben fliegen aus, sie fliegen ins Kartoffelfeld!«
Bei diesem Spiel kommt es vor allem darauf an, wie schnell jeder reagiert und daß er keinen Fehler macht.
Wer sich irrt oder zu lange zögert, muß ein Pfand hinterlegen.

Der König von Spanien ist tot 587

Pfänder

Dies ist ein sehr feierliches, ernstes und getragenes Spiel, bei dem es vor allem darauf ankommt, nicht in prustendes Gelächter auszubrechen. Denn wer den würdevollen Ton nicht einhalten kann, hat verloren und muß ein Pfand abgeben.
Besonders erfolgreich ist das Spiel natürlich, wenn der Abend schon fortgeschritten ist und wir uns in gehobener Stimmung befinden, so daß es kaum einem der Teilnehmer leichtfällt, ein würdevolles Gesicht zu wahren.
Zwei Spieler werden als »Fackelträger« ausgewählt.
Jeder von ihnen bekommt ein brennendes Streichholz in die Hand, und nun sollen sie langsam aufeinander zuschreiten und sich gegenseitig zumurmeln: »Der König von Spanien ist tot!«
Der andere antwortet daraufhin ernsthaft: »Tröst ihn Gott!« Nachdem er dies gesagt hat, verlöscht er sein Licht.
Wer dabei lacht, muß ein Pfand hinterlegen.

Watte blasen 588

Watte oder 1 Feder, Pfänder

Wir können dieses Spiel statt mit Watte auch mit einer kleinen Feder veranstalten. Alle Teilnehmer sitzen rund um einen Tisch, auf dem ein kleiner Bausch Watte bzw. eine Feder liegt. Jeder beginnt nun, die Watte in Richtung der anderen zu blasen.
Derjenige, den die Watte trifft, da er nicht mehr genug Puste hat, sie von sich abzuwehren, muß ein Pfand geben, da er verloren hat.

Pfänderauslösen 589

Pfänder

Am Ende aller Pfänderspiele steht das allseits beliebte Pfänderauslösen, denn sonst hätte das Abgeben der Pfänder ja keinen eigentlichen Sinn. Jeder will sich einmal auf Kosten des anderen kräftig amüsieren, und niemand sollte davor zurückschrecken, sich einmal vor aller Augen ein bißchen hochnehmen zu lassen. Allerdings dürfen wir es bei den Späßen auch nicht übertreiben. Wir müssen selbst abschätzen können, wieviel

wir jedem einzelnen an Spaß zumuten können. Meist sind es ja die harmlosesten Scherze, die sich allgemeiner Beliebtheit erfreuen. Hier einige Beispiele, wie wir ein verlorenes Pfand wieder erringen können.
Der Spielleiter nimmt beim Auslösen jeweils ein Pfand in die Hand, so daß die übrigen nicht sehen können, um welches Pfand es sich handelt, und sagt folgenden Spruch: »Was soll das Pfand in meiner Hand?«
Dann bestimmen wir alle gemeinsam, was der Besitzer des Pfandes für eine Aufgabe zu erfüllen hat:

a. Abwechselnd ein lustiges und ein trauriges Gesicht machen.
b. Auf einem Bein hüpfend jedem ein Kompliment machen.
c. Aus zwei vorgegebenen Wörtern einen Reim schmieden.
d. Das Spielen eines Musikinstrumentes durch Pantomime nachahmen.
e. Drei Leberreime zusammenstellen. Ein Spieler gibt den ersten Reim an, auf den wir antworten müssen. Z. B.: »Die Leber ist vom Hecht, und nicht von einer Mücke!« »Wer nun darauf nicht reimen kann, der hat nicht viel Geschicke!«
f. Einen Schnellsprechsatz sechsmal hintereinander aufsagen. Z. B.: »Fischers Fritze fischt frische Fische«.
g. Eine Maske aus sich machen lassen, zu der jeder aus der Gesellschaft etwas beiträgt.
h. Ein Gedicht deklamieren.
i. Ein Kartenblatt aufnehmen, ohne die Finger zu gebrauchen.

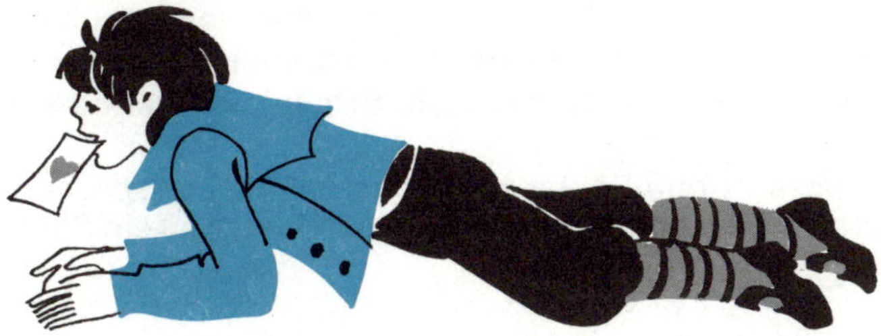

j. Mit der Hand ein Schattenspiel an die Wand werfen.
k. Pfeifen ohne zu lachen.
l. Ein Liebeslied singen.
m. Stehend den eigenen Fuß küssen.
n. Sich, ohne die Hände zu benutzen, auf den Boden setzen und wieder aufstehen.
o. Sich einen Bart anmalen lassen.

Nasenstüber 590

Leere Streichholzschachteln, Pfänder

Für dieses Spiel brauchen wir eine oder, sollten wir sehr zahlreich sein, zwei leere Streichholzschachteln, die von entgegengesetzten Seiten aus um den Tisch gegeben werden.
Allerdings dürfen wir bei der Weitergabe nicht die Hände benutzen. Die Streichholzschachteln werden geleert, und die äußere Hülle steckt sich ein Spieler auf die Nasenspitze. Dann wendet er sich seinem Nachbarn zu, der sie ihm wiederum nur mit der Nasenspitze abnimmt und weiterreicht.
Wer die Schachtelhülle fallen läßt, muß ein Pfand geben.

Ich verkaufe meine Stadt Rom 591

Pfänder

Bei diesem Spiel kommt es vor allem auf ein gutes Gedächtnis an. Wir sitzen alle gemütlich im Kreis, und einer, der das Spiel kennt, ist Spielleiter. Er beginnt mit folgendem Satz: »Ich verkaufe meine Stadt Rom!«
Derjenige Spieler, der rechts von ihm sitzt, wiederholt diesen Satz, dem dann der erste wieder einen Teil anfügt, z. B.: »Ich verkaufe meine Stadt Rom. In dieser Stadt gibt es eine Straße.« Dies wiederholt nun der zweite rechts von ihm Sitzende.
So geht es reihum. Jeder folgende muß den neu hinzugekommenen Satz bei der Wiederholung hinzufügen, bis die Erzählung vollständig ist.
Diese lautet: »Ich verkaufe meine Stadt Rom; in dieser gibt es eine Straße; in dieser Straße befindet sich ein Haus; hinter diesem Haus liegt ein Hof; in diesem Hof ist ein Garten; in diesem Garten ist eine Treppe; bei dieser Treppe liegt ein Zimmer; in diesem Zimmer steht ein Bett; vor diesem Bett steht ein Tisch; auf diesem Tisch liegt eine Decke; auf dieser Decke steht ein Vogelbauer; in diesem Vogelbauer befindet sich ein Vogel; der Vogel sagt: ›Ich bin im Vogelbauer‹; das Vogelbauer sagt: ›Ich stehe auf der Decke‹; die Decke sagt: ›Ich liege auf dem Tisch‹; der Tisch: ›Ich stehe vor dem Bett‹; das Bett: ›Ich befinde mich im Zimmer‹; das Zimmer: ›Ich liege bei der Treppe‹; die Treppe: ›Ich bin im Garten‹; der Garten: ›Ich liege im Hof‹; der Hof: ›Ich befinde mich hinter dem Haus‹; das Haus: ›Ich liege in der Straße‹; die Straße: ›Ich befinde mich in der Stadt Rom!‹«
Die Sätze müssen ohne Fehler möglichst schnell gesprochen werden. Wer sich verhaspelt, scheidet entweder aus oder muß ein Pfand hinterlegen.

Mikado Nr. 562 (S. 209) ►

Zauber- und Neckspiele

Die umgedrehte Nadel ◕ ① 592

In den Boden einer Pillenschachtel bohren wir ein rundes Loch ungefähr von der Größe einer Erbse. Dann knipsen wir den Kopf einer Stecknadel zwei Millimeter unterhalb seines Ansatzes ab. Dies Stückchen Nadel wird an dem Loch, Nadelkopf nach oben, befestigt. Ihm gegenüber bohren wir in den Deckel der Schachtel ein etwas kleineres Loch. Jetzt halten wir die Schachtel gegen das Licht und blicken durch das Loch, an dem die Nadel steckt, auf das kleinere. Die Nadel erscheint uns dann vergrößert und umgekehrt.

1 leere Pillenschachtel, 1 Stecknadel

Knobeln ◕ ② 593

Zwei Spieler sitzen einander gegenüber und führen mit der rechten Hand im gleichen Rhythmus eine Bewegung aus, als ob sie mit der Faust auf den Tisch schlagen wollten, mit den Schlägen jedoch über der Tischplatte innehalten. Am Ende jedes dritten Schlages erstarrt ihre Hand in einer bestimmten Geste:
Sie wird zur Faust geballt (»Stein«) oder es werden drei Finger ausgestreckt, während der kleine und der Ringfinger zur Handfläche gebogen sind (»Schere«), oder sämtliche Finger werden gespreizt (»Papier«). Falls nun einer der Spieler »Papier«, der andere »Stein« hat, bekommt »Papier« einen Punkt, denn Stein kann man mit Papier einpacken; falls einer »Papier« hat und der andere »Schere«, erzielt die Schere einen Punkt, mit ihr kann man Papier zerschneiden; falls ein Spieler »Stein« hat und der andere »Schere«, hat der Stein einen Punkt, er zerschlägt die Schere. Falls beide Spieler mit der gleichen Geste innehielten, erhält keiner einen Punkt.
Sofort folgen weitere drei Bewegungen mit der zur Faust geballten Hand, und der dritte Schlag wird wieder mit einer Geste abgeschlossen. Beide Spieler führen die Bewegungen zugleich durch, keiner darf sich auch nur den Bruchteil einer Sekunde verspäten. Dieser Zeitvertreib aus dem Orient wurde von Mathematikern analysiert, als sie die Grundlagen zu einem neuen Wissenschaftszweig legten – der Theorie der Spiele. Beim »Knobeln« analysieren nämlich beide Spieler ihre eigene und des Gegners letzte Handlung und aufgrund dieser blitzschnellen und häufig unbewußten Analyse entscheiden sie sich dann für ihre nächste Geste.

◀ Flaschentransport Nr. 564 (S. 209)

Schwarz und Weiß ◕ Ⓖ 594

1 Bogen Papier, 1 schwarzer Filzschreiber

Wir zeichnen auf einen Bogen Papier vier Rechtecke, wie sie die Abbildung zeigt. Die obere Hälfte bleibt weiß, die untere wird schwarz ausgemalt. In der Mitte der weißen Hälfte zeichnen wir einen schwarzen Streifen, der 2 Millimeter breit ist, und als Fortsetzung davon ziehen wir einen weißen Streifen durch die Mitte des schwarzen Feldes. Den weißen Streifen können wir auch vorher schon aussparen, denn es ist schwierig, auf einer wirklich schwarzen Fläche einen rein weißen Streifen zu ziehen. Beide Streifen müssen abgemessen und genau gleich breit sein. Wir befestigen das Papier jetzt an einer Fensterscheibe. Dann stellen wir den Spielern die Fangfrage, welcher Streifen ihrer Meinung nach breiter ist. Wer behauptet, beide Streifen seien gleich, ist der optischen Täuschung nicht erlegen. Dadurch, daß der weiße Streifen einen lebhafteren Eindruck auf uns macht als der schwarze, halten wir ihn unwillkürlich für breiter.

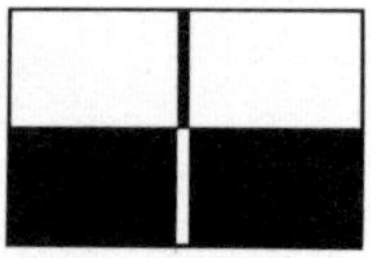

Auf einfache Weise Geld vermehren ◕ Ⓖ 595

1 Pfennig, 1 Sektglas, 1 Teller

Wir legen eine Pfennigmünze in ein Sektglas, also ein Glas, das unten spitz zuläuft und oben weit ist. Dann füllen wir es zur Hälfte mit Wasser und decken es mit einem gut abschließenden Teller ab. Mit Schwung stürzen wir dann Glas und Teller um, so daß das Wasser umgekehrt auf dem Teller steht und der Pfennig, der jetzt auf dem Teller liegt, so groß wie ein Zweipfennigstück erscheint. Ein Stückchen darüber können wir einen zweiten Pfennig entdecken. So haben wir jetzt das Vergnügen, statt des einen drei Pfennige zu sehen.

Ein preiswertes Vergrößerungsglas ◕ Ⓖ 596

1 Nadel, 1 Stück festes Papier

Um uns ein einfaches Vergrößerungsglas selbst zu basteln, brauchen wir nur mit einer Nadel ein kleines Loch in ein festes Stück Papier, also beispielsweise in eine Karteikarte zu bohren. Halten wir uns diese Öffnung dicht vor das Auge, werden wir kleine Gegenstände bedeutend größer sehen, als sie uns sonst erscheinen. Wir müssen sie $2^1/_2$ Zentimeter von dem Loch entfernt halten, um sie in voller Größe erscheinen zu lassen. Das bloße Auge kann in solcher Nähe gar nichts erkennen, mit Hilfe des Nadelstichs dagegen sieht man die kleinen Buchstaben eines Buches ganz groß und kann ein kleines totes Insekt mit allen seinen Teilen scharf wahrnehmen, wenn man es auf einem Stückchen Glas oder an der Spitze einer Nadel befestigt.
Um den Gegenstand richtig untersuchen zu können, müssen wir allerdings noch darauf achten, daß er ausreichend beleuchtet ist. Wir halten ihn daher entweder gegen den hellen Himmel oder gegen den durchscheinenden Schirm einer Lampe. Wir können auch einfach einen Spiegel im Winkel von 45° darunter halten, der das Tageslicht, nicht die direkte Sonne, auffängt und in unser Vergrößerungsglas projiziert.

Die verschwindende Scheibe — 597

An einer dunklen Wand befestigen wir in Augenhöhe eine weiße Papierscheibe, die einen Durchmesser von 5 Zentimetern hat. Eine zweite Scheibe von 8 Zentimetern Durchmesser hängen wir 66 Zentimeter weiter rechts ein wenig tiefer auf. Dann stellt sich einer direkt vor das Papier, kneift das linke Auge zu und sieht scharf mit dem rechten auf das kleinere Papier. Geht er dabei langsam zurück, bis er etwa $1/2$ Meter entfernt ist, so wird vor seinem Auge die große Papierscheibe rechts verschwunden sein.

2 weiße Papierscheiben

Die doppelte Nadel — 598

Bei diesem Spiel können wir jedem beweisen, daß er doppelt sieht, ohne Alkohol getrunken zu haben.
Wir stechen mit einer Nähnadel ein feines Loch in ein Stück starkes Papier. Etwa 2 Millimeter entfernt stechen wir ein weiteres Loch ein. Dann halten wir dem ersten Spieler das Papier so dicht vor das Auge, daß er durch beide Löcher hindurchsehen kann. Blickt er nun auf einen kleinen Gegenstand, etwa eine nahe liegende Stecknadel, so wird er schwören, zwei Nadeln zu sehen, man mag die eine bewegen in welcher Richtung immer man will. Nur wenn man sie sehr weit entfernt, nähern sich die beiden Bilder der Nadel immer mehr, bis sie endlich zu einem einzigen verschmelzen.

1 Stück festes Papier, 1 Nähnadel, 1 Stecknadel

Der verschwundene Fleck — 599

Wir zeichnen auf ein Stück Papier links ein gleichschenkliges Dreieck. Auf der gleichen Ebene zeichnen wir 8 Zentimeter davon entfernt einen großen schwarzen Punkt.
Dann hält sich der erste Spieler das Blatt etwa ein drittel Meter vom Gesicht entfernt vor die Augen und blickt starr mit dem rechten Auge (das linke bleibt geschlossen) auf das Dreieck. Er wird bemerken, daß der schwarze Punkt rechts verschwunden ist, und blickt er mit dem linken Auge (jetzt ist das rechte geschlossen) zu dem Punkt rechts, so bemerkt er das Dreieck links nicht mehr.
Das Bild der beiden jeweils verschwundenen Zeichnungen fällt nämlich, hält man die angegebene Entfernung genau ein, auf eine Stelle im Auge, die gegen das Licht unempfindlich ist. Es ist jene Stelle, an welcher der Sehnerv ins Auge tritt.

1 Stück Papier, 1 Bleistift

Falsches Maß und falsche Richtung ◕ Ⓖ 600

1 Stück Papier, 1 Bleistift, 1 Lineal, 1 Zirkel

Über die Größenverhältnisse der Dinge, über ihre Breite und Höhe sowie über ihre Richtung ist das menschliche Auge vielfachen Täuschungen unterworfen. Ein schwarzer Zylinderhut, auf den Tisch gestellt, wird von jedem sicherlich für höher gehalten als er breit ist. Messen wir nach, werden wir feststellen, daß die Höhe gewöhnlich der Breite entspricht. Legen wir zum Beispiel ein Lineal waagerecht über einen schrägen Stab,der dann an der unteren Seite des Lineals wiederum zum Vorschein kommt. Zur Auswahl haben wir jetzt zwei Linien weitergezogen, die eine ist punktiert, die andere voll durchgezogen. Jetzt können wir untereinander Wetten abschließen, welche Linie die wahre Fortsetzung des oberen Teils ist. Den meisten wird die untere, volle Linie als Fortsetzung erscheinen. Das angelegte Lineal zeigt den Irrtum.
Nun zeichnen wir eine Anzahl gleich weit voneinander entfernte Zickzacklinien, die von vier anderen Linien durchschnitten werden. Alle Spieler werden davon überzeugt sein, daß sich je zwei teils nach der rechten, teils nach der linken Seite zu nähern scheinen oder auseinanderlaufen. Die Striche erscheinen schräg. Mit Zirkel und Lineal können wir uns nun überzeugen, daß sie genau waagerecht liegen und an beiden Enden gleich weit voneinander entfernt sind. In einer weiteren Zeichnung haben wir zwei um 2 Millimeter unterschiedliche Abschnitte von Ringen aufeinander gelegt. Wir wollen uns festlegen, welcher der größere bzw. der kleinere ist.
Allgemein wird man den unteren für den größeren halten. Der Zirkel beweist uns jedoch, daß der obere um 2 Millimeter länger als der untere ist. Das Auge folgt der Fortsetzung der Seitenlinien des unteren Ringabschnittes und verlangt, daß der obere sich derselben anschließe.

Schwarze Magie ◕ Ⓖ 601

Wir wollen unserer Kindergesellschaft einmal vorführen, daß wir über magische Kräfte verfügen. Allerdings brauchen wir dazu einen Gehilfen, der mit uns unter einer Decke steckt.
Der Magier verläßt den Raum, und der Spielleiter vereinbart mit den Kindern, welcher Gegenstand erraten werden soll. Dann tritt der Zauberer ein. Er kann nur mit ja oder nein antworten, wird aber mit sicherem Instinkt sein Ja zu dem Gegenstand sagen, den die anderen vorher ausgewählt hatten. Der Spielleiter fragt ihn zum Beispiel: »Ist es das Kissen?« »Nein!« »Ist es die Kaffeekanne?« »Nein!« »Ist es das Klavier?« »Nein!« »Ist es der Lampenschirm?« »Ja!« Und tatsächlich war der Lampenschirm das Objekt, auf das sich alle vorher geeinigt hatten.
Der Trick bei der Sache liegt darin, daß der Gehilfe, hier der Spielleiter, vor dem zu erratenden Gegenstand einen nennt, der schwarz ist. Daraufhin weiß der »Zauberer«, daß es sich nur um den nächstfolgenden handeln kann.
Sind die Kinder schon etwas älter, werden wir das Spiel so lange durchspielen, bis eines der Kinder den Trick erkennt, denn er ist im Grunde nicht sehr schwer zu erraten.

Der Knoten ◔ Ⓖ 602

Diese Vorführung gehört in unsere Trickspielkiste. Wir legen eine längere Schnur auf den Tisch und versprechen demjenigen einen Preis, der es schafft, einen Knoten zu binden, ohne die beiden äußeren Enden der Schnur loszulassen. Wir sollen also mit beiden Händen je ein Ende fassen und dann einen Knoten binden. Die Auflösung des Tricks ist:
Bevor wir die beiden Enden fassen, verschränken wir die Arme, dann nehmen wir die Enden, und wenn wir jetzt die Arme auseinanderziehen, ergibt sich der Knoten von selbst.

1 längere Schnur

Drei Mandeln unter dem Hut ◔ Ⓖ 603

Wir stellen allen die Fangfrage: »Wer bringt die drei Mandeln, die hier unter drei verschiedenen Hüten (Mützen) liegen, unter einen Hut, ohne diesen aufzuheben?«
Weiß keiner die Antwort, setzt man sich den mittleren Hut auf, steckt die drei Mandeln in den Mund und ißt sie auf. Die Aufgabe ist brillant gelöst.
Als Variante kann man auch die Behauptung aufstellen, man werde vor den Augen aller die drei Mandeln aufessen und sie dennoch alle wieder unter einen Hut bringen. Dann ißt man die Mandeln auf, nimmt den Hut uns setzt ihn sich auf den Kopf.

3 Hüte oder Mützen, 3 Mandeln

Stühle riechen ◕ Ⓖ 604

Bei diesem Spiel können sich wieder alle beteiligen und gemeinsam versuchen, den Trick herauszufinden, den sich der »Zauberer« und sein Gehilfe ausgedacht haben.
Wir stellen drei Stühle nebeneinander. Der Zauberer, der Stühle riechen kann, muß das Zimmer verlassen. Einer der Spieler setzt sich schnell auf einen Stuhl, steht aber gleich wieder auf. Jetzt ruft der Spielleiter den Zauberer herein, etwa mit den Worten: »Wir sind fertig!« oder »Hereinkommen!«, oder auch »Bitte hereinkommen!«. Der Zauberer wird mit sicherem Instinkt erraten, auf welchem Stuhl ein Spieler gesessen hat. Der Trick ist wieder denkbar einfach. Ruft der Spielleiter den Zauberer mit einem Wort, so ist der erste der gesuchte Stuhl, ruft er ihn mit zwei Wörtern, ist es der zweite und bei drei Wörtern der dritte Stuhl. Wir sollten dieses Spiel so lange spielen, bis eines der Kinder den Trick errät.

3 Stühle

Was noch nie dagewesen! ◑ Ⓖ 605

1 Nuß

Wir wollen jetzt der versammelten Gesellschaft etwas ganz Besonderes zeigen, was noch nie ein Mensch im Leben gesehen hat und was dann auch nie wieder ein Mensch sehen wird. Bei der Einleitung zu diesem Spiel sind der Phantasie des Zauberers keine Grenzen gesetzt. Hat er die Versammelten gehörig in Spannung versetzt, nimmt er eine Nuß, knackt sie auf und verzehrt sie demonstrativ vor den Augen aller. Den Kern hatte noch nie jemand vorher erblickt, und er wird auch bestimmt von niemandem mehr gesehen werden.

Den Pullover nicht allein ausziehen können ◑ Ⓖ 606

Der Witz dieses kurzen Spiels besteht darin, daß man einen nicht eingeweihten Spieler blufft, indem man mit ihm die Wette abschließt, daß er sich nicht allein den Pullover (Rock, Hemd oder Hose) auszuziehen imstande sei. Will er uns nun sofort vom Gegenteil überzeugen, muß sich der Herausforderer im gleichen Augenblick den Pullover ausziehen wie der Herausgeforderte.

Das unsichtbare Ding ◑ Ⓖ 607

Wir wetten mit einem Spieler, er werde gleich etwas festhalten, fühlen, hin- und herwenden, ja es sogar langziehen dürfen, und trotzdem werde er es mit den Augen nicht sehen, während es alle anderen Anwesenden die ganze Zeit über betrachten könnten.
Dann ergreifen wir die rechte Hand des Spielers und führen sie an sein rechtes Ohr mit der Aufforderung, es zu fühlen, zu wenden und, wenn er Lust habe, es langzuziehen.

Meine Uhr ◑ Ⓖ 608

Wir einigen uns mit einem Spieler, daß er auf alle Fragen, die wir ihm stellen werden, nur immer »meine Uhr« antworten wird. Hält er dieses Spiel nicht durch, indem er unwillkürlich eine andere Antwort gibt, verliert er also die Wette und muß ein Pfand zahlen. Am besten leitet ein Eingeweihter das Spiel, während die übrigen der Reihe nach den Raum betreten, so daß sich diejenigen, die hereingefallen sind, wenigstens über die Nachfolgenden amüsieren, die den Spaß noch nicht kennen.
Wir stellen den Spielern also jeweils die allerverrücktesten Fragen.
Wenn sie die Wette nicht verlieren wollen, müssen sie auch auf die letzte Fangfrage: »Was gibst du mir, wenn du die Wette gewinnst?«, antworten »meine Uhr!«. Tun sie das nicht, und sie werden sich sicherlich davor hüten, ihre Uhr zu verlieren, haben sie die Wette zwangsläufig verloren.

Namen erahnen ◑ Ⓖ 609

1 Zettel, 1 Bleistift

Dieses Spiel beruht auf einem ganz einfachen Trick, der alle Zuschauer ungemein verblüffen kann. Wir schreiben vor den Augen aller irgend etwas auf einen Zettel und geben diesen einem vorher eingeweihten Mitspieler.

Dann fordern wir die Zuschauer auf, uns eine beliebige Anzahl Namen berühmter Persönlichkeiten zu sagen. Allerdings sollten wir Wert darauf legen, daß die Persönlichkeiten einer bestimmten Berufsgruppe entstammen, zum Beispiel sollte es sich entweder nur um Politiker oder nur um Dichter oder Wissenschaftler handeln. Wir schreiben jeden Namen auf einen gesonderten Zettel!

Um einen bestimmten Namen zu forcieren, stellen wir Zwischenfragen, die den von uns gewünschten Namen zwangsläufig in Erinnerung rufen. Haben wir zum Beispiel die Sparte »Politiker« gewählt und wollen erreichen, daß uns jemand den Namen »Bismarck« nennt, so müssen wir zwischendurch darauf hinweisen, daß ja auch vor hundert Jahren schon bedeutende Politiker gelebt haben. Der Erfolg dieses Spiels hängt weitgehend von unserer Phantasie ab. Wenn uns Politiker zu schwierig erscheinen, so können wir natürlich beliebig auf Dichter, Schriftsteller u. a. ausweichen.

Während uns die Zuschauer also alle möglichen Namen zurufen, notieren wir in Wirklichkeit immer nur den einen Namen, den wir bereits auf den vorher demonstrativ in Verwahrung gegebenen Zettel schrieben. Sind genügend Namen zusammengekommen und der von uns vorhergesehene befindet sich darunter, so falten wir die Zettel fein säuberlich zusammen, schütten sie in einen Hut und lassen einen Zuschauer einen einzigen ziehen. Dann vernichten wir die übrigen, damit keiner der mißtrauischen Mitspieler auf den Gedanken kommt, sie zu inspizieren und nachzuprüfen, was wir wirklich geschrieben haben.

Der Spieler, der nun den Zettel gezogen hat, wird feierlich aufgefordert, ihn vorzulesen.

Dann bitten wir den Spieler, dem wir vorher feierlich den ersten Zettel in Verwahrung gaben, diesen vor aller Augen zu entfalten und vorzulesen. Selbstverständlich stehen auf beiden Zetteln die gleichen Namen, denn wir haben ja nie einen anderen notiert. Wir müssen bei diesem Spiel nur aufpassen, daß uns niemand »in die Karten guckt«, denn dann ist der Witz vorbei. Außerdem dürfen wir nicht vergessen, die ungebrauchten Zettelchen sofort zu vernichten, nachdem der Spieler einen gezogen hat. Wir sollten uns auch weit entfernt von dem Spieler halten, dem wir den ersten Namen in Verwahrung gaben, damit keiner unserem kleinen Schwindel auf die Spur kommt.

Das Geld unter dem Hut ◕ Ⓖ 610

1 Hut, 1 Tasse, 2 Münzen

Ein Spielleiter behauptet steif und fest, er könne eine Münze unter dem Hut wegnehmen, ohne diesen dabei aufzuheben. Da wir ihm alle keinen Glauben schenken, wird die Münze unter den Hut gelegt. Der Zauberer nimmt daraufhin eine Tasse, hält sie unter die Tischplatte, macht viel Hokuspokus dabei und schmuggelt, von den anderen unbemerkt, eine zweite Münze in die Tasse, mit der er dann ausreichend klimpert. Will sich jetzt ein mißtrauischer Spieler überzeugen, daß es wirklich dieselbe Münze ist, die vorher unter dem Hut lag, so muß er zwangsläufig den Hut hochheben, um nachzuschauen. In diesem Augenblick greift der Zauberer blitzschnell nach der dort liegenden Münze und hat somit die Wette gewonnen, da er ja vorher behauptete, die Münze zu bekommen, ohne den Hut anheben zu müssen.

Die fünf Bücher Mosis ◕ Ⓖ 611

5 dicke Bücher, 1 Schüssel mit Wasser, 1 Tuch

Dieser Spaß lohnt sich eigentlich nur für eine größere Kindergesellschaft. Wir müssen uns nämlich wieder in Akteure und Zuschauer teilen. Die freiwilligen Akteure werden hinausgeschickt, das Zimmer wird ein wenig verdunkelt, damit das Spiel einen feierlichen Anstrich bekommt. Dann rufen wir den ersten Spieler herein. Auf dem Tisch verteilt liegen die fünf dicksten Bücher aus der Bibliothek. Der Spielleiter erklärt dem Kandidaten jetzt, daß er ihn mit den heiligen fünf Büchern Mosis bekanntmachen will, von denen eine wunderbare und heilsame Wirkung ausgeht. Allerdings müßten ihm zur besseren Konzentrationsfähigkeit die Augen verbunden werden.
Dann nimmt der Spielleiter die Hand des Spielers und legt sie unter unverständlichem Gemurmel auf das erste Buch. So geht er die Reihe durch. Vor dem letzten Buch allerdings, dem geheimnisvollsten, wird noch eine ganz bedeutende Beschwörungsformel gemurmelt.
Dann ergreift der Spielleiter von neuem die Hand und patscht sie direkt in eine volle Wasserschüssel, die die Helfer während der Zeremonie anstelle des fünften Buches heimlich aufgebaut haben.
Ist das Gelächter abgeklungen, können wir den nächsten Kandidaten rufen, der sich wieder den fünf Büchern gegenübersieht, und das Spiel beginnt von neuem.

Gekreuzt-Ungekreuzt ◕ Ⓖ 612

1 Schere

Wir sitzen alle im Kreis, und der Spielleiter gibt seinem Nachbarn eine große Schere weiter, die entweder offen oder geschlossen ist. Dabei sagt er: »gekreuzt« oder »ungekreuzt«. Der Spieler soll jetzt die Schere weitergeben, und zwar gekreuzt oder ungekreuzt. Er schließt die Schere, gibt sie weiter und sagt: »ungekreuzt!« Alle schauen verblüfft, wenn der Spielleiter daraufhin ruft: »falsch!«. Der nächste Spieler nimmt die Schere, klappt sie zu, gibt sie weiter und sagt: »ungekreuzt!« Dieses Mal hat er recht behalten, der Schiedsrichter unterbricht ihn nicht.

Die übrigen Spieler müssen nun versuchen herauszufinden, wann es »gekreuzt« und wann »ungekreuzt« heißen muß.
Auch kleinere Kinder werden den Trick bald bemerken. Es kommt nämlich gar nicht auf die Stellung der Schere an, sondern auf die der Beine. Halten wir die Füße übereinander gekreuzt, während wir die Schere weitergeben, so sagen wir: »gekreuzt«, stehen die Füße nebeneinander, so geben wir bekannt: »ungekreuzt«. Wir sollten dieses Spiel so lange weiterspielen, bis jeder begriffen hat, wo der Hase im Pfeffer liegt.

Tellerbeschwörung ◑ Ⓖ 613

2 Teller, 1 Kerze, Streichholz, 1 Spiegel

In einer größeren Kindergesellschaft läßt sich die »Tellerbeschwörung« mehrmals durchführen, wenn wir unsere Gruppe in Akteure und Zuschauer einteilen.
Ein Teil der Kinder geht also vor die Tür und dann wird einer nach dem anderen einzeln wieder hereingerufen. Der Spielleiter, der einen Teller in der Hand hat, gibt ihnen in einer geheimnisvollen Zeremonie einen weiteren Teller und vespricht jedem Wunderkräfte, wenn er seine, d. h. des Spielleiters, Bewegungen genau nachahmt. Er streicht dann mit dem Zeigefinger langsam an der Unterseite seines Tellers entlang, fährt sich über die Wangen, streicht wieder den Teller, dann die Kinnspitze, die Ohrläppchen und bestreicht sich so langsam das ganze Gesicht, nachdem er zuvor jeweils mit der Fingerspitze den magischen Teller an der Unterseite berührt hat. Das Publikum amüsiert sich dabei königlich, ohne daß der Akteur, der den Spielleiter nachahmt, eigentlich weiß warum. So komisch findet er das Spiel gar nicht.
Am Ende der Beschwörung reichen wir ihm zur Belohnung für seine Folgsamkeit einen Spiegel, und da wird er dann sehen, warum sich alle amüsierten.
Die Unterseite des Tellers hatten wir vor Beginn mit Hilfe einer Kerzenflamme verrußt, und den Ruß hat sich der Spieler jetzt unwissentlich übers ganze Gesicht geschmiert. Er muß sich, bevor der nächste Akteur auftritt, verbergen oder waschen, damit sein Nachfolger nicht gleich erkennt, was wir mit ihm vorhaben.

Spielereien im Kinderlabor

Die abstoßende Schallplatte Ⓖ 614

1 Schallplatte, 1 Wolltuch, Kleber, 1 Glasbecher, Alufolie, Seidenfaden

Wir reiben eine Schallplatte fest mit einem Wolltuch und legen sie auf einen Glasbecher. Dann kleben wir ein kleines Stückchen Aluminiumfolie (Stanniolpapier von einer Tafel Schokolade) an einen Seidenfaden. Jetzt können wir beobachten, was geschieht, wenn wir den Faden in die Nähe der Schallplatte bringen.
Wir sehen, daß der Faden von der Schallplatte abgestoßen wird. Es wird uns nicht gelingen, das Stück Aluminiumfolie auf der Platte abzulegen. Wir haben die Platte beim Reiben nämlich elektrisch aufgeladen und sie stößt somit den Faden mit dem Aluminiumstückchen ab.

Elektrische Spannung Ⓖ 615

1 Glas, 1 Korken, 1 Stück Kupferdraht, 1 Nagel, 1 Wolltuch, Alufolie

Wir bauen uns ein Anzeigegerät für hohe elektrische Spannungen, die wir durch Reiben hervorrufen können. Wir brauchen dazu ein kleines Glas, am besten eines, in dem man Babynahrung kauft, einen Kork, der in die Öffnung des Glases paßt, und ein Stück Kupferdraht. Den Draht bekommen wir in einem Elektro- oder Radiogeschäft. Dazu benötigen wir noch ein kleines Stück Aluminiumfolie, wie wir sie als Stanniolpapier von einer Tafel Schokolade finden.
Wir durchbohren nun den Kork mit einem Nagel und stecken den Kupferdraht hindurch. Wie die Zeichnung zeigt, wird der Alustreifen über den Kupferdraht gehängt. Wenn wir jetzt den Draht mit einem Kamm oder mit einer Schallplatte, die wir zuvor kräftig mit dem Wolltuch gerieben haben, berühren, wird sich der Aluminiumstreifen auseinanderspreizen. Je heftiger sich der Streifen bewegt, um so größer ist die Spannung, die wir durch die Reibung im Kamm hervorgerufen haben.

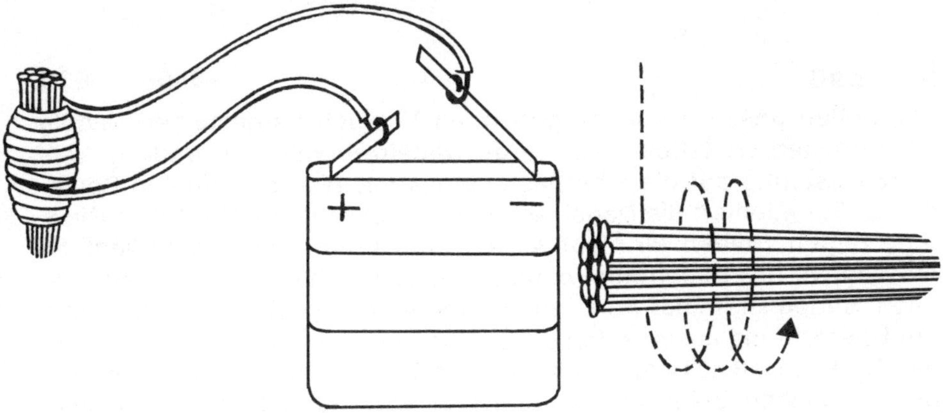

Herstellung einer Magnetnadel 616

Wir wollen uns jetzt einige Magnetnadeln selbst herstellen, mit denen wir eine ganze Reihe interessanter Versuche unternehmen können. Wir binden dazu 10 Stecknadeln zu einem Bündel zusammen und umwickeln es mit möglichst viel Litze. Die Spielzeuglitze bekommen wir im Spielwarengeschäft.
Dann verbinden wir die beiden Enden des Stücks Litze mit den beiden Polen einer 4,5-Volt-Batterie und lassen etwa eine halbe Minute Strom durch die Litze fließen. Auf diese Weise haben wir unsere Nadeln magnetisiert. Sie werden jetzt ihre magnetische Kraft nie mehr verlieren, und wir können sie jederzeit als Kompaßnadeln benutzen.

10 Stecknadeln, Schwachstromlitze, 4,5-Volt-Batterie

Die anziehende Schallplatte 617

Wir nehmen noch einmal unsere fein mit dem Tuch auf beiden Seiten abgeriebene Schallplatte und stellen sie zwischen zwei Gläser senkrecht hin. Dann setzen wir uns davor, berieseln die Platte mit schönen großen Seifenblasen und können jetzt beobachten, daß die Platte die feinen Blasen anzieht. Sie schweben alle zu ihr hin; denn die Reibungselektrizität zieht sie an. Das gleiche Experiment können wir auch mit einem Kamm machen. Wir reiben ihn fest mit einem Wolltuch und können feststellen, daß er nun winzige Papierschnitzel, Stückchen aus Aluminiumfolie oder Korkstückchen an sich zieht. Manchmal sehen wir, daß einige Teilchen von dem Kamm wegspringen. Sie werden von ihm wieder abgestoßen.

1 Schallplatte, 1 Wolltuch, 2 Gläser, 1 Becher mit Seifenlauge, 1 Strohhalm

Durchgebrochene Nadel 618

Wir brechen eine Magnetnadel mit Hilfe einer Zange in der Mitte durch und legen beide Hälften auf kleine Schiffchen, also z. B. auf kleine Fetzen Butterbrotpapier, die wir in einer Schale mit Wasser schwimmen lassen. In welche Richtung drehen sich nun beide Nadeln?
Bei diesem Experiment können wir beobachten, daß sich beide Nadelhälften wie ganze Magnetnadeln verhalten. Sie drehen sich in Nord-Süd-Richtung, ihre Nord-Süd-Pole stoßen sich gegenseitig ab; der Nordpol einer Nadel wird vom Südpol der anderen angezogen.

Butterbrotpapier, 1 Schale mit Wasser, 2 magnetische Stecknadeln, 1 normale Stecknadel

Kompaß Ⓖ 619

1 magnetische Stecknadel, 1 Schale mit Wasser

Wir wollen unsere im vorhergehenden Versuch hergestellten Nadeln einmal testen. Wir fetten dazu eine der Nadeln ein wenig ein und legen sie ganz vorsichtig auf die Oberfläche eines mit Wasser gefüllten Schälchens. Funktioniert die Nadel, so muß sie sofort in die Nord-Süd-Richtung zeigen. Sollten wir nicht wissen, wo Norden bzw. Süden liegt, so müssen wir das Experiment mittags um 12 Uhr bei Sonnenschein machen. Süden ist immer dort, wo die Sonne mittags am höchsten steht. Zur Überprüfung unseres Versuchs können wir natürlich auch einen gekauften Kompaß zu Rate ziehen, den wir mit unserer magnetisierten Nadel vergleichen. Zeigt die Kompaßnadel Nord-Süd an, so sollte unsere Nadel in die gleiche Richtung zeigen.
Haben wir erst einmal die Nord-Süd-Richtung festgestellt, so können wir die Ost-West-Richtung daraus folgern, indem wir auf der Geraden der Nadel den rechten Winkel bilden, der uns dann die Ost-West-Richtung anzeigt.

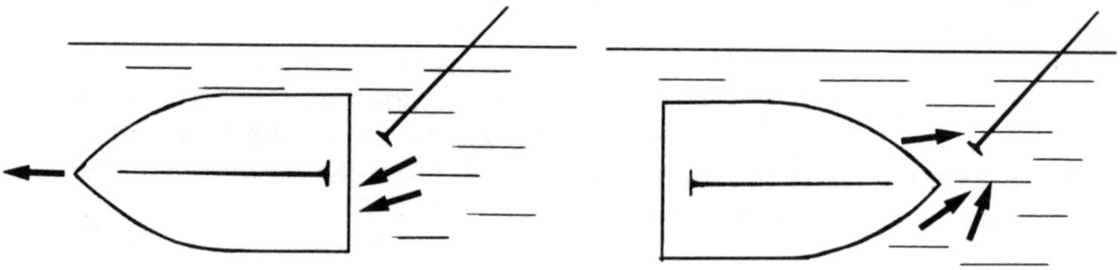

Anziehung-Abstoßung Ⓖ 620

Butterbrotpapier, 1 Schale mit Wasser, 2 magnetische Stecknadeln

Wir schneiden für eine Magnetnadel ein kleines Schiffchen aus Butterbrotpapier oder Plastikfolie zurecht, das wir aufs Wasser setzen. Vorsichtig legen wir die Nadel auf unser Papier. Nun nähern wir den Kopf einer anderen Nadel dem der schwimmenden. Was können wir beobachten? Das Schiffchen wird auf der Wasseroberfläche zurückgedrückt. Beide Köpfe stoßen sich nämlich ab. Je stärker der Magnet ist, mit desto größerer Kraft stößt er einen anderen Magneten zurück. Gleiche Pole stoßen sich ab, nur schwache Magneten können wir mit Kraft zusammendrücken. Lassen wir sie jedoch los, werden sie augenblicklich wieder auseinanderrücken.
Nun wollen wir einmal die Spitze unserer schwimmenden Magnetnadel mit dem Kopf einer anderen Magnetnadel zusammenbringen. Wir können zu unserem Erstaunen beobachten, daß beide Nadeln mit unwiderstehlicher Macht aufeinander zustreben. Ungleiche Pole bei Magneten ziehen sich nämlich an. Ein Nordpol zieht also immer einen Südpol an, stößt einen anderen Nordpol aber ab.
Genau auf dieser Tatsache beruht das Konstruktionsprinzip eines jeden Kompasses.

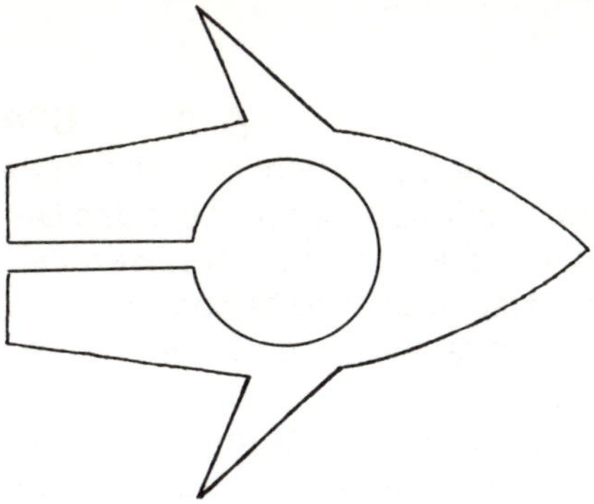

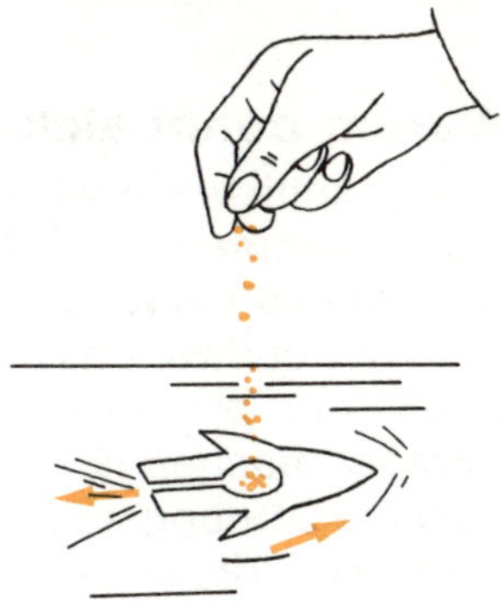

Waschpulver als Antrieb ◐ Ⓖ 621

Wir schneiden aus Papier einen kleinen Fisch aus, wie ihn die Zeichnung zeigt. Diesen legen wir in eine Schale mit Wasser und wollen nun beobachten, ob er sich aus eigenem Antrieb bewegt. Wir dürfen ihn also nicht anstupsen, damit er fortschwimmt. Liegt er ganz ruhig auf der Wasseroberfläche, streuen wir einige Körnchen Waschpulver in die Öffnung in der Mitte des Fisches. Wir werden sehen, daß der Fisch sofort ein Stückchen nach vorn getrieben wird. Das Waschpulver hat nämlich das Bestreben, sich gleichmäßig über die ganze Wasseroberfläche zu verteilen. Dabei erteilt es dem Fisch einen Rückstoß, und er schwimmt nach vorn.

1 Stück Papier, 1 Schere, Waschpulver, 1 Schale mit Wasser

Ansteckung von zwei Nadeln ◐ Ⓖ 622

Wir probieren, ob sich eine nicht magnetisierte Nadel auf einem Schiffchen in Nord-Süd-Richtung bewegt. Ist das nicht der Fall, dann ist sie auch wirklich nicht magnetisch, und wir können sie für unseren Versuch gebrauchen. Wir kennzeichnen sie mit einem Tupfer wasserunlöslicher Farbe und binden sie nun mit den beiden magnetisierten Nadeln zusammen. Nach einigen Stunden lösen wir unsere betupfte Nadel aus dem Bündel heraus und untersuchen, ob sie jetzt magnetische Eigenschaften besitzt. Am besten lassen wir sie auch einmal auf unserem Schiffchen schwimmen. Zu unserer Verwunderung wird sie sich in Nord-Süd-Richtung stellen. Damit haben wir durch einen einfachen Versuch bewiesen, daß sie den Magnetismus der anderen Nadeln übernommen hat.

Butterbrotpapier, 1 Schale mit Wasser, 2 magnetische Stecknadeln, 1 normale Stecknadel

Wasserdehnung ◐ Ⓖ 623

Wir füllen ein Wasserglas bis zum oberen Rand mit Wasser und wollen jetzt vorsichtig ausprobieren, wieviel Münzen, Büroklammern (oder einfach auch Zucker) trotzdem noch zusätzlich in das Glas hineingehen. Wir werden staunen, es paßt noch eine ganze Menge hinein. Die Wasserflächenspannung sorgt dafür, daß die Wasserhaut nicht zerreißt und hält so das Wasser am Glasrand fest.

Den Gegentest können wir machen, wenn wir nun einfach ein wenig Waschpulver auf die Wasseroberfläche streuen. Wir werden sehen, daß das Wasser nun ausläuft, denn das Waschpulver löst die Oberflächenspannung auf, das Wasser kann jetzt ungehindert über den Rand laufen.

1 Glas mit Wasser, Münzen oder Büroklammern

Warum dehnt sich der Ballon? 624

1 Luftballon, leere Flaschen, Bindfaden

Wie können wir nachweisen, daß sich warme Luft ausdehnt und kalte Luft zusammenzieht? Wir haben doch im täglichen Leben stets das Gefühl, daß Luft eigentlich »gar nichts« ist, denn wir merken nur, wenn sie uns fehlt und wir das Fenster öffnen, um frische Luft zu bekommen. Wir wollen nun beweisen, daß Luft sich unter verschiedenen Bedingungen sichtbar machen läßt. Wir ziehen dazu ein Stück von einem Luftballon über die Öffnung einer leeren Flasche und binden den Gummi ganz fest am Flaschenhals zusammen. Dann stellen wir die Flasche auf die Fensterbank in die pralle Sonne oder in den auf 80 Grad erhitzten Backofen. Nach einer Weile werden wir feststellen, daß sich der Gummi über dem Flaschenhals wölbt. Die Luft hat sich so weit unter der Hitzeeinwirkung ausgedehnt, daß der Raum in der Flasche nicht ausreichte. Sie bläst also selbständig den Luftballon auf, um Platz zu bekommen.
Jetzt legen wir die Flasche eine Weile ins Tiefkühlfach des Eisschranks. Nach einer Weile werden wir bemerken, daß der Ballon in den Flaschenhals eingesogen wurde. Die Luft hat sich unter der Kälteeinwirkung só zusammengezogen, daß sie den Gummi angesaugt hat. Luft ist also »etwas«, das verschiedene Reaktionen zeigen kann.

Gläseransaugen 625

1 leeres Tablettenröhrchen

Sicherlich haben wir in Küche und Bad schon Handtuchhaken gesehen, die mit keinerlei Klebstoff oder irgendeinem sichtbaren Hilfsmittel fest an der Wand hängen. Wir wollen versuchen zu erklären, woran das liegen mag. Wir nehmen uns dazu ein kleines leeres Tablettenröhrchen, aus dem wir die Luft aussaugen. Dann werden wir feststellen, daß das Röhrchen fest an unserer Lippe hängenbleibt und wir es mit Kraft abreißen müssen. Hier herrscht das gleiche Prinzip wie bei den unerklärlich haftenden Wandhaken. Wir haben durch das Absaugen dafür gesorgt, daß in dem Röhrchen nur sehr wenig verdünnte Luft übrigblieb. Nun konnte der äußere Luftdruck das Röhrchen gegen unsere Lippen pressen. Genauso wie bei den Saughaken. Wenn wir sie gegen eine Fliese drücken, entweicht die Luft zwischen der Fliese und dem Haken, und nun preßt der Luftdruck den Saughaken mit großer Kraft gegen die glatte Wandfläche. Ist die Wand nicht absolut glatt, sauber und trocken, fällt der Saugeffekt fort, da von außen immer wieder neue Luft unter den Haken eindringen kann, die den Luftdruck von außen ausgleicht.

Der träge Bleistift 626

1 Papierstreifen, 1 Bleistift

Wir schneiden einen Streifen Papier von 35 cm Länge und 6,5 cm Breite. Ein Ende des Streifens legen wir auf eine Tischkante und stellen vorsichtig einen Bleistift oder einen anderen leichten Gegenstand darauf.
Mit dem Bleistift ist das eine sehr wacklige Angelegenheit, und soll der Versuch gelingen, so müssen wir das überstehende Ende des Papierstreifens sehr vorsichtig anfassen, damit der Stift nicht umfällt. Wir hal-

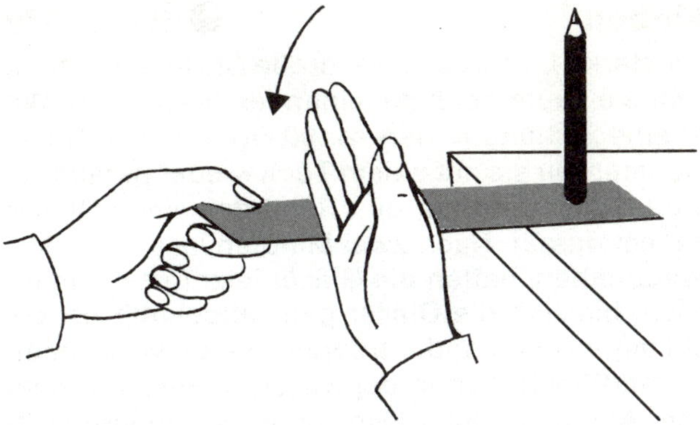

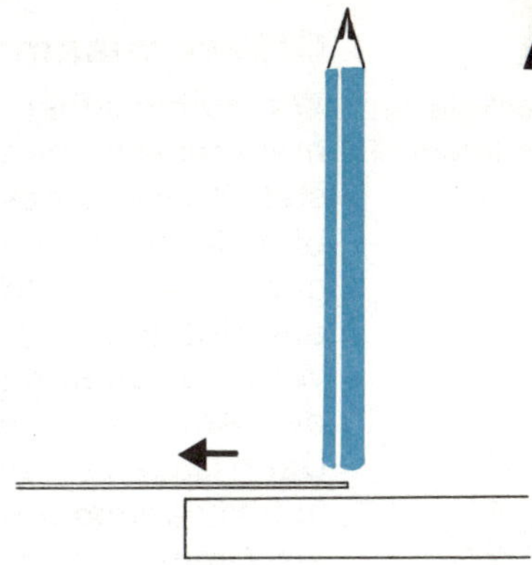

ten den Streifen mit der linken Hand und schlagen mit der rechten blitzschnell auf den Streifen zwischen dem Tisch und unserer linken Hand. Wenn wir es geschickt anstellen, sorgt die Trägheit des Bleistifts dafür, daß er stehen bleibt. Es kann keine Kraft vom Papier auf den Stift übertragen werden, weil das Papier blitzschnell unter dem Bleistift hinwegsaust. Ziehen wir das Papier langsam unter dem Stift weg, dann reichen die Kräfte nicht mehr aus, die Haftreibung des Bleistifts auf dem Papier zu überwinden: Der Bleistift fällt um.

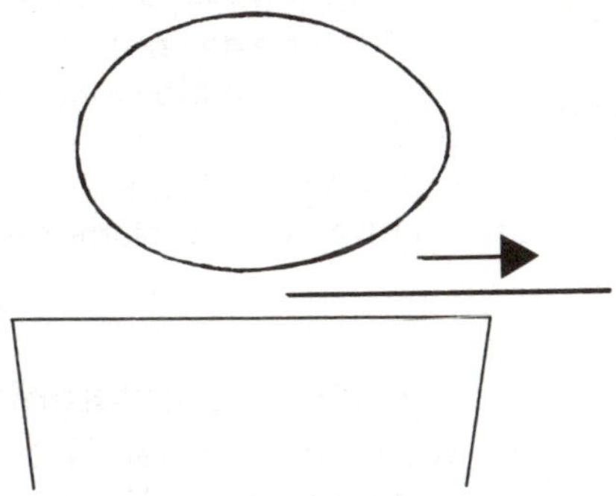

Das träge Ei ◑ Ⓖ 627

1 Postkarte,
1 gekochtes Ei,
1 halb gefülltes Wasserglas

Wir brauchen für dieses Experiment ein halb gefülltes Wasserglas, eine Postkarte und ein Ei. Wir legen die Postkarte auf das Glas, und darauf legen wir vorsichtig das Ei. Jetzt kommt es darauf an, die Karte so schnell unter dem Ei wegzuziehen, daß das Ei genau ins Glas fällt und nicht durch die Gegend fliegt.
Sicherheitshalber sollte das Ei immer gekocht sein, denn wenn der Versuch mißlingt, wird eure Mutter nicht begeistert sein, daß ihr rohe Eier auf den Boden schleudert.
Übrigens können wir einen Trägheitsversuch auch ohne alle Zutaten durchführen, ohne Bleistift, Papier, Eier oder Postkarten. Jeder von uns ist doch sicherlich schon einmal in einem Fahrstuhl gefahren? Nun, das sonderbare Fahrstuhlgefühl, das wir dort erleben, wird von nichts anderem als von Trägheitskräften hervorgerufen.

Gläser zusammenkleben Ⓖ 628

2 Weckgläser, Weckgummi

Wir wollen sehen, wie der starke Luftdruck zwei große Gläser so zusammenpressen kann, daß wir sie kaum noch auseinander bekommen. Wir stellen zwei Weckgläser eine Zeitlang in den ca. 90 Grad heißen Backofen. Nach einer Weile nehmen wir sie mit einem Tuch wieder heraus, legen einen angefeuchteten Gummiring auf den Rand des einen Glases und drücken das andere fest darauf. Nach zwei Minuten lassen wir los. Wenn wir richtig gearbeitet haben, haften die Gläser jetzt fest aneinander. Am besten warten wir, bis sich die Gläser ganz abgekühlt haben. Dann lassen sie sich nicht mehr voneinander trennen. Bevor wir sie nämlich zusammenpreßten, stand heiße Luft in den Gläsern. Sie ist dünner als Zimmerluft. Nach dem Abkühlen der Gläser preßt der äußere Luftdruck sie fest zusammen. Wir können sie nur wieder trennen, wenn wir fest an dem überstehenden Ende des Weckgummis ziehen, so daß von außen wieder Luft in die Gläser eindringen kann und so den Luftdruck ausgleicht.

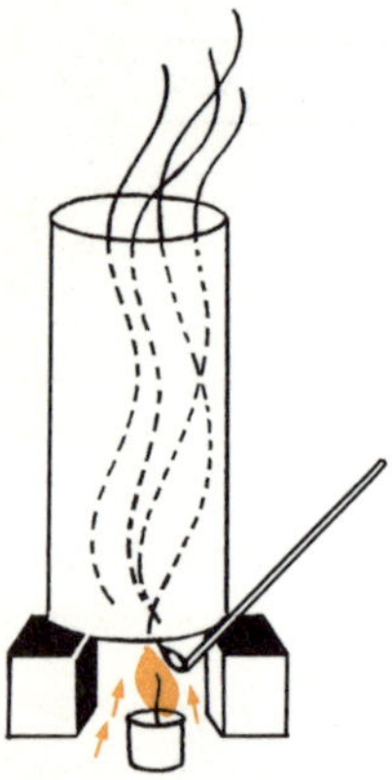

Der kleine Kamin Ⓖ 629

1 Pappröhre, 1 Kerze, Räucherstäbchen

Wir stellen eine Pappröhre über einer Kerze auf. Der Abbildung können wir entnehmen, wie man das macht. Wenn wir nun ein Räucherstäbchen in die Nähe des unteren Randes der Röhre halten, können wir sehen, wie der Rauch in die Röhre hineingesaugt wird. Sie wirkt wie ein Kamin. Die heiße Luft der Kerzenflamme strömt schnell durch die Röhre. In der Nähe des unteren Randes bildet sich ein leichter Luftunterdruck, der den Effekt hervorruft. Nach diesem Prinzip arbeiten alle Kamine.

Der Unterdruckkanister Ⓖ 630

1 alter Kanister oder 1 große Dose

Wir füllen in einen fest verschraubbaren Kanister oder in eine größere Dose ein wenig Wasser und bringen es über dem Feuer zum Kochen. Dann verschließen wir den Kanister ganz fest und tauchen ihn in kaltes Wasser. Beim Abkühlen entsteht in ihm ein luftverdünnter Raum, und der äußere Luftdruck preßt den Kanister zusammen.

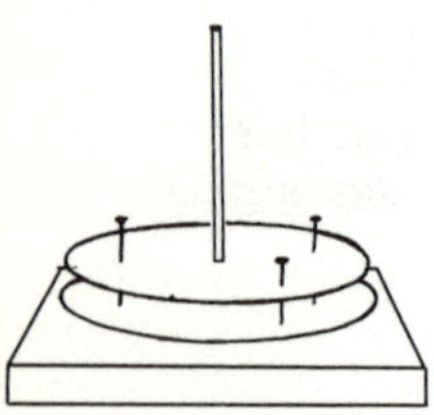

Die verrückte Scheibe Ⓖ 631

2 Pappscheiben, 1 Trinkhalm

Wir basteln uns eine Versuchsanordnung, wie sie auf der Zeichnung zu sehen ist. Die beiden dünnen Pappscheiben sollen einen Durchmesser von 7 cm haben. Wir wollen jetzt kräftig durch den Trinkhalm gegen die untere Scheibe blasen. Jeder wird vermuten, daß wir damit die untere Scheibe noch fester auf ihre Unterlage drücken werden.
Jedoch geschieht genau das Gegenteil. Obwohl wir mit aller Kraft gegen die untere Scheibe blasen, springt sie plötzlich hoch und preßt sich gegen die obere Scheibe.

Strömende Luft ⓖ 632

1 Schere, 2 Papierstreifen

Strömungen spielen in Wissenschaft und Technik eine große Rolle, denn Flugzeuge und Raketen gehorchen den Gesetzen der Strömungslehre. Ohne Strömungen könnten weder Flugzeuge steigen noch Raketen weit in den Weltraum hinausfliegen.
Strömungen verhalten sich auf den ersten Blick völlig »verrückt«. Wir wollen hier erklären, warum das so ist.
Wir halten zwei Papierstreifen so, wie es die Abbildung zeigt, und blasen kräftig zwischen beiden Streifen hindurch. Zu unserer Verwunderung nähern sich dabei die beiden Streifen einander. Wir blasen sie also nicht auseinander, sondern zusammen. Strömende Luft hat nämlich einen geringeren Druck als stehende.
Deshalb werden die beiden Papierstreifen durch den Luftdruck von außen gegeneinander gepreßt.

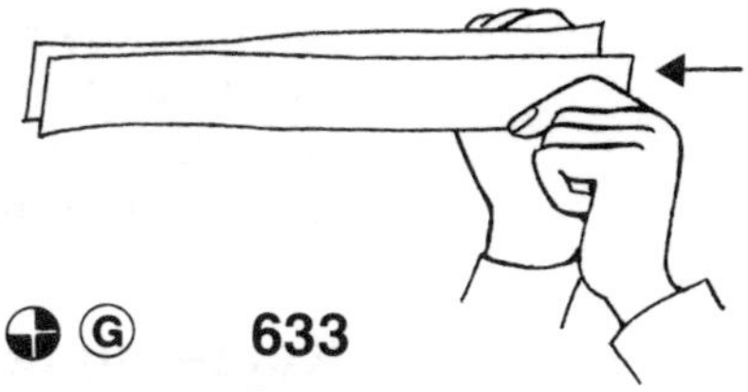

Wasser in der Luft ⓖ 633

1 Glas Wasser, Eiswürfel

Um sichtbar zu machen, daß Luft viel Feuchtigkeit enthält, gibt es einen sehr einfachen Trick, den wir eigentlich im täglichen Leben häufig vorführen, ohne uns dessen bewußt zu werden.
Wir füllen ein halbes Glas Wasser mit Eiswürfeln. Bald können wir beobachten, daß unser Glas von außen mit Wasser beschlägt. Man sagt: Das Wasser kondensiert.
Ein weiterer Versuch soll das Vorhandensein von Wasser in der Luft deutlich machen.
Wir verschließen eine innen vollkommen trockene Limonadenflasche und legen sie in das Tiefkühlfach unseres Kühlschrankes. Wenn wir die Flasche nach einer Stunde herausnehmen und genau untersuchen, stellen wir darin meist an einer bestimmten Stelle eine Ansammlung vieler feiner Wassertröpfchen fest. Wie kommt das?
Die Luft in der verschlossenen Flasche enthält wie alle Luft unsichtbares Wasser, unsichtbare Feuchtigkeit. Kühlen wir die Flasche ab, verdichtet sich die Feuchtigkeit zu Wassertröpfchen. Man sagt: Der unsichtbare Wasserdampf kondensiert zu Wasser.

Papier ansaugen ⓖ 634

1 Glas Wasser, 1 DIN-A5-Bogen

Wir wollen sehen, wie ein Stück Papier durch den bloßen Luftdruck gegen ein Glas gepreßt werden kann.
Wir füllen dazu ein Glas vorsichtig bis zum oberen Rand mit Wasser, legen ein Stück Papier darauf, drücken dieses mit der rechten Hand gegen das Glas und drehen es dann um.
Wenn wir jetzt die Hand wegziehen, wird der Luftdruck das Papier gegen das Glas pressen, ohne daß das Wasser dabei ausläuft. Wir sollten aber auf alle Fälle diesen Versuch über einer Schüssel oder dem Waschbekken ausprobieren, falls er nicht gleich beim ersten Mal gelingt.

Die wandernde Scheibe ◕ Ⓖ 635

1 Korken, 1 Stricknadel, 1 Pappscheibe

Wir wollen sehen, wie eine Pappscheibe auf uns zu wandert, obwohl wir sie wegblasen. Dazu schneiden wir von einem Flaschenkork ein Scheibchen ab und stecken es auf eine dünne Stricknadel. Dann schneiden wir eine dünne Pappscheibe aus und stecken sie ebenfalls auf die Nadel. Wenn sie sich locker bewegen läßt und wir nun kräftig gegen das Korkscheibchen vor der Pappscheibe blasen, werden wir mit Verwunderung feststellen, daß sich die Pappscheibe auf uns zu bewegt.

Eine Kerze ausblasen ◕ Ⓖ 636

1 Trichter, 1 Kerze,

Normalerweise ist es ganz einfach, eine brennende Kerze auszupusten. Die Flamme biegt sich durch den Luftstrom nach hinten, bevor sie erlischt. Jetzt wollen wir einmal versuchen, eine Kerze durch einen Trichter auszublasen. Die Flamme wird in den Trichter hineingesogen; sie neigt sich dem Luftstrom zu, obwohl man das Gegenteil annehmen könnte.

Kerze hinter der Flasche ausblasen ◕ Ⓖ 637

1 Flasche, 1 Kerze

Wir stellen eine Flasche vor eine brennende Kerze und blasen kräftig gegen die Flasche. Wir werden feststellen, daß die Kerze erlischt, obgleich die Flasche unsere Puste doch aushalten müßte.
Wir haben eben nicht mit der Strömung der Luft gerechnet. Die Stromlinien der Luft vereinigen sich wieder hinter der Flasche und löschen die Kerze.

Optische Täuschung ◕ Ⓖ 638

1 Stück Papier, 1 schwarzer Filzschreiber

Ihr zeichnet eine Reihe schwarzer Kästchen, wie sie die Abbildung zeigt. Eigenartigerweise erscheinen an den Kreuzungsstellen überall kleine graue Flecken, obwohl es dort bei genauerem Hinsehen gar keine Flekken gibt. Wir haben es mit einer optischen Täuschung zu tun.
Die weißen Streifen erscheinen nämlich infolge der Kontrastwirkung gegen den schwarzen Hintergrund heller, als sie in Wirklichkeit sind.
An den Kreuzungspunkten fehlt der Kontrast, so daß wir sie in ihrem wahren Ton sehen. Versucht doch einmal die gleiche Anordnung von Kästchen in farbigen Tönen.

Wasser ansaugen ⊕ Ⓖ 639

Nicht nur Gläser kann man mit Luftdruck ansaugen, auch Wasser. Wir kleben eine Kerze mit etwas flüssigem Wachs in die Mitte eines Topfes und füllen etwas Wasser hinein. Dann stülpen wir eine leere Milchflasche über die brennende Kerze. Bald erlischt sie, und es steigt ein wenig Wasser am Hals der Flasche hoch. Die Kerze hat beim Brennen nämlich Luft aus der Flasche verbraucht. Diese Luftmenge wird jetzt vom Wasser eingenommen, da der äußere Luftdruck das Wasser in die Flasche drückt.

1 Kerze,
1 Topf mit
etwas Wasser,
1 Milchflasche

Die schwere Zeitung ⊕ Ⓖ 640

Um zu erkennen, wie schwer eine Zeitung sein kann, besorgen wir uns eine Holzlatte, die etwa 10x50 cm groß sein soll.
Wir legen die Latte auf den Tisch und schichten die Zeitungen so darüber, wie es unsere Zeichnung zeigt. Nun versuchen wir einmal, die Latte mit einem Fausthieb hochzuschlagen.
Wir werden feststellen, daß es uns zu unserer Verwunderung nicht gelingt, da der Luftdruck die beiden Zeitungen mit großer Wucht gegen die Latte drückt.

1 dünne
Holzlatte,
2 Zeitungen

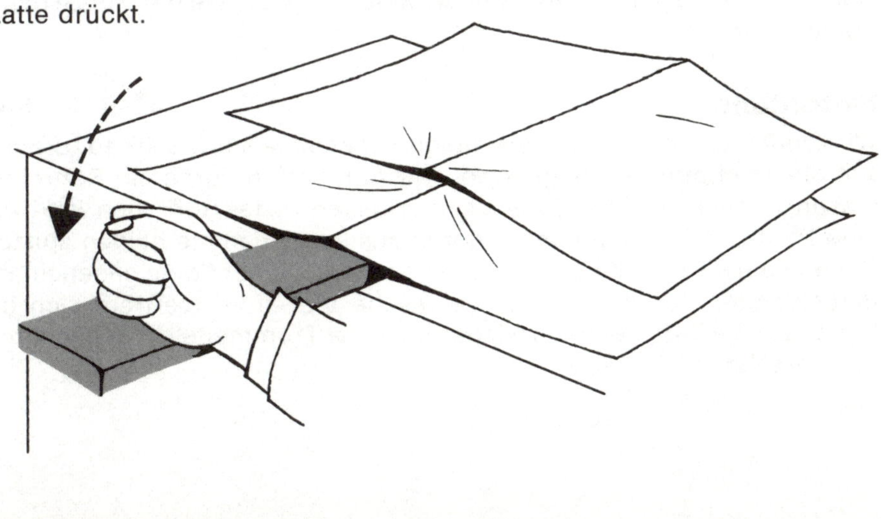

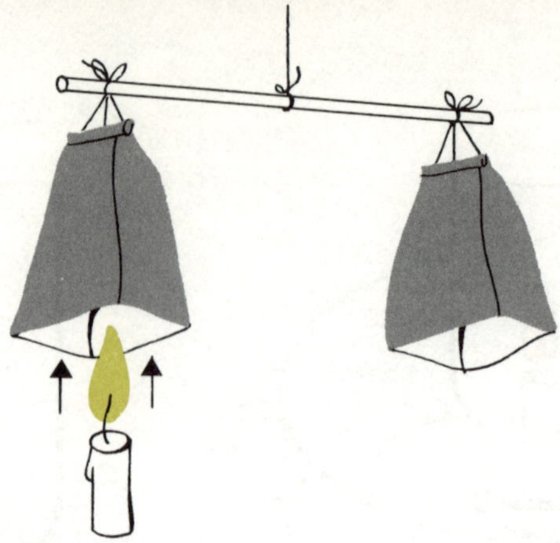

Warmluftwaage Ⓖ 641

2 Papiertüten, Bindfaden, 1 Stock, 1 Kerze

Wir besorgen uns zwei gleich große Tüten aus der Bäckerei und schneiden sie so zurecht, wie es die Zeichnung zeigt. Dann binden wir an beide Tüten einen Faden und hängen sie an die beiden Enden des geraden Stocks. Der Stock ist unser Waagebalken. Exakt in der Mitte des Stocks befestigen wir einen weiteren Faden, an dem wir unsere Waage aufhängen wollen. Nun stellen wir eine brennende Kerze nicht zu nah unter eine der Tüten, denn wir müssen aufpassen, daß sie nicht dabei Feuer fängt. Die Hitze einer Kerzenflamme reicht sehr weit! Wir wollen aber nur die Luft unter der Tüte erwärmen. Dann werden wir nämlich beobachten können, wie sich diese Tüte langsam hebt. Die warme Luft treibt sie nach oben. Warme Luft ist leichter als kalte und steigt deshalb immer in die Höhe.

Luftausdehnung Ⓖ 642

1 Flasche, 1 Münze

Um noch einmal sichtbar zu machen, daß sich auch Luft ausdehnt, wollen wir eine leere Flasche in den Kühlschrank legen und warten, bis sie vollständig abgekühlt ist. Dann nehmen wir sie heraus und legen eine angefeuchtete Münze auf die Öffnung. Am besten klappt der Versuch, wenn wir die Flasche in die Sonne stellen. Manchmal reicht es aber auch, wenn wir sie mit beiden Händen umfassen und sie so erwärmen.
Bald wird ohne unser Zutun die Münze auf dem Flaschenhals auf und nieder hüpfen. Die Luft in der Flasche erwärmt sich nämlich und dehnt sich dabei aus. Sie kann aber nur entweichen, wenn sie die Münze dabei hochdrückt.

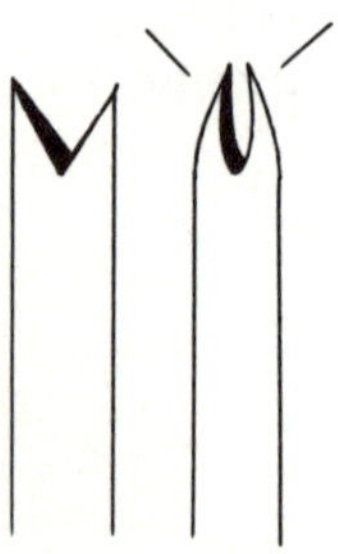

Flötentöne Ⓖ 643

1 Plastiktrinkhalm, 1 Schere

Wir schneiden mit einer Schere einige Trinkhalme aus Plastik so zurecht, wie die Zeichnung es zeigt. Wenn wir nun kräftig durch ein Röhrchen blasen, können wir Töne daraus hervorlocken. Jedes Röhrchen wirkt wie eine Pfeife. Der Ton kommt dadurch zustande, daß die beiden spitzen Zungen einer Pfeife beim Hindurchblasen in rascher Folge gegeneinanderschlagen: sie vibrieren. Diese rasche Vibration überträgt sich als Schall auf die Luft, der dann wiederum unser Trommelfell in Schwingungen versetzt.

Die Fixativspritze Ⓖ 644

1 Becher mit Wasser, 2 Trinkhalme

Sicher habt ihr beim Zeichnen mit Bleistift, Kohle oder Kreide festgestellt, daß diese Materialien nur lose auf dem Malgrund haften. Damit die Zeichnungen nicht verwischt werden, bespritzt, also fixiert sie der Grafiker mit gelöstem Kunstharz. Dies tut er mit Hilfe einer Spritze, die wir uns jetzt im Prinzip nachbauen wollen.
Mit Hilfe von zwei Stroh- bzw. Trinkhalmen können wir uns ganz leicht eine Fixativspritze konstruieren, die besonders schön die Eigenschaften von Luftströmungen erkennen läßt. Wir halten dazu zwei Trinkhalme so in ein Glas Wasser, wie es die Abbildung zeigt. Dann blasen wir in das waagerecht gehaltene Trinkhalmstück. Dabei strömt die Luft sehr rasch über die Öffnung des anderen Trinkhalmstücks, das ins Wasser taucht. In diesem Stück wird so ein Luftunterdruck erzeugt: Wasser steigt in dem Halm hoch und wird schließlich durch den vorbeiströmenden Luftstrahl fein verteilt. Wieder können wir beobachten, daß strömende Luft einen geringeren Luftdruck hat als stehende.

Die kleine Rakete Ⓖ 645

Streichhölzer, Alufolie

Obgleich dieser Versuch ganz ungefährlich ist, wollen wir uns daran halten, ihn nur im Freien an der frischen Luft durchzuführen.
Es geht darum, mit einfachen Mitteln selbst eine Rakete zu bauen. Dazu benötigen wir lediglich Streichhölzer und etwas Aluminiumfolie. Die Folie aus einer Zigarettenpackung erfüllt auch ihren Zweck. Wir knicken 3 Streichhölzer, wie es die Abbildung zeigt, und umwickeln sie mit Folie. Dann stecken wir ein viertes Streichholz als Zünder zwischen die 3 anderen Hölzer. Leider neigt unsere Rakete oft zu Fehlstarts, und wir müssen wahrscheinlich mehrere Raketen bauen, ehe wir einen einwandfreien Start bekommen. Wir zünden mit einem fünften Streichholz das herausragende Hölzchen an, und wenn es zündet, sollte die Rakete mehrere Meter in die Luft steigen.

Auf dem Gras blasen 646

1 Grashalm

Um auf einem Grashalm schön blasen zu können, müssen wir uns ein besonders breites Exemplar suchen. Wir halten ihn straff zwischen unseren beiden Zeigefingern und Daumen eingeklemmt und blasen dann kräftig gegen die schmalere Kante. Wir hören einen hohen Pfeifton. Auch hier vibriert der Grashalm durch unser Blasen sehr schnell hin und her und erzeugt so den Ton.

Allgemein üblich unter Kindern ist es, den Halm zwischen die beiden Daumen zu nehmen. Wir legen die Hände wie in Gebetshaltung gegeneinander und klappen die Finger dann so auseinander, daß nur noch die Daumen aneinander liegen. Zwischen ihnen halten wir den Grashalm fest und blasen nun kräftig gegen die beiden Daumenflächen. Auch das bringt einen hohen Vibrationston des Halmes hervor.

Stimmgabel 647

2 Gabeln, Bindfaden

Wir binden zwei Bindfäden an zwei Gabeln. Wenn wir die Fadenenden an unsere Zeigefinger binden, können wir die Finger in die Ohren stecken. Jetzt brauchen wir nur noch die beiden Gabeln gegen die Wand schlagen zu lassen, um ein schönes Läuten zu hören.

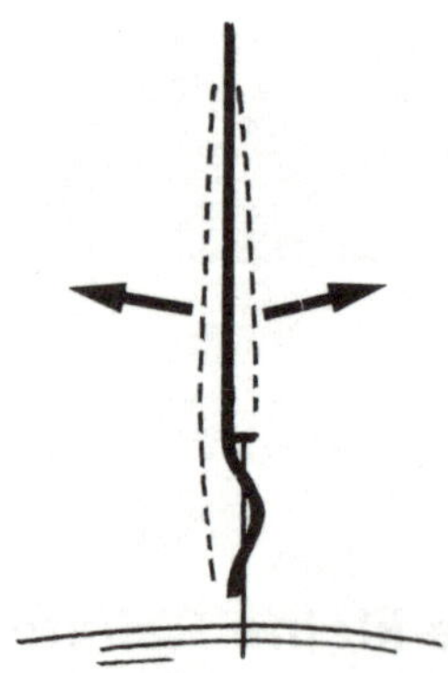

Plattenspieler 648

1 Stecknadel, 1 Blatt Papier, 1 alte Schallplatte

Wir befestigen für unseren selbstgebastelten Plattenspieler eine Stecknadel an einem Blatt Papier, so wie es die Zeichnung zeigt. Nun halten wir das Blatt mit der Nadel über eine kreisende alte Schallplatte, die unsere Eltern uns zu diesem Versuch überlassen haben. Sie ist nach dem Spiel nämlich nicht mehr zu gebrauchen.

Wenn die Nadel in eine Rille trifft, hören wir die Musik. Das Papier wirkt hierbei als Lautsprecher und verstärkt die Schwingungen der Nadel.

Haustelefon Ⓖ 649

2 Konservendosen,
1 längerer Blumendraht

Um das Prinzip des Telefons zu erkennen, bauen wir uns eine einfache Konstruktion aus zwei Konservendosen ohne Deckel und einem etwa 20 Meter langen Stück Blumendraht aus dem Haushaltswarengeschäft.
Wir schlagen durch die Dose einen Nagel und verbinden sie mit dem Draht, wie es die Zeichnung zeigt. Der Draht zwischen beiden Dosen muß sehr straff gespannt sein. So überträgt er den Schall unserer Worte sehr gut. Selbst wenn der Draht länger ist, wird dieses Prinzip noch funktionieren. Nur für das Telefon, das uns über Hunderte und Tausende von Kilometern verbindet, reichen die Schwingungen, die unsere Worte übertragen sollen, nicht mehr aus. Deshalb arbeitet man hier mit elektrischen Schwingungen, die in Apparat und Leitung verstärkt werden.

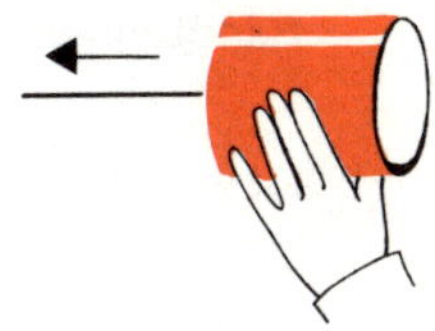

Flaschenmusik Ⓖ 650

Flaschen mit Wasser,
1 Staubsauger

Wir füllen eine Reihe Flaschen verschieden hoch mit Wasser. Anstatt nun selbst in die Flasche zu blasen, können wir diese Arbeit einem Staubsaugergebläse überlassen. Wir halten das Ende des Staubsaugers so über die Flaschenhälse, daß diese anfangen zu tönen. Je mehr Wasser in einer Flasche ist, desto höher wird sie klingen. So können wir durch genaues Abmessen der Wassermenge unsere Flaschen die ganze Tonleiter singen lassen.

Das Ei in der Flasche Ⓖ 651

1 rohes Ei,
1 Schale mit heißem Essig,
1 Flasche

Es sieht aus wie ein Zaubertrick und ist nur eine chemische Reaktion. Wir können ein Ei, ohne es zu zerstören, in eine Flasche zaubern. Das geht ganz einfach, wenn wir bei einem rohen Ei die Schale entfernen. Dazu legen wir das Ei für eine Weile in heißen Essig, und zwar so lange, bis sich die Schale vollkommen aufgelöst hat. Das Ei ist jetzt nur noch von einer dünnen weißen Haut umgeben. Wenn wir sehr vorsichtig sind, können wir es nun durch einen schmalen Flaschenhals bugsieren, ohne daß es auch nur im geringsten beschädigt wird.
Essig löst nämlich die Kalkschicht, läßt die darunter befindliche Eihaut aber unbeschädigt.

Der unendliche Spiegel Ⓖ 652

1 Taschenspiegel,
1 Wandspiegel

Jetzt brauchen wir einen kleinen Spiegel, um damit in die Unendlichkeit zu blicken. Wir halten uns den Spiegel mit seinem oberen Rand dicht unter die Augen und stellen uns vor einen anderen Spiegel. Wir sehen im Wandspiegel, wie unser Spiegel vor den Augen immer kleiner wird. Merkwürdigerweise wird er auch immer dunkler. Die Erklärung ist einfach. Kein Spiegel wirft alles Licht, das auf ihn trifft, wieder ganz zurück. Jedesmal wird ein wenig davon verschluckt. Da wir eine ganze Reihe immer kleiner werdender Spiegel sehen, ist jeder kleinere Spiegel immer ein wenig dunkler als der vor ihm stehende. Die vielen Spiegel bilden eine Art Schlauch.

Warmes Wasser ohne Heizquelle Ⓖ 653

1 Thermometer, 1 Flasche mit Wasser, 1 Flaschenverschluß, Handtücher

Für diesen und manch anderen Versuch brauchen wir ein Thermometer. Besonders geeignet sind Aquarienthermometer aus der Tierhandlung. Der kleine Versuch, den wir jetzt machen wollen, war früher eine wissenschaftliche Sensation ersten Ranges.
Wir füllen Wasser in eine Flasche und verschließen sie. Dann lassen wir die Flasche einen Tag im Zimmer stehen, damit das Wasser die Zimmertemperatur annehmen kann. Nun messen wir die Wassertemperatur und schreiben sie auf. Dann wird die Flasche dick mit Handtüchern umwikkelt und eine Viertelstunde lang kräftig geschüttelt. Danach messen wir noch einmal die Wassertemperatur. Wir werden nun feststellen, daß die Temperatur höher liegt als vor dem Schütteln. Wasser wird durch Schütteln wärmer, denn wir haben dabei dem Wasser Energie zugeführt, die es erwärmte.

Mit Sprudelgas eine Kerze auslöschen Ⓖ 654

1 Flasche Sprudel, 1 Kerze, 1 Glas, Salz

Um zu sehen, wie das Gas im Sprudel, das Kohlendioxyd, den Sauerstoff verdrängt, nehmen wir eine halbvolle Sprudelflasche und schütten ein wenig Salz hinein. Wir verschließen sie und schütteln sie kräftig durch. Dann halten wir die Öffnung über ein Glas, in dem eine brennende Kerze steht. Wir werden sehen, daß die Flamme bald erlischt, nämlich in dem Augenblick, da das Gas aus der Sprudelflasche in das Glas strömt. Es verdrängt den Sauerstoff, den die Kerze zum Brennen braucht.
Diese Eigenschaft des farblosen Gases macht sich auch die Technik zunutze. Wir gebrauchen es häufig als Schutzgas oder Feuerlöschmittel.

Salz in der Flamme Ⓖ 655

1 Zange oder Wäscheklammer, 1 Nagel, 1 Kerze, Wasser, Kochsalz

Wir wollen mit Hilfe einer Flamme beweisen, ob an einem Gegenstand Kochsalz haftet oder nicht.
Zuerst halten wir einen Nagel mit Hilfe einer Wäscheklammer in die offene Flamme einer Kerze und beobachten, ob sich die Farbe der Flamme ändert oder nicht. Dann tauchen wir den Nagel in Wasser und anschließend in Kochsalz.
Jetzt halten wir noch einmal unseren Nagel in die Flamme, und wir werden feststellen, daß sie sich ganz gelb verfärbt, und zwar von dem im Salz enthaltenen Element Natrium.
Jeder Chemiker, der untersuchen will, ob sich in einer Substanz Salz befindet, unternimmt diesen Versuch.

Warum prickelt Sprudel? Ⓖ 656

Essig, Natron oder Soda

Zu diesem Versuch brauchen wir Essig, ein Glas, und Natron oder Soda aus der Drogerie. Wir geben einen Eßlöffel Natron in ein Glas und schütten Essig hinzu. Sofort wird die Mischung aufbrausen, da sich ein Gas entwickelt. Dieses Gas nennen wir Kohlendioxyd. Es wird heute häufig dem Mineralwasser zugesetzt, um es so schön sprudelnd zu machen.

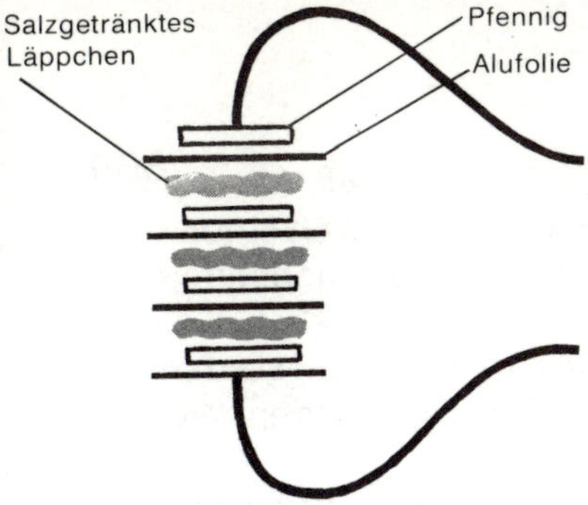

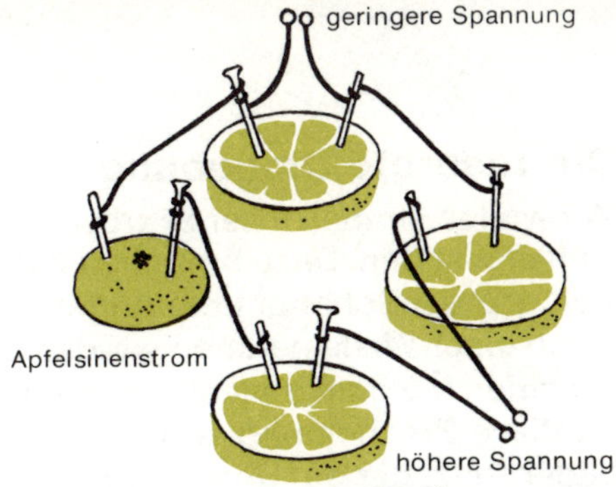

Wir machen Strom ◐ Ⓖ 657

Um Strom zu erzeugen, fügen wir Kupferpfennige und aus Alufolie geschnittene Scheibchen zu Paaren zusammen. Zwischen jedes Paar kommt ein Stückchen Stoff, das mit Salzwasser getränkt wurde. Wir haben nun eine ähnliche Batterie vor uns, wie Volta sie vor knapp 200 Jahren geschaffen hat. Wenn wir an die obersten und untersten Metallplatten je ein Stückchen Draht befestigen, besteht zwischen den Drahtenden eine elektrische Spannung. Wir können diese ganz geringe Spannung messen, indem wir die Drahtenden an unsere Zunge halten. Wir werden spüren, daß der Geschmack immer salziger wird, je mehr Plattenpaare wir aufeinanderstapeln. Das bedeutet, daß die Spannung steigt.

Mit Salz getränkte Läppchen, Kupferpfennige, Scheibchen aus Alufolie, Draht

Apfelsinenstrom ◐ Ⓖ 658

Eben haben wir zwei Metalle und eine Salzlösung verwendet, um Strom zu erzeugen. Nun wandeln wir den Versuch auf interessante Weise ab. Wir machen »Apfelsinenstrom«. Dafür stecken wir einige Nägel und Kohlenminenstücke in eine Apfelsine und verbinden die Teile so, wie es die Zeichnung zeigt. Zwischen Nagel und Kohlenmine besteht eine elektrische Spannung, die leider sehr gering ist. Wir können sie verstärken, wenn wir Nägel und Minen wie auf der Zeichnung »hintereinanderschalten«. Probiert mit der Zunge, ob ihr wieder die Elektrizität »schmeckt«! Die Probe mit der Zunge darf man natürlich in keinem anderen Fall machen. Es kann sonst gefährlich werden. Leider ist der Strom unserer Apfelsinen für ein Lämpchen zu schwach.

1 Apfelsine, Nägel, Kohlenminenstücke, Draht

Wir zerbrechen Wasser ◐ Ⓖ 659

Wasser ist eine Verbindung von zwei Gasen. Es besteht aus Wasserstoff und Sauerstoff. Um diese Gase einmal wirklich zu sehen, wollen wir das Wasser wieder in seine einzelnen Bestandteile zerlegen. Wir gießen ein wenig Essig in ein Glas und schütten Wasser dazu. Dann verbinden wir die beiden Pole einer 4,5-Volt-Batterie mit Kupferlitze (Schwachstromlitze) und tauchen die Enden in die Essiglösung. Sofort können wir an dem einen Draht eine Gasentwicklung beobachten. Dieses Gas ist der Wasserstoff. Wenn wir eine Weile warten, beginnt auch am anderen Kupferdraht eine schwache Gasentwicklung. Hier bildet sich Sauerstoff.
Es ist mit unseren einfachen Mitteln etwa schwierig, größere Gasmengen herzustellen, dieser Versuch soll uns genügen.

Etwas Essig, 1 Glas, Wasser, 4,5-Volt-Batterie, Schwachstromlitze

Die rosarote Umgebung ◐ ① 660

1 grüner Schal

Wir wollen einmal unsere Farbsinne verwirren und alles durch einen rosa Schleier sehen. Dazu brauchen wir uns nur bei hellem Sonnenschein einen grünen Schal um die Augen zu binden.
Nach einer Weile nehmen wir den Schal wieder ab, und nun werden wir für einen Moment unsere Umgebung als rosa gefärbt empfinden. Worauf ist diese Erscheinung zurückzuführen?
Jeder Reiz, der auf unsere Sinne wirkt, prägt sich eine Zeitlang ein und schlägt dann bei Ermüdungserscheinungen des Auges in sein Gegenteil um. Wenn wir etwas durch ein grünes Objektiv betrachtet haben, erscheint es uns kurz darauf in der Gegenfarbe, bei Grün ist das Orange bzw. Rosa. Die Wissenschaft nennt das die psychologische Gegenfarbe.

Fotografieren ohne Kamera ◐ ① 661

Kopier- oder Vergrößerungspapier, Entwickler, Fixierbad, 1 Zweig oder Blatt, 1 Glasplatte

Wie soll man schon ohne Kamera fotografieren können? Wir wollen es einmal ausprobieren. Ganz ohne Hilfsmittel kommen wir leider nicht aus. Wir brauchen einige Blatt Kopier- oder Vergrößerungspapier, Entwickler und Fixierbad. Das bekommen wir alles beim Fotohändler. Diese Lösungen werden genau nach Gebrauchsanweisung mit Wasser angesetzt. Nun legen wir im dunklen Zimmer einen Zweig oder ein Blatt auf das Vergrößerungspapier und belichten es einige Sekunden mit einer Lampe. Die richtige Belichtungszeit müssen wir ausprobieren, wahrscheinlich schwankt sie zwischen 3 bis 5 Sekunden. Dann wird das Papier im Dunkeln entwickelt, gewässert und 5 Minuten ins Fixierbad gelegt. Jetzt wässern wir es noch einmal eine halbe Stunde. Anschließend kann das Papier auf einer Glasplatte trocknen. Wenn wir alles richtig gemacht haben, sehen wir nun ein herrliches Fotogramm vor uns.

Warum das Fahrrad draußen besser rostet ◐ ① 662

Stahlwolle, 1 Wasserglas, 1 Wassertopf, Wasser

Rost braucht, um sich richtig zu entwickeln, Feuchtigkeit und Sauerstoff. Wir wollen das in einem Versuch zeigen. Wir besorgen uns in der Drogerie etwas Stahlwolle, feuchten sie gut im Wasser an und stopfen sie in ein Wasserglas, das umgekehrt in einen Wassertopf gestellt wird. Die Stahlwolle beginnt zu rosten und nach gut einer Woche hat der Rost allen Sauerstoff im Glas verbraucht. Dementsprechend ist der Wasserspiegel im Wasserglas hochgestiegen. Der Gasrest im Glas ist Stickstoff.

Kristallzucker ◐ ① 663

1 Glas, 1 Topf, 1 Bleistift, Fäden, Zucker, Wasser

Wer hat einmal Lust, schöne Kandiszuckerkristalle zu züchten? Dazu gießen wir ein dreiviertel Glas Wasser in einen Topf, erhitzen es und fügen nach und nach eine Tasse Zucker hinzu. Die heiße Lösung gießen wir in das Glas zurück. Jetzt knüpfen wir einige Fäden an einen Bleistift und hängen sie in die Lösung. Nach ein bis zwei Wochen werden wir daran schöne Kristalle wachsen sehen.

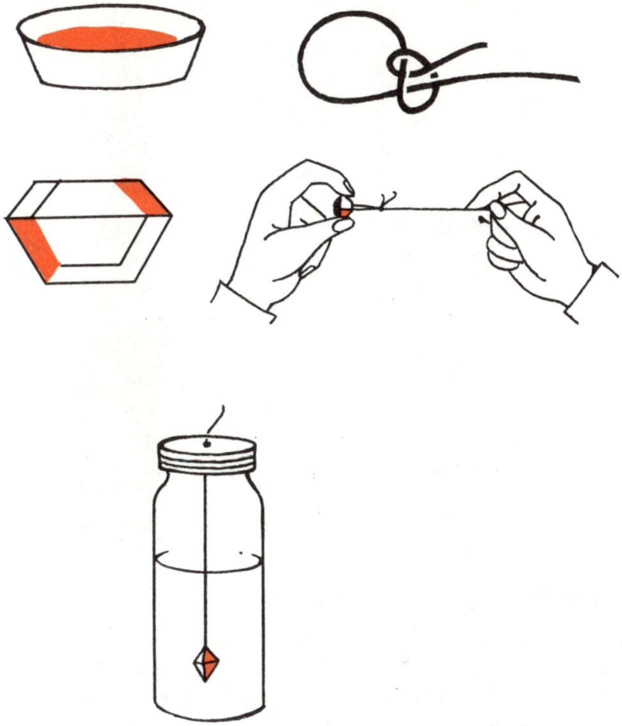

Prachtkristalle ◑ ① 664

1 Deckelglas, Bindfaden, 200 g Alaun, Wasser

Wir besorgen uns in der Drogerie oder Apotheke 200 g Alaun. Dies ist ein bewährtes Mittel, um Felle zu gerben. Es gibt herrliche, violette Kristalle. Dazu erwärmen wir einen Viertelliter Wasser, füllen es ab in ein Schraubglas und geben kräftig Alaun zu. Das Glas wird verschlossen und einige Minuten geschüttelt. Es muß immer noch ein wenig ungelöster Alaun übrigbleiben. Dann bleibt das Glas einen Tag lang ruhig stehen. Die Lösung kühlt auf Zimmertemperatur ab. Wir füllen ein wenig davon in ein kleines Gefäß ab, um darin unsere Kristalle zu züchten. Dabei bilden sich kleine, flache Kristalle, die uns als Impfkristalle dienen sollen. Wenn sie knapp erbsengroß sind, können wir sie herausnehmen und vorsichtig abtrocknen. Jetzt gießen wir unsere ursprüngliche Alaunlösung durch einen Filter und erwärmen sie. Dann geben wir einen gut gehäuften Teelöffel Alaun hinzu und rühren, bis sich alles gelöst hat. Die Lösung kommt in ein kleines Glas und muß abkühlen. Wenn sie fast Zimmertemperatur erreicht hat, hängen wir einen unserer Impfkristalle an einem Bindfaden ein, wie es die Abbildung zeigt. In den nächsten Tagen wächst unser Kristall. Wenn wir meinen, er sei groß genug, so können wir ihn herausnehmen und abtrocknen. Dieser Kristall heißt: Oktaeder, da er acht Flächen hat.

Wir müssen darauf achten, daß der Raum, in den wir das Glas stellen, eine möglichst gleichbleibende Temperatur hat.

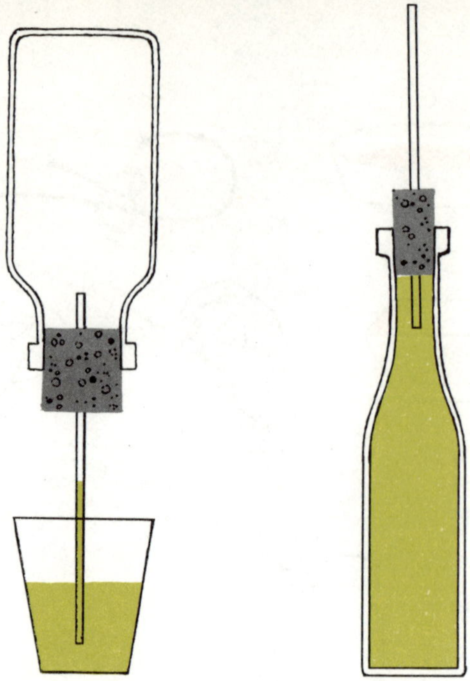

Wir basteln ein Thermometer 665

2 Flaschen,
2 Korken,
1 Nagel,
2 Plastiktrinkhalme,
1 Kerze,
Streichhölzer,
Tinte oder
Farbe

Die meisten Stoffe dehnen sich bei Wärme aus und ziehen sich bei Kälte zusammen. Das ergeht dem Quecksilber oder dem Alkohol nicht anders. Bei steigender Temperatur dehnen sie sich aus und wandern das feine Glasröhrchen hoch. Ihr könnt selber zwei ganz einfache Thermometer basteln, um dieses Prinzip kennenzulernen. Die beiden Zeichnungen zeigen, wie's gemacht wird. Man kann für diese Versuche Milchflaschen oder auch Weinflaschen nehmen. Die letzteren haben den Vorteil, daß wir für sie gleich passende Korken haben. Wir halbieren den Korken und bohren mit einem Nagel oder einem anderen geeigneten Gerät ein dünnes Loch hindurch. Es muß so groß sein, daß ein Plastiktrinkhalm gerade durchpaßt. Am besten dichtet man den Kork dann mit dem Wachs einer tropfenden Kerze ab. Bei unserem links gezeigten Thermometermodell handelt es sich um eine Erfindung des italienischen Forschers Galilei. Der Apparat hat seine Nachteile, weil wir die Flasche schlecht frei in der Luft schweben lassen können, sondern irgendwie befestigen müssen. Das Wasser im Glas färbt ihr am besten mit etwas Tinte. Natürlich sollte der Trinkhalm möglichst hell sein. Wer nicht recht weiß, wie er das Wasser ein Stück im Trinkhalm hochsteigen lassen soll, damit es uns die Temperatur anzeigen kann, sollte die Flasche mit beiden Händen eine Weile erwärmen, in die Sonne oder in warmes Wasser stellen, ehe er den Trinkhalm in das gefärbte Wasser eintauchen läßt. Die Flasche kühlt sich bald auf Zimmertemperatur ab. Dabei zieht sich die darin enthaltene Luft ein wenig zusammen, und das Wasser wird in den Trinkhalm gesaugt. Bei steigender Temperatur fällt der Wasserspiegel im Trinkhalm, bei sinkender Temperatur steigt er. Beim rechts gezeigten Thermometer ist es umgekehrt. Hier dehnt sich Wasser aus und zeigt durch seinen Stand im Trinkhalm die Temperatur an. (Mit richtigem Thermometer vergleichen!)

Das Kartoffelmännchen ◐ Ⓖ 666

Wir wollen uns mit einfachen Hilfsmitteln einen Seilkünstler basteln. Die kleine Kartoffel verbinden wir durch ein Streichholz mit der großen, so daß sich Rumpf und Kopf ergeben. An die beiden Seiten stecken wir zwei Gabeln, die die Arme darstellen. Als Beine nehmen wir zwei Streichhölzer, die unten eingekerbt werden, damit sich unser Tänzer auf dem Seil festhalten kann.
Jetzt spannen wir eine Schnur zwischen zwei Stühlen und lassen unsere Puppe balancieren.

1 kleine und 1 größere Kartoffel,
Streichhölzer,
2 Gabeln,
Bindfaden,
2 Stühle

Die Dampfmaschine ◐ Ⓖ 667

Für die Entwicklung einer Minidampfmaschine brauchen wir ein ziemlich großes Röhrchen aus Metall. Dann schneiden wir einen Kork vorsichtig so zurecht, daß er genau in die Öffnung des Röhrchens paßt. Eventuell wickeln wir ein wenig Zwirnsfaden um den Kork, damit er genau sitzt. Die Zeichnung zeigt, worauf es ankommt. In die Mitte des Korkens gehört eine Schraube, daneben bohren wir mit einem Nagel ein Loch. Jetzt füllen wir 3 Millimeter hoch Wasser in das Röhrchen. Wir schieben den Kork fast ganz in das Röhrchen hinein und verschließen das Loch mit einem Nagel. Nun wird das Wasser erhitzt. Es bildet sich Wasserdampf, der den Korken nach oben treibt. Wenn wir das heiße Röhrchen schnell in einen Topf mit kaltem Wasser tauchen, kühlt sich der Wasserdampf im Röhrchen ab, verdichtet sich zu Wasser, und es entsteht ein luftverdünnter Raum. Der äußere Luftdruck preßt den Korken wieder in das Röhrchen zurück. Mit dieser allereinfachsten Dampfmaschine wurde die Entwicklung großer Dampfmaschinen eingeleitet.

1 Tablettenröhrchen aus Metall,
1 Korken,
1 Schraube,
1 Nagel,
Zwirn

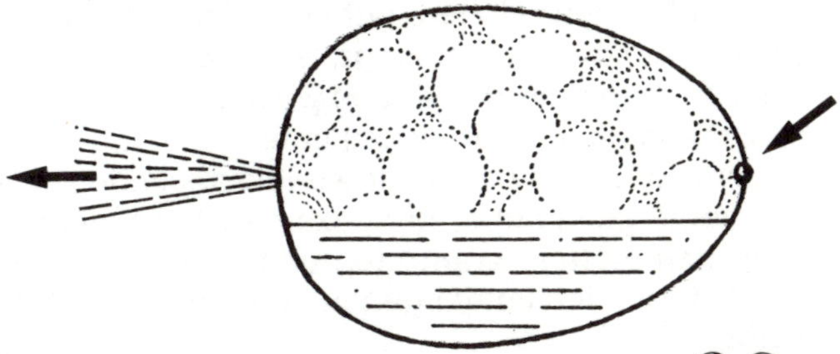

Das Dampfschiff ◐ Ⓖ 668

Wir wollen uns nun ein winziges Dampfschiff bauen. Zu diesem Versuch brauchen wir ein rohes Ei, in dessen Enden wir zwei kleine Löcher bohren. Dann blasen wir in das kleinere Loch, bis der Inhalt des Eies aus dem größeren Loch herausquillt. Das kleinere Loch wird anschließend mit etwas Klebstoff verschlossen. Nun schnitzen wir ein Schiffchen oder nehmen eine leere Sardinendose und befestigen das vorher mit etwa Wasser gefüllte Ei auf einem Drahtständer, wie es die Abbildung zeigt. Zünden wir nun einen Kerzenstummel unter dem Ei an, fängt das Wasser darin an zu kochen und entweicht als Dampfstrahl. Dieser Düsenantrieb treibt unser Schiffchen vorwärts.

1 rohes Ei,
Kleber,
1 leere Sardinendose,
1 Drahtgestell,
1 Kerzenstummel

Wasserverdrängung ⊕ Ⓖ 669

1 rohes Ei, 1 Waage, 1 Gefäß mit Wasser, Bindfaden

Wir stellen ein Gefäß mit Wasser auf die Küchenwaage und wiegen es. Jetzt hängen wir an einem Bindfaden ein Ei in den Behälter und messen den Gewichtsunterschied. Darauf wird das Ei allein gewogen. Es ist jetzt plötzlich schwerer als bei der vorherigen Messung. Um wieviel es schwerer ist, wollen wir gleich untersuchen! Wir füllen das Gefäß bis zum Rand mit Wasser, stellen es auf die Waage und gießen langsam so lange Wasser zu, bis es gerade überzulaufen droht. Nun wird das Ei am Faden in das Wasser herabgelassen, wobei das Gefäß überläuft. Wir nehmen Gefäß und Ei weg und wiegen das übergelaufene Wasser. Wer richtig gearbeitet hat, bekommt genau das Gewicht, um das unser Ei vorhin scheinbar leichter war, als wir es im Wasser hängend wogen. Das Ei hatte im Wasser einen scheinbaren Gewichtsverlust erlitten, den man Auftrieb nennt. Ihr habt gesehen, daß der Auftrieb so groß war wie das Gewicht der vom Ei verdrängten Wassermenge.
Warum kann ein schweres Schiff schwimmen? Es taucht nur so weit ins Wasser ein, bis Gewicht und Auftrieb (= Gewicht der verdrängten Wassermenge) sich die Waage halten. Jetzt wissen wir: Ein Schiff mit einer Wasserverdrängung von 1000 Tonnen hat eben dieses Gewicht.

Die Erde dreht sich ⊕ Ⓖ 670

1 kleine schwere Kugel, 1 langer Faden, 1 großes glattes Stück Papier, 1 Bleistift

Um zu beweisen, daß sich die Erde dreht, wollen wir einen kleinen Pendelversuch machen. Wir besorgen uns dazu in der Tankstelle eine Kugellagerkugel, die wir an einem langen Faden befestigen. Diesen Faden heften wir an die Zimmerdecke oder in einen Türrahmen. Die Kugel sollte bis fast auf den Fußboden reichen. Wir lassen das Pendel ruhig eine Weile hängen. Wenn es völlig ruhig hängt, legen wir ein großes, glattes Stück Papier unter die Kugel. Vorher haben wir eine gerade Linie auf das Papier gezeichnet. Diese Linie sollte genau unter der Kugel liegen. Jetzt wird es ein wenig schwierig. Wir ziehen die Kugel vorsichtig zur Seite und lassen sie los. Sie sollte genau über der gezeichneten Linie schwingen. Wenn wir nahe an den Faden herantreten und über den Faden auf die Linie blicken, muß der Faden immer genau über der Linie sein. Probiert es am besten selbst aus.
Nun gehen wir aus dem Zimmer und lassen die Kugel 10 bis 15 Minuten ganz ruhig schwingen. Danach schauen wir nach, in welche Richtung die Kugel nun schwingt. Wenn wir ganz genau hinsehen, müssen wir erkennen, daß die Richtung nicht mehr ganz genau mit dem Strich übereinstimmt. Um ganz sicher zu gehen, sollten wir den Versuch mindestens dreimal machen. Jedesmal schwingt die Kugel nach der gleichen Versuchszeit über eine neue Linie, die wir einzeichnen können. Damit ist bewiesen, daß die Erde sich dreht. Sie dreht sich unter einem schwingenden Pendel hinweg.
Nach genau 24 Stunden müßte das Pendel am Nord- oder Südpol wieder in der ursprünglichen Richtung schwingen.

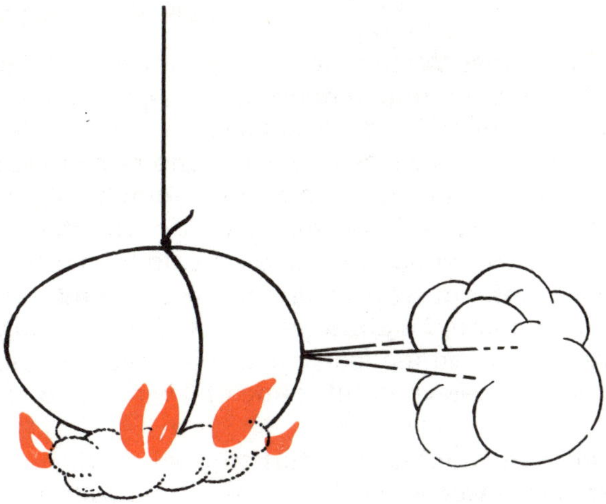

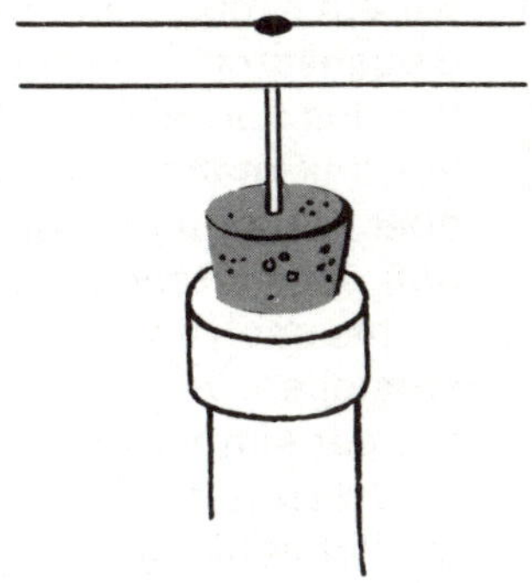

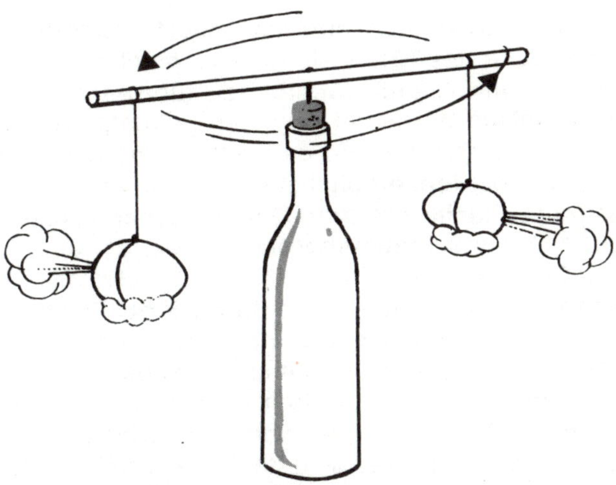

Dampfkarussell

Ⓖ **671**

Wir wollen uns ein Karussell bauen, das mit Dampf angetrieben wird. Dazu müssen wir nun zwei Eier ausblasen und sie mit ein wenig Wasser füllen. Unter jedes Ei binden wir einen Wattebausch, den wir vorher mit Brennspiritus angefeuchtet haben.
Die Verlängerung der Drähte knüpfen wir an die beiden Enden eines geraden Stabes. Diesen Stab wiederum stecken wir auf einen Korken, den wir in einer Flasche befestigen. Ein Spiel nur für draußen, denn jetzt werden die Wattebäusche unter den Eiern entzündet. Wieder ist es der Düsenantrieb, der unser Karussell antreibt.

2 ausgeblasene Eier,
Brennspiritus,
Watte,
Draht,
1 Flasche,
1 Korken,
Streichholz,
Wasser

Die ruhige Hand ◐ ① 672

1 Pendel, 1 Zirkel, 1 Blatt Papier, 1 Bleistift, leichter Bindfaden

Jetzt kommt ein ganz merkwürdiger Versuch, das Charcot-Pendel. Wir malen einen Kreis auf ein Blatt Papier, und in den Kreis hinein zeichnen wir ein Kreuz. Jetzt nehmen wir unser Pendel und halten es so, daß der Gegenstand ruhig über der Mitte des Kreuzes pendelt. Und nun stellen wir uns vor, daß der Gegenstand von links nach rechts pendelt, immer von links nach rechts und wieder zurück. Dabei halten wir den Bindfaden aber ganz ruhig. Wer den Versuch richtig anstellt, wird bald bemerken, daß unser Pendel tatsächlich anfängt, von links nach rechts und von rechts nach links zu pendeln. Wir können uns auch eine Kreisbewegung vorstellen. Wir werden dann mit Erstaunen feststellen, wie unser Pendel auf geheimnisvolle Weise einen Kreis vollführt, ohne daß wir irgend etwas dazutun.
In Wirklichkeit bewegen wir den Bindfaden natürlich doch in der gewünschten Richtung, aber das geschieht vollkommen unbewußt. Nur unser Wunsch löst diese feinen Bewegungen aus.

Fingerabdrücke ◐ Ⓖ 673

1 schwarzer Plastikbecher, 1 weicher Pinsel, Talkumpuder, Tesafilm, schwarzes Glanzpapier, 1 Etikett

Um Detektiv spielen zu können, muß man selbstverständlich in der Lage sein, Fingerabdrücke des Täters sichtbar zu machen.
Eigentlich hat das mit Chemie weniger zu tun; dafür ist es aber sehr spannend! Ihr bittet die Mutter um ein wenig Talkumpuder (Talk, auf englisch Talc), und dann sucht ihr für den ersten Versuch einen Plastikgegenstand mit einer glatten, möglichst schwarzen Fläche. Wenn ihr nun auf diese saubere Fläche mit dem Daumen oder Zeigefinger drückt, bleibt ein gut sichtbarer Fingerabdruck zurück, der aus Fett, Schweiß usw. besteht. Man taucht nun einen weichen Pinsel in das Talkum, klopft den Pinsel etwas ab, damit nicht zuviel daran haften bleibt, und fährt damit leicht über die Plastikfläche. Der Fingerabdruck wird ganz deutlich sichtbar. Mit etwa Übung wird das immer besser gelingen, und jetzt kann man ein Stück breiten Tesafilm auf den weißen Abdruck pressen, abziehen und auf schwarzes Glanzpapier kleben. So wird der Abdruck aufbewahrt. Auf das schwarze Papier wird dann noch ein Etikett geklebt, auf dem Fundort, Datum usw. angegeben sind. Wer gut geübt hat, kann mit Talkum auf allen glatten dunklen Flächen Fingerabdrücke sichtbar machen und mit Tesafilm abziehen. Auf glatten hellen Flächen arbeiten wir mit Graphitpulver. (Vorsicht bei Möbeln! Graphitpulver geht etwas schwerer ab!) Das Graphitpulver stellen wir her, indem wir ein Stück Bleistiftmine auf Schmirgelpapier zu Staub reiben. Natürlich werden jetzt die Tesafilmabzüge auf weißes Papier geklebt. Sehr gut lassen sich auch Gläser und Geschirr auf Fingerspuren untersuchen. Man kann sich auch noch eine Fingerabdrucksammlung von Geschwistern und Freunden anlegen.
Wenn ihr euch die einzelnen Fingerabdrücke ganz genau anseht, werdet ihr feststellen, daß keiner dem anderen gleicht.

Bindfadenpfeile ◕ Ⓖ 674

Wir wollen versuchen, auf eine Zielscheibe aus Holz mit einfachen Nadeln zu schießen. So sehr wir uns auch bemühen, keiner kann mit Nähnadeln so werfen, daß sie in der Zielscheibe stecken bleiben. Darum entwickelten schon die Indianer Pfeile, die am Ende mit Federbüscheln ausgestattet waren.
Fädeln wir nun einen Faden durch die Nadel, werden wir wesentlich zielsicherer werden.
Jetzt erst können wir unser eigentliches Spiel beginnen.

1 Brettchen aus weichem Holz, Nähnadeln, Faden

Geheimtinte ◕ ① 675

In vielen Abenteuerbüchern schreiben die Kinder mit Geheimtinten, was dann nur derjenige lesen kann, der weiß, wie man diese Schrift sichtbar machen kann.
Um die beste Methode anzuwenden, müssen wir eine Zwiebel auspressen, was ohne Tränen sicherlich nicht abgehen wird. In diesen Saft tauchen wir nun unsere Feder und beschreiben ein Stück weißes Papier. Wir werden nichts von unserer Schrift lesen können. Um sie zu entziffern, muß der Adressat das Papier vorsichtig über eine brennende Kerze halten. Dann erst wird die Schrift sichtbar. Anstelle des Zwiebelsaftes können wir auch Zitronensaft verwenden. Er ist leichter zu erhalten, allerdings wird die Schrift auch nicht so gut sichtbar.

Zitronen- oder Zwiebelsaft, 1 Stück weißes Papier, 1 Federhalter, 1 Feder

Wir wecken Samen auf ◕ ① 676

Wir wollen einmal beobachten, was geschieht, wenn wir ganz normale Erbsen aus der Tüte so verpacken, daß sie sich entwickeln können. Ein kleines Glas wird mit Erbsen und anschließend mit lauwarmem Wasser gefüllt. Dann wird das Glas fest mit einem Tuch verschlossen oder noch besser mit einem passenden Deckel. Am besten macht man den Versuch am Morgen. Tagsüber quellen die Erbsen. Sie dehnen sich dabei so stark aus, daß sie das Glas sprengen können. Wenn es warm genug im Zimmer ist, springt das Glas, bevor es Nacht wird.

1 kleines Glas mit Deckel, Erbsen, lauwarmes Wasser

Wir lassen Bohnen keimen ◕ ① 677

Wir stecken Watte in ein kleines Glas und feuchten sie mit Wasser an. In die Watte werden einige Bohnen gesteckt, und zwar am besten in die Nähe des Glasrandes, damit wir die Entwicklung des Keimlings gut verfolgen können. Natürlich könnt ihr die Bohnen auch in feuchtes Sägemehl, in Erde oder in feuchten Sand stecken. Es ist immer wieder ein neues Wunder, wenn ein Same zu keimen beginnt. Wer Lust hat, kann nun über die Entwicklung des Bohnenkeimes Buch führen und farbige Zeichnungen anfertigen. Man sollte auch ab und zu eine der kleinen Bohnenpflanzen vorsichtig aus dem Glas nehmen und untersuchen.

1 kleines Glas, Bohnen, Watte, Wasser

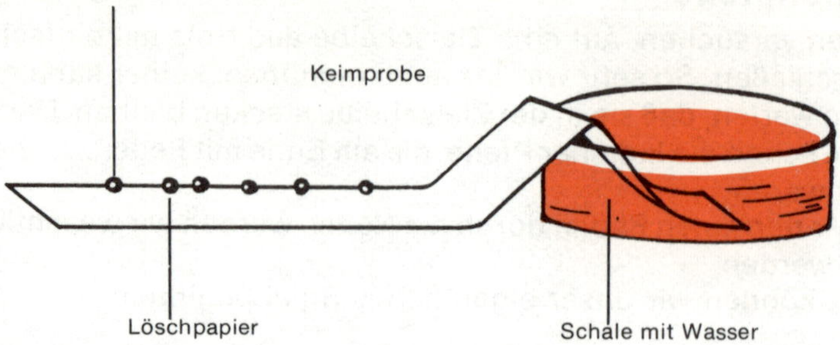

Unsere Kressezucht ◔ ① 678

25 Kresse- oder Radieschensamen, Löschpapier, 1 flache Schale mit Wasser

Wir zählen ungefähr 20 bis 25 Radieschen- oder Kressesamen ab und legen sie auf Löschpapier, dessen eines Ende wie auf der Zeichnung in Wasser taucht. Dann werden die Samen mit einem weiteren Streifen Löschpapier abgedeckt, der ebenfalls in das Wasser tauchen muß. Die ganze Anordnung sollte an einem warmen Platz stehen. Wenn die Samen gekeimt haben, können wir abzählen, wie viele Körner ihre Keimfähigkeit verloren haben. Guter, frischer Samen keimt fast vollständig. Alter Samen geht meist nur zum Teil auf.
Besonders großen Spaß macht es, vor allem im Herbst, Winter und Frühjahr auf der Fensterbank Gartenkresse in Quarkschälchen zu ziehen. Man braucht nur ganz wenig Blumenerde, die immer feucht gehalten werden muß. An warmen Plätzen wächst die Kresse sehr schnell, und wir können oft ernten. Im Salat oder auf dem Butterbrot schmeckt sie ganz herrlich. Außerdem enthält sie sehr viel Vitamin C. Die Kresse wird abgeschnitten, wenn sie handbreit über den Schalenrand gewachsen ist.

Wir stellen Butter her ◔ ① 679

1/8 l Rahm, Zitronensaft, 1 größere Schüssel, 1 Mixer oder Schneebesen, Salz

Da wir gerade dabei sind, unsere eigenen Kräuter zu züchten, wollen wir doch einmal versuchen, Butter herzustellen.
Dazu müssen wir zuerst 1/8 Liter Rahm mit dem Saft einer halben Zitrone ansäuern. Am besten ist, wenn der Rahm Zimmertemperatur hat. Nun kann man ihn in einer geeigneten Schüssel mit dem Schneebesen bearbeiten oder mit dem elektrischen Handmixer durchschlagen. Jetzt heißt es Geduld haben! Zuerst bekommen wir eine säuerlich schmeckende Schlagsahne, die später wieder flüssiger wird. Häufig scheint sich in unserem Rahm dann nichts mehr zu rühren. Für solche Fälle empfiehlt es sich, die ganze Angelegenheit zehn Minuten ruhig stehen zu lassen. Dann rühren wir weiter. Plötzlich wird die Masse immer körniger, und jetzt stehen wir kurz vor dem Ziel! Eine milchige Flüssigkeit scheidet sich ab, die kleinen Klümpchen ballen sich zusammen zu einem schönen Klumpen Butter. Wir drücken ihn auf einem kleinen Teller mit dem Löffel aus, um die restliche Buttermilch zu entfernen. Dann verkneten wir die Butter mit einer Prise Salz.

Wir stellen Frischkäse her ① 680

Jetzt, da wir wissen, wie man Butter macht, wollen wir doch einmal versuchen, Frischkäse herzustellen. Dabei wird ein halber Liter Milch erwärmt und mit dem Saft einer halben Zitrone versetzt. Beim Umrühren scheidet sich der Käsestoff in dicken Flocken ab. Wir trennen ihn von der Molke, geben eine gute Prise Salz hinzu und rühren ihn in einem Gefäß mit einer Gabel kräftig durch. Wir haben einen Frischkäse bekommen, der vor allem gut gekühlt ganz köstlich schmeckt. An welche Käsemarken erinnert euch der Frischkäse? Ein kleines Geheimnis sei hier noch verraten: Wenn ihr zu der Milch einen kräftigen Schuß Sahne gebt, verbessert ihr die Qualität eures Frischkäses ganz erheblich. Er wird dadurch nämlich fettreicher. Je mehr Sahne, desto beser! Ein wenig Frischkäse könnt ihr in einem kleinen Gefäß abgedeckt mehrere Tage stehen lassen und beobachten, was sich dabei tut.

$^1/_2$ l Milch,
Zitronensaft,
1 Gabel

Kurvenmalen mit Sand Ⓖ 681

Die Abbildung zeigt einen kleinen Trichter, der auf besondere Art an Zwirnsfäden aufgehängt ist. Der Witz bei diesem Spiel liegt darin, daß der Trichter gleichzeitig nach zwei senkrecht zueinander stehenden Richtungen schwingen kann. Um ihn in eine solche merkwürdige Schwingung zu versetzen, nehmen wir die Stelle A zwischen zwei Finger und ziehen sie ein wenig nach vorn. Dann fassen wir die Stelle B an und ziehen sie etwas nach rechts. Nun lassen wir los, und unser Trichter beginnt zu schwingen. Dabei beschreibt er eigenartige Kurven, die nach ihrem Entdecker Lissajousche Kurven oder Bahnen genannt werden. Wir können den Trichter unten mit etwas Alufolie verschließen, in die wir ein kleines Loch gebohrt haben. In den Trichter füllen wir nun feinen Sand. Darunter legen wir einen Bogen Papier. Der Sand rieselt langsam aus dem Trichter und bildet die hübschen Kurven. Um die Anordnung zu befestigen, legen wir ein Brett über zwei Stuhllehnen, und die Fäden können wir mit Reißnägeln befestigen.

1 kleiner Trichter,
Zwirnsfaden,
Alufolie,
Sand,
1 Brett,
2 Stühle

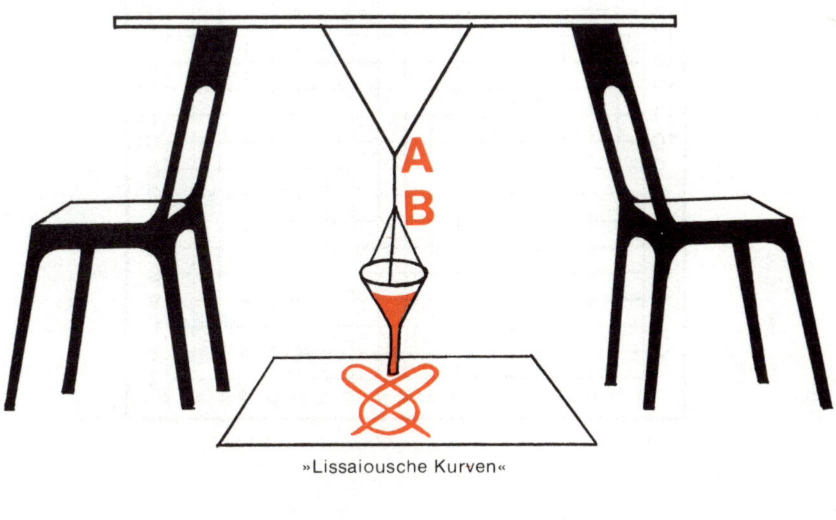

»Lissaiousche Kurven«

Gobang ◐ ② ④ 682

1 GO-Brett, 12 Steine je Spieler

Gobang,ein uraltes japanisches Spiel, ist eine einfachere Art des GO-Spieles. Es kann besonders von Kindern, aber auch von Erwachsenen als Vorübung für das GO-Spiel leicht erlernt werden.
Deshalb beginnt auch diese Spielanleitung mit Gobang.
Gobang wird von zwei Spielern auf dem GO-Brett mit den schwarzen oder weißen GO-Steinen gespielt.
Die Spieler setzen abwechselnd mit ihren schwarzen bzw. weißen Steinen auf beliebige Quadrate. Das Ziel des Spieles ist es, eine Reihe von 5 geradlinig oder diagonal nebeneinander liegenden Steinen zu bilden. Natürlich versucht jeder Spieler auch, durch Dazwischensetzen die gegnerischen Spielzüge zu durchkreuzen. Wer als erster eine Reihe von fünf zusammenhängenden Steinen gesetzt hat, ist der Gewinner. Der Reiz des Spieles erhöht sich, wenn schnell gespielt wird.
Man kann es auch interessanter machen, indem eine Reihe von Einzelspielen, deren Zahl vorher festgelegt wird, zu einem Wettbewerb zusammengefaßt werden. Der Teilnehmer, welcher die meisten Einzelsiege errungen hat, ist Gesamtsieger.
Die Schulung zur Taktik beim Gobang-Spiel ist ein ausgezeichnetes Training für das noch viel interessantere GO-Spiel. Versäumen Sie nicht, auch dieses zu erlernen!

1

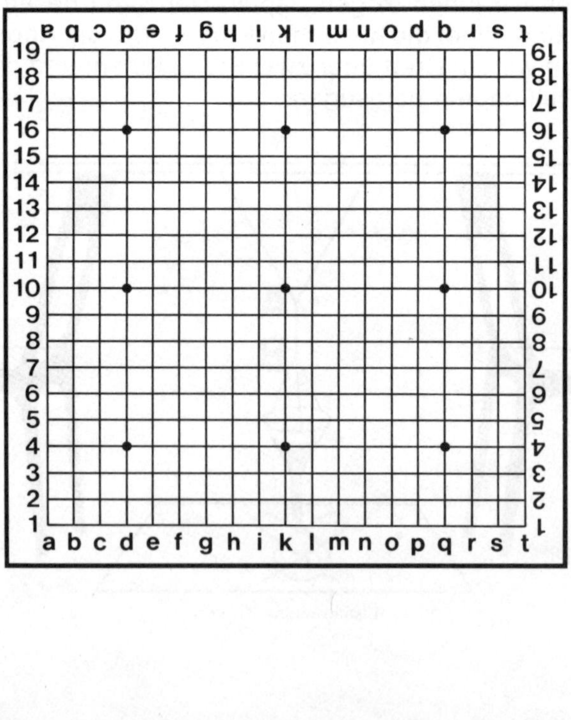

GO ② 683

1 GO-Brett,
180 GO-Steine

GO ist ein mehrere tausend Jahre altes fernöstliches Kampfspiel, welches über Japan etwa um die Jahrhundertwende nach Europa kam. GO ist ein Spiel zwischen 2 Personen.
Zum GO-Spiel gehören:
Ein GO-Brett, auf welchem 19 senkrechte und 19 waagrechte Linien 361 Schnittpunkte ergeben. Neun Schnittpunkte, die Sternpunkte, sind durch Punkte hervorgehoben. Die Sternpunkte dienen jedoch lediglich der leichteren Orientierung und haben keine besondere Bedeutung im Spiel. Alle Linien sind am Rand durch Ziffern und Buchstaben gekennzeichnet. Je 180 weiße und schwarze Steine. (In manchen Spielen befinden sich auch weiße und blaue Steine.) Für den Anfänger ist es der leichteren Übersicht wegen besser, zuerst auf einem verkleinerten Spielfeld zu spielen. Man kann z.B. die Fläche zwischen den Sternpunkten, das ist ein Feld von 13x13 Schnittpunkten, bestimmen.

Die GO-Regeln

Die Steine werden abwechselnd von Schwarz und Weiß auf Schnittpunkte des GO-Brettes gesetzt. Jeder Stein bleibt auf dem einmal gewählten Punkt und wird im Spiel nicht mehr versetzt, es sei denn, er wird gefangengenommen.
Die eingeschlossenen Steine einer Farbe werden vom Gegner herausgenommen und diesem am Spielende mit je einem Punkt gutgeschrieben. Es besteht kein Schlagzwang. Es gibt eigentlich nur diese zwei grundsätzlichen Regeln im GO-Spiel, jedoch viele Stellungen, aus welchen sich, bedingt durch diese Regeln, zwingend ganz bestimmte Züge ergeben. Für den Anfänger ist die Kenntnis all dieser besonderen Situationen nicht unbedingt erforderlich. Er wird einige aus dem Spielgeschehen selbst entdecken. In dieser Spielanleitung wird eine Reihe der wichtigsten bzw. häufigsten Situationen auf den folgenden Seiten erläutert.

Was man unbedingt vom Spiel wissen sollte:

Das Ziel des Spieles ist:
1. mit den eigenen Steinen Gebiete zu umgrenzen und damit in Besitz zu nehmen. Jeder Kreuzungspunkt innerhalb einer aus eigenen Steinen gebildeten Mauer zählt bei der Abrechnung einen Punkt.
2. Gegnerische Steine durch Umzingeln gefangenzunehmen. Ein Stein ist umzingelt, wenn er oder die Kette gleichfarbiger Steine keine geradlinige Verbindung zu einem unbesetzten Kreuzungspunkt hat. Jeder Gefangene zählt bei der Abrechnung einen Punkt.

Das Spiel ist beendet, wenn keiner der Spieler mehr setzen kann. Dieses ist bereits dann der Fall, wenn das Setzen auf noch freie Kreuzungspunkte den sicheren Verlust dieser Steine bedeuten würde.

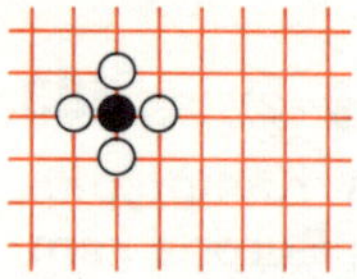
2

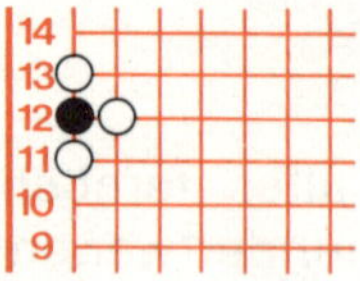

3

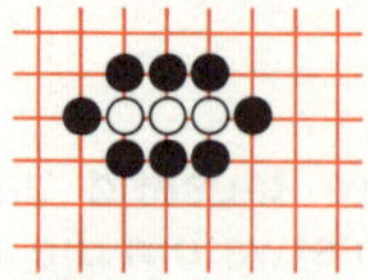
4

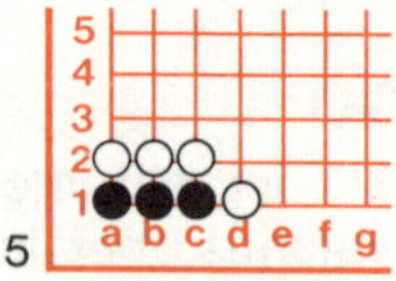

5

Zur Abrechnung werden die Gefangenen und Gebiete beider Spieler zusammengezählt. Wer die meisten Punkte hat, ist Gewinner.
Der Verlierer bekommt im nächsten Spiel die schwarzen Steine und eröffnet das Spiel.

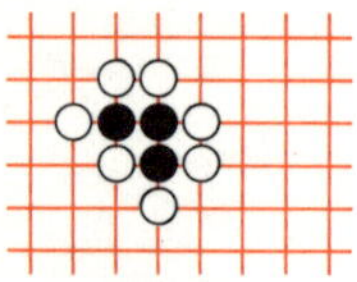
6

Das Schlagen von Steinen

Ein Stein ist gefangen, wenn er vom Gegner ganz eingeschlossen ist:

1. Der schwarze Stein in Abbildung 2 ist von 4 weißen Steinen ganz eingeschlossen und kann vom Brett genommen werden.
2. Auch der schwarze Stein in Abbildung 3 ist gefangen. Hierzu sind nur 3 weiße Steine erforderlich, da der schwarze Stein auf der Grenzlinie steht.

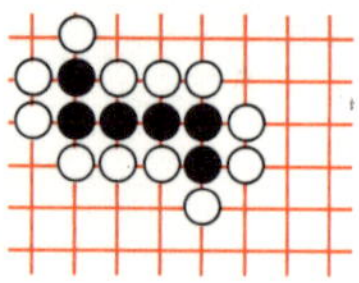
7

3. In Abbildung 4 wurden gleichzeitig 3 weiße Steine gefangen und können vom Brett genommen werden. Zur Umzingelung dieser 3 weißen Steine, man nennt eine solche Gruppe auch Kette, waren 8 schwarze Steine erforderlich.
4. Auch die in den Abbildungen 5, 6 und 7 dargestellten Ketten schwarzer Steine sind gefangen und können vom Brett genommen werden.

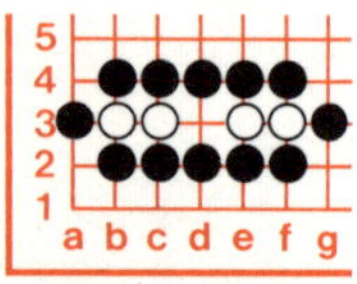

8

5. Noch nicht geschlagen sind die weißen Steine in der Abbildung 8, denn diese sind noch nicht ganz eng eingeschlossen. Weiß hat im Kreuzungspunkt e3 noch eine »Freiheit«. Allerdings wird Schwarz mit dem nächsten Zug dort hineinsetzen und dadurch die vier weißen Steine schlagen, es sei denn, Weiß kann an einer anderen Stelle durch einen Zug »drohen«, so daß Schwarz einen anderen Zug vorzieht. Trotzdem werden diese Steine der Gefangennahme nicht entgehen können.

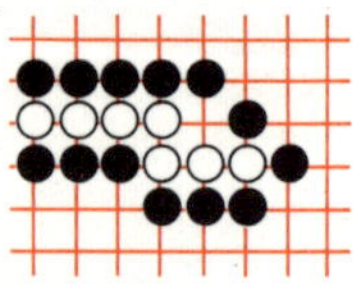
9

6. Eine Freiheit haben auch die weißen Ketten in den Abbildungen 9 und 10. Als Kette spricht man eine Reihe von Steinen derselben Farbe an, deren Sitzpunkte durch Striche verbunden sind. Nicht fest verbunden und nachher nicht als Kette zu bezeichnen sind die 3 weißen Steine in der Abbildung 11. Diese können vom Gegner getrennt werden.

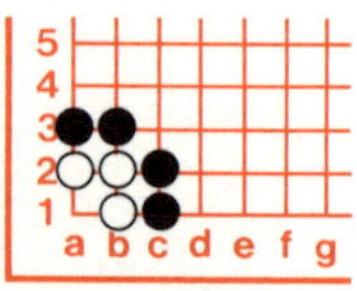

10

7. Eine weitere Variante des Schlagens zeigt die Abbildung 12. Schwarz will die 3 weißen Steine schlagen und setzt deshalb auf die letzte, Weiß noch verbliebene Freiheit a2. Nach dem bisher Erklärten erscheint das widersinnig, denn es entsteht vermeintlich die Situation wie in Abb. 3, wo der schwarze Stein geschlagen wird. Da jedoch auch das Herausnehmen von geschlagenen Steinen noch zum Zug gehört, und Schwarz dann sofort die 3 weißen Steine entfernen kann, hat Schwarz mit dem Abschluß seines Zuges wieder die erforderliche Freiheit gewonnen. Weiß hingegen kann, etwa um Schwarz zuvorzukommen, diesen Zug nicht machen, denn setzte Weiß auf a2, so nähme er sich selbst die letzte Freiheit. Das wäre »Selbstmord«, und Selbstmord ist bei GO verboten.

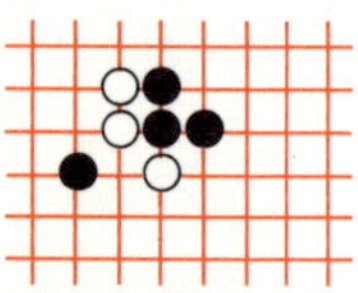
11

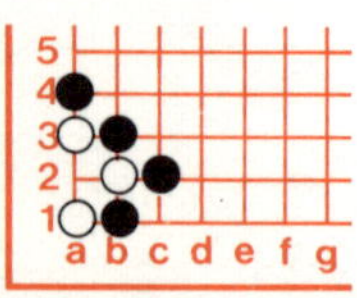

12

8. Eine ähnliche Stellung zeigt die Abbildung 13, hier kann Schwarz nicht sofort in das weiße »Loch« b1 hineinspringen, weil er die weißen Steine nicht sofort schlagen kann, denn Weiß hat noch die Freiheit d1. Schwarz würde also Selbstmord begehen, was verboten ist. Schwarz wird also erst auf d1 setzen und mit dem nächsten Zug b1 die 5 weißen Steine gefangennehmen.

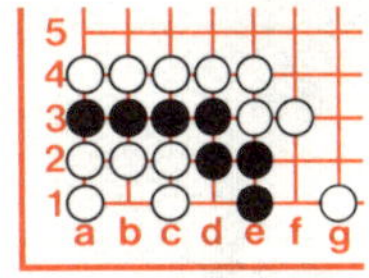
13

Das Gebiet

Gebiete nennt man unbesetzte Kreuzungspunkte, die durch Steine einer Partei so umschlossen sind, daß sie nirgends an gegnerische Steine angrenzen. Allerdings muß die »Mauer« so gestaltet sein, daß keiner ihrer Steine geschlagen werden und der Feind nicht hineinsetzen kann.

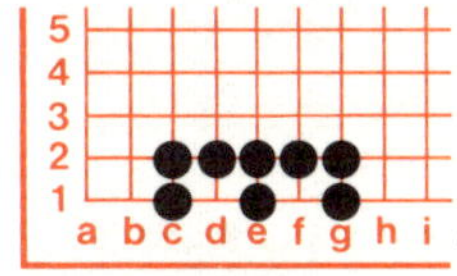
14

Bei dem Beispiel der Abbildung 14 sind die Punkte d1 und f1 Gebiete von Schwarz. Diese Gebiete sind sicher.

Das Gebiet s5 in der Abbildung 15 dagegen ist noch kein sicheres Gebiet von Schwarz, denn 1. wird es noch von einem gegnerischen Stein berührt, und 2. sind die vier schwarzen Steine r4, r5, s4 und t4 noch bedroht. Wenn Weiß t3 setzt, muß Schwarz sofort mit s5 antworten, um nicht seine 4 Steine zu verlieren. Sicher ist diese Stellung erst, wenn Schwarz mit s5 Weiß t5 geschlagen hat.

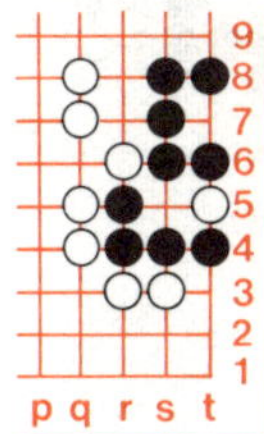
15

Die umschließenden Steine einer Mauer brauchen nicht fest, d.h. geradlinig wie eine Kette, verbunden sein. Siehe auch in der Abbildung 15 die Steine r5 und s6.

Ein kleines Gebiet nennt man auch Auge.

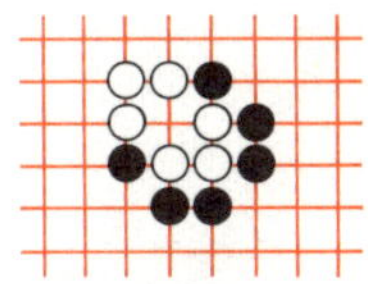
16

Ein sicheres Gebiet, man sagt auch ein echtes Auge, kann vom Gegner nicht eingenommen werden.

Das weiße Auge in der Abbildung 16 kann von Schwarz besetzt werden, denn es werden dadurch die 3 weißen Steine geschlagen. Man nennt es deshalb ein unechtes Auge. – Sollte Schwarz aber auch die 4 Freiheiten der anderen 3 weißen Steine noch besetzen können, so sind auch diese weißen Steine verloren.

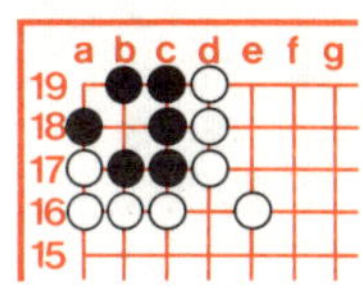
17

Dagegen hat das Gebiet in der Abbildung 17 aber 2 Augen. Obwohl Weiß bereits alle äußeren Freiheiten besetzt hat, kann es diese Stellung nicht brechen. Wollte Weiß auf a19 oder b18 setzen, so wäre das Selbstmord, da Schwarz durch die in jedem Fall verbleibende zweite Freiheit nicht auf den ersten Zug geschlagen werden kann.

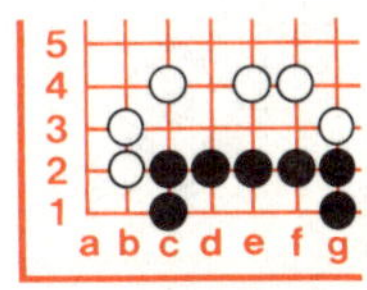
18

Eine Stellung mit 2 Augen kann nicht eingenommen werden. Der Japaner sagt: »Eine Schlange mit zwei Köpfen hat ewiges Leben.« Gebiete, wie das in der Abbildung 14, welche in 2 Augen geteilt werden können, sind aus demselben Grund uneinnehmbar.

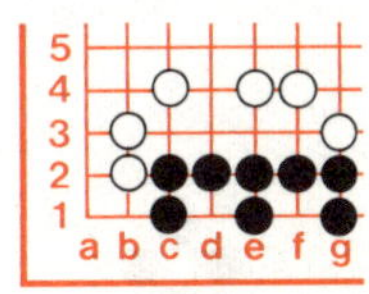
19

Sehr ähnlich dem Gebiet in der Abbildung 14 ist das Gebiet in der Abbildung 18. Dieses müßte sofort in die beiden Augen geteilt werden, d.h. Schwarz muß sofort auf e1 setzen (Abb.19). Dagegen ist die Stellung, wenn Weiß auf e1 setzt, nicht mehr zu halten, denn Weiß kann nach Besetzung aller äußeren Freiheiten sowie der Besetzung von d1, und f1 die schwarze Kette schlagen. Das Gebiet von Schwarz in der Abbildung 20 ist sicher, hier sind ganz deutlich 2 getrennte Augen zu erkennen.

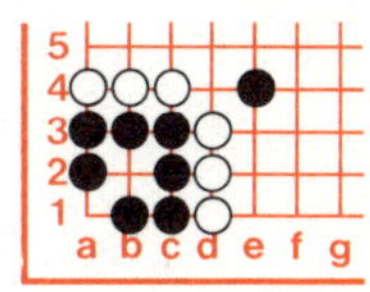
20

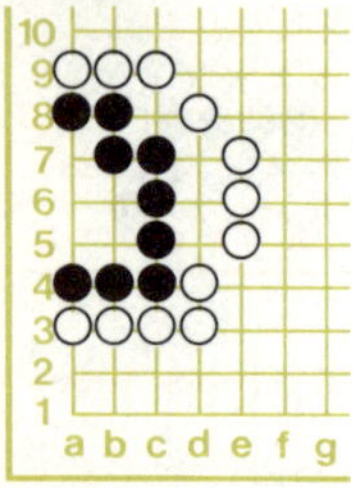

21

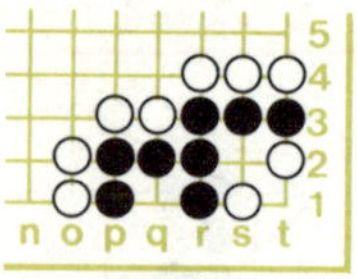

22

In der Abbildung 21 hat Schwarz ein größeres Gebiet, jedoch muß sofort der Punkt a6 besetzt und dadurch ein größeres Auge von 3 Punkten und ein kleineres von einem Punkt gebildet werden.
Wird dieser Zug versäumt, so kann Weiß mit dem Setzen auf diesen Punkt die Gefangennahme aller 9 schwarzen Steine einleiten. Selbst wenn Schwarz durch einige Gegenzüge noch weiße Steine gefangennehmen kann, so hält dies die endgültige Gefangennahme nicht mehr auf, ja Schwarz verlöre hierdurch noch mehr Steine. Da das so sicher ist, spielen erfahrene GO-Spieler, sobald Weiß auf a6 gesetzt hat, an dieser Stelle nicht mehr weiter, sondern nehmen die 9 schwarzen Steine am Schluß der Partie bei der Abrechnung heraus.
Die Reihe ähnlicher Beispiele könnte beliebig fortgesetzt werden.

Das Seki

Eine besondere Situation ist in der Abbildung 22 entstanden. Die 3 freien Kreuzungspunkte können von keinem der Spieler besetzt werden.
Wenn Schwarz auf s2 setzt, kann Weiß mit q1 alle 9 schwarzen Steine schlagen. Aber auch Weiß darf nicht auf s2 setzen, weil Schwarz mit t1 die 3 weißen Steine schlagen würde. Der Kreuzungspunkt s2 ist also für beide Parteien tabu. In diesem Falle haben beide Parteien nur ein Auge, Weiß sogar nur ein unechtes, und trotzdem sind beide Stellungen uneinnehmbar. Eine solche Stellung nennt man Seki.

Das Ko

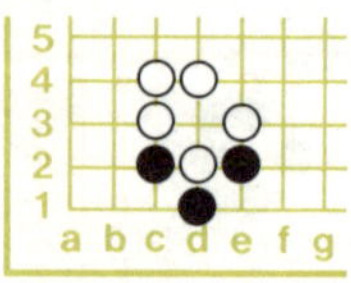

23

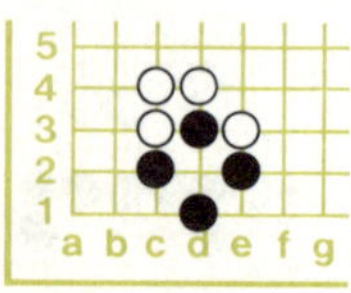

24

Eine besondere Situation ist in der Abbildung 23 dargestellt. Schwarz kann durch Setzen auf d3 den weißen Stein auf d2 schlagen. Dabei ergibt sich die in der Abbildung 24 dargestellte Stellung. Wenn nun Weiß wiederum auf d2 setzt, schlägt es den eben erst schlagenden schwarzen Stein auf d3, und dann könnte sich wieder Schwarz entsprechend revanchieren, und so ginge es weiter, ohne daß ein Ende abzusehen wäre. Um das zu verhindern, besteht hierfür eine Sonderregelung:
Die Ko-Regel:
Wird ein einzelner Stein geschlagen, so darf der schlagende Stein im nächsten Zug nicht geschlagen werden. Die Ko-Regelung trifft auch bei der Stellung in der Abbildung 25 zu.

Einiges zum Spielverlauf

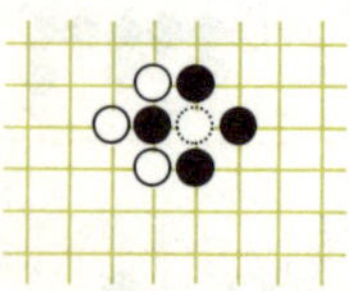

25

Man wird bei der Eröffnung des Spiels zuerst versuchen, die Ecken zu besetzen, weil dort am leichtesten, d.h. mit dem geringsten Einsatz von Steinen, Gebiete zu gewinnen sind. Sehr günstig ist das Setzen auf der dritten Linie, weil Steine auf dieser sicherer als weiter innen sind. Man vermeide aber auch, seine Eckstellungen von der Mitte abschneiden zu lassen, um gefährdeten Stellungen notfalls durch die Verbindung mit einer Kette zu einer »sicheren« Stellung helfen zu können. Bei jedem eigenen Zug ist die zu erwartende gegnerische Reaktion in Rechnung zu stellen, und es ist besser, eine eigene Stellung, die durch einen gegnerischen Zug so bedroht ist, daß sie nicht mehr gerettet werden kann, sofort aufzugeben, als noch weitere Züge und Steine zu opfern. Viel besser ist es, sich sofort nach lohnenden neuen Möglichkeiten umzusehen, denn die Partei, die als erste an einer anderen Stelle einen Zug tut, ist offensichtlich im Vorteil. So wird man manchmal eine lohnende Initiative an einer neuen Stelle beginnen und wenigstens vorübergehend den Kampf an der alten Stelle einstellen. Dieses Bestreben nach der »Vorhand« bestimmt eigentlich das ganze Spielgeschehen bei GO. Allerdings setzt es auch eine gute Übersicht voraus, um immer zu wissen, wo der Neubeginn oder die Wiederaufnahme gerade vorteilhaft ist. Auf jeden Fall ist es zweckmäßig, die Vorhand an den Stellen zu nützen, wo mit dem Angriff die gleichzeitige Sicherung einer eigenen benachbarten Stellung verbunden werden kann.

Die letzten Spielzüge

Gegen Ende des Spieles kommt der Augenblick, von dem an keine Partei mehr Gebiete gewinnen kann, auch kann keine Partei mehr in Gebiete des Gegners setzen, ohne diese Steine sinnlos zu opfern. Meist sind dann noch einige Kreuzpunkte zwischen den Ketten der Parteien frei, die keiner der Spieler in seinen Einflußbereich bringen kann, und die deshalb für keinen der Spieler Punkte einbringen können. Diese Punkte werden noch zugesetzt, dann ist das Spiel beendet.

Die Abrechnung des GO-Spieles

Nachdem die letzten freien Kreuzpunkte besetzt sind und sich die Ketten der Spieler berühren, werden alle »wilden Steine« entfernt. Wilde Steine sind Steine, die im gegnerischen Feld, meist nach einem aussichtslosen Kampf, aufgegeben wurden. Natürlich müssen sich beide Spieler darüber einig sein, daß es sich tatsächlich um Steine dieser Art handelt. Will der Spieler dieser Steine das nicht gelten lassen, so wird eben noch bis zur vollkommenen Einschließung dieser Steine weitergespielt. Aber es ist leicht erkennbar, daß hierdurch das Endergebnis nicht verändert wird, denn genauso viele Züge wie der Spieler braucht, um die wilden Steine zu umzingeln, muß ja auch der andere Spieler Steine setzen, und er kann dieses ja nur in das eigene Gebiet oder in das fremde. Im ersteren Fall schmälern sie die eigenen Gebietspunkte, im zweiten Fall werden sie Gefangene und werden dem Gegner als Punkte angerechnet. Es ergeben sich genauso viel Verlustpunkte wie auch der Gegner erhält, weil er sein Gebiet um die Steine, die er zum Einschließen setzt, verringert. Wilde Steine werden wie Gefangene gezählt.
Beide Spieler zählen nun ihre gewonnenen Gebiete und die gemachten Gefangenenen zusammen.
Gewonnen hat der Spieler mit der höchsten Punktezahl. Bewertet wird hierbei die Differenz zwischen beiden Werten.

26

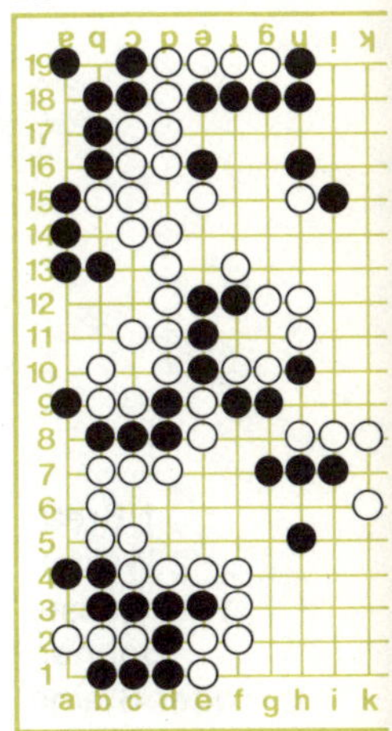

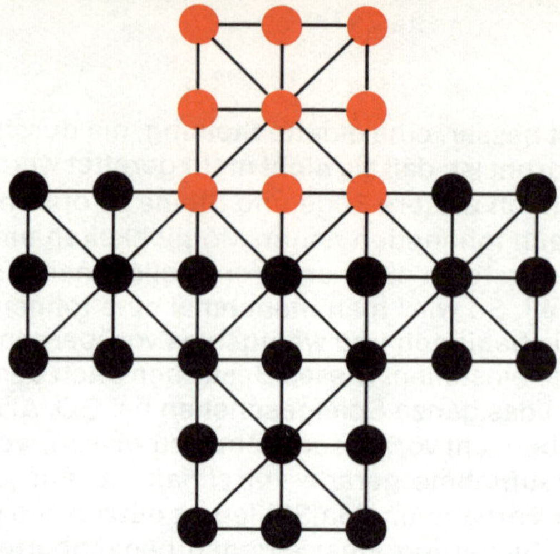

Das Festungs- und Belagerungsspiel ② 684

1 Brett, Steine

Die Abbildung oben zeigt die Form des für dieses Spiel gebräuchlichen Bretts mit seinen 33 in Kreuzform aufgestellten und durch Linien verbundenen Punkten. Neun von ihnen stellen die »Festung« dar, die von 2 »Soldaten« verteidigt wird. Diese können von Anfang des Spiels an 2 beliebigen Punkten in der Festung aufgestellt werden.

Die 24 übrigen Plätze sind durch 24 »Soldaten« der angreifenden Partei besetzt. Die Angreifer haben die Aufgabe, alle 9 Plätze der Festung zu besetzen, also die 2 Mann Besatzung aus ihr zu verdrängen und sie herauszulocken.

Sie dürfen allerdings nur auf den Linien gegen die Festung vorrücken, bei jedem Zug ein Mann um einen Punkt weiter. Jeder Angreifer kann von dem Verteidiger, der vor ihm steht, geschlagen werden, wenn er nicht durch einen Hintermann gedeckt ist.

Also sollten die Angreifer möglichst dicht gedrängt vorrücken. Übersieht ein Verteidiger seine Chance zu schlagen, so kann er geblasen, d.h. weggenommen werden.

Wenn die Situation es erlaubt, opfert man den Verteidigern 2 oder 3 Mann, um sie in die entfernten Winkel des Spielfeldes zu locken.

Der Verteidiger darf bei einem Zug auch nur einen Schritt vorgehen, ist er allerdings beim Schlagen, so darf er so viele Angreifer überspringen, wie er auf einmal erreichen kann. Sie überspringen den Feind, nehmen ihn weg und setzen sich auf das leere Feld dahinter. Sind am Ende nicht mehr genug Belagerer vorhanden, um die Festung zu füllen, so haben sie das Spiel verloren. Sind die Verteidiger so zerstreut, daß sie nicht mehr in die Burg zurückkönnen, so haben sie diese verloren.

Die Finke oder Pinke berupfen Ⓖ 685

1 Brett, 2 Würfel, Nüsse, Bohnen oder Steine

Wir zeichnen auf ein Holzbrett oder einen festen Karton die »Pinke« wie sie die Abbildung zeigt. Jeder der Spieler hat einen Vorrat an Nüssen, Bohnen oder auch Spielsteinen, und wir bestimmen die Reihenfolge, in der wir antreten wollen, durch Auswürfeln. In dieser Reihenfolge setzen wir uns dann um den Tisch. Der erste wirft mit 2 Würfeln. Die Summe, die

sich aus dem Wurf ergibt, setzen wir mit der Nuß. Trifft der nächste Spieler auf eine bereits besetzte Zahl, so gewinnt er den Einsatz und darf so lange weiterwürfeln, bis er auf ein unbesetztes Feld trifft.
Das Feld der Zahl 7 ist das sogenannte »Stockhaus«, das nur mit einem Nüßchen besetzt wird und nicht berupft werden kann, es sei denn, ein Spieler würfelt eine 2 oder eine 12, was ihm das Recht verleiht, die gesamte »Pinke« zu berupfen, einschließlich des Stockhauses.
Hat ein Teilnehmer das Pech, nach einem Spieler an der Reihe zu sein, der gerade die gesamte Pinke berupft hat, auch eine 2 oder eine 12 zu würfeln, so muß er das gesamte Brett wieder besetzen.

Das Einsiedlerspiel (Solitaire) ① 686

1 Brett,
36 Stifte oder,
je nach Brett,
36 Kugeln

Man erzählt sich über dieses alte Spiel, daß es von den Indianern stamme, die, um sich von der anstrengenden Jagd zu erholen, zur Unterhaltung ihre Pfeile in nach einer festgelegten Ordnung aufgereihte Löcher steckten. Wir können uns das Solitairespiel selbst anfertigen. Es gibt das Brett aber auch fertig zu kaufen.
Wie schon der Name sagt, ist es eines der wenigen Spiele, die man ganz alleine spielen kann.
Wir brauchen dazu ein Brett, in das eine Anzahl Löcher in folgender Aufstellung eingebohrt ist:

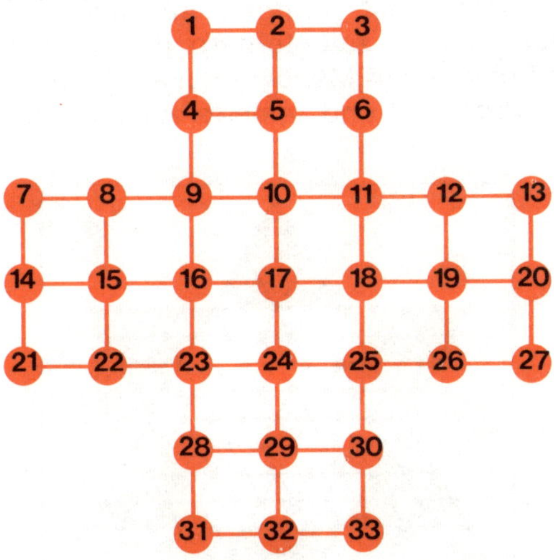

Mit Ausnahme der 19 steckt in jedem dieser Löcher ein Stift. (Es gibt dieses Spiel auch mit kleinen Vertiefungen; anstelle der Stifte spielen wir dann mit Kugeln.) Wir müssen nun versuchen, durch Überspringen eines Stiftes diesen zu schlagen und vom Brett zu nehmen.
Das Ziel ist es, am Ende des Spieles nur noch einen Stift übrig zu behalten, der möglichst in der 19 steht.
Wir dürfen nur gerade, also nicht diagonal schlagen, und müssen jeweils einen einzelnen Stift springen lassen, d.h. wir dürfen nicht mehrmals hintereinander mit demselben Stift ziehen.

Halma ◕ ② ③ 687

1 Brett, Steine

Wir kaufen uns am besten ein Halma-Brett, denn wenn wir es uns selbst basteln wollten, müßten wir es schon sehr genau zeichnen. Es besteht aus einem Stern mit sechs Ecken, der von einem Netz von Linien durchzogen ist. Die Schnittpunkte dieser Linien bezeichnen die Ausgangspunkte unserer 19 Spielfiguren.

Wir setzen, sollten wir alleine spielen, unsere Figuren alle in eine Spitze des Sterns und versuchen, sie so schnell es geht in die gegenüberliegende Spitze zu befördern. Jeder Zug wird genau notiert, denn es kommt darauf an, mit möglichst wenigen Zügen zum anderen Ende zu gelangen.

Beim *Halma zu zweit* setzen die beiden Spieler 19 Figuren auf 2 gegenüberliegende Spitzen. Jetzt spielen wir gegeneinander, d.h. jeder versucht, als letzter am anderen Ende zu sein. Wir können in jeder Richtung springen. Steht vor einem Stein ein anderer, so können wir ihn überspringen, wenn hinter dem anderen ein freies Feld ist. So können wir zügig vorankommen, allerdings müssen wir darauf achten, daß unser Gegner nicht dieselbe »Leiter« benutzen kann, denn dies ist sein gutes Recht, wenn sich die Gelegenheit dazu bietet.

Auch beim *Halma zu dritt* benutzen wir noch unser Sternebrett. Jeder der Spieler hat jetzt 15 Steine, und alle treffen sich zwangsläufig in der Mitte, da jeder danach trachtet, mit geringem Aufwand seine Steine in die gegenüberliegenden Spitzen zu befördern. Es kommt hierbei vor allem auf strategisches Denken und Manövrieren an. Nicht immer ist der der erste, der nun vorwärts läuft und keinerlei Ausfälle zur Seite und auch zurück wagt.

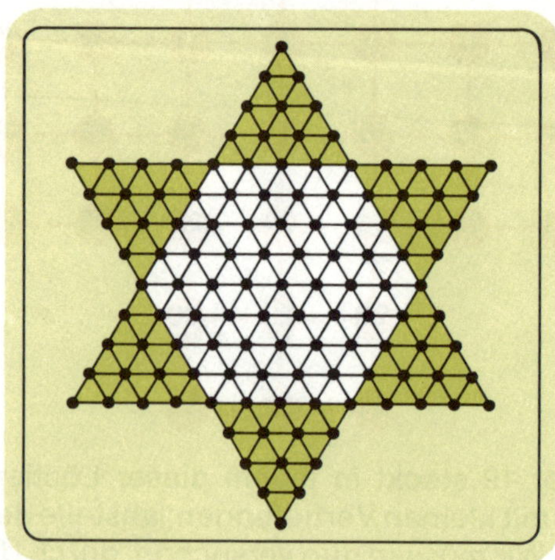

Wolf und Schafe ◕ ② 688

1 Brett, Damesteine

Wir spielen dieses Spiel auf einem Schachbrett mit 32 schwarzen und 32 weißen Feldern. Die 4 weißen Felder der ersten Reihe besetzen wir mit 4 weißen Damesteinen, den Schafen.

Auf ein beliebiges weißes Feld davor stellt der Gegner einen schwarzen Stein als Wolf. Die Aufgabe besteht darin, mit den Schafen so vorzurükken, daß der Wolf an eine Seite gedrängt wird und nicht mehr ziehen kann. Der Wolf wiederum versucht, die Reihe der Schafe zu durchbrechen und so deren Ausgangsfeld zu erreichen. Jede Partei zieht jeweils schräg einen Schritt, geschlagen wird nicht.
Für den Wolf ist es wichtig, sich immer so nahe wie möglich bei den Schafen zu halten, um sofort eine gegebene Blöße ausnützen zu können. Die Schafe dagegen müssen immer darauf bedacht sein, die gerade Linie wiederherzustellen.
Der Wolf darf sich vor und zurück, die Schafe dürfen sich nur vorwärts bewegen.

Dame ◕ ② 689

1 Brett, Damesteine

Auch für dieses Spiel brauchen wir ein gewöhnliches Schachbrett und 24 Damesteine, und zwar 12 weiße und 12 schwarze Steine. Jeder der beiden Spieler setzt auf die schwarzen Felder seiner Seite in die erste Reihe seine 12 Steine. Im Verlauf des Spiels zieht jeder Spieler jeweils nur einen Stein, wobei er immer auf den schwarzen Feldern verbleiben muß. Trifft ein Stein auf einen feindlichen, hinter dem ein leeres schwarzes Feld ist, so muß er diesen Stein überspringen und an sich nehmen. Er kann ganze Reihen überspringen, wenn sich zwischen den einzelnen Steinen schwarze Felder befinden, auf denen er landen kann. Unterläßt er es und tut einen anderen Zug, dann hat der Gegner das Recht, ihm diesen Stein zu »blasen«, d.h. er kann ihn wegnehmen. Ist es allerdings sogar für den Gegner strategisch besser, geschlagen zu werden, so kann er dies verlangen, und der andere muß seinen irrtümlichen Zug zurücknehmen.
Der Spieler ist allerdings nicht gezwungen, mehr als einen Stein zu schlagen.
Die Steine dürfen nur vorwärts rücken, nicht zurück.
Der Sinn des Spiels liegt darin, auf die gegenüberliegende Seite des Spielfelds zu gelangen, um sich dort eine »Dame« abzuholen. Erreicht nämlich ein Spieler mit einem Stein die Ausgangsposition des Gegners, so muß dieser den Stein mit einem Stein aus seiner Beute krönen und damit eine »Dame« zulassen. Die Dame hat nun gewisse Privilegien. Sie darf sich in jeder beliebigen diagonalen Richtung bewegen und schlagen, was ihr in den Weg kommt, auch die Steine, die nicht unmittelbar vor ihr stehen.
Wer seine sämtlichen Steine als erster einbüßt, hat damit das Spiel verloren. Jeder Spieler hat natürlich Interesse daran, als erster soviel Damen wie möglich zu bekommen, um auf diese Weise beweglicher und schlagkräftiger zu werden.
Derjenige, der seinen Gegner dazu gebracht hat, ihm alle Steine wegzuschlagen, hat gewonnen.

Puff (oder Poch) ◐ ② 690

1 Brett, 2 Würfel, Damesteine

Meist ist auf der Rückseite eines Damespiels das altdeutsche Puffspiel aufgezeichnet. Das Spiel ist in 4 Abteilungen unterteilt, in denen sich je 6 lange, verschiedenfarbige Zungen gegenüberstehen. Durch die Mitte des Brettes verläuft die »Schranke«, auf der die ausgeschlagenen Steine abgelegt werden.

Wir benötigen für dieses Spiel 2 Würfel und pro Spieler 15 Damesteine. Mit dem ersten Wurf entscheiden wir, welcher der beiden Spieler beginnen soll.

Für das Puffspiel gibt es im Gegensatz zum Backgammon keine Grundaufstellung. Das Spiel beginnt mit dem Einsetzen in das erste Viertel des Brettes. Ein Spieler läuft mit seinen Steinen in Uhrzeigerrichtung, der andere entgegengesetzt.

Ziel des Ganzen ist es, die Steine so schnell wie möglich durch das Brett laufenzulassen, um sie am Ende wieder aus dem Brett herauszuwürfeln. Wir können mit unseren Steinen das erste Viertel allerdings erst verlassen, wenn alle die 15 Steine eingesetzt sind. Da wir aber mit 2 Würfeln spielen, gilt jeder Würfel für einen Stein, wir setzen also pro Wurf mit 2 Steinen. Würfelt ein Spieler z. B. also eine 3 und eine 2, so setzt er den ersten Stein auf die zweite, den zweiten auf die dritte Zunge.

Wenn bei einem Wurf beide Würfel die gleiche Augenzahl zeigen, so haben wir einen »Pasch« gewürfelt, was bedeutet, daß wir nicht nur die sichtbaren Zahlen rechnen dürfen, sondern auch die auf der Unterseite des Würfels befindlichen. Den ersten Pasch setzen wir nur einfach, den folgenden können wir doppelt setzen. Außerdem hat derjenige, der einmal einen Pasch geworfen hat, bei dem nächsten das Recht, noch einmal zu würfeln.

Bei einem Wurf setzen wir immer zuerst die niedrige Zahl. Kann man den Wurf nicht vollenden, weil ein »Band« des Gegners uns im Wege steht, so können wir auch mit dem zweiten Stein nicht weiterziehen.

Auch dürfen wir die verdeckten Augen des Pasch erst ausnützen, wenn wir die sichtbaren genutzt haben. Steht uns dabei etwas im Weg, geht der gesamte Pasch verloren. Befinden sich 2 Steine von der gleichen Farbe auf einer Zunge, so bilden sie ein Band, das vom Gegner nicht besetzt und nicht zerstört werden kann.

Trifft er allerdings auf nur einen Stein, so kann er ihn schlagen und auf die »Schranke« in der Mitte des Spielbrettes setzen.

Wir dürfen jetzt mit dem Ziehen erst fortfahren, wenn wir den hinausgeworfenen Stein wieder ins Spiel gebracht haben. Er muß die Runde von vorn beginnen. Können wir mehrere Bänder hintereinander aufbauen, so bauen wir sogenannte »Brücken«, die den Gegenspieler zwangsläufig hindern, weiter zu setzen, denn er kann erst fortfahren, wenn alle Bänder abgebaut sind.

Aus einem Band darf kein Stein hinausgeschlagen werden; die besetzten Zungen sind für den Gegner blockiert.

Hat ein Spieler das ganze letzte Viertel durch eine Brücke blockiert und der andere hat einen seiner Steine auf der Schranke, so kann er so lange

überhaupt nicht würfeln, bis endlich die Brücke aus dem letzten Viertel gebaut ist.
Sind wir aber erst einmal mit allen 15 Steinen im letzten Viertel angelangt, so können wir beginnen, die Steine aus dem Brett herauszuwürfeln. Wird dabei einer unserer Steine dennoch geschlagen, so müssen wir die nächsten Würfe dazu benutzen, die geschlagenen Steine wieder ins Spiel zu bringen und sie bis zum letzten Viertel vorzuziehen. Wer alle Steine aus dem Brett herausgewürfelt hat, ist Sieger.

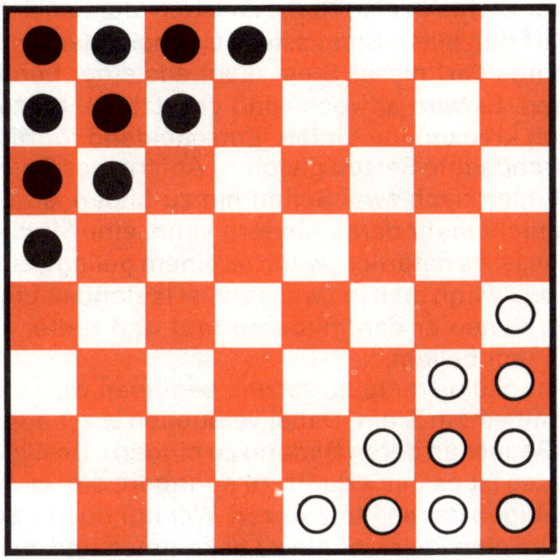

Eckspiel ◕ ② 691

Für dieses Brettspiel benötigen wir ein Schachbrett und 20 Steine – 10 weiße und 10 schwarze. Wir stellen sie so auf, wie die Abbildung zeigt. Der Schwarze beginnt. Er schiebt einen seiner Steine in das Nachbarfeld. Dann kommt der Weiße zum Zug und so fort. Die Steine gehen nach vorn oder zur Seite vor, können jedoch nur ins Nachbarfeld übergehen, das an ihr Feld entweder mit der ganzen Seite oder nur mit einer Ecke angrenzt. Die Steine kämpfen nicht miteinander, sie sollen so schnell wie möglich in den entgegengesetzten Winkel gelangen, von dem aus zu Beginn der Partie der Gegner loszog. Das Vorgehen der Steine kann durch Überspringen eines oder mehrerer eigener oder fremder Steine beschleunigt werden, wie beim Damespiel. Zwischen den zu überspringenden Steinen muß jedoch stets ein Feld frei sein. Bei mehrfachen Sprüngen darf nach jedem Aufsprung die Richtung geändert werden.
Wer als erster seine 10 Steine in der ursprünglichen Aufstellung in der entgegengesetzten Ecke des Schachbretts hat, der siegt.

1 Brett,
10 weiße und
10 schwarze
Steine

Mühle ◑ ② 692

1 Brett, 9 weiße und 9 schwarze Steine

Mühle ist ein einfaches Spiel, das auch schon kleinere Kinder schnell erlernen. Wir brauchen dazu ein Spielbrett, wie es die Abbildung zeigt. Sollten wir es nicht kaufen wollen, können wir es einfach nach der Skizze auf einen Karton aufzeichnen. Gespielt wird mit den Steinen des Damespiels.
Jeder der beiden Spieler erhält 9 Steine, der eine weiße, der andere schwarze. Die Steine werden im Spielverlauf auf die Punkte des Brettes gelegt, wo 2 Linien sich kreuzen oder einen Winkel bilden. Wem es nun gelingt, 3 seiner Steine in eine Reihe zu legen, der hat sich eine »Mühle« gebaut und darf nun einen Stein seines Gegners, der ihn behindert, entfernen. Allerdings darf dieser Stein nicht aus einer bereits vollendeten Mühle stammen. Es wird abwechselnd gesetzt, am besten auf die Endpunkte der sich kreuzenden Linien. Entscheidend für die Gewinnchancen ist das durchdachte Setzen gleich zu Anfang des Spiels. Wir müssen versuchen, Mühlen nach zwei Seiten hin zu bilden, so daß der Gegner uns praktisch nicht mehr daran hindern kann, eine Mühle zu bauen. Am vorteilhaftesten ist es natürlich, wenn es einem gelingt, eine »Zwickmühle« zu bilden, d.h. wenn man in zwei parallel laufenden Linien fünf Steine deponiert, von denen er den mittleren rauf und runter schieben kann, ganz wie es einem beliebt.
Haben wir keine Steine mehr zu setzen, beginnen wir zu ziehen. Jeweils einen Schritt mit einem Stein. Dabei versuchen wir, neue Mühlen zu bilden oder den Gegner an deren Bildung zu hindern. Besitzt ein Spieler nur noch 3 Steine, so ist es ihm erlaubt zu springen, d.h. er darf jeden Stein auf jeden beliebigen leeren Platz setzen. Wer nur noch 2 Steine übrig hat, hat verloren. Um eine Zwickmühle zu bekommen und zu behalten, kann es strategisch besser sein, dem Gegner noch 4 Steine zu belassen, damit er nicht frei umherspringen kann und uns die Mühle verschließt. Man kann den Gegner allerdings auch festziehen, d.h. ihn so verbarrikadieren, daß er keinen Zug mehr tun kann. Dann hat er ebenfalls verloren.
Wenn wir kein Mühlebrett zur Verfügung haben, können wir uns leicht auf einem Stück Pappe eine »kleine Mühle« aufzeichnen, die genauso amüsant ist wie die große.
Wir zeichnen ein mittelgroßes Quadrat, das wir in 4 kleinere Quadrate unterteilen. Zwei Spieler setzen nun jeweils nur 3 Steine, mit denen sie, wenn alle auf dem Brett sind, sofort springen können. Beide Spieler versuchen natürlich wie beim großen Spiel, so schnell wie möglich eine Mühle zustande zu bringen.
Wollen mehrere Spieler sich an diesem Spaß beteiligen, können wir uns eine große »**Kreuzmühle**« aufzeichnen. Sie sieht aus wie ein Kreuzhüpferkasten, den wir sonst auf den Gehsteig malen, und hat 32 Schnittpunkte, an denen 4 Spieler mit je 6 Steinen ihre Mühlen bauen sollen. Wir setzen die Steine der Reihe nach und können dabei auf allen Linien Mühlen bauen, auch auf den Diagonalen. Die Spieler, die sich bei dem Spiel gegenübersitzen, bekämpfen einander. Die Verwirrung entsteht

Domino Nr. 571 (S. 212) ▶

durch das Zweiparteiensystem. Derjenige, der eine Mühle gebaut hat, darf dem anderen einen Stein wegnehmen, allerdings wiederum nicht aus einer schon abgeschlossenen Mühle.
Sind alle Steine gesetzt, müssen wir ziehen. Verliert ein Spieler 3 von seinen 6 Steinen, so darf er springen; aber nur dann, wenn hinter dem gegnerischen Stein ein freies Feld liegt, auf dem er landen kann. Der Stein des Gegners ist damit verloren und wird aus dem Spiel gezogen. Der Spieler darf auch über mehrere Steine springen, falls hinter jedem einzelnen ein freies Feld liegt. Alle übersprungenen Steine sind verloren. Das Springen ist die Stärke eines ansonsten geschwächten Spielers.

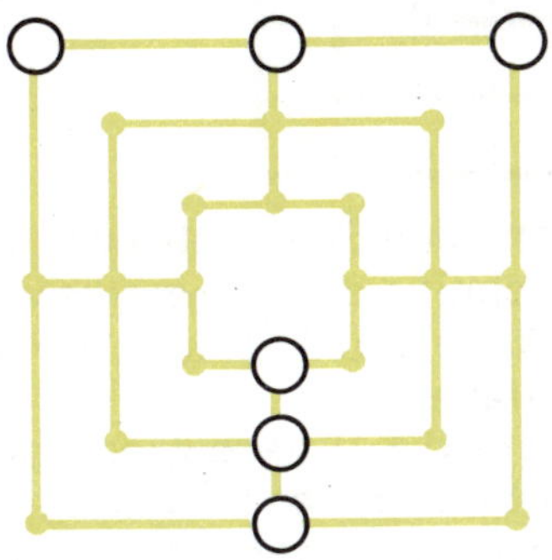

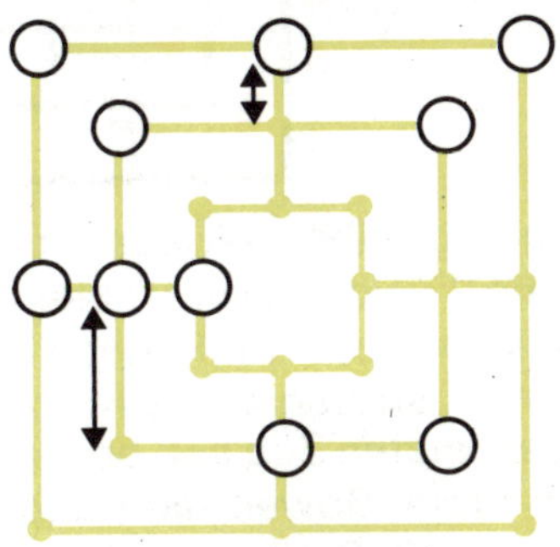

Übersieht ein Spieler seine Chancen, über einen sich anbietenden Stein zu springen, so darf der Gegner diesen »faulen« Stein an sich nehmen. Beim Verlust des Steines hat er allerdings endgültig verloren, und die übrigen spielen dann so lange weiter, bis der endgültige Sieger feststeht. Es können sich natürlich zwei Schwache gegen einen Starken verbünden. Wie beim eigentlichen Mühlespiel kommt es auch hier darauf an, wie geschickt man gleich zu Beginn des Spiels seine Steine setzt.

Labyrinth ② 693

1 Brett,
5–9 Steine

Die Spielsteine befinden sich zu Beginn im Mittelfeld des Spielbretts, je nach Übereinkunft 5, 7 oder 9. Es können Bauern von einem Schachspiel, Knöpfe oder Steine von gleicher Farbe sein.
Der erste der beiden Spieler schiebt einen Stein aus dem Mittelfeld. Dann kommt der andere an die Reihe. Er schiebt den ersten Stein weiter. Danach kommt der erste wieder dran.
Für alle Züge gelten die gleichen Regeln: Nur die Steine dürfen weitergerückt werden, die schon aus dem Mittelfeld hinausgeschoben wurden. Es befinden sich demnach niemals mehrere Steine gleichzeitig im Spiel. Wir verschieben nach Gutdünken den Stein um 1 – 5 Felder; alle Felder müssen jedoch auf einer Ebene liegen – entweder waagrecht oder senkrecht. Es ist nicht gestattet, bei einem Zug beide Richtungen zu kombinieren. Man darf demnach nicht »um die Ecke« ziehen.
Der erste Zug mit jedem Stein führt vom Mittelfeld E 5 nach F 5, eine andere Möglichkeit gibt es nicht. Der zweite Zug von F 5 nach F 6. Beim

◄ Mah-Jongg Nr. 572 (S. 213)

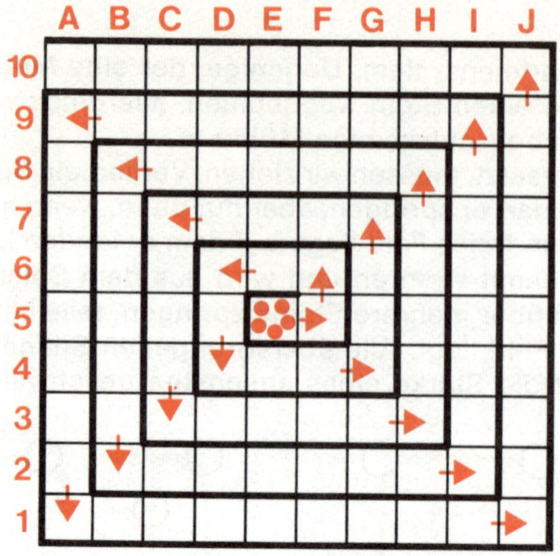

dritten Zug haben wir aber schon die Wahl, den Stein entweder um ein oder um 2 Felder zu verschieben. Die Abschnitte des Labyrinths werden dann länger, und wir können mit einem Zug bis zu 5 Felder überwinden und unser strategisches Konzept voll entfalten.
Wer den letzten Zug hat, bei dem der Stein Feld A 10 verläßt, gewinnt den ersten Stein. Soweit die Hauptregel. Der Spieler, der einen Zug in den Feldern A 10, B 10, C 10, D 10 und E 10 beendet, verliert den Stein. Der Gegner darf ihn mit dem nächsten Zug aus dem Labyrinth hinausschieben.
Sobald der Kampf um den ersten Stein entschieden ist, nehmen wir den nächsten Stein. Den ersten Zug aus dem Mittelfeld hat diesmal der zweite Spieler, ohne Rücksicht darauf, wer vorher am Zug war. Den Eröffnungszug mit dem dritten Stein wird abermals der erste Spieler haben.
Die Partie wird von dem gewonnen, der die meisten Steine ergattert. Dem Anschein nach läßt sich bei diesem Spiel nicht vorhersagen, wer siegen wird. Dennoch kommt man mit einem strategischen Konzept eher zum Ziel. Entscheidend ist, wer den ersten Zug hat.

Backgammon ◐ ② 694

1 Brett, 2 Würfel, 30 Steine

Das Backgammon beruht im Grunde auf den gleichen Regeln wie das alte Puffspiel, nur daß wir eine gewisse Grundaufstellung zu berücksichtigen haben, die in der Abbildung dargelegt wurde.
Wir spielen auch hier zu zweit gegenläufig, d.h. der eine im, der andere gegen den Uhrzeigersinn.
Da wir mit 2 Würfeln spielen, können wir hier entweder mit 2 Steinen ziehen oder mit einem Stein einen durchgehenden Zug machen. Allerdings gelten diese 2 Würfe immer einzeln. Ist der erste nicht durchführbar, müssen wir auch den zweiten fallenlassen. Es ist die Regel, daß man die niedrigste Zahl immer zuerst setzen muß, allerdings kann man sich über die Reihenfolge der auszuführenden Züge individuell einigen. Diese Folge sollte dann aber während des ganzen Spiels durchgehalten werden.

Ein Zug ist nicht durchführbar, wenn auf der Zielzunge mehr als ein Stein einer anderen Farbe liegt. Befindet sich nur ein Stein des Gegners auf der Zunge, so muß dieser geschlagen und auf der »Schranke« deponiert werden. Mehr als ein Stein der gleichen Farbe auf einer Zunge wird wie beim Puffspiel als Band betrachtet, das nicht zerstört werden darf. Ebenso kann man auch beim Backgammon »Brücken« von mehreren Bändern bauen, die für den Gegner unüberwindlich sind. Wir würfeln genauso aus wie beim Puffspiel und beginnen damit, wenn alle 15 Steine im letzten Viertel liegen.
Allerdings geht es beim Backgammon nicht einfach um den Sieg, sondern wir spielen um Einsätze. Hat ein Spieler alle Steine ausgespielt, der andere nur einen Teil, so gilt das als einfacher Sieg und der andere Spieler gewinnt den einfachen Einsatz. Den doppelten Einsatz (Gammon) kann er für sich verbuchen, wenn der Gegner noch keinen seiner Steine ausgespielt hat, und den dreifachen (Backgammon), wenn sich alle Steine des Gegners noch im ersten Viertel befinden.
Um dem Spiel mehr Spannung zu verleihen, können wir mit Hilfe unseres »Dopplerwürfels« die Einsätze zu Beginn des Spiels verdoppeln. Nach der Eröffnung kann sich jeder Spieler vor dem Würfeln zum Verdoppeln entschließen, wobei der andere das Recht hat, die Verdoppelung anzunehmen oder aufzugeben. Um nicht haushoch zu verlieren, wenn man sich überschätzt hat bei der zu mutigen Ankündigung, sollte man sich bemühen, nicht mehr als zweimal während eines Spiels zu verdoppeln.

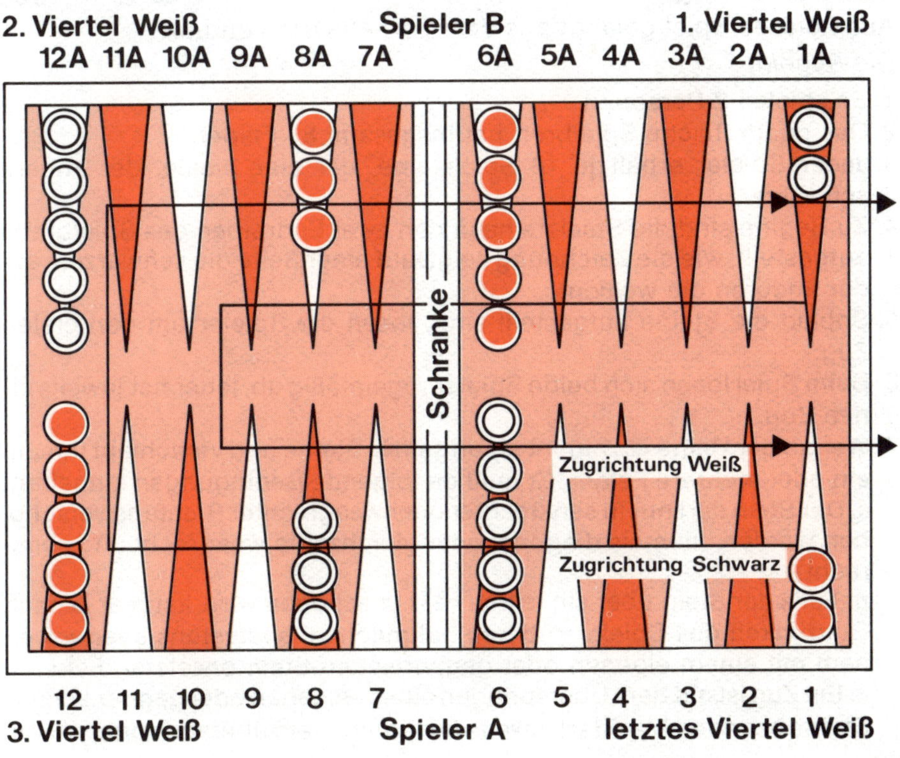

Ko-no ◕ ② 695

1 Brett,
14 Steine in
2 Farben

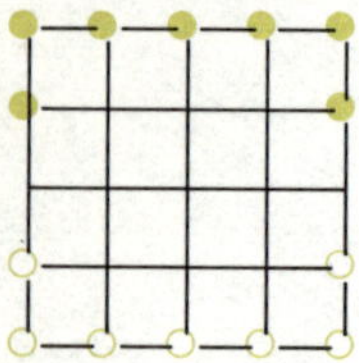

Ko-no ist ein koreanisches Spiel für zwei Teilnehmer. Der Spielplan ist quadratisch und hat insgesamt 16 Felder. Beide Spieler haben je 7 Steine, der eine weiße, der andere schwarze. Zu Beginn werden die Steine am unteren oder oberen Rand des Brettes aufgestellt, wie aus der Abbildung ersichtlich. Das Los entscheidet, wer als erster zieht; dann wechseln sich beide Spieler regelmäßig ab. Bei jedem Zug wird ein Stein quer über die Fläche eines quadratischen Feldes bis zum nächsten Schnittpunkt gezogen, an dem sich zwei Linien überkreuzen. Wir ziehen also nicht entlang der Linien. Der Stein darf nur auf einen freien Punkt geschoben werden. An einem Schnittpunkt dürfen sich also nicht 2 Steine gleichzeitig befinden. Man kann vor und zurück ziehen, allerdings darf keiner der Spieler auf einen Zug verzichten, selbst wenn das für ihn von Vorteil wäre.

Der Spieler, der alle seine Steine am entgegengesetzten Ende des Brettes in die Stellung bringt, die vorher die Steine des Gegners eingenommen hatten, gewinnt.

Die Regeln des Ko-no-Spiels sind einfach, dennoch verläuft jede Partie unterschiedlich, da sehr viel von der jeweiligen Kombinationsfähigkeit der beiden Partner abhängt. Ein geschickter Spieler geht schnell voran, wobei er gleichzeitig die Steine seines Gegenspielers blockiert.

Hasami schogi ◕ ② 696

1 Brett,
36 Steine in
2 Farben

Auch dieses Spiel gelangt aus dem Fernen Osten zu uns.

Die Regeln:

1. Es spielen 2 Personen.
2. Das quadratische Spielbrett hat insgesamt 81 Felder.
3. Jeder Spieler erhält je 18 Spielsteine, der eine weiße, der andere schwarze.
4. Zu Beginn sind die Spielsteine in den zwei Endreihen des Spielbretts aufgestellt, wie die Zeichnung zeigt, auf einer Seite die schwarzen, auf der anderen die weißen.
5. Sobald die Steine aufgestellt sind, losen die Spieler um den ersten Zug.
6. Beim Spiel lösen sich beide Spieler regelmäßig ab, jeder hat jeweils einen Zug.
7. Wer an der Reihe ist, nimmt einen seiner Steine und verschiebt ihn um ein oder mehrere Felder. Er muß da folgende Bedingungen einhalten:
   a. Der Stein darf nur in senkrechter oder waagrechter Richtung verschoben werden, niemals diagonal oder gleichzeitig waagrecht und senkrecht.
   b. Falls der Stein über ein leeres Feld geschoben wird, kann er je nach Gutdünken des Spielers überall haltmachen, spätestens aber vor einem mit einem eigenen oder gegnerischen Stein besetzten Feld.
   c. Ein Zug ist mit dem Überspringen eines–eigenen oder gegnerischen–Steins beendet. Man darf jeweils nur einen Stein überspringen, der auf

einem Nachbarfeld liegt, und das Feld hinter dem Stein muß frei sein. Wir können zum Beispiel mit dem schwarzen Stein vom Feld A 1 über das besetzte Feld A 2 auf das Feld A 3 ziehen.

d. Es ist nicht gestattet, mit einem Zug den Stein über ein freies Feld und gleichzeitig über einen Stein zu verschieben.

8. Es siegt der Spieler, dem es gelingt, 5 der eigenen Steine knapp nebeneinander zu stellen – entweder senkrecht, waagrecht oder diagonal. Die Fünferreihe darf nicht in den beiden Randreihen aufgestellt werden (9,8,1,2), wo die Steine zu Beginn des Spiels standen. In diese Reihe darf auch kein Stein eindringen.
9. Falls einer unserer Steine auf 2 Seiten von Steinen des Gegners umzingelt ist, nimmt der Gegner den umzingelten Stein gefangen und sofort vom Spielbrett. Die Umzingelung kann senkrecht vorgenommen werden, wenn der weiße Stein unmittelbar über und unter dem schwarzen Stein in den Feldern steht, oder waagrecht, wenn ein weißer Stein links steht, der andere rechts vom schwarzen Stein. Keineswegs jedoch diagonal!
   Für die Steine in einer der 4 Ecken des Spielbretts, also in den Feldern A 9, A 1, I 1, I 9, gilt jedoch eine Ausnahme: Der Gegner nimmt sie gefangen, wenn er einen eigenen Stein in senkrechter, den anderen in waagrechter Richtung aufstellt.
10. Falls wir mit dem eigenen Stein freiwillig zwischen 2 Steine des Gegners ziehen, wird unser Stein nicht als umzingelt betrachtet.
11. Das Spiel endet unentschieden, wenn auf beiden Seiten weniger als 5 Steine übrigbleiben.
12. Falls ein Spieler mindestens noch 5 Steine hat, jedoch dem anderen nur ein einziger verblieb, gewinnt der erste, ohne daß er aus seinen Steinen eine Reihe zusammenstellen muß. Der Gegner kann ihn daran nicht hindern.

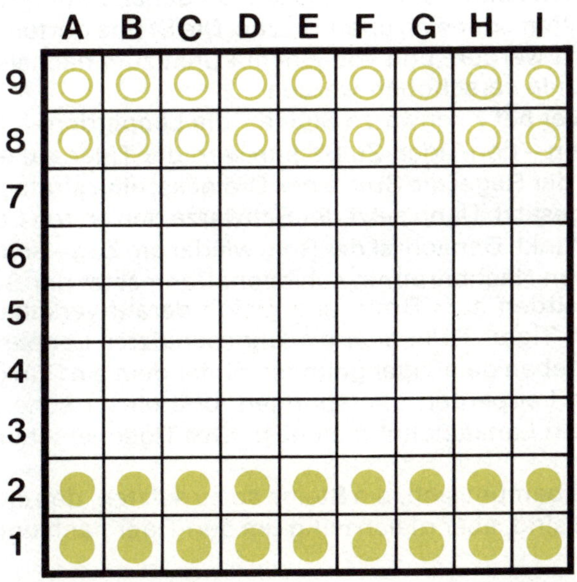

Türkische Dame ◕ ② 697

1 Brett, 32 Steine in 2 Farben

Das Spielbrett hat die gleiche Anzahl von Feldern wie das Schachbrett – 64; alle Felder sind jedoch weiß. Die Spieler haben 16 Steine, die zu Beginn des Spiels in der zweiten und dritten Reihe aufgestellt werden. Die Steine dürfen nach vorn, links und rechts vorgehen; verboten ist die Rückwärts- und Diagonalbewegung.
Die Gefangennahme der gegnerischen Steine erfolgt ähnlich wie beim europäischen Damespiel. Übersprungen darf jedoch nur in Zugrichtung werden, also nach vorn, links und rechts. Auch hier gilt die Regel des Pflichtspringens.
Die Dame bewegt sich senkrecht oder waagrecht. Mit einem Zug darf sie eine beliebige Anzahl von freien Feldern in einer Reihe überspringen. Im übrigen gelten die Regeln des Damespiels.

Freßdame ◕ ② 698

1 Brett, 14 Steine in 2 Farben

Unter diesem nicht gerade schriftsprachlichen Namen ist ein Spiel bei uns und auch anderswo bekannt, das die gleichen Regeln wie das Damespiel, aber entgegengesetzte Ziele hat. Anstatt die Steine des Gegners gefangenzunehmen, wollen sich die Spieler so schnell wie möglich ihrer Steine entledigen. Mit durchdachten Zügen bemühen sie sich, den Gegner zum Überspringen zu zwingen. Die Regel vom Pflichtspringen ist hier das wichtigste. Falls der Gegner eine Gelegenheit zum Überspringen übersieht, muß man ihn darauf hinweisen.

Sieben Leoparden ◕ ② 699

1 Brett, 8 Steine, davon ein andersfarbiger

Das Brett hat die Form eines gleichseitigen Dreiecks, das durch einen senkrechten und zwei waagrechte Striche unterteilt ist. So ergeben sich auf dem Dreieck zehn Punkte – Stellen, an denen zwei oder drei Linien zusammentreffen oder sich überkreuzen. Die Steine dürfen nur auf diese Punkte gesetzt werden, und von einem Punkt zum nächsten dürfen sie nur auf der Linie verschoben werden.
Der eine Spieler hat 7 schwarze Steine – die Leoparden -, der andere einen roten Stein – den Tiger. Zu Beginn wird der Tiger auf einen beliebigen Punkt, in der Regel die Spitze des Dreiecks, eine strategisch bedeutsame Stelle, gesetzt. Dann setzt der Schwarze den ersten Leoparden auf einen freien Punkt. Danach ist der Rote wieder am Zug – er darf den Tiger auf jeden freien Nachbarpunkt schieben. Dann setzt der Schwarze den zweiten Leoparden aufs Brett, und gleich darauf verschiebt der Rote abermals den Tiger. Falls sich ein ungeschützter Leopard auf einem Nachbarfeld neben dem Tiger gefindet, hinter dem ein Punkt frei ist, darf der Tiger den Leoparden überspringen, und dieser scheidet aus dem Spiel aus. In Sri Lanka nennt man das: »Der Tiger verschlingt den Leoparden«.
Der Schwarze bemüht sich, die Steine so zu setzten, daß sie vor dem Tiger geschützt sind, aber gleichzeitig um den Tiger nach und nach einen

undurchdringbaren Wall bilden. Der Tiger unterliegt, falls ihm kein Punkt verbleibt, zu dem er springen kann.
Wenn nicht alle Leoparden im Spiel sind, genügt auf beiden Seiten ein bißchen Aufmerksamkeit, und der Kampf bleibt unentschieden. Über das Ergebnis wird in der Regel erst im zweiten Teil des Spiels entschieden, wenn beide Spieler nur noch die Steine schieben. Wir haben beschrieben, unter welchen Umständen der Rote verliert. Wenn jedoch der Tiger bereits so viele Leoparden verschlungen hat, daß der Schwarze nicht mehr imstande ist, ihn mit den verbliebenen Leoparden zu umzingeln, dann siegt der Rote.

Siga ② 700

1 Brett, je 12, 24 oder 40 Steine in 2 Farben

Das Spiel ist in ganz Afrika bekannt, wird jedoch auch in Asien gespielt. Die Regeln:

1. Zwei Spieler spielen auf einem quadratischen Brett. Manche Bretter haben 25 Felder, andere 49 und die größten 81 Felder.
2. Für die Partie auf einem kleinen Spielbrett benützen die Spieler je 12 Steine. Für ein mittleres Brett benötigt jeder 24, für ein großes Brett 40 Steine. Einer hat schwarze, der andere weiße.

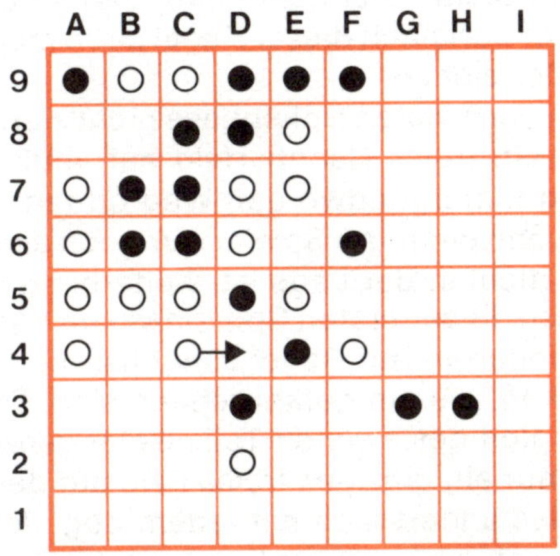

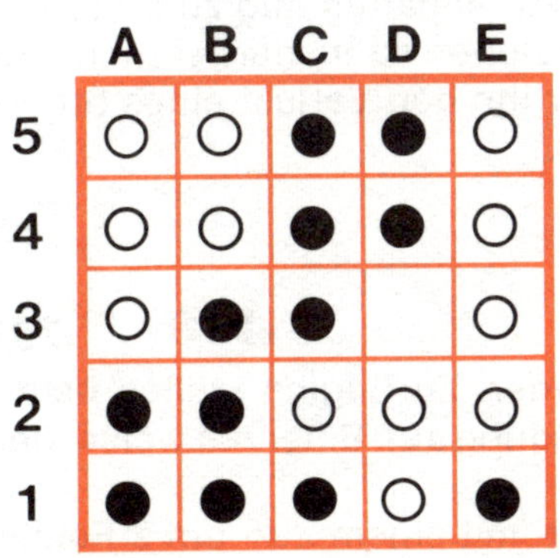

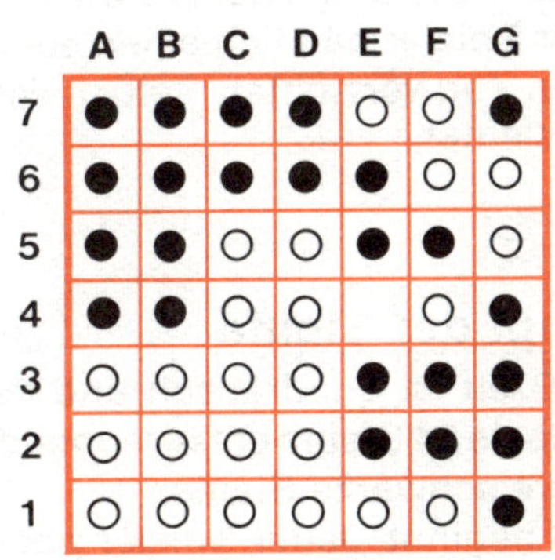

3. Schwarz beginnt und legt 2 seiner Steine in 2 beliebige freie Felder. Dann ist Weiß am Zug und so fort.
4. Falls es einem der Spieler gelingt, seine Steine so zu legen, daß ein Stein des Gegners von beiden Seiten umzingelt ist, ist dieser verloren und wird vom Spielbrett genommen. Auf dem mittleren Spielbrett ist die Stellung eingezeichnet, die entstand, als Weiß seinen vierundzwanzigsten Stein auf Feld F 4 stellte. Der schwarze Stein auf Feld F 5 befand sich danach in der Umzinglung zweier weißer Steine. Er wird gefangen und vom Brett genommen. Die Umzinglung gilt nur dann, wenn sich alle 3 Steine in einer Linie befinden – senkrecht oder waagrecht.
5. Beide Spieler können ihren Stein zwischen 2 Steine des Gegners setzen, ohne daß dieser Stein damit gefangengenommen wird.
6. Sobald die Spieler alle Steine auf dem Spielbrett haben, beginnt der zweite Teil des Spiels. Beide schieben abwechselnd einen ihrer Steine in das Nachbarfeld, also hinauf, hinunter, nach links, nach rechts. Das Umzingeln und die Gefangennahme wird wie im ersten Teil des Spiels fortgesetzt, und die Gefangenen werden vom Spielbrett genommen. Manchmal gelingt es, mit einem einzigen Zug 2 oder mehrere gegnerische Steine gefangenzunehmen.
7. Wer einen fremden Stein gefangennimmt, darf sofort einen weiteren Zug tun. Der Spieler darf nach dieser Regel auch mehrere Male unmittelbar nacheinander ziehen.
8. Falls ein Spieler in der zweiten Spielphase nicht ziehen kann, weil keiner seiner Steine ein freies Nachbarfeld hat, muß sein Gegner von neuem ziehen und ihm irgendwo den Weg öffnen.
9. Das Spiel endet, wenn einer der Spieler nur noch einen einzigen Stein im Spiel hat, also nicht in der Lage ist, weiterhin gegnerische Steine gefangenzunehmen. In der ersten Spielphase belegen die Spieler aus strategischen Gründen in der Regel zunächst die Ränder des Spielbretts und die Ecken, die am gefährdetsten sind. Deshalb gelingt es nur selten, vor Beginn des zweiten Teils Gefangene zu machen, und schließlich bleibt nur ein einziges freies Feld auf dem Brett. Die Lage dieses freien Feldes ändert sich mit jedem Zug. Jetzt hängt es vom richtigen Vorgehen ab, ob es einem Spieler gelingt, ein Feld freizumachen, das den Gegner zwingt, einen unvorteilhaften Zug zu tun. Falls der Spieler nämlich einen seiner Steine ziehen kann, darf er nicht auf den Zug verzichten, selbst wenn das für ihn den Verlust eines Steins bedeutet.

Kampf der Steine ◑ ② 701

1 Brett, 24 Steine in 2 Farben

Das Brett ist quadratisch und hat 124 Felder. Zu Beginn stellen beide Spieler je 24 Steine entsprechend der Abbildung auf. Einer hat weiße, der andere schwarze Steine.

Weiß beginnt. Jeder Spieler hat das Recht, mit einem Zug um 2 Felder

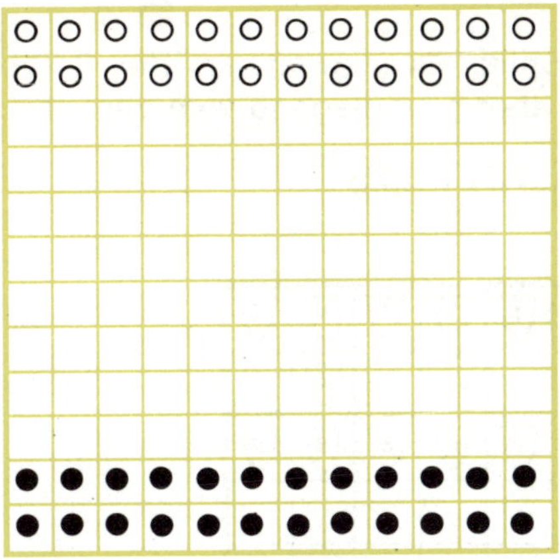

vorzugehen. Er schiebt entweder einen Stein um 2 Felder weiter oder 2 Steine um ein Feld. Sämtliche Steine dürfen sich dabei nach allen Richtungen bewegen, waagrecht, senkrecht, diagonal, vorwärts und rückwärts. Es ist jedoch nicht gestattet, mit einem Zug die Richtungen zu kombinieren. Das Ziel des Spiels besteht darin, alle gegnerischen Steine gefangenzunehmen und soviel eigene Steine wie möglich auf dem Spielfeld zu behalten.

Die Art und Weise der Gefangennahme ist ungewöhnlich und hat zwei Phasen. Betrete ich mit meinem Stein das Feld, in dem der gegnerische Stein liegt, lege ich ihn darauf und blockiere ihn damit. Der blockierte fremde Stein darf sich nicht mehr von der Stelle rühren, während mein Stein – der obere – sich eventuell noch zurückziehen darf. Falls ich mit einem weiteren Stein dieses Feld erreiche, der Stein des Gegners sich also unter der Pyramide meiner beiden Steine befindet, ist der Stein des Gegners endgültig gefangen und wird aus dem Spiel entfernt. Meine beiden Steine, im Feld noch aufeinander liegend, verschiebe ich so, daß jeder von ihnen in ein anderes Feld kommt.

Der blockierte Stein ist jedoch noch nicht verloren. Falls der Gegner von mir einen weiteren Stein in dieses Feld bringt, ist nicht nur der untere gegnerische Stein, sondern auch mein Stein blockiert. Im Feld entsteht auf diese Weise eine Pyramide von drei Steinen, und der Kampf ist noch nicht entschieden. Erst wenn eine der beiden Seiten 2 eigene Steine unmittelbar übereinander gelegt hat, erringt sie den Sieg. Sämtliche Steine der besiegten Seite sind gefangen. Mit den folgenden Zügen darf der Sieger die Pyramide aus seinen Steinen wieder zerteilen. Das Spiel endet, wenn eine Seite alle Steine verliert. Wem nur ein einziger Stein übrigbleibt, der muß sich ergeben, da er selbst keinen fremden Stein mehr gefangennehmen kann.

Das Ergebnis wird zahlenmäßig festgehalten. Wenn zum Beispiel die Partie des Spielers X gegen den Spieler Y 5 : 1 steht, bedeutet das, daß der Spieler X nach Beendigung des Spiels 5 Steine auf dem Spielbrett hatte, der Spieler Y einen.

Schogi ② 702

1 Brett, 40 Steine

In Japan ein äußerst beliebtes Spiel. Es stammt aus der Reihe der Schachspiele, unterscheidet sich aber grundlegend vom europäischen Schachspiel.

1. Das Brett ist quadratisch und hat 81 Felder.

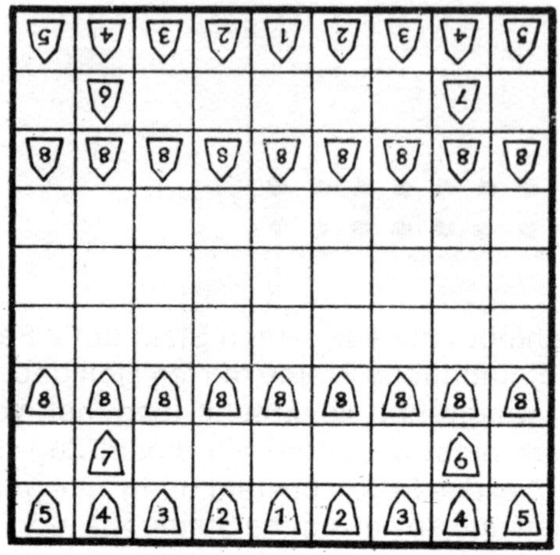

2. Es spielen 2 Personen. Beide haben zu Beginn je 20 Steine, die so aufgestellt sind wie die Abbildung zeigt. Sämtliche Steine sind von gleicher Gestalt und Farbe, tragen nur verschiedene Zeichen. Die japanischen Zeichen ähneln Ornamenten, sind aber in Wirklichkeit Aufschriften. Auf einem Stein steht: König (1). Dann gibt es 4 Steinpaare mit gleicher Bezeichnung: Goldener General (2), Silberner General (3), Pferd (4), Lanzenträger (5), je einen Stein mit der Bezeichnung Kriegswagen (6) und Drache (7). Die restlichen 9 Steine tragen die Bezeichnung Infanterist (8).
3. Das Los entscheidet, wer beginnt. Die Spieler wechseln sich regelmäßig ab, jeder hat einen Zug.
4. Ziehen der Steine: Die Infanteristen dürfen jeweils nur ein Feld vorrücken. Der Wagen darf mit einem Zug ein oder mehrere Felder entweder nach vor, zurück, nach links oder rechts vorgehen, so wie der Turm beim Schachspiel. Hierbei darf er keinen anderen Spielstein überspringen. Der Drache darf sich um ein oder mehr Felder verschieben, aber zum Unterschied vom Wagen nur in diagonaler Richtung. Auch er darf weder einen eigenen noch einen fremden Stein überspringen. Der Lanzenträger steht zu Beginn im Eckfeld. Mit ihm darf man nur nach vorwärts ziehen, also ähnlich wie mit dem Infanteristen, aber auch über mehrere freie Felder auf einmal. Das Pferd geht wie das Pferd beim Schachspiel vor, darf jedoch nicht nach rückwärts gehen. Wir schieben es stets um ein Feld geradeaus nach vorn und um ein diagonales Feld nach vorn, links oder rechts. Der Goldene

General geht um ein Feld geradlinig oder diagonal nach vorn vor, ferner geradlinig nach rechts, links und rückwärts. Die diagonale Rückwärtsbewegung ist verboten. Der König darf sich in gerader und diagonaler Richtung aufs freie Nachbarfeld begeben.

5. Ziel des Spiels: Es siegt, wer den gegnerischen König mit seinen Steinen umzingelt und ihn gefangennimmt.
6. Wie die Steine kämpfen: In der Kampfweise ähnelt das Schogi-Spiel dem Schachspiel. Wer gerade am Zug ist und mit einer seiner Figuren das Feld betritt, wo sich ein gegnerischer Stein befindet, hat das Recht, diesen Stein vom Brett zu nehmen.
7. Gefangene: Beim Schachspiel verbleiben die gefangenen Figuren bis zum Ende der Partie aus dem Spiel, beim Schogi geht der Gefangene ins gegnerische Lager über und kämpft unter dem neuen Befehlshaber. Mit jedem verlorenen Stein ist demnach unsere Stellung doppelt geschwächt. Alle Steine bleiben bis zum Ende im Spiel. Wem welcher Stein gehört, erkennt man danach, in welcher Richtung seine Spitze steht.
8. *Sonderregel*: Falls wir einen gegnerischen Stein gefangengenommen haben, können wir ihn zur Verstärkung entweder gleich beim nächsten Zug oder einem geeigneten Augenblick auf jedes beliebige freie Feld setzen. Das Aufsetzen des Steins zählt als ein Zug. Diese Regel verleiht dem Spiel Spannung, denn sie gestattet den Spielern, sich insgeheim Verstärkungen vorzubereiten.
9. Beförderung: Sämtliche Silbernen Generäle, Lanzenträger, Infanteristen und Pferde verwandeln sich in dem Augenblick zu Goldenen Generälen, wenn sie in das Lager des Gegners gelangen. Als Lager werden hier die ersten 3 Reihen zu je 9 Feldern angesehen, wo vor Eröffnung der Partie die Steine aufgestellt sind. Die Silbernen Generäle, Lanzenträger, Infanteristen und Pferde haben deshalb auf der Unterseite die Aufschrift Goldener General. Sobald wir mit ihnen im gegnerischen Lager haltmachen, drehen wir sie einfach um.

Der Wagen verwandelt sich im Lager des Gegners zu einem Drachenkönig und darf sich dann zusätzlich zu seiner bisherigen Bewegungsweise auch noch um ein Feld in diagonaler Richtung verschieben. Der Drache verwandelt sich im gegnerischen Lager zu einem Pferdedrachen und darf zusätzlich zur Diagonalbewegung nach allen Richtungen ziehen, um ein Feld nach vorn, rückwärts oder seitwärts.

Nur der Goldene General und der König sind stets die gleichen und verändern auch nicht ihre Bewegungsweise.

10. Falls wir in unserem Lager einen Goldenen General des Gegners gefangennehmen, der ursprünglich Infanterist, Pferd, Lanzenträger oder Silberner General war, dürfen wir ihn nur mit seinem ursprünglichen, niedrigeren Rang in unsere Armee einreihen. Wir dürfen ihn jedoch abermals zum Goldenen General befördern. Die Regeln gestatten, daß wir einen gefangengenommenen Stein auf ein jeweils beliebiges Feld auf dem Brett setzen können; demnach auch in das Lager des Gegners. Falls wir den Gefangenen in das gegnerische Lager geben, wird dieser Stein nicht sofort Goldener General, sondern erst dann, wenn wir mit ihm irgendeine Bewegung ausführen, das heißt nach einem weiteren Zug.
Das gleiche gilt für den Pferdedrachen und den Drachenkönig.

Schach ⊕ ② 703

1 Brett, 32 Steine in 2 Farben

Man spricht heute vielfach von einem »Jahrhundert Schach«, das hinter uns liegt; das ist jedoch nur bedingt richtig. Denn Schach wurde schon vor vielen hundert Jahren gespielt; es trat um die Mitte des vorigen Jahrhunderts nur aus seinem exklusiven Kreis heraus, als der »kleine Mann« (im Gegensatz zu Königen, Herzögen und Fürsten, denen das Spiel bis dahin fast ausschließlich gedient hatte) plötzlich Interesse am Schach fand.
Wir wollen an dieser Stelle nicht die Glanzpartien der verschiedenen Meister beschreiben (was die meisten wahrscheinlich nur verwirren würde), sondern die klaren, vom »Weltschachbund« formulierten Spielregeln wiedergeben.

Spielregeln des Weltschachbundes

Artikel 1

Einführung
Das Schachspiel wird auf einer quadratischen Fläche (Schachbrett) zwischen zwei Gegnern gespielt.

Artikel 2

Das Schachbrett und seine Anordnung
1. Das Schachbrett besteht aus 64 gleichen, quadratischen, abwechselnd hellen (»weißen«) und dunklen (»schwarzen«) Feldern.
2. Das Schachbrett wird derart zwischen die Spieler gelegt, daß das jeweils dem Spieler zugewandte rechte Eckfeld weiß ist.
3. Die acht Aufeinanderfolgen von Feldern, die von einem jedem Spieler zugewandten Randfeld des Schachbrettes zu einem dem Gegner zugewandten Randfeld verlaufen, heißen »Linien«.
4. Die acht Aufeinanderfolgen von Feldern, die von einem Brettrand zum andern im rechten Winkel zu den Linien verlaufen, heißen »Reihen«.
5. Die Aufeinanderfolgen von gleichfarbigen Feldern, die sich an den Ecken berühren, heißen »Diagonale«.

Artikel 3

Die Steine und ihre Anordnung

Bei Spielbeginn verfügt der eine Spieler über 16 helle Steine (»weiße Steine«), der andere über 16 dunkle Steine (»schwarze Steine«). Diese Steine sind die folgenden:

ein weißer König	ein schwarzer König
eine weiße Dame	eine schwarze Dame
zwei weiße Türme	zwei schwarze Türme
zwei weiße Läufer	zwei schwarze Läufer
zwei weiße Springer	zwei schwarze Springer
acht weiße Bauern	acht schwarze Bauern

Die Aufstellung der Steine auf dem Schachbrett ist folgende:

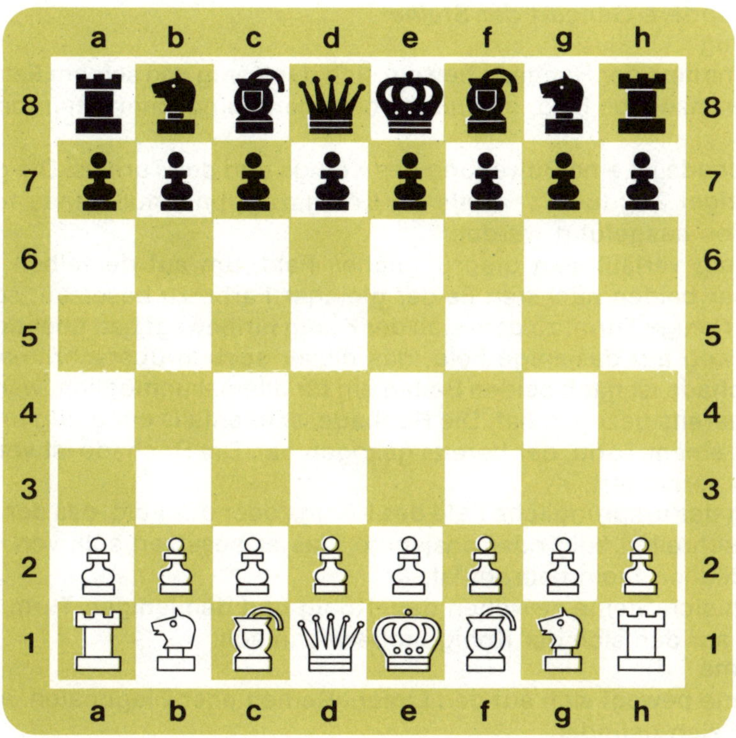

Artikel 4

Die Spielführung

1. Beide Spieler müssen abwechselnd spielen, indem sie jedesmal einen Zug ausführen.
2. Man sagt, daß ein Spieler am Zuge ist, wenn es an ihm ist, einen Zug zu tun.

Artikel 5

Der allgemeine Begriff des Zuges

1. Mit Ausnahme der Rochade (Art.6) ist ein Zug die Bewegung eines Steines von einem Feld auf ein anderes, das entweder frei oder von einem Stein des Gegners besetzt ist.
2. Kein Stein – mit Ausnahme des Turmes bei der Rochade und des Springers – kann ein Feld überschreiten, das von einem anderen Stein besetzt ist.

   Wird ein Stein auf ein von einem gegnerischen Stein besetztes Feld gezogen, so nimmt er (»schlägt«) mit dem gleichen Zuge den dort befindlichen Stein. Dieser muß sofort vom Brett entfernt werden, und zwar von demjenigen Spieler, der die Wegnahme bewirkt hat. Bezüglich des Nehmens »en passant« siehe Art.6.

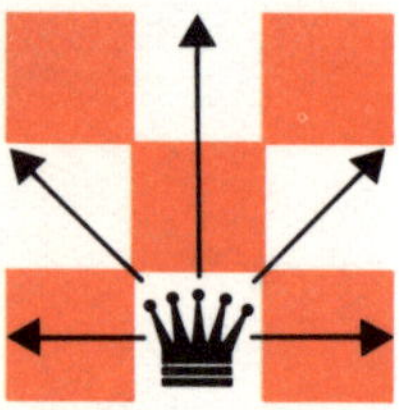

Artikel 6

Die besondere Gangart der Steine

Der König

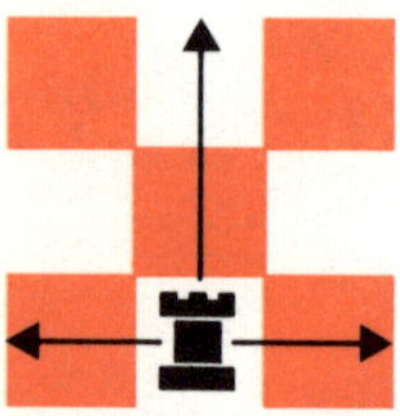

Mit Ausnahme der Rochade bewegt sich der König von seinem Felde auf ein angrenzendes Feld, das nicht von einem feindlichen Stein bedroht ist.

Die Rochade ist eine Bewegung des Königs und des Turmes. Die gilt als ein einziger Zug (und zwar als ein Königszug) und muß genau folgendermaßen ausgeführt werden:

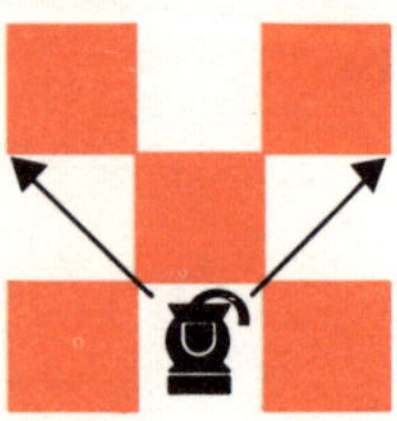

Der König verläßt sein ursprüngliches Feld, um auf derselben Reihe eines der beiden nächsten Felder gleicher Farbe zu besetzen; sodann geht derjenige Turm, zu dem sich der König hinbewegt hat, über den König hinweg auf dasjenige Feld, das dieser soeben überschritten hat. Die Rochade ist nach beiden Seiten ein für allemal unmöglich, wenn der König bereits gezogen hat. Die Rochade ist ebenfalls endgültig unmöglich mit einem Turm, der bereits gezogen hat. Die Rochade ist vorübergehend verhindert:

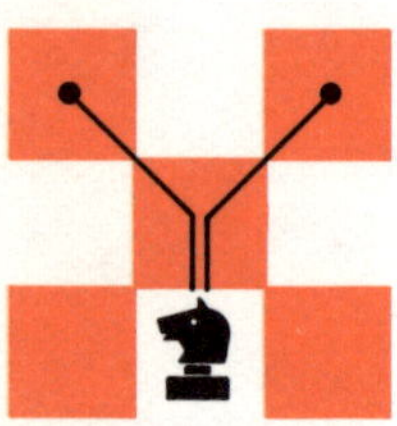

a. wenn das ursprüngliche Feld des Königs oder das Feld, das der König überschreiten soll, oder dasjenige, das er besetzen soll, von einem feindlichen Stein bedroht ist,

b. wenn sich Steine zwischen dem König und demjenigen Turm befinden, auf den sich der König hinbewegen soll.

Die Dame

Die Dame bewegt sich auf den Linien, Reihen oder Diagonalen, auf denen sie sich befindet.

Der Turm

Der Turm bewegt sich auf den Linien oder Reihen, auf denen er sich befindet.

Der Läufer

Der Läufer bewegt sich auf den Diagonalen, auf denen er sich befindet.

Der Springer

Die Bewegung des Springers setzt sich aus zwei verschiedenen Schritten zusammen. Er macht einen Schritt auf ein unmittelbar angrenzendes

Feld der Linie oder Reihe, sodann unter gleichzeitiger weiterer Entfernung vom Ausgangsfeld einen Schritt auf ein unmittelbar angrenzendes Feld der Diagonale.

Der Bauer

Der Bauer bewegt sich nur vorwärts;

a. mit Ausnahme eines Falles einer Wegnahme geht er von seinem ursprünglichen Feld aus um ein oder zwei freie Felder auf seiner Linie vor und in der Folge um ein freies Feld. Im Falle einer Wegnahme bewegt er sich auf ein solches Feld vorwärts, das in der Diagonale an sein eigenes angrenzt.
b. Ein Bauer, der ein Feld bedroht, das von einem feindlichen Bauern bei dessen Doppelschritt vom Ursprungsfeld aus überschritten worden ist, kann diesen feindlichen Bauern – aber nur in unmittelbar darauffolgendem Zug – so nehmen, als ob dieser sich nur um ein Feld vorwärts bewegt hätte. Dieses Nehmen heißt »Nehmen en passant«.
c. Jeder Bauer, der die letzte Reihe erreicht hat, muß sofort, als Bestandteil des gleichen Zuges, in eine Dame, einen Turm, einen Läufer oder einen Springer von gleicher Farbe verwandelt werden, nach Wahl des Spielers und ohne Rücksicht auf andere noch auf dem Brett befindliche Steine. Dieses Verwandeln heißt »Umwandlung«. Die Wirkung eines umgewandelten Steines tritt sofort in Kraft.

Artikel 7

Die Ausführung der Züge

Die Ausführung eines Zuges ist vollendet:

a. bei der Bewegung eines Steines auf ein freies Feld, wenn der Spieler den Stein losgelassen hat,
b. bei einer Wegnahme, wenn der weggenommene Stein vom Brett entfernt worden ist und der Spieler seinen eigenen Stein auf den neuen Platz gestellt und losgelassen hat,
c. bei der Rochade, wenn der Spieler den Turm auf dem vom König überschrittenen Feld losgelassen hat. Wenn der Spieler den König losgelassen hat, ist der Zug noch nicht ausgeführt, doch ist der Spieler dann nicht mehr berechtigt, einen anderen Zug zu machen als die Rochade.
d. bei der Umwandlung eines Bauern, wenn der Bauer vom Brett entfernt worden ist und wenn der Spieler den neuen Stein, der auf das Umwandlungsfeld gestellt worden ist, losgelassen hat. Wenn der Spieler den auf dem Umwandlungsfeld angelangten Bauern losgelassen hat, ist der Zug noch nicht ausgeführt, aber der Spieler ist dann nicht mehr berechtigt, den Bauern auf ein anderes Feld zu ziehen.

Artikel 8

Der berührte Stein

Unter der Bedingung, daß er seinen Gegner vorher davon in Kenntnis gesetzt hat, kann der am Zug befindliche Spieler einen oder mehrere Steine auf dessen oder deren Feldern zurechtrücken.

Mit Ausnahme dieses Falles muß ein am Zuge befindlicher Spieler, der einen oder mehrere Steine berührt hat, seinen Zug so ausführen, daß er den zuerst berührten Stein zieht oder nimmt, sofern dieser überhaupt gezogen oder genommen werden kann.
Wenn der Gegner es unterlassen hat, auf die Nichtbefolgung dieser Regel hinzuweisen, bevor er seinerseits einen Stein berührt hat, oder wenn keiner der oben angeführten Züge nach den Regeln ausgeführt werden kann, bleibt die Berührung ohne Folgen.

Artikel 9

Regelwidrige Stellungen

1. Wenn ein Zug regelwidrig ausgeführt wird und wenn einer der Spieler darauf hinweist, bevor er seinerseits einen Stein berührt, wird die Regelwidrigkeit unter Beachtung der Bestimmungen des Art. 8 berichtigt. Wenn die Regelwidrigkeit bis dahin nicht festgestellt worden ist, wird die Partie ohne Berichtigung fortgesetzt.
2. Wenn im Laufe der Partie ein oder mehrere Steine versehentlich verrückt und unrichtig wieder hingestellt worden sind, oder wenn nach einem Spielabbruch die Stellung unrichtig wieder aufgebaut worden ist und ein Spieler darauf hinweist, bevor er einen Stein berührt hat, muß die Regelwidrigkeit berichtigt werden. Wenn auf eine Regelwidrigkeit bis dahin nicht hingewiesen worden ist, geht die Partie ohne Berichtigung weiter.
3. Wenn während der Partie festgestellt wird, daß die Anfangsstellung der Steine unrichtig war, wird die Partie für ungültig erklärt.
4. Wenn während der Partie festgestellt wird, daß das Schachbrett zu Anfang unrichtig gelegen hat, wird die erreichte Stellung auf ein richtig liegendes Brett übertragen und die Partie weitergespielt.

Artikel 10

Das Schachbieten

1. Der König steht im Schach, wenn sein Feld von einem feindlichen Stein bedroht wird; man sagt dann, dieser bietet dem König Schach.
2. Dem Schach muß in unmittelbar darauffolgendem Zuge begegnet werden. Wenn dem Schach nicht begegnet werden kann, so nennt man dies »Matt«.
3. Ein Stein, der ein dem eigenen König gebotenes Schach unterbricht, kann dabei seinerseits dem feindlichen König Schach bieten.

Artikel 11

Die gewonnene Partie

1. Die Partie ist für denjenigen Spieler gewonnen, der den König des Gegners mattgesetzt hat.
2. Die Partie wird für denjenigen Spieler, dessen Gegner erklärt, daß er aufgibt, als gewonnen gerechnet.

Roulette Nr. 573 (S. 215) ▶

Pair
D 12
P 12

Artikel 12

Die unentschiedene Partie

Die Partie ist unentschieden:

1. Wenn der König des am Zuge befindlichen Spielers nicht im Schach steht, dieser aber nicht ziehen kann. Man sagt dann: der König ist patt,
2. durch Übereinkunft der beiden Spieler,
3. auf Verlangen eines Spielers, wenn die gleiche Stellung dreimal vorkommt, jeweils mit demselben Spieler am Zuge. Die Stellung wird als die gleiche angesehen, wenn Steine gleicher Art und gleicher Farbe auf den gleichen Feldern stehen.
   Das Recht, ein Unentschieden zu beanspruchen, steht ausschließlich demjenigen zu:
   a. der in der Lage ist, einen Zug zu machen, der zur nochmaligen Wiederholung der Stellung führt, vorausgesetzt, daß er im voraus seine Absicht erklärt, diesen Zug durchzuführen,
   b. der auf einen Zug zu antworten hat, durch den die nochmals wiederholte Stellung zustande gekommen ist.
   Wenn ein Spieler gezogen hat, ohne ein Unentschieden gemäß der Regel unter a. und b. beansprucht zu haben, so verliert er das Recht, ein Unentschieden geltend zu machen; er erlangt indessen dieses Recht wieder, wenn die gleiche Stellung erneut mit demselben Spieler am Zuge vorkommt.
4. Wenn ein am Zuge befindlicher Spieler nachweist, daß mindestens 50 Züge von beiden Seiten geschehen sind, ohne daß ein Stein genommen worden ist oder ein Bauer gezogen hat.
   Diese Zahl von 50 Zügen kann für bestimmte Stellungen unter der Voraussetzung erhöht werden, daß die Zahl der zusätzlichen Züge und diese Stellung vor Partiebeginn festgesetzt worden sind.

◄ Watte blasen Nr. 588 (S. 222)

Wortspiele und Spiele auf der Reise

Ich komme aus, ich bin, ich fahre nach ... ◐ Ⓖ 704

Pfänder

Ein Wortspiel für ältere Kinder, die schon das Alphabet beherrschen. Der Spielleiter beginnt, indem er einen beliebigen Teilnehmer fragt: »Woher kommst du? Wohin fährst du?« Der erste Spieler muß darauf drei Antworten geben, deren Hauptworte mit A beginnen, zum Beispiel: »Ich komme aus Augsburg, bin ein Angestellter im Außendienst und fahre nach Australien!« Der nächste Spieler beantwortet alle Fragen mit B und so gehen wir das gesamte Alphabet durch. Wer keine passende Antwort weiß, muß ein Pfand geben, und der Nachbar zur Rechten muß versuchen, die Antwort zu geben. Ansonsten gehen wir nicht der Reihe nach, sondern fragen bunt durcheinander, sonst kann sich jeder seinen Buchstaben schon abzählen, und der Witz der Spontaneität geht verloren.

Stabreim ◐ Ⓖ 705

1 Tuch oder 1 Ball

Wir versuchen einer nach dem anderen mit jedem Buchstaben des Alphabets einen Stabreim (jedes Wort beginnt mit dem gleichen Buchstaben) zu bilden, in dem dieser Buchstabe mindestens dreimal vorkommt. Entweder gibt ein Spielleiter die drei Wörter an, die mit dem gleichen Buchstaben beginnen, oder jedem einzelnen wird die Auswahl der Wörter selbst überlassen.

»Alltäglich arbeiten allerdings alle ausdauernd.«

»Bitte bettelt nicht beständig um Bonbons.«

Der Phantasie sind keine Grenzen gesetzt.

Wir können die Reihenfolge auch so bestimmen, daß wir uns gegenseitig ein Tuch oder einen kleinen Ball in den Schoß werfen, dabei rufen wir den Buchstaben, den wir gerne von dem anderen hören wollen. Allerdings müssen wir mit dem gewünschten Buchstaben selbst sofort einen Satz bilden können, denn wenn der Adressat versagt, müssen wir für ihn einspringen. Fällt uns nichts Passendes ein, scheiden wir entweder aus oder geben ein Pfand.

Wortketten ◐ Ⓖ 706

1 Kuchenwecker, 1 Taschentuch

Bei diesem Spiel kommt es vor allem auf Reaktionsschnelligkeit und Aufmerksamkeit an.

Wir stellen uns am besten einen Küchenwecker, auf dem wir einstellen können, wie lange wir die Wortketten bilden wollen. Der, dem das verknotete Taschentuch in den Schoß fällt, muß blitzschnell eine Stadt, ein Land, eine Persönlichkeit oder ein Tier mit dem vorher vereinbarten Anfangsbuchstaben nennen. Für jede Spielrunde setzen wir vorher fest, aus

welchem Bereich die Namen stammen sollen, die wir nennen (etwa aus der Erdkunde, der Literatur, der Technik usw.).
Wem in der festgelegten Zeit keine Antwort einfällt, der gibt ein Pfand. Für die schwierigen Buchstaben wie X,Y, Qu usw. setzen wir selbstverständlich mehr Zeit fest als für E, N, R oder T.
Wer das Taschentuch einem Kameraden auf den Schoß wirft, muß selbst noch einen Begriff parat haben, denn wenn der Aufgeforderte nicht antworten kann, muß der Herausforderer für ihn einspringen. Weiß dieser auch keinen Namen zu nennen, muß nur er das Pfand geben, der Herausgeforderte ist befreit.
Dieses Spiel eignet sich besonders, eine etwas ermüdete Gesellschaft aufzumuntern.

Tier-Mineral-Pflanzenreich ◕ Ⓖ 707

Dieses Spiel treffen wir bestimmt auch noch unter dem Namen 17 + 4 an, denn wir haben 21 Fragen zur Verfügung. Ein einzelner Spieler oder, wenn wir eine große Gruppe sind, mehrere Spieler verlassen den Raum, und die übrigen einigen sich auf ein Objekt, das erraten werden soll. Dann rufen wir die anderen wieder herein und geben ihnen den ersten Tip, indem wir ihnen mitteilen, welchem der drei Bereiche unser Objekt angehört: dem Tierreich (alles Lebendige, also auch der Mensch), dem Pflanzenreich (alles Pflanzliche) oder dem Mineralreich (alles Unorganische). Alle weiteren Auskünfte bestehen nur aus »Ja« oder »Nein«.
Die Rategruppe muß das Objekt mit mindestens 17 und 4 weiteren Fragen erraten haben, sonst wird sie disqualifiziert. Nach der 17. Frage geben wir noch einen kleinen, der Situation entsprechenden Wink.
Aus einer sehr großen Kindergruppe lassen sich zwei Parteien bilden, die gegeneinander antreten. Die Gruppe, die im Verlauf mehrerer Runden die meisten Objekte errät, erhält am Ende des Spieles einen Preis.

Teekessel ◕ Ⓖ 708

Woher die merkwürdige Bezeichnung für dieses alte Kinderspiel eigentlich stammt, weiß niemand mehr recht zu sagen. Einige behaupten, sie käme aus Norddeutschland, wo ein »Teepott« schon eine Doppelbedeutung hat, er bezeichnet einmal ein ungeschicktes Kind und zum anderen eben einen Teekessel, womit wir schon den Sinn dieses Spiels erklärt hätten.
Es kommt darauf an, doppelsinnige Wörter zu erraten. Zwei Kinder tun sich zusammen und einigen sich auf einen gemeinsamen Begriff, der zwei Bedeutungen hat. Sie stellen sich der Gemeinschaft vor und beginnen, jeder seinen »Teekessel« zu beschreiben. Wie er aussieht, was man damit anfangen kann usw.
Wer aus der Runde als erster den gemeinsamen Begriff wie zum Beispiel: »Bank, Gericht, Star usw.« findet, darf sich einen Partner auswählen, mit dem er den nächsten Teekessel bestimmt.

Wortschlange ◐ Ⓖ 709

Bei unserer zweiten Art von Wortketten kommt es nicht darauf an, jeweils übereinstimmende Anfangsbuchstaben für die Wortketten zu haben. Hier muß der letzte Buchstabe eines Wortes mit dem ersten des nächsten Wortes übereinstimmen. Es können dazu Begriffe aus einem Bereich (Biologie etwa, Musik, Raumfahrt usw.) genommen werden oder aber Wörter aller Art, die im End- und Anfangsbuchstaben übereinstimmen. Spannender ist es natürlich, wenn man sich auf einen Bereich beschränkt. Allerdings läuft sich dann das Spiel auch eher tot.
Der Spielleiter gibt das Stichwort und wirft zugleich dem ersten Spieler ein verknotetes Taschentuch zu. Dieser muß dann sofort reagieren, mit dem letzten Buchstaben dieses Wortes ein neues Wort bilden und das Tuch dem nächsten Spieler zuwerfen.
Das erste Wort lautet zum Beispiel: Nachtigall, dann folgen: Laus, Salamander, Rhesusaffe, Elefant, Turteltaube . . . Dieses Spiel eignet sich nicht nur für Kinder. Wenn wir etwas ausgefallenere Bereiche wählen, ist es auch für Erwachsene interessant.
Wem kein Begriff mehr einfällt, der muß entweder ein Pfand geben oder ausscheiden. Auch hier gilt wieder die Regel, daß der Herausforderer selbst ein Wort parat haben muß, falls dem Herausgeforderten nichts einfällt. Andernfalls trifft ihn die gleiche Strafe wie den Herausgeforderten.

Liederraten ◐ Ⓖ 710

Wie bei den meisten Spielen in einer großen Kindergemeinschaft, muß auch hier ein ausgeloster Spieler das Zimmer verlassen. Die übrigen einigen sich unterdessen auf ein bekanntes Volkslied, das der Spieler erraten soll. Er wird hereingerufen, und nun gibt ihm einer nach dem anderen ein Stichwort. Die Summe der Stichwörter ergibt das Lied.
Wir nennen die Wörter allerdings nicht in ihrer Originalreihenfolge; das wäre zu einfach. Jeder, der gefragt wird, nennt ein Wort aus dem Lied, entweder eines, das ihm gerade einfällt, oder ein ihm vorher zugeteiltes. Werden die Mitspieler nicht auf gewisse Wörter festgelegt, so sollte ein Mitglied der Gruppe die jeweils gesagten mitschreiben, damit wir den Überblick behalten. Weniger Durcheinander gibt es, wenn jeder Spieler gewisse Wörter zugeteilt bekommt.
Sind die Kinder schon älter, werden die Wörter, die einmal genannt wurden, nicht mehr wiederholt, so daß sich der Fragende sehr konzentrieren muß, damit ihm keines entgeht. Spielen wir mit kleineren Kindern, so kann der Fragende mehrmals bei den verschiedenen Spielern nachhaken, die dann alle bereits genannten Wörter wiederholen müssen.
Um das Spiel noch ein wenig komplizierter zu gestalten, können wir die zu ratenden Wörter auch in ganze Sätze verpacken. Der Ratende stellt ganz alltägliche Fragen, und die Antworten werden mit den gesuchten Wörtern gespickt. Jetzt sollten die Wörter allerdings in der Reihenfolge weitergegeben werden, in der sie im Lied erscheinen.

Geschichten erzählen ◕ Ⓖ 711

Schreibzeug

Wir geben der Spielgruppe 10 Hauptwörter, aus denen jeder eine zusammenhängende lustige Geschichte machen soll, wobei er so wenig zusätzliche Wörter verwenden sollte wie möglich.

Da es schwierig ist, nur mit Hauptwörtern zu arbeiten, können wir den Mitspielenden auch 10 Hauptwörter, 10 Eigenschaftswörter und 10 Tätigkeitswörter angeben.

Damit nicht gemogelt werden kann und absolute Chancengleichheit besteht, suchen wir diese Wörter willkürlich mit Nadelstichen aus einer Zeitung oder einem alten Buch zusammen. Die beste, witzigste Phantasiegeschichte wird mit dem ersten Preis ausgezeichnet. Variieren können wir dieses Spiel, indem sich jeder aus der Zeitung 24 Wörter sucht, die alle mit einem anderen Buchstaben beginnen, so daß alle Hauptwörter seiner Geschichte einen anderen Anfang haben. Sie brauchen nicht in der Reihe des Alphabets zu erscheinen, dürfen sich allerdings nicht wiederholen. Wir spielen entweder eine festgelegte Zeit lang oder wir vereinbaren, daß alle zu schreiben aufhören, wenn der erste anmelden kann, daß er alle Wörter verwendet hat und eine sinnvolle Geschichte zum besten geben kann. Dies ist eher ein Familienspiel und eignet sich nicht so gut für eine turbulente Geburtstagsfeier, weil es doch viel Zeit beansprucht und alle Teilnehmer sich konzentrieren müssen.

Wortliste ◕ Ⓖ 712

Schreibzeug

Zur Abwechslung zum allgemein bekannten »Stadt, Land, Fluß« spielen wir einmal »Wortliste«.

Wir einigen uns auf ein Wort, das wir etwa ermitteln können, indem wir blind mit einem Stift auf einen Text stechen und das getroffene Wort zum Spiel hernehmen. Jeder versucht nun für sich, mit den in diesem Wort enthaltenen Buchstaben neue Wörter zu bilden. Wer als erster fertig ist und die durch das getroffene Wort festgelegte Buchstabenzahl erreicht hat, sagt: »Stopp«, woraufhin alle den Stift fallen lassen müssen.

Wer die meisten Worte bilden konnte, hat gewonnen. Wir brauchen nicht alle Buchstaben, die uns zur Verfügung stehen, zu verwenden, allerdings darf ein Buchstabe nur so oft verwendet werden, wie er im Grundwort enthalten ist.

Dann suchen wir ein neues Wort. Jetzt fällt uns das Spiel schon leichter, denn wir dürfen die im ersten Wort nicht benutzten Buchstaben bei der zweiten Wortbildung hinzuziehen. Ebenso geht es beim dritten, vierten und allen weiteren Wörtern. Die noch nicht besetzten Buchstaben aus allen vorhergehenden Wörtern dürfen weiterverwendet werden. Bei der Festlegung des endgültigen Siegers müssen wir die einzelnen Runden unterschiedlich bewerten, denn im Verlauf des Spiels stehen uns immer mehr Buchstaben zur Verfügung, so daß die Auffindung von Wörtern immer einfacher wird. Die erste Runde wird demnach am höchsten, die letzte am niedrigsten bewertet.

Schüttelspiel ◐ Ⓖ 713

Schreibzeug

Jeder denkt sich ein besonders schwieriges Wort aus und schreibt dessen einzelne Buchstaben auf verschiedene Zettel. Diese werden unter den Nachbarn ausgetauscht, und jeder versucht, das Wort des anderen wieder zusammenzusetzen.
Wem das am schnellsten gelingt, der ist Sieger der jeweiligen Runde. Wir wollen bei diesem Spiel so lange warten, bis jeder das Wort des anderen erraten hat. Die Siegerehrung können wir dann ja staffeln.
Sollte es vorkommen, daß ein Spieler ein Wort herausbekommt, das sein Mitspieler gar nicht beabsichtigt hatte, so wird dieses neue Wort voll gewertet, wenn dabei alle zur Verfügung stehenden Buchstaben verwendet wurden.
Dabei gilt allerdings auch die Regel, daß wir Buchstaben nicht doppelt einsetzen können, wenn sie uns nur einmal vorgeschlagen wurden.

Telegrammaufnahme ◐ Ⓖ 714

Hier geht es darum, aus den Buchstaben eines bestimmten Wortes ein möglichst sinnvolles oder witziges Telegramm zusammenzustellen. Wir suchen uns ein Wort aus der Zeitung, indem wir einfach mit geschlossenen Augen mittels einer Nadel ein Loch in eine Zeitung bohren und im Laufe des Spiels jedes Hauptwort verwenden, das die Nadel getroffen hat. Wir beginnen zum Beispiel mit KONFERENZ.
Dabei bilden wir aus jedem Buchstaben ein neues Wort:
KOMMT OHNE NACHKOMMEN FÜR EINE REICHLICHE ERNTE NACH ZÜRICH
In jedem Telegramm darf nur ein Eigenname verwendet werden, sonst machen wir uns die Sache zu leicht.
Wir müssen uns darauf einigen, ob der witzigste oder der sinnvollste Einfall prämiert werden soll.

Aus dem ABC Wörter bilden ◐ Ⓖ 715

Schreibzeug

Jeder Spieler bereitet für sich einen Satz von Zetteln vor, auf denen je ein Buchstabe des Alphabets steht.
Es darf weder ein Buchstabe fehlen, noch darf einer doppelt vorhanden sein. Wer aus diesem Alphabet das Wort mit den meisten Buchstaben zusammenstellt, hat gewonnen.

Stadtkette ◐ Ⓖ 716

Ein Spieler beginnt dieses schnelle Spiel, indem er den Namen einer Stadt sagt. Sein Nachbar zur Linken muß blitzschnell eine Stadt nennen, deren Anfangsbuchstabe mit dem Endbuchstaben der vorherigen übereinstimmt.
Wem nach fünf Sekunden keine Stadt einfällt, der scheidet aus. Übrig bleibt, wer die besten geographischen Kenntnisse besitzt.

Bedeutungsvoller Laut ◐ Ⓖ 717

Die Spieler sitzen um einen Tisch. Einer eröffnet das Spiel, indem er einen Buchstaben nennt, z. B. das »L«. Der Nachbar zur Linken fügt einen weiteren Buchstaben hinzu, z. B. das »A«. Der dritte Spieler nennt ein »T«. Die Spieler fügen also der Reihe nach den bereits vorhandenen Buchstaben einen weiteren hinzu, so daß sich am Ende ein Wort ergibt. Natürlich zählt nur ein Wort, das auch einen Sinn ergibt. Der Spaß des Spiels besteht darin, daß keiner weiß, welches Wort der nächste Spieler mit seinem nächsten Buchstaben anpeilt. So kann man aus LAT sowohl »Laterne« als auch »Latein« bilden u.a. m. Jeder Spieler, der vor einem drankommt, kann einem den schönen Plan durchkreuzen. Sucht er sich allerdings einen Buchstaben aus, bei dem er sich offensichtlich nichts gedacht hat und nur die übrigen verwirren wollte, so kann er aufgefordert werden, sein erdachtes Wort zu nennen, und falls ihm nichts Passendes einfällt, muß er ausscheiden. Das Spiel dauert 15 Minuten. Fällt uns schon vorher nichts mehr zu einem Wort ein, so beginnen wir mit einem neuen Buchstaben.
Wer als letzter ein Wort erfolgreich beendet, erhält einen Punkt.

Doppeldeutigkeiten ◐ Ⓖ 718

Dieses Mal wollen wir uns keine Anweisungen von einem Spielleiter geben lassen, sondern alle zusammen stellen wir die Frage und beantworten sie. Jeder denkt sich ein Wort aus, das in der deutschen Sprache zwei oder mehr Bedeutungen hat. Es kommen zum Beispiel Wörter wie »Bank«, »Stab«, »Brand« infrage. Der Phantasie sind keine Grenzen gesetzt.
Wer die Bedeutungen errät, darf die nächste Frage stellen.

Alphabetsätze ◐ Ⓖ 719

Jeder Spieler, der an der Reihe ist, soll einen Satz bilden, in dem jedes Wort mit dem folgenden Buchstaben des Alphabets beginnt. Wer den Satz mit A anfängt, muß mit B, C, D usw. fortfahren. Für jedes Wort erhält er einen Punkt.

Gemeinsames Reimen ◐ Ⓖ 720

Ein Spieler nennt zwei Wörter eines Satzes, die beide mit demselben Buchstaben beginnen. Sein Nachbar zur Rechten soll den Satz weitersprechen, ebenfalls unter Verwendung desselben Buchstabens. So wandert der Satz reihum. Fällt einem Teilnehmer keine Fortsetzung mehr ein, so kann entweder ein anderer für ihn einspringen und den Faden weiterspinnen oder der Vorgänger muß den Satz zu Ende führen, sonst bekommt er zwei Minuspunkte. Wer nicht mehr antworten konnte, erhält einen Minuspunkt. Wer außer der Reihe einsprang, bekommt zwei Pluspunkte. Wer einen Satz beendet, muß gleich darauf wieder einen neuen beginnen.

Kartenquiz ◐ Ⓖ 721

Buchstaben-kärtchen

Wir zeichnen mit großen Buchstaben das ganze Alphabet auf feste Pappe und schneiden die Buchstaben aus. Außerdem basteln wir auf gleiche Weise »Ereigniskarten«, das sind Kärtchen, auf denen gewisse Kategorien stehen. Zum Beispiel steht auf mehreren Kärtchen: »Fluß« oder »Land« oder »Künstler«, »Bauwerk« usw. Jetzt mischen wir die Kategoriekärtchen in einem Haufen und die Alphabetkärtchen in einem anderen. Zwei Spieler ziehen nun jeweils ein Kärtchen aus einem Haufen und lesen sie vor. Damit ist die Frage an alle formuliert.
Zum Beispiel: »Ein Künstler mit M?« Die Kärtchen werden wieder vermischt, und zwei andere Spieler ziehen nun die nächste Frage.

Memory ◐ Ⓖ 722

Buchstaben-kärtchen

Wir können unsere Buchstabenkärtchen auch noch anderweitig verwenden. Es sollten nun aber soviel Alphabete vorhanden sein, wie Teilnehmer mitspielen. Bei vier Teilnehmern sollte also mindestens viermal das A, viermal das B usw. vorhanden sein.
Wir mischen unsere Kärtchen gut durch, legen sie verdeckt auf den Tisch, und einer beginnt ein Kärtchen aufzudecken. Hat er nicht das A erwischt, legt er das Kärtchen wieder zurück. Der zweite sucht jetzt das A. Findet es einer, kann er es zur Seite legen und das B suchen. Hat ein Mitspieler das B im Laufe der Suche schon einmal aufgedeckt, so muß der Spieler sich daran erinnern, wo es gelegen haben könnte. In der nächsten Runde hat er dann den Vorteil, sofort seinen gesuchten Buchstaben zu finden. Haben wir einmal Erfolg, dürfen wir gleich noch ein Kärtchen aufdecken. Wer zuerst das ganze Alphabet vor sich hat, ist Sieger.

Der Wundertaler ◐ Ⓖ 723

Wir losen einen Spieler aus, der den Wundertaler erhält. Mit diesem Taler kann er sich einen Wunsch erfüllen, dem – im Rahmen unseres Spiels – keine materiellen Grenzen gesetzt sind. Allerdings werden wir dem Glückspilz auf den Zahn fühlen. Wir wollen wissen, was er sich mit dem Wundertaler angeschafft hat. Er darf uns auf alle Fragen antworten, allerdings muß er die Wörter: schwarz, weiß, ja und nein meiden, sonst geht sein Wunsch nicht in Erfüllung. Wer 3 Minuten lang Fragen der Mitspieler geschickt ausweicht, ohne die 4 Wörter zu gebrauchen, erhält eine Prämie.

Was wird aus . . . ? ◐ Ⓖ 724

Ein Spielleiter stellt z. B. die Frage: »Was wird aus einem Haus?« Wir müssen nun der Reihe nach beantworten, was aus einem Haus alles werden kann: eine Siedlung, ein Dorf, eine Kleinstadt usw. Haben wir alle Möglichkeiten erschöpft, stellen wir die nächste Frage mit anderen Objekten. Wer keine Antwort mehr weiß, bekommt einen Minuspunkt. Wem eine neue sinnvolle Frage einfällt, der bekommt zwei Pluspunkte.

Reisebeschreibung Ⓖ 725

Ein Spieler verläßt das Zimmer, und die anderen verabreden untereinander, wer welches Stichwort dem Berichterstatter zuspielen soll. Dieser tritt wieder ein und beginnt seine Reisebeschreibung. Plötzlich ruft ihm ein Spieler ein Stichwort zu, das er innerhalb der nächsten zwei Sätze in seine Erzählung einbauen muß. Dann folgt das zweite Stichwort, bis alle sich in die Erzählung eingemischt haben. Wer die Unterbrechungen am besten überspielen kann, erhält einen Preis.

Patentamt Ⓖ 726

Ein Spieler ist der Patentanwalt, der die ihm angebotenen neuen Erfindungen begutachten muß. Wir unterbreiten ihm die verschiedensten absurden Vorschläge, zum Beispiel eine Lampe, die Dunkelheit verbreitet, ein Messer, das Teile wieder zusammenfügt, ein Auto, das einen zum Spazieren zwingt u. ä. Die besten Vorschläge werden prämiert.

Kein-ohne Ⓖ 727

1 Taschentuch

Wir sitzen im Kreis, und ein Spieler wirft einem anderen ein verknotetes Taschentuch in den Schoß mit den Worten: »Keine Antwort ohne Frage!« Der angesprochene Spieler muß sofort reagieren und einen weiteren Kein-ohne Satz bilden, während er das Taschentuch weiterwirft. Wer innerhalb von fünf Sekunden keinen Satz bilden kann, scheidet entweder aus oder gibt ein Pfand.

Reiseroute Ⓖ 728

Wir suchen uns für unsere Ferienreise ein weit entferntes Ziel. Alle gemeinsam legen wir jetzt die Route fest. Wer in kürzester Zeit den schnellsten Weg beschreiben kann, den wir ohne Flugzeug hinter uns bringen, siegt.

Wer lügt hier? ◕ Ⓖ 729

Ein Spieler wird hinausgeschickt und drei andere einigen sich auf einen Begriff, den sie ihm erläutern wollen. Alle übrigen Spieler sind Zuschauer, die in den folgenden Runden an die Reihe kommen. Der Spieler tritt wieder ein, und jeder der drei Münchhausen schildert ihm nun mit plastischen Worten, was man allgemein unter dem und jenem fremden Begriff versteht. Nur einer spricht die Wahrheit, und der Spieler soll herausfinden, wer es ist. Hat er den wahrheitsliebenden Erzähler innerhalb einer festgelegten Zeit entdeckt, kann er sich einen Punkt gutschreiben, und das Team wechselt für die nächste Runde.

Bewerbung ◕ Ⓖ 730

Zwei Spieler stellen sich zur Verfügung. Sie wollen sich beide für denselben Posten bewerben und müssen nun versuchen, vor der Bewerbungskommission den denkbar besten Eindruck zu hinterlassen.
Der Witz des Spiels liegt darin, daß jeder nicht die eigenen Vorzüge preist, sondern die des Gegenkandidaten mit den schillerndsten Worten darstellen soll. Die Jury der Zuschauer entscheidet, wem der Posten zugesprochen werden soll.

Verseschmiede ◕ Ⓖ 731

Ein Spielleiter gibt mehrere Worte an, aus denen wir möglichst schnell ein Gedicht zimmern sollen. Entweder arbeitet jeder für sich allein, oder wir finden uns zu Gruppen zusammen, die sich gegenseitig zu übertrumpfen versuchen. Eine Jury aus ein oder zwei Personen verteilt dann die Preise für die besten Gedichte.

Sichtkarten ◕ Ⓖ 732

Vor Antritt einer Fahrt bereiten wir verschiedene Kärtchen vor, auf die wir die Namen der Objekte (z. B. Schlösser, Burgen, Tiere usw.) schreiben, die wir unterwegs eventuell sehen werden. Jede Person erhält einen Stapel dieser Kärtchen, und die Beobachtungsfahrt kann beginnen. Jeder Spieler behält alles, was er auf der Reise entdeckt, für sich. Er wählt nur schweigend aus seinem Vorrat der Kärtchen dasjenige aus, auf dem das gesichtete Objekt verzeichnet ist.
Wer also Rinder, Rehe, Hasen, Igel, Raubvögel oder andere Objekte wie Schlösser, Burgen oder Seen erblickt, legt einfach die entsprechenden Kärtchen zur Seite. Wer als erster keine Karten mehr hat, siegt.

Einsilbigkeit ◕ Ⓖ 733

Ein Spieler stellt seinem Nachbarn eine beliebige Frage, auf die dieser mit einem Wort antworten muß, das nur eine einzige Silbe enthält. Wir fragen zum Beispiel: »Gehen Sie oft aus?« Antwort: »Nie!« Wer richtig antwortet, darf die nächste Frage stellen. Wer einen Fehler macht, muß ein Pfand geben.

Schokoladenkuchen ◔ Ⓖ 734

Wir sitzen alle um einen Tisch herum und halten die Hände auf den Knien. In der Mitte des Tisches liegt ein Haufen Bonbons. Ein Spielleiter beginnt nun eine Geschichte zu erzählen, in der das Wort Schokoladenkuchen von besonderer Bedeutung ist. Jedesmal nämlich, wenn das Wort fällt, greifen wir alle blitzschnell nach einem Bonbon. Natürlich versucht uns der Erzähler zu foppen. Er wird viele Wörter einflechten, die mit Scho- oder Schoko- beginnen. Greift ein Spieler vorschnell nach den Bonbons, muß er weitererzählen. Wir spielen so lange, bis die Bonbons alle sind.

Bonbons

Ich sehe was, was du nicht siehst ◔ Ⓖ 735

Dies ist eines der beliebtesten Spiele bei kleinen Kindern. Wir fixieren einen Gegenstand oder eine Person im Raum und sagen dann: »Ich sehe was, was du nicht siehst und das sieht . . . aus!« Aufgrund dieses Hinweises muß der andere erraten, welchen Gegenstand wir meinen. Hat er ihn gefunden, stellt er die gleiche Frage nach einem anderen Gegenstand.

Wortfelder ◔ Ⓖ 736

Wir können mit diesem Spiel wunderbar unseren Wortschatz überprüfen. Ein Spieler nennt ein Wort, und die anderen bemühen sich, so viele Begriffe wie möglich zu finden, die mit diesem Wort in einen sinnvollen Zusammenhang gebracht werden können. Ein Spieler nennt zum Beispiel: »Stein!« Daraus kann sich ergeben: Steinbruch, Steinhaus, Meißel, Fossil etc . Für jedes gefundene Wort gibt es einen Punkt.

Blumen zerpflücken ◑ Ⓖ 737

Ein Spieler schlägt den Namen einer Blume vor, die wir zerpflücken wollen. Reihum muß jeder Teilnehmer für jeden Buchstaben, den diese Blume enthält, einen Städtenamen sagen. Wir können auch Flüsse, Persönlichkeiten, Länder usw. suchen. Ist der Name erschöpft, wählt der Spieler, der gerade an der Reihe ist, den nächsten aus.

Namen anstreichen ◑ Ⓖ 738

Schreibzeug

Jeder Spieler schreibt seinen Vornamen in Druckschrift groß auf einen Zettel. Jetzt achten wir auf die Kennzeichen der Autos.
Finden wir in einem Kennzeichen einen Buchstaben wieder, der auch in unserem Namen vorkommt, so zeichnen wir unter diesen Buchstaben einen Strich. Wer als erster unter jedem einzelnen Buchstaben zehn Striche hat, ist Sieger.

Elemente ⊕ Ⓖ 739

Mit Elementen wollen wir hier nicht die chemischen Elemente bezeichnen, sondern Luft, Wasser, Erde und Feuer. Vor jeder Spielrunde geben wir bekannt, aus welchem Element der Begriff stammen soll, den wir jetzt suchen wollen. Dann buchstabiert ein Spieler leise für sich das Alphabet durch. Plötzlich ruft sein Nachbar: »Stopp!« und alle müssen, so schnell es geht, einen Begriff finden, der mit dem Buchstaben beginnt, bei dem der Mitspieler gerade angelangt war.
Für jeden Begriff, den einer nennen kann, erhält er einen Pluspunkt.

An welches Reimwort wurde gedacht? ⊕ Ⓖ 740

Ein Spieler denkt sich ein Wort aus und gibt eines bekannt, das sich darauf reimt. Er denkt zum Beispiel an »Tasche«, gibt aber »Lasche« an. Wer als erster das richtige Wort findet, darf als nächster eines nennen.
Wir können das Spiel auch komplizieren, indem wir ein Wort und gleich dazu sagen, welches wir nicht meinen. Da sich die Wörter reimen, kann dies in Versform geschehen. Zum Beispiel: »Ich sage Lasche, meine aber nicht die Flasche!«

Das Alphabet zusammenstellen ◐ Ⓖ 741

Schreibzeug

Wir schreiben uns die vierundzwanzig Buchstaben des Alphabets untereinander auf einen Zettel. Nun beobachten wir die entgegenkommenden und überholenden Autos und achten darauf, ob eines der Kennzeichen mit A beginnt. Wir wollen in der ersten Runde nur die Stadtkennzeichen beachten. Wer einen Wagen aus Augsburg sieht, kann das A auf seiner Liste ausstreichen. Dann suchen wir einen Wagen, dessen Zeichen ein B enthält usw. Die schwierigen Buchstaben X, Y und Qu werden wir streichen können, wenn wir jetzt auch die Buchstaben mitrechnen, die nach dem Bindestrich auf dem Kennzeichenschild folgen. Wer als erster sein Alphabet ausgestrichen hat, ist Sieger.
Wer das Spiel im Zugabteil spielen will, beobachtet alle Schilder oder Plakate und streicht deren Anfangsbuchstaben auf seinem Zettel aus.

Theatralische Geschichten ◐ Ⓖ 742

Wir brauchen für dieses amüsante Spiel einige Utensilien aus der Faschingskiste, denn wir wollen Theater spielen. Wir teilen uns in drei kleinere Gruppen auf. Zwei Gruppen verlassen das Zimmer, während die dritte sich gemeinsam eine verzwickte, lustige Geschichte ausdenkt. Dann rufen wir eine Gruppe wieder herein und fordern sie auf, unsere Geschichte zu erraten. Wir wollen nur mit ja oder nein antworten. Die Frager haben nur eine begrenzte Zeit zur Verfügung, denn sie müssen uns die vermeintliche Geschichte ja noch vorspielen. Dazu dürfen sie sich mit den Utensilien ausstatten. Während sie sich umziehen, rufen wir die letzte Gruppe ins Zimmer. Wir haben noch niemandem verraten, wie die Geschichte wirklich verläuft, die wir uns ausgedacht haben.
Die zweite Gruppe ist inzwischen fertig zur Vorstellung, sie hat sich auch geeinigt, wie die Handlung verlaufen soll, die sie uns nun vorführen wird. Sie kann die Vorstellung als Pantomime darstellen oder auch richtiges Theater spielen.
Die dritte Gruppe soll nun wiederum erraten, wie die Handlung verläuft. Sie darf beliebig viele Fragen stellen, allerdings brauchen die Darsteller nur mit Zeichen zu antworten. Auch die Zeit der Vorstellung ist begrenzt, denn nun ist wieder die erste Gruppe an der Reihe. Sie nimmt den Mitspielern die Kostümierung ab und stellt nun ihrerseits die ursprüngliche Geschichte so dar, wie sie sich diese anfangs ausgedacht hatte.
Beide Rateteams dürfen nun noch einmal gemeinsam raten, worum es sich handelte.
Dann können wir uns gegenseitig Preise zuschreiben. Die Gruppe, die die erste Geschichte annähernd geraten hat, bekommt den Lorbeer für die hervorragende geistige Leistung. Die Gruppe, die die beste Darstellung zeigte, bekommt den »Oscar« für überragende schauspielerische Leistung und die, die sich die Geschichte ausdachte, bekommt den Lorbeer für ihren Einfallsreichtum.
Dann tauschen wir untereinander die Rollen aus. Jede Gruppe setzt sich aus anderen Spielern zusammen, so daß jeder einmal jede Rolle spielt.

Wortumwandlung ◔ Ⓖ 743

Ein Spieler gibt zu Beginn ein Stichwort. Jetzt versuchen wir durch Hinzunahme, Austausch oder Weglassung eines Buchstabens dieses Wort so oft umzuwandeln wie es geht. Nehmen wir zum Beispiel: Gast-Knast-Mast-Last-Bast usw. Wer die meisten Umwandlungen findet, ist Sieger.

Heimatkunde ◔ Ⓖ 744

Vom Kennzeichen eines Autos können wir auf seinen Herkunftsort schließen. Wir wollen nun versuchen, so viele Aussagen über diesen Ort zu machen, wie uns einfallen. B gleich Berlin. Einer beginnt: »Berlin ist in vier Sektoren geteilt.« »Berlin war die Hauptstadt des Deutschen Reiches.« »In Berlin steht ein Funkturm« usw.

Detektiv ◔ Ⓖ 745

Wir wollen bei dieser Reise einmal ganz genau unsere Umgebung betrachten. Für jeden Gegenstand, den wir entdecken, gibt es Punkte. Für ein Schloß erhalten wir fünf Punkte, für Rehe vier Punkte, für Raubvögel drei Punkte usw. Wir können die Punktskala natürlich beliebig abändern. Wer am Ende der Fahrt die meisten Punkte verzeichnen konnte, ist der beste Beobachter.

Wer ist der Fahrer? ◔ Ⓖ 746

Wir notieren uns die Kennzeichen eines Wagens und versuchen mit den Buchstaben, die wir vor uns haben, etwas über den Fahrer auszusagen. Zum Beispiel bei dem Kennzeichen: B-IR, können wir schließen auf einen »Bischof im Ruhestand«. Unserer Phantasie sind keine Grenze gesetzt. Wir sollten uns darauf einigen, daß kleine Füllwörter eingeschoben werden können.

Autojagd ◔ Ⓖ 747

Schreibzeug

Wir zeichnen uns eine Liste, in die wir alle Autotypen eintragen, denen wir eventuell begegnen könnten. Jeder notiert auf seiner Liste das Auto, das er gesehen hat, indem er unter der Rubrik einen Strich zeichnet. Wer am Ende die meisten Autos gesehen hat, ist Sieger.

Geschichtskenntnisse ◔ Ⓖ 748

Wir achten wieder auf die Kennzeichen der Autos, jetzt allerdings nur auf die Ziffern. Wir wollen sehen, ob wir in den meist vierstelligen Ziffern ein Geschichtsdatum wiedererkennen.
Dies ist relativ schwierig. Finden wir zu wenig exakte Daten, so runden wir die, die sich uns anbieten, entweder auf oder ab. Wir erblicken zum Beispiel das Kennzeichen 89. Wir ergänzen also 1789 Französische Revolution. Wer die meisten Daten notieren konnte, ist Sieger.

Mein Vetter hat ein Geschäft ◔ Ⓖ 749

Ein Spieler beginnt, indem er behauptet: »Mein Vetter hat ein . . .geschäft, in dem er etwas verkauft, was mit . . . beginnt.
Je nach Art des Geschäftes werden wir jetzt entsprechende Waren suchen, die alle mit dem geforderten Buchstaben beginnen sollen. Wer die meisten findet, darf das nächste Geschäft oder den nächsten Buchstaben anbieten.

Die letzte Zahl gilt ◕ Ⓖ 750

Während der Autofahrt zählen wir die letzten Ziffern der Autokennzeichen von entgegenkommenden oder uns überholenden Wagen zusammen. Wer als erster bei der Zahl 100 oder 200 ankommt, gewinnt.

Der Hund des Nachbarn ◔ Ⓖ 751

Wir wollen eine ganze Reihe von Eigenschaften finden, die wir alle dem Hund des Nachbarn zuschreiben. Alle Eigenschaften sollten mit dem gleichen Buchstaben beginnen. Der Hund des Nachbarn ist zum Beispiel l ieb, l istig, l ustig, l ebensfroh usw. Wer kein Eigenschaftswort mehr findet, sucht ein neues Wort mit einem anderen Buchstaben.

Zungenbrecher 752–775

Sogenannte Zungenbrecher sind Schnellsprechsätze, die wir möglichst fix, ohne uns zu verhaspeln, aussprechen wollen. Man kann sich in dieser Kunst so üben, daß man kaum noch Schwierigkeiten hat. Versuchen wir es einmal:

Fischers Fritze fischt frische Fische –
Frische Fische fischt Fischers Fritze.

He, Sie, Mann: wenn Sie schelle wolle,
schelle Sie net an sellerer Schelle,
selle Schelle schellet nit.
Wenn Sie aber schelle wolle,
schelle se an sellerer Schelle,
selle Schelle, selle schellt!

Hinterm Hirtenhäusel hackt Hans Holz.
Hätte Hannchen Hans Holz hacken hören,
hätte Hannchen Hans Holz hacken helfen.

Hinter Hermann Hannes' Haus
hängen hundert Hemden raus.
Hundert Hemden hängen raus
hinter Hermann Hannes' Haus.

Esel essen Nesseln nicht –
Nesseln essen Esel nicht.

Schneiderschere schneidet scharf –
scharf schneidet Schneiderschere.

Metzger, wetz dein Metzgermesser!
Dein Metzgermesser wetz, Metzger!

Der Cottbuser Postkutscher
putzt den Cottbuser Postkutschkasten.

Der Sperber fragt:
Was machst du, Wachtel?
Was fragst du, Sperber?
sagt die Wachtel.

Sitzt e Wermsche mit em Schermsche
unnerm Ermsche uff'm Termsche –
kimmt e Stermsche,
werfts Wermsche mit'm Schermsche
unnerm Ermsche vom Termsche.

Zwischen zwei Zweigerln
zwitschern zwei Zeiserln.

Plarr – Prall –
Prall – Plarr!

Ein Hahn, zwei Hühner, drei Gänse, vier Schweine, fünf Kühe, sechs milchweiße Mäuselein, sieben wickelige, wackelige Waschweiber, acht pickelige, packelige Paukenschläger, neun regelrecht, rechtmäßig gebratene Rattenschwänze, zehn konstantinopolitanische Schnupftabaksdosenmachergesellenherbergsväter.

Wir Wiener Waschweiber wollten weiße Woll-Wäsch' waschen,
wenn wir wüßten, wo warmes Waschwasser wär!

Kein Kleinkind kann kleine Kirschkern knacken.

Der Kellner hat's B'steck z'spät b'stellt!

666 Schock sächsische Schuhzwecken.

In Ulm und um Ulm und um Ulm herum.

Meßwechsel, Wachsmaske.

Schneller Schüler schlittre schnell.

Wer nichts weiß und weiß, daß er nichts weiß, weiß mehr als der, der nichts weiß und nicht weiß, daß er nichts weiß.

Meister Müller, mahl mir meinen Metzen Mehl;
morgen muß mir meine Mutter mehliges Milchmus machen!

Es war einmal ein Mann,
der hatte drei Söhne.
Der erste hieß Schack,
der andre Schackschawwerack,
der dritte Schackschawwerackschackonimini.
Nun war auch eine Frau,
die hatte drei Töchter.
Die erste hieß Sipp,
die andre Sippsiwwelipp,
die dritte Sippsiwwelippsippelimini.
Da nahm der Schack die Sipp,
und Schackschawwerack nahm die Sippsiwwelipp,
und Schackschawwerackschackonimini
nahm die Sippsiwwelippsippelimini.

Würfelspiele

Alles dem Letzten ◐ Ⓖ 776

1 Würfel, Schreibzeug, Streichhölzer

Wir zeichnen auf einem großen Blatt Papier gemeinsam eine Skizze, wie wir sie als Hüppekasten auf der Straße finden, also ein Rechteck, das an seiner Stirnseite mit einem Halbkreis abgeschlossen wird. Dieses Rechteck teilen wir in fünf Felder ein, die wir von eins bis fünf durchnumerieren. In den Halbkreis schreiben wir eine Sechs. Jetzt kann gewürfelt werden. Wer nun eine der Zahlen von eins bis fünf würfelt, muß das entsprechende Feld belegen, indem er ein Streichholz einsetzt. Ist das Feld schon besetzt, darf er das entsprechende Streichholz an sich nehmen. Würfelt nun jemand eine Sechs, muß er ein Streichholz in die »Hölle«, d. h. den Halbkreis legen, darf aber keins wegnehmen. Wer alle Streichhölzer verloren hat, scheidet aus. Der letzte, der noch Streichhölzer zur Verfügung hat, darf alle Streichhölzer, die im Hüppekasten liegen, nehmen.

Null ist Trumpf ◐ Ⓖ 777

3 Würfel

Bei diesem Spiel werden wir mit großen Zahlen rechnen. Wir geben nämlich jeder Augenzahl einen Wert, der sich in Nullen ausdrückt. Die Eins bekommt sechs Nullen zugeteilt, sie zählt also eine Million. Die Zwei verfügt über vier Nullen, zählt also 20 000. Der Drei hängen wir drei Nullen an, bringt uns 3000 Punkte, die Vier 400 Punkte, die Fünf 50 Punkte und mit der sonst so begehrten Sechs sind wir hier nicht gut bedient, sie bringt uns nur ganze 6 Punkte ein.
Jeder Spieler wirft pro Runde nur einmal mit drei Würfeln. Wer sich am Ende die meisten Punkte gutschreiben konnte, hat gewonnen.

Yahtzee ◐ Ⓖ 778

5 Würfel, Schreibzeug

Yahtzee oder Würfelpoker ist kompliziert, dafür aber um so spannender. Jeder Spieler muß vor dem Spiel das abgebildete Schema aufzeichnen, in das er die Ergebnisse der einzelnen Runden einträgt, denn es ist entscheidend, in welche der dreizehn Rubriken des Spielplans wir unsere Ergebnisse eintragen. Hier bietet sich uns die Chance, durch geschicktes Manövrieren dem Zufall ein Schnippchen zu schlagen. Wir können die Kombinationsmöglichkeiten beider Rubrikhälften gleich zu Beginn des Spiels voll ausnutzen.

Wer die höchste Augenzahl wirft, darf beginnen. Der erste Wurf muß mit fünf Würfeln getätigt werden. Es bleibt dem Spieler dann überlassen, ob er noch ein zweites und drittes Mal würfeln will. Nach dem ersten Wurf kann er zusätzlich entscheiden, mit wieviel Würfeln er weiterspielen möchte, denn die Würfel, die beim ersten Wurf ein gutes Ergebnis versprachen, kann der Spieler unberührt stehen lassen, um mit den restlichen Würfeln das Ergebnis auszubauen.
Hat er sich einmal für die Eintragung in eine bestimmte Rubrik entschieden, so ist diese für ein Spiel, bei dem jeder Spieler dreizehnmal an der Reihe ist, vergeben.
Die Wertungen der verschiedenen Zahlenbilder, die wir würfeln, gleichen denen beim Poker. Nach unseren drei Würfen können wir, um bei der Spielplanerklärung oben zu beginnen, in die erste Hälfte der Tafel die Augenzahlen der Würfel eintragen, die der Benennung der Rubrik entsprechen. Ein Beispiel: Wir können von dem Wurf, der die Augen 6, 2, 6, 5, 6 zeigt, in die Rubrik »Sechser« das Ergebnis, das sich aus 3mal der 6 ergibt, also die 18 eintragen. Würfeln wir beispielsweise 3, 3, 3, 2, 5, so tragen wir in das Feld »Dreier« eine 9 ein. Die Augenzahlen der beiden letzten Würfel entfallen. Auch wenn wir in einem Wurf nicht drei gleiche Werte haben, können wir in die entsprechenden Rubriken die Werte einzelner Würfel eintragen. Jedoch sollten wir uns dabei überlegen, daß wir

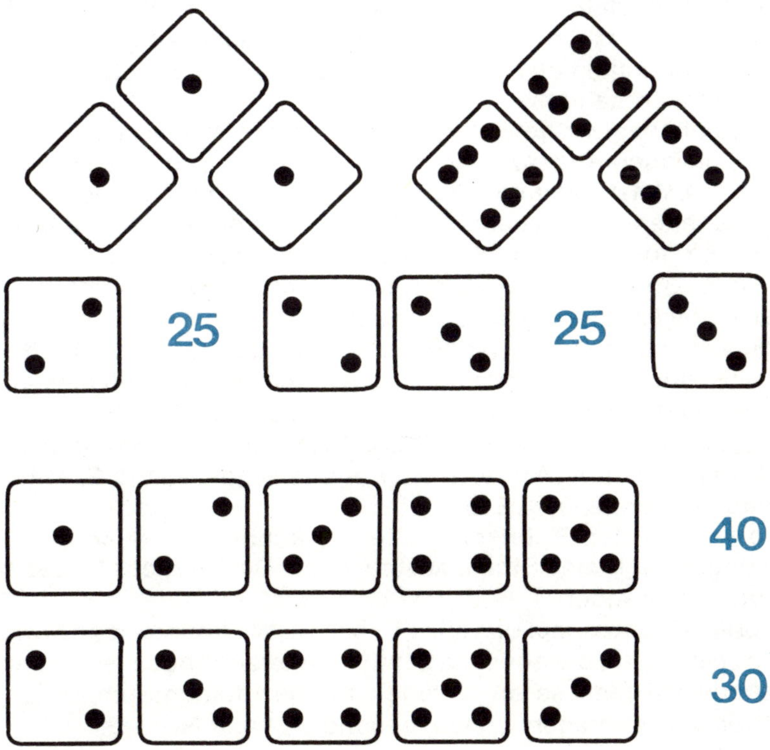

jede Rubrik nur einmal besetzen dürfen. Erreichen wir bei der Endabrechnung in der ersten Rubrikhälfte eine Zwischensumme, die 63 Punkte oder mehr beträgt, so wird uns ein Bonus von 35 Punkten gutgeschrieben. Diese 63 ergibt sich, wenn wir in allen sechs Rubriken jeweils die Werte mindestens dreier Würfel der gleichen Augenzahl eintragen. Liegt ein Wurf mit vier gleichen Zahlen vor, so erreichen wir die begehrte 63 sicherlich, wenn wir in eine andere Rubrik dafür nur zwei Wertungen eintragen können. Die Entscheidung bleibt, wie immer, dem Spieler überlassen.

Die Summe aller fünf Würfel können wir in die Rubrik »3 Gleiche« eintragen, wenn wir unter diesen fünf mindestens drei gleiche Werte finden. Bei dem Wurf 5, 5, 5, 4, 6 ergibt die Summe 25, die sich aus den drei Fünfen, der Vier und der Sechs zusammensetzt. Wir tragen also in das Feld 3 Gleiche eine 25 ein.

Die Rubrik »4 Gleiche« wird nach dem gleichen Prinzip aufgefüllt, nur müssen wir hier vier gleiche Werte in einem Wurf vorweisen können. Das Feld der 3 Gleichen kann uns dann noch als Ausweichfeld dienen, wenn wir einen Wurf mit vier Gleichen erreichen, das dazugehörige Feld aber schon besetzt ist. Die Entscheidung, ob wir von dieser Ausweichmöglichkeit Gebrauch machen, bleibt uns überlassen. Wir sollten uns dabei überlegen, daß es vorkommt, daß die Summe, die sich aus vier Gleichen plus einer Ungleichen ergibt, niedriger sein kann, als die, die drei Gleiche plus zwei Ungleiche ergeben. Ein Beispiel: Wir würfeln 3, 3, 3, 3 plus 2, so ergibt das 14. Würfeln wir aber 4, 4, 4 plus 5, 3, so erhalten wir 20. Selbstverständlich gibt es jederzeit die Ausweichmöglichkeit in die erste Rubrikhälfte. Wir sollten also nicht unüberlegt bei der Besetzung der einzelnen Rubriken handeln.

Ein »Haus« haben wir gewürfelt, wenn sich der Wurf aus drei gleichen und zwei gleichen Augenzahlen zusammensetzt, also beispielsweise 5, 5, 5 plus 4, 4. Jetzt rechnen wir nicht mehr die Zahlen zusammen, sondern wir können uns, ungeachtet dessen, was die Addition dieser fünf Werte ergibt, für ein Haus 25 Punkte gutschreiben.

Eine »Kleine Straße« haben wir erreicht, wenn von den fünf Würfeln vier in einer Reihe erscheinen, also beispielsweise 1, 2, 3, 4 und eine andere Zahl, die keine Bedeutung hat. Eine Kleine Straße kann sich auch aus 2, 3, 4, 5 plus einer unwichtigen Zahl zusammensetzen. Auch diesen Wurf zählen wir nicht mehr zusammen, er bringt uns 30 Punkte.

Mit der »Großen Straße« erreichen wir 40 Punkte, und wir haben sie gewürfelt, wenn alle fünf Würfel in einer Reihe liegen, also 1, 2, 3, 4, 5. Sie kann auch lauten: 2, 3, 4, 5, 6.

Ebenso wie bei den Rubriken 3 Gleiche können wir auch die Große Straße gegen die Kleine Straße austauschen. Der Wert des Feldes bleibt allerdings unverändert.

Die Rubrik »Chance« läßt uns alle Freiheiten. Wir können jede Kombination dort eintragen, die sonst nirgendwo unterzubringen ist. Wir sollten taktischerweise damit so lange warten, bis die Additionssumme der Werte, die wir dort eintragen wollen, besonders hoch ist.

	Wert	Spiel 1	Spiel 2	Spiel 3	Spiel 4	Spiel 5
Einser						
Zweier						
Dreier						
Vierer						
Fünfer						
Sechser						
Ergebnis						
Bonus Ist das Ergebnis höher als 63, gibt es einen Bonus von 35						
Summe						
3 Gleiche	Summe aller Würfel					
4 Gleiche	Summe aller Würfel					
Haus (3 Gleiche und ein Paar)	25					
Kleine Straße (Folge von 4)	30					
Große Straße (Folge von 5)	40					
Chance (beliebiger Wurf)	Summe aller Würfel					
Yahtzee (5 Gleiche)	50					
Ergebnis						
+ Summe der oberen Hälfte						
Gesamtsumme						

Die »Yahtzee«-Rubrik ist besonders wertvoll, denn hier werden 50 Punkte vergeben. Wir können sie gewinnen, wenn alle fünf Würfel die gleiche Augenzahl zeigen, beispielsweise 5, 5, 5, 5, 5.
Wie oben erwähnt, braucht der Spieler, der an der Reihe ist, nur jeweils den ersten Wurf mit allen fünf Würfeln zu tätigen. Die Würfel, die ihm zum Beispiel zu einer Reihenbildung günstig erscheinen, kann er stehenlassen, und mit den beiden folgenden Würfen versucht er, die Reihe zu vervollständigen. Wenn er will, kann er auf die beiden letzten Würfe auch verzichten. Am Ende des Spiels rechnen wir die Werte der jeweiligen Hälften zusammen und addieren beide Zwischensummen, um die Endsumme zu erhalten. Erzielt ein Spieler in der oberen Hälfte 63 Punkte oder mehr, so kann er sich zu seiner Endsumme noch den Bonus von 35 Punkten hinzurechnen.
Wer die höchste Gesamtsumme verzeichnen kann, hat gewonnen.

Hausnummern ◕ Ⓖ 779

1 Würfel, Schreibzeug

Der Spielleiter zeichnet eine Tabelle mit vier Rubriken. In die äußere linke Rubrik schreiben wir die Namen der Teilnehmer untereinander. In die drei übrigen Rubriken wollen wir waagerecht die Ergebnisse unserer Würfelrunden eintragen, aus denen sich im Endeffekt die Hausnummern ergeben. Wir spielen mit nur einem Würfel.
Nach jedem Wurf muß sich der Spieler entscheiden, in welche Rubrik die Zahl eingetragen werden soll, die er geworfen hat.
Die erste Rubrik bezeichnet die Hunderterstellen, die zweite die Zehnerstellen und die dritte die Einerstellen. Wer also im Laufe des Spiels seine Zahlen am geschicktesten verteilt, kann die höchste Hausnummer verzeichnen und ist Sieger.
Würfelt ein Spieler in der ersten Runde zum Beispiel eine Eins, so wird er sie wahrscheinlich in die dritte Rubrik eintragen lassen, denn er hofft die Hunderter- und Zehnerstellen mit höheren Zahlen auffüllen zu können. Würfelt er eine Sechs, so wird er wahrscheinlich die erste Rubrik bestimmen, denn einen höheren Hunderterwert kann er nicht erreichen. Am Ende stehen in den drei Rubriken die erwürfelten Zahlen der drei Runden nebeneinander und ergeben die Hausnummer jedes Spielers.
Variante: Der Wurf bleibt nun verdeckt auf dem Tisch liegen, und jeder Spieler muß blind entscheiden, an welche Stelle er seine Zahl setzen will. Jetzt handelt es sich um ein reines Glücksspiel, bei dem Sieger ist, wer die höchste Hausnummer gewürfelt hat.

Ohio ◕ Ⓖ 780

6 Würfel, Schreibzeug

Wir fertigen uns für dieses Spiel einen Plan an, den ein Spielleiter verwaltet. Links steht der Name des Spiels »Ohio«, und darunter stehen fortlaufend in der Senkrechten die Zahlen 1 bis 6. Die Namen der Teilnehmer werden waagerecht über einzelne Kolumnen geschrieben, in die wir später die Ergebnisse jedes Spiels eintragen.
Wir spielen mit sechs Würfeln und versuchen, mit jedem Wurf möglichst eine vollständige Sequenz von 1 bis 6 zu werfen. Dann können wir uns nämlich ein Ohio gutschreiben, das 40 Punkte rechnet. Jeder Spieler darf pro Runde dreimal hintereinander würfeln, wobei er jeweils die Würfel stehenlassen kann, die ihm seiner Meinung nach zu einer Sequenz oder einer Zahlengleichheit verhelfen können. Wir schreiben auch Pluspunkte auf, wenn wir 6mal die 1, 6mal die 2, 6mal die 3, 6mal die 4, 6mal die 5 und 6mal die 6 erreichen. Nach dem dritten Wurf muß sich der Spieler entscheiden, ob er eine Zahlenreihe oder eine Zahlengleichheit gutgeschrieben haben will.
Für die vollständige Zahlenreihe von 1 bis 6 erzielen wir 40 Punkte. Ist die Reihe unvollständig, weil ihr beispielsweise die ersten beiden oder die letzten beiden Zahlen fehlen, so zählen wir die Augen zusammen, die sich aus den vier aufeinanderfolgenden Würfeln ergeben, also zum Beispiel 1, 2, 3, 4 ergibt 10 Punkte, die Augen der beiden anderen Würfel, die in diesem Beispiel eine 3 oder eine 2 zeigen, fallen weg.

Ohio	Rose	Uwe	Inge	Kurt	Susi
1					
2					
3					
4					
5					
6					

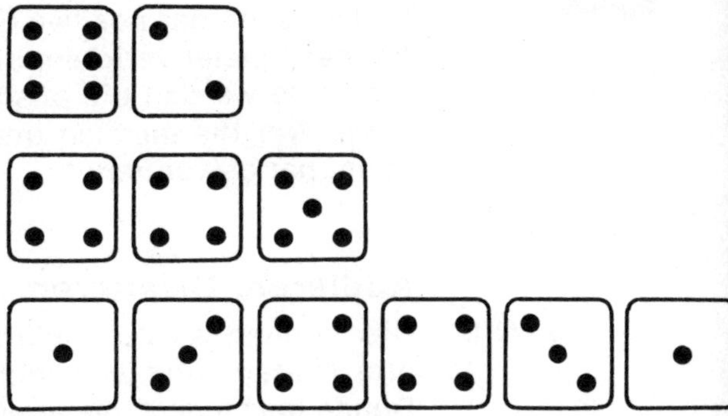

Bei einer Zahlengleichheit können wir uns folgende Punkte gutschreiben: 6mal die 1 ergibt 6 Punkte, 6mal die 2 ergibt 12 Punkte; 6mal die 3 ergibt 18 Punkte usw.
Wer mit den wenigsten Würfen die höchste Punktzahl erreicht, siegt.

Sechs Würfel Ⓖ 781

3 weiße und 3 schwarze Würfel

Wir spielen mit drei weißen und drei schwarzen Würfeln. Jeder Spieler kann dreimal hintereinander würfeln. Wir versuchen, mit den sechs Würfeln Reihen aufzubauen. Bei den schwarzen Würfeln zählt allerdings nur die Reihe 1, 2, 3, bei den weißen die Reihe 4, 5, 6. Der erste Spieler läßt am Anfang alle sechs Würfel auf dem Tisch ausrollen. Dann kann er sich entscheiden, welche Würfel, die ihm zu einer Reihe verhelfen könnten, er stehen lassen möchte. Mit den übrigen darf er dann ein zweites und eventuell ein drittes Mal spielen.
Vervollständigt sich eine Reihe beim zweiten Versuch, so läßt er auch diese Würfel stehen und bedient sich nur noch der, die nicht in eine Reihe passen. Mit diesen darf er nun zum dritten und letzten Mal sein Glück versuchen. Gelingt ihm mit den weißen Würfeln die Reihe 4, 5, 6, so darf er einen Pluspunkt für sie verbuchen. Erreicht er mit den schwarzen Würfeln die Reihe 1, 2, 3, so erhält er zwei Pluspunkte. Benötigt er für eine der beiden Reihen nur einen Wurf, so kann er sich zusätzlich drei Pluspunkte verzeichnen. Finden wir in einer Runde bei zwei Spielern das gleiche Ergebnis, so ist der Spieler Sieger, der das Ergebnis mit weniger Würfen erzielen konnte.

Gerade minus Ungerade Ⓖ 782

6 Würfel, 1 Würfelbecher

Wir spielen mit sechs Würfeln, die wir in einem Becher gut schütteln und dann auf dem Tisch ausrollen lassen.
Jeder Spieler würfelt pro Runde einmal. Liegen alle Würfel aus, so rechnen wir die Augen zusammen, die eine ungerade Zahl zeigen und ziehen sie von der Summe der Augen der geraden Zahlen ab.
Wenn wir Glück haben, fallen drei Würfel mit einer geraden und drei mit einer ungeraden Zahl, so daß das Ergebnis positiv bleibt, denn die Summe dreier gerader Zahlen ist höher als die dreier ungerader. Fallen zum Beispiel die Zahlen 3, 1, 3 und 4, 2, 6, so ziehen wir die 7 von der 12 ab

und erhalten das positive Ergebnis 5. Fallen jedoch 3, 3, 5, 5 und 2, 6, so hat der Spieler verloren, da sein Ergebnis – 8 lautet.
Am Ende werden die positiven mit den negativen Ergebnissen verglichen. Wer die meisten und höchsten positiven Ergebnisse vorweisen kann, hat gewonnen.

Addieren, Dividieren, Multiplizieren ⊕ Ⓖ 783

3 Würfel

Hier können wir beim Würfeln spielend rechnen üben. Wir werfen mit drei Würfeln, und jeder notiert sich die Summe eines jeden Wurfs. Pro Runde darf jeder Spieler viermal hintereinander würfeln, dann beginnt die Rechenaufgabe.
Die Summe des ersten Wurfs addiert er zu der zweiten hinzu, das Ergebnis der beiden Würfe dividiert er durch die Summe des dritten und dieses Ergebnis wiederum multipliziert er mit der Summe des vierten Wurfs. Ein Beispiel: Die Quersumme des ersten Wurfs, die sich aus der Augenzahl der drei Würfel ergibt, ist gleich 8, dazu kommt nun die Quersumme des zweiten Wurfs, die 4 beträgt (8 plus 4 gleich 12). Die 12 teilen wir nun durch die Summe des dritten Wurfs, z. B. der 3. Wir erhalten die 4. Diese wird mit der Quersumme 15 des vierten Wurfs multipliziert. Der Spieler kann sich also 60 Punkte gutschreiben.
Der Gewinner wird immer pro Runde ermittelt. Wer die meisten Punkte einer Runde erreicht hat, ist Etappensieger.Der Gesamtsieger hat die meisten Etappensiege erreicht.

Rentmeister ⊕ Ⓖ 784

3 Würfel, Schreibzeug

Um bei diesem Glückspiel den Gewinner genau zu ermitteln, müssen wir uns die Ergebnisse der Würfe notieren. Jeder Teilnehmer schreibt auf einen Zettel die Zahlen drei bis acht untereinander auf. Dann werfen wir drei Würfel reihum, jeder sechsmal hintereinander, und schreiben die Summe der einzelnen Würfe hinter die Zahlen.
Die Quersumme des ersten Wurfs wird hinter der Acht notiert, die des zweiten Wurfs hinter der Sieben, die des dritten hinter der Sechs usw. Die Zahlen, die nun nebeneinander stehen, werden miteinander malgenommen, und die Ergebnisse am Schluß zusammengezählt. So erhalten wir die Endsumme, durch die wir den Sieger ermitteln können.
Die Beschreibung des Spiels klingt komplizierter als es eigentlich ist. Wir wollen dieses an einem Beispiel erläutern: Im ersten Wurf fällt die 9, die wir neben die 8 auf unser Papier schreiben. Als Summe können wir notieren: 8 mal 9 gleich 72. Beim zweiten Wurf fällt die 16, die wir neben die 7 schreiben. Als Summe ergibt sich 7 mal 16 gleich 112. Der dritte Wurf beschert uns die 12, die wir neben die 6 schreiben. Jetzt rechnen wir 6 mal 12 gleich 72. Beim vierten Wurf fällt die 7, die wir neben die 5 schreiben. Wir errechnen 7 mal 5 gleich 35. Der fünfte Wurf ergibt die 9, die neben die 4 gehört. Als Summe ergibt sich 9 mal 4 gleich 36. Der letzte

und sechste Wurf ergibt eine 14, die wir neben der 3 aufschreiben. Wir multiplizieren nun wie vorher die 14 mit der 3 und erhalten 42.
Die Ergebnisse unserer Multiplikationen stehen nach unserem Schema fein säuberlich untereinander, und wir brauchen sie nur noch zusammenzurechnen, um mit der Endsumme (hier: 369) den Sieger des Spiels zu ermitteln.
Wie bei fast jedem Spiel siegt der, der am Ende die höchste Summe aufzuweisen hat.
Wir können uns bei diesem Spiel auch darauf einigen, daß jeder Spieler pro Runde nur einmal würfelt und die Ergebnisse jedes Wurfs dort in die Tabelle einträgt, wo er will. Allerdings kann jeder Platz nur einmal vergeben werden.

3	×	14	=	42
4	×	9	=	36
5	×	7	=	35
6	×	12	=	72
7	×	116	=	112
8	×	9	=	72
				369

Ausstreichen 785

1–2 Würfel, Schreibzeug

Wir beginnen das Spiel damit, daß jeder Spieler auf einem Bogen Papier fünfzig Striche zieht. Dann würfeln wir mit einem oder 2 Würfeln reihum, und jeder streicht soviel Striche aus, wie er Augen gewürfelt hat. Dieses Spiel scheint schnell zu Ende zu gehen, wir bleiben aber meist kurz vor Schluß ziemlich lange an den letzten Zahlen hängen. Würfeln wir nämlich mehr Augen als wir noch Striche zur Verfügung haben, so müssen wir die Differenz als neue Striche hinzuschreiben. Nehmen wir als Beispiel an, wir haben noch drei Striche auf dem Blatt, die ausgestrichen werden müssen. Dann würfeln wir eine Sechs. Also müssen wir drei Striche zu den schon vorhandenen hinzuzeichnen. Wer als erster alle Striche beseitigt hat, ist Sieger.

Börse 786

5 Würfel

Wir spielen mit fünf Würfeln, wobei die Spieler nicht selbst aktiv werden dürfen. Die Aufgabe des Würfelns nimmt ihnen ein »Angestellter« der »Börse« ab. Er würfelt für jeden Spieler fünfmal, und nach den ersten beiden Würfen, die nur mit zwei Würfeln getätigt werden, muß sich der »Kunde« d. h. der Spieler, der gerade an der Reihe ist, vor jedem der drei folgenden Würfe mit dem dritten, vierten und fünften Würfel entscheiden, ob sie zu seinem ersten Ergebnis hinzugerechnet, von ihm abgezogen, mit ihm malgenommen oder durch es geteilt werden sollen.
Im Verlauf des Spiels wird der Spieler immer vor die gleiche Entscheidung gestellt; allerdings darf jede Rechnungsart nur einmal pro Runde verwendet werden. Bestimmt der Spieler, daß das Ergebnis durch das des folgenden Wurfs geteilt werden soll, so muß die Division aufgehen, wir dürfen keine Reste stehen lassen. Geht die Rechnung nicht auf, muß der Wurf wiederholt werden, und zwar so lange, bis kein Rest mehr bleibt.
Derjenige Spieler, der nach allen Rechnungsarten das günstigste Ergebnis vorweisen kann, hat gewonnen.

Kleeblatt ③ 787

2 Würfel, Spielmarken oder Streichhölzer

Wir spielen zu dritt mit elf Spielmarken oder Streichhölzern.
Die Spielmarken legen wir als Bank in die Mitte des Tisches und dann beginnen wir zu würfeln. Wirft einer mit zwei Würfeln mehr als elf Augen, so darf sich jeder seiner Mitspieler eine Marke aus der Bank nehmen. Würfelt er weniger als elf, hat er das Recht, sich seinerseits zwei Marken zu nehmen. Fällt die Zahl Elf, so bleibt die Bank unberührt.
Bei diesem Spiel mit drei Teilnehmern bleibt zwangsläufig eine Marke in der Bank liegen. Sie wird das Stechen entscheiden, wenn zwei Spieler unentschieden über genau die gleiche Summe von Marken verfügen. Beim Stechen kommt es nur noch darauf an, wer von beiden die höhere Augenzahl würfelt. Er erhält dann die letzte Marke. Verlierer ist, wer am Ende die wenigsten Marken hat.

Drei und Fünf Ⓖ 788

2 Würfel

Wir würfeln mit zwei Würfeln reihum, jeder dreimal hintereinander. Es zählen hierbei aber nur die Drei und die Fünf, alle anderen Augenzahlen sind ungültig. Für eine Drei können wir uns zwei Punkte, für eine Fünf vier Punkte gutschreiben.
Wie bei fast allen Würfelspielen hat auch hier derjenige verloren, der am Ende die kleinste Punktezahl verzeichnen kann.

Eins und Sechs Ⓖ 789

3 Würfel

Wir spielen mit zwei oder drei Würfeln. Besonders begehrt bei diesem Spiel sind die Eins und die Sechs. Mit diesen Zahlen können wir nämlich viele Punkte gewinnen: für jede Eins 100, für jede Sechs 60 Punkte. Alle weiteren Augen zählen wir nach ihrem eigentlichen Wert zusammen. In jeder Runde darf jeder Spieler nur einmal würfeln.
Variante: Wir einigen uns darauf, daß der erste Spieler bestimmt, welche Höchstzahl erreicht und nicht überschritten werden darf. Würfelt einer einen Doppelpasch, d. h. mit allen drei Würfeln entweder Sechser oder Einser, so kann er auf einen Schlag 250 Punkte für sich verbuchen.
In einem normalen Wurf gelten auch bei der Variante die gleichen Werte wie im Normalspiel.
Gewinner ist, wer am Ende die meisten Punkte gesammelt hat.

Elf hoch Sieben Ⓖ 790

2 Würfel, Spielmarken

Jeder Teilnehmer legt vor Beginn des Spiels den gleichen Betrag in die gemeinsame Bank. Dann würfeln wir mit zwei Würfeln reihum. Wer eine Sieben würfelt, bekommt die Münzen aus der Bank. Wer mehr als sieben Augen würfelt, muß den Betrag der Bank verdoppeln, wer weniger würfelt, muß die Differenz zwischen der geworfenen Zahl und der Sieben mit Spielmarken auffüllen. Würfelt ein Spieler z. B. eine Vier, so hat er drei Marken an die Bank zu zahlen. Sieger wird, wer nach einer festgelegten Zeit die meisten Marken sammeln konnte.

Die Reise nach Amerika ◐ Ⓖ 791

6 Würfel

Wir fahren mit sechs Würfeln in Etappen nach Amerika. Auf der Hinreise müssen wir mit möglichst wenigen Würfen die Zahlen 1 bis 6 hintereinander werfen, auf der Rückreise die Zahlen 6 bis 1. Wer das am schnellsten schafft, hat gewonnen.
Der erste Spieler beginnt also. Er würfelt mit dem ersten Wurf 4, 2, 6, 2, 1 und 5. Er hat somit im Wurf die ersten Etappen: 1, 2. Mit den restlichen Würfeln (er hat jetzt also nur noch vier) wirft er 1, 3, 4, 6. Jetzt kann er 3 und 4 verwenden. Mit den beiden letzten Würfeln muß er so lange werfen, bis er eine 5 und eine 6 würfelt; dann hat er die Hinreise beendet. Die Anzahl der Würfe, die er bis nach Amerika benötigt, wird gezählt und mit den Würfen der Rückreise, die von sechs bis eins rechnet, zusammengezählt. Wer am schnellsten hin- und zurückfährt, hat gewonnen.

Trumpf ◐ Ⓖ 792

2 oder mehr Würfel

Hier kommt es auf die Glückszahl jedes einzelnen an. Um sie zu ermitteln, würfeln wir reihum mit einem Würfel. Die Augenzahl, die jeder bei dieser ersten Runde wirft, wird sein Trumpf. Jetzt können wir mit zwei oder mehr Würfeln weiterspielen. In die Mitte des Tisches legen wir einen Haufen Streichhölzer. Dann würfeln wir reihum. Jedesmal, wenn die Trumpfzahl eines Spielers fällt, darf er sich ein Streichholz nehmen. Spielen wir mit mehreren Würfeln, so kann es vorkommen, daß eine Zahl mehrmals auftaucht. Alle Spieler, denen diese Zahl zugeordnet ist, können sich dann so viele Streichhölzer nehmen, wie Zahlen gefallen sind. (Drei Würfel zeigen z. B. die Fünf, einer die Vier. Wer dann die Trumpfzahl Fünf hat, darf sich drei Streichhölzer, wer die Vier hat, ein Streichholz nehmen. Wir spielen so lange, bis der Haufen Streichhölzer in der Mitte abgebaut ist. Dann geht es in die zweite Runde. Es kommt jetzt darauf an, möglichst schnell die erworbenen Hölzer wieder loszuwerden. Jeder, dessen Trumpfzahl fällt, darf Streichhölzer ablegen, und zwar nach dem gleichen Prinzip, wie er sie aufgenommen hatte.
Wer sein Streichholz als letzter auf den Tisch legt, hat verloren.

Doppeltes Lottchen ◐ Ⓖ 793

2 oder mehr Würfel

Wir spielen mit beliebig vielen Würfeln, am günstigsten sind jedoch zwei. Wir würfeln reihum, und die Augenzahlen jedes einzelnen werden von einer Runde zur folgenden addiert. Es kommt bei diesem Spiel ausnahmsweise darauf an, möglichst geringe Zahlen zu werfen, denn wer zuerst die Summe Sechsundsechzig erreicht oder überschreitet, hat verloren.

Sequenz Ⓖ 794

3 Würfel

Wir spielen mit drei Würfeln, und jeder Spieler darf pro Runde dreimal hintereinander werfen. Wir rechnen bei diesem Spiel nur die Augenzahlen, die eine Sequenz ergeben , also entweder 1, 2, 3; 2, 3, 4; 3, 4, 5 oder 4, 5, 6. Fallen nur zwei Zahlen, die in die Reihe passen, so ist der Wurf ungültig. Die Zahl der erfolgreichen Würfe notieren wir. Wer nach einer festgelegten Zeit die meisten erfolgreichen Würfe verzeichnet, gewinnt.

Nicht über Zehn Ⓖ 795

2 Würfel

Auch bei diesem Spiel kommt es darauf an, eine Stichzahl entweder zu treffen oder zu unterbieten. Wir haben pro Runde nur einen Wurf mit zwei Würfeln. Werfen wir weniger als zehn, können wir zu unserer Summe zehn Punkte hinzuzählen. Fallen mehr als zehn Augen, so müssen wir von der Summe zehn Punkte abziehen.

Wer am Ende die wenigsten Punkte zu verzeichnen hat, hat verloren.

Variante zu diesem Spiel: Wir einigen uns darauf, auch die Gegenseite der sichtbaren Augen gelten zu lassen. Wir müssen uns dann nach einem Wurf entscheiden, ob wir die sichtbare oder die sich aus den Augenzahlen der Unterseite ergebende Summe anrechnen wollen. Fällt ein Pasch, also etwa zweimal die Fünf, so gilt der Wurf gleich Null.

Pasch Ⓖ 796

2 Würfel

Wir spielen mit zwei Würfeln. Die Augenzahlen beider Würfel werden zusammengezählt und aufgeschrieben. Würfelt allerdings ein Spieler einen Pasch, also mit beiden Würfeln die gleiche Zahl, so darf er beide Zahlen miteinander multiplizieren. Werfen wir also die Eins und die Vier, so ergibt das fünf, würfeln wir aber zweimal die Fünf. so haben wir 25 Punkte gewonnen.

Die einzelnen Runden spielen wir so lange, bis der Sieger die vorher vereinbarte Endzahl erreicht hat, etwa 100, 500 oder sogar 1000.

Spinne Ⓖ 797

2 Würfel, Schreibzeug

Wir brauchen für dieses Spiel zwei Würfel und pro Person Papier und Bleistift. Auf unseren Zettel schreiben wir in Kreisform die Zahlen Zwei bis Zwölf. Dann beginnt das Spiel. Der erste Spieler streicht die Zahl aus, die er mit beiden Würfeln zugleich geworfen hat. Er darf so lange spielen, bis er auf eine Zahl trifft, die er bereits ausgestrichen hat. Dann wandert der Becher weiter. Die einzige Ausnahme macht die Zahl Sieben. Sie dürfen wir so oft ausstreichen, wie wir sie würfeln, ohne die Spielrunde damit zu beenden.

Hat ein Spieler alle seine Zahlen gestrichen, womit das Spiel beendet ist, so muß er jedem Mitspieler soviel an Streichhölzern zahlen, wie dieser noch offene ungestrichene Zahlen hat. Allerdings bekommt er von jedem Mitspieler zehn Streichhölzer für jeden zusätzlichen Strich auf seiner 7. Wer als erster alle Zahlen abgestrichen hat, braucht also nicht der Verlierer zu sein. Hat er häufig die begehrte Sieben gewürfelt, so siegt er.

August bläst vom Turm 798

2 Würfel, 1 Würfelbecher

Wir schütteln zwei Würfel im Becher und stülpen ihn auf die Tischplatte. Einen dritten Würfel legen wir jetzt auf den Boden des umgestülpten Bechers und blasen ihn »vom Turm«. Die Augenzahl, die er zeigt, wenn er ausgekullert ist, rechnen wir zur Summe der Augen, die die Würfel unter dem Becher zeigen, hinzu. Wer die höchste Zahl erreicht, gewinnt.

Gleichpasch 799

3 Würfel

Jetzt spielen wir mit drei Würfeln, als Gewinn anrechnen können wir aber nur den Gleichpasch, d. h. wenn mindestens die Augenzahlen zweier Würfel übereinstimmen. Werfen wir also fünf und drei, so haben wir 0 Punkte. Fallen zwei gleiche Zahlen, also zweimal die Fünf und einmal die Drei, so schreiben wir uns 10 Pluspunkte auf. Fällt dreimal die gleiche Zahl, so dürfen wir die drei Zahlen sogar miteinander multiplizieren. Damit können wir sehr hohe Punktzahlen erreichen. Wer am Ende die höchste Summe an Punkten hat, gewinnt.

Einmal vor und zurück 800

7 oder mehr Würfel, 1 Würfelbecher

Wir würfeln jetzt mit einem Becher, in dem sich sieben oder mehr Würfel befinden. Jeder Spieler würfelt einmal und notiert sich die Anzahl der geworfenen Augen. In der nächsten Runde zählt er die jetzt erreichte Augenzahl dazu, bei der dritten Runde zieht er die Augenzahl ab, in der vierten Runde rechnet er sie wieder hinzu, der fünfte Wurf wird abermals abgezogen, der sechste hinzugerechnet und der letzte und siebte Wurf wird abgezogen. Der Spieler, der nach dieser ganzen Hin- und Herrechnerei die meisten Punkte für sich verbuchen kann, ist Sieger. Das Spiel eignet sich hervorragend, um das sonst so langweilige Kopfrechnen zu üben. Wir können es also gut mit Kindern spielen, die in der Schule gerade rechnen lernen.

Craps 801

2 Würfel

Wer Craps spielen möchte, muß Freude am Wetten haben und bereit sein, ein gewisses Risiko einzugehen.
Wir spielen mit zwei Würfeln, die entweder in der Hand oder im Becher geschüttelt und auf die Tischplatte geworfen werden. Bevor der erste Spieler beginnt, gibt er eine beliebige Zahl an, die man mit zwei Würfeln erreichen kann. Auf diese Zahl wettet er einen bestimmten Betrag, mit dem die anderen Spieler mithalten müssen.
Hat der erste Spieler nun wirklich das Glück, die von ihm angekündigte Zahl zu würfeln, so kann er die Wetten von seinen Mitspielern einkassieren. Trifft er nicht die gewünschte Augenzahl, sondern eine Zahl, die höher liegt, so darf er noch einmal würfeln und hat gewonnen, wenn er beim zweiten Mal wiederum diese höhere Zahl würfelt. Würfelt er zu seinem Pech allerdings nun die Zahl, die er zuerst angeben hatte, so verliert er seinen Einsatz, den die Mitspieler dann unter sich aufteilen können.

Kleines Roulette ◐ Ⓖ 802

2 Würfel, Chips, Münzen oder Spielfiguren, Schreibzeug

Wir zeichnen uns auf einem großen Bogen Papier das vereinfachte Schema eines Roulette-Spiels auf. In die linke Spalte tragen wir die geraden, in die rechte die ungeraden Zahlen mit Ausnahme der Sieben ein. Die magische Sieben krönt das Spiel. Als Hilfsmittel verwenden wir entweder die herkömmlichen Chips, eine kleine Münzeinheit wie Pfennige oder einfach Spielfiguren. Ein Spieler übernimmt die Bank, und dann können wir beginnen. Der »Croupier«, der Bankhalter, fordert uns mit den Worten: »Faites votre jeu!« auf zu setzen. Jeder verteilt nun soviel Spielmarken wie er will auf die einzelnen Zahlen, einschließlich der Sieben. Dann gibt der Croupier mit dem Satz: »Rien ne va plus!« bekannt, daß der Einsatz beendet ist. Er würfelt nun mit zwei Würfeln. Fällt eine Zahl, die auf der rechten Seite verzeichnet ist, darf er alle Spielmarken, die auf der rechten Seite liegen, einkassieren, ebenso die auf der Sieben. Die Marken, die auf der linken Seite liegen, muß er verdoppelt auszahlen. Würfelt er eine Zahl, die auf der linken Seite verzeichnet ist, kassiert er die Marken der linken Seite und zahlt die der rechten doppelt aus. Fällt eine Zahl der linken Seite, so kommt der Sieben eine besondere Bedeutung zu. Die Marken, die dort liegen, müssen nämlich dreifach ausgezahlt werden.
Würfelt der Croupier eine Sieben, so kann er die Einsätze von beiden Seiten einkassieren, die auf der Sieben muß er vierfach auszahlen.
Dies ist eine vereinfachte Variante des großen Roulette-Spiels. Um die Unterhaltung etwas spannender zu gestalten, haben wir die Worte der Croupiers der großen Spielbanken gewählt. Der Croupier ist derjenige, der dort die »Bank« verwaltet, d. h. er überwacht die Spieleinsätze, kassiert und zahlt aus. Das Spiel beginnt dann mit den französischen Satz: »Faites votre jeu!«, was soviel bedeutet wie: »Beginnen Sie zu spielen!« oder »Setzen Sie!«. Haben alle ihre Chips auf den Spieltisch gelegt, so heißt es: »Rien ne va plus!«, wörtlich: »Nichts geht mehr!« übertragen also: Es darf nicht mehr gesetzt werden. Sollte ein Spieler erst setzen, wenn die Kugel bzw. der Würfel schon rollt, so ist das unfair, und sein Spiel gilt nicht.

Fünf-Finger-Spiel ◐ Ⓖ 803

3 Würfel

Jeder würfelt maximal zehnmal hintereinander mit drei Würfeln, deren Summe fünf ergeben soll. Wer das mit der geringsten Anzahl an Würfen schafft, ist Sieger.
Wir können uns auch darauf einigen, daß derjenige Sieger wird, der die Summe Fünf am häufigsten erreicht, wenn alle unbedingt zehnmal hintereinander würfeln.
Sollten wir zu selten Erfolg haben, können wir vereinbaren, auch die Unterseiten der Würfel in unsere Rechnung mit einzubeziehen.
Fällt zum Beispiel eine Sechs, so kann der Spieler den Würfel umdrehen, die auf der Gegenseite befindliche Eins berechnen und die Sechs außer acht lassen.

Chicago ◔ Ⓖ 804

2–3 Würfel

Vor Spielbeginn stimmen wir ab, ob »hoch« oder »tief« gespielt wird. Jeder Spieler hat drei Würfe, mit denen er je nach Absprache die höchste oder die niedrigste Punktezahl erreichen muß. Beim sogenannten Hochspiel zählt die Eins 100, die Sechs 60 Punkte, alle anderen Würfe erhalten den Punktwert ihrer Augen.
Wir spielen mit zwei oder drei Würfeln, und wie immer ist es am günstigsten, einen Pasch mit entweder drei Einsern oder drei Sechsern zu werfen. Jeder Spieler kann sich entscheiden, ob er alle drei Würfe, die ihm zur Verfügung stehen, ausnutzen möchte. Sollte es vorkommen, daß zwei Spieler die gleiche Punktzahl erreichen, so ist derjenige Sieger, der diese Summe mit der geringsten Anzahl von Würfen erreicht hat.
Haben wir uns zu Beginn geeinigt, »tief« zu spielen, so fällt die Ausnahmestellung der Eins und der Sechs weg. Sie gelten nach ihrem Nennwert, ebenso wie alle anderen Würfelseiten. Es kommt jetzt darauf an, mit maximal drei Würfen die niedrigste Punktzahl zu erreichen.
Allerdings darf hierbei niemand auf zwei seiner Würfe verzichten. In Chicago spielte man dieses Glücksspiel natürlich um Geld. Wir setzen vor Beginn des Spiels Streichhölzer bei der Bank ein, die dann der Gewinner jeder Runde einstecken darf.

Eins plus drei gleich vier ◔ Ⓖ 805

3 Würfel

Wir spielen mit drei Würfeln. Es kommt bei diesem kleinen Rechenspiel darauf an, so zu werfen, daß die Summe der Augen zweier Würfel genau der Augenzahl entspricht, die der dritte Würfel zeigt.
Zeigt ein Würfel also die Eins, der zweite die Drei, so sollte der dritte die Vier zeigen. Jeder Spieler hat sieben Versuche. Die Würfe, die gelingen, werden wir notieren. Wer nach einer festgelegten Zeit mit den wenigsten Versuchen die meisten gelungenen Kombinationen erreicht, ist Sieger.

Eins links, zwei rechts, sechs in den Topf ◔ Ⓖ 806

1 oder mehrere Würfel, Streichhölzer

Jeder Teilnehmer bekommt zehn Streichhölzer. Wir können mit einem oder mehreren Würfeln spielen, allerdings zählt jeder Würfel einzeln, die Augen werden nicht zusammengezählt. Wir spielen reihum. Wirft ein Spieler eine Eins, gibt er seinem Nachbarn zur Linken ein Streichholz, bei einer Zwei schenkt er seinem Nachbarn zur Rechten ein Streichholz. Bei einer Sechs wandert ein Streichholz in den Topf. Alle anderen Augenzahlen gelten nicht.
Hat ein Spieler nicht mehr genügend Hölzchen zur Verfügung, läßt er die Eins und Zwei aus und bezahlt nur noch die Sechs. Wer kein »Geld« mehr hat, scheidet so lange aus, bis er von seinem Nachbarn wieder versorgt wird.
Bei diesem Spiel gibt es keinen Sieger, sondern nur einen Verlierer, den nämlich, der als letzter noch Streichhölzer übrig hat. Er hat die wenigsten Sechser gewürfelt. Die Streichhölzer der anderen befinden sich alle im Topf.

Stichzahl Zehn ◔ Ⓖ 807

3 Würfel, Streichhölzer

Ein Spieler ist der Bankhalter, der die Einsätze verwaltet. Jeder setzt beliebig viele Streichhölzer. Dann würfeln wir reihum mit drei Würfeln. Fällt eine Summe unter Zehn, so erhalten alle Spieler ihren Einsatz zurück. Zeigen die Würfel mehr als zehn Augen, so gewinnt der Bankhalter den Einsatz aller Spieler. Im Verlauf des Spiels wird jeder Teilnehmer einmal Bankhalter, um eine Gewinnchance zu bekommen, denn er tritt immer als einzelner gegen alle an.

Kirchenfenster, Bauernfenster, Gefängnisfenster ◔ Ⓖ 808

3 Würfel

Wir spielen mit drei Würfeln, und es kommt darauf an, soviel Pasche wie möglich zu würfeln.
Wirft ein Spieler mindestens zwei Sechser, so kann er 12 Punkte für ein Kirchenfenster aufschreiben. Die Augenzahl des dritten Würfels entfällt. Wirft er mindestens zwei Vierer, so bekommt er 8 Punkte, also ein Wohnungsfenster gutgeschrieben. Zwei Zweier bedeuten 4 Punkte für ein Gefängnisfenster.
Fällt bei einem Wurf kein Pasch mit mindestens zwei geraden Zahlen, so zählt er nicht.
Am günstigsten ist natürlich ein Doppelpasch mit drei gleichen geraden Zahlen, denn die Summe dieser Zahlen wird verdoppelt. Ein Pasch mit ungeraden Zahlen gilt nicht.
Wer am Schluß die meisten Punkte hat, siegt.

Rechenkombination ◕ Ⓖ 809

3 Würfel, 1 Würfelbecher, Schreibzeug

Bei diesem komplizierten Würfelspiel kommt es nicht nur auf Glück, sondern ebenso auf Kombinationsgabe und Aufmerksamkeit des Spielers an. Wir wollen versuchen, mit Hilfe der Augenzahlen unserer nur drei Würfe möglichst alle Zahlen von Eins bis Sechzehn zu errechnen.
Am besten würfeln wir mit drei Würfeln in einem Becher der Reihe nach. Da das Spiel relativ schwierig ist, wollen wir hier ein ausführliches Beispiel geben.
Die Würfel fallen mit dem Ergebnis 1, 3, 5. Da die Eins für den Anfang einer Kombination immer notwendig ist, kann der Spieler beginnen, auf einem Stück Papier seine Rechenkünste auszuprobieren. Die Zwei kann er sich gutschreiben, da $5 - 3 = 2$ ist. Die Drei hat er gewürfelt. Die Vier ergibt sich aus $3 + 1$. Die Fünf ist wiederum direkt geworfen worden. Die Sechs erhalten wir aus $5 + 1$, die Sieben aus $5 + 3 - 1$. Die Acht folgt aus $5 + 3$ und die Neun aus $5 + 3 + 1$. Wir konnten also mit dieser Zahlenkombination ein respektables Ergebnis erzielen.
Selbstverständlich sind nicht alle Zahlen so günstig zum Verrechnen. Auf alle Fälle muß zum Rechenstart die Eins vorliegen.
Variante: Um die Zahlenreihe zu vervollständigen, werden wir auch multiplizieren und dividieren können.

Familie Wuppke ◔ Ⓖ 810

3 Würfel

Es kommt bei diesem Spiel darauf an, wer als erster die Familie mit den meisten Kindern erwürfelt. In der ersten Runde spielen wir mit drei, in der zweiten mit zwei Würfeln und in der dritten mit einem. Gegründet wird die Familie durch eine Eins, die Herrn Wuppke darstellt. Wir müssen also zuerst eine Eins werfen. Als nächstes brauchen wir Frau Wuppke, die durch eine Zwei erwürfelt werden kann. Das Ehepaar Wuppke stellen wir nun nebeneinander und versuchen, mit dem dritten Würfel die Kinderzahl der beiden festzulegen.
Wer mit dem ersten Wurf eine Eins, Zwei und Fünf gewürfelt hat, kann schon eine Familie mit Vater, Mutter und fünf Kindern präsentieren. Fällt in der ersten Runde allerdings keine Eins, so muß er mit der Gründung der Familie so lange warten, bis sie erscheint. Auch Kinder kann erst erwürfeln, wer zuvor eine Zwei hatte. Haben zwei Spieler mit der gleichen Anzahl von Würfen das gleiche Ergebnis, so wird bei einem Stechen die Zahl der engen Verwandten ermittelt. Beide Spieler würfeln dann mit einem einzigen Würfel, und wer dabei die höhere Augenzahl erreicht, gewinnt.

Dreimal sechs ◔ Ⓖ 811

3 Würfel

Wir spielen mit drei Würfeln reihum, wobei die erzielten Sechser jedes Spielers notiert werden. Jeder muß pro Runde jedoch mindestens eine Sechs würfeln, sonst scheidet er aus dem weiteren Spiel aus.

Dreimal Gerade ◔ Ⓖ 812

3 Würfel

Jeder Teilnehmer hat pro Runde drei Würfe mit mindestens drei Würfeln. Beim ersten Wurf zählen nur die Würfel, die zwei Augen zeigen, beim zweiten die mit vier und beim dritten die mit sechs Augen. Die Summe der gültigen Augen zählen wir pro Runde und Spieler zusammen.
Wer am Ende die meisten Punkte verzeichnen kann, siegt.
Wir können uns auch darauf einigen, die Reihenfolge der zu werfenden Augenzahlen umzukehren oder nur die ungeraden Zahlen gelten zu lassen. Allerdings muß innerhalb eines Spiels immer nach den gleichen Grundregeln verfahren werden.

Spielmarken 813

1 Würfel, 1 Würfelbecher, Spielmarken

Der erste Spieler schüttelt den Würfel im Becher und stülpt ihn mit dem Becher auf den Tisch. Dann sieht er nach, wieviel Augen er gewürfelt hat, aber so, daß sie der Gegner nicht sehen kann. Er meldet eine Zahl. Dabei kann er die richtige, kann aber auch eine falsche Zahl nennen. Entweder nimmt sein Gegner die Zahl an, oder er lehnt sie ab. Falls er sie annimmt, muß er den Würfel nehmen und mehr werfen. Der erste ist in diesem Fall nicht verpflichtet, ihm den Würfel unter dem Becher zu zeigen. Falls der zweite mehr wirft, als der erste Spieler nannte, erhält er von ihm eine Spielmarke. Falls er weniger oder genausoviel wirft, wie der erste gemeldet hatte, muß er diesem eine Spielmarke geben.
Lehnt der zweite Spieler die genannte Zahl ab, deckt der erste den Becher auf, damit sich der Gegner überzeugen kann, wieviel tatsächlich gefallen ist. Hat der erste Spieler die richtige Zahl gemeldet, erhält er vom zweiten eine Spielmarke. Hat er jedoch eine falsche Zahl genannt, nicht die also, die der Würfel tatsächlich zeigte, muß er dem zweiten eine Spielmarke geben.
Dann übernimmt der Gegner Würfel und Becher, und das Spiel wird wie bisher fortgesetzt. Wer nach einer gewissen Zeit mehr Spielmarken hat, ist Sieger.

Gerade-Ungerade 814

2 Würfel

Vor Spielbeginn einigen wir uns, ob die geraden oder ungeraden Zahlen gewinnen sollen.
Wir spielen am besten mit zwei Würfeln, deren Augenzahlen nach jedem Wurf zusammengezählt werden. Je nachdem, ob sie eine gerade oder ungerade Zahl ergeben, werden sie entweder als ungültig oder als Gewinn gerechnet und gutgeschrieben. Wer im Lauf des Spiels die meisten Punkt erzielt, ist Sieger.
Variante: Wir können uns auch darauf einigen, daß wir die nicht gewünschten Werte, also etwa die ungeraden Summen, von den Gewinnen abziehen. Ergibt das dann eine Minuszahl, muß der Spieler Minuspunkte aufschreiben. Gewinner wird, wer am Ende die meisten Pluspunkte verzeichnen kann.

Spiel mit Indianerwürfeln 815

25 Indianerwürfel pro Spieler

Um uns Würfel selbst herzustellen, brauchen wir einen geraden Zweig mit unbeschädigter Rinde, den wir nun in kleine Abschnitte zerteilen, jeden der Länge nach in zwei gleiche Hälften. Der Indianerwürfel hat im Gegensatz zum europäischen Spielwürfel nur zwei Seiten. Beim Wurf zeigt entweder die mit Rinde überzogene Seite nach oben oder die gerade, aufgeschnittene. Bleibt er ausnahmsweise aufrecht stehen, so gilt der Wurf nicht. Die Indianer verwenden außer diesen kurzen Stöcken zur Herstellung von Spielwürfeln auch solche von zehn bis zwanzig Zentimetern und verzieren die glatte Seite mit Kerben.

Bei diesem Spiel benötigt jeder Spieler fünfundzwanzig kleine Würfel. Nach ausgeloster Reihenfolge schüttelt jeder Spieler sie in der Hand und wirft sie auf den Tisch. Dann zählt er, wieviele Würfel mit der geraden, weißen Seiten nach oben liegen. Die Würfel, die mit der Rindenseite nach oben liegen, werden nicht berücksichtigt.
Sobald sich alle beim Wurf abgelöst haben, erhält der mit dem besten Wurf (die meisten Würfel mit der weißen Seite nach oben) einen Würfel von dem, der den schwächsten Wurf hatte. Jeder hat am Anfang fünf Würfe. Das Spiel endet, wenn einer seinen letzten Würfel verliert. Wer dann die meisten Würfel hat, ist Sieger.

Grenzgänger Ⓖ 816

2 Würfel

Wir spielen mit zwei Würfeln. Vorher setzen wir gemeinsam eine Zahl fest, die im Lauf des Spiels nicht überschritten werden darf. Dann beginnt der erste zu würfeln. Die Summe der Augen schreibt er auf. Sein Nachbar zur Rechten rechnet die Summe seines Wurfs hinzu, und so geht es reihum. Wer die vorher festgelegt Zahl mit seiner Summe überschreitet, muß ausscheiden. Die übrigen beginnen wieder von vorn, wobei die Grenzsumme, die nicht überschritten werden darf, etwas niedriger angesetzt wird. Sieger ist, wer sich am längsten im Spiel hält.

Dividieren Ⓖ 817

2 Würfel

Ein Spiel mit zwei Würfeln. Jeder Spieler darf zweimal hintereinander werfen. Beim ersten Wurf werden die Augen beider Würfel zusammengezählt, den zweiten Wurf spielen wir nur noch mit einem Würfel aus. Die Summe des ersten Wurfs wird nun durch die Zahl des zweiten geteilt. Geht das Ergebnis auf, gewinnt der Spieler ein Streichholz, geht es nicht auf, muß er eines in die Kasse zahlen.
Ein reines Glücksspiel also. Wer die meisten Streichhölzer hortet, ist Sieger.

Läuse würfeln Ⓖ 818

1 Würfel, Schreibzeug

Vor Beginn des Spiels wählt sich jeder Teilnehmer eine Lieblingszahl, schreibt sie auf einen Zettel, und das eigentliche Spiel kann beginnen. Jedesmal, wenn einer seine Zahl würfelt, darf er ein Stück von einer Laus aufzeichnen. Wir beginnen mit dem runden Leib, dann folgt ein Bein nach dem anderen, der Kopf, die Augen und zum Schluß die Fühler und der Schwanz. Wir einigen uns vor dem Spiel, aus welchen einzelnen Körperteilen die stilisierte Laus sich zusammensetzen soll. Wer als erster die Laus als Ganzes präsentieren kann, hat gewonnen.

Siebener Ⓖ 819

2 Würfel

Zwei Spielwürfel wandern von Spieler zu Spieler rings um den Tisch herum. Jeder schüttelt die Würfel und wirft sie auf die Tischplatte. Wer die erste Sieben ansagt, gibt einen Bonbon in die Bank. Wer die zweite Sieben würfelt, darf sich den Bonbon aus der Bank nehmen. Das Spiel geht so in der Runde weiter.

Reihen würfeln ◔ Ⓖ 820

1 Würfel

Je mehr Spieler sich beteiligen, desto spannender wird das Spiel. Wir würfeln einer nach dem anderen, und jeder, der die zuvor für die Runde festgesetzte Augenzahl würfelt, erhält einen Punkt. Also in der ersten Runde schreiben wir den Spielern, die eine Eins werfen, einen Punkt gut, in der zweiten Runde für die Zwei usw. Sind wir bei der Sechs angelangt, zählen wir rückwärts. In der siebten Runde muß also eine Fünf gewürfelt werden. Wir zählen die Treffer der zwölf Runden zusammen, und wer die meisten Punkte verbuchen konnte, hat gewonnen.

Vermeide die Sechs ◔ Ⓖ 821

1 Würfel, Streichhölzer

Jeder schreibt auf einen Zettel die Zahlen Eins bis Fünf. Dann fangen wir an zu würfeln, und wer in der ersten Runde eine Eins würfelt, darf sie von seinem Zettel streichen. In der zweiten Runde werden die Zweier gestrichen, in der dritten die Dreier usw. Wer allerdings eine Sechs würfelt, muß die Eins wieder aufschreiben, bei der zweiten Sechs die Zwei usw. Die sonst so beliebte Sechs soll also vermieden werden.

Wer zuerst alle Zahlen, die er auf seinem Zettel notierte, gestrichen hat, hat gewonnen.

Stumme Jule ◔ Ⓖ 822

1 Würfel

Es ist eine Grundregel bei der »Stummen Jule«, daß keiner der Teilnehmer ein Wort spricht. Erst wieder nach dem Spiel dürfen wir uns unterhalten. Wer sich nicht an die Regel hält, muß dafür eine Runde lang ausscheiden.

Wir würfeln hintereinander. Wer eine Eins würfelt, schreibt sie auf einen Zettel, die Zwei, die er eventuell in den folgenden Runden würfelt, schreibt er darunter, und so notieren wir fortlaufend die Zahlen Eins bis Sechs. Jetzt haben wir aber erst die Hälfte des Spiels geschafft. In der folgenden Runde müssen wir wieder eine Sechs würfeln, dann eine Fünf, Vier, Drei, Zwei und zum Schluß die Eins. Wer als erster alle Zahlen notiert hat, ist Sieger.

Kaiser ◔ Ⓖ 823

1 Würfel, Streichhölzer

In der ersten Runde bestimmen wir den »Kaiser«. Wer in dieser Runde nämlich die höchste Augenzahl würfelt, darf sich für das weitere Spiel Kaiser nennen. Er gibt uns eine Trumpfzahl an. Wer nun in den folgenden Runden nicht diese Trumpfzahl würfelt, muß dem Kaiser als Tribut pro Runde ein Streichholz zahlen. Trifft ein Spieler die verlangte Zahl, so muß der Kaiser ihm als Belohnung so viele Streichhölzer zahlen wie die Zahl beträgt.

Würfelt ein Teilnehmer die Trumpfzahl dreimal hintereinander, so wird er in den folgenden Runden zum Kaiser, und zwar so lange, bis ihn ein anderer Mitspieler wieder vom Thron stürzt.

Kuhschwanz ◔ Ⓖ 824

Jeder Spieler legt einundzwanzig Streichhölzer vor sich auf den Tisch. Er bildet mit ihnen den Kuhschwanz aus sechs Reihen. In der ersten Reihe liegen sechs Streichhölzer, in der zweiten fünf, in der dritten vier, in der vierten drei, in der fünften zwei und in der sechsten Reihe liegt noch ein Streichholz.
Jetzt würfeln wir der Reihe nach. Wir können bei jedem Wurf die Reihe der Streichhölzer abräumen, die der Augenzahl des Wurfs entspricht. Würfeln wir also drei Runden hintereinander die Sechs, so nützt uns nur der erste Wurf, denn wir können die sechs Streichhölzer nur einmal abräumen, die beiden folgenden Würfe entfallen. Pro Runde darf jeder Spieler nur einmal würfeln. Wer als erster den Kuhschwanz abgeräumt hat, gewinnt.

1 Würfel, Streichhölzer

Zahlentabu ◕ Ⓖ 825

In der ersten Runde würfelt jeder Spieler seine Tabu-Zahl. Am besten spielen wir mit 2 Würfeln, dann verringert sich die Zahl der Wiederholungen beträchtlich.
Im Laufe des Spiels wird nun jeder, der die Tabu-Zahl eines Mitspielers würfelt, diesem ein Streichholz zahlen. Würfelt der Spieler seine eigene Zahl noch einmal, bekommt er von allen Mitspielern ein Streichholz. Wer über keine Zahlungsmittel mehr verfügt, scheidet aus. Zum Schluß bleibt der reiche Sieger übrig.
Es gibt auch noch die Möglichkeit, den Spieler zum Sieger zu ernennen, der nach einem festgesetzten Zeitraum die meisten Streichhölzer eingenommen hat.

2 Würfel, Streichhölzer

Spurt ◕ Ⓖ 826

Bei diesem Spiel kommt es darauf an, daß man möglichst fix hintereinander würfelt.
Jede Eins wird gezählt. Wer die zwanzigste Eins für sich verbuchen kann, muß eine Sechs würfeln, bevor ihm die einundzwanzigste Eins endgültig zum Sieg verhilft.
Wenn wir dieses Rennen zu langsam veranstalten, verliert es viel von seinem Reiz.

1 Würfel

Achtzehn ◕ Ⓖ 827

Die Spieler sitzen um den Tisch, würfeln mit zwei Würfeln und geben diese dann weiter. Jeder notiert sich nun seine Zahlen aus der ersten Runde, der zweiten und der dritten Runde. Es siegt, wer der Zahl 18 am nächsten kommt. Sie darf jedoch um keinen Punkt überschritten werden, sonst scheidet der entsprechende Spieler aus. Wer nicht mehr weiterwerfen will, der kündigt an: »Ich höre auf.« Es wird um Zählhölzchen oder Spielmarken gespielt. Die ganze Bank gewinnt, wer genau die Zahl 13 geworfen hat oder der Spieler, welcher der 18 am nächsten ist.

2 Würfel, Zählhölzchen oder Spielmarken

Die böse Eins ◐ Ⓖ 828

1 Würfel

Ein Spieler nimmt den Würfel und wirft ihn auf den Tisch. Falls er eine Eins wirft, muß er ihn sofort dem nächsten übergeben. Fällt eine andere Zahl, darf er so lange würfeln, bis eine Eins fällt, womit die bisher erzielten Punkte null und nichtig werden. Die Augen aus den einzelnen Würfen werden zusammengezählt.

Jeder Spieler darf eine Serie von erfolgreichen Würfen auch unterbrechen und den Würfel freiwillig weitergeben, auch wenn er keine Eins geworfen hat. Die Anzahl seiner Punkte addiert sich dann aus der Anzahl der geworfenen Augen. Geht er allerdings das Risiko ein, im Verlauf seiner Serie eine Eins zu würfeln, so muß er augenblicklich den Würfel weitergeben, und alle in dieser Runde erzielten Erfolge werden null und nichtig. Hierin liegt die Spannung und die Unterhaltung bei diesem Spiel. Es gewinnt, wer zuerst 100 Punkte hat.

Wurfbrett ◐ Ⓖ 829

6 Würfel, Schreibzeug

Wir nehmen ein Blatt Papier und zeichnen darauf die untenstehende Tabelle. Die Kolonnen überschreiben wir mit den Vornamen der Spieler, die Zeilen mit den einzelnen Zahlen und Zahlenkombinationen (Gerade, Ungerade und Zahlenreihen).

In unserem Fall beginnt Georg, nimmt alle sechs Würfel, schüttelt sie und wirft sie auf den Tisch. Dann sieht er sich an, welche Zahlen er geworfen hat und entschließt sich danach für eine Zahl oder Zahlenkombination. Wirft er zum Beispiel drei Fünfer, eine Zwei, eine Eins und eine Sechs, so kündigt er selbstverständlich die Fünf an. Er legt die drei Würfel beiseite, die mit der Fünf nach oben fielen, würfelt mit den drei übrigen erneut. Diesmal wirft er eine Fünf, eine Drei und eine Eins. Den Würfel mit der Fünf legt er zu den drei Fünfern vom ersten Wurf. Bei Georgs drittem und letztem Wurf dieser Serie fällt keine Fünf mehr. Da Georg mit seinen drei Würfen insgesamt vier Fünfer geworfen hat, notieren wir ihm auf die Zeile Fünfer der Tafel 20 Punkte (4x5).

Dann erhält Hanna die Würfel. Sie wirft zwei Einser, zwei Zweier, eine Vier und eine Fünf. Hanna zögert, für welche Zahl sie sich entscheiden soll und wählt dann die Zweier. Sie legt die zwei entsprechenden Würfel zur Seite, ergreift die übrigen vier Würfel und wirft von neuem. Aber dieses Mal fällt keine Zwei. Sie würfelt also nochmals mit allen vier Würfeln. Sie hat Pech, auch jetzt zeigt sich keine Zwei. Der Versuch endet dann mit dem dritten Wurf. In die Kolonne Hanna und die Zeile »Zweier« tragen wir also 4 Punkte ein (2x2).

So kommt jeder an die Reihe und gibt nach dem ersten Wurf bekannt, welche Zahl er »spielt«. Er entscheidet sich natürlich für die am häufigsten geworfene.

Dann beginnt die zweite Runde. Georg wirft sechs Würfel auf den Tisch und gibt seine Wahl bekannt. Er darf sich nur für eine Zahl oder Zahlenkombination entscheiden, die er noch nicht gespielt hat, darf also die Fünf nicht mehr wählen, selbst wenn beim ersten Wurf etwa alle sechs

Fünfer auf einmal gefallen wären. So darf auch Hanna die Zwei nicht mehr wählen.
Das Spiel hat 9 Runden. Dann ist die ganze Tabelle mit Punkten angefüllt. Wir zählen zusammen, wie viele Punkte jeder Spieler hat. Sieger wird der mit der höchsten Zahl.
Was Einser, Zweier, Dreier, Vierer, Fünfer und Sechser sind, ist wohl klar. Jeder Spieler kann sich aufgrund seines Wurfes auch nur für gerade Zahlen entscheiden und muß dann nach drei Würfen folgende Zahlen geworfen haben: zwei Zweier, zwei Vierer, zwei Sechser. Falls aber nur eine dieser sechs Zahlen fehlt, erhält er keinen einzigen Punkt und es kommt eine Null in die Tabelle. Bis zum Ende des Spiels darf diese Kombination nicht mehr gewählt werden. Das heißt, daß man sich für gerade Zahlen nur dann entscheidet, wenn beim ersten Wurf wenigstens drei, besser jedoch vier oder fünf der erforderlichen Zahlen fallen. Zum Beispiel drei Vierer, eine Zwei, eine Sechs und eine Eins. Dann legt man zwei Vierer, die Zwei und die Sechs zur Seite, nimmt die beiden restlichen Würfel und wirft von neuem. Bei den beiden nächsten Würfen sollten eine Zwei und eine Sechs fallen. Gelingt das, erhält der Spieler 24 Punkte, d. h. die Summe aller Augen. Zum Unterschied von Einsern, Zweiern usw. werden bei Geraden, Ungeraden und Zahlenreihen unvollkommene Ergebnisse nicht gezählt. Entweder alle Punkte oder nichts.
Falls man Ungerade wirft, muß man die Zahlen 1, 1, 3, 3, 5, 5 haben. Die Punktesumme beträgt 18.
Eine Reihe setzt sich aus den Zahlen 1, 2, 3, 4, 5, 6 zusammen, wofür es 21 Punkte gibt.
In jeder Runde hat man auf drei Würfe Anspruch. Falls es gelingt, eine der Zusammenstellungen mit nur zwei Würfen zu beenden, indem man zum Beispiel sechs Sechser wirft, wird das Ergebnis 6x6 mit zwei multipliziert. Man erzielt demnach 72 Punkte. Falls eine Zusammenstellung sogar mit dem ersten Wurf fällt, wird deren Punktwert mit drei multipliziert. Auch hier gilt der Grundsatz: Man darf nur eine Zahl oder Zahlenkombination wählen, die noch nicht gespielt wurde. Das Wurfbrettspiel zählt zu den geschätzten Spielen, bei denen sich Erwachsene ebenso wie Jugendliche gut unterhalten.

	Georg	Hanna	Otto	Hans	Paul	Eva	Heinz
Einser							
Zweier							
Dreier							
Vierer							
Fünfer							
Sechser							
Gerade							
Ungerade							
Reihe							
Summe							

Kleines Rechnen

◑ Ⓖ **830**

1 Würfel

Jeder Spieler hat eine Serie von fünf Würfen. Nach dem ersten und zweiten Wurf zählt er die Zahlen zusammen, die ihm der Würfel gezeigt hat, z. B. 2 + 3 = 5. Nach dem dritten Wurf zieht er soviel von dieser Summe ab, wie der Würfel jetzt zeigt, z. B. 5 – 3 = 2. Falls das Ergebnis negativ ist, scheidet der Spieler aus dem Spiel aus. Ist es positiv, wirft er ein viertes Mal den Würfel und multipliziert das Ergebnis mit der Zahl, die gefallen ist, z. B. 2 × 4 = 8. Nach dem fünften Wurf dividiert er das vorhergehende Ergebnis mit der Zahl, die gefallen war, z. B. 8 : 4 = 2.
Wer nach der Schlußdivision die höchste Zahl hat, der siegt.

Zwölf Mäuse

◑ Ⓖ **831**

2 Würfel, Zählhölzchen, Schreibzeug

Wir teilen die Gruppen in zwei Mannschaften ein. Jede Mannschaft setzt sich an eine Seite des Tisches und nimmt einen Spielwürfel. Die Spieler zeichnen auf ein Blatt Papier ein quadratisches Netz mit zwölf Feldern (4x3).
Dann wirft der erste Spieler von beiden Mannschaften den Würfel auf den Tisch und zählt seine Augen. Der zweite Spieler übernimmt den Würfel schnell vom ersten, dann wirft der dritte, der vierte. Wenn sich alle abgelöst haben, nimmt der erste wieder den Würfel usw. Je schneller der Würfel innerhalb einer Mannschaft kreist, desto besser sind deren Siegesaussichten.
Zusätzlich zum Würfeln zeichnen die Spieler in das erste Feld ihres Netzes eine Maus – eine stilisierte Figur, wie sie die Abbildung zeigt. Die Zeichnung wächst nach und nach, entsprechend den Zahlen, die der Würfel zeigt. Jeder muß, um zeichnen zu dürfen, zuerst eine Sechs werfen. Bei der ersten Sechs zeichnet man dann den Körper der Maus, eine große Ellipse. Wirft einer dann eine Vier, zeichnet er zum Körper eines der vier Beine, bei einer Fünf den Kopf. Solange einer keine Fünf geworfen hat, nützen ihm weder eine Eins, bei der er ein Auge einzeichnen darf, noch eine Zwei, die ihn zum Zeichnen eines Ohres berechtigt, und auch eine Drei nicht, bei der er die Schnauze der Maus einzeichnen darf.
Falls einer der Spieler mit der Zeichnung der ganzen Maus fertig ist, ruft er »stopp«. Damit ist die erste Runde beendet, niemand darf mehr würfeln oder zeichnen. In England, wo dieses Spiel zu Hause ist, erhält der Sieger der Runde den ganzen Einsatz – von jedem Spieler einen Penny. Mit Kindern wird dieses Spiel um Zählhölzchen gespielt. Der Sieger geht dann zur anderen Mannschaft über, und an seine Stelle tritt jener Spieler der anderen Mannschaft, der die unvollständigste Zeichnung der Maus vorzuweisen hatte.
Sobald sich sämtliche Spieler wieder auf ihrem Platz befinden und neue Zählhölzchen in der Bank liegen, beginnt die zweite Runde. In dieser Runde zeichnen alle Spieler die Maus ins zweite Feld. Die Maus aus der vergangenen Runde wird nicht mehr vervollständigt.
Es siegt, wer nach zwölf Runden die meisten Zählhölzchen hat.

Wie viele fallen? 832

2 Würfel, 1 Würfelbecher, Zählhölzchen

Die Spieler sagen der Reihe nach an, wie viele Augen ihrer Meinung nach beim nächsten Wurf der Würfel fallen werden. Jeder muß eine andere Zahl wählen und dabei ein Zählhölzchen in die Bank einzahlen. Einer schüttelt dann zwei Würfel in der Hand oder im Becher und wirft sie auf den Tisch. Wessen Schätzung der Wirklichkeit am nächsten kommt, der gewinnt die Zählhölzchen aus der Bank. Falls sich zwei Spieler mit ihrer Schätzung auf der gleichen Ebene befinden, teilen sie die Zählhölzer untereinander auf.

Starke Nerven 833

1 Würfel, 1 Würfelbecher, pro Spieler Schnur und 1 Hölzchen

Wir sitzen rings um einen Tisch. Jeder Spieler hält das Ende einer etwa 60 Zentimeter langen Schnur, an deren anderem Ende ein 3 Zentimeter langes Hölzchen festgebunden ist, etwa von der Stärke eines Streichholzes. In der Mitte hat das Hölzchen eine kleine Kerbe, damit die Schnur nicht abrutscht. Der erste Spieler ordnet alle festgebundenen Hölzchen in der Mitte des Tisches, dann wirft er mit der linken Hand einen Würfel auf den Tisch. In der rechten behält er nicht wie die übrigen eine Schnur, sondern einen Würfelbecher.
Falls der Würfel nun eine ungerade Zahl zeigt, kippt der Spieler den Becher blitzschnell um und versucht, damit die Hölzchen der anderen zu erwischen. Die allerdings sollten genauso schnell reagieren und die Hölzchen fix aus der gefährlichen Mitte wegreißen. Der, dessen Schatz vom Becher bedeckt wird, muß dem Würfelnden ein Pfand geben. Die Schnüre werden nach dem Angriff wieder geordnet und die Hölzchen zu einem neuen Haufen zusammengelegt. Dann kommt der nächste Spieler an die Reihe.
Bei einer geraden Zahl darf der Würfelnde die Hölzchen nicht fangen. Tut er es dennoch, weil er sich geirrt hat, so muß er allen ein Pfand geben. Erschwerend kommt bei diesem Spiel noch hinzu, daß derjenige, der im Eifer des Gefechts sein Hölzchen zurückzieht, zwei Pfänder an die Gemeinschaftskasse abliefern muß. Er kann sie durch geschicktes Taktieren, wenn er mit dem Würfeln an der Reihe ist, wieder gewinnen.
Das Spiel endet, wenn einer 10 Pfänder abgeliefert hat.

Streichholzspiele

Streichholzleiter Ⓖ 834

Streichhölzer, 1 Würfel, 1 Steinchen pro Spieler

Wir legen eine Leiter aus 7 Hölzern an beiden Seiten und 6 Querbalken. Jetzt wollen wir darum spielen, wer die Leiter am schnellsten rauf- und runterklettern kann.
Wir würfeln reihum. Wer die Augen 1, 2, 3 erzielt, darf mit einem Steinchen entsprechend viele Stufen hinaufklettern. Wer 4 Augen würfelt, muß stehenbleiben. Bei 5 Augen klettert er wieder eine Stufe zurück, und bei 6 Augen muß er sogar 2 Stufen zurückklettern.
Trifft ein Steinchen auf eine Stufe, die schon besetzt ist, muß es sich mit einer begnügen, die darunterliegt.
Wer als erster die Leiter einmal hinauf- und wieder hinuntergeklettert ist, hat gewonnen.

Nimm 6! ② 835

Streichhölzer

Wir legen 30 Streichhölzer nebeneinander auf den Tisch. 2 Spieler sitzen sich gegenüber, und jeder darf mit einem Mal bis zu 6 Hölzchen wegnehmen. Wer das letzte Hölzchen nimmt, hat gewonnen.

Gemeinschaftsknobeln Ⓖ 836

Streichhölzer

Jeder Spieler bekommt wieder 4 Streichhölzer, von denen er eine beliebige Anzahl in die Hand nimmt. Alle Teilnehmer legen nun die geballte Faust mit den Streichhölzern auf den Tisch.
Wir raten jetzt reihum, wieviel Streichhölzer insgesamt auf der Tischplatte liegen. Wer die genaue Zahl errät, hat gewonnen.

Knobeln mit Streichhölzern Ⓖ 837

Streichhölzer

Ein Spieler nimmt 4 Streichhölzer in eine Hand und legt dann die beiden Hände auf den Rücken. Heimlich verteilt er die Streichhölzer auf beide Hände. Dann legt er die geschlossenen Hände wieder nach vorn. Der andere Spieler muß nun erraten, wieviel Streichhölzer er in einer Hand hält. Hat er richtig geraten, erhält er die Streichhölzer als Prämie. Rät er falsch, muß er dem Spieler die Differenz zwischen der genannten Summe und der wirklich vorhandenen Zahl an Streichhölzern zahlen. Dann kommt der nächste an die Reihe.

Gefängnis Ⓖ 838

Streichhölzer

Wir bauen ein Gefängnis, das aus zwei Wänden, einem Boden und einem Dach besteht. Das Dach konstruieren wir so, daß wir ein Streichholz abknicken, um so einen schönen Giebel zu erhalten. In die Mitte des Ge-

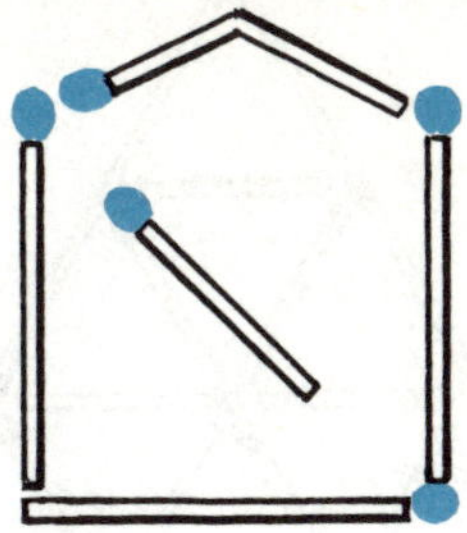

fängnisses legen wir den Gefangenen, ein abgebrochenes Streichholz. Wie können wir nun den Gefangenen befreien, ohne ein Hölzchen aufzunehmen oder das Gefängnis zu berühren?
Die Lösung ist einfach. Wir tropfen ein wenig Wasser auf die Bruchstelle des Daches, und bald wird es sich nach oben biegen.

Kampf um Streichhölzer ◑ ② 839

Streichhölzer, 2 Fäustlinge

Wir verstreuen die Hölzer einer Schachtel über den Tisch. Dann ziehen sich 2 Spieler je einen Fäustling über die rechte Hand, nehmen je eine Streichholzschachtel und versuchen, die verstreuten Hölzchen säuberlich in die Schachtel zu manövrieren. Allerdings dürfen sie dazu nur die Hand benutzen, über die sie den Handschuh gestreift haben. Wir stoppen für jeden einzelnen Spieler die Zeit und kontrollieren, ob er die Hölzer auch ordentlich einordnet. Wer als erster fertig ist, hat gewonnen.

Rechnen müßte man können! ◕ Ⓖ 840

Streichhölzer

1. Wie schreibt man mit 4 Streichhölzern die Zahl 1000?
2. Aus 4 mach 5.
3. Wie können wir aus 12 Hölzchen dreimal die 5 herstellen?
4. Wir legen 4 Quadrate aus Streichhölzern. Wie macht man 3 daraus, ohne ein Hölzchen zu beseitigen?
5. Vor uns liegen 3 Streichhölzer. Wir legen nun noch 2 dazu und erhalten die Zahl 8. Nehmen wir nun eines weg, bekommen wir die Zahl 5! Wie kann man sich nur so verrechnen?
6. Wie können 12 Hölzchen dreimal 2 erreichen?
7. Wir legen ein Dreieck aus 7 Hölzchen. Indem wir 3 Hölzchen verschieben, erhalten wir 3 Dreiecke.

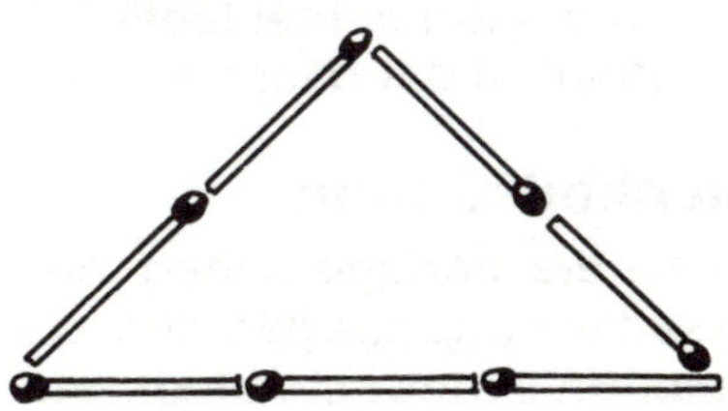

8. Wie können dreimal 4 Hölzchen 15 ergeben?
9. Wir legen aus 18 Streichhölzern 9 Dreiecke. Wenn wir nun 5 Hölzchen wegnehmen, sollen noch 5 Dreiecke übrigbleiben.

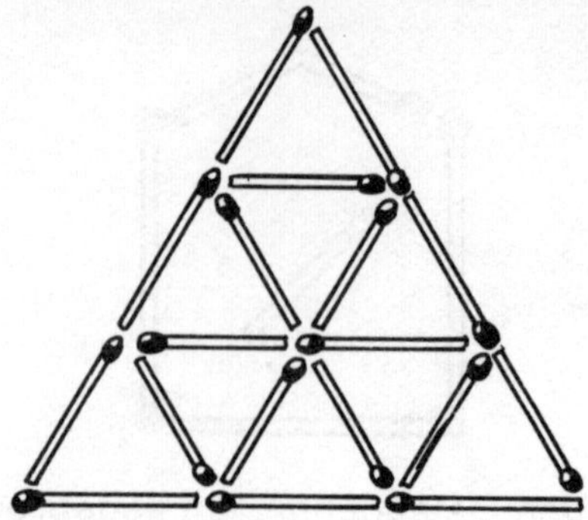

10. Wir legen 4 Quadrate aus 12 Hölzchen. Wenn wir nur 2 Streichhölzer wegnehmen, erhalten wir statt der 4 Quadrate 2.

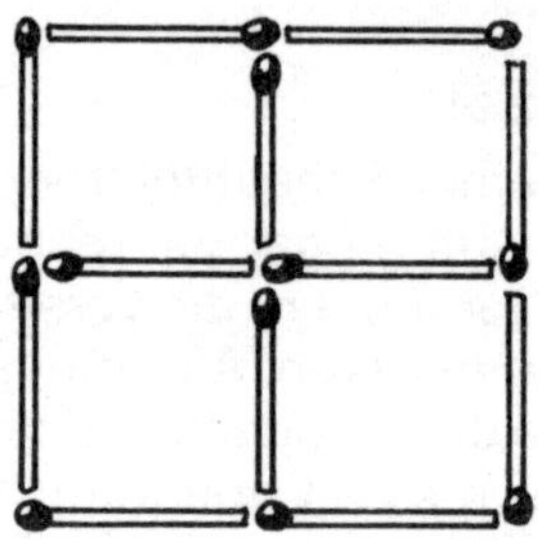

11. Wie kann man 3 Streichhölzer so auf den Tisch legen, daß kein Köpfchen den Tisch berührt?
12. Wie kann man aus 10 Streichhölzern 1 Meter legen?

Streichhölzerordnen (G) 841

Streichhölzer, Tücher, 1 Stoppuhr

Wir bereiten 2 volle Streichholzschachteln vor. Dann verbinden wir den ersten beiden Spielern die Augen, schütten vor jedem eine Schachtel aus und mischen die Hölzer so, daß die Köpfchen in verschiedenen Richtungen liegen. Auf Signal beginnen die Spieler, die Streichhölzer blind in ihre Schachtel zu ordnen, die Köpfchen nach einer Seite. Wir stoppen die Zeit ab. Für jedes Streichholz, dessen Kopf zur falschen Seite liegt, zählen wir 5 Sekunden zu, und 10 Sekunden für jedes Streichholz, das der Spieler überhaupt nicht in die Schachtel legte.
Das Paar, das gewinnt, steigt in die nächste Runde auf.

Eskimo-Geschicklichkeitsübung (G) 842

Streichhölzer oder Späne

Wollen wir uns getreu an die Vorlage halten, nach der uns das Spiel übermittelt wurde, müssen wir uns aus geraden, glatten Holzscheiten 50 Hölzchen von 10 Zentimetern Länge schneiden, die etwas stärker als die üblichen Streichhölzer sind. Allerdings können wir auch die langen Spezialstreichhölzer verwenden, die in jedem Tabakgeschäft zu kaufen sind. Zu Beginn des Spiels setzen wir uns alle um einen Tisch. Der erste Spieler legt sich die Hölzer auf den rechten Handrücken und schleudert sie blitz-

schnell hoch. Die fallenden Hölzer versucht er mit Daumen und Zeigefinger der Rechten aufzufangen, die Linke darf helfen. Er muß jedoch beim Fangen darauf achten, daß die rechte Hand immer mit dem Handrücken nach unten zeigt. Jeder aufgefangene Span zählt $^1/_2$ Punkt. Der Spieler, dem es gelingt, alle Hölzer aufzufangen, darf sich allerdings volle Punkte dafür berechnen und ein Hölzchen als Trophäe behalten. Außerdem hat er zusätzlich das Recht auf einen zweiten Wurf. Nach jedem Wurf wird der Vorrat am Spänen ergänzt.
Wer nur einige Späne fängt, bekommt sie als halbe Punkte zusammengerechnet.
Wer am Schluß die meisten Punkte für sich verbuchen konnte, siegt.

Marienbad ◕ ② 843

Streichhölzer

Wer den Trick dieses Spiels durchschaut hat, gewinnt immer. Wir legen 4 Reihen Streichhölzer auf den Tisch. In der untersten Reihe liegen 7 Streichhölzer, in der zweiten 5 Streichhölzer, in der dritten Reihe liegen 3 Streichhölzer und in der vierten ein Streichholz. Jeder der beiden Spieler darf nun so viele Streichhölzer nehmen, wie er will, allerdings darf er sich pro Runde nur aus einer Reihe bedienen. Wer das letzte Streichholz nimmt, hat verloren.

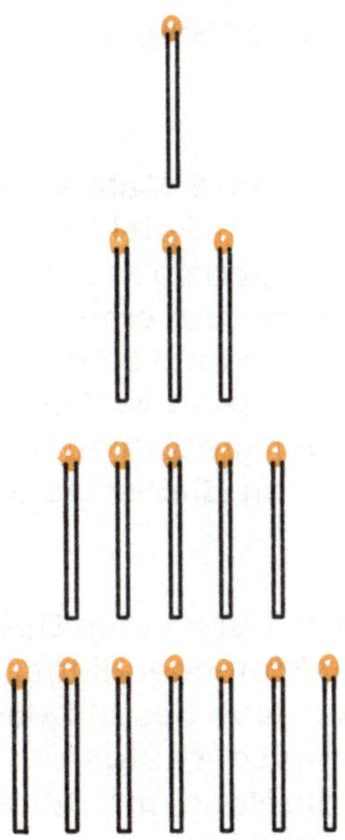

Kampf um die Flasche ◔ Ⓖ 844

Streichhölzer,
1 Flasche

Alle Teilnehmer bekommen die gleiche Anzahl an Streichhölzern. Dann stellen wir in die Mitte des Zimmers eine Flasche. Die Spieler legen einer nach dem andern ein Streichholz auf die Flaschenöffnung. Die Streichhölzer können wir so legen wie wir wollen, sie dürfen bloß nicht herunterfallen. Wer das Pech hat, daß bei seinem Manöver die Streichhölzer herunterfallen, muß alle aufnehmen und zu seinem Vorrat legen.
Wer sich als erster aller Streichhölzer entledigt hat, hat gewonnen.

Schreibspiele

Nummernzeichnen ◔ ② 845

Schreibzeug

Wir spielen wieder zu zweit. Ein einfaches weißes Papier und ein Bleistift genügen, um unser Spiel aufzubauen. Wir setzen wahllos Punkte auf das Papier, die wir dann anschließend mit Nummern versehen. Je mehr Punkte wir notieren, um so länger wird unser Spiel dauern. Denn jetzt fängt das eigentliche Spiel erst an. Wir versuchen jetzt abwechselnd die einzelnen Punkte in der Reihenfolge, in der sie numeriert sind, mit einem einzigen Strich zu verbinden, der sich bis zum Ende, falls man es schafft, an keiner Stelle kreuzen darf.
Wer am weitesten kommt, ist Sieger.

Steine legen ◔ Ⓖ 846

Schreibzeug, Blätter mit numerierten Feldern, Steinchen, Zählhölzchen

Wir basteln erst einmal unsere Materialien. Dazu brauchen wir soviel DIN-A4-Bogen wie Spieler am Spiel teilnehmen. Auf jeden Bogen wird ein quadratisches Netz mit siebzig Feldern, jedes etwa 3 x 3 cm gezeichnet. Dann füllen wir die Felder des ersten Bogens mit gut lesbaren Zahlen von eins bis siebzig aus. Jede Zahl schreiben wir in ein anderes Feld, unregelmäßig über das ganze Blatt verteilt. Wenn der erste Musterbogen beendet ist, übertragen wir die Zahlen in der gleichen unregelmäßigen Reihenfolge auf die anderen Blätter, so daß am Ende alle Blätter identisch sind.
Die Spielregeln:
Jeder hat vor sich auf dem Tisch einen DIN-A4-Bogen mit siebzig numerierten Feldern und fünf Steinchen liegen. Der Spielleiter ruft nun einzelne Zahlen auf. Die Aufgabe besteht darin, das Steinchen so schnell wie möglich auf das Feld mit der aufgerufenen Zahl zu legen. Wer das zuerst geschafft hat, hebt die Hand und ruft »fertig!«. Das ist das Signal für alle, aufzuhören bis zum nächsten Aufruf. Ein Steinchen muß mit seiner ganzen Fläche im Feld liegen, es darf die Umrandung also auf keinen Fall berühren. Anfangs ruft der Spielleiter jeweils nur einzelne Zahlen auf, im Verlauf des Spiels dann zwei oder drei hintereinander. Dadurch steigt die Spannung und der Spaß wird größer. Jetzt darf allerdings auch nur der »fertig« rufen, der zwei bzw. drei Steinchen auf den Feldern richtig verteilt hat. Wer sein Steinchen auf die falschen Felder legt, muß dem Sieger ein Zählhölzchen zahlen.
Wer die meisten Felder besetzt hat, ist Sieger.

Schiffe versenken ◑ ② 847

Karopapier, Schreibzeug

Sicherlich kennen viele Erwachsene das Spiel noch aus ihrer Schulzeit, in der es ausgiebig während des Unterrichts unter der Bank gespielt wurde, manchmal über zwei Reihen hinweg.
Wir spielen es zu zweit. Jeder Teilnehmer braucht dazu einen Bogen kariertes Papier und einen Bleistift. Zuerst zeichnen wir in unser abgegrenztes Feld die Schiffe ein, die der andere im Laufe des Spiels versenken soll.
Die Abgrenzungen der Spielfläche betragen 24 x 24 Karos, die auf der Senkrechten mit Zahlen, auf der Waagerechten mit Buchstaben gekennzeichnet werden.
Die Flotten setzen sich zusammen aus einem Flugzeugträger, der sechs Karos einschließt, die auch im rechten Winkel angesetzt werden dürfen, aus zwei Schlachtschiffen, die jeweils vier Karos einschließen, drei Kreuzern von drei Karos, vier Zerstörern von je zwei Karos und fünf U-Booten, die je ein Karo einschließen. Die Schüsse werden durch einfache Kreuzchen gekennzeichnet. Jeder Spieler trägt die Schüsse des Gegners auf dem eigenen Bogen ein, damit er ständig eine Kontrolle über die Angriffe hat.
Wir spielen mit verdeckten Bogen. Einer beginnt, indem er einen Schuß auf der Rückseite des gegnerischen Blattes angibt. Dieser Schuß wird notiert. Hat er getroffen, muß es der Gegner angeben, und der Spieler hat noch einen weiteren Schuß zur Verfügung. Verfehlt er sein Ziel, so ist der andere an der Reihe.
Wer am Ende die meisten Schiffe des Gegners versenkt hat, siegt. Wir spielen, bis kein Karo auf dem Feld mehr frei ist.

Stadt, Land, Fluß — Ⓖ 848

Schreibzeug

Jeder, der mitspielen möchte, zeichnet sich auf einem DIN-A 4-Bogen mehrere Kolumnen ein, die er mit Stadt, Land, Fluß, Tier, Berg, Pflanze usw. überschreibt. Dann beginnt einer der Spieler lautlos das Alphabet herzusagen. Keiner darf wissen, bei welchem Buchstaben er sich gerade befindet, bis ein zweiter plötzlich »stopp« ruft. Der erste muß uns nun den Buchstaben nennen, bei dem er gerade angelangt ist, und jetzt geht es darum, daß jeder der Teilnehmer auf seinem Papier die Begriffe einträgt, die von den Überschriften gefordert werden, wobei alle Begriffe mit dem Buchstaben beginnen müssen, den uns der Mitspieler genannt hatte. Jeder tut dies natürlich für sich, keiner läßt seinen Nachbarn abschreiben, denn es geht ja um einen Wettbewerb. Wer zuerst alle Spalten ausgefüllt hat, darf »fertig!« rufen. Dann müssen alle den Stift beiseite legen, keiner darf weiterschreiben. Der nächste Spieler beginnt nun zu zählen, und sein Gegenüber stoppt wiederum die Zeit ab. Wir können dieses Spiel eine vorher festgesetzte Zeit lang spielen oder bis es uns einfach zu langweilig wird. Wer die meisten Spalten richtig ausgefüllt hat und damit die meisten Punkte erreichte, hat gewonnen und erhält einen kleinen Preis.

Zusammensetzen von Wörtern — Ⓖ 849

Schreibzeug

Jeder schreibt mehrere Wörter auf ein Stück Papier. Die einzelnen Zettel werden eingesammelt und laut verlesen. Jeder muß nun der Reihe nach einen Satz aus den verschiedenen Wörtern bilden. Wer den lustigsten Satz erfindet, bekommt eine kleine Belohnung.

Käsekästchen — ② 850

Karopapier, Schreibzeug

Käsekästchen kann man am besten zu zweit spielen.
Wir brauchen dazu einen Bogen kariertes Papier und je einen Bleistift. Wir knobeln, wer anfangen darf, denn oft werden durch einen geschickten Anfang die Weichen für den Spielablauf schon gestellt.
Abwechselnd zeichnen wir nun die Linien der Karos nach, pro Runde darf jeder einen Strich an einer Seite eines Quadrats machen, wobei jeder bestrebt ist, sein Quadrat, das »Käsekästchen«, zu schließen. Zu Beginn sieht das noch ziemlich wahllos aus, wenn jeder irgendwo auf dem Papier die Seitenlinien der Karos nachzieht, im Laufe des Spiels wird es allerdings schon spannender, denn wer ein Käsekästchen schließt, das heißt, den letzten Strich anbringen kann, hat es für sich gewonnen und darf noch einmal zeichnen. Bald stellt es sich heraus, daß ein Spieler ganze Reihen von Käsekästchen schließt und in jedes sein Zeichen setzt. Am Ende des Spiels ist der gesamte Bogen Papier mit Kästchen überzogen, und wer die meisten mit seinem Zeichen versehen konnte, hat gewonnen. Häufig können wir es uns ersparen, die Kästchen der einzelnen nachzuzählen. Es gibt meist ganz eindeutige Verlierer und Gewinner. Ist

Nasenstüber Nr. 590 (S. 224) ▶

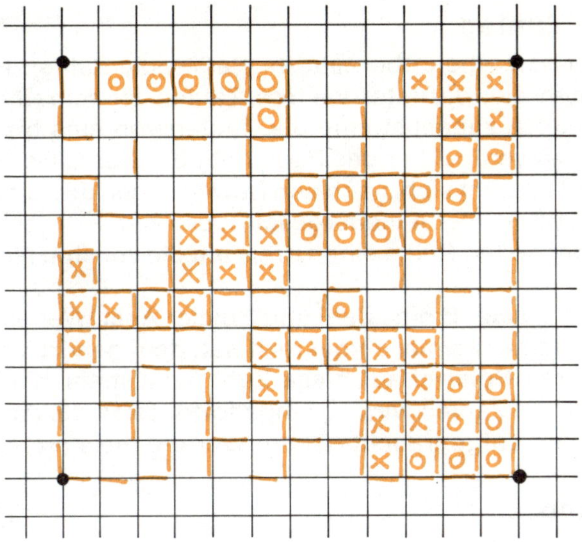

ein Spieler erst einmal am Zug, die Quadrate zu schließen, hört er, da jedes geschlossene Quadrat das Schließen weiterer Quadrate ermöglicht, selten eher auf als bis er gewonnen hat. So einfach sich dieses Spiel anhört, man muß doch ein wenig strategisch denken.

Einsetzen ◐ ② 851

Schreibzeug

Zwei Spieler sitzen am Tisch. Jeder wählt sich ein Wort mit einer vorher vereinbarten Anzahl von Buchstaben. Anstelle des Wortes aber ziehen die Spieler, jeder auf dem Papier des anderen, nur waagerechte Striche, für jeden Buchstaben einen, für ein Wort mit sechs Buchstaben also sechs Striche. Dann nennen sie abwechselnd jeweils einen Buchstaben ihres Wortes. Falls der vom Gegenspieler genannte Buchstabe im Wort vorkommt, das sich der Spieler ausgewählt hat, so schreibt er ihn an die entsprechende Stelle auf den Strich des Gegners. Nehmen wir zum Beispiel an, die Spieler haben sich auf sechs Buchstaben geeinigt. Der erste wählte das Wort MORGEN, der zweite DECKEL.
Der erste Spieler eröffnet dann das Spiel, indem er »R« sagt. Der zweite antwortet: »Nichts!« Selbst sagt er dann: »G«. Da im Wort des ersten, wie der zugibt, ein G vorkommt, schreibt er es auf Strich vier im Zettel des zweiten Spielers, den er hat. Der erste wiederum nennt ein »R«, das ihm der Gegner auf den dritten Strich schreibt usw.
Zu Beginn raten die Spieler, wenn sie jedoch einige Buchstaben auf ihrem Blatt haben, werden ihre Fragen genauer, da sie schon präzisere Vorstellungen vom Wort des anderen haben können. Falls ein Spieler meint, das Wort des anderen entschlüsselt zu haben, kann er die Lösung vor Ende des Spiels bekanntgeben. Nennt er jedoch ein falsches Wort, darf der andere drei Buchstaben hintereinander nennen. Falls in dem zu erratenden Wort mehrere Buchstaben mehrmals vorkommen, muß sie der Gegenspieler so oft aussprechen, wie sie vorhanden sind.

◄ Tellerbeschwörung Nr. 613 (S. 233)

Kampf um Zahlen ◔ ② 852

Schreibzeug

Beide Spieler schreiben oben auf ihr Papier die Zahlen eins bis zehn. Dann beginnen sie, darunter weitere Zahlen zu schreiben, und zwar schreibt Spieler A zunächst eine der Zahlen von eins bis zehn nieder. Beim Schreiben verdeckt er das Papier mit der Hand. Der andere beobachtet ihn und bemüht sich, nach den Bewegungen des Bleistifts zu erraten, welche Zahl Spieler A niedergeschrieben hat. Falls er sich irrt, zieht Spieler A in der ersten Reihe einen Kreis um die von ihm niedergeschriebene Zahl.

Dann schreibt Spieler B eine Zahl und Spieler A rät. Wer eine der Zahlen in der ersten Reihe dreimal eingekreist hat, dem gehört sie. Der Gegner darf im weiteren Spielverlauf diese Zahl nicht mehr niederschreiben. Der Kampf um die Zahlen wird so lange fortgesetzt, bis die Spieler neun der zehn Zahlen aufgebraucht haben. Wer die meisten hat, siegt.

Mathematico ◕ Ⓖ 853

52 Karten aus Karton, Schreibzeug

Wir schneiden aus Karton zweiundfünfzig Karten von 8 x 5 cm zurecht und schreiben die Zahlen von 1–13 auf die Karten, dies je viermal. Vor Anfang jeder Partie zeichnen die Spieler sich ein Quadrat mit fünfundzwanzig Feldern (5 x 5) auf. Dann mischt einer die zweiundfünfzig Karten und legt sie mit den Zahlen nach unten auf einen Haufen. Er nimmt sich die erste Karte, dreht sie um und nennt die Zahl darauf. Die Spieler schreiben diese Zahl in irgendein Feld ihres Quadrates. Der erste Spieler dreht die nächste Karte um, und die Spieler notieren wieder die entsprechende Zahl. In jedem Feld darf sich nur eine Zahl befinden. Eine einmal eingetragene Zahl darf nicht mehr in ein anderes Feld verschoben werden. Die Spieler bemühen sich, für jede Zahl den nach den Regeln günstigsten Platz zu finden. Das Spiel ist zu Ende, wenn fünfundzwanzig Karten umgedreht wurden. Sieger ist, wer die genannten Zahlen so anordnet, daß er die meisten Punkte nach folgenden Regeln hat:

10 Punkte für ein senkrechte oder waagerechte Reihe von fünf Feldern, falls eine der Zahlen darin zweimal vorkommt;
20 Punkte für zwei Paare gleicher Zahlen in der senkrechten oder waagerechten Reihe: für zwei Zweier und zwei Zehner;
40 Punkte für drei gleiche Zahlen: drei Neuner;
80 Punkte für drei und zwei gleiche Zahlen: drei Achter und zwei Zwölfer;
160 Punkte für vier gleiche Zahlen, mit Ausnahme der Eins;
200 Punkte für vier Einser;
50 Punkte für fünf fortlaufende Zahlen: 6, 7, 8, 9, 10;
100 Punkte für drei Einser und zwei Dreizehner;
150 Punkte für die Zahlen 1, 10, 11, 12, 13.

Alle oben angeführten Zahlen dürfen in der senkrechten und waagerechten Zeile durcheinandergehen, sie müssen nicht unmittelbar aufeinanderfolgen.

Falls sich eine der genannten Zahlenkombinationen auf den Diagonalen des Quadrates befindet, erhält der Spieler dafür jeweils um 10 Punkte

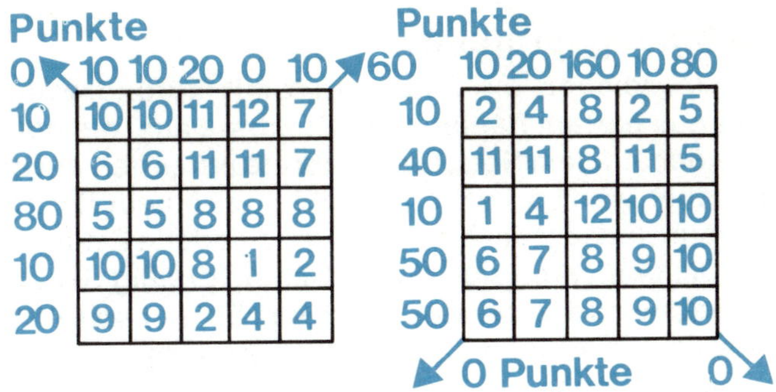

mehr als in der Bewertungstabelle angeführt. Es werden hierbei jedoch nur die zwei Diagonalen in Betracht gezogen, die durch alle fünf Felder gehen.
Sobald sämtliche Felder mit Zahlen bedeckt sind, notieren sich die Spieler ihre Punkte an den Rand jeder Zeile und Diagonale. Wer die meisten Punkte hat, siegt. Bei der ersten und zweiten Partie muß man die Bewertungstabelle stets vor Augen haben, am besten schreibt man sie auf eine Tafel, später hat man sich dann die Bewertung der verschiedenen Zahlenkombinationen schon gemerkt. Selbst wenn man Mathematico fünfzigmal spielt, wird sich jedes Spiel vom vorhergehenden unterscheiden, da die Karten jeweils von neuem gemischt werden und unendlich viele Zahlenkombinationen möglich sind.
Aus der Abbildung ist am Beispiel eines Spiels ersichtlich, wie unterschiedlich die Spieler die ausgerufenen Zahlen eingetragen und geordnet haben. Der erste errang nur 250 Punkte, der zweite hatte ein gutes Ergebnis: 440 Punkte.

Zusammensetzen von Ansichtskarten ◑ Ⓖ 854

Mehrere Ansichtskarten

Wir zerschneiden mehrere Ansichtskarten in möglichst kleine Stückchen und vermischen diese zu einem bunten Haufen auf dem Tisch. Ein Spieler nach dem anderen muß sie dann so schnell wie möglich wieder zusammensetzen, wobei die Zeit jedes einzelnen gestoppt wird. Der Schnellste hat gesiegt und bekommt eine kleine Belohnung.

Korrektoren-Spiel ◑ Ⓖ 855

Schreibzeug, Textvorlage, 1 Stoppuhr

Wir besorgen für jeden Spieler einen gleichlautenden Werbetext. Dann wählen wir eine bestimmte Textstelle von circa 30–40 Zeilen aus. Jeder soll nun im Text jedes »E« streichen, jedes »O« unterstreichen, unter jedes »M« einen Punkt setzen und jedes »K« einkreisen. Auf Kommando beginnen alle, und bei dem Ruf »stopp!« muß jeder seinen Zettel hinlegen. Dann tauschen wir die Zettel untereinander aus und zählen die Fehler des Nachbarn.
Für jeden Fehler – einen nicht oder falsch bezeichneten Buchstaben – werden dem Spieler fünf Sekunden angerechnet. Wer die geringste Zeit gebraucht hat, siegt.

Wahrnehmungsprüfung Ⓖ 856

Schreibzeug, 10 Quadrate aus Karton, Papier

Jeder Spieler zeichnet ein Quadratnetz mit fünfundzwanzig Feldern und schneidet aus hartem Papier zehn Quadrate aus, die genauso groß sind wie die Felder auf dem Netz. Die Quadrate numeriert er von eins bis zehn. Der Spielleiter wählt aufs Geratewohl aus seinem Satz fünf numerierte Quadrate aus und legt sie offen auf verschiedene Felder des Quadratnetzes. Die Spieler merken sich die Verteilung dreißig Sekunden lang, dann wird das Netz wieder zugedeckt, und jede Spieler soll innerhalb von einer Minute die Quadrate mit denselben Nummern auf die gleichen Felder des eigenen Netzes legen.
Nach einer Minute deckt der Leiter sein Netz wieder auf. Für jede richtige Zahl auf dem richtigen Feld erzielt der Spieler einen Punkt.
Das nächste Mal verteilt der Leiter sechs Quadrate, und in jeder weiteren Runde fügt er jeweils ein Quadrat hinzu, so daß die Spieler schließlich alle zehn Zahlen auf das Netz legen. Und das ist schon eine schwierige Aufgabe für Aufmerksamkeit und Gedächtnis, da die Merkzeit stets die gleiche ist.

Einen Satz zusammenstellen Ⓖ 857

Schreibzeug, 1 kleine Belohnung

Jedem Spieler werden fünf Buchstaben genannt, aus denen er blitzschnell einen Satz bilden soll, indem er sie als Anfänge der einzelnen Worte verwendet, die der Spielleiter notiert.
Die Wörter müssen zuerst in der Reihenfolge der angegebenen Buchstaben stehen. Der Satz sollte eine natürliche Wortfolge und einen logischen Sinn haben. In der zweiten Runde dürfen die Buchstabenabfolgen vertauscht werden. Der schnellste Spieler erhält drei Punkte, der zweite zwei, der dritte einen Punkt. Eine kleine Belohnung erhält, wer am Ende des Spiels die meisten Punkte gesammelt hat.

Wer war es? Ⓖ 858

Schreibzeug

Ein Spielleiter beginnt, Charakteristisches aus der Biographie einer bedeutenden Persönlichkeit zu erzählen. Jeder Spieler notiert den Namen, wenn er meint, die Persönlichkeit erraten zu haben. Wer seinen Zettel mit dem richtigen Namen schon nach dem ersten Abschnitt der Erzählung abgibt, bekommt drei Punkte. Wer ihn nach dem zweiten Abschnitt abgibt, zwei Punkte, und wer ihn erst am Ende der Erzählung abgibt, einen Punkt. Es zählen selbstverständlich nur richtige Lösungen. Im Familienkreis können wir dieses Spiel amüsanter gestalten, wenn wir Personen aus der eigenen Familie oder dem Freundeskreis raten lassen.

Kreise und Kreuze ② 859

Schreibzeug

Zwei Spieler zeichnen ein großes Quadrat, das in sechsunddreißig Felder zu 6 x 6 unterteilt ist. Dann malen sie abwechselnd ihre Zeichen ein, der erste einen Kreis, der zweite ein Kreuz. Jeder, der am Zug ist, darf jedes beliebige freie Feld mit seinem Zeichen beschriften, ist aber bestrebt, seine Zeichen fortlaufend zu setzen.

Sobald sämtliche Felder beschriftet sind, zählt jeder seine Punkte:

1 Zeichen in der waagrechten oder senkrechten Zeile, oder in einer Diagonalen .... 0 Punkte

2 Zeichen in der waagrechten oder senkrechten Zeile, oder in einer Diagonalen .... 0 Punkte

3 Zeichen in der waagrechten oder senkrechten Zeile, oder in einer Diagonalen .... 2 Punkte

4 Zeichen in der waagrechten oder senkrechten Zeile, oder in einer Diagonalen .... 4 Punkte

5 Zeichen in der waagrechten oder senkrechten Zeile, oder in einer Diagonalen .... 6 Punkte

6 Zeichen in der waagrechten oder senkrechten Zeile, oder in einer Diagonalen .... 8 Punkte

Diagonalreihen sind nicht nur die beiden durch die Mitte des Quadrates verlaufenden, sondern auch kürzere, die sich aus drei, vier oder fünf Feldern zusammensetzen, z. B. die Reihe, die sich aus den Feldern A3, B2, C1 zusammensetzt. Je mehr Zeichen wir in einer einzigen Reihe oder einer einzigen Diagonale konzentrieren, desto vorteilhafter ist das bei der Bewertung. Ein Spieler beobachtet allerdings ständig die sich auf dem Blatt entwickelnde Lage und versucht, die Absicht des anderen zu durchkreuzen. Das Spiel wird in der Regel von dem gewonnen, der nicht nur die Waagrechte und die Senkrechte, sondern auch die Diagonale im Auge behält.

Sechs Quadrate ◑ Ⓖ 860

1 DIN-A4-Bogen, Schreibzeug

Wir zeichnen auf den Bogen die gleichen Quadrate, wie sie die Abbildung zeigt. In jedem Quadrat befindet sich eine bestimmte Anzahl von Punkten. Den Bogen heften wir dann an die Wand oder legen ihn gut sichtbar auf den Tisch und bitten die Spieler, ihn sich genau anzusehen. Dann entfernen wir ihn und fordern die Spieler auf, die Quadrate mit den entsprechenden Punkten auf ihrem karierten Papier nachzuzeichnen, jeder für sich. Wer sich am besten an das Original erinnert, wird Sieger.

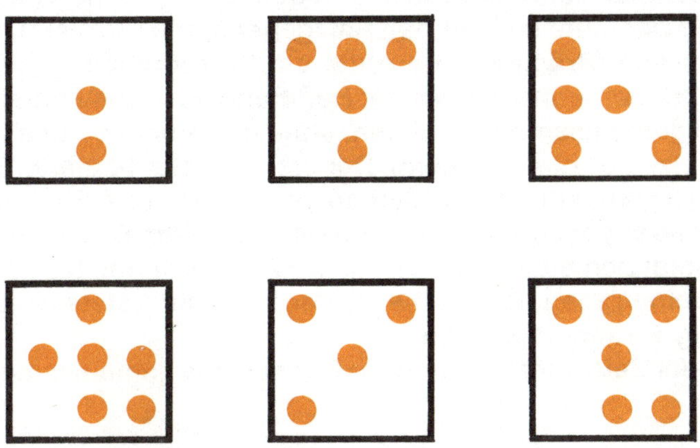

Personenbeschreibung ◕ Ⓖ 861

Schreibzeug

Jeder Spieler schreibt auf einen kleinen Zettel den Namen einer Person, die beschrieben werden soll. Es ist egal, ob es sich um eine persönliche Bekanntschaft oder eine berühmte Pesönlichkeit handelt.
Wir sammeln die Zettel ein und verteilen sie wieder neu. Jeder muß einen Zettel ziehen.
Jetzt beschreibt jeder Spieler die ihm vorgeschlagene Person. Er soll sich äußern über einige Anekdoten aus dem Leben. Über die wichtigsten Lebensdaten und das Äußere seines »Falls«.
Für jede richtig wiedergegebene Tatsache bekommt der Spieler von der Jury einen Pluspunkt gutgeschrieben.

Lexikon ◕ Ⓖ 862

Schreibzeug, 1 Lexikon

Der Spielleiter sucht ein schwieriges Wort aus dem Lexikon und liest es vor.
Jeder Spieler muß nun auf einem Zettel notieren, welche Bedeutung seiner Meinung nach dieses Wort hat. Können wir uns gar nichts unter dem Begriff vorstellen, so werden wir eine besonders phantasievolle Erklärung aufschreiben. Die Zettel werden dann eingesammelt, und der Leiter liest die Erklärungen der einzelnen vor.
In der ersten Auswertungsrunde müssen wir nun aufschreiben, welche der Erklärungen unserer Meinung nach zutreffen.
Jeder, der die richtige Bedeutung des Begriffes erkennt, erhält einen Punkt.
In der zweiten Auswertungsrunde wollen wir die originellste Erklärung prämieren. Der Spieler, dessen Erklärung die meisten Stimmen erhält, bekommt zwei Punkte; der zweite erhält zwei Punkte und der dritte einen Punkt.

Subjekt-Prädikat-Objekt ◕ Ⓖ 863

Schreibzeug

Jeder Teilnehmer bekommt für das folgende Spiel eine Wortkategorie zugeordnet. Der erste soll nur den Satzgegenstand (Subjekt), der zweite die Satzaussage (Prädikat), der dritte die Satzergänzung (Objekt), der vierte den Ort, der fünfte die Zeit der Handlung usw. bestimmen. Wir wollen einfach gemeinsam Sätze bilden, ohne daß einer von uns vorher den Sinn des Satzes bestimmen kann. Der erste Spieler beginnt. Er schreibt ein Hauptwort auf, knickt das Blatt so um, daß sein Nachfolger nicht lesen kann, was er geschrieben hat und gibt es weiter. Der nächste Spieler vervollständigt den Satz, und so geht der Zettel reihum, bis alle etwas zu dem Satz beigetragen haben. Die Reihenfolge der Satzteile kann natürlich beliebig verändert werden.
Dann wird der Zettel entrollt, und wir können das gemeinsame Werk laut verlesen.

Anzeige ◐ Ⓖ 864

Schreibzeug

Ebenso wie wir einen Steckbrief aufgeben, können wir eine Anzeige formulieren. Wir einigen uns darauf, eine Such- oder auch Heiratsanzeige aufgeben zu wollen. Wer also was zu einem bestimmten Zweck wo oder wann sucht. Jeder Teilnehmer muß ein Frage beantworten und dann das umgeknickte Papier weitergeben. Am Ende liest der letzte die Anzeige vor.

Der Bandwurmsatz ◐ Ⓖ 865

Schreibzeug

Jetzt bilden wir nicht einzelne Satzteile, sondern jeder schreibt einen unvollständigen Satz auf, den der nächste fortführen soll.
Der erste schreibt also einen phantasievollen Satzbeginn auf, läßt das letzte Wort als Stichwort sichtbar stehen, den ersten Teil des Satzes verbirgt er, indem er das Papier umfaltet. Sein Nachbar soll nun dieses Stichwort aufgreifen und den Satz fortsetzen. So geht das Papier von einem zum anderen, und am Ende können wir einen ellenlangen Satz vorlesen, der hoffentlich noch einen Sinn ergibt.

Versschlangen ◐ Ⓖ 866

Schreibzeug

Der erste Spieler beginnt, indem er zwei Verszeilen aufschreibt. Das letzte Wort der zweiten Zeile sollte sichtbar bleiben, ebenso muß der Spieler die Anzahl der Silben notieren, damit sich die übrigen Spieler danach richten können. Der übrige Teil wird abgedeckt, und der zweite Spieler übernimmt das Blatt. Sein Vers reimt sich auf den ersten, die Anzahl der Silben muß auch übereinstimmen. Der dritte Spieler kann sich jetzt entscheiden, ob er den Reim der ersten beiden beibehält, oder ein neues Wort einführt, auf das der vierte den Reim finden muß. So wandert unser Papier von einem zum anderen, am Schluß haben wir ein schönes Gedicht vor uns, an dem alle beteiligt waren.

Rollenbuch ◐ Ⓖ 867

Schreibzeug

Wir einigen uns über den groben Handlungsablauf, den Ort, die Zeit und die Personen eines Theaterstückes, das wir nun gemeinsam schreiben wollen. Jeder Teilnehmer bekommt eine Rolle, in der er sich verwirklichen kann. Vor der Weitergabe des Rollenbuches einigen wir uns jedesmal, wer weitersprechen soll, denn wenn wir das Buch einfach reihum geben, kommt zu großer Blödsinn heraus. Jeder Spieler schreibt also die Sätze seiner Rolle auf, wobei der letzte Satz sichtbar bleibt, knickt den anderen Teil um und gibt das Papier dem nächsten, der das Stichwort aufgreifen muß und nun seine Rolle darlegen soll.
Wir können das Spiel beliebig lange durchhalten. Eins ist gewiß: Am Ende, bei der Verlesung des Stücks, gibt es sicherlich viel zu lachen.

Der Steckbrief ◑ Ⓖ 868

Schreibzeug

Wir einigen uns auf die besonderen Kategorien, die in diesem Steckbrief enthalten sein sollen. Ein Spieler nennt den Namen des Gesuchten, der zweite das Alter, der dritte die Größe, der vierte die besonderen Merkmale usw. Was alles in dem Steckbrief enthalten sein soll, bleibt uns überlassen. Wir schreiben eine Aussage auf, knicken das Blatt um und geben es weiter. Hat jeder seine Notiz vermerkt, lesen wir den Steckbrief vor. Es werden merkwürdige Typen sein, die wir suchen.

Falscher Fuffz'ger ◑ Ⓖ 869

Schreibzeug

Es kommt bei diesem Spiel darauf an, die Gemeinsamkeit einer Reihe von Begriffen zu erkennen. Ein Spieler schreibt vier oder mehr Begriffe auf, die alle bis auf einen etwas gemeinsam haben. Der Nachbar soll nun herausfinden, welcher der Falsche Fuffz'ger ist, der sich eingeschlichen hat, ohne dazuzugehören. Wir nehmen zum Beispiel: Harke, Spaten, Tulpe, Rechen. Dies gehört alles in den Garten, jedoch fällt die Tulpe heraus, da alles andere Gartengeräte sind.

Hat der andere Spieler den falschen Begriff entdeckt, denkt er sich seinerseits Begriffe aus und gibt sie dem nächsten weiter. Wer das Rätsel nicht lösen kann, darf auch kein weiteres aufgeben.

Das Kunstwerk ◑ Ⓖ 870

Schreibzeug

Jetzt wollen wir wieder mit offenen Karten spielen. Ein Teilnehmer zeichnet die Anfänge seines Kunstwerks auf einen großen Bogen Papier. Der nächste versucht zu erkennen, was sein Vorgänger gemeint haben könnte und zeichnet weiter. Jetzt bekommt der dritte das Blatt, und so kann sich jeder an dem Kunstwerk beteiligen. Niemand ist verpflichtet, die Vorstellung seines Vorgängers zu verwirklichen. Wir müssen nur jeweils das ausbauen, was sich schon auf dem Papier befindet. Das Blatt wandert so lange reihum, bis das Kunstwerk vollständig ist.

Das Porträt ◑ Ⓖ 871

Schreibzeug

Ein Modell aus dem Kreise der Spieler stellt sich zur Verfügung, das bereit ist, sich porträtieren zu lassen. Allerdings wollen wir es nicht zeichnen oder malen, sondern charakterisieren. Ein Spielleiter stellt folgende Fragen, die jeder schriftlich beantworten sollte: »Welcher bekannten toten oder lebenden Persönlichkeit ähnelt unser Modell?« »Mit welchem Tier würdest du es vergleichen?« »Welches Fahrzeug ist für unser Modell charakteristisch? Welche Farbe usw.« Wir können uns beliebig viel Fragen ausdenken, um unseren Freund treffend zu charakterisieren. Er selbst braucht dabei nicht als stummes Opfer dazusitzen. Es ist lustiger, wenn er sich selbst beschreibt und wir dann seine Beschreibung mit der der anderen vergleichen können.

Geheimschrift 872

Schreibzeug

Ein Spielleiter gibt Zettel aus, auf denen irgendein Sprichwort in Geheimschrift notiert wurde. Die Geheimschrift könnte zum Beispiel so aussehen, daß die einzelnen Wörter von hinten nach vorn geschrieben wurden, oder daß die Buchstaben versetzt wurden, d. h. wenn wir ein A meinen, schreiben wir ein B, für das B schreiben wir ein C usw.
Wer den Code als erster erkennt, ist Sieger.

Ergänzungsspiel 873

Schreibzeug

Ein Spieler stellt sich zur Verfügung und stellt eine Annonce zusammen. Der Text ist den anderen unbekannt. In dieser Annonce fehlen einige Wörter. Der Spieler bittet nun die übrigen, ihm diese Wörter anzubieten. Er fragt beispielsweise nach einem Eigenschaftswort, einer Altersangabe, zwei Zahlen, drei Voraussetzungen usw.
Diese Wörter, die ihm die anderen nennen, setzt er nun in die Annonce, und dann liest er sie vor.
In die Zeitung werden wir sie kaum setzen können, aber sie wird zumindest ein Heiterkeitserfolg.

Abstrakte Begriffe darstellen 874

Schreibzeug

Ein Spieler nennt einen abstrakten Begriff, und wir versuchen, diesen Begriff zu zeichnen. Es ist gar nicht einfach, Sehnsucht,Vertrauen u. ä. darzustellen.
Wir einigen uns auf eine bestimmte Zeit, die uns zum Zeichnen zur Verfügung steht. Dann werden die Zeichnungen eingesammelt und von der Jury prämiert.

Schweinchen zeichnen 875

Schreibzeug

Jetzt spielen wir nicht alle gemeinsam, sondern einer nach dem anderen tritt an. Jedem werden die Augen verbunden, er bekommt einen Stift in die Hand, und wir fordern ihn auf, blind ein Schweinchen zu zeichnen. Wir werden überrascht sein, wie schwierig das ist. Hat ein Spieler sein Meisterwerk vollendet, tritt der nächste an.

Sprichwörter einkleiden 876

Schreibzeug

Ein Spielleiter nennt ein Sprichwort, etwa: »Je später der Abend, desto schöner die Gäste!« Jeder Spieler soll nun versuchen, dieses Sprichwort möglichst umständlich, aber so, daß man es noch erkennt, zu umschreiben. Die Umschreibungen der einzelnen werden dann gemeinsam verlesen, und die beste wird prämiert. Wir können uns auch einigen, daß jeder selbst ein Sprichwort aussucht, das von den übrigen bei der Verlesung erraten werden soll.

Warum-weil ◑ Ⓖ 877

Schreibzeug

Wir wollen jetzt Fragen beantworten, die wir gar nicht kennen. Jeder Spieler schreibt oben auf einen Zettel einen Satz auf, der mit »warum« beginnt. Wir können uns die verrücktesten Fragen ausdenken. Dann falten wir den Zettel so, daß der Nachbar den Satz nicht lesen kann und geben ihn weiter. Jeder notiert unter die Frage nun die Antwort, die mit »weil« beginnt. Der Zettel wird weitergegeben, und wir denken uns jeder eine neue Frage aus! Wir spielen so lange, bis die Zettel vollgeschrieben sind und verlesen dann laut unsere Fragen und die unpassenden Antworten.

Briefeschreiben ◑ Ⓖ 878

Schreibzeug

Jeder Teilnehmer bekommt einen Zettel, auf den er ein Wort notieren soll. Wir einigen uns vorher, wer Hauptwörter, die Tätigkeitswörter, die Eigenschaftswörter usw. übernehmen soll. Die Zettel mit den Wörtern sammeln wir wieder ein und verlesen sie. Jetzt wird jeder aufgefordert, aus dieser Kette von Wörtern einen Brief zu schreiben. Entweder einen Geburtstagsbrief, eine Einladung, einen Beschwerdebrief oder einen Kondolenzbrief. Es kommt darauf an, daß alle zur Verfügung stehenden Wörter benutzt werden.

Dann sammeln wir die Briefe ein und verlesen sie. Der beste Brief pro Thema bekommt eine Prämie.

Vornamen ◑ Ⓖ 879

Schreibzeug

Ein Spielleiter sucht aus dem Lexikon oder auch aus seinem Allgemeinwissen die Nachnamen fünfzehn bekannter Persönlichkeiten aus.

Jeder Spieler soll nun so schnell es geht die passenden Vornamen aufschreiben. Ist der erste Spieler fertig, ruft er: »Stopp!« und alle müssen den Stift fallenlassen. Die Vorschläge des Spielers werden vorgelesen. Er bekommt für jeden richtigen Namen einen Pluspunkt, für jeden falschen einen Minuspunkt. Ebenso bekommen die übrigen Teilnehmer für die richtig notierten Namen Pluspunkte, für die falschen oder fehlenden Minuspunkte.

A-E-I-O-U ◑ Ⓖ 880

Schreibzeug

Wir wollen nun einmal unseren Wortschatz prüfen. Es kommt bei diesem Spiel darauf an, Wörter zu finden, in denen nur einer der fünf Vokale möglichst häufig vertreten ist. Zuerst bilden wir also Wörter, in denen das A vorkommt: Ananas wäre zum Beispiel passend.

Dann suchen wir ein Wort mit E, dann eins mit I usw.

Wer am Ende die längsten Wörter mit den einzelnen Vokalen aufgeschrieben hat, siegt.

Sieben Punkte ◕ Ⓖ 881

Schreibzeug

Jeder Spieler verteilt auf einem Blatt Papier wahllos sieben Punkte. Wir sammeln die Blätter ein, mischen sie und verteilen sie neu.
Jetzt stellen wir uns ein Thema, das jeder Spieler unter Einbeziehung der sieben Punkte zeichnen soll. Der beste Entwurf wir prämiert.

Problemstellung ◕ Ⓖ 882

Schreibzeug

Bei diesem Spiel kommt es darauf an, die witzigste Lösung für ein Problem anbieten zu können. Jeder Spieler schreibt eine Frage auf: »Was würdest du tun, wenn . . .!« Die Frage geben wir an den Nachbarn weiter, der die Antwort dazuschreibt. Er stellt nun eine neue Frage und gibt den Zettel seinerseits weiter. So wandern die Fragen und Antworten reihum. Wenn sie wieder an ihren Ausgangspunkt zurückgelangt sind, verlesen wir alle Fragen und Antworten.

Die Diagonale ziehen ◕ Ⓖ 883

Schreibzeug,
1 Buch,
1 Spiegel

Ein Spieler sollte unter Mithilfe eines Spiegels in einem Rechteck eine einfache Diagonale zeichnen. Jeder wird von sich behaupten, es sei nichts leichter als das, denn einen geraden Querstrich ziehen kann schließlich jeder. Wir stellen also vor den ersten Kandidaten ein Buch hochkant auf, so daß er nicht das dahinter liegende Blatt sehen kann. Dies kann er jedoch über einen Spiegel sehen, den wir hinter das Blatt halten. Dann soll der Spieler die Diagonale quer durch ein Rechteck zeichnen, das wir bereits vorher auf das Papier gezeichnet haben. Bei diesem Spiel gibt es keinen Trick, und doch werden wir sehen, wie schwierig es ist, einen Querstrich zu ziehen.

Drudel ◕ Ⓖ 884

Schreibzeug

Fast in jeder Zeitschrift findet man auf der Spielseite »Drudel«. Ein Drudel ist ein Bilderrätsel, das eine bestimmte Situation im Ausschnitt zeigt. Erst bei längerem Hinsehen wird einem klar, was in dem Drudel dargestellt werden soll. Meist ist die Auflösung aber auch so weit hergeholt, daß man von allein nicht darauf kommen kann.
Wir wollen einen Drudelwettbewerb veranstalten. Wir nennen ein Thema, und jeder zeichnet das passende Drudel. Die besten Drudel werden prämiert.
Wir können es natürlich auch jedem einzelnen überlassen, welches Thema er zeichnen möchte. Die übrigen können dann versuchen , das Drudel zu lösen.

Figuren zeichnen 885

Schreibzeug

Eines der beliebtesten Malspiele ist das Figurenzeichnen. Ein Spieler zeichnet oben auf einem Bogen Papier einen Kopf. Egal, ob es ein Menschen- oder Tierkopf ist. Er faltet das Papier so, daß man sein Werk nicht sehen kann und gibt es weiter. Der nächste zeichnet nun den Hals und Brustkorb des Wesens weiter. Auch er knickt das Papier um und gibt es weiter. Ist das Blatt reihum gewandert, entfalten wir es und können jetzt ein Wesen betrachten, das sich aus den merkwürdigsten Körperteilen zusammensetzt.

Bilderrätsel 886

Schreibzeug

Wir sollten uns auf einen bestimmten Themenbereich einigen, den wir darstellen wollen. Wir wollen zum Beispiel Tiere zeichnen.
Jeder verschlüsselt seine Zeichnung, indem er nicht as Tier selbst darstellt, sondern die einzelnen Buchstaben, aus denen sich der Name zusammensetzt.
Als Beispiel nehmen wir: Laus. Um den Namen darzustellen, zeichnen wir eine L eine, einen A nker, eine U hr und eine S ichel.
Am Schluß sammeln wir dann die Bilderrätsel aller ein und versuchen, sie gemeinsam zu entziffern.

Historische Bedeutung 887

Schreibzeug

Für dieses Spiel muß ein Spielleiter gewisse Vorbereitungen treffen. Er sollte eine Anzahl Gegenstände gezeichnet haben, die in der Geschichte, Mythologie, Literatur, Religion oder in einem anderen Bereich große Bedeutung hatte. Er zeigt den Spielern zum Beispiel einen Apfel und bittet sie, alle Zusammenhänge, die ihnen bei dem Begriff Apfel einfallen, aufzuschreiben. Also: Apfel des Wilhelm Tell, Apfel des Paris, Apfel aus dem Paradies usw. Wer die meisten Erläuterungen bringen kann, siegt. Wir können dem Spielleiter die Arbeit erleichtern, wenn jeder versucht, einen bedeutungsvollen Gegenstand zu nennen, den die übrigen Mitspieler erläutern sollen.

Reaktionsmessung 888

Schreibzeug

Wir können selbst unsere Reaktionsschnelligkeit messen.
Auf einen DIN-A 4-Bogen zeichnen wir fünf Zentimeter vom unteren Rand entfernt eine gerade Linie. Ein Spielleiter hält den Bogen einige Millimeter vor die Wand. Die Testperson hält eine Bleistiftspitze vor diesen Strich, allerdings ohne das Blatt zu berühren. In dem Augenblick, in dem der Spielleiter den Bogen losläßt, muß die Testperson das Papier mit dem Bleistift gegen die Wand drücken. Dabei wird er auf dem Papier eine Linie zeichnen.
Je länger die Linie wird, desto langsamer ist die Reaktion der Testperson.

Ohne Abzusetzen (G) 889

Schreibzeug

Bei diesem Spiel tritt einer nach dem anderen an. Der erste erhält Papier und Bleistift und soll die nebenstehenden Figuren ohne abzusetzen zeichnen, mit einem Strich also. Hat er es geschafft, so verbinden wir ihm die Augen und bitten ihn, das Ganze noch einmal blind zu zeichnen. Kann er beide Aufgaben zu unserer Zufriedenheit lösen, bekommt er zwei Punkte. Der nächste Spieler ist nun an der Reihe.

Lieder zeichnen (G) 890

Schreibzeug

Jeder Spieler soll für sich arbeiten. Er denkt sich den Anfang eines Liedes aus und versucht, ihn bildlich darzustellen.
Es kommt darauf an, so deutlich wie möglich zu machen, was man meint. Alle Zettel werden eingesammelt, und die Gruppe soll nun anhand der Zeichnungen herausfinden, welches Lied gemeint sein könnte.
Die beste Darstellung wird prämiert.

Wortpuzzle (G) 891

Schreibzeug

Der Spielleiter nennt einen Teil eines zusammengesetzten Wortes, der aber in sich schon ein Wort ist. Den Spielern wird nun aufgetragen, herauszufinden, welches lange Wort gemeint sein könnte. Jeder notiert seine Vorschläge. Wer das richtige Wort errät, erhält zwei Punkte, für alle übrigen brauchbaren Vorschläge gibt es einen Punkt.

Inventur (G) 892

Schreibzeug

Jeder Spieler notiert sich die 24 Buchstaben des Alphabets untereinander auf einen Zettel. Dann blicken wir uns im Zimmer um und schreiben hinter jeden Buchstaben einen Gegenstand auf, der mit diesem Buchstaben beginnt. Wer die meisten Gegenstände verzeichnen kann, siegt.

Zahlenkombination (G) 893

Schreibzeug

Wir legen uns kleine Kärtchen zurecht, auf denen die Zahlen von eins bis hundert und mehrere Rechenzeichen (+; –; ×; :; =) notieren. Die Kärtchen verteilen wir nun wie Spielkarten an jeden Teilnehmer. Besitzt ein Spieler eine darstellbare Aufgabe mit Lösung, so kann er sie auslegen. Sie ist zum Beispiel gegeben, wenn einer die Karten 5, das Zeichen +, die Zahl 4, das Zeichen = und die Zahl 9 besitzt. Hat ein Spieler ausgelegt, dann geht das Spiel weiter, indem er eine neue Karte aus dem Fächer seines linken Nachbarn zieht. So spielen wir reihum. Auslegen darf nur, wer gerade an der Reihe ist.

Faltspiele

Himmel und Hölle ◑ ① 894

Papier

Wir nehmen ein quadratisches Stück Papier und kniffen es einmal waagerecht, dann einmal senkrecht. Wieder auseinanderklappen. Jetzt werden alle vier Ecken zur Mitte gebogen. Das gefaltete Blatt wenden wir um und biegen auf der Rückseite nochmals alle vier Ecken um. Wir legen nun die untere Kante auf die obere, und dann öffnen wir das Quadrat wieder. Nun legen wir die rechte Kante an die linke und öffnen diesen Kniff ebenfalls wieder. Auf der Rückseite dieses kleinen Quadrates sehen wir jetzt vier kleine Taschen, in die wir vier Finger einer Hand stecken. Wir drücken die Spitzen zusammen und können jetzt, je nachdem wie wir die Finger spreizen, einen Trichter öffnen. Einen Trichter bemalen wir innen nun rot, den anderen blau. Der erste ist die Hölle und der zweite der Himmel.

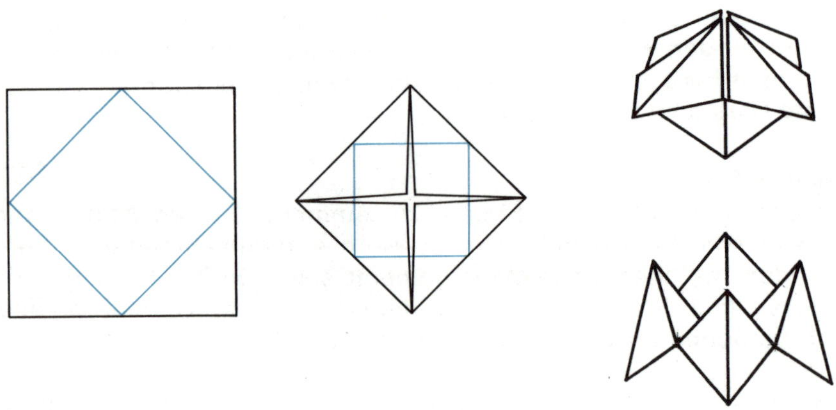

Der Flieger ◑ ① 895

Papier

Wir nehmen einen DIN-A4-Bogen. Davon trennen wir ein Quadrat ab, den überbleibenden Streifen Papier verwenden wir später als Schwanz. Das Quadrat falten wir einmal diagonal von links nach rechts, klappen den Kniff wieder auf und falten von rechts nach links. Die linke und rechte Seitenlinie des Quadrats schieben wir in der Mitte zusammen, so daß ein doppeltes Dreieck entsteht, das wir glattstreichen. Wir biegen die beiden Zipfel der langen Kante des oberen Dreiecks gegen die Spitze. Auf dem unteren Dreieck liegt nun ein kleins Quadrat. Die beiden unteren und beiden oberen Ecken des Quadrats werden gegen die Mitte geknifft und wieder aufgeklappt. Wir fassen mit Daumen und Zeigefinger an die untere Begrenzung der Kniffkanten und ziehen sie so zur Mitte zusammen, daß zwei Zipfel entstehen. Jetzt nehmen wir den vorher zur Seite gelegten »Schwanz« des Fliegers wieder auf. Wir kniffen ihn in der Längs-

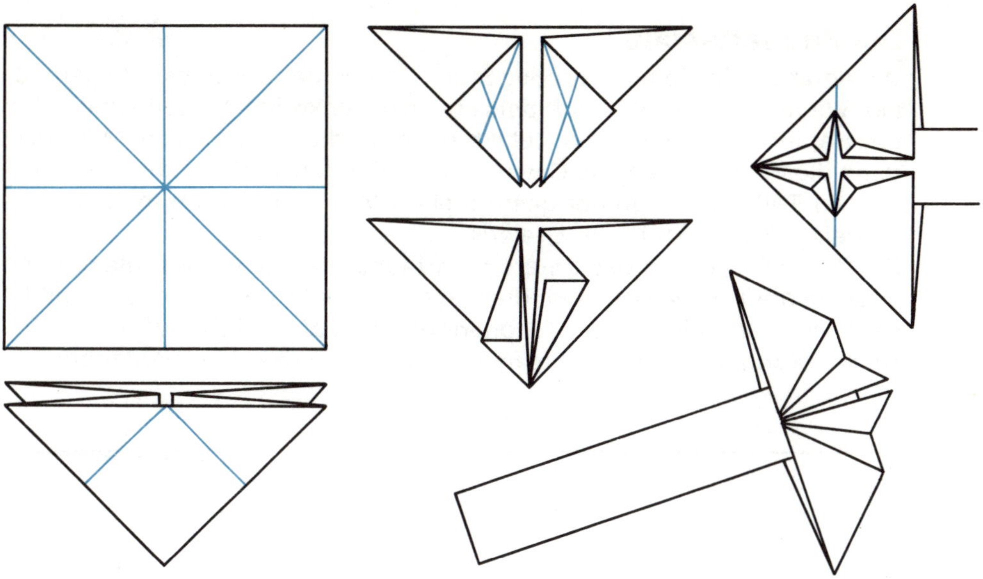

achse und falten den vorderen Teil zu einem Dreieck, indem wir beide Spitzen gegen die Mitte kniffen. Den Schwanz schieben wir mit dem Kniff nach oben in die Tasche des Flugzeugs. Jetzt kniffen wir die Spitze des Flugzeugs in Richtung Schwanzspitze um und erhalten den »Flieger«.

Der Hut ◕ ① 896

Wir nehmen einen DIN-A4-Bogen und falten ihn einmal senkrecht und einmal waagerecht. Dann falten wir ihn wieder auseinander. Die beiden Schmalkanten legen wir nun aufeinander, die offene Kante liegt unten. Die beiden Ecken falten wir nach der Mittellinie. Den unteren Rand schlagen wir nun nach vorn und nach hinten. Die beiden Ecken des Randes werden ineinander verschlungen, und wir haben eine herrliche Papiermütze.

Papier

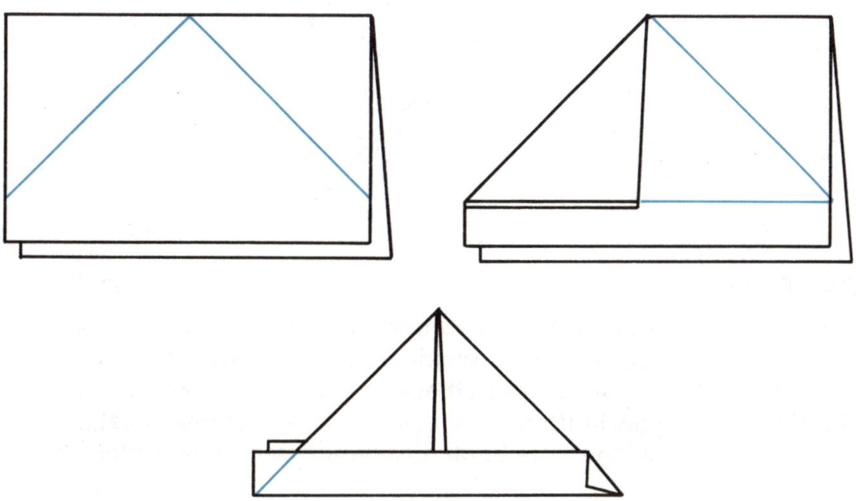

Die Zaubertasche ① 897

Papier

Wir nehmen ein ziemlich großes Stück Papier, das rechteckige Ausmaße hat. Wir legen die rechte Schmalseite an die linke Schmalseite und falten das Papier dann wieder auf. Jetzt biegen wir die Ecke A an die Mittelinie, dann die Ecke B. Die Ecke C wird nun nach oben an die Mittellinie gefaltet. Der Teil rechts von der gestrichelten Mittellinie wird nun nach links umgelegt. Es entsteht ein Dreieck.
Der Zipfel D wird um das untere mehrfache Dreieck umgeschlagen und dabei in die Tasche gesteckt, die von diesen unteren Dreiecken gebildet wird. Wir haben jetzt zwei Taschen, die man aber nicht auf den ersten Blick erkennen kann. Es lassen sich lustige Tricks damit anfangen.

Der Pfeil ① 898

Papier

Wir nehmen einen DIN-A4-Bogen und falten ihn in der Längsachse, um eine Mittellinie zu bekommen. Wieder entfalten. Dann kniffen wir die beiden oberen Ecken an die Mittellinie. Die unteren Ecken des oben entstandenen Dreiecks kniffen wir wieder an die Mittellinie. Jetzt drehen wir den Pfeil um und legen die beiden Außenkanten aneinander. Wenn wir

Brettspiele (S. 260), Würfelspiel (S. 306), Halma Nr. 687, ▶
Backgammon Nr. 694, Mühle Nr. 692

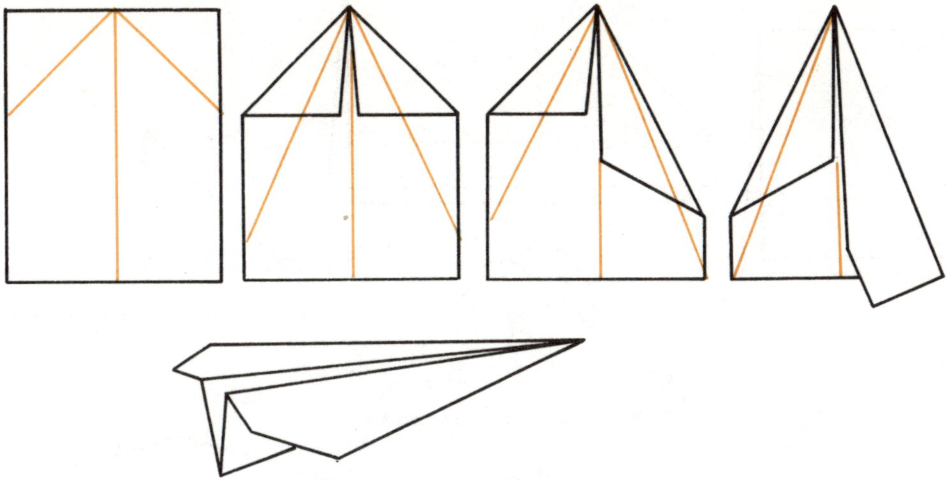

das Ganze dann auf den Kopf stellen, so daß die Mittelkante nach unten zeigt, können wir mit Daumen und Zeigefinger unter die »Flügel« greifen und den Pfeil abschießen.

Der Schnabel ◑ ① 899

Wir nehmen einen DIN-A4-Bogen festes Papier und falten es einmal senkrecht und einmal waagerecht. Papier

Daraufhin das Papier wieder auseinanderfalten! Dann kniffen wir die Längsseite von oben nach unten, die offene Kante liegt unten.

Jetzt falten wir die beiden äußeren oberen Ecken nach der Unterseite um, aber so, daß unten noch ein Rand von etwa einem Zentimeter bleibt. Dann falten wir wie beim Hut den unteren Rand einmal nach vorne und einmal nach hinten. In der Mitte werden beide Ränder nun ein wenig eingeschnitten.

Wenn das alles geschehen ist, greifen wir mit der Hand in den Schnabel hinein und drücken dabei die beiden Außenspitzen vorsichtig zusammen. Jetzt können wir von hinten mit Daumen, Zeige- und Mittelfinger den Schnabel auf- und zuklappen.

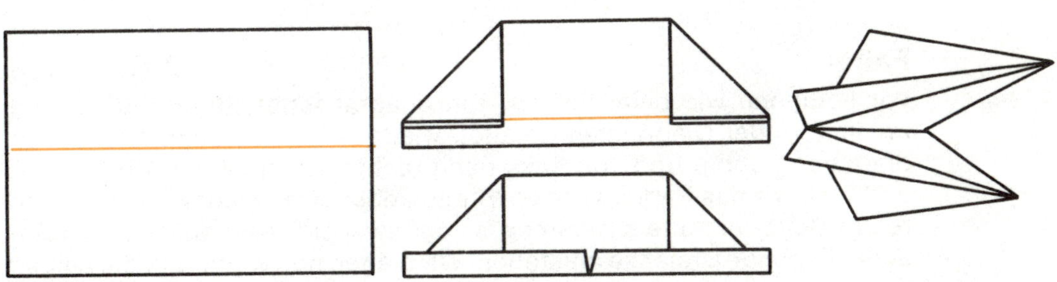

◄ Dampfschiff Nr. 668 (S. 253)

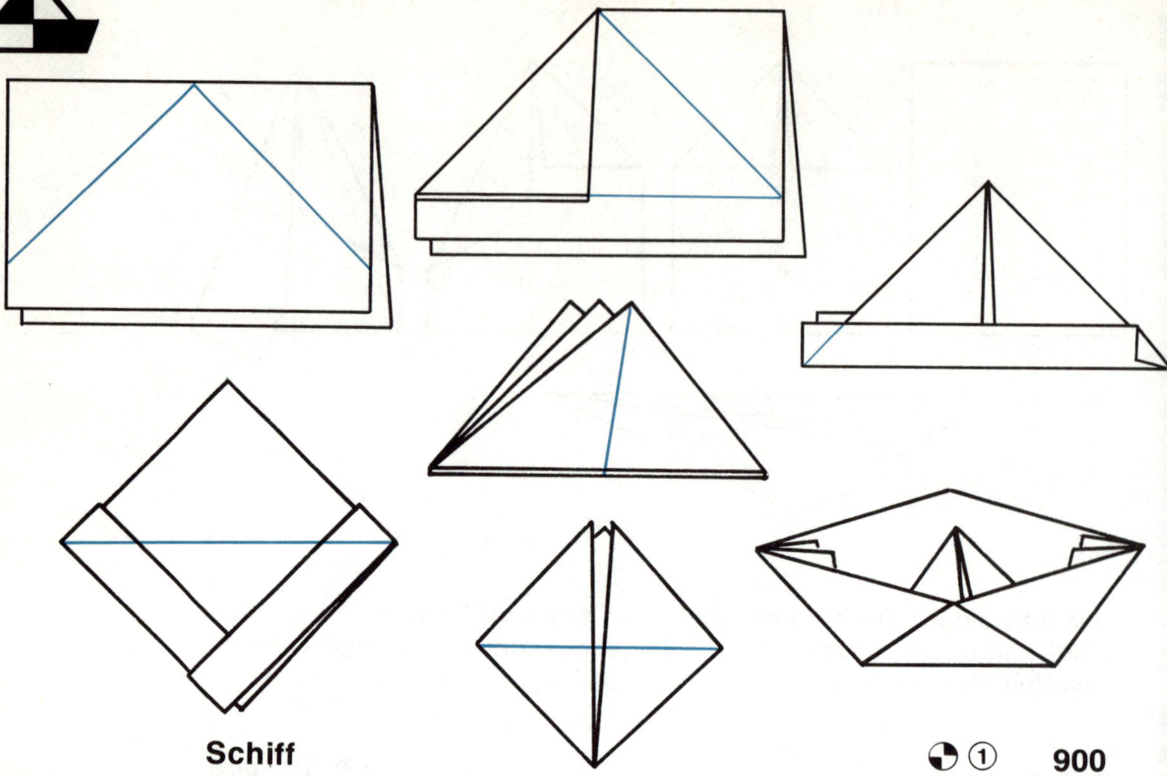

Schiff ◑ ① 900

Papier

Wir legen die langen Kanten eines Din-A4-Bogens aufeinander, entfalten sie, legen die schmalen Kanten aneinander, entfalten sie ebenfalls. Die beiden schmalen Kanten werden nun so zueinandergebogen, daß die untere Seite unseres verkleinerten Rechtecks offen ist. Jetzt falten wir die beiden äußeren oberen Ecken an die Mittellinie. Die untere Kante schlagen wir jetzt einmal vorne und einmal hinten nach oben und erhalten so den oben beschriebenen Hut. Wir fassen jetzt in die Tüte hinein und biegen die Mittellinie auseinander. Jetzt drehen wir das Ganze um 90 Grad und drücken es platt. Vor uns liegt ein Quadrat, das mit einer Spitze nach unten zeigt. Die beiden unteren Spitzen klappen wir einmal nach vorn, einmal nach hinten an die obere Spitze. Wiederum erhalten wir eine Dreieckstüte. In diese greifen wir wieder hinein, drehen sie um 90 Grad und drücken sie platt. Jetzt ergreifen wir die oberen Spitzen und ziehen sie vorsichtig auseinander. Wir drücken den Boden des Schiffs etwas auseinander und können unser Schiff auf den Tisch stellen.

Falter ◑ ① 901

Papier

Wir beginnen wie beim Flieger. Ein quadratisches Stück Papier wird zweimal in der Diagonalen gefaltet, wieder entfaltet, dann einmal von oben nach unten und von links nach rechts. Nach jedem Arbeitsgang entfalten wir das Papier wieder. Wir schieben jetzt wieder die linke und rechte Seite zur Mitte zusammen, so daß zwei gleichschenklige übereinander liegende Dreiecke entstehen. Wir biegen nun wiederum die beiden

Zipfel der langen Kante des oberen Dreiecks gegen die Spitze und kniffen sie fest. Auf dem unteren Dreieck liegt nun wieder ein Quadrat. Die beiden unteren und oberen Ecken des Quadrats werden gegen die Mitte geknifft und wieder aufgeklappt. Wir fassen wie beim Flieger mit Daumen und Zeigefinger an die untere Begrenzung der Kniffkanten und ziehen sie so zur Mitte zusammen, daß zwei Zipfel entstehen. Diese Zipfel sind nun die Füße des Schmetterlings. Wir drehen ihn um, knicken die beiden Spitzen des Dreiecks ein wenig an und erkennen dann die Flügel des Falters.

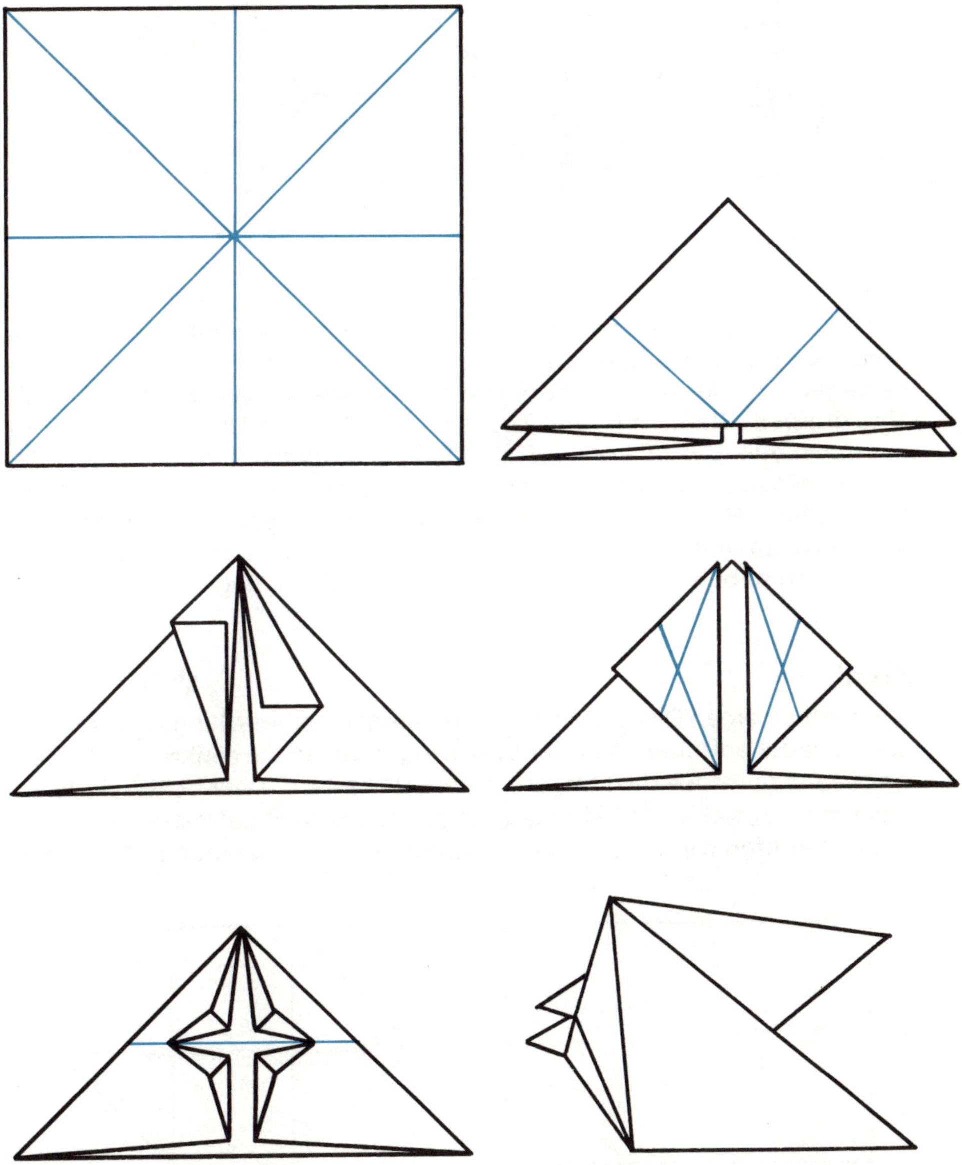

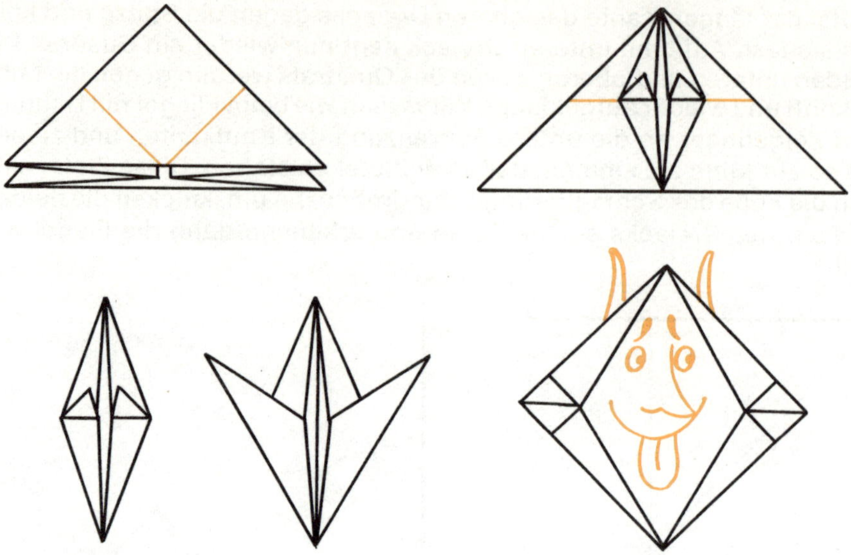

Teufel

① **902**

Papier

Wir falten die Grundkonzeption des Fliegers oder des Falters. Allerdings lassen wir jetzt das untere Dreieck nicht als Flügel stehen, sondern falten es genau so, wie wir das obere Dreieck gefaltet haben. Wir haben jetzt eine doppelte Raute mit zwei Zacken sowohl an der Unter- wie auch an der Oberseite. Die Spitze der Raute kennzeichnet sich dadurch, daß an ihr die beiden Spitzen des Dreiecks liegen, die wir bei Gang drei hochgefaltet haben. Wir schneiden jetzt das der Spitze gegenüberliegende Ende der Raute ab und blasen kräftig in den Teufel hinein. Stellt er sich nicht sofort auf, haben wir die Raute am falschen Ende abgeschnitten.

Knall

① **903**

Wir nehmen einen DIN-A4-Bogen und falten ihn einmal längs und einmal quer. Wieder entfalten. Alle vier Ecken legen wir an die senkrechte Mittellinie. Dann falten wir die linke auf die rechte Seite, die vier Ecken sind nun nicht mehr zu sehen. Die schmale, offene Kante liegt auf der rechten Seite. Jetzt kniffen wir die oberste und unterste Spitze gegen die Mittellinie.

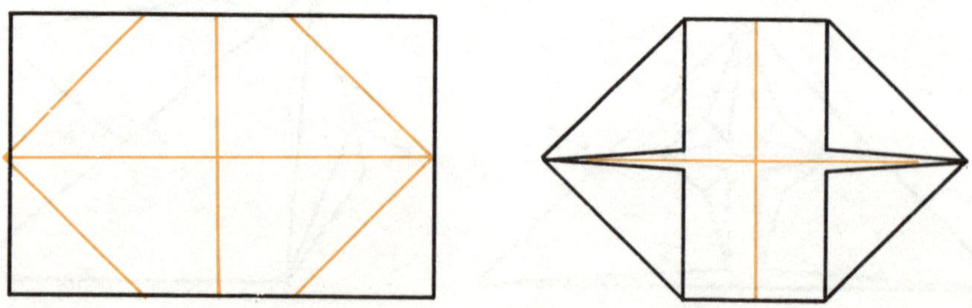

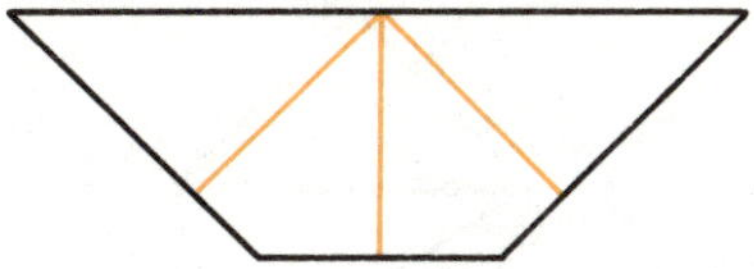

Wir erhalten ein Quadrat, dessen eine Ecke etwas über die schmale, offene Kante hinausragt. Das Quadrat falten wir nun an der offenen Diagonalen nach unten. Jetzt nehmen wir die beiden Spitzen zwischen Daumen und Zeigefinger und schlagen unser Gebilde kräftig nach unten. Der Innenteil wird mit einem lauten Knall herausspringen.

Doppelte Klatsche ◕ ① 904

Papier

Wir nehmen wieder einen DIN-A4-Bogen und falten ihn einmal längs und einmal quer. Wieder entfalten! Dann legen wir alle vier Ecken an die senkrechte Mittellinie. Die beiden Dreiecke, die sich daraus ergeben, legen wir über der waagerechten Mittellinie übereinander. Sie liegen jetzt mit den Spitzen nach unten. Die rechte und linke obere Spitze falten wir jetzt an die Mittellinie. Jetzt falten wir alles wieder auseinander bis zu dem Punkt, an dem wir die vier Ecken eingeknickt haben. Die beiden Außenpunkte der waagerechten Mittellinie ziehen wir jetzt nach innen, ähnlich wie wir es beim Flieger gelernt haben. Nun kniffen wir die Figur zusammen und erhalten wieder ein Quadrat, das auf dem Kopf steht. Wir falten jetzt die linke Seite auf die rechte, ergreifen mit Daumen und Zeigefinger die Spitze, die aus dem Dreieck hervorragt, und schlagen unser Gebilde kräftig nach unten. Wenn wir alles richtig gefaltet haben, sollte es nun einen lauten Knall geben.

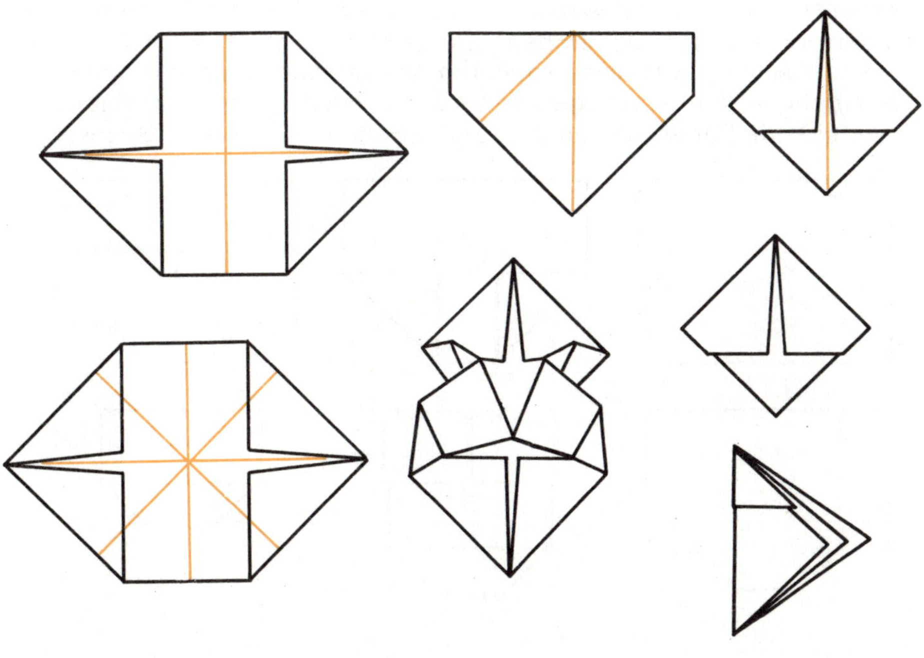

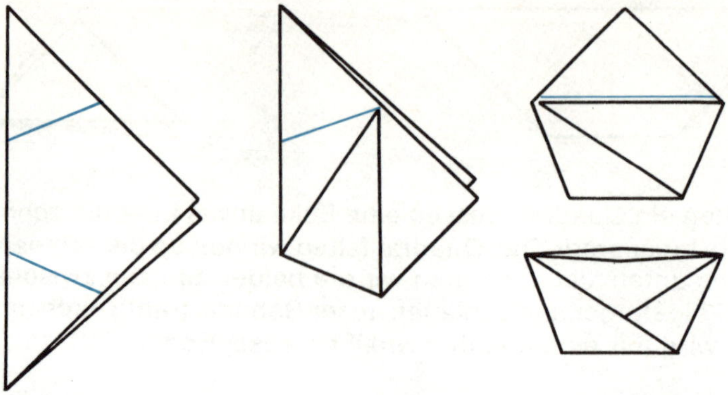

Becher ◑ ① 905

Papier

Wir nehmen einen DIN-A4-Bogen und falten eine Ecke quer über das Blatt an die Außenkante. Die unten überstehende Kante schneiden wir ab und erhalten ein gleichschenkliges Dreieck. Die offene Spitze des Dreiecks steht nach oben. Wir nehmen nun die rechte Spitze und legen sie quer über die Fläche an den linken, äußeren Rand. Dann drehen wir das Ganze um und legen auf der Unterseite wieder die rechte Spitze an die linke Außenseite. Wenn wir jetzt noch die Zipfel der Spitze jeweils nach einer Seite umschlagen und in die aus den Ecken gebildeten Taschen stecken, haben wir einen hervorragenden Trinkbecher.

Noch ein Becher ◔ ① 906

Wir nehmen einen DIN-A4-Bogen und falten ihn einmal quer, so daß die offene Kante oben liegt. Jetzt klappen wir die beiden unteren Ecken gegen die Mittellinie, allerdings so, daß zwischen beiden Ecken noch ein Abstand freibleibt. Von den rechteckigen, überstehenden Rändern falten wir den vorderen um. Wir drehen nun das ganze Gebilde so, daß die Unterseite oben liegt. Die beiden äußeren Schmalseiten biegen wir dann so zur Mittellinie, daß sie sich gerade berühren. Jetzt schlagen wir das oben überstehende Papier nach unten und erhalten den zweiten Becher.

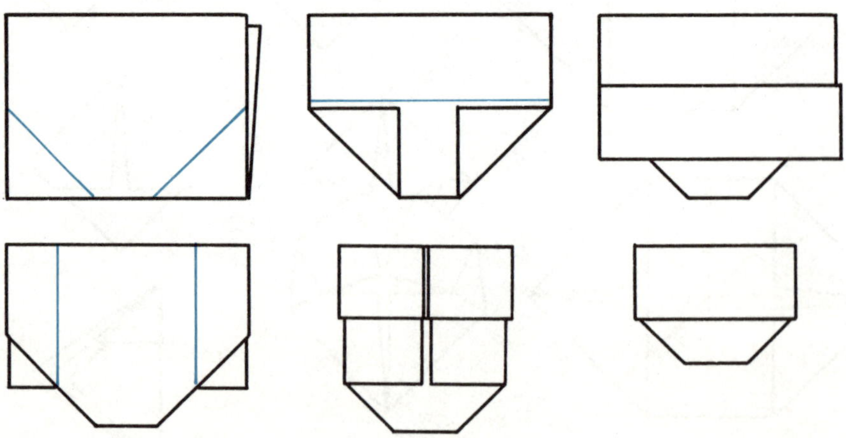

Dampfer ① 907

Papier

Wir nehmen einen quadratischen Bogen Papier und falten zwei Diagonalen. Auseinanderfalten. Alle vier Ecken kniffen wir jetzt zum Mittelpunkt. Dann drehen wir das Papier um und kniffen die vier Ecken nochmals zur Mitte. Noch einmal drehen wir das Ganze um und falten abermals alle vier Ecken zur Mitte. Von der Unterseite heben wir zwei gegenüberliegende Quadrate auf und drücken die drei entstehenden Spitzen ein wenig aneinander. Jetzt greifen wir in die innen liegenden kleinen Quadrate und klappen die Schornsteine nach oben. Vor uns steht ein Dampfer.

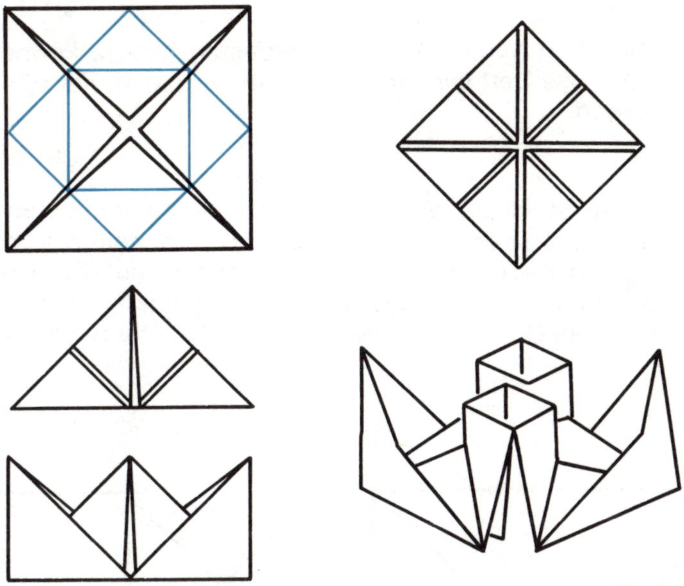

Krone ① 908

Papier

Wir nehmen ein quadratisches Stück Papier und falten beide Diagonalen ein. Wieder auseinanderfalten. Jetzt legen wir alle vier Ecken zur Mitte. Dann drehen wir das Papier um und legen noch einmal die vier Ecken zur Mitte. Jetzt kniffen wir das Ganze in der Mittellinie nach hinten um und erhalten zwei gleichschenklige Dreiecke. Wir fassen nun zwischen diese beiden Dreiecke und ziehen die dort liegenden Spitzen nach beiden Seiten nach außen. Vor uns steht eine Krone mit drei Zacken.

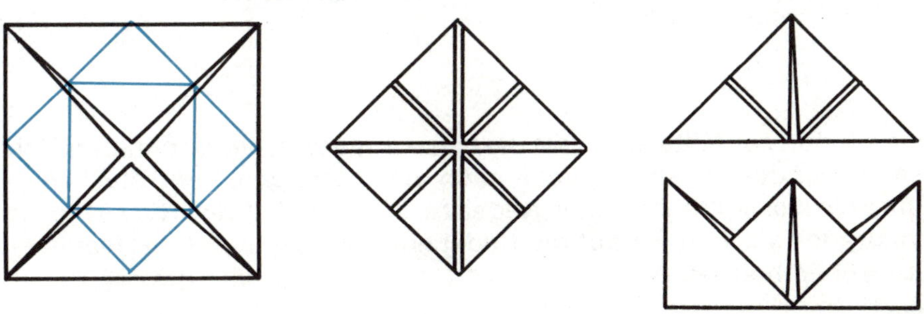

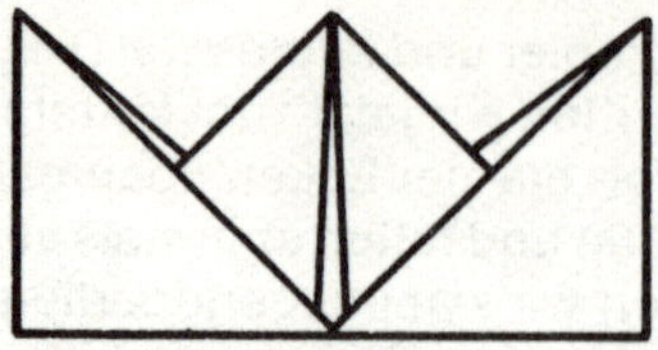

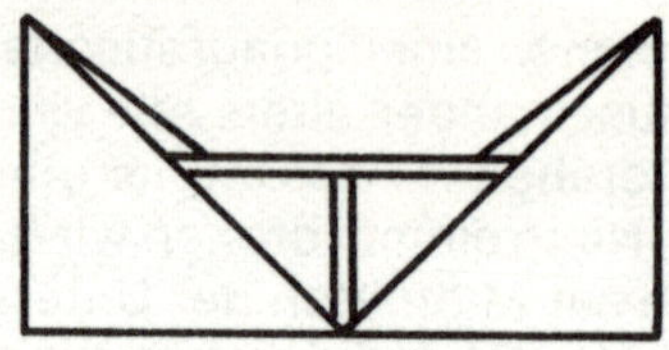

Bett ◕ ① 909

Papier

Wenn wir die oben genannte Krone gebastelt haben, können wir sie leicht in ein kleines Bett verwandeln, wenn wir die mittlere Zacke nach außen umbiegen.

Windrad ◕ ① 910

Papier,
1 Schere,
1 Nadel,
1 Holzperle,
1 Stöckchen

Wir nehmen ein Stück quadratisches Papier – am schönsten wird das Windrad, wenn eine Seite des Papiers bunt ist. Dann falten wir das Papier zweimal diagonal. Die untere linke Spitze legen wir auf die obere rechte; entfalten; dann die untere rechte auf die obere linke. Wieder entfalten. Jetzt haben wir ein Quadrat mit zwei Diagonalen. Alle vier Kniffe schnei-

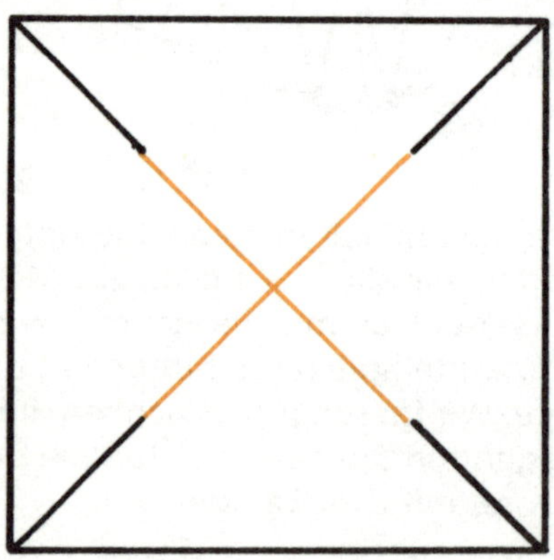

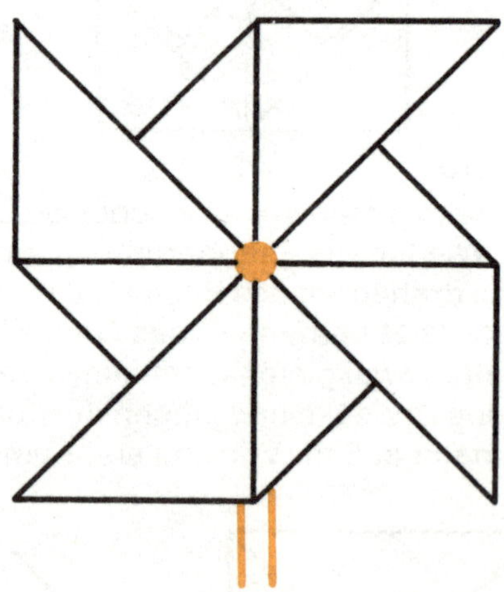

den wir nun zur Mitte ein. Etwa die halbe Linie wird eingeschnitten. Jetzt biegen wir die einzelnen Enden nach dem Mittelpunkt und stecken die Spitze in der Mitte mit einer Nadel zusammen. Auf der Rückseite des Windrades stecken wir auf die Nadel eine Holzperle, die wir fest in ein Stöckchen bohren.

Windrad mit Taschen ◑ ① 911

Papier,
1 Nadel,
1 Holzperle,
1 Stöckchen

Wir nehmen festes, quadratisches Papier und falten wie oben zweimal die Diagonale, die wir wieder auffalten. Dann kniffen wir die obere Kante an die untere, entfalten, kniffen die rechte Kante an die linke und entfalten wieder. Wir kniffen nun alle vier Ecken gegen den Mittelpunkt und entfalten sie wieder. Die äußeren Kanten rechts und links kniffen wir an die Mittellinie an. Jetzt wird es kompliziert: Wir nehmen die linke Spitze, die oben an der Mittellinie liegt und ziehen sie nach links außen, wobei sich die obere Kante des Blattes an die waagerechte Mittellinie anlegt. Jetzt greifen wir unter diese Kante und holen die darunterliegende Spitze und ziehen sie nach oben heraus. Zwei Flügel unseres Windrades stehen somit. Wir wiederholen nun den ganzen Vorgang mit den unteren Spitzen: Wir ziehen die unten rechts an der Mittellinie liegende Spitze nach rechts außen. Die Unterkante legt sich dabei an die waagerechte Mittellinie. Die innen liegende linke Spitze ziehen wir wiederum nach oben hinaus. Alle vier Flügel unseres Rades stehen somit. Den Mittelpunkt können wir mit einem festen, runden Papier verstärken, dann stechen wir wie beim Windrad eine Nadel durch, befestigen daran eine Holzperle und stecken das Rad an einen Stock.

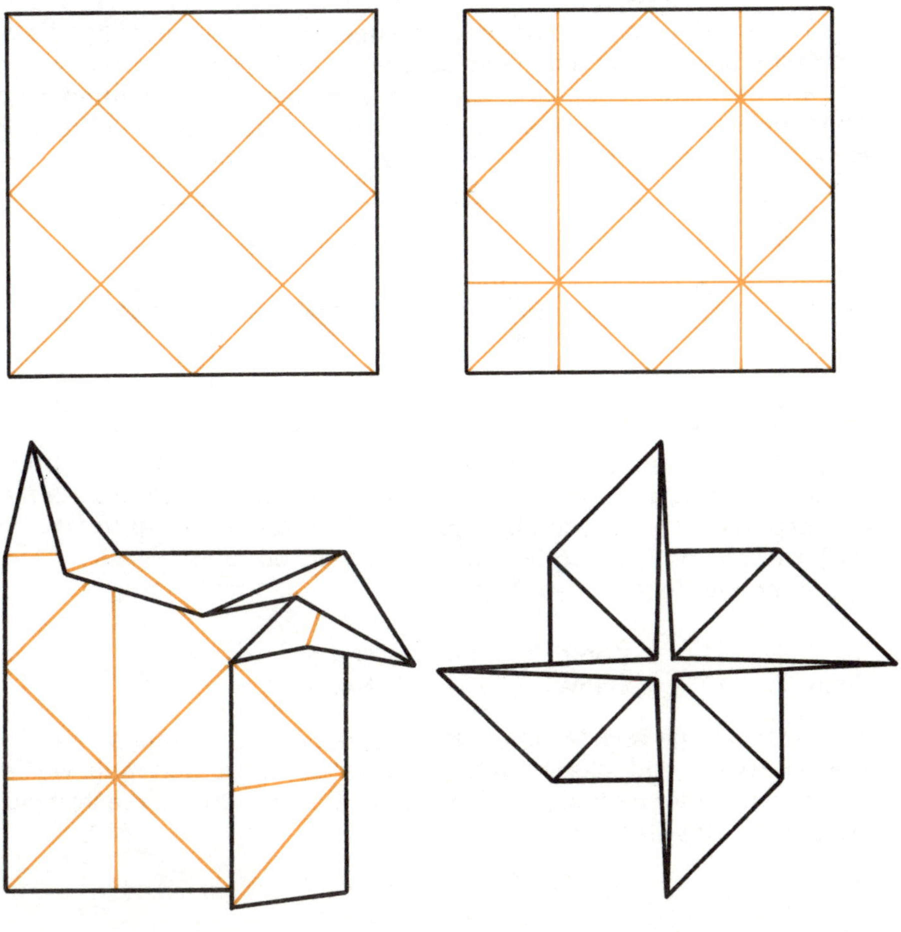

Kartenspiele

Sechsundsechzig 912

1 Kartenspiel

Am Sechsundsechzig sind im allgemeinen zwei Spieler beteiligt. Es wird ein Kartenspiel mit 32 Blatt, also ein normaler Pack Skatkarten, verwendet, aus dem man zunächst alle Achten und Siebenen aussortiert, so daß noch 24 Karten übrigbleiben, nämlich von den vier »Farben« Kreuz, Pik, Herz und Karo je sechs Karten in der Reihenfolge: As, Zehn, König,

Dame, Bube, Neun. Diese Reihenfolge müssen wir uns fest einprägen, weil aus ihr der Zählwert der Karten hervorgeht, der den Spielverlauf bestimmt und bei der Berechnung von Gewinn und Verlust zugrunde gelegt wird. Um es uns noch einmal ins Gedächtnis zu rufen:
Es zählen bei Sechsundsechzig

As	=	11	König	=	4	Bube	=	2
Zehn	=	10	Dame	=	3	Neun	=	0

Wir beginnen mit dem Mischen der Karten, das man anfangs dem routinierten Spieler überlassen sollte, das aber geübt werden muß, weil das Mischen nachher reihum geht. Nach dem Mischen erfolgt die Verteilung der Karten, das *Geben*.

Die ersten drei Karten bekommt der Gegner, die nächsten drei der Gebende, und danach werden jedem der beiden noch einmal je drei Karten zugeteilt, so daß jeder nach dem Geben sechs Karten besitzt. Damit keiner dem anderen »in die Karten gucken kann«, müssen sie natürlich verdeckt verteilt werden.
Die nächste Karte, also die 13., wird offen auf den Tisch gelegt. Sie ist wichtig, weil durch sie die sogenannte *Trumpffarbe* des jeweiligen Spiels bestimmt wird; man nennt sie darum auch die Trumpfkarte. Trumpf bedeutet bei allen Kartenspielen diejenige Farbe, welche die anderen Farben »übertrumpft«, die also am höchsten bewertet wird. Ist die 13. Karte beispielsweise eine der im Spiel vorhandenen sechs Herz-Karten, so bestimmt Herz das Spiel, und alle Herz-Karten gelten höher als die anderen Farben, so daß man etwa auch ein Kreuz-As mit der Herz-Neun *stechen*, das heißt für sich gewinnen kann.
Der Geber hat nach der 13. Karte noch elf Karten, die nicht mehr verteilt, sondern nun verdeckt in einem Stapel quer über die Trumpfkarte gelegt werden.
Nun beginnt das Spiel, und zwar hat derjenige Spieler, der *nicht* gegeben hat, die *Vorhand*; ihm obliegt es, das Spiel zu eröffnen. Er hat, genauso wie der andere Spieler, seine sechs Karten fächerförmig geordnet und spielt nun irgendeine Karte aus, das heißt, er legt sie offen auf den Tisch, und der zweite Spieler gibt eine ihm geeignet erscheinende Karte dazu. Es liegt nahe, dafür eine Karte zu wählen, mit der die des Gegners gestochen wird, die also einen höheren Wert in der ausgespielten Farbe hat oder zu den Trumpfkarten gehört. Nach diesem Gesichtspunkt wird jeder Anfänger beginnen.
Der Spieler, der den Stich gewonnen hat, legt die beiden Karten verdeckt fort und nimmt dann für die ausgespielte Karte als Ersatz die oberste Karte des auf dem Tisch liegenden Reservestapels in sein Blatt, natürlich wiederum so, daß der Gegner nicht sieht, welche Karte er gezogen hat; dieser nimmt ebenso die nächste Karte. Auf diese Weise haben die Spieler bis zum Schluß, also bis der Reservestapel verbraucht ist, immer sechs Karten in der Hand.
Als nächster spielt derjenige aus, der den vorherigen Stich gewonnen hat, und so geht es weiter; wir brauchen das hier nicht weiter auszuführen. Nun sei hier noch eine Grundregel angebracht:
Sollte einmal einer der Spieler versehentlich zwei Karten vom Pack genommen haben, so behält er diese zwar, darf aber diesmal nicht »melden« und beim nächsten Mal keine Karte nehmen.
Wie schon erwähnt, liegen zu Beginn des Spieles im Reservestapel elf Karten. Das bedeutet, daß nach dem sechsten Stich der Stapel aufgebraucht ist. Nun nimmt das Spiel eine wichtige Wendung. Während es nämlich bisher den Spielern freigestellt war, welche Karte sie spielen wollen, müssen sie von nun an *bedienen*; das bedeutet, daß die Karte, die zu der ausgespielten Karte gelegt wird, von derselben Farbe sein muß. Man kann also beispielsweise nicht mehr zu Pik-Zehn ein Herz-As legen und damit den Stich gewinnen, solange man noch Karten der Pik-Farbe

besitzt, sondern man muß mit einer seiner Pik-Karten bedienen, auch wenn man dadurch den Stich verliert. Hierbei wirkt es sich unter Umständen schon nachteilig aus, wenn man zu Beginn allzusehr bemüht war, Stiche statt Augen zu gewinnen.
Wenn ein Spieler nicht bedienen kann, stehen ihm die Trumpfkarten zur Verfügung, damit das Spiel weitergehen kann. Welche Trumpfkarte er dabei nimmt, bleibt ihm überlassen. Ein geschickter Spieler kann das Spielgeschehen im Anfang so lenken, daß zwar der Gegner die Stiche gewinnt, jedoch nur »magere«, also punktarme Stiche erhält und obendrein seine wertvollen Trumpfkarten los wird, die er im letzten Stadium des Spieles, wenn der Gegner mit seinen besten Karten herauskommt, dringend nötig hätte.
Die Taktik ist somit klar: Jeder Spieler ist bemüht, möglichst viele Augen zu gewinnen. Wenn z. B. ein As ausgespielt wird und der andere die Zehn derselben Farbe dazugeben muß, so ist das mit 11 + 10 = 21 ein »fetter Stich«. Dagegen bringen ein Bube und eine Neun mit 2 + 0 ganze 2 Augen. Während der ersten sechs Stiche, bei denen noch nicht bedient zu werden braucht, sollte jeder der beiden Spieler bestrebt sein, dem Gegner möglichst wenig Punkte zukommen zu lassen – sofern nicht die Möglichkeit besteht, durch anfängliche Opfer, etwa durch Ausspielen hoher Karten, die zum Stechen verlocken, den Gegner in der Trumpffarbe zu schwächen, so daß er nachher, wenn nach dem sechsten Stich bedient werden muß, durch Mangel an Trumpfkarten »eingeht«. Dieses »Aushungern« ist ein beliebter Trick routinierter Spieler, den man aber nur anwenden kann, wenn man einen sicheren Überblick darüber hat, was im Spiel »noch drin ist«. Wenn der Gegner keine Trumpfkarten mehr in der Hand hat, kann er mit irgendwelchen anderen Karten weiterspielen, die aber mit dem Verlust jedes Stichs verbunden sind, wenn der andere mit seinen Trumpfkarten gespart hat.

Gewinn-und-Verlust-Rechnung

Wie bei allen Kartenspielen werden beim Sechsundsechzig am Schluß eines jeden Spieles der Gewinner und der Verlierer errechnet. Gewonnen hat, wer 66 Augen und mehr erzielte. Die Zählwerte der Karten ergeben, daß jede Farbe 11 + 10 + 4 + 3 + 2 = 30 Augen enthält; alle vier Farben ergeben also zusammen 120 Augen. Diese sind in einem Spiel auf jeden Fall vertreten. Darüber hinaus gibt es aber noch Spielregeln, durch die die Augenzahl erhöht werden kann:
1. Demjenigen Spieler, der den letzten Stich gewinnt, werden zu den bereits eingeheimsten Punkten zusätzlich weitere 10 Punkte angerechnet.
2. Findet einer der beiden Spieler unter seinen Karten den König und die Dame in der gleichen Farbe, etwa Herz-König und Herz-Dame, so *meldet* er diese. Das kann er aber nur, wenn er bereits einen Stich gewonnen hat und am Ausspielen ist. Dann trägt ihm diese *Mariage* (Hochzeit, Heirat, Ehe) zusätzlich 20 Punkte ein. Er sagt also: »Ich melde 20« und spielt gleichzeitig eine der beiden Karten der »Mariage« aus; ob er dafür den König oder die Dame wählt, steht in seinem Belieben und richtet sich

meistens nach dem Spielstand. Wenn sein Gegner es wünscht, muß er die zweite Karte vorzeigen, um diesem die Möglichkeit zu geben, sich davon zu überzeugen, daß der Meldende nicht mogelt.

Besonderes Glück hat der Spieler, in dessen Blatt sich der Trumpf-König und die Trumpf-Dame befinden. Dieses Paar bringt ihm nämlich sogar 40 Punkte. Er sagt in diesem Fall: »Ich melde 40« und spielt wiederum den König oder die Dame aus.

Da mit den durch den letzten Stich hinzukommenden 10 Augen normalerweise 130 Augen im Spiel sind, hat demnach derjenige gewonnen, der als erster auf 66 Augen kommt, während ein Spiel unentschieden bleibt, wenn jeder Spieler 65 Augen erreicht. Glaubt einer der Spieler, durch stilles Mitzählen festgestellt zu haben, daß er schon »unterwegs«, das heißt noch während des Spiels, die 66 erreicht oder überschritten hat, so kann er das Spiel mit einer entsprechenden Erklärung abbrechen. (»Er erklärt sich« oder »er sagt sich aus«.) Allerdings ist ihm das nur möglich, wenn er gerade am Ausspielen ist. Sollte es sich dann jedoch herausstellen, daß er sich geirrt und die 66 nicht erreicht hat, so wird er dafür empfindlich bestraft: er verliert dann nämlich doppelt. Man muß also gut aufpassen, denn das Nachsehen in den Stichen während des Spieles ist untersagt. Nur der letzte Stich darf angesehen und muß auf Verlangen auch dem Gegner gezeigt werden.

Hat jemand bei Beendigung des Spieles noch keine 33 Augen, so zählt seine Niederlage doppelt. (Man sagt dazu: Der Gewinner erhält zwei Zähler, während der Verlierer »Schneider« ist.) Wenn er überhaupt keinen Stich bekommen konnte, so verliert er dreifach (er ist »Schwarz«), während der Gewinner drei Zähler erhält.

Sechsundsechzig zu dreien ◐ ③ 913

1 Kartenspiel

Wie beim Zweier-Sechsundsechzig wird ohne Siebenen und Achten gespielt. Die drei Spieler haben besondere Bezeichnungen: der links vom Kartengeber Sitzende, der beim Verteilen die ersten Karten erhält, heißt *Vorhand*, der nächste Spieler, also der rechts vom Geber Sitzende, *Mittelhand* und der Kartengeber selbst *Hinterhand*. Die Kartenverteilung erfolgt wie beim Zweier-Spiel, allerdings mit dem Unterschied, daß jeder Spieler gleich seine acht Karten erhält, und zwar reihum in Serien von drei, zwei und drei.

Vorhand hat das Recht, die Trumpffarbe zu bestimmen; das geschieht bereits, wenn er seine ersten drei Karten in der Hand hat. Sollte er sich dann noch nicht entschließen können, verzichtet er auf die Trumpfansage, der Kartengeber zeigt statt dessen die unterste der noch zu vergebenden Karten offen vor, deren Farbe zum Trumpf wird. Vorhand beginnt mit dem Ausspielen. Grundsatz ist, daß von Anfang an bedient wird; Mittelhand und Hinterhand müssen also die gleiche Farbe spielen. Da beim Spiel zu dritt im allgemeinen jeder bemüht sein wird, so viele Stiche wie möglich an sich zu bringen, tut man gut daran, jede Farbe »von oben nach unten« zu spielen; der Ablauf des Spielgeschehens ist ja etwas

leichter als beim Zweier-Spiel, weil man weiß, daß alle Karten im Spiel sind und von einem verdeckten Vorrat keine Überraschungen mehr zu erwarten sind. Besitzen Mittelhand und Hinterhand nicht die von Vorhand gespielte Farbe, so müssen sie trumpfen, wobei derjenige den Stich erhält, der den anderen »übertrumpft«. Der Spieler, der weder bedienen noch trumpfen kann, wirft eine beliebige Karte zu, wobei er selbstverständlich nach Möglichkeit eine minderwertige Karte nehmen wird, weil der Stich ohnehin für ihn verloren ist.
Das Spiel zu dritt verläuft im übrigen wie beim Zweier-Sechsundsechzig. Auch der letzte Stich bringt wie üblich 10 Augen mehr. Wer 66 Augen erreicht, hat gewonnen. Erklärt sich im Laufe des Spiels keiner, so wird bis zum achten Stich gespielt, und danach zählt man die Augen. Im allgemeinen gilt das Spiel als unentschieden, wenn niemand 66 Augen erreicht hat; man kann aber auch am Ende einer Partie die Augen jedes einzelnen zusammenzählen und so den Gewinner errechnen. Wer »Schneider« ist, bezahlt an den Gewinner wie immer doppelt, und »Schwarz« muß dreifach bluten.

Schafkopf

Schafkopf ist wie Sechsundsechzig ein altes deutsches Kartenspiel. Seinen merkwürdigen Namen hat es von dem Brauch der Mitspielenden erhalten, ihre Gewinne auf dem Spieltisch durch Kreidestriche zu markieren, die so angeordnet waren, daß sie zusammen einen Kopf, den *Schafkopf,* zeigten. Das sah dann so aus:

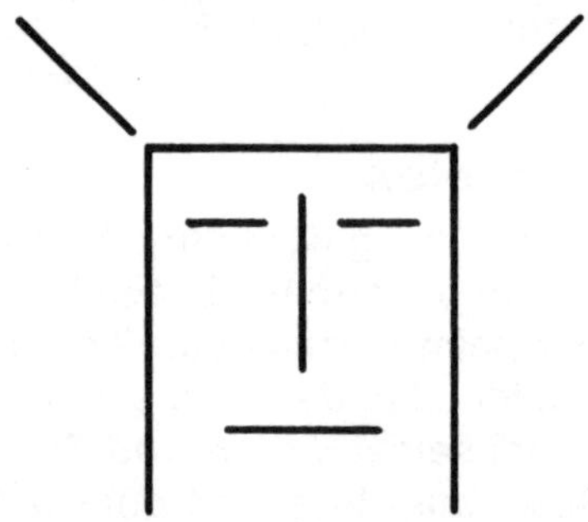

Man hat diese Form der Abrechnung vielfach auch heute noch beibehalten, wie wir noch sehen werden.
Man unterscheidet den *Wendischen* und den *Deutschen Schafkopf*. Von diesen wird der Wendische Schafkopf weit häufiger gespielt; mit seiner Darstellung wollen wir darum beginnen.

Der Wendische Schafkopf ⊕ ④ 914

1 Kartenspiel

ist wie Sechsundsechzig ein Augen-Spiel. Wenn wir also Sechsundsechzig schon etliche Male mit Erfolg gespielt haben, wird es uns nicht schwerfallen, auch Schafkopf zu lernen. Es kommt auch beim Schafkopf darauf an, möglichst viele Augen zu gewinnen.

Beteiligt sind vier Personen, und benutzt wird ein Kartenspiel mit allen 32 Blatt. Jede Farbe setzt sich demnach aus acht Karten zusammen, deren Reihenfolge und Werte die gleichen sind wie beim Sechsundsechzig. Wir wollen sie uns kurz ins Gedächtnis zurückrufen:

Bube	=	11	As	=	2
Neun	=	10	Zehn	=	0
Acht	=	4	König	=	0
Sieben	=	3	Dame	=	0

Die Trümpfe, also die Karten, die auch dann die Stiche gewinnen, wenn ihr Kartenwert niedriger liegt als der Wert der von den anderen Spielern ausgespielten Karten, stehen fest: es sind die *vier Damen* in der Reihenfolge Kreuz, Pik, Herz und Karo, die *vier Buben* in der gleichen Reihenfolge und *alle Karokarten.* Von den 32 Karten sind demnach 14 Karten Trumpf.

Unter den vier Damen gibt es Rangunterschiede: Kreuz-Dame und Pik-Dame, die beiden *Alten*, sind die höchsten Trümpfe; mit ihnen werden nicht nur alle anderen Karten im Spiel übertrumpft, sondern sie bestimmen beim Wendischen Schafkopf auch die beiden gegeneinander spielenden Parteien, wie gleich näher erläutert wird.

Das Spiel beginnt damit, daß der Kartengeber durch das Los bestimmt wird. Das geschieht wie bei den meisten Kartenspielen in der Weise, daß jeder Spieler eine Karte zieht und derjenige, dem dabei die höchste Karte zufällt, mischen und geben muß. Das Kartengeben geht nach jedem Spiel an den linken Nachbarn weiter.

Jeder Spieler erhält vom Kartengeber 2mal 4 Karten, als erster der linke Nebenmann des Gebers, die »Vorhand«. Daß auch beim Schafkopf »verdeckt« gespielt wird, daß also niemand einen anderen in sein Blatt gukken läßt, ist selbstverständlich und sei nur der Vollständigkeit halber erwähnt.

Vorhand eröffnet das Spiel. Er legt eine ihm genehme Karte auf den Tisch, und die anderen Spieler geben in der gewohnten Reihenfolge (im Uhrzeigersinn) je eine Karte dazu. Wer die höchste Karte auf den Tisch bringt, erhält den Stich, und die in diesem enthaltene Augenzahl kann er für sich buchen. Er streicht die Karten ein, legt sie verdeckt vor sich hin und spielt zum nächsten Stich aus.

Es wurde schon gesagt, daß vier Spieler zwei Parteien bilden, die durch den Besitz der beiden »Alten« bestimmt werden. Der besondere Reiz des Schafkopf-Spiels liegt nun darin, daß sich die beiden Verbündeten zu Beginn des Spiels noch nicht kennen, weil niemand weiß, welche Karten die anderen besitzen. Man findet sich jedoch im allgemeinen sehr schnell, meistens schon beim ersten Stich, weil es zu den Schafkopf-Regeln gehört, daß man sich beim Ausspielen sofort »bekennt«. Das geht folgendermaßen vor sich:

Nehmen wir an, Vorhand besitzt eine der beiden Alten! Der Spieler wird diese natürlich nicht gleich ausspielen, sondern eine andere hohe Trumpfkarte, vielleicht das Karo-As oder Karo-Zehn, wählen. Er kann das ruhig riskieren, denn er weiß ja, daß sich der Besitzer der zweiten Alten diesen Stich sichern wird. Mit diesem ersten Stich stehen also die Parteien bereits fest; sowohl die Besitzer der Alten als auch die beiden Gegenspieler haben sich gefunden.

Etwas schwieriger ist der Spielbeginn, wenn Vorhand keine Alte besitzt. Er muß dann anstelle einer Trumpfkarte eine beliebig andere Farbe ausspielen, am besten ein As, um diesen Stich hereinholen zu können.

Wichtig ist nämlich beim Schafkopf die Regel, daß die ausgespielte Farbe bedient werden muß.

Nur wenn ein Spieler keine Karte dieser Farbe besitzt, ist er von dieser Pflicht entbunden und kann statt dessen »stechen«, das heißt, er gibt eine Trumpfkarte ins Spiel, die er so hoch wählen wird, daß ihm der Stich nach Möglichkeit zufällt, sofern sein Konzept nicht durch eine Trumpfkarte gestört wird. Wenn ein Spieler auch keine Trumpfkarte hat, wirft er eine beliebige andere Farbe ab. Das kann sehr wichtig werden, wenn man erkennt, daß dem schon erkannten Partner ein Stich zufallen wird. Man sollte ihm dann nach Möglichkeit durch Ausspielen einer Karte mit hoher Augenzahl den Stich »fett« machen.

In dem angenommenen Fall, daß Vorhand das Spiel beginnen muß, ohne im Besitz einer Alten zu sein, wird sich die Partnerschaft häufig nicht gleich klären lassen, sondern erst dann, wenn einer der Besitzer dieser höchsten Trumpfkarte zum Ausspielen kommt.

Umgekehrt kann es vorkommen, daß sich die beiden Alten in einer Hand befinden. Für diesen glücklichen Spieler gibt es dann zwei Möglichkeiten:

1. Er sucht sich seinen Partner selber. Das geschieht so, daß er sich zunächst einmal seine Karten ansieht, um festzustellen, welche Karte ihm besonders gelegen käme. Diese ruft er dann auf, indem er etwa sagt: »Das Pik-As geht mit«, womit er den anderen Spielern zu verstehen gibt, daß derjenige Spieler sein Partner sein soll, der die aufgerufene Karte besitzt. Dem Besitzer des Pik-Asses obliegt es nun, diese Karte so schnell wie möglich ins Spiel zu bringen, damit über die Parteienbildung kein Zweifel bleibt.

Der Besitzer der beiden Alten kann seine Wahl aber auch auf einen anderen Mitspieler fallen lassen – je nachdem, wie er seine eigenen Karten beurteilt. Zum Beispiel kann er erklären: »Der erste fremde Stich geht mit« und damit zum Ausdruck bringen, daß er mit demjenigen zusammenspielen will, dem der erste Stich zufällt.

2. Er spielt allein gegen die drei anderen Spieler und verzichtet damit auf einen Partner, weil er der Ansicht ist, daß ihn seine Karten stark genug machen, um einen Alleingang zu wagen. Ein solches Solo ist natürlich nur möglich, wenn man sehr gute Karten hat, denn in diesem Fall werden die Stiche der drei Gegner zusammengezählt. Eine besondere Note erhält das Solo durch den Umstand, daß die Gegner zunächst über die Absichten des Solospielers im unklaren bleiben und auch möglichst lange im unklaren gelassen werden. Wenn der Solospieler es fertigbringt, seine beiden Alten recht lange in der Hand zu behalten, tappen die anderen leicht eine Weile im dunkeln. Diese Unsicherheit seiner Gegner kann von einem geschickten Spieler sehr zu seinem Vorteil ausgenutzt werden. Man nennt diese Spielweise ein *stilles Solo*.

Es gibt außerdem noch zwei andere Arten von Solospielen, die nicht unbedingt an den Besitz der beiden Alten gebunden sind:

Das *Lust-Solo*, das sich ein Spieler erlauben kann, dessen Karten so gut sind, daß er die beiden höchsten Trumpfkarten gegen alle drei Gegner gewinnen zu können glaubt. Das wäre beispielsweise der Fall, wenn er folgende Karten besitzt: Kreuz-Dame, Herz-Dame, Karo-Dame, Kreuz-Bube, Pik-As, Herz-As und Herz-Sieben. Damit würde er außer der Pik-Dame alle hohen Trümpfe besitzen, und die Pik-Dame könnte er womöglich noch durch Stechen dazubekommen. In einem solchen Fall käme für den Solospieler alles darauf an, daß es ihm gelingt, aus den gegneri-

schen Karten die Trümpfe herauszuholen. – Bei dieser Art des Solospiels kommt es dem Alleingänger zustatten, daß er je nach seinem Blatt irgendeine ihm genehme Farbe zur Trumpffarbe erklären kann. Er muß das zu Beginn des Spiels, bevor die erste Karte ausgespielt wird, nur ansagen, etwa: »Ich spiele ein Herz-Solo.« In diesem Falle sind selbstverständlich nicht die Karo-Karten, sondern die Herz-Karten Trumpf.
Das *Muß-Solo,* das so heißt, weil von Anfang an verkündet wird, daß bis zu einem gewissen Zeitpunkt jeder Spieler ein oder zwei Solos spielen muß. Den Zeitpunkt bestimmt er selber; es erweist sich jedoch in der Praxis im allgemeinen als verhängnisvoll, mit der Ankündigung seines oder seiner Muß-Solos allzulange zu warten, weil man dadurch leicht in die Gefahr gerät, gegen Schluß der Serie, wenn man vielleicht besonders ungünstige Karten hat, das Solo mit der ziemlich sicheren Aussicht auf eine Niederlage spielen zu müssen; der Schafkopfspieler sagt dazu, daß man »vorgeführt« wird, das heißt also, daß man auf jeden Fall ein Solo spielen muß, selbst wenn die Karten noch so schlecht sind.
Wer die Grundregeln des Schafkopfspiels verstanden hat, wird sehr schnell lernen, sie in der Praxis anzuwenden. Es ist aber sicher doch gut, wenn wir nachfolgend noch einige Fingerzeige und Tips geben:
1. Die Partner müssen stets darauf bedacht sein, durch gemeinsame Aktionen den Gegner zu schwächen und der eigenen Partei zu Vorteilen zu verhelfen – ganz gleich, ob der Stich einem selbst oder dem Bundesgenossen zufällt, denn die gewonnenen Augen werden ja bekanntlich zusammengezählt. Es hätte also keinen Sinn, etwa den Partner zu überstechen, vielmehr muß man bemüht sein, einen diesem voraussichtlich zufallenden Stich durch Dreingabe einer entsprechenden Karte so »fett« wie möglich zu machen, dem Partner also zu einer recht hohen Augenzahl zu verhelfen. In der Sprache der Kartenspieler heißt dieser Vorgang auch »brocken«, »schmieren« oder »wimmeln«.
2. Recht günstig wirkt sich im allgemeinen eine *Renonce* aus. Man versteht darunter das Fehlen einer oder mehrerer Farben unter den eigenen Karten. Der Vorteil einer Renonce ist ohne weiteres klar: Spielt nämlich die Gegenpartei das As oder die Zehn einer solchen Farbe aus, so braucht man nicht zu bedienen, sondern kann sogleich mit Hilfe einer Trumpfkarte stechen; legt dagegen der eigene Partner ein solches As auf den Tisch, so wirft man eine hochzählende Karte einer anderen Farbe – möglicherweise eine solche, durch die man in der betreffenden Farbe »blank« wird – dazu und sorgt auf diese Weise für einen fetten Stich.
3. Vorsicht beim Ausspielen einer As-Karte! Sofern es die einzige Karte dieser Farbe ist, die man selber besitzt, besteht einige Aussicht, daß die übrigen fünf im Spiel befindlichen Karten der Farbe, also Zehn, König, Neun, Acht und Sieben (Dame und Bube sind Trumpfkarten, zählen also nicht zur Farbe), wenigstens zu einem Teil bei der Gegenpartei liegen, so daß diese bedienen kann und muß; von ihr sind also keine unangenehmen Überraschungen durch Stechen zu erwarten. Man kann demnach bei einer solchen Situation seine einzelne Karte (das As) ausspielen und dadurch, daß die Gegenpartei zum Bedienen gezwungen ist, unter Um-

ständen den Stich mit hoher Augenzahl herausholen. Hat man aber selber noch mehrere Karten der gleichen Farbe, läuft man beim Ausspielen des Asses Gefahr, daß die Gegenpartei mit einer Trumpfkarte sticht. Man wird darum in einem solchen Fall mit dem Ausspielen des Asses warten, bis man einigermaßen sicher sein kann, daß beim Gegner keine Trumpfkarten mehr vorhanden sind.

4. Die Trumpfkarten sind der wertvollste Besitz des Schafkopfspielers. Ist man selber »trumpfstark«, besitzt man also von den insgesamt 14 Trümpfen vier oder gar mehr, so kann man schon etwas riskieren. Man wird dann entweder durch Trumpfspielen zum Angriff übergehen und der gegnerischen Partei die Trümpfe »abholen«, bevor diese ihrerseits mit ihren Trümpfen zum Stechen kommt, oder man benutzt die eigenen Trumpfkarten zum Stechen. Welche Taktik die bessere ist, läßt sich nur von Fall zu Fall entscheiden. Kluges Operieren mit den Trümpfen setzt voraus, daß man den Spielverlauf sehr genau zu verfolgen vermag. Man muß es sich mit der Zeit zur Gewohnheit machen, die eingebrachten Stiche mit ihren Augenwerten zu zählen und sich die einzelnen Phasen des Spiels genau zu merken. Man muß also z. B. wissen, wie viele Trümpfe ausgespielt sind, welche As-Karten schon auf dem Tisch waren und wie viele Augen die eigene Partei bereits gesammelt hat. Nur so gelingt es allmählich, das Zahlengedächtnis so weit zu entwickeln, daß man in der Lage ist, den Verlauf des Spiels zu überblicken und sich vor unangenehmen Überraschungen zu bewahren.

Gewinn-und-Verlust-Rechnung

Die Errechnung von Gewinn und Verlust ist beim Schafkopf nicht schwierig. Im Spiel sind genau 120 Augen. Gewinnt jede Partei 60 Augen, so ist das Spiel unentschieden ausgegangen. Dagegen ist es bereits gewonnen, wenn man zusammen mit seinem Partner – oder beim Solospiel allein – 61 Augen besitzt. Eine Partei, die weniger als 30 Augen erringen konnte, ist »Schneider«; hat sie überhaupt keinen Stich erhalten, so ist sie »Schwarz«. Wie wir noch sehen werden, ist allerdings die Bewertung von Schneider und Schwarz beim Schafkopf unterschiedlich.

Wie bei vielen Kartenspielen ist es beim Schafkopf üblich, um Geld zu spielen. Man zahlt vor Spielbeginn einen vereinbarten Betrag in kleiner Münze, also im allgemeinen in 5- oder 10-Pfennigstücken, in die Kasse, und dieser Stock dient zur Auszahlung der Gewinne nach Gesichtspunkten, die vorher festgelegt werden müssen. Man sollte dabei grundsätzlich bedenken, daß das Kartenspielen Freude machen und nicht um des schnöden Mammons willen betrieben werden soll. Immerhin erhöhen erfahrungsgemäß Gewinnchancen in klingender Münze den Spaß am Spiel in höchst bemerkenswerter Weise.

Als Anhaltspunkte für die Gewinn-und-Verlust-Rechnung beim Schafkopf mögen folgende Richtlinien dienen:

Wenn eine Partei mit den »Alten« einfach gewinnt, bekommt jeder der beiden Spieler 10 Pf aus der Kasse. Verliert sie dagegen mit den Alten einfach, so werden den beiden Spielern der Gegenpartei je 20 Pf ausge-

zahlt. Gewinnt die Partei, die im Besitz der Alten ist, mit Schneider (hat also die Gegenpartei weniger als 30 Augen), so erhält jeder Spieler der siegreichen Partei 20 Pf. Gewinnt die glückliche Partei mit Schwarz (hat also die Gegenpartei überhaupt keinen Stich erhalten), sind sogar 30 Pf für jeden Spieler der gewinnenden Partei fällig. Sollte es das Mißgeschick so fügen, daß eine Partei trotz der Alten mit Schneider verliert, so bekommt jeder Spieler der Gegenpartei 40 Pf.
Etwas anders geht die Abrechnung der Solospiele vor sich. Sie erfolgt nicht aus der Kasse, sondern wird unter den Spielern direkt vorgenommen. Hat der Solospieler einfach gewonnen, so erhält er nach der oben entwickelten Norm von jedem Spieler 10 Pf. Bei Schneider verdoppeln sich die Beträge, bei Schwarz verdreifachen sie sich. In gleicher Staffelung muß jedoch der Solospieler aus eigener Tasche an jeden der drei anderen Spieler zahlen, wenn er verliert: bei einfach 10 Pf, bei Schneider 20 Pf und bei Schwarz 30 Pf. Verlorene Solospiele sind trotz der kleinen Münze unter Umständen doch schon eine etwas kostspieligere Angelegenheit.
Im allgemeinen gilt die Partie als beendet, wenn der Inhalt der Kasse ausgezahlt ist. Das ist auch der Zeitpunkt, bis zu dem die Muß-Solospiele erledigt sein müssen. Wer damit säumig war, muß es sich jetzt gefallen lassen, daß er »vorgeführt« wird; mit anderen Worten: er muß sein Solo spielen, auch wenn seine Karten noch so schlecht sind.

Der Deutsche Schafkopf ④ 915

1 Kartenspiel

Wenn wir den »Deutschen Schafkopf« spielen wollen, müssen wir uns auf verschiedene andere Spielregeln umstellen. Diese seien hier kurz zusammengefaßt:

1. Auch an ihm sind vier Spieler beteiligt, die sich zu zwei Parteien zusammenfinden. Die Gruppierung ergibt sich jedoch nicht wie beim »Wendischen Schafkopf« durch die zufällige Verteilung der Karten, sondern durch Auslosen. Das geht in der Weise vor sich, daß zunächst jeder der vier Spieler eine Karte zieht. Die Spieler mit der höchsten und der niedrigsten Karte bilden dann die eine Partei, während sich die beiden Übrigbleibenden zusammentun.

2. Das Kartenspiel besteht wie beim »Wendischen Schafkopf«, aus 32 Blatt, aber Trümpfe sind andere Karten: die höchsten Trümpfe sind die vier Buben in der Reihenfolge: Kreuz, Pik, Herz, Karo. Die Karo-Farbe ist nicht feststehend Trumpf, sondern die Trumpffarbe wird von Spiel zu Spiel bestimmt, wie wir gleich noch sehen werden. Außerdem müssen wir uns eine andere Reihenfolge für die Kartenwerte merken: As, König, Dame, Zehn, Neun, Acht, Sieben. Zehn steht also nicht wie sonst hinter dem As, sondern rangiert noch hinter König und Dame. Die Augenwerte der Karten bleiben indessen dieselben; die Zehn zählt also wirklich 10, hat demnach eine bedeutend höhere Augenzahl als beispielsweise die Dame (10:3).

3. Wie schon gesagt, ist die Trumpffarbe nicht feststehend, sondern wechselnd, und zwar wird sie von demjenigen Spieler bestimmt, der zusammen mit einem oder mehreren Buben mindestens fünf Karten hat, die Trümpfe werden könnten, also etwa:
Kreuz-Bube, Karo-Bube, Pik-As, Pik-Dame, Pik-Acht oder:
Pik-Bube, Herz-Bube, Karo-König, Karo-Dame, Karo-Acht.

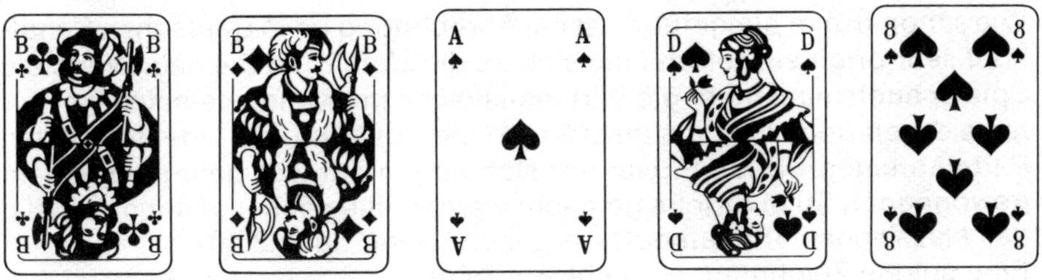

Er besitzt damit die Voraussetzung für die Bestimmung der Trumpffarbe. Das geschieht jedoch nicht etwa durch direkte Nennung der Trumpffarbe, sondern einfach durch die Ansage: »Ich melde fünf Trümpfe.« Wenn ein anderer Spieler sogar mehr Trumpfkarten melden kann, so bestimmt natürlich dieser die Trumpffarbe. Haben zwei Spieler die gleiche Zahl von Trumpfkarten, so entscheidet die höhere Augenzahl darüber, wer Trumpf bestimmt. In unseren beiden oben angeführten Beispielen sind es:

im ersten Fall:	2+2+11+3+0	zusammen 18
im zweiten Fall:	2+2+ 4+3+0	zusammen 11

Nehmen wir an, zwei Spieler haben mit den obigen Karten je fünf Trümpfe gemeldet! Dann hätte der 1. Spieler 7 Augen mehr als der 2. Spieler und würde damit die Trumpffarbe (in diesem Falle Pik) bestimmen.
Natürlich kommt es oft vor, daß keiner der Spieler in der Lage ist, fünf Trümpfe zu melden; in einem solchen Fall bestimmt der Besitzer des Kreuz-Buben, also des höchsten Trumpfes, die Trumpffarbe nach den Karten in seiner Hand. Man nennt eine solche Lösung ein »Zwangsspiel«,

und dieses wird – wie wir gleich sehen werden – anders berechnet als die Spiele mit richtig gemeldeter Trumpffarbe.
Die Spielregeln sind im übrigen die gleichen wie beim Wendischen Schafkopf. Es muß also Farbe bedient werden, sofern die Mitspieler dazu in der Lage sind, und es wird auch nach den gleichen Regeln gestochen.

Die Abrechnung

Wie schon früher ausgeführt, ist die Abrechnung beim Deutschen Schafkopf sehr originell, sofern man sich an die alten Bräuche hält. Wenn die Spieler auch nicht mehr die Wirtshaustische mit Kreide bemalen, so halten sie sich doch vielfach insofern an die Tradition, als jede der beiden Parteien einen Bogen Papier vor sich liegen hat, auf dem nach jedem gewonnenen Spiel Striche gemacht werden, die nach und nach das Bild des klassischen »Schafkopfs« ergeben (siehe Seite 366).
Eine solche Zeichnung entsteht wie folgt:
Wenn die Partei, die Trumpf gemeldet hat, mehr als 60 Augen bekommt, so gewinnt sie einfach und darf einen Strich auf dem Papier machen. Erhält sie weniger als 60 Augen, so macht die Gegenpartei auf ihrem Blatt zwei Striche in der Anordnung, die zum Schluß das Bild des »Schafkopfs« ergibt; bei einem »Zwangsspiel« (siehe Seite 373) jedoch darf auch der Gegner nur einen Strich machen.
Das übrige dürfte klar sein: Bei »Schneider« verdoppelt sich die Zahl der Striche, und zwar macht die Trumpfpartei zwei Striche, wenn sie gewinnt, wenn also die Gegenpartei in ihren Stichen weniger als 30 Augen hat; verliert jedoch die Trumpfpartei mit Schneider, so macht die Gegenpartei vier Striche. Und wenn eine der beiden Parteien »Schwarz« macht – wenn also die Gegenpartei zu gar keinem Stich kommt –, so darf sie neun Striche auf einmal machen; sie gewinnt also auf einen Schlag einen ganzen Kopf. Wenn dadurch ein bereits angefangener Kopf beendet und ein weiterer begonnen wird, so kann dieser in den nächsten Spielen fortgeführt und beendet werden.
Am Schluß einer Partie zählt jede Partei für sich die gewonnenen Köpfe zusammen und rechnet auch die etwa für einen neuen Kopf gemachten Striche hinzu; wer die meisten Köpfe und Stiche hat, ist schließlich der Gewinner.
Natürlich gibt es gelegentlich auch ein Unentschieden. Dieses wird entweder so gehandhabt, daß es nicht gezählt, also auch nicht gebucht wird, oder man vertagt die Entscheidung darüber, welche der beiden Parteien einen Strich machen darf, bis zum Ende des nächsten Spiels. Gewinnt dieses die Trumpfpartei, so darf sie gleich zwei und beim Schneider gleich drei Striche machen; gewinnt das zweite Spiel jedoch die Gegenpartei, so macht diese vier und beim Schneider sechs Striche.
Am Schluß des von spannenden Kämpfen und leidenschaftlichen Kommentaren erfüllten Abends werden die von jedem Spieler zu gleichen Teilen in die Kasse gezahlten Beträge gemäß der vorher getroffenen Vereinbarung nach dem Spielergebnis aufgeteilt.

Schafkopf zu dreien (Der Dreiwendsch) ◕ ③ 916

1 Kartenspiel

Der für den Schafkopf zu dreien häufig angewandte Name »Dreiwendsch« weist schon darauf hin, daß diesem Spiel im großen und ganzen die Regeln des Wendischen Schafkopfs zugrunde liegen. Der Dreiwendsch ist für alle Anfänger im Kartenspiel besonders wichtig, weil er eine gute Vorübung zum Skat darstellt. Er sollte darum von denen, die das Skatspiel erlernen möchten, ausgiebig gespielt werden. Wer ihn beherrscht, wird Skat leichter lernen als völlig Ungeübte. Vom Wendischen Schafkopf ausgehend, sind nur folgende Abweichungen zu beachten:

1. Man kann den Dreiwendsch sowohl mit 32 Karten als auch ohne Neunen, Achten und Siebenen spielen. Die 32 Karten werden an die drei Spieler in drei Gängen zu drei, vier und nochmals drei Karten verteilt, und dabei ist zu beachten, daß nach dem ersten Gang zwei Karten verdeckt in die Mitte zu legen sind, der sogenannte *Skat*. – Spielt man dagegen ohne Neunen, Achten und Siebenen, also mit »scharfen« Karten, so erhält jeder Spieler zweimal drei, also sechs Karten, und der aus zwei Karten bestehende *Skat* wird wie beim vollen Kartensatz nach dem ersten Gang in Form von zwei verdeckten Karten gebildet. Auf den Skat hat derjenige Spieler Anspruch, der die Kreuz-Dame, die »Alte« genannt, besitzt. Er hat das Recht (aber nicht die Pflicht), vor Beginn des Spiels den Skat aufzunehmen und dann für diese beiden Karten zwei für ihn unwichtige oder gar unangenehme Karten abzulegen (»drücken« nennt man das unter zünftigen Spielern). Wenn er von dem Skat Gebrauch macht, spielt er gegen die beiden anderen. Er muß sich daher vor der Aufnahme des Skats seine Karten genau ansehen, um festzustellen, ob er diesen Alleingang wagen kann, zumindest angesichts der Möglichkeit, mit dem Skat noch die eine oder andere gute Karte dazuzubekommen. Außerdem hat er den Vorzug, die Trumpfkarte zu bestimmen.

Für den Schafkopf zu dreien gelten im übrigen dieselben Regeln wie für den Wendischen Schafkopf.

2. Man kann mit dem Skat auch so verfahren, daß nicht der Besitzer der Kreuz-Dame, sondern die Vorhand das Recht hat, ihn aufzunehmen. Wenn dieser davon Gebrauch macht, spielt er damit gegen die beiden anderen. Verzichtet er (»paßt er«, wie die Kartenspieler sagen), weil er aufgrund seines Blattes den Eindruck gewinnt, daß es für ihn zu risikovoll ist, den Alleingang zu wagen, so darf sein linker Nebenmann den Skat aufnehmen. Paßt auch er, so bleibt als letzter der Kartengeber.

Wer immer von den dreien den Skat aufnehmen mag – er gibt damit kund, daß er gegen die beiden anderen spielen will. Er hat im übrigen wie gesagt den Vorzug, daß er die Trumpffarbe bestimmen kann.
Sollte niemand den Skat haben wollen, so spielt jeder auf eigene Rechnung: Wer die meisten Augen bekommt, hat gewonnen.
Die Errechnung von Gewinn und Verlust geht wie beim Wendischen Schafkopf vor sich. Kurz zusammengefaßt: Der Alleinspieler gewinnt mit 61 und mehr einfach, während er mit 60 und weniger verliert (unter 30 Augen ist »Schneider«, ohne jeden Stich ist »Schwarz«).

Schafkopf zu zweien ◐ ② 917

1 Kartenspiel

Es wird mit allen 32 Karten gespielt. Die Verteilung nimmt der Kartengeber so vor, daß er zunächst zweimal je vier Karten gibt, die verdeckt so auf dem Tisch angeordnet werden, wie sie gegeben wurden; die ersten vier Karten bilden also die erste Reihe, darunter liegen, ebenfalls verdeckt, die zweiten vier Karten, so daß jeder der beiden Spieler acht Karten vor sich liegen hat. Auf jede verdeckte Karte kommt dann noch einmal in zwei Gängen je eine offene Karte, so daß am Schluß jeder Spieler im Besitz von 16 Karten ist, von denen acht offen vor ihm liegen.
Das Originelle an dem Schafkopf zu zweien besteht nun darin, daß gleichsam mit offenen Karten gespielt wird, denn die Hälfte der Karten, die jeder erhalten hat, liegt ja bildoben auf dem Tisch. Auch der Gegner hat also die Möglichkeit der Einsichtnahme, und er macht selbstverständlich gerne davon Gebrauch und nutzt jede sich bietende Chance, vor allem aber jeden Fehler des anderen zu seinen Gunsten aus. Das Überraschungsmoment für diese Spielart liegt in den verdeckten Karten, mit denen so verfahren wird, daß immer dann eine verdeckte Karte umgedreht und ins Spiel genommen wird, wenn die offen darüberliegende Karte ausgespielt worden ist.
Beim Schafkopf zu zweien gelten im wesentlichen die Regeln des Wendischen Schafkopfs. Trümpfe sind also alle Damen in der Reihenfolge: Kreuz, Pik, Herz, Karo, alle Buben in der gleichen Folge sowie alle Karo-Karten in der Reihenfolge: As, Zehn, König, Neun, Acht und Sieben. Die Karten der übrigen drei Farben ordnen sich entsprechend ihrer Wertfolge: As, König, Zehn, Neun, Acht und Sieben. Wie beim Wendischen Schafkopf sind also auch hier die Damen und Buben keine Farbenkarten, sondern rangieren unter den Trumpfkarten.
Im übrigen gilt auch die Grundregel des Wendischen Schafkopfs, daß immer Farbe bedient werden muß und daß erst dann gestochen und eine andere Farbe abgeworfen werden kann, wenn das Bedienen nicht möglich ist. Sonstige Regeln erübrigen sich, weil die offenliegenden Karten das Spielgeschehen gleichsam diktieren. Schafkopf zu zweien scheint demnach die leichteste Variante zu sein, da vieles sich durch die offenliegenden Karten von selbst ergibt. Man hüte sich jedoch davor, dieses Spiel allzu leicht zu nehmen. Die Praxis zeigt immer wieder, daß es selbst bei guten Karten gar nicht so einfach ist, den Gegner in Atem zu halten.

Unter den Augen des Gegners ist es sogar schwerer, ein sicher scheinendes Blatt mit hohen Trümpfen ungestört auszuspielen, und um die Karten mit hohen Zählwerten, also die Asse und die Zehnen, aus der Gefahrenzone zu bringen, bedarf es oft erheblicher Anstrengungen und angespannter Aufmerksamkeit.

Gewinn-und-Verlust-Rechnung

Sie regelt sich wie beim Schafkopf zu vieren – nur mit dem Unterschied, daß die beiden »Alten« logischerweise (weil keine Paarteien gegeneinander spielen) ohne Bedeutung sind und daß dementsprechend zwischen Spielen *mit* den »Alten« und *ohne* sie nicht unterschieden zu werden braucht. Im übrigen braucht man sich bei der Berechnung der Gewinne und Verluste nur nach den Gesichtspunkten für den Wendischen Schafkopf zu richten.
Der Abrechnung in Geld liegen meistens folgende Werte zugrunde: Das einfach gewonnene oder verlorene Spiel wird mit 10 Pf bewertet, das mit »Schneider« mit 20 und das mit »Schwarz« mit 30 Pf. Häufig findet auch das Strichsystem des Deutschen Schafkopfs Anwendung.

Doppelkopf ◐ ④ 918

2 Kartenspiele

Schon aus dem Namen »Doppelkopf« geht hervor, daß dieses beliebte, schon beinahe Klub-, mindestens aber Stammtischreife besitzende Spiel große Ähnlichkeit mit dem Schafkopf hat; es wird aber dadurch komplizierter, daß es mit zwei Kartenpacken gespielt wird, so daß vom Doppelkopf gesprochen wird. Die Achten und Siebenen werden aus den Kartenpacken entfernt, so daß wir es statt mit 64 nur mit 48 Karten zu tun haben, bei denen jede der vier Farben doppelt vorhanden ist, und zwar in der Wertfolge: As, Zehn, König, Dame, Bube und Neun. Die Trümpfe sind von Anfang an festgelegt; es handelt sich um:

zwei Kreuz-Damen
zwei Pik-Damen
zwei Herz-Damen
zwei Karo-Damen
zwei Kreuz-Buben
zwei Pik-Buben
zwei Herz-Buben
zwei Karo-Buben
zwei Karo-Asse
zwei Karo-Zehnen
zwei Karo-Könige
zwei Karo-Neunen

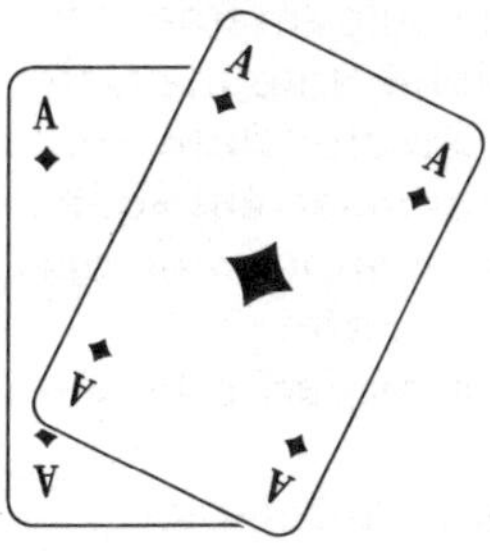

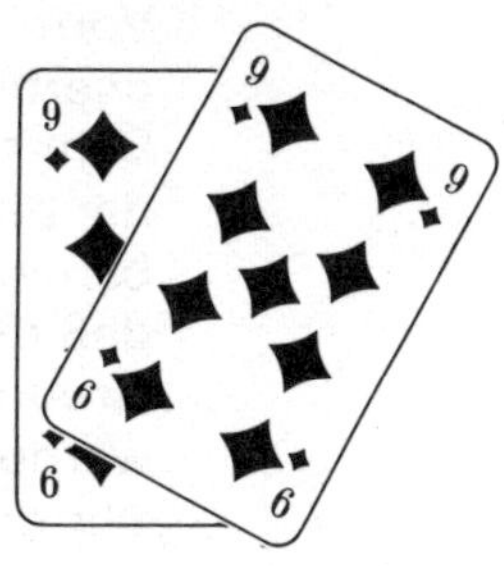

Beim Doppelkopf kennt man demnach 24 Trümpfe, also die Hälfte aller im Spiel gebliebenen Karten. Als *Farbenkarten* bleiben übrig: acht Kreuz-Karten, acht Pik-Karten und acht Herz-Karten in der einleitend angeführten Wertfolge.
Beteiligt sind im allgemeinen *vier Spieler*, von denen jeder zwölf Karten (3mal 4) erhält. Die vier Spieler bilden wie beim Schafkopf zwei Parteien, und zwar spielen normalerweise die Besitzer der beiden Kreuz-Damen zusammen, die sich erst im Verlauf des Spiels finden müssen; sie geben sich also nicht von vornherein gegenseitig durch entsprechende Bemerkungen oder Zeichen zu erkennen, sondern müssen sich suchen, am besten natürlich schon zu Anfang des Spiels. »Vorhand« kann die Lage im allgemeinen schnell, d. h. mit dem ersten Ausspielen, klären. Wenn er zufällig im Besitz einer der beiden Kreuz-Damen ist, wird sein Partner derjenige sein, dem die andere Kreuz-Dame zufiel. Um diesen Partner ausfindig zu machen, geht Vorhand genauso vor, wie er es beim Wendischen Schafkopf zu tun pflegt: er erklärt nicht etwa einfach, daß er eine Kreuz-Dame besitzt, sondern er wird eine Trumpfkarte von hohem Wert ausspielen, etwa ein Karo-As oder eine Karo-Zehn. Er kann diese hohen Werte »aufs Spiel setzen«, weil er sicher sein darf, daß sein (noch unerkannter) Partner mit seiner höchsten Trumpfkarte, eben der Kreuz-Dame, den Stich hereinholt. Die von Vorhand ausgespielte wertvolle Karte geht diesem also nicht verloren, sondern fällt seiner Partei zu. Um auch die zweite Kreuz-Dame auf den Tisch zu bringen und mit guter Augenzahl an Land zu ziehen, spielt der Gewinner des ersten Stichs nun selbst eine Trumpfkarte mit hoher Augenzahl aus, deren sich der Besitzer der anderen Kreuz-Dame zusammen mit den von den beiden anderen Spielern dazugegebenen Karten durch Ausspielen seiner Kreuz-Dame, also der höchsten noch im Spiel befindlichen Trumpfkarte, bemächtigt. Damit stehen die Parteien fest: Die Besitzer der beiden Kreuz-Damen haben sich gefunden und zugleich eine sehr ins Gewicht fallende Augenzahl gewonnen, und die beiden anderen Partner finden sich auf diese Weise von selbst zusammen.
Diese Art, sich sogleich zu erkennen zu geben, nennt man beim Doppelkopf »ehrlich spielen«. Ein solcher Spielbeginn ist jedoch keine Vorschrift; man kann auch »unehrlich« spielen. Darunter versteht man das Bemühen, den anderen Spielern solange wie möglich zu verbergen, daß man eine der Kreuz-Damen besitzt. Worin liegt der Sinn der Täuschungsmanöver, die sich nur routinierte Spieler leisten können? Nun, Vorteile sind damit meistens nicht verbunden, aber die allgemeine Unsicherheit, die dadurch entsteht, bringt eine vergnügliche Note ins Spiel. Sehr häufig hat natürlich der Spieler, der als erster ausspielen muß, keine der beiden Kreuz-Damen. Er spielt dann zweckmäßigerweise ein »gangbares« As aus; darunter versteht man ein As, von dem er annehmen darf, daß es von den drei anderen Spielern bedient werden kann.
Grundsatz ist nämlich auch beim Doppelkopf, daß stets *Farbe bedient* werden muß.
Wir demonstrieren eine solche Spieleröffnung an einem Beispiel:

Der Ausspielende wählt das Herz-As. Für denjenigen Spieler, der ebenfalls keine Kreuz-Dame, aber das andere Herz-As besitzt, bedarf es kaum einer Überlegung, daß er diese Karte hinzugibt, denn es besteht wenig Aussicht, daß das As ein zweites Mal einen Stich machen kann. Das Ausspielen des zweiten Herz-Asses hat den doppelten Vorteil, daß sich auch so die Partner – und zwar die der Gegenpartei – erkennen und daß das zweite As den Stich des Bundesgenossen beträchtlich »fetter« macht.
Und schließlich noch die letzte Möglichkeit: der Ausspielende besitzt weder eine Kreuz-Dame noch ein »gangbares« As. Er wird es in diesem Falle vorziehen, eine Karte aus einer »langen Farbe« auszuspielen, worunter man eine Farbe versteht, von der der Spieler mehrere Karten besitzt. Der Partner wird sich dann meistens dadurch zu erkennen geben können, daß er mit Trumpf sticht. Aber auch wenn der Stich verlorengeht, hat er normalerweise wenigstens den Nutzen, daß sich die Partner ohne Kreuz-Dame – an ihrer oft nur vorübergehenden Schwäche! – erkennen und in Zukunft gemeinsam operieren können.
Damit ist das Doppelkopfspiel im Grunde genommen bereits so weit erklärt, daß der Anfänger mitspielen kann. Einige Fingerzeige werden ihm indessen noch willkommen sein:

1. Wir wissen bereits, daß der Ausspielende, sofern er im Besitz einer Kreuz-Dame ist, mit einer hochwertigen Trumpfkarte beginnen sollte, um seinen Partner zum Ausspielen der anderen Kreuz-Dame zu veranlassen und ihn so erkennen zu können. Wenn er jedoch neben der Kreuz-Dame noch ein sogenanntes »blankes« As besitzen sollte – das ist das As einer Farbe, von der er keine einzige andere Karte mehr hat –, so sollte er zunächst dieses As ausspielen, denn es besteht sonst die Gefahr, daß ihm bald darauf der Besitzer des anderen Asses derselben Farbe zuvorkommt und ihm so sein blankes As »abholt«. Die Regel lautet nämlich, daß von zwei gleichen Karten, die im Verlauf eines Stichs ausgespielt werden, die zuerst gespielte den Stich macht.

2. Das Folgende ergibt sich eigentlich von selbst aus 1.:
Spielt jemand ein Farben-As aus, das ja bedient werden muß, so sollte dessen Partner, sofern er zufällig das zweite As dieser Farbe besitzt, nicht zögern, dieses hinzuzugeben, denn es ist, wie schon erwähnt, kaum anzunehmen, daß man mit der gleichen Farbe einen zweiten Stich nach Hause bringt.

3. Merkt man, daß der Partner ungewöhnlich viele Trümpfe hat, wird es richtig sein, immer wieder mit Trümpfen herauszukommen. Auf diese Weise wird die Gegenpartei planmäßig »ausgehungert«, womit ausgedrückt werden soll, daß man ihr systematisch die Karten wegholt, die sie sonst zum Stechen verwenden könnte.

4. Wenn es sich ergibt, daß beide Kreuz-Damen in einer Hand sind, so kann sich dieser Spieler seinen Partner unter den drei anderen wählen. Er muß sich dann seine Karten genau ansehen und wird danach durch entsprechende Ansage verkünden, wen er sich als Partner wünscht. Am gebräuchlichsten ist es, daß er sagt: »Der erste fremde Stich geht mit.« Er kann seinen Partner aber auch nach anderen Gesichtspunkten bestimmen, indem er etwa erklärt: »Das erste Kreuz-As geht mit.« Die Besitzer der Kreuz-Asse werden dann bemüht sein, diese so schnell wie möglich auf den Tisch zu bringen, weil sie der Ansage entnehmen können, daß der Ausspielende bereits eine gute Position innehat, die es nur noch zu stärken gilt. Und derjenige, der sein Kreuz-As als erster ins Spiel bringt, ist Mitstreiter des Besitzers der beiden Kreuz-Damen.

Solospiele

Hierbei spielt einer gegen die drei anderen. Er kann das aber nur wagen, sofern er außer den beiden höchsten Trümpfen noch eine Anzahl weiterer besonders guter Karten in der Hand hat. Das Solospiel ist z. B. möglich, wenn er acht bis zehn Trumpfkarten besitzt, außer den beiden Kreuz-Damen etwa noch die Pik-Damen und etliche andere Damen und Buben sowie ein paar Asse.

Wie beim Schafkopf unterscheidet man drei Arten von Solospielen:

1. *Das stille Solo.* Wie schon der Name sagt, wird es im allgemeinen ohne irgendeine Ansage gespielt. Man läßt also die Mitspieler so lange wie irgend möglich im unklaren darüber, daß man sich für ein Solo entschieden hat. Dazu gehört, daß man vorerst den Besitz der beiden Kreuz-Damen nicht zu erkennen gibt und damit die anderen recht lange im dunkeln tappen läßt. Diese werden dadurch beim Ausspielen unsicher, weil sie ja nicht wissen, wer Freund und wer Feind ist. Karo bleibt beim stillen Solo die Trumpffarbe.

Bei besonders günstiger Zusammensetzung des Blattes kann man ein stilles Solo auch einmal mit nur *einer* Kreuz-Dame wagen. Die Regeln schreiben allerdings für diesen Fall vor, daß man in dem Augenblick, in dem ein anderer Spieler die zweite Kreuz-Dame auf den Tisch bringt, die Erklärung abgibt: »Ich spiele Solo.« Damit ist dann natürlich das stille Solo zu Ende.

2. *Das freiwillige oder Lust-Solo.* Dieses spielt man, wenn man aufgrund einer ganzer Hand voller ausgezeichneter Karten die Zuversicht haben darf, gegen die drei anderen Spieler gewinnen zu können. Der Solospieler kann in diesem Falle anstelle von Karo eine andere, ihm im Hinblick auf seine Kartensituation genehmere Farbe zur Trumpffarbe erklären. Die Wahl einer anderen Trumpffarbe empfiehlt sich etwa dann, wenn der Solospieler überhaupt keine Karo-Karten, dafür aber beide Herz-Asse und die Herz-Zehn besitzt. Selbstverständlich bleiben dann alle Damen und Buben einschließlich der Herz-Damen und Herz-Buben Trumpf.

Das Lust-Solo muß unter allen Umständen vorher angesagt werden, auch wenn man keine Umwandlung der Trumpffarbe vornimmt. Wenn bereits zum ersten Stich ausgespielt worden ist, ist es für diese Entscheidung zu spät. Der Solospieler hat übrigens das Recht, auszuspielen, auch wenn er nicht Vorhand ist.

3. *Das Muß-Solo.* Es ergibt sich nicht ohne weiteres aus der Kartensituation, sondern muß vorher vereinbart werden. Eine solche Vereinbarung kann beispielsweise lauten, daß jeder Spieler bis zu einem gewissen

Zeitpunkt ein oder zwei Solospiele erledigt haben muß. Es bleibt ihm dabei überlassen, den Augenblick zu bestimmen, an dem er sie spielt, aber er sollte damit nicht zu lange warten, weil er sonst Gefahr läuft, sein Solo spielen zu müssen, wenn seine Karten es ihm eigentlich gar nicht gestatten. Schließlich wird er womöglich sogar »vorgeführt«, d. h. man zwingt ihn einfach, sein Solo auch mit sehr schlechten Karten zu spielen. Das Muß-Solo muß natürlich wie das Lust-Solo angesagt werden, bevor das Spiel beginnt.

Gewinn-und-Verlust-Rechnung

Wie beim Schafkopf ist beim Doppelkopf für die Gewinn-und-Verlust-Rechnung nicht die Zahl der eingebrachten Stiche, sondern die Augenzahl entscheidend. Da mit zwei Kartenspielen ohne Achten und Siebenen gespielt wird, beträgt die Gesamtzahl der im Spiel befindlichen Augen 240. Die nachstehende Aufstellung hilft dem Anfänger im Doppelkopfspiel, sich die Kartenwerte fest einzuprägen.

Das Spiel enthält:	Diese zählen einzeln:	Diese zählen zusammen:
8 Asse	11 Augen	88 Augen
8 Zehnen	10 Augen	80 Augen
8 Könige	4 Augen	32 Augen
8 Damen	3 Augen	24 Augen
8 Buben	2 Augen	16 Augen
8 Neunen	0 Augen	0 Augen
48 Karten		240 Augen

Die Partei mit den beiden Kreuz-Damen hat demnach gewonnen, wenn sie 121 oder mehr Augen erhalten hat; die Gegenpartei ist »Schneider«, wenn sie weniger als 60 Augen zählt, und sie ist »Schwarz«, wenn sie keinen Stich einbringen konnte. Bei Punktgleichheit (je 120 Augen) hat diejenige Partei gewonnen, die nicht im Besitz der Kreuz-Damen war.
Vor Beginn des Spiels zahlt jeder Spieler einen bestimmten Betrag ein, und die Abrechnung geht dann folgendermaßen vor sich:
Gewinnt die Partei mit den Kreuz-Damen *einfach*, so erhält jeder der beiden Spieler die vereinbarte kleinste Einheit, also vielleicht 10 Pf, aus der Kasse. Wird die Gegenpartei Schneider, so erhält jeder Spieler der siegreichen Partei den doppelten Betrag, bei Schwarz den dreifachen Betrag. Verliert dagegen die Partei mit den beiden Kreuz-Damen, so bekommt jeder Spieler der Gegenpartei das Doppelte der kleinsten Einheit, also vielleicht 20 Pf, bei Schneider entsprechend 40 Pf und bei Schwarz 60 Pf aus der Kasse. Schwarz ist die Partei mit den Kreuz-Damen bereits, wenn nur die beiden Kreuz-Damen Stiche eingebracht haben.
Solospiele werden nicht aus der Kasse gezahlt, sondern unter den Spielern direkt abgerechnet.

Varianten beim Doppelkopf

Spielabwandlungen, die man kennen sollte, um das Spiel abwechslungsreich gestalten zu können, gibt es auch beim Doppelkopf. Sie bringen zum Teil eine vergnügliche Note in die Doppelkopfrunde.

Das Spiel mit den beiden Tollen ◐ ④ 919

2 Kartenspiele

Unter den Tollen (oder Dollen) versteht man bei dieser Abart des Doppelkopfs zwei weitere Trümpfe, die man einführt, um den beiden »Alten«, den Kreuz-Damen, einen noch höheren Trumpf vor die Nase zu setzen. Man hat dafür die zwei Herz-Zehnen gewählt, die hier die Rolle der höchsten Trümpfe spielen. Die Spielregeln bleiben im übrigen dieselben. Die Besitzer der Kreuz-Damen spielen wie sonst zusammen, nur müssen sie sehr viel vorsichtiger operieren. Beispielsweise kann Vorhand, im Besitz einer der beiden Kreuz-Damen, nicht einfach wie sonst das Karo-As ausspielen, weil er nicht mehr sicher sein darf, daß sein Partner dieses As mit Hilfe der zweiten Kreuz-Dame hereinholt. Vielmehr besteht in einem solchen Fall einige Wahrscheinlichkeit dafür, daß das Karo-As von einem Gegner mit Hilfe einer der »Tollen« weggeschnappt würde.

Das Spiel mit den Füchsen (der Fuchsfang) ◐ ④ 920

2 Kartenspiele

Als Füchse gelten die beiden Trumpfkarten Karo-As. Diejenige Partei, der es gelingt, einen Fuchs der Gegenpartei in einen eigenen Stich hineinzubekommen, hat den Fuchs gefangen, und sie erhält zur Belohnung aus der Kasse einen vorher vereinbarten Betrag, der im allgemeinen dem Einheitswert des Spiels entspricht, in unserem Abrechnungsbeispiel also 10 Pf ausmacht. Sonst sind die Spielregeln unverändert.

Der Grand oder das Großspiel ◐ ④ 921

2 Kartenspiele

Diese Variante kann von einem Spieler gegen die drei anderen gespielt werden, wenn seine Karten entsprechend aussehen. Es handelt sich also um eine besondere Art des Solospiels. Beim Großspiel sind hier nur die Buben Trümpfe. Alle anderen Trümpfe sind aufgehoben; die Karo-Karten gelten als Farbe, und auch die Damen, einschließlich der Kreuz-Damen, werden nur innerhalb ihrer Farben bewertet. Auf ein Großspiel sollte man sich nur einlassen, wenn man vier oder fünf Buben hat, darunter die Kreuz-Buben als höchste Trümpfe, und außerdem noch einige

Asse. Dann allerdings kann der Grandspieler das Geschehen weitgehend diktieren, insbesondere wenn er gleichzeitig Vorhand ist. Er spielt zweckmäßigerweise »von oben nach unten«, d.h. er beginnt mit den höchsten Buben und erreicht damit, daß die Gegenspieler die restlichen Buben verlieren und nicht mit ihnen stechen können, wenn der Grandspieler anfängt, seine Asse auszuspielen. Die Abrechnung erfolgt wie beim Solo nicht aus der Kasse, sondern unter den Spielern direkt.

Doppelkopf mit scharfer Kante ◕ ④ 922

Dabei entfernt man nun die 8 Neunen aus dem Kartenpack, so daß jeder Spieler hier nur 10 Karten erhält. Dadurch wird die Möglichkeit des Bedienens stark eingeschränkt und das Einbringen von Farbenstichen sehr erschwert. Beim Ausspielen von Farb-Assen ist darum mehr Vorsicht und Überlegung geboten. 2 Kartenspiele

Eine Schlußphase des Doppelkopfs, die gern angewandt wird, wenn sich nur noch 10 Pf in der Kasse befinden, ist das

Hammelrennen ◕ ④ 923

Hierbei spielt jeder Spieler für sich allein, und wer die höchste Punktzahl erreicht, ist Sieger und erhält die 10 Pf. 2 Kartenspiele

Doppelkopf zu fünfen ◕ ⑤ 924

Diese Variante ist nicht in der üblichen Weise zu spielen. Man hilft sich damit, daß der Kartengeber sich selbst übergeht, vielmehr »sitzt« er, er nimmt also nicht aktiv am Spiel teil. Kommt es jedoch zu Solospielen, so ist er an dem Gewinn und dem Verlust beteiligt, und zwar auf der Seite der 3 Gegner des Solospielers. Er muß dabei wie die 3 verlierenden Spieler bezahlen; gegebenenfalls erhält er von dem verlierenden Solospieler seinen Anteil ausbezahlt. 2 Kartenspiele

Doppelkopf zu sechsen ◕ ⑥ 925

Bei 6 Teilnehmern werden jedem Spieler 8 Karten in 2 Gängen zu 4 Karten zugeteilt. Auch hierbei wird mit 2 Parteien gespielt, die von Anfang an feststehen, denn die erste Partei besteht aus dem ersten, dritten und fünften Spieler, während sich in der zweiten Partei der zweite, vierte und 2 Kartenspiele sechste Spieler zusammenfinden. Für das Zustandekommen der Parteien ist also nicht der Besitz der beiden »Alten« bestimmend. Durch die Verteilung der Karten auf 6 Spieler kommt es natürlich leicht vor, daß der eine oder andere Spieler eine Farbe überhaupt nicht besitzt. Farb-Asse sind darum stets in Gefahr, weggestochen zu werden; man sollte aus diesem Grunde von Anfang an Trümpfe ausspielen. Die Partnerschaft zu dritt hat natürlich Vorteile, vor allem den, daß man nicht gleich seine höchsten Trümpfe ins Spiel zu geben braucht, sondern es genügt oft, einen kleinen Trumpf zuzugeben, wenn Aussicht besteht, daß einer der Partner den Stich heimbringt. Ein Solospiel ist auch im Spiel zu sechsen möglich; allerdings muß dieses Wagnis reiflich überlegt werden, weil man genügend hohe Trümpfe haben muß, um sich gegen 5 Partner zu behaupten. Bei den Karten des Solospielers kommt es vornehmlich auf die Trümpfe an: Asse sind nicht ausschlaggebend, denn es kommt kaum vor, daß ein Farben-As nicht gestochen wird.

Doppelkopf mit Drängelmännchen ◑ Ⓖ 926

2 Kartenspiele

Dies ist eine originelle Abart des Doppelkopfs zu sechsen. Das »Drängelmännchen« ist der erste Karo-Bube, der beim Spiel auf den Tisch kommt. Seine Bedeutung liegt darin, daß er die Gruppierung der beiden Parteien bestimmt. Beim Spiel mit Drängelmännchen geht man nämlich von der starren Einteilung 1 – 3 – 5 gegen 2 – 4 – 6 ab, es spielen vielmehr wie beim normalen Doppelkopf die beiden Besitzer der Kreuz-Damen sowie der Besitzer des ersten ausgespielten Karo-Buben, des »Drängelmännchens«, zusammen. In bestimmten Fällen können die Parteien auch noch anders zusammengesetzt werden. Besitzt beispielsweise ein Spieler beide Kreuz-Damen, so kann er ein durch ihn zu bestimmendes As »mitnehmen«, etwa das Pik-As. Es spielen dann der Besitzer der beiden »Alten«, der des ersten Karo-Buben und der des Pik-Asses zusammen. Schließlich sei noch die Möglichkeit erwähnt, daß sowohl die beiden Kreuz-Damen als auch die beiden Karo-Buben in einer Hand sind. Dann bleibt es dem mit so guten Karten gesegneten Spieler überlassen, ein stilles Solo zu spielen oder zwei Asse »mitzunehmen«, d. h. die Besitzer dieser Asse als Partner zu wählen. Man erklärt dann etwa: »Die ersten fremden Pik-As und Herz-As gehen mit.«

Doppelkopf zu acht ◑ ⑧ 927

2 Kartenspiele

Auch acht Teilnehmer sind bei diesem Doppelkopf möglich. Die beiden zur Verwendung kommenden Kartenpacken bleiben dann voll, die Achten und Siebenen werden also nicht entfernt. Es sind somit in diesem Doppelkopf 64 Karten im Spiel, so daß jeder Spieler 8 Karten in 2 Gängen zu je 4 Karten erhält. Es bilden sich 2 Parteien, die aus dem ersten, dritten, fünften und siebenten Spieler einerseits und dem zweiten, vierten, sechsten und achten Spieler andererseits bestehen. Trümpfe sind alle Damen und Buben sowie alle Karo-Karten, insgesamt also 28.

Schach Nr. 703 (S. 284) ▶

H
G
3
4
5
E
D
C
B

Schiebekopf

④ 928

2 Kartenspiele

Diese lustige Variante bildet oft den Ausklang einer Doppelkopfpartie. Man hängt den Schiebekopf mit einer oder mehreren Runden an, wenn die Kasse leer geworden ist. Das Originelle an ihm ist die Umkehrung der normalen Bewertung, denn es kommt beim Schiebekopf darauf an, die wenigsten Punkte zu erhalten.
Jeder Spieler bekommt nur 11 Karten; wenn aber mit scharfer Kante gespielt wird, nur je 9. Die übrigen 4 Karten kommen als »verdeckter Skat« auf den Tisch. Wer ausspielt, kann diesen übernehmen und die 4 Karten gegen die gleiche Kartenzahl aus seinem eigenen Blatt austauschen. Die abgelegten 4 Karten übergibt er dann seinem Nachbarn zur Linken! Dieser prüft sie auf ihre Verwendbarkeit für sich, tauscht gegebenenfalls aus und gibt die 4 Karten auch an seinen Nachbarn zur Linken weiter. Der dritte Spieler verfährt ebenso, und der vierte legt nach erfolgtem Umtausch die ausgeschiedenen 4 Karten wieder als »Skat« ab.
Nunmehr nimmt das eigentliche Spiel seinen Anfang. Wer den letzten Stich macht, erhält den Skat noch zu seinen Stichen. Das ist keineswegs ein Vorteil, denn wir sagten schon, daß beim Schiebekopf derjenige siegt, der die niedrigste Augenzahl erreicht. Er kassiert von jedem der anderen Spieler einen vorher vereinbarten Betrag. Die Konsequenz, die sich aus dieser Spielweise ergibt, ist ohne weiteres einleuchtend: Im Gegensatz zu sonst möchte keiner der Mitspielenden hohe Trümpfe und andere Karten mit hohen Zählwerten behalten. Er schiebt sie darum mit dem Skat weiter. Dadurch kann es sich ergeben, daß ein Mitspieler, der an und für sich schon hohe Zählwerte in der Hand hat, durch die ihm vom Vordermann zugeschobenen Karten eine höchst unwillkommene Verstärkung erhält. Es gibt dann für ihn nur noch einen Ausweg: Er kann erklären, daß er «aufs Ganze gehen«, d.h. mit seinem Blatt alle Stiche machen will. Der Schiebekopf gestattet ihm also sozusagen die Flucht nach vorn; wenn er tatsächlich alle Stiche an sich bringt, ist er Gewinner, und die anderen müssen doppelt zahlen.

Skat

③ 929

1 Kartenspiel

In Deutschland gilt der Skat als königliches Kartenspiel. Einen »anständigen Skat zu kloppen« gehört zu den besonders beliebten Feierabendbeschäftigungen, und wenn dieses Nationalspiel der Deutschen sich auch in vielen anderen Ländern, vor allem in den Vereinigten Staaten, durchgesetzt hat, so ist das wahrscheinlich auf die deutschen Auswan-

◄ Kampf um die Flasche Nr. 844 (S. 333)

derer zurückzuführen, die »ihr« Skatspiel in die neue Heimat mitnahmen. Es ist leicht zu erkennen, daß sich der Skat aus dem Schafkopf und dem Doppelkopf entwickelt hat, und zwar fällt der thüringischen Stadt Altenburg der Ruhm zu, daß in ihren Mauern in den zwanziger Jahren des 19. Jahrhunderts dieses Spiel entstand.

Die Karten und ihre Rangordnung

Zum Skatspiel wird ein Kartenpack mit 32 Blättern verwendet. Es nehmen drei Spieler teil, von denen einer, der Solospieler, gegen die beiden anderen spielt, wie noch erläutert werden wird.
Diese 32 Blätter bestehen aus vier Farben:

Kreuz	(Treff)	Herz	(Cœur)
Pik	(Schippen od. Schüppen)	Karo	(Eckstein)

zu je acht Karten:
As, Zehn, König, Dame, Bube, Neun, Acht, Sieben.

Die vier Farben rangieren ihrem Wert nach in der oberen Reihenfolge. Kreuz verkörpert also den höchsten Wert und Karo den niedrigsten. Die acht Blätter jeder Farbe haben folgende Zählwerte:

As	= 11 Augen	Bube (oder Junge)	= 2 Augen
Zehn	= 10 Augen	Neun	
König	= 4 Augen	Acht	= 0 Augen
Dame	= 3 Augen	Sieben	

Daraus ergibt sich, daß insgesamt 120 Augen im Spiel sind:

4 Asse	je 11 =	44 Augen
4 Zehnen	je 10 =	40 Augen
4 Könige	je 4 =	16 Augen
4 Damen	je 3 =	12 Augen
4 Buben	je 2 =	8 Augen
Summe	=	120 Augen

Demnach muß man bemüht sein, 61 Augen zu bekommen, um zu gewinnen. Mit 60 Augen hat man als Solospieler verloren.
Skat wird mit den vier Buben als Trümpfen gespielt, deren Reihenfolge durch die Farbwerte bestimmt wird, also: Kreuz-Bube, Pik-Bube, Herz-Bube und Karo-Bube. Der Kreuz-Bube heißt »der Älteste«; er stellt den höchsten Trumpf dar. Ihm folgt der Pik-Bube als »der Zweite«. Beide zusammen in einer Hand heißen »die beiden Ältesten«. Herz-Bube ist »der Dritte« und Karo-Bube »der Jüngste«. Eine der vier Farben kann nach dem Wunsch des Solospielers vor Beginn des Ausspielens zum Trumpf erklärt werden, so daß nach dem »Jüngsten« als weitere Trümpfe As, Zehn, König, Dame, Neun, Acht und Sieben gelten können. In jedem Spiel sind also normalerweise elf Trümpfe, die in ununterbrochener Reihenfolge vom Kreuz-Buben an *Spitzen* (od. *Matadore*)genannt werden.
Welche Bedeutung nun die Trümpfe haben und wie man sie im Spiel verwendet, zeigen wir am besten, während wir darstellen, wie das Skatspiel praktisch vor sich geht, denn erfahrungsgemäß wird sich ein Anfänger am leichtesten und raschesten mit den Skatregeln vertraut machen, wenn er sich sogleich mit erfahrenen Spielern an den Tisch setzt und zu spielen anfängt. Wir wollen darum versuchen, für das Spiel wesentliche Gesichtspunkte und Regeln aus dem Spielgeschehen heraus zu erklären.
Der Kartengeber wird durch das Los bestimmt, und zwar in der Form, daß alle drei Spieler je eine Karte ziehen; die Karte mit dem höchsten Wert bestimmt den Geber, die »Hinterhand«. Dieser mischt die Karten sorgfältig und schiebt dann den Pack dem rechts neben ihm Sitzenden, der sogenannten »Mittelhand«, zu, um ihn abheben zu lassen; das geschieht in der Weise, daß dieser nach Belieben einen Teil des verdeckt vor ihm liegenden Kartenstoßes neben die restlichen Karten legt, worauf der Kartengeber den unteren Teil des Stoßes auf den abgehobenen Teil legt. Das Abheben ist mehr eine symbolische, aber wichtige Handlung; mit ihr wird zum Ausdruck gebracht, daß alle Beteiligten das Spiel in völliger Fairneß durchzuführen bereit sind. Außerdem könnte es ja sein, daß jemand beim ersten Durchmischen der Karten die unterste Karte gesehen hat, und durch das Abheben wird dann vermieden, daß er aus dieser Kenntnis Vorteile zieht.
Jetzt kann das Geben der Karten erfolgen. Jedem Spieler werden reihum, bei dem links neben dem Geber Sitzenden (der »Vorhand«) beginnend, zehn Karten verdeckt gegeben, und zwar zunächst je drei. Nach der ersten Runde werden die nächsten zwei Karten verdeckt auf den Tisch gelegt; sie bilden den sogenannten *Skat.* Danach erhält jeder in derselben Reihenfolge noch einmal vier und zum Schluß drei Karten. Ebenfalls in der Richtung des Uhrzeigers geht nachher das Ausspielen und Bedienen vor sich.
Die Spieler nehmen schon während des Gebens die Karten in die Hand und ordnen sie fächerförmig nach ihren Farben und Zählwerten, um ein rasches Ausspielen zu ermöglichen und dabei Fehler tunlichst zu vermeiden. So steckt man z. B. die Jungen als Trümpfe zusammen, und

ebenfalls sollte man alle Karten der Trumpffarbe nach ihren Zählwerten zusammenstecken.
Jeder der drei Spieler ist im übrigen verpflichtet, nach beendetem Geben die auf ihn entfallenen Karten auf ihre Vollständigkeit hin zu prüfen. Sollte dem Geber ein Fehler unterlaufen sein, so sind alle verteilten Karten wieder einzusammeln (das Spiel ist »einzustoßen«) und von demselben Geber noch einmal zu geben.

Das Reizen

Den Auftakt des Spiels bildet das »Reizen«. Hier liegt für den Anfänger die erste Schwierigkeit. Das Reizen setzt nämlich voraus, daß er die Karten in seiner Hand nach ihrem Zählwert richtig beurteilen kann.
Das Reizen hat einmal den Sinn, die Spielwerte in den Händen der Spieler zu vergleichen und festzustellen, wer einen höheren Spielwert als die Mitspieler besitzt, wer also der Stärkste ist und als Alleinspieler gegen die beiden anderen antritt. Zum anderen wird durch das Reizen festgelegt, welche Spielart unter einer ganzen Reihe von Möglichkeiten gewählt werden soll. Wir wollen das gleich noch im einzelnen erklären. Entscheidend für den Spielwert des Blattes sind:
a. die vier Buben in der schon erwähnten Wertfolge: Kreuz, Pik, Herz, Karo,
b. der Wert der vier als Trümpfe möglichen Farben. Für sie sind folgende Grundwerte bestimmt:

1. Kreuz = 12 2. Pik = 11 3. Herz = 10 4. Karo = 9

Was jetzt über die Bestimmung der Zählwerte gesagt werden muß, wird sich der Anfänger mit Hilfe der Karten so lange einzuprägen haben, bis er den Sinn es Reizens völlig begriffen hat.
Haben Sie beispielsweise alle vier Buben in der Hand, so spielen Sie »mit vieren«. Ohne die vier Buben spielen Sie »ohne vier«. Mit den beiden »Ältesten«, also Kreuz-Bube und Pik-Bube, allein spielt man »mit zweien«. Fehlt einem aber der »Älteste«, so spielt man, auch wenn man die drei anderen Buben besitzt, nicht etwa »mit dreien«, sondern »ohne einen«. Dies ist eine besonders wichtige Grundregel des Reizens. Die folgende Zusammenstellung soll dem Anfänger das Verständnis ein wenig erleichtern:

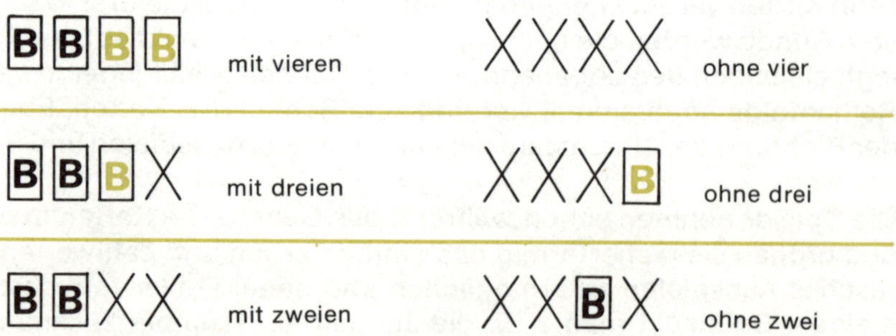

B B X B	mit zweien	X X B B	ohne zwei
B X B X	mit einem	X B B B	ohne einen
B X B B	mit einem	X B B X	ohne einen
B X X B	mit einem	X B X B	ohne einen
B X X X	mit einem	X B X X	ohne einen

Die Zahl der in einer Hand vorhandenen oder auch nicht vorhandenen Spitzen wird beim Reizen grundsätzlich um die einfache Gewinnstufe erhöht. Greifen wir dafür zwei Beispiele aus unserer Tabelle heraus:
1. Hat ein Spieler Kreuz-Buben, Pik-Buben und Karo-Buben (es fehlt also Herz-Bube), so rechnet er: »mit zweien, gespielt drei«. Drei multipliziert der Reizende nun mit der Farbe, die er als Trumpffarbe wählen möchte, etwa Kreuz = 12, so daß er 3 mal 12 = 36 rechnen muß.
2. Wenn ein Spieler Pik-Buben, Herz-Buben und Karo-Buben besitzt (es fehlt demnach Kreuz-Bube), so rechnet er: »ohne einen (nämlich ohne den Kreuz-Buben), gespielt zwei«. In diesem Falle wird also zwei mit der Farbe multipliziert, die der Reizende zur Trumpffarbe wählen möchte, etwa Pik. Die Rechnung sieht dann folgendermaßen aus: Pik = 11; 11mal 2 = 22.
Das *Reizen* beginnt im allgemeinen mit dem geringsten Spielwert, also: mit einem oder ohne einen, gespielt zwei, mal Karo, der geringsten Farbe, = 9 mal 2 = 18. Der Grund für diese im Anfang niedrige Bewertung des eigenen Spiels liegt in dem Bemühen jedes Spielers, den Gegner über seine wirkliche Stärke (oder Schwäche) vorerst noch im unklaren zu lassen. Außerdem darf man sich nicht »überreizen«, d. h. man muß vermeiden, daß am Schluß das eigene Blatt nicht den Wert erreicht, den man gereizt hat. Darum also ist Vorsicht geboten! Man sollte auch bei sehr günstigem Blatt mit 18 als dem geringsten Spielwert beginnen und dabei beobachten, wie weit sich der Gegner aufgrund seiner Karten vorwagt. Man kann danach immer noch höher gehen, sofern das die eigenen Karten gestatten.
Bei Beginn des Spiels wird Vorhand von Mittelhand so lange gereizt, bis einer der beiden mit den Worten »ich passe« zum Ausdruck bringt, daß er nicht mehr mithalten kann. Aus unserer Aufstellung ist zu ersehen, wie dieses Reizen praktisch vor sich geht. »Mit zweien, gespielt drei« zum

Beispiel bedeutet in Zahlen übersetzt, daß drei mit der Farbe multipliziert wird, die der Reizende als Trumpffarbe zu nehmen gedenkt, etwa Pik. Pik hat den Grundwert 11; 3 mal 11 = 33. Bis hierhin kann der Reizende »mit zweien« gehen. Jedes Spiel kann durch das dem Werte nach höhere Spiel überboten (abgereizt) werden.
Wenn zwei Spieler ein gleichwertiges Spiel haben, hat die vorhergehende Hand das Vorrecht. Hat schließlich Vorhand oder Mittelhand gepaßt, so liegt es bei Hinterhand, den übriggebliebenen Spieler so lange weiterzureizen, bis auch dieser paßt. Übrig bleibt der Spieler, der die höchsten Zählwerte in Händen hat. Er ist Alleinspieler und hat das Recht zu erklären, was für ein Spiel er spielen will, z. B. »aus der Hand«. Was man darunter versteht, werden wir noch sehen. Der Alleinspieler muß ein gleichwertiges oder ein Spiel von höherem Punktwert melden, gleichgültig, ob er den »Skat« aufnimmt oder ein Handspiel wählt. Unter den in unserer Graphik auf S.388/89 jeweils rechts neben den Kartensymbolen aufgeführten »Fällen« versteht man die Zahl, mit der die Grundwerte multipliziert werden, damit man den Wert des Spiels erhält. Beim Spiel »mit dreien, gespielt vier« ist es 4, beim Spiel »ohne einen, gespielt zwei« ist es 2 usw. Theoretisch ist es denkbar, daß jemand sehr hoch reizen kann. Wir werden das im folgenden sehen, wenn wir uns mit den sogenannten Gewinnstufen beschäftigen. Auch die eben schon verwendeten »Fachausdrücke« wie etwa »Skat aufnehmen« und »Handspiel« müssen jetzt erklärt werden.

Guckispiele und Handspiele

Das Skatspiel gliedert sich zunächst einmal in zwei Klassen oder Gruppen, und zwar in die
a. *Guckispiele,* das sind solche, bei denen der Solospieler die beiden verdeckt abseits liegenden Karten des »Skat« aufnimmt und sie seinen eigenen Karten beifügt. Er muß dafür zwei ihm unbequeme Karten ablegen. Bei den Guckispielen unterscheidet man drei Gewinnstufen:
1. Spiel einfach gewonnen oder verloren,
2. Spiel mit Schneider gewonnen oder verloren,
3. Spiel mit Schwarz gewonnen oder verloren.
Einfach gewonnen ist das Spiel, wenn der Alleinspieler 61 Augen oder mehr erreichte.
Schneider ist die Partei, die nur 30 oder weniger Augen erzielte. Wer »aus dem Schneider« sein will, muß ein Auge mehr haben als ein Viertel aller 120 Augen.
Schwarz ist derjenige, der keinen einzigen Stich erzielte. Ein Stich ohne Augen zählt Schneider. Wenn der Solospieler keinen Stich erzielen konnte, so zählt auch der Skat nicht.
Der Nachteil beim Guckispiel liegt darin, daß verlorene Spiele nach doppelten Punkten bezahlt werden müssen und die zwei Karten des Skat das geplante Spiel unter Umständen unmöglich machen können.

b. *Handspiele,* bei denen der Solospieler darauf verzichtet, den Skat aufzunehmen. Da der Skat grundsätzlich dem Solospieler gehört, bleibt er bei einem Handspiel unangetastet auf dem Tisch liegen. Er ist jedoch auch weiterhin sein Besitz, und wenn er sich auch während des Spielverlaufs nicht davon überzeugen darf, welche Karten im Skat liegen, so darf er am Schluß doch den Augenwert der Karten seinem Spiel zuzählen. Bei den Handspielen kennt man *sieben Gewinnstufen,* deren Reihenfolge unveränderlich ist. Wählt man nicht die erste, sondern eine höhere, so werden die vorausgehenden eingeschlossen. Das ist wichtig für die Errechnung der Spielwerte.
Die sieben Gewinnstufen sind:

1. Spiel aus der Hand (der Skat bleibt unberührt),
2. Spiel einfach gewonnen (oder verloren),
3. Spiel mit Schneider gewonnen (oder verloren),
4. Spiel mit Schneider angesagt gewonnen (oder verloren),
5. Spiel mit Schwarz gewonnen (oder verloren),
6. Spiel mit Schwarz angesagt gewonnen (oder verloren),
7. Spiel offen (d. h. mit offen aufgelegten Karten) gewonnen (oder verloren).

Das Ansagen von Schneider und Schwarz ist demnach nur bei Handspielen möglich. Wir wollen noch einmal wiederholen, daß man unter Schneider die Partei versteht, die nur 30 oder weniger Augen erzielt, unter Schwarz, wer überhaupt keinen Stich machen konnte. Ein Stich ohne Augen zählt nur Schneider.
Für den Alleinspieler ist wichtig, daß auch der Skat nicht zählt, wenn er keinen Stich erhalten konnte.
Der Alleinspieler muß sich sehr genau über seine Spielstärke und seine Möglichkeiten klar sein, bevor er die *Gewinnstufe* ansagt, denn wenn er diese dann nicht erreicht, ist das Spiel für ihn verloren, und zwar mit Pauken und Trompeten, denn er muß soviel an jeden Mitspieler zahlen, wie er im Falle des Gewinnens für das Spiel erhalten hätte. Schneider und Schwarz kann man nur *vor* Beginn des Spiels ansagen, also nicht, wenn schon ausgespielt worden ist. Diese Einschränkung ist nötig, weil bereits aus der ersten auf den Tisch kommenden Karte wichtige Rückschlüsse auf Stärke oder Schwäche des Gegners gezogen werden können.
Eine Bemerkung erfordert noch die 7. Gewinnstufe der Handspiele, bei der vom Spieler durch Offenlegen seiner Karten zum Ausdruck gebracht wird, daß ihm kein Stich verlorengehen kann (oder vielmehr darf). In diesem Fall des »offenen Spiels« müssen seine Karten so gut sein, daß die gegnerische Partei ihm keinen Stich wegnehmen kann, obwohl sie ja nun die Karten des Alleinspielers vor sich liegen hat und ihre Spielweise ganz darauf einstellen kann. Das Offenlegen muß übrigens *vor dem ersten Ausspielen* erfolgen. (Die noch vielfach angewandte Spielweise, nach der erst ausgespielt wird und dann die Karten des Alleinspielers offengelegt werden, entspricht heute nicht mehr der »Neuen Deutschen Skatordnung«.)

Grand- und Null-Spiele

Wir führten weiter oben die *Grundwerte* der vier Farben auf. Diese Skala von 9 bis 12 erweitert sich noch etwas bei einigen Spielweisen, die jetzt sicher vom Anfänger schon verstanden werden können, nachdem wir über die verschiedenen Gucki- und Handspiele gesprochen haben. Wir meinen die *Grand-Spiele* und die *Null-Spiele.* Es gehört allerdings schon einige Übung dazu, wenn man beurteilen will, ob man ein Grand- oder Null-Spiel riskieren kann. Beide haben feststehende Grund- oder Spielwerte. Der Grundwert eines Grand (Großspiels) beträgt 24 und der eines Grand ouvert (Großspiels offen), der Krone aller Wertspiele, sogar 36. Die Skala der Grundwerte sieht demnach wie folgt aus:

Grand ouvert	= 36	Kreuz	= 12	Herz	= 10
Grand	= 24	Pik	= 11	Karo	= 9

Die Grand-Spiele kennen keine anderen Trümpfe als die Buben.

Im Gegensatz zu den Grand-Spielen spricht man bei den Null-Spielen nicht von Grund-, sondern nur von Spielwerten. Die Null-Spiele beruhen auf einer Umkehrung des normalen Spielziels: Während man sonst beim Skat bemüht ist, möglichst viele Punkte zu sammeln, stellen Null-Spiele für den Solospieler die Verpflichtung dar, keinerlei Gewinne zu erzielen. Da bei den Null-Spielen nicht die Grundwerte, sondern die Stiche zählen, lautet also das Spielprinzip, daß der Solospieler keinen einzigen Stich erhalten darf, wenn er gewinnen will. Mit den Spielwerten werden entsprechend den vorher festzulegenden Spielregeln Pfennige oder Bruchteile von ihnen (Viertelpfennige, Zehntelpfennige usw.) ausgedrückt. Diese sogenannten »Wertpunkte« liegen ein für allemal fest, und zwar für

Null	= 23	Null ouvert	= 46
Null Hand	= 35	Null ouvert Hand	= 59

Die Null-Spiele haben überhaupt keine Trümpfe, selbst die Buben gelten nur als Farbe. Außerdem rangiert bei den Null-Spielen die Zehn zwischen der Neun und dem Buben. Die Reihenfolge ist also: As, König, Dame, Bube, Zehn, Neun, Acht, Sieben.

Zu den offenen Spielen gehören auch die *offenen Farbspiele,* die in Skaterkreisen noch immer nicht allgemein bekannt sind. Sie stellen eine nuancenreiche Erweiterung und Verfeinerung des Skatspiels dar. Der 14. Deutsche Skatkongreß 1937 hat sie denn auch offiziell anerkannt. Man geht bei ihnen von der Überlegung aus, daß man ebenso wie Grand ouvert, Null ouvert und Null ouvert Hand auch ein Farbspiel »offen« spielen kann. Die Voraussetzungen für ein offenes Farbspiel sind allerdings nur in seltenen Fällen gegeben. Wenn ein Spieler zum Beispiel außer den vier Buben noch Kreuz-Dame, Kreuz-Neun und Kreuz-Acht, ferner Pik-As, Pik-Zehn und Pik-König besitzt, kann ihm ein »offenes Kreuzhandspiel« in Vorhand nicht schiefgehen. Als eine weitere Spielart sei in diesem Zusammenhang *das Kontrieren* erwähnt, mit dem die Chancen, aber auch die Gefahren des Spiels noch gesteigert werden können. Ein *Kontra* bietet eine Partei vor Beginn des Spiels an, wenn sie glaubt, daß der Gegner zu schlechte Karten hat, als daß er gewinnen könnte. Ein Kontra – auch »gespritztes Spiel« genannt – erhöht den Punktwert auf das *Doppelte,* wenn der Herausfordernde gewinnt; verloren gilt dagegen *vierfach.* Wenn der Alleinspieler der Überzeugung ist, daß er trotz des gebotenen Kontra gewinnen kann, so darf er *Rekontra* oder *Re* bieten, also *zurückdoppeln,* wie die Skater sagen. Das kann sehr einträglich sein, denn es bringt im Falle des Gewinnens das *Vierfache* des normalen Spielwertes; geht es allerdings verloren, so bringt es ihm mit dem *Achtfachen* eine arge Belastung seines Kontos.
Schließlich kann das zurückgedoppelte Spiel von der Gegenpartei noch *überdoppelt* werden; man nennt das »Supra bieten«. Das überdoppelt gewonnene Spiel bringt *achtfachen* Gewinn, das verlorene zählt sogar *sechzehnfach.*
Nach diesen grundsätzlichen Darlegungen schwirrt dem Leser, der uns bisher aufmerksam gefolgt ist oder es wenigstens versucht hat, der Kopf von all den Spezialausdrücken, Spielwerten, Zählwerten und sonstigen für ihn neuen Begriffen. Aber das wird sich sehr schnell geben, wenn wir uns jetzt mit einigen praktischen Beispielen für die Spielwertberechnung beschäftigen. Wir werden hierbei allmählich vom Leichteren zum Schwereren kommen:
1. Sie haben den Kreuz-Buben und den Pik-Buben sowie von der Herz-Farbe As, Zehn, Dame, Neun und Acht. Sie haben Vorhand, und Mittelhand fordert Sie zum Reizen auf. Sie erinnern sich: Der Wert eines Spiels ergibt sich in der Regel aus dem Grundwert, den Trümpfen (den sogenannten »Spritzen«) und den Gewinnstufen. Der Grundwert ist im vorliegenden Fall, wenn Sie Herz spielen, 10. Mit Kreuz-Bube und Pik-Bube besitzen Sie die beiden Ältesten. Wenn Sie nun den Entschluß fassen, die Rolle des Alleinspielers zu übernehmen und den Skat aufzunehmen, wird dies ein Guckispiel mit Herz und »mit zweien«, zu denen noch die einfache Gewinnstufe – »gespielt drei« – hinzukommt. Man reizt bis zu 30 (3 mal 10). Es sei in diesem Zusammenhang noch einmal gesagt, daß man selbstverständlich nicht gleich »30« sagt, sondern vorsichtig mit 18 beginnt.

2. Sie haben den Herz-Buben und den Karo-Buben, und unter Ihren übrigen Karten befinden sich vorwiegend solche der Karo-Farbe, darunter As und Zehn. Sie spielen also »ohne zwei« (ohne Kreuz-Bube und Pik-Bube), werden aber im Hinblick auf die sehr gut vertretene Karo-Farbe gern den Alleingang wagen und Karo zur Trumpffarbe bestimmen wollen. Reizen können Sie normalerweise nur bis 27 (»ohne zwei, gespielt drei« mal 9). Dürfen Sie aber Schneider erwarten, so können Sie, statt mit einer, mit zwei Gewinnstufen rechnen, und das gibt einen Reizwert von 36 (»zwei, gespielt vier« mal 9). Will man das Spiel mit »Schneider« spielen, so muß man sich natürlich darüber klar sein, daß man am Ende mehr als 90 Augen haben muß.

3. Sie besitzen den Kreuz-Buben, den Pik-Buben und den Herz-Buben, und auch der Stand einer Farbe ist recht günstig. Daraufhin werden Sie mutig und entschließen sich zu einem Grand; außerdem sagen Sie Schneider an. Den Skat lassen Sie unangetastet. Es handelt sich also um einen Grand aus der Hand mit dreien, Schneider angesagt. Sie spielen demnach: Grand (Grundwert 24) mit dreien und 4 Gewinnstufen, also »gespielt 7« (»Schneider angesagt« ist die 4. Gewinnstufe).

Sie können also reizen bis 168 (Grundwert 24 mal 7). Das geschieht in der Praxis natürlich nicht, sondern Sie erklären einfach, daß Sie »Grand, Schneider angesagt« spielen wollen, und Sie müssen nun sehen, wie Sie diese 168 Wertpunkte hereinholen.

4. Das Pech will es, daß Sie überhaupt keinen Buben bekommen haben. Sie besitzen aber eine »lange Farbe« in Kreuz mit den Karten Zehn, König, Dame, Neun, Acht, Sieben. Darum wollen Sie auch ohne die wichtigsten Spitzen (oder »Matadore«) den Alleingang wagen. Da Ihnen auch das Kreuz-As (eine weitere Spitze beim Kreuz-Spiel) fehlt, spielen Sie »ohne fünf« und mit 1 Gewinnstufe (»einfach gewonnen oder verloren«) = 6mal 12 = 72. Die Spielwertberechnung nach dem Spiel geht nach denselben Regeln vor sich.

5. Sie haben ein Guckispiel mit Kreuz und mit dem Herz-Buben und dem Karo-Buben einfach gespielt und verloren. Sie spielten es also »ohne zwei, gespielt drei« mal 12 = 36. Da verlorene Guckispiele nach doppelten Punkten bezahlt werden müssen, ergibt sich ein Spielwert von 72 Punkten.

6. Ein Handspiel Grand mit Pik-, Herz- und Karo-Buben, mit Schneider angesagt, haben Sie verloren. Sie spielten also: ohne einen, gespielt vier (»Schneider angesagt« ist die Gewinnstufe 4) mal 24 (Grundwert für Grand) = 96 verlorene Wertpunkte.
7. Mit Kreuz- und Pik-Buben, also »mit zweien«, riskierten Sie ein Guckispiel Grand mit »Schneider« und verloren. Sie spielten demnach »mit zweien, gespielt vier« (Schneider ist beim Guckispiel die Gewinnstufe 2) mal 24 (Grundwert für Grand) = 96. Da verlorene Guckispiele nach doppelten Punkten berechnet werden, haben Sie mit 192 Punkten verloren.

Zum Spielverlauf

In unserer Beschreibung des Spielverlaufs waren wir bis zum Reizen gekommen. Durch dieses Verfahren war der Spieler mit dem relativ höchsten Spielwert in der Hand als Solospieler bestimmt worden, und die beiden anderen hatten sich als Partner gefunden. Nachdem nunmehr der Solospieler auch erklärt hat, was für ein Spiel er spielen will, beginnt »Vorhand« mit dem Ausspielen (er »zieht an«, wie es in der Skatsprache heißt). Er kann dafür eine Karte ganz nach seinem Belieben wählen.
Die beiden anderen Spieler müssen jetzt bedienen. Grundsatz ist, daß Farbe bedient werden muß. Um es an einem Beispiel zu verdeutlichen: Spielt Vorhand in einem Spiel, in dem Pik Trumpf ist, als erste eine Karo-Karte aus, so müssen Mittelhand und Hinterhand mit Karo bedienen, wenn sie Karten der Karo-Farbe besitzen. Desgleichen muß mit Trumpf bedient werden, wenn Trumpf ausgespielt wird. Lediglich in den Fällen, in denen nicht bedient werden kann, dürfen Mittelhand und Hinterhand entweder Trumpf zugeben (»stechen«) oder ein Blatt einer anderen Farbe abwerfen (»brocken«, »wimmeln«).
Es ist klar, daß derjenige den Stich erhält, dessen Karte unter den ausgespielten Farben oder Trümpfen den höchsten Wert hat. Er nimmt die drei Karten an sich, legt sie verdeckt auf den Tisch und spielt zum nächsten Stich aus. Wenn alle zehn Stiche gespielt sind, obliegt es dem Alleinspieler festzustellen, ob er die Augenzahl erreicht hat, die dem von ihm angesagten Spiel entspricht. Er muß mindestens 61 Augen haben, um überhaupt gewinnen zu können.
Normalerweise muß ein Spiel zu Ende gespielt werden. Es gibt allerdings Ausnahmen, die man als »abgekürzte Spiele« bezeichnet. Das sind einmal die Fälle, in denen der Alleinspieler bereits bei der Prüfung der ihm zugeteilten Karten oder nach dem ersten Stich feststellt, daß für ihn das Spiel aussichtslos ist. Er legt dann seine Karten auf den Tisch und gibt damit sein Spiel verloren; man nennt das: »Er streckt oder legt sich.« Ein späteres Aufgeben ist nur mit Zustimmung der beiden Gegenspieler möglich, die natürlich zunächst untersuchen werden, ob sie ihren Gegner nicht in eine noch ungünstigere Punkteposition bringen können, indem sie ihn Schneider oder gar Schwarz machen. Das schon vor dem Ausspielen oder nach dem ersten Stich abgebrochene Spiel gilt als mindestens dem Reizwert entsprechend verloren.

Gewinn-und-Verlust-Rechnung

Beim Skat ist es nicht üblich, jedes einzelne Spiel bar auszuzahlen. Vielmehr pflegt man das Ergebnis eines jeden Spiels aufzuschreiben, und zwar getrennt für die drei Spieler. Die Buchführung übernimmt einer der drei Spieler oder der »vierte Mann« (auf den wir noch zu sprechen kommen). Die Buchführung sieht so aus, daß alle gewonnenen und verlorenen Spiele in eine Spielliste eingetragen werden, in der jeder Teilnehmer eine Rubrik erhält. Die gewonnenen Punkte werden in der Spalte des Gewinns addiert, die verlorenen subtrahiert. Der Stand der Teilnehmer zueinander ist auf diese Weise jederzeit einzusehen. Nach Beendigung der Partie werden Gewinn und Verlust durch Vergleichsrechnung ermittelt. Wir machen uns das am besten an einem Beispiel klar:

A	B	C
+482	– 212	+296
+694 +186	– 694 – 508	–186 +508
+880	–1202	+322

Die Erklärung: A hat sowohl von B als auch von C 482 Punkte gewonnen. Da B sowohl an A als auch an C 212 Punkte verloren hat, erhöht sich bei B der an A zu zahlende Betrag um 212 auf 694. C hat sowohl von A als auch von B 296 gewonnen. Bei der Gegenrechnung von Guthaben und Schuld zwischen A und C ergibt sich, daß C noch 186 an A zu zahlen hat, während die gleiche Rechnung zwischen B und C eine Schuld von B in Höhe von 508 (296 + 212) ergibt. Der einzige Verlierer war also B mit -1202, während A 880 und C 322 gewonnen haben. Da die richtige »Buchführung« beim Skat entscheidend dafür ist, daß man ohne Ärger und Mißverständnisse auseinandergeht, wollen wir das obige Beispiel noch einmal anders erklären:

Die erste Querreihe enthält die Plus- und Minuswerte der drei Teilnehmer nach beendeter Partie (sie wurden vorher nach jeder Runde auf einem anderen Zettel einzeln notiert). A hat gegenüber B einen Vorteil von 694 Punkten, die unter dem ersten Strich notiert werden. Diese 694 Punkte erscheinen in derselben Querreihe bei B als Minuspunkte. C bringt es im Vergleich mit den 482 Pluspunkten von A und seinen eigenen 296 Pluspunkten auf 186 Minuspunkte, die in der Querreihe bei A als Pluspunkte erscheinen. Bei der Aufrechnung der 212 Minuspunkte von B und der 296 Pluspunkte von C kommt C auf 508 Pluspunkte, die in der dritten Querreihe bei B als Minus-, bei C als Pluspunkte erscheinen. Die Aufrechnung der zweiten und der dritten Querreihe erscheint schließlich in der vierten Querreihe. Aus ihr ergibt sich, daß A und C gewonnen haben, während B mit -1202 verloren hat. Wird beispielsweise um Zehntelpfennige gespielt, so wären das für A DM 0,88 und für C DM 0,32 Gewinn, während B einen Verlust von DM 1,20 zu verzeichnen hätte.

Wir wollen hier noch erwähnen, daß beim Skat auch vier Spieler teilnehmen können. Der vierte Mann – man wechselt auch hier reihum wie beim Kartengeben – erhält jedoch keine Karten, sondern »sitzt« nur; er ist wie die beiden anderen Gegenspieler des Alleinspielers am Gewinn und Verlust beteiligt. Und sogar fünf Spieler können teilnehmen. In diesem Falle »sitzen« der Kartengeber und der vorletzte Spieler; Karten bekommen also die ersten beiden Spieler und der letzte. Die Aufrechnung sieht am Schluß so aus, wie das nachfolgende Beispiel zeigt:

A	B	C	D
+ 84	− 24	+112	−134
+108	−108	+ 28	−218
− 28	−136	+136	−110
+218	+110	+246	−246
+298	−134	+410	−574

Eine besondere Erklärung ist an und für sich für das Verständnis dieser Tabelle nicht erforderlich, wenn man sich vor Augen hält, daß jeder der vier Spieler mit jedem anderen abrechnen muß.

Einige Grundregeln

Nachfolgend fassen wir in bunter Zusammenstellung eine Reihe von Skatregeln zusammen, die keinen Anspruch auf Vollständigkeit erheben, sondern nur dem Anfänger wichtige Fingerzeige vermitteln sollen:

1. Übe dich von Anfang an darin, die Augen deiner eigenen Stiche und auch die der Gegner zu zählen.

2. Laß vor allem die Trümpfe nicht aus den Augen, damit du stets eine Übersicht über die Karten hast und weißt, wie du dein Spiel weiter anlegen mußt, um es zu gewinnen.

3. Ein alter Grundsatz beim Skatspielen lautet: »Kurzer Weg, lange Farbe; langer Weg, kurze Farbe!« Was damit gemeint ist, geht aus folgendem Anspielprinzip hervor:

Sitzt der Alleinspieler in Mittelhand, so sollte Vorhand bestrebt sein, eine lange Farbe anzuspielen, d. h. eine Farbe, die in seiner Hand durch mindestens drei, besser fünf Karten vertreten ist. Auf diese Weise kann man den Alleinspieler dazu zwingen, entweder Trümpfe zu ungelegener Zeit zu »verstechen« oder aber zu bedienen und dabei Gefahr zu laufen, daß er den Stich nicht bekommt, weil Hinterhand die Farbe möglicherweise nicht besitzt und nun mit Trumpf sticht. Wenn der Alleinspieler dagegen in Hinterhand sitzt, sollte der Gegner in Vorhand seinem Partner in Mittelhand die »kürzeste Farbe«, die er hat, anspielen.

4. Das A und O für den Alleinspieler muß es sein, die Gegner in den Trümpfen zu schwächen. Das geschieht am besten dadurch, daß er unentwegt Trumpf von ihnen fordert, indem er Trumpf ausspielt. Bleiben bei ihm die Trümpfe aus und begnügt er sich statt dessen mit seinen Farben, so dürfen die Gegner daraus schließen, daß er nur wenige Trümpfe besitzt; es ist dann für sie vorteilhaft, Trümpfe zu spielen, um ihn noch rascher zu schwächen.

5. Wenn der Alleinspieler das As und den König einer Farbe besitzt, so kann er eine ihm vorgespielte niedrigere Karte derselben Farbe entweder mit dem As oder mit dem König nehmen. Benutzt er dafür den König, so »schneidet« er; spielt er nun das As nach und holt dadurch auch die blank gewordene Zehn derselben Farbe vom Gegner, so sagt man: Der Schnitt ist gelungen. Bevor man sich zum Schneiden entschließt, sollte man sich jedoch darüber klar werden, ob man das Spiel auf jeden Fall »einfach« gewinnt. Bei unsicherem Spiel und obendrein womöglich in Hinterhand ist indessen größte Vorsicht geboten. Man sollte in einem solchen Fall erst schneiden, wenn nur dadurch das Spiel gewonnen werden kann und wenn die gegnerische Partei über keine Trümpfe mehr verfügt, mit deren Hilfe das As weggestochen werden könnte. Und die beiden Gegner werden von der Möglichkeit des Schneidens nur im Rahmen eines Handspiels Gebrauch machen, denn im Guckispiel wird der Alleinspieler selten mit einer nur einfach »besetzten« Zehn spielen, weil ihm diese leicht nachteilig werden kann; er wird sie daher lieber von Anfang an in den Skat legen.

6. Noch ein Wort zur Behandlung des Skat. Wir wissen, daß er vom Alleinspieler nur bei Guckispielen aufgenommen werden kann und daß dieser dafür zwei ihm nicht genehme Karten weglegen muß. Unbequeme Karten sind solche, mit deren Hilfe man kaum einen Stich einbringen kann, vor allem also »blanke« Zehnen und niedrigere Karten einer Farbe, von denen nur einzelne oder ganz wenige vorhanden sind. Man nennt sie *Fehlfarben.* Legt man diese im Skat ab, so hat man im Spielverlauf Aussicht, die vom Gegner ausgespielten höheren Karten dieser Farben schon mit kleinen Trümpfen wegstechen zu können.

Beim Ablegen können aber auch andere Überlegungen eine Rolle spielen. Hat man z. B. von einer Farbe das As und die Zehn, ohne sonstige geeignete Karten in den Skat legen zu können, so wählt man zum Ablegen zweckmäßigerweise das As, weil man dadurch ein Auge mehr für sich rettet, falls der Gegner diese Farbe stechen sollte.

7. Bei Grand-Spielen sollten die hohen Karten solange wie möglich in der Hand behalten werden, damit um so sicherer Stiche mit hoher Augenzahl gemacht werden können.

8. Einen Grand »ohne vier« kann man eigentlich nur riskieren, wenn man alle vier Asse und dazu mindestens zwei Zehnen besitzt.

9. Für den Alleinspieler ist es ziemlich gefährlich, Mittelhand zu sein, weil in dieser Situation das Spielgeschehen von der Gegenpartei diktiert wird.

10. Wenn bei Spielbeginn keiner der drei Spieler ein brauchbares Blatt in der Hand hat und wenn aus diesem Grund nicht einmal »18« geboten wird, so wird *Ramsch* gespielt. Darunter versteht man eine Spielweise, bei der jeder der drei Mitspieler für sich allein spielt und gar keinen Wert

darauf legt, die meisten Augen zu erhalten, denn mit den meisten Augen verliert man. Nur die vier Buben sind beim Ramsch Trümpfe; der Ramsch gleicht also in verschiedener Hinsicht dem Grand. Die geheime Absicht, damit denjenigen zu bestrafen, der zwar mit guten Karten ausgestattet war, aber trotzdem »paßte« oder »mauerte«, wie der Spezialausdruck für diese Art von Drückebergerei heißt, wird rasch erkennbar, denn der Man mit den guten Karten wird beim Ramsch unvermeidlich eine Anzahl Stiche bekommen und damit voraussichtlich verlieren. Er muß dann an jeden der Gegner den Spielwert des Ramsches entrichten. Wenn ein Spieler *Jungfer* geblieben ist, also beim Ramsch überhaupt keinen Stich erhalten hat, so verdoppelt sich der Wert des Ramsch-Spiels; bei zwei Spielern ohne Stich vervierfacht er sich, wenn man nicht von vornherein die Abmachung getroffen hat, daß der Spieler, der sämtliche Augen des Spiels gewinnt – 120 an der Zahl –, als Sieger des sogenannten »Durchmarsches« gilt und die 120 Punkte gutgeschrieben erhält.
Beim einfachen Ramsch beträgt der unveränderliche Spielwert 10. Er erhöht sich bei einer »Jungfer« auf 15, bei zwei Jungfern« auf 20 Verlustpunkte für den Verlierer. Der Skat bleibt verdeckt liegen; seine Augen werden also nicht mitgezählt. Sollten zwei Spieler gleich hohe Augenzahlen erreichen, die höher liegen als die des dritten, so trägt jeder von ihnen die Hälfte des Verlustes, insgesamt also den Wert von 10 Punkten. Wenn alle drei Mitspieler am Ende die gleiche Augenzahl erreicht haben, ist das Spiel unentschieden ausgegangen.

Varianten beim Skat

Über den Ramsch, der auch bereits außerhalb der Regeln der Neuen Deutschen Skatordnung liegt, haben wir soeben gesprochen. Eine Skatvariante ist:

Schieberamsch ③ 930

Eine beliebte Form des Ramsches ist der Schieberamsch. Sein Name erklärt sich daraus, daß die Spieler unbequeme Karten »schieben«. Das geht wie folgt vor sich: Vorhand nimmt den Skat auf und schiebt zwei unbequeme Karten verdeckt (»blind«) an Mittelhand; Mittelhand verfährt ebenso mit Hinterhand, und dieser »drückt« dann endgültig, d.h. er muß zwei ihm unbequeme Karten ablegen. Nach diesem Vorspiel wird nach den Regeln des Augenramsches gespielt, und der Skat wird dem letzten Stich zugeschlagen. Schieberamsch ist also nichts anderes als ein variierter Augenramsch. Verlierer ist der Spieler, der eine vorher festgesetzte Punktezahl überschreitet (200, 300, 400 usw.).
Ob der einfache, der Augen- oder der Schieberamsch gespielt werden soll, muß vorher vereinbart werden.

1 Kartenspiel

Die Spitze ③ 931

Sie ist eine vergnügliche Umkehrung des Grand-Spiels: Die Augenwerte der Karten bleiben zwar unverändert, aber ihre Rangordnung ist umge-

1 Kartenspiel

kehrt. Man wird das sofort verstehen, wenn zur Erklärung gesagt wird, daß in den Farben die Sieben den höchsten und das As den geringsten Stichwert haben. Der Karo-Bube sticht alle übrigen, von denen der Kreuz-Bube der geringste ist. In dieser verkehrten Welt finden sich erfahrungsgemäß passionierte Skatspieler viel schwerer zurecht als weniger geübte, weil die alten Routiniers an die traditionellen Werte der Karten gewöhnt sind und dadurch viele Fehler machen. Beim »Spitzen«-Spiel geht es darum oft sehr laut und fröhlich zu.

Das Spiel mit den Schäfchen ◕ ③ 932

1 Kartenspiel Unter den »Schäfchen« versteht man Extravergütungen für denjenigen Spieler, der alle Buben besitzt. Es ist dabei gleichgültig, ob er Alleinspieler ist oder nicht. Die Prämien werden je Bube und Spiel mit zehn Punkten angerechnet und sind von den beiden anderen Spielern an den Besitzer der Buben zu zahlen. Geht das Spiel mit den Schäfchen verloren, so sind sie von dem Schäfchen-Spieler an jeden gegnerischen Spieler auszuzahlen, in keinem Falle jedoch doppelt. Bei vergebenen Karten oder wenn eingepaßt wurde, besteht kein Anspruch auf Bezahlung. Im allgemeinen wird bei der Abrechnung so verfahren, daß die Schäfchen zum Spielpreis hinzugerechnet und auch beim Spielen ohne Spitzen dem Alleinspieler mitbezahlt werden. Dieser verrechnet sie dann bei Bezahlung des Spielpreises durch den Besitzer der Schäfchen.

Pinke ◕ ③ 933

1 Kartenspiel Dabei handelt es sich um eine Spielweise, die ihren Namen der Spielpraxis verdankt: Es geht um die Pinke, um die Kasse, in die jeder Kartengeber einen vorher festgelegten Betrag einzahlt und die dem Gewinner des nächsten Grand zufällt. Wenn jedoch der Grand verlorengeht, muß der Verlierer den Kasseninhalt verdoppeln.

Revolution ◕ ③ 934

1 Kartenspiel Ein Null-Hand-Spiel, bei dem der Skat liegen bleiben muß, heißt Revolution. Das Besondere dieser Spielweise ist darin zu sehen, daß die beiden Spieler der Gegenpartei eine engere Gemeinschaft halten als sonst; sie dürfen nämlich ihre Karten untereinander austauschen. Auch hier spielt, wie bei allen anderen Arten und Abarten des Skatspiels, die Vorhand aus. Ein gewonnenes oder verlorenes »Revolutions-Spiel« wird mit stolzen 92 Punkten bewertet.

Flieger Nr. 895 (S. 350) ▶

1 2 3 4 5 6 7 8 9 10
A B C D E F G H I K

Das deutsche Tarockspiel (Bayrisch-Tarock) ◐ ③ 935

1 Kartenspiel

Das deutsche Tarockspiel wird oft auch als Bayrisch-Tarock bezeichnet, und zwar zu Recht, denn es wird vorwiegend am Alpenrand gespielt, dort sogar mehr als Skat.
Zur Verwendung kommt ein normales Kartenspiel, allerdings erweitert um die Sechsen, so daß mit 36 Karten gespielt wird, die sich aus 4 Farben zu je 9 Karten zusammensetzen. Sie rangieren in ihrem Wert wie folgt:

	Augen		Augen
As (A)	= 11	Bube oder Unter (U)	= 2
Zehner (Z)	= 10	Neuner	= 0
König (K)	= 4	Achter	= 0
Dame oder Ober (O)	= 3	Siebener	= 0
		Sechser	= 0

Der Vollständigkeit halber sei gesagt, daß Tarock sowohl mit französischen als auch mit deutschen Spielkarten gespielt wird. Die Farben bei der deutschen Karte werden Eichel (Kreuz), Grün oder Schüppen (Pik), Herz sowie Schellen oder Eckstein (Karo) genannt.
Wie aus obiger Aufstellung der Kartenwerte hervorgeht, sind in jeder Farbe 30 Augen enthalten, im ganzen Spiel also 120 Augen.
In der Grundlage ähnelt die deutsche Version ein wenig dem Skat. Beteiligt sind drei Spieler, von denen zwei sich gegen einen Solospieler verbünden. Vor Beginn des Spiels bestimmt das Los den Kartengeber. Das geschieht im allgemeinen in der Weise, daß jeder aus dem Kartenpack eine Karte zieht. Wer die höchste Karte erhält, ist der Geber, die »Hinterhand«. Er beginnt mit dem Mischen. Danach legt er den Kartenpack ver-

◄ Schiffe versenken Nr. 847 (S. 335)

deckt auf den Tisch, und »Mittelhand«, der rechts von ihm Sitzende, hebt ab. Danach gibt Hinterhand die Karten aus, und zwar wie gewöhnlich im Uhrzeigersinn, also mit »Vorhand« beginnend, wie folgt: bei der ersten Runde je 4 Karten, bei der zweiten Runde je 3 Karten, darauf die nächsten 3 Karten verdeckt auf den Tisch als »Stock«, bei der dritten Runde dann wieder je 4 Karten.

Wie beim Skat erhält den »Stock« später der zunächst ja noch nicht feststehende Solospieler, kurz *Spieler* genannt.

Es ist wieder eine Parallele zum Skat, daß beim Tarock 2 Spielformen unterschieden werden: das *Aufnahmespiel* und das *Handspiel.*

Beim Aufnahmespiel darf der Solospieler vor der Eröffnung, jedoch selbstverständlich nach der Spielansage, die den »Spieler« bestimmt, die 3 Karten des Stocks aufnehmen und dafür 3 Karten nach seinem Belieben aus den ihm zugeteilten 11 Karten ablegen (drücken). Die Augen dieser abgelegten Karten zählen wie bei einem Stich.

Beim Handspiel gelangt der »Spieler« ebenfalls in den Nutzen des Stocks. Allerdings nimmt er die Karten nicht ins Spiel, sondern legt sie verdeckt zur Seite, ohne vor dem Ende des Spiels zu wissen, was ihm der Stock an Augen gebracht hat. Das ist natürlich eine Spielerschwernis, und darum werden Handspiele entsprechend höher vergütet.

Wie beim Skat und den meisten anderen Kartenspielen gibt es auch beim Tarock *Trümpfe,* jedoch keine ständigen (wie etwa die Buben beim Skat), sondern der »Spieler« hat den Vorzug, zu Beginn des Spiels eine der vier Farben zur Trumpffarbe zu erklären. Trümpfe sind dann alle Karten dieser Farbe, und damit erhalten auch die Neuner, Achter, Siebener und Sechser ihre Bedeutung, denn jede Karte der Trumpffarbe sticht jede andere Farbe, selbst deren werthöchste Karten.

Es geht also auch beim Tarock um die Augenzahl. Da 120 Augen im Spiel sind, braucht man mindestens 61 Augen, um zu gewinnen.

Der Auftakt des Spiels ist *die Ansage;* sie dient dazu, den »Spieler« festzustellen. Als erster muß sich Vorhand, also der links vom Kartengeber sitzende Spieler, äußern, ob er spielen will, das heißt, ob er mit den ihm zugeteilten Karten und in der Hoffnung auf gute Karten im Stock den Alleingang wagt. Er sagt dann: »Ich spiele.« Fehlt ihm der Optimismus, so erklärt er: »Ich passe«, und nun liegt die Entscheidung bei Mittelhand. Verzichtet auch dieser, so muß sich schließlich der Geber entscheiden. Paßt auch er, so werden die Karten aller drei Spieler zusammengeworfen, und das Spiel beginnt von vorn. Kartengeber ist jetzt der nächste. Das Zusammenwerfen kommt allerdings nur selten vor; im allgemeinen hat wenigstens einer so gute Karten, daß er den Alleingang riskieren kann. Diesem steht auch die Entscheidung darüber zu, ob er ein Aufnahme- oder ein Handspiel machen will. Wählt er das Aufnahmespiel, so kann ihm von einem »Nachsitzenden« das Gesetz des Handelns nur noch dadurch entzogen werden, daß dieser ein Handspiel anbietet. Das geschieht durch die Erklärung: »Ich spiele auch«, und das ist eine Herausforderung an den, der sich für das Aufnahmespiel entschieden hatte. Für diesen gibt es in einem solchen Falle nur die Flucht nach vorn: Er hat die

Möglichkeit zu erklären, daß er statt des Aufnahmespiels ebenfalls das Handspiel machen will.
Er bringt das dadurch zum Ausdruck, daß er sagt: »Ich spiele vorn.« Sieht er sich dazu nicht in der Lage, so muß er klein beigeben und dem anderen das Feld überlassen. Er tut das, indem er erklärt: »Ich passe.«
Mit der Erklärung »ich spiele vorn« ist aber unter Umständen die Spielansage noch nicht zu Ende. Der im Wettbewerb mit dem Erstansagenden Liegende kann bei entsprechender Kartensituation einen neuen Versuch unternehmen, den Konkurrenten »abzustechen«, indem er sozusagen eine Punkteauktion beginnt. Nach Überprüfung seiner Karten sagt er etwa: »fünf mehr«, womit er verspricht, als Alleinspieler 66 Augen statt der eigentlich erforderlichen 61 zu erzielen. Darauf sind seitens des Erstansagenden wiederum zwei Reaktionen möglich: Entweder paßt er, oder er sagt: »Ich halte.« Das Steigern und Halten kann sich danach noch ein paarmal wiederholen: »zehn mehr«, »fünfzehn mehr«, »zwanzig mehr«, bis eine weitere Erhöhung sinnlos wird und einer der beiden Kampfhähne passen muß.

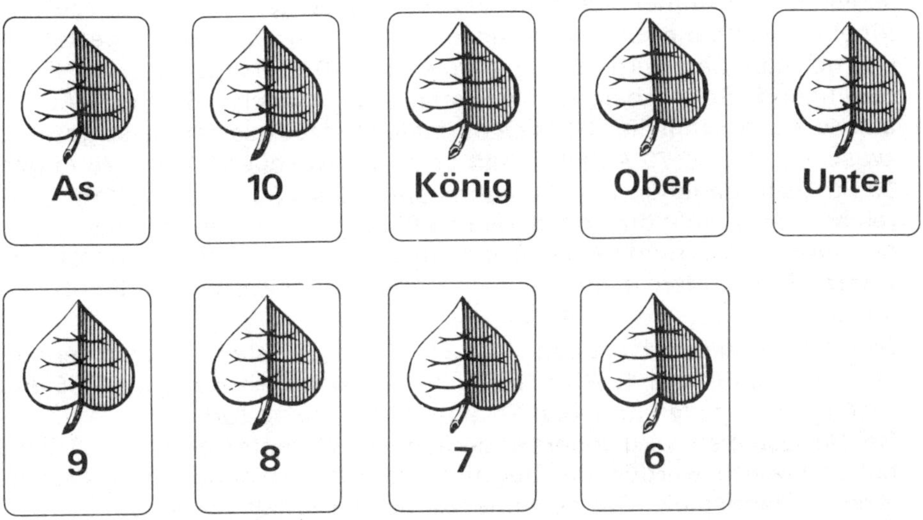

Der Spielverlauf
Sobald der Alleinspieler feststeht, muß dieser die Trumpffarbe ansagen. Er spielt dann als erster eine beliebige Karte aus, die keineswegs ein Trumpf zu sein braucht. Die beiden anderen Spieler müssen aber bedienen, sofern sie eine Karte der angespielten Farbe besitzen.
Beim Tarock herrscht Bedienungszwang: Man muß in der angespielten Farbe zugeben. Wer jedoch nicht bedienen kann, weil er keine Karte in der angespielten Farbe besitzt, muß trumpfen, sofern er Trumpf hat. Nur

wer nicht bedienen kann und auch keine Trumpfkarte besitzt, darf eine beliebige Karte zugeben.
Aus dem Bedienungs- und Trumpfzwang beim Tarock ergibt sich jedoch nicht, daß man danach trachten sollte, möglichst jeden Stich an sich zu bringen. Man kann vielmehr aufgrund der Karten- und Spielsituation auf das naheliegende Übertrumpfen verzichten und damit den Stich scheinbar verschenken. Auf diese Weise kann man möglicherweise die besten Karten für das Endspiel, für die »Stunde der Wahrheit« reservieren.
Der Gewinner des Stichs nimmt die 3 auf den Tisch gekommenen Karten an sich und legt sie verdeckt vor sich hin. Er ist dann derjenige, der zum nächsten Stich anspielt.

Abrechnung und Vergütung
Die Abrechnung ist beim Tarock denkbar einfach. Vor Spielbeginn hat jeder Teilnehmer einen vorher festgesetzten Betrag in die Kasse (den »Topf« oder das »Haferl«) entrichtet. Die Kasse wird aber nur bei *Aufnahmespielen* in Anspruch genommen; in solchen Fällen erhält der Gewinner aus dem »Topf« den Vergütungssatz *einmal.* Dieser ist unterschiedlich; er richtet sich nach der Zahl der Augen, und die Vergütung für ein gewonnenes oder verlorenes Spiel ist von 5 zu 5 Augen gestaffelt. Der normale Satz wird im allgemeinen auf 10 Pf festgesetzt. Weist der gewinnende Spieler bei einem Aufnahmespiel zwischen 61 und 65 Augen auf, so werden ihm die 10 Pf des normalen Satzes aus der Kasse gezahlt; zwischen 66 und 70 Augen erhält er 20 Pf, zwischen 71 und 75 Augen 30 Pf. Geht dagegen das Aufnahmespiel des »Spielers« verloren, erreicht er also nicht die erforderlichen 61 Augen, so muß er den sich aus der Augenzahl errechnenden Betrag an einen der beiden Gegner zahlen, während der andere in der gleichen Höhe aus der Kasse schadlos gehalten wird.
Bleibt der Verlierer zwischen 60 und 56 Augen, so stehen jedem der beiden anderen Spieler 10 Pf zu; erreicht der Verlierer nur zwischen 55 und 51 Augen, so fallen an jeden Gegner 20 Pf und so fort.
Bei *Handspielen* wird anders abgerechnet. Wir sagten bereits, daß diese höher bewertet werden. Das betrifft sowohl die gewonnenen wie die verlorenen Handspiele. Der gewinnende Spieler erhält von jedem der beiden Gegner den sich aus der Augenzahl errechnenden Betrag aus deren Tasche, die Kasse bleibt also unberührt. Da beide Verlierer zahlen müssen, fließt dem Sieger aus einem Handspiel der doppelte Gewinnbetrag zu. Verliert dagegen der »Spieler« sein Handspiel, so muß er an jeden seiner Gegner den sich aus der Augenzahl ergebenden Betrag aus seiner Tasche zahlen.
Etwas anders geht die Abrechnung vor sich, wenn zum Spielbeginn gesteigert wurde. Zunächst wird selbstverständlich festgestellt, ob der »Spieler« die bei der Steigerung versprochenen Augen auch erreicht hat. Ist das der Fall, so erhält der Gewinner von jedem der Gegner:
1. den sich aus der Augenzahl errechnenden Betrag;

2. für jede über die gesteigerte Augenzahl hinausgehende volle Fünfer-Augenzahl eine Prämie in der Höhe des doppelten normalen Satzes.
Hier die Erklärung anhand eines Beispiels:
Nehmen wir an, der Gewinner hatte »zehn mehr« gesteigert, wäre aber auf 79 gekommen. Die Gewinnrechnung sieht dann wie folgt aus:
1. 79 Augen bringen nach den oben genannten normalen Sätzen 10 Pf mehr als 30 Pf (für 71 bis 75 Augen), also 40 Pf.
2. Gesteigert war »zehn mehr«, also 71. Die erzielten 79 Augen liegen um 8 Augen über dem Soll. Das bringt eine Prämie für eine volle Fünfer-Augenzahl, also das Doppelte eines Normalsatzes: 2 mal 10 = 20 Pf.
Die Verlierer, von denen jeder an den Gewinner 60 Pf zu zahlen hat, müssen also in dem als Beispiel herangezogenen Fall ganz kräftig bluten.

Jaß (Gewöhnlicher Jaß) ② ⑥ 936

1 deutsches Kartenspiel

In Süddeutschland, in einigen Teilen Österreichs und in der deutschsprachigen Schweiz ist Jaß das weitaus beliebteste Kartenspiel. An den Stammtischen, wo sich im Norden die Skatspieler zusammenfinden, hockt man dort beim »Jassen« zusammen.
Die Spielweise ist unterschiedlich, aber für alle Jaßarten und -varianten benötigt man 36 Karten mit 4 verschiedenen Farben. Die deutsche Benennung für diese Farben ist: Herz (Rosen), Eicheln, Schellen und Laub (Schilden). Jede der 4 Farben hat 9 Bilder oder Karten:

As	Unter (Bauer)	Acht
König	Zehn (Panner)	Sieben
Ober	Neun	Sechs

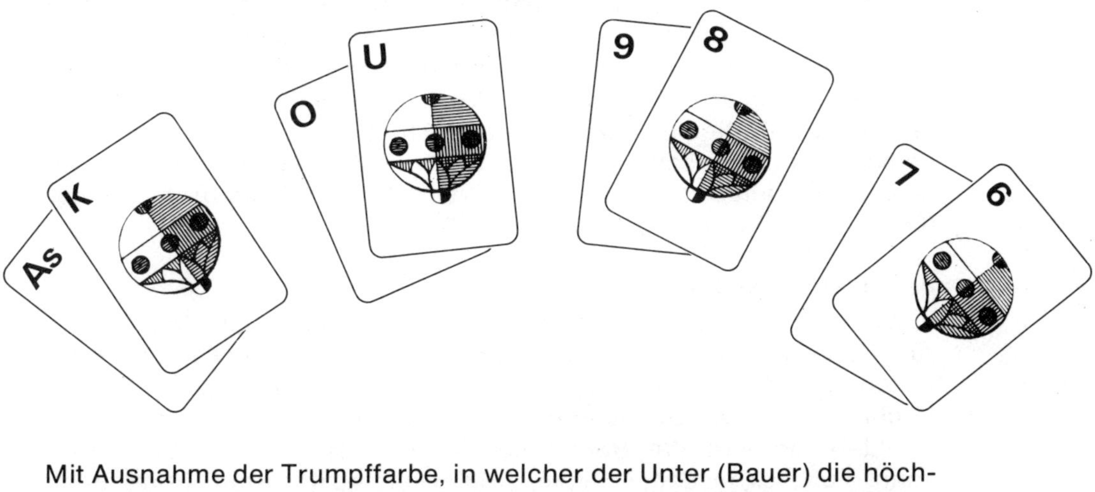

Mit Ausnahme der Trumpffarbe, in welcher der Unter (Bauer) die höchste und die Neun (auch Nell genannt) die zweithöchste Karte des Spiels ist, bleibt die angegebene Rangordnung. Der Trumpfbauer (Unter) zählt 20 Augen, die Neun (das Nell) 14, das As 11, der König 4, der Ober 3, der Bauer (Unter) 2 und der Panner (die Zehn) 10. Die übrigen Karten haben keinen Zählwert.

Am Gewöhnlichen Jaß, dem verbreitetsten Jaßspiel, können zwei, drei und vier, aber auch bis zu sechs Personen beteiligt werden. Bei *vier* Spielern werden zunächst durch das Los, also durch das Ziehen je einer Karte, zwei Parteien bestimmt; die zwei niedrigsten und die zwei höchsten spielen zusammen. Einer von jeder Partei hebt dann ab, und wer die niedrigste Karte erhält, ist der Kartengeber. Nachdem er die Karten gemischt und seinen rechten Nachbarn hat abheben lassen, gibt er jedem Mitspieler und sich selber im Uhrzeigersinn dreimal drei Karten. Die unterste Karte ist Trumpf.
Beim Alleinspiel sagt zunächst Vorhand, ob er spielen will oder nicht, und dasselbe obliegt den anderen Beteiligten. Wer spielen will, klopft auf den Tisch; wer verzichtet, legt die Karten weg.
Vorhand spielt aus; hat er weggelegt, so beginnt sein Nachbar zur Linken oder der dritte, wenn der zweite ebenfalls verzichtet hat.
Man spielt gewöhnlich 4, 8, 12, 16 Striche ab. Spielen *vier* zusammen, so löschen, nachdem die Partie fertig ist, die beiden Spieler, die am meisten zählen, *jeder* einen Strich. Wer nicht 21 Augen erreicht hat, bekommt als Strafe eine Null (»ist im Sack«), die gleich einem Strich ist. Es ist wohl ohne weiteres klar, daß diejenigen, die gepaßt, also nicht mitgespielt haben, weder löschen noch anschreiben können. Der Grund dafür, daß man eine Null und nicht einen Strich als Strafe erhält, wenn man keine 21 Punkte bekommen konnte, beruht in der Absicht, das Spiel von Anfang an kontrollieren zu können. Sind nur drei Spieler beteiligt, so bleiben nach Vereinbarung die letzten 9 Karten, von denen die oberste Trumpf ist, als Stock auf dem Tisch. Ebenfalls auf einer Vereinbarung beruht die Übernahme des Stocks. Wird eine solche nicht getroffen, so spielt jeder mit den ihm zugeteilten Karten, natürlich mit größerem Risiko. Gefällt jedoch einem der Spieler das eigene Blatt nicht, so hat er das Recht, die Karten des Stocks zu nehmen, ebenso die Karte, die den Trumpf zeigt. Hierbei gilt wiederum das Recht der Vorhand. Wer die letzten Stiche hat, verspielt die Partie und bekommt einen Strich in die Ecke der Anschreibetafel oder des Anschreibeblattes. Wert und Anzahl der Striche, die abgespielt werden sollen, müssen natürlich vor dem Spiel bestimmt werden.

Allgemeine Regeln

Vorhand spielt aus. Wer gestochen hat, muß dann ausspielen. Das Zurückziehen einer ausgespielten Karte ist unstatthaft. Alle Farben sind zu bekennen oder mit Trumpf abzustechen. Der Trumpfbauer hat das Recht, nach seinem Belieben zu stechen. Der letzte Stich wird dann mit 5 Punkten honoriert. Wer *Honneurs* (Karten in der Trumpffarbe) melden kann, muß dies mit dem Ausspielen seiner ersten Karte tun. Trumpfkönig und -ober in einer Hand heißen bei entsprechender Vereinbarung *Stöcke* und gelten 20 Punkte, müssen aber im Laufe des Spiels gemeldet und vorgezeigt werden, und zwar erst beim zweiten Ausspielen.
4 Bauern in der Hand gelten 200, die 4 Asse, die 4 Könige, die 4 Ober und die 4 Panner (Zehner) je 100 Punkte, 3 aufeinanderfolgende Karten der-

selben Farbe 20, 4 aufeinanderfolgende Karten gleicher Farbe gelten mehr als 4 Asse, 4 Könige, 4 Ober und 4 Zehner. Die 2 Spieler (unter 3 oder 4), welche die meisten Punkte ereicht haben, gewinnen die Partie. Wenn die Spieler zufällig die gleiche Augenzahl erreicht haben, müssen sie unter sich selber ausmachen, wer von ihnen gewinnt bzw. löscht. Im allgemeinen entscheidet darüber das Los, nämlich das Ziehen der höchsten Karte.

Der Schmausjaß ◑ ② 937

1 deutsches Kartenspiel

Diese Jaß-Variante wird im allgemeinen meißt nur von 2 Teilnehmern gespielt. Die Hauptregeln, insbesondere auch der Wert der Karten, sind dieselben wie beim Gewöhnlichen Jaß, nur werden die 4 Sechsen aus dem Spiel entfernt. Die Trumpf-Sieben raubt das aufgelegte Atout. Rauben *darf* man aber erst, nachdem man einen Stich gemacht hat; rauben *muß* man, bevor die beiden letzten Karten vom Tisch genommen sind. Beim Schmausjaß ist man nicht gezwungen, Farbe zu bedienen, solange noch Karten zum Aufnehmen auf dem Tisch liegen. Wer einen Stich bekommt, hat die Vorhand mit dem Ziehen einer Karte vom Stock; dann erst ist der Gegner an der Reihe. Solange noch Karten zum Abheben vorhanden sind, muß jeder der Spieler 9 Karten in der Hand haben. Hier zählen auch 3 aufeinanderfolgende Karten von derselben Farbe 20. Erhält der Spieler eine noch passende Karte, so kann er dann nochmals 20 ansagen (»weisen«). Wer z.B. von Unter, Zehn, Neun bereits »Drei« gewiesen hat und hierzu eine »Acht« erhält, kann nicht wieder »Drei« melden, sondern nur dann, wenn er beispielsweise den Ober hebt; dagegen bleibt es ihm unbenommen, gleich die »Vier« zu melden.
Man spielt diese Partie mit 2 Teilnehmern gewöhnlich auf 700 Punkte. Jeder der beiden Spieler schreibt für sich ein lateinisches »Z« (auch »Schlange« genannt) auf eine Tafel oder ein Stück Papier, worauf er während des Spiels und nach Abschluß des Spiels die Meldungen, Stöcke und Augen der Karten mit Strichen anmerkt: die Hunderter oben, die Fünfziger in der Mitte und die Zwanziger unten; ungerade Zahlen schreibt man nebenbei.

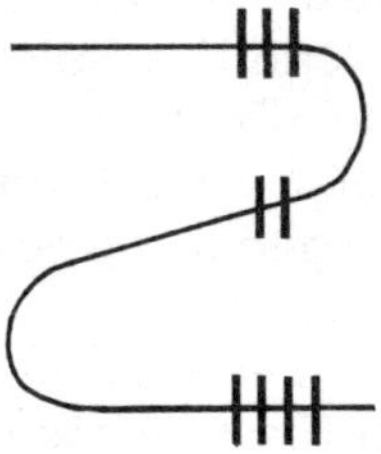

♥

Der kritische Jaß ◐ ③ 938

1 deutsches Kartenspiel

Diese Variante wird meist zu dritt, selten zu zweit gespielt. Die Spielregeln bleiben die gleichen wie beim Gewöhnlichen Jaß, nur muß beachtet werden, daß immer *zwei* Beteiligte *gegen einen* spielen. Von diesem Stock wird die oberste Karte umgekehrt; sie gibt den Trumpf an. Will keiner das aufgedeckte Solo spielen, so läßt die Vorhand »kehren«. Hierbei kehrt der Kartengeber eine andere Karte des Haufens um und fährt damit so lange fort bis einer der Spieler »Halt« ruft und gegen die beiden anderen das Spiel (solo) wagt. Bei diesem Jaß spielt derjenige, der das Solo übernimmt, aus, und seine beiden Gegner spielen vereint gegen den Solo-Halter.

Der kritische Raubjaß ◐ ② ④ 939

1 deutsches Kartenspiel

Er kann von 2, 3 und 4 Personen gespielt werden. Jeder Mitspielende erhält 9 Karten. Der Spieler, der die Vorhand hat und sich stark genug fühlt, die Partie gegen die Mitspieler zu wagen, ruft: »Auf rauben!« oder auch: »Ungeraubt!« Bei »Auf rauben!« kann er mit den in seinen Händen befindlichen Sechsen solche Karten von gleicher Farbe verlangen, die er als für sein Spiel geeignet befindet. Die Mitspieler müssen die verlangte Karte gegen die Sechsen austauschen. Spielt Vorhand aber »Ungeraubt«, dürfen die Sechsen nicht ausgetauscht werden. Hat Vorhand oder bei dessen Verzicht ein anderer Spieler das »Solo mit Rauben« aufgenommen und ruft ein anderer Spieler: »Besser!«, so steht es Vorhand frei, das Spiel auf »Ungeraubt« noch aufzunehmen, und erst bei allgemeinem Verzicht erhält der Neugemeldete das Solo. Kommt jedoch kein Solo zustande, so wird das Spiel »geworfen« und neu gegeben, wobei der nächste Spieler nach dem Kartengeber die Vorhand erhält.

Der Kreuzjaß ◐ ④ 940

1 deutsches Kartenspiel

Hier kann nur mit 4 Personen gespielt werden. Diese bilden 2 Parteien, und zwar derart, daß die über Kreuz Sitzenden zusammenspielen und sich möglichst gegenseitig unterstützen; sie dürfen jedoch weder durch Wörter noch durch Gebärden ihren Wünschen und Kartensituationen Ausdruck geben. Die Spielregeln sind die gleichen wie die des Gewöhnlichen Jaß. Wie der Schmausjaß wird auch der Kreuzjaß auf 700 Augen gespielt. Jede Partei markiert während des Spiels die erzielten Punkte auf das schon erwähnte lateinische »Z« oder die »Schlange«.

Die »Schlange« wird auch bei Spielen zu dritt und zu fünft angewandt. Bei Spielen zu dritt spielt einer allein gegen die beiden anderen, bei Spielen zu fünft spielen zwei gegen drei.

Bei Spielen zu dritt muß der Alleinspieler 350 Punkte machen, die beiden Gegenspieler 1000. Bei Spielen zu fünft müssen die drei Miteinanderspielenden 1000 Punkte erzielen und die beiden anderen die ersteigerte Summe.

Rommé ◔ ② ⑤ 941

Rommékarten

Bei Rommé finden dieselben Karten Verwendung, die wir vom Bridge her kennen, und zwar brauchen wir *zwei* vollständige französische Kartenspiele zu je 52 Blatt. Hinzu kommen noch zwei »Joker«; das sind Karten, die nicht zu den vier bekannten Farben Kreuz, Pik, Herz und Karo gehören, sondern sich schon durch ihr Aussehen von den anderen unterscheiden. Sie werden von den Spielkartenherstellern zu den Kartenspielen mitgeliefert. Die Bedeutung und die Anwendung der Joker soll hier gleich erklärt werden. Sie können jede Karte einer jeden Farbe vertreten. Der Besitzer eines Jokers kann von sich aus ohne weiteres entscheiden, ob die Joker-Karte eine für ihn wichtige stellvertretende Bedeutung haben soll. Wenn es für den Spieler nützlich ist, kann der Joker etwa ein Pik-As, eine Kreuz-Dame, eine Karo-Zehn usw. sein. Inwiefern das beim Rommé sehr wichtig ist, werden wir noch sehen. Zusammen mit den beiden Jokern gehören also zu einem Romméspiel 106 Karten. Rommé ist ein Ablegespiel. Es kommt für die Teilnehmer darauf an, daß sie ihre Karten so schnell wie möglich loswerden. Wer von den Spielern als erster »Rommé« bieten und damit zum Ausdruck bringen kann, daß er mit der noch in seiner Hand verbliebenen Augenzahl das vereinbarte Minimum erreicht oder unterschritten hat, ist Sieger.
Bei Rommé gibt es keine wertmäßigen Unterscheidungen zwischen den vier Farben. Wichtig sind dagegen Reihenfolge und Zählwerte der Karten:

König = 10	Neun = 9	Fünf = 5	As = 1 oder = 11
Dame = 10	Acht = 8	Vier = 4	
Bube = 10	Sieben = 7	Drei = 3	
Zehn = 10	Sechs = 6	Zwei = 2	

Das As nimmt also insofern eine Sonderstellung ein, als es zwei verschiedene Werte hat – einen Minimal- und einen Maximalwert. Der Grund dafür wird sofort sichtbar, wenn man sich die Kartenfolge als einen Kreis vorstellt:
Der Kreis wird hier durch die Kartenwerte gebildet, und das As stellt in ihm den Verbindungspunkt dar; es steht an dem Punkt, wo die niedrigsten und die höchsten Punktwerte zusammentreffen. Je nachdem, ob das As als Anfang oder als Ende der Reihe anzusehen ist, hat es den niedrigsten Wert 1 oder den höchsten Wert 11. Der hohe Wert kann sehr unangenehm werden, wenn das As am Schluß des Spiels, wenn das Schluß-»Rommé« ertönt, noch in der Hand der Spieler ist; dann zählt es nämlich auf jeden Fall 11 Punkte, und zwar sind das Verlustpunkte. Ähnlich ist es übrigens mit dem Joker. So vorteilhaft sein Besitz wegen seines stellvertretenden Charakters sein kann, so unangenehm ist es, wenn man ihn allzulange in Reserve gehalten hat und wenn man ihn noch in dem Augenblick besitzt, wo einer der Spieler »Rommé« bietet. Dann zählt er nähmlich nicht weniger als 40 Verlustpunkte.

Beim Rommé kommt es für das Ablegen darauf an, daß man sich sogenannte Bilder zusammenstellt, die sowohl *Sätze* als auch *Folgen (Sequenzen)* sein können.
Unter einem *Satz* versteht man die Zusammenstellung von drei oder vier gleichwertigen Karten, die aber unbedingt ausnahmslos verschiedenen Farben angehören müssen. Ein solcher Satz wäre beispielsweise: Kreuz-König, Pik-König, Herz-König und Karo-König. Wenn etwa der Pik-König fehlt, dafür aber ein Joker unter den 13 Karten vorhanden ist, kann der Spieler für sich entscheiden, ob der Joker die fehlende Karte ersetzen soll. Er muß allerdings beim Ablegen diese Bestimmung des Jo-

kers den Mitspielern bekanntgeben. Das ist wichtig, weil es den anderen Spielern, wenn sie im Spiel sind, gestattet ist, den ausgelegten Joker gegen die entsprechende Karte einzutauschen.
Eine *Sequenz* ist dagegen eine *Folge* von drei oder mehr Karten derselben Farbe, die nach ihren Werten eine geschlossene Reihe bilden, also einander in ihren Werten unmittelbar folgen. Sequenzen sind also z. B.: Kreuz-Drei, Kreuz-Vier, Kreuz-Fünf usw. oder: Herz-Eins (Herz-As), Herz-Zwei, Herz-Drei usw. oder: Karo-Dame, Karo-König, Karo-As. Wir haben diese Beispiele gewählt, um zu zeigen, daß das As tatsächlich am Anfang einer Sequenz (als niedrigste Karte mit dem Wert 1) oder am Ende (als höchste Karte mit dem Wert 11) stehen kann, je nachdem, wo es dem Spieler beim Ablegen nützt.
Soviel an allgemeinen Bemerkungen vorweg! Alles übrige wird man rasch lernen, wenn man die Karten in die Hand nimmt und zu spielen beginnt.
2 mal 52 Karten und 2 Joker = 106 Karten sind es wie gesagt, die zum Spiel gehören. Diese Zahl steht fest. Die Zahl der Spieler ist dagegen nicht genau festgelegt. Zwei Teilnehmer sind mindestens erforderlich, aber die Zahl kann beliebig größer sein. Am günstigsten für den Spielverlauf sind vier oder fünf Spieler, weil bei dieser Zahl das Spiel nicht allzulange dauert und andererseits auch nicht zu kurz wird.

Der Spielverlauf

Bevor man beginnt, verständigen sich die Spieler darüber, mit wieviel Augen »Rommé« geboten werden soll. Man wählt am besten eine Zahl zwischen 0 und 9, wobei Rommé mit 9 Augen am einfachsten, mit 0 dagegen am schwersten zu spielen ist.
Der Kartengeber wird wie üblich durch das Los bestimmt: Jeder Spieler zieht eine Karte, und wer dabei die höchste Karte erhält, beginnt mit dem Geben. Jeder Spieler bekommt 13 Karten in vier Gängen zu dreimal 3 und einmal 4 Karten, und zwar geht das Verteilen, wie bei allen Spielen üblich, von links nach rechts. Die restlichen Karten kommen als verdeckter Stapel in die Mitte des Tisches; nur die oberste Karte wird vom Kartengeber umgedreht und offen auf den Stapel gelegt.
Nach dem Geben müssen sich die Spieler ihre Karten recht genau ansehen, denn es geht jetzt darum, die Karten nach »Sätzen« oder »Sequenzen« zusammenzufassen und abzulegen.
Es kann durchaus sein, daß die Spieler zum Teil schon nach dem Geben der Karten diesen oder jenen Satz und die eine oder andere Sequenz – also mindestens drei zusammenhängende Karten – ablegen können. Sie legen sie dann offen vor sich auf den Tisch, allerdings dürfen sie das erst, wenn sie an der Reihe sind.
Der links neben dem Kartengeber sitzende Spieler (die Vorhand) beginnt. Er hat das Recht, die neben dem verdeckten Kartenstapel offenliegende einzelne Karte aufzunehmen und sie seinen Karten einzureihen. Sagt sie ihm jedoch nicht zu, darf er von dem verdeckt liegenden Stapel die oberste Karte nehmen. Im Gegensatz zu der offenliegenden Karte, auf

die er wie gesagt verzichten kann, *muß* er die vom Stapel genommene Karte nehmen. In beiden Fällen muß er für die aufgenommene Karte eine seiner Handkarten ausscheiden und auf die offen neben dem Stapel liegende Karte legen. Er wird dafür natürlich eine Karte wählen, die ihm bei seinem Bemühen, rasch zur Bildung von Sätzen und Sequenzen zu kommen, hinderlich ist.
Der nächste Spieler verfährt ebenso; er macht also entweder von der einzelnen oder obersten aufgedeckten Karte Gebrauch, oder er nimmt die oberste verdeckt liegende Karte des Stapels, um dafür eine mißliebige Karte abzuwerfen. So geht es reihum, und jeder Spieler legt dabei zustande kommende Sätze und Sequenzen so ab, daß sie, auch den anderen Spielern sichtbar, vor ihm auf dem Tisch liegen. Das wird so lange fortgesetzt, bis einer der Spieler »Rommé« bietet und damit ausdrückt, daß er die zu Beginn des Spiels vereinbarte niedrigste Augenzahl erreicht hat.
Ein Beispiel: Es sind 9 Augen ausgemacht worden. Ein Teilnehmer hat folgende Karten: Karo-Drei, Karo-Vier, Karo-Sechs, Karo-Sieben, Karo-Neun und Karo-Dame und erhält nun die Karo-Fünf dazu. Er wird die Karo-Dame abwerfen und dann alle Karten von Karo-Drei bis Karo-Sieben als Sequenz auslegen, so daß er nur noch Karo-Neun behält und »Rommé« bieten kann. Er hat somit gewonnen. Jeder der übrigen Spieler erhält so viele Verlustpunkte angeschrieben, wie er noch Augen in seinen Karten hat. Besitzt jemand beispielsweise noch ein As, einen König, 2 Damen, 2 Achten, eine Zehn und einen Joker, so macht das: 1 mal 11 und 1 mal 10 und 2 mal 10 und 2 mal 8 und 1 mal 10 und 1 mal 40 = 107.

Die Abrechnung

Die Buchführung wird von einem der Spieler übernommen. Er führt eine Liste, auf der für jeden Teilnehmer eine Spalte eingerichtet wird. Nach jedem Spiel werden darin die Verlustpunkte der einzelnen Spieler notiert, und am Schluß wird »Kasse« gemacht. Es wird also durch Addition festgestellt, wie sich die Verlustpunkte insgesamt zueinander verhalten.

Wer die höchste Summe erzielt hat, ist der Verlierer. Spielt man, wie vielfach üblich, um Geld, so muß am Schluß die Verrechnung erfolgen. Nehmen wir ein Beispiel dafür:

A	B	C	D
316	728	921	504
+ 412 + 605 + 188	− 412 + 193 − 224	− 605 − 193 − 417	− 188 + 224 + 417
+ 1205	− 443	− 1215	+ 453

Spielkasse und Klopfgeld

Rommé wird zweifellos reizvoller, wenn um Geld gespielt wird. In solchen Fällen wird eine Spielkasse angelegt, und bevor eine Partie beginnt, wird die Höhe des Einsatzes bestimmt. Außerdem muß die Höhe der Prämie, die der Gewinner einer jeden Runde erhält, das sogenannte *Klopfgeld*, festgesetzt werden.

Vielfach wird so verfahren, daß man für je 10 Verlustpunkte einen Pfennig in die Kasse zahlt. Nach unserem obigen Beispiel hätten also B 44 Pfennige und C 122 Pfennige zu zahlen, während A 121 und D schließlich 45 Pfennige zu erhalten hätten.

In die Kasse, die auch »Bulle« oder »Pott« genannt wird, fließen während des Spiels alle Gelder. Ihren Inhalt hat schließlich der Sieger zu beanspruchen. Während des Spiels erhöht sich natürlich der Kasseneinsatz durch die zu zahlenden Strafen oder durch *Einkauf,* wie man es nennt, wenn sich ein später hinzukommender neuer Teilnehmer durch Einzahlung in die Kasse das Recht zum Mitspielen erwirbt. Die Errechnung der von ihm zu zahlenden Summe erfolgt ganz korrekt: Die von den bisher am Spiel Beteiligten erzielten Punkte werden gezählt und durch die Anzahl der am Spiel Teilnehmenden dividiert. Die sich daraus ergebende Summe ist der Betrag, den der hinzukommende Spieler in die Kasse zu zahlen hat.

Das »Klopfgeld« erfordert noch ein paar erklärende Worte: Normalerweise wird ein Spiel beendet, indem einer der Spieler »Rommé« bietet. Es kann aber auch »geklopft« werden. Das geschieht dann, wenn ein Spieler es aufgrund seines ausgezeichneten Kartenstandes schon sehr bald wagen kann, die Runde zu beenden. Er darf aber erst dann sagen: »Ich klopfe«, wenn alle Spieler nach ihm ebenfalls eine Karte aufgenommen haben und er wieder an der Reihe ist.

Hat ein Spieler zufällig nur Figuren in der Hand, so ist er »glatt«. Er kann dann ankündigen: »Ich klopfe mit Null«, muß dann allerdings gleichzeitig seine Karten offen auslegen.

Gegebenenfalls kann man auch mit den im Blatt vorhandenen Punkten klopfen, sofern die restlichen Karten, die zu keinem Bild gehören, 5 Punkte nicht übersteigen. Auch in diesem Fall erhalten alle anderen

Spieler noch einmal die Möglichkeit, eine neue Karte aufzunehmen und abzuwerfen, bis der klopfende Spieler wieder an der Reihe ist. Auf diese Weise kann der eine oder andere vielleicht im letzten Augenblick seine Karten noch etwas verbessern. Wurde aber mit Null geklopft, so ist das »Nachkaufen« nicht mehr gestattet.
Der erfolgreich Klopfende erhält eine Prämie, das Ansage- oder Klopfgeld. Dieses muß selbstverständlich im entsprechenden Verhältnis zu dem Gesamtbetrag in der Spielkasse stehen und sollte 15 bis 20 Prozent des Einsatzes nicht überschreiten.

Rommé mit Kaufen ◕ ② ⑤ 950

Rommékarten

Dabei wird genauso gegeben und gespielt wie beim einfachen Rommé. Der Unterschied liegt darin, daß nicht nur der Spieler, der gerade an der Reihe ist, die obenauf liegende aufgedeckte Karte nehmen (»kaufen«) kann, sondern jeder andere auch. Desgleichen stehen abgeworfene Karten jedem Spieler zur Vergügung.
In der Praxis spielt sich das folgendermaßen ab: Ein Spieler hat beispielsweise Herz-Zehn abgeworfen. Während diese nun beim einfachen Rommé nur von dem links neben dem abwerfenden Spieler Sitzenden aufgenommen werden kann, darf sich beim *Rommé mit Kaufen* jeder Teilnehmer darüber äußern, ob er die Herz-Zehn haben möchte. Mit diesem Kauf müssen allerdings diejenigen Spieler, die zwischen dem Abwerfenden und dem Anwärter auf die Karte sitzen, einverstanden sein, denn sie haben nach der beim Spiel einzuhaltenden Reihenfolge das Vorkaufsrecht. Erst wenn sie erklären, daß sie keinen Wert auf die Herz-Zehn legen, darf der Interessent die abgeworfene Karte nehmen und dafür eine ihm mißliebige abwerfen. Ganz ohne Risiko ist dieser Kauf übrigens nicht, denn die Spielregeln schreiben vor, daß er zu der gekauften Karte noch die oberste Karte vom Stapel der verdeckt liegenden Karten hinzunehmen *muß*, wobei er leicht vom Regen in die Traufe geraten kann, denn er weiß ja nicht, was er einkauft, und die auf diese Weise hinzukommende Karte kann dem damit »Beglückten« die ganze Konzeption verderben. Man sollte darum beim Kaufen äußerst vorsichtig sein.
Es sei hier ausdrücklich bemerkt, daß das Spiel durch einen solchen Einkauf in der ordnungsgemäßen Reihenfolge der Spieler keine Störung erfahren darf.
Das Spiel läuft im übrigen wie das einfache Rommé ab. Die Spieler sind also bemüht, Sequenzen und Sätze zusammenzustellen. Erstmalig auslegen kann bei dieser Spielweise nur derjenige, der mindestens 30 Augen erreicht hat; hin und wieder werden sogar 40 Augen verlangt. Diese Bedingung ist leichter erfüllt, als es zunächst scheint, denn bei einem guten Blatt sind diese Augen schnell zusammengebracht. Mit 3 Assen hat man bereits 33, mit 3 Buben, Damen oder Königen 30 Augen, und Dreier-Sequenzen von diesen Figuren reichen ebenfalls aus, um diese Bedingungen zu erfüllen.

Rommé mit Anlegen ◕ ② ⑤ 951

Rommékarten

Diese Variante kann besonders reizvoll sein. Jedem Spieler ist dabei erlaubt, an die von anderen Spielern ausgelegten Sätze und Sequenzen die passenden Karten anzulegen. Ein Beispiel macht am besten klar, wie das zu handhaben ist:
Angenommen, einer der Spieler hat Kreuz-Fünf, Kreuz-Sechs und Kreuz-Sieben ausgelegt. Besitzt nun ein anderer Spieler Kreuz-Vier, so darf er, wenn er an der Reihe ist, diese Karte an die ausgelegte Kreuz-Fünf anlegen. Für den Besitzer der Kreuz-Acht besteht die gleiche Möglichkeit. Dadurch erhält vielleicht wieder einer der Spieler Gelegenheit, eines oder auch mehrere Anschlußblätter anzulegen. Dasselbe gilt für die ausgelegten Sätze. Sind z. B. Kreuz-König, Pik-König und Herz-König ausgelegt, so darf der Spieler, der den noch fehlenden Karo-König hat, diesen anlegen (dagegen darf er nicht etwa einen zweiten Kreuz-, Pik- oder Herz-König anlegen; vielmehr muß der zweite Satz neu gesammelt werden). Voraussetzung für das Anlegen ist übrigens, daß nur derjenige anlegen darf, der wenigstens schon einen Satz oder eine Sequenz ausgelegt hat. Die dafür erforderliche Augenzahl von 30 gilt aber auch als erreicht, wenn sie erst durch die Augenzahl der anzulegenden Karte zusammenkommt. Hat also jemand bisher nur einen Satz von zusammen 18 Punkten, so dürfte er eigentlich noch nicht auslegen. Wenn er aber noch bei einem anderen Spieler eine Dame = 10 und eine Vier = 4 anlegen kann, so erreicht er dadurch 32 Augen und erfüllt damit die Bedingung für das Anlegen. Der Vorteil, den das Anlegespiel bringt, ist leicht zu erkennen. Der aufmerksame Spieler kann manche unbequeme Einzelkarte loswerden, die sonst sein Punktekonto empfindlich belasten würde. Je größer die Zahl der bereits auf dem Tisch ausgelegten Karten ist, um so größer ist die Möglichkeit, mit einem Schlage eine ganze Handvoll Karten durch Anlegen unterzubringen. Wichtig ist vor allem, auf diese Weise einzelne Karten mit hoher Punktzahl aus der Hand zu bekommen. Nur ein routinierter Spieler kann es sich vielleicht leisten, mit dem Auslegen voller Sätze und Sequenzen zurückhaltend zu sein, um dem Gegner die Möglichkeit zu nehmen, durch Anlegen – also gewissermaßen auf Kosten der anderen – weiterzukommen und selbst als glanzvoller Sieger dazustehen, wenn er plötzlich sämtliche Karten mit einem Mal auslegt. Wehe demjenigen, der den richtigen Augenblick zum Auslegen verpaßt und noch die ganze Hand voll Karten hat, wenn einer der Mitspieler ganz plötzlich »Rommé« bietet! Das gibt unter Umständen eine katastrophale Punktebelastung, denn alles, was dann noch nicht ausgelegt worden ist, wenn ein Mitspieler plötzlich keine Karte mehr in der Hand hat, auch vollständige Sätze und Sequenzen, zählt als Verlustpunkte, und die nicht zur Verwendung gekommenen Joker bringen sogar 40 Minuspunkte.
Gewonnen hat beim Rommé mit Anlegen, wer zuerst alle Karten ausgelegt oder angelegt hat und in dessen Hand nur noch die vereinbarte niedrigste Punktzahl oder weniger blieb, wobei er die letzte ihm verbliebene Karte auf den Stapel abwerfen darf.

Wenn jemand alle seine Karten auslegen kann, bevor ein anderer Teilnehmer ausgelegt hat, erhält er eine Extrabelohnung in der Form, daß ihm von seinen Verlustpunkten aus den vorhergegangenen Spielen 40 Punkte abgezogen werden, wodurch er sein Konto erheblich aufbessert. Wer beim Auslegen nur einen Joker übrigbehält, bekommt von seinen Verlustpunkten 20 abgezogen, was eine gerechte Belohnung darstellt, weil er die Hilfskarte, eben den Joker, nicht verwendet hat. Es ist im übrigen nicht immer gut, als erster zum Auslegen zu kommen, denn wer mit dem Auslegen beginnt und doch nicht Sieger wird, muß es sich gefallen lassen, daß ihm zu seinen Verlustpunkten weitere 20 hinzugezählt werden. Das ist zwar schmerzlich, aber immer noch besser, als wenn er durch allzu langes Zögern beim Auslegen am Schluß mit einer Handvoll hoher Karten dasitzt.
Eine Grundregel für das Rommé mit Anlegen:
Anlegen darf immer nur derjenige, der an der Reihe ist.

Räuber-Rommé ◕ ② ⑤ 952

Rommékarten

Hierbei geht es zu gleicher Zeit lustig und aufregend zu. Wer gut aufpaßt, hat jeden Augenblick Gelegenheit, seine Gewinnchancen gewaltig zu verbessern, während der Unentschlossene ständig in Gefahr ist, ins Hintertreffen zu geraten.
Der Spielverlauf ist im wesentlichen der gleiche wie beim einfachen Rommé: Die Karten werden gemischt, abgehoben und in vier Gängen zu dreimal 3 und einmal 4 Karten an die Spieler verteilt. Vorhand prüft seine Karten nach dem Ordnen daraufhin, ob bereits eine Sequenz oder ein Satz ausgelegt werden kann. Das ist, wie schon ausgeführt, aber nur dann möglich, wenn die Sequenz oder der Satz mindestens 30 (oder 40) Augen aufweist. Die Karte, die offen neben dem verdeckten Stapel auf dem Tisch liegt, darf der Spieler nur aufnehmen, wenn er sie sofort bei den auf dem Tisch liegenden Karten anlegen kann; er darf sie also nicht zu seinen Handkarten stecken, sondern muß sie gleich »verbrauchen«. Das ist ein sehr wichtiger Unterschied gegenüber dem einfachen Rommé, den man unbedingt beachten muß.
Wie schon der Name sagt, hat das Räuber-Rommé im ganzen härtere Spielbedingungen. Es geht dabei reichlich hemdsärmelig zu. Die Regeln decken es zum Beispiel, wenn jemand sich über die bereits ausgelegten Sätze und Sequenzen hermacht und in ihnen herumräubert, das heißt: wenn er aus ihnen Karten nimmt, die er für seine eigenen Zwecke gut gebrauchen kann. Dieser Raub geht indessen nicht völlig ungesetzlich vor sich, vielmehr lautet eine wichtige Regel, daß durch Fortnahme von Karten vom Tisch keine unvollständigen Sätze und Sequenzen entstehen dürfen. Wir wollen uns das an ein paar Beispielen klarmachen:
Hat ein Spieler die vier Buben in Kreuz, Pik, Herz und Karo ausgelegt, so kann ein anderer Spieler ohne weiteres den Pik-Buben herausnehmen und ihn mit dem zweiten Herz-Buben und Karo-Buben zu einem Satz zusammenfassen, denn der erste Buben-Satz bleibt trotz des Raubes mit drei Karten vollständig.

Aus einer Sequenz von Karo-Zwei, -Drei, -Vier, -Fünf, -Sechs können Karo-Zwei und -Drei entfernt und mit einem Karo-As zu einer neuen Sequenz vereinigt werden, denn mit Karo-Vier, -Fünf und -Sechs bleibt trotzdem noch eine volle Sequenz übrig.
Das Rauben von Jokern ist naturgemäß besonders beliebt. Es geschieht am einfachsten dadurch, daß man den Joker gegen die Karte austauscht, für die er Ersatz war. Wenn der Joker eine Karte innerhalb eines Satzes vertreten soll, muß der Spieler angeben, welche Farbe der Joker vertritt, denn dann ist es den anderen Spielern möglich, ihn gegen die entsprechende Karte umzutauschen, wenn sie an der Reihe sind.
Gewonnen hat derjenige, der als erster alle seine Karten auslegen oder anlegen konnte, mit Ausnahme der letzten Karte, die er auf den Stapel in der Mitte werfen darf. Wenn es einem Spieler gelingt, seine Karten sämtlich auszulegen, bevor die anderen Spieler überhaupt auslegen konnten, so haben alle anderen verloren, und ihre Verlustpunkte verdoppeln sich.

Fünfhundert-Rommé ⊕ ② ⑤ 953

Rommékarten

In diesem Spiel wird, wie schon der Name sagt, mit hohen Zahlen operiert. Unter den Teilnehmern schneidet derjenige besonders gut ab, der rasch rechnen kann und ein gutes Kombinationsvermögen hat. Die Zahl der Spieler steht nicht fest, aber Fünfhundert-Rommé läßt sich am besten zu dritt spielen.
Benötigt wird ein normaler Satz Rommé-Karten. Bei drei oder vier Spielern erhält jeder 7 Karten zugeteilt, und zwar reihum immer nur eine. Bei fünf Teilnehmern empfiehlt es sich, zwei Kartenspiele zu mischen und jedem Spieler 10 Karten zu geben. Der Rest des Packs wandert verdeckt auf den Tisch, wo er den Stock bildet. Der Kartengeber, der auf die übliche Weise durch das Los bestimmt wird, wendet die oberste Karte des Stocks und gibt damit das Zeichen zum Beginn des Spiels.
Zu beachten ist, daß das As entweder als höchste oder als niedrigste Karte im Spiel ist, je nachdem, ob es zu einer Sequenz mit König und Dame oder zu einer mit Drei und Zwei gehört.
Das Spiel wird von Vorhand eröffnet, indem dieser die vom Kartengeber offen neben den Stock gelegte Karte aufnimmt oder die neue oberste Karte des Stocks zieht. Dafür legt er eine Karte aus seinem Blatt aufgedeckt ab. Danach ist der nächste Spieler zur Linken von Vorhand an der

Reihe, und so geht es reihum weiter: Jeder Spieler nimmt die vom Vormann aufgedeckte Karte in sein Blatt und wirft dafür eine andere ab. In der Form des Ablegens und der weiteren Verwendung der abgelegten Karten liegt beim Fünfhundert-Rommé der wesentliche Unterschied gegenüber den anderen Rommé-Spielen. Die abgeworfenen Karten werden sämtlich fächerförmig so ausgebreitet, daß alle Karten für jeden Spieler sichtbar sind, und die Spieler, die eine Karte aufnehmen, wenn sie an der Reihe sind, haben nicht die Verpflichtung, die oberste Karte des Stocks oder des Stapels der abgelegten Karten zu nehmen, sondern sie dürfen irgendeine ihnen genehme Karte aus dem Fächer ziehen. Voraussetzung ist nur, daß sie sie sofort melden und gleichzeitig alle darüberliegenden Karten mitnehmen.

Das Melden geht beim Fünfhundert-Rommé nach den gleichen Gesichtspunkten vor sich wie beim gewöhnlichen Rommé. Es kommt also darauf an, daß man Sätze von drei und mehr Karten desselben Ranges oder Sequenzen von drei und mehr Karten der gleichen Farbe zusammenstellen und ablegen kann. Je mehr Karten man hat, um so größere Aussicht besteht, die hohe Zahl von Punkten zu erreichen, auf die es beim Fünfhundert-Rommé ankommt, eben 500. Wer sie als erster erreicht, ist Sieger. Das Melden eines Satzes oder einer Sequenz erfolgt grundsätzlich nach dem Ziehen einer neuen Karte und noch vor dem Abwerfen.

Einen besonderen Reiz erhält das Fünfhundert-Rommé dadurch, daß man seine Karten auch an bereits auf dem Tisch liegende Kartenfolgen anlegen kann, und zwar sowohl an eigene wie an die der Gegner. Der anlegende Spieler muß sich dann nur seine Kartenwerte merken, damit seine eigenen Punkte richtig gezählt werden können. Das geschieht am besten mit Hilfe einer Strichliste. Beim Melden einer Karte, die in zwei Folgen passen würde – beispielsweise eines Herz-Königs, der sowohl mit drei schon auf dem Tisch liegenden Königen als auch mit einer Sequenz von Herz-Dame, Herz-Bube und Herz-Zehn zusammenginge –, muß sich der Spieler darüber schlüssig werden, welche von beiden Möglichkeiten er bevorzugen will. Er wird sich dabei nur darüber klar sein müssen, daß er beim Anlegen an einen Satz – in unserem Beispiel an den Satz der Könige – automatisch das eine Ende einer Sequenz erreicht; es kann dort also im weiteren Verlauf des Spiels nicht mehr angelegt werden.

Aus der bisherigen Beschreibung geht bereits hervor, daß es beim Fünfhundert-Rommé nicht in erster Linie darauf ankommt, alle Karten, die man in der Hand hat oder in die Hand bekommt, loszuwerden; das Wichtigste ist vielmehr, Punkte zu sammeln, und das geschieht am besten dadurch, daß man Meldungen ansammelt.

Geht ein Spieler »aus«, das heißt: hat er keine Karten mehr, so ist die Runde zu Ende, und die Punkte, die jeder einzelne errungen hat, werden notiert.

Am Ende seines Spiels zählt jeder Teilnehmer die Punkte zusammen, die sich aus seinen Meldungen ergeben haben. Die Zählwerte der Karten sind die üblichen: Jede Bildkarte gilt 10, jede Karte von 10 bis 2 wird nach der Zahl ihrer Augen gezählt; das As gilt entweder als höchste Karte 11 oder als niedrigste Karte in einer Sequenz nur 1. Von der Gesamtpunktzahl der Meldungen werden dann die Punkte abgezogen, die beim Spielschluß noch in der Hand des Spielers sind, wobei auch absichtlich oder versehentlich nicht gemeldete Kartenfolgen als Minuspunkte zählen. Wie gesagt ist derjenige Gewinner, der als erster 500 Punkte erreicht. Die anderen Spieler müssen an ihn die Differenz zu ihren eigenen Punkten bezahlen, in Geld oder in Spielmarken.

Oklahoma ◔ ② ⑤ 954

Rommékarten

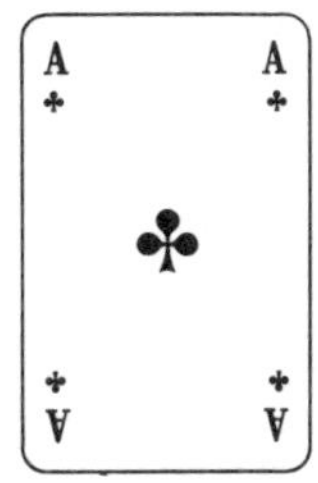

Oklahoma ist ein verhältnismäßig neues Spiel. Es ähnelt dem Fünfhundert-Rommé (siehe Seite 417). Wir benötigen zwei Kartenpacks von je 52 Karten und einen Joker, insgesamt also 105 Karten. Beteiligen können sich zwei bis fünf Personen. Bei vier Spielern kann man zwei Partnerschaften bilden, die gegeneinander spielen. Oklahoma spielt sich jedoch am besten, wenn jeder für sich allein spielt. Jeder Spieler erhält vom Geber 13 Karten.

Sinn und Zweck des Spiels ist es, zusammenpassende Bilder von 3 und mehr Karten zu melden, entweder *Sätze* (Karten desselben Wertes gleich welcher Farbe) oder *Sequenzen* in derselben Farbe.

Der Joker und alle Zweier sind keine bestimmten Werte. Sie zählen je nach Reihenfolge. Wie beim Fünfhundert-Rommé zählt das As hoch in der Reihenfolge As - König - Dame oder niedrig in der Reihenfolge As - Zwei - Drei.

Auch sonst entsprechen die Spielregeln im wesentlichen denen des Fünfhundert-Rommé; wenn jedoch ein Spieler die oberste Karte des auf dem Tisch liegenden Ablegestapels nimmt- was er tun darf, wenn er diese unmittelbar zusammen mit zwei oder mehr Karten aus der Hand melden oder wenn er sie bei einem seiner eigenen früheren Bilder anlegen kann -, so muß er den gesamten Ablegestapel nehmen.

Die erste offene Karte des verdeckten Stapels steht jedem Spieler zur Verfügung, der mit ihrer Hilfe sofort zu einer Meldung kommt. Dieser Vorgriff außer der Reihe ist aber nur möglich, wenn der vor dem jeweiligen Spieler Sitzende die Karte verweigert, weil er sie nicht für eine Meldung verwerten kann.

Ein Spieler, der einen Zweier oder auch einen Joker in einer Kartenfolge verwendet, muß dann die Karte nennen, die durch die Ersatzkarte vertreten wird.

Er darf einen Joker, den er vorher benutzt hat, austauschen, indem er die richtige Karte einsetzt, für die der Joker eingeschaltet worden war. Ein Zweier kann dagegen nicht ausgetauscht werden. Ein Satz ist »geschlossen«, d.h. vollständig, wenn er 4 gleichartige Karten enthält (wirkliche oder mit Zweier und Joker). An ihn dürfen weitere Karten nicht angelegt werden.

Eine Pik-Dame darf nicht abgeworfen werden, solange noch andere Karten abgeworfen werden können.

Die Bewertung

Das Spiel endet, wenn ein Spieler »ausgeht«. Dieser muß seine letzte Karte abwerfen können. Ein Spiel endet auch, wenn ein Spieler die letzte Karte vom Stock nimmt und abwirft.
Ist ein Spiel zu Ende, so zählt der Wert jedes ausgelegten Bildes für jeden Spieler und der Wert der noch in seiner Hand befindlichen Karten gegen ihn gemäß der folgenden Aufstellung:

Karten	im Bild	in der Hand
As	20	20
König, Dame, Bube, Zehn, Neun oder Acht (ausgenommen Pik-Dame)	10	10
Sieben, Sechs, Fünf, Vier oder Drei	5	5
Pik-Dame	50	100
Zwei, König bis Acht vertretend, einschließlich Pik-Dame	10	20
Zwei, Sieben bis Zwei vertretend	5	20
Joker	100	200

Der Spieler, der das Spiel beendet, erhält zusätzlich eine Gutschrift von 100 Punkten.
Derjenige Spieler, der als erster in der Gesamtwertung 1000 Pluspunkte erreicht, gewinnt die Partie und erhält eine zusätzliche Gutschrift von 200 Punkten. Wenn zwei oder mehr Spieler die 1000 Punkte-Grenze gleichzeitig überschreiten, so gewinnt die höchste Einzelwertung. Stehen sie unentschieden, so teilen sie miteinander die 200 Punkte. Nachdem das Spiel beendet ist, erhält ein Spieler, der »heimlich« ausgegangen ist, zusätzlich 250 Punkte, aber diese zählen nicht, wenn er damit die Tausender-Grenze erreichen würde.
Um »heimlich ausgehen« zu können, muß ein Spieler in der zweiten oder einer späteren Runde in der Lage sein, alle seine Karten auszulegen. Ein Spieler, der bereits in der ersten Runde ausgeht, erhält keine Gutschrift. Hat ein Spieler irgendein Bild in einer früheren Runde ausgelegt, so kann er nicht mehr »heimlich ausgehen«.

Canasta ◐ ② ⑤ 955

Rommékarten

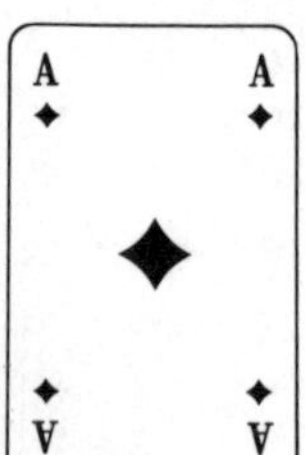

Canasta ist bei guter Anleitung mühelos an einem Abend zu erlernen, aber sowohl durch die erforderliche gedankliche Arbeit als auch durch sein Prämiensystem bietet es eine Fülle von Abwechslung, so daß man selbst bei häufigem Spielen nie auslernt und immer neue Anregung erhält.
Canasta ist das spanische Wort für »Korb«. Man wählte es wohl für dieses Spiel, weil es dabei darauf ankommt, möglichst viele »Eier«, d. h. Punkte, in seinen Korb zu sammeln. Was man bei Canasta unter »Eiern« zu verstehen hat, werden wir etwas später erklären. Vorweg sei gesagt, daß

Canasta zu den Ablegespielen gehört und einige Verwandtschaft mit dem Rommé hat, aus dem es wahrscheinlich auch entstanden ist.
Canasta wird mit zwei Kartenpacks zu je 52 Blatt und zusätzlich vier echten Jokern gespielt, also mit insgesamt 108 Karten. Die Joker werden bei jedem vollständigen Kartenspiel mitgeliefert; sie sind leicht zu erkennen, weil sie sich nicht in die vier Farben Kreuz, Pik, Herz und Karo eingruppieren lassen. Den Jokern kommt beim Canasta ganz besondere Bedeutung zu; daß sie spielbeherrschend sind, kommt auch dadurch zum Ausdruck, daß es neben den vier echten Jokern noch acht unechte gibt, nämlich alle Roten und Schwarzen Zweier. Insgesamt sind also 12 Joker im Spiel, deren Besonderheit darin liegt, daß sie an Stelle jeder anderen Karte verwendet werden können, mit Ausnahme der Schwarzen und Roten Dreier, für die es keinen Ersatz gibt. Vom Vierer bis zum As kann also jede Karte durch einen Joker ersetzt werden.
Im Gegensatz zu den meisten anderen Kartenspielen haben beim Canasta die vier Farben Kreuz, Pik, Herz und Karo keine besondere Bedeutung oder gar verschiedene Werte. Dagegen haben die Karten bestimmte *Zählwerte,* die man sich einprägen muß, damit man während des Spiels schnell reagieren kann. Es zählen:

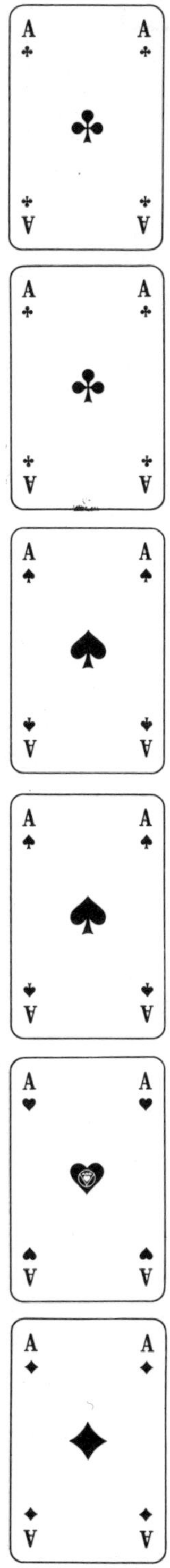

Joker	= 50	Bube	= 10	Sechs	= 5
As	= 20	Zehn	= 10	Fünf	= 5
Zwei	= 20	Neun	= 10	Vier	= 5
König	= 10	Acht	= 10	Schwarze Drei	= 5
Dame	= 10	Sieben	= 5		

Die vier Roten Dreier (Karo und Herz) sind in dieser Aufstellung nicht enthalten, weil sie keine eigentlichen Spielkarten darstellen. Sie werden getrennt ausgelegt und bei der Abrechnung gesondert, und zwar besonders hoch bewertet, nämlich mit je 100 Punkten, und wenn ein Spieler oder eine Partei im Verlauf des Spiels in den Besitz aller vier Roten Dreier gelangen sollte, so werden diese in ihrem Punktewert sogar verdoppelt; vier Rote Dreier bringen also 800 Punkte.
Noch einmal kurz zusammengefaßt: Außer den vier echten Jokern sind beim Canasta noch acht unechte Joker im Spiel, nämlich die Roten und Schwarzen Zweier. Es stehen also insgesamt zwölf Joker zur Verfügung, die wie beim Rommé stellvertretend für alle übrigen Karten sind – ausgenommen die Roten und Schwarzen Dreier! Welche Bewandtnis es mit dieser Stellvertretung hat, wird rasch klar werden, wenn wir uns mit dem Spielablauf beschäftigen.
Die Joker und die Zweier bezeichnet man als »wilde Karten« – wahrscheinlich, weil ihre Aufgabe darin besteht, sozusagen durch das Spiel zu vagabundieren, den normalen Spielablauf zu stören und für Überraschungen zu sorgen. Die übrigen Karten – sowohl die durch die Joker vertretbaren (von den Vieren bis zu den Assen) als auch die Schwarzen Dreier – heißen »echte Karten«.

Am Canasta können zwei bis sechs Personen teilnehmen. Finden sich zwei oder drei Spieler am Tisch zusammen, so spielt jeder für sich. Bei vier, fünf oder sechs Spielern bilden sich Parteien, die gegeneinander spielen. Bei vier Spielern sind es zwei Parteien zu je zwei Personen. Bei fünf bilden sich ebenfalls zwei Partnerschaften, von denen die eine aus zwei, die andere aus drei Personen besteht; einer der drei muß allerdings reihum pausieren. Bei sechs Personen schließlich bilden sich entweder zwei Parteien mit je drei oder drei Parteien mit je zwei Spielern. Bei vier Teilnehmern sitzen die Spieler in folgender Tischordnung:
Nord (N) und *Süd* (S) sind hierbei die eine und *West* (W) und *Ost* (O) die andere Partei. Bei sechs Spielern ergibt sich folgende Sitzeinteilung:

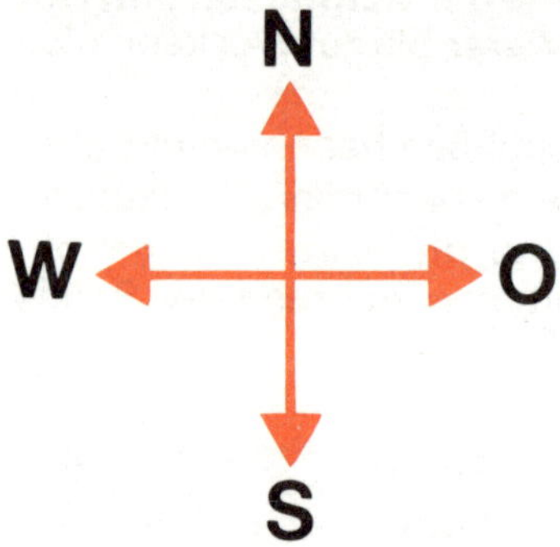

In dem skizzierten Fall haben sich drei Parteien gebildet, und zwar A und B, C und D, E und F.
Wie sich die Partner finden, ist im übrigen gleichgültig; sie können sich also völlig frei zusammentun oder das Los, also die Karten, entscheiden lassen. Im letzteren Fall ziehen die Teilnehmer aus einem gemischten Pack je eine Karte, und diejenigen, denen die höheren Karten zufallen, spielen dann gegen die anderen mit den niedrigeren Karten.
Das Geben der Karten geht in der üblichen Weise vor sich: Zunächst zieht jeder Spieler aus dem Kartenpack eine Karte; wer die höchste Karte erhält, ist *Vorhand,* das heißt, daß er das Spiel zu eröffnen hat. Der Kartengeber ist sein rechter Nachbar. Hat zum Beispiel bei vier Teilnehmern *Nord* die höchste Karte gezogen, ist er also Vorhand, so muß *West* die Karten geben. Dieser mischt die Karten gut und läßt sie von seinem rechten Nachbarn abheben. Danach beginnt er mit dem Geben von links nach rechts, wobei er immer nur eine Karte gibt.

Es erhält jeder Spieler:

beim Spiel zu zweit	15 Karten
beim Spiel zu dritt	13 Karten
beim Spiel zu viert	11 Karten

Die übrigbleibenden Karten legt der Kartengeber verdeckt als sogenannten »Talon« in die Mitte des Tisches. Von diesem Pack dreht er die oberste Karte als »Aufkarte« um und legt sie offen neben den Talon.

Fügt es der Zufall, daß die aufgedeckte Karte ein Joker oder eine Rote Drei ist, so muß eine weitere Karte abgehoben werden, die zwischen Joker und Talon gelegt wird. Das ist erforderlich, weil der erste Spieler die Möglichkeit erhalten muß, die Aufkarte aufzunehmen, was aber aufgrund der Spielregeln nicht möglich ist, wenn es sich um eine »wilde Karte« (Joker und Zweier) oder um eine Rote Drei handelt. Sollte auch die nächste Karte ein Joker oder eine Rote Drei sein, so wird sie zu dem bereits abgehobenen Joker oder der Roten Drei gelegt, und eine neue Karte wird abgehoben.

Die Karten sind nun verteilt. Der Talon ist gebildet. Das Spiel kann beginnen, wobei wir davon ausgehen, daß vier Personen spielen, von denen *Nord* und *Süd* die eine Partei, *West* und *Ost* die andere Partei bilden. Zunächst einmal, gleich nach dem Geben und Aufnehmen der Karten, muß jeder Spieler feststellen, ob er Rote Dreier bei seinen Karten hat. Sollte das der Fall sein, so darf er sie unter keinen Umständen in der Hand behalten, sondern muß sie offen vor sich auf den Tisch legen. Vom Talon nimmt er sich dafür eine Ersatzkarte. Das wiederholt sich auch während des Spiels jedesmal, wenn der Spieler vom Talon eine Rote Drei zieht. Die Roten Dreier sind, wie uns schon bekannt ist, ein kostbarer Besitz, sie zählen 100 bzw. sogar 200 Punkte, aber:

Sie zählen nur dann als Pluspunkte, wenn der Besitzer seine Meldung gemacht hat, bevor also die Gegenpartei das Spiel austrägt. Sonst zählt sogar die Prämie als Verlust mit der gleichen Anzahl Minuspunkte.

Was es mit dieser Meldung auf sich hat, werden wir gleich sehen:

West hat gegeben; darum beginnt *Nord* mit dem Spiel. Er nimmt (»kauft«) eine Karte vom Talon und legt dafür eine Karte offen auf die Aufkarte, so daß diese von der abgelegten Karte bedeckt wird. Der Reihe nach verfährt jeder Spieler so, wobei alle das Ziel verfolgen, die Karten in der Hand durch Kaufen und Ablegen so umzugruppieren, daß sie sich zu *Sätzen oder Figuren* ordnen, die der Spieler vor sich auf den Tisch legt, d. h. meldet. Mit diesen Sätzen oder Figuren müssen wir uns noch ein wenig beschäftigen:

Sätze oder Figuren nennt man Kartenzusammenstellungen von mindestens drei gleichhohen Karten, z. B. drei Fünfen, drei Achten, drei Damen bilden einen solchen »Drilling«. Aber auch »Vierlinge«, »Fünflinge«, »Sechslinge« und »Siebenlinge« der gleichen Zusammenstellung nennt man Figuren. Es müssen also immer Karten des gleichen Ranges sein, bei denen die Farbe keine Rolle spielt, sondern nur die Wertstufe der Karten. Wie schon angedeutet, können auch die echten und unechten Joker zur Bildung der Figuren herangezogen werden, wobei folgende Einschränkungen zu beachten sind:

1. Ein Drilling darf nur einen Joker enthalten; die beiden anderen Karten müssen denselben Grundwert haben (Beispiel: Herz-Zehn, Karo-Zehn, Joker);
2. ein Vierling muß mindestens zwei Karten desselben Grundwertes enthalten, darf also nur zwei Joker aufweisen (Beispiel: Kreuz-Dame, Pik-Dame, Joker, Joker oder: Kreuz-Dame, Pik-Dame, Joker, Zweier);

Zwilling

Drilling

Vierling

Fünfling

Sechsling

3. ein Fünfling muß mindestens drei Karten desselben Grundwertes enthalten, darf also nur zwei Joker aufweisen;
4. bei einem Sechsling müssen mindestens drei Karten denselben Grundwert haben, es dürfen also nur drei Joker vorhanden sein;
5. auch ein Siebenling darf nur drei Joker enthalten, die übrigen vier Karten müssen denselben Grundwert haben.

Diese Regeln seien an einigen Beispielen veranschaulicht, siehe linke Seite.

Ein Siebenling wird übrigens »Canasta« genannt. Wir haben es hier also mit der Figur zu tun, die dem ganzen Spiel den Namen gegeben hat. Der Canasta ist das erstrebenswerte Ziel der Spieler, denn einmal ist es für den siegreichen Abschluß eines Spiels unabdingbare Voraussetzung, daß von dem betreffenden Spieler oder der Partei im Laufe des Spiels mindestens ein Canasta gemeldet wird, und zum andern sind die Prämien für erzielte Canasta verlockend hoch. Ein »echter« Canasta, der von Anfang an nur aus echten Karten besteht, bringt 500 Punkte, ein »gemischter« Canasta, der sich aus echten und wilden Karten zusammensetzt, wird mit 300 Punkten bewertet.
Es ist an dieser Stelle notwendig, darauf hinzuweisen, daß ein Canasta nicht von vornherein vollständig vorhanden sein muß, denn es ist durchaus möglich, daß sich im Laufe des Spiels beispielsweise ein Drilling, Vierling usw. nach und nach zu einem Canasta ergänzen kann, und man kann diesen dann als solchen melden. Ein Austausch von Jokern innerhalb eines Canasta gegen nachträglich gekaufte Karten ist jedoch nicht möglich.
Aus einem unechten Canasta kann also hinterher kein echter gemacht werden.
Nach den vom Regency-Club aufgestellten Regeln ist der sogenannte »Joker-Canasta«, bei dem man aus sieben Jokern einen Siebenling bildet, nicht erlaubt. Andere Spielarten lassen ihn dagegen zu.
Zurück zum Spielverlauf! Sobald ein Spieler eine Figur (also einen Drilling, Vierling usw.) vollständig beisammen hat, legt er sie offen vor sich aus; um Platz zu sparen, erfolgt das Auslegen im allgemeinen schuppenförmig. Indessen darf das erstmalige Auslegen, die erste Meldung oder die Eröffnung, nur derjenige Spieler vornehmen, der mit den auszulegenden Karten die vorgeschriebenen Mindestwerte für die erste Meldung erreicht. Diese sind verschieden; sie richten sich nach der Punktezahl, die von der jeweiligen Partei in den vorhergegangenen Spielen erreicht wurde:

0 bis 1495 erfordern	50 Punkte
1500 bis 2995 erfordern	90 Punkte
3000 und mehr erfordern	120 Punkte

Dagegen sind nur 15 Punkte erforderlich, wenn die betreffende Partei in den vorhergegangenen Spielen nur Minuspunkte erzielt hat.

Ein paar Beispiele zeigen, wie sich die Mindestwerte errechnen:

a. Wenn ein Spieler zu Anfang drei Könige und drei Sechsen (also zweimal Drillinge) besitzt, könnte er an und für sich zwei Meldungen auf einmal machen. Da aber die beiden Figuren zusammen nur 45 Punkte ausmachen (drei Könige = 30, drei Sechsen = 15), wird der Mindestwert 50 für eine erste Meldung nicht erreicht, und der Spieler muß warten, bis er selbst oder ein anderer eröffnen kann.

b. Hat ein Spieler vier Neunen und einen unechten Joker (zusammen einen Fünfling), so kann er die erste Meldung machen, sofern dafür ein Mindestwert von 50 Punkten erforderlich ist (vier Neunen = 40, ein unechter Joker = 20, zusammen 60).

Wenn die erste Meldung erfolgt ist, gibt es für die anderen Spieler keine Mindestwerte mehr, vielmehr ist von jetzt an jede Meldung gestattet. Sogar sogenannte *Ergänzungsmeldungen* dürfen erfolgen; darunter versteht man das Anlegen von Karten – auch seitens des Partners – an bereits ausgelegte Figuren.

Jede Partei darf aber nur an die eigenen ausgelegten Figuren anlegen, also nicht an die von der Gegenpartei ausgelegten Figuren.

Wir erklärten schon, daß die abgelegten Karten offen auf die sogenannte Aufkarte gelegt werden müssen, und zwar so, daß auf diesem Ablagestoß immer nur die oberste Karte zu sehen ist. Die Spieler sind nun nicht gezwungen, unter allen Umständen nur die oberste Karte des Talons zu kaufen, sondern unter bestimmten Bedingungen können sie auch die oberste Karte des Ablagestoßes (des sogenannten *Paketes*) und gleichzeitig das ganze Paket erwerben. Die Voraussetzung dafür ist dann erfüllt, wenn ein Spieler mit Hilfe der obersten Karte des Paketes eine Figur bilden und auslegen kann. Dieser Paketkauf ist eine der reizvollsten Phasen beim Canasta, zumal er sich während eines Spiels häufiger ereignen kann. Das Paket ist sehr begehrt, weil durch die Karten des Ablagestoßes im allgemeinen eine Kette von Meldungen ausgelöst wird.

Bis zur Abgabe der ersten Meldung ist der Ablagestoß allerdings für alle Spieler blockiert. Wer danach noch nicht ausgelegt hat, kann das Paket nur erwerben, wenn er zwei Karten mit dem gleichen Wert wie die oberste Karte des Paketes in der Hand hat und mit Hilfe dieser Karte in die Lage versetzt wird, Figuren von mindestens 50 (oder 90 oder 120) Punkten auszulegen. Ein Spieler, der bereits zum Auslegen gekommen ist, gelangt leichter in den Besitz des Paketes. Für ihn genügt der Besitz *einer* Karte, die dem Wert der obersten Karte des Paketes entspricht, sofern er durch Hinzunahme eines Jokers zu einem Drilling ergänzen kann.

Aus dem Gesagten geht bereits hervor, daß man das Paket nur kaufen kann, wenn man den Nachweis führt, daß man darauf berechtigte Ansprüche hat. Das geschieht dadurch, daß man die oberste Karte aufnimmt und mit ihrer Hilfe eine Figur auslegt. Erst wenn das geschehen ist, darf man die übrigen Karten des Paketes übernehmen und weitere Figuren auslegen. Außerdem muß man natürlich wie sonst eine Karte ablegen, die den Grundstock für das neue Paket bildet.

Begreiflicherweise pflegt um den Ablagestoß ein heftiger Kampf zu entbrennen. Der besondere Reiz des Canasta-Spiels liegt darin, daß dem Gegner der Kauf des Paketes unter Umständen auch erschwert oder gar – wenigstens zeitweise – umöglich gemacht werden kann. Das geschieht durch *Sperren des Paketes.* Es gibt dafür drei Möglichkeiten:

1. durch die Verwendung der Schwarzen Drei. Diese gilt als *Blockadekarte.* Sobald eine Partei eine Schwarze Drei auf den Ablagestoß wirft (durch Querlegen dieser Karte), ist der Gegenpartei die Möglichkeit genommen, ihn aufzunehmen. Die Regel lautet, daß in einem solchen Fall der nächstsitzende Spieler das Paket nicht kaufen kann. Der übernächste (das wäre also der Partner des Spielers, der mit der Schwarzen Drei blockiert hat) kann sich dagegen schon wieder des Paketes bemächtigen, falls er die Voraussetzungen erfüllt;
2. dadurch, daß man einen echten oder unechten Joker neben das Paket legt. In diesem Fall kann man das Paket zusammen mit dem Joker nur kaufen, wenn man zwei Karten des Wertes der obenauf liegenden Karte aufzuweisen hat. Der dem sperrenden Spieler Nächstsitzende ist wiederum unmittelbar nach dem Sperren vom Kauf ausgeschlossen, selbst wenn er die erforderlichen zwei Karten besitzen sollte;
3. durch Ablegen einer Karte, die den gleichen Wert hat wie ein bereits offengelegter Canasta des Gegners. Wenn also ein Zehner-Canasta auf dem Tisch liegt und die Gegenpartei eine Zehn ablegt, darf die Partei, die den Zehner-Canasta besitzt, das Paket nicht erwerben.

Bei dem Wert des Ablagestoßes liegt es nahe, daß die Spieler danach streben, die erste Meldung erst dann abzugeben, wenn sie gleichzeitig das Paket kaufen können. Man ist ja nicht verpflichtet, seine Figuren und Canasta gleich auszulegen. Man sollte sich allerdings darüber im klaren sein, daß man sich in eine gewisse Gefahr begibt, wenn man mit dem Auslegen an und für sich vollständiger Sätze allzulange wartet. Man muß darum seiner Sache schon sehr sicher sein, wenn man solche Figuren noch eine Weile in der Hand behalten will; man könnte es sonst erleben, daß man vom Gegner in höchst unangenehmer Weise überrumpelt wird, denn wenn ein Gegner das Spiel früher ausmacht, also beendet, zählen bekanntlich alle Karten in der Hand als Minuspunkte. Insbesondere gilt das für die Besitzer von Roten Dreiern, die nicht lange mit ihrer ersten Meldung warten sollten, weil es für sie katastrophal wäre, wenn statt der erhofften hohen Gewinnpunkte für sie plötzlich Minuspunkte gebucht würden.

Aus den bisherigen Darlegungen ging bereits hervor, daß sowohl die Roten als auch die Schwarzen Dreier beim Canasta sehr wichtige Funktionen haben. Mit diesen wollen wir uns noch etwas ausführlicher beschäftigen, weil in der richtigen Anwendung der Dreier der Hauptreiz des Canasta liegt.

Die *Roten Dreier* (Herz und Karo): Wie schon ausgeführt, sind sie keine eigentlichen Spielkarten, sondern sie zählen nur bei der Abrechnung mit hohen Punkten (100 Pluspunkte, wenn man bereits eine Meldung gemacht hat; 100 Minuspunkte, wenn man noch nicht melden konnte; 800 Plus- bzw. Minuspunkte beim Besitz aller vier Roten Dreier). Die Regeln des Regency-Clubs sehen im übrigen 500 Minuspunkte für den Fall vor, daß man noch eine Rote Drei in der Hand hat, wenn der Gegner das Spiel beendet. Die Roten Dreier legt der Besitzer bei Beginn des Spiels offen vor sich auf den Tisch und kauft dafür vom Talon so viele Ersatzkarten, wie er Rote Dreier besitzt. Ist die gekaufte Karte ebenfalls eine Rote Drei, so muß auch diese sogleich offen hingelegt und für sie eine weitere Ersatzkarte gekauft werden. Genauso wird während des ganzen Spiels verfahren. Lediglich wenn ein Spieler zusammen mit dem Ablagestoß eine Rote Drei erhält, wird diese zwar ausgelegt, es darf jedoch keine Ersatzkarte vom Talon genommen werden.

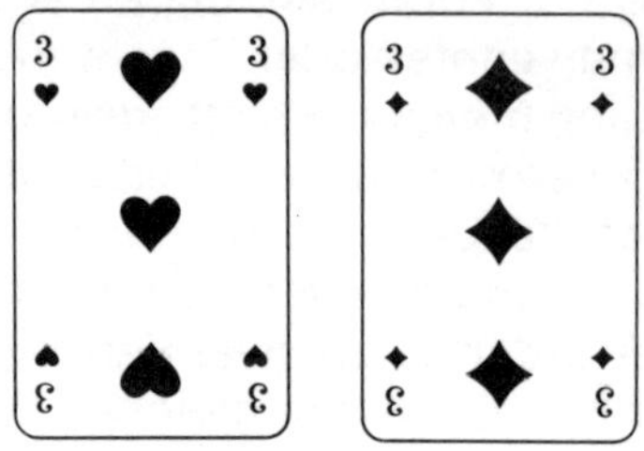

Die *Schwarzen Dreier* (Kreuz und Pik): Die Regeln hierfür sind etwas komplizierter; man sollte sich darum mit ihnen sehr genau vertraut machen.Die Schwarzen Dreier sind einmal echte Karten; als solche haben sie keinen großen Wert, sondern zählen nur 5 Punkte. Sie unterscheiden sich von den übrigen echten Karten dadurch, daß sie während des Spiels nicht ausgelegt werden können. Nach einer häufig angewandten Spielregel wird aber eine Schwarze Drei, die als Aufkarte in Erscheinung tritt, nicht mit der nächsten Karte des Talons bedeckt; vielmehr können Schwarze Dreier gemeldet werden, falls der Spieler gleichzeitig mit der Meldung unter Zuhilfenahme der Aufkarte das Spiel austrägt. Später auf dem Paket erscheinende Schwarze Dreier kann man jedoch nicht kaufen, denn sie üben hier nicht mehr die Funktion einer echten Karte aus, sondern treten als Blockade- oder Sperrkarte auf. Es wurde schon dargelegt, daß eine Partei, die verhindern will, daß der nächstfolgende Spieler das Paket mit den abgelegten Karten kauft, eine Schwarze Drei auf den Ablagestoß werfen kann. Für den an die Reihe kommenden Spieler ist dadurch das Paket gesperrt, und er muß vom Talon kaufen. Das Sperren kann bekanntlich auch mit echten und unechten Jokern erfolgen, aber man nimmt die Schwarzen Dreier dafür am liebsten, weil sie punktemäßig nur geringen Wert haben.
Der Vollständigkeit halber sei noch ein Fall erwähnt, wo die Schwarzen Dreier als Spielkarten vorkommen können. Er kann in der Schlußphase eines Spiels in Erscheinung treten. Wenn am Ende ein Spieler nur noch zwei oder drei Schwarze Dreier in der Hand hat und vom Talon eine Schwarze Drei zukauft, legt er den Satz mit den Schwarzen Dreiern auf den Tisch und beendet damit das Spiel (man nennt das *Ausgehen oder*

Ausmachen des Spiels). Kauft er jedoch als letzte eine andere Karte dazu, etwa eine Zehn oder eine Dame, so darf er den Satz mit den Schwarzen Dreiern ablegen, sofern er die Zehn oder die Dame an seine bereits ausgelegten Karten anlegen kann. Ist das nicht möglich, so muß er die unverwendbare Karte abwerfen und kann nicht »ausmachen«.

Das *Ausgehen oder Ausmachen,* d. h. das Beenden eines Einzelspiels, ist so bedeutungsvoll, daß wir uns noch einen Augenblick damit beschäftigen und dabei das bisher darüber schon Gesagte zusammenfassen wollen. Das Ausmachen stellt insofern eine wichtige Phase des Spiels dar, als dem ausmachenden Spieler oder seiner Partei 100 Punkte gutgeschrieben werden. Geübte Spieler sind darum sehr darauf bedacht, das Spiel vor den Gegnern auszumachen. Gelingt es jemandem, alle Figuren und Canastas bis zum Schluß in der Hand zu behalten und dann seine Karte lückenlos unter gleichzeitigem Ausmachen auszulegen, so erhält er weitere 100 Pluspunkte, wenn der Gegner vorher schon einen Canasta ausgelegt hatte. Doch diese 200 Punkte werden unter großen Gefahren errungen, weil es ja immer möglich ist, daß der Gegner vorher zum Ausmachen kommt, und weil dann alle nicht abgelegten Karten, ob es sich um geschlossene Figuren handelt oder nicht, als Minuspunkte zählen. Wir kennen schon die Regel, daß diejenigen Karten, die man im Augenblick des Spielens noch in der Hand hat, als Minuspunkte zählen. Aus diesem Grunde ist es wichtig, daß sich die Partner verständigen, bevor der eine von ihnen das Spiel »ausmacht«. Das geschieht in der Weise, daß der Spieler, der diese Absicht hat, seinen Partner fragt: »Darf ich ausmachen?«, worauf der Partner nach seiner Kartensituation nur mit ja oder nein antwortet. Eine Verpflichtung zu dieser Frage besteht jedoch nicht.

Es sei im übrigen noch einmal gesagt, daß ein Spieler nur dann ausmachen kann, wenn er oder sein Partner mindestens einen Canasta ausgelegt hat oder wenn er im Augenblick des Ausmachens einen solchen melden kann.

Das geschlossene Auslegen aller Karten und gleichzeitige Ausmachen birgt indessen eine noch viel größere Chance in sich, um die sich das schon erwähnte Risiko, das damit verbunden ist, schon eher lohnt. Diese Punktchancen bietet das *Handcanasta.* Es ist ein richtiges Hasardspiel, denn es bringt dem Spieler im Falle des Gelingens nicht weniger als 1000 Punkte ein. Das Handcanasta beruht darauf, daß man – ein besonders gutes Blatt und einen fertigen oder sich als sicher abzeichnenden Canasta in der Hand vorausgesetzt – während der ganzen Dauer eines Spiels keine Figur auslegt, sondern erst in dem Augenblick, wo man das Spiel ausmacht, alle Karten geschlossen und zu Figuren geordnet auf den Tisch bringt. Unter diesen muß sich dann selbstverständlich auch der vorgeschriebene vollständige (echte oder unechte) Canasta befinden. Es bedarf kaum der Erwähnung, daß man bei einem Handcanasta darauf verzichten muß, das Paket zu kaufen, weil man auf diese Weise manche Karte bekäme, die man nicht oder nur schwer unterbringen könnte, so daß der Gegner womöglich früher ausmachen würde, was dem Handcanasta-Spieler zwangsläufig viele Minuspunkte einbringen müßte.

Canasta-Strafen

Zur fairen Spielabwicklung sollte man sie generell übernehmen:

1. Wenn ein Spieler die oberste Karte des Paketes kauft, ohne die vorgeschriebenen 50, 90 oder 120 Punkte für die Eröffnung zu besitzen, so muß er die Karte zurückgeben und sich als Strafe 50 Minuspunkte gefallen lassen.
2. Der Nachweis der Berechtigung, ein Paket kaufen zu können, ist sehr wichtig. Wer also das ganze Paket aufnimmt, ehe er mit Hilfe der obersten Karte des Paketes einen Satz ausgelegt hat, muß sein ganzes Blatt offen auf den Tisch legen und sich damit abfinden, daß das Paket aus seinen Karten rekonstruiert wird. Außerdem bekommt er 200 Strafpunkte.
3. Wer vom Talon kauft, ohne an der Reihe zu sein, muß die Karte zurückgeben und sich 100 Strafpunkte gefallen lassen. Hat er die turnuswidrig gekaufte Karte bereits in sein Blatt übernommen, wenn der Verstoß festgestellt wird, so darf er die Karte zwar behalten, kann aber nicht kaufen, wenn er an der Reihe ist, sondern muß eine Karte ablegen. Im übrigen werden ihm 200 Strafpunkte angekreidet.
4. Wer das Paket kauft, ohne an der Reihe zu sein, erhält 100 Strafpunkte und muß alle zu Unrecht gekauften Karten sowie alle Figuren, die er aufgrund des Kaufs bilden konnte, offen auf den Tisch legen. Alle diese Karten gelten als *Strafkarten.* Mit ihnen hat es folgende Bewandtnis: Sie müssen offen auf dem Tisch liegen bleiben. Sie gelten im übrigen genausoviel wie die Karten in der Hand; man kann sie also auch anlegen oder mit ihnen das Paket kaufen, auch unter Zuhilfenahme der in der Hand befindlichen Karten. Ein Spieler mit Strafkarten ist aber gehalten, jedesmal, wenn er an der Reihe ist, eine von ihnen abzulegen, bis alle verbraucht sind. Erst dann darf er wieder Karten aus der Hand ablegen.
5. Ablegen einer Karte ohne gleichzeitigen Kauf einer anderen wird nicht weiter geahndet. Es genügt, wenn der säumige Spieler den Kauf vom Talon nachholt. Hat der nächste Spieler schon gekauft, bevor der Fehler entdeckt wurde, so geht das Spiel weiter, ohne daß der Säumige nachkaufen muß.
6. Hat ein Spieler statt einer Karte zwei oder mehr Karten abgelegt, so darf der nächste Spieler bestimmen, welche der Karten abgelegt werden soll. Die übrigen werden Strafkarten (siehe unter 4.).

7. Karten, die dem Partner gezeigt oder in anderer Weise kenntlich gemacht werden, wandern ebenfalls als Strafkarten auf den Tisch.

8. Wenn ein Spieler vom Talon kauft und dabei den Versuch macht, die nächste Karte zu betrachten, muß er diese Karte allen Mitspielern zeigen. Der nächstsitzende Spieler hat das Recht, die Karte zu kaufen. Es kann aber auch verlangt werden, daß der Talon neu gemischt wird.

9. Wer voreilig vom Talon kauft, ehe der vorherige Spieler abgelegt hat, muß die gekaufte Karte behalten, auch wenn er die vom Vordermann abgelegte Karte und damit das Paket hätte erwerben können.

Die Abrechnung

Die Abrechnung erfolgt nach Beendigung eines jeden Spiels. Es müssen dabei alle Plus- und Minuspunkte gegeneinander verrechnet werden, weil nur so zu erkennen ist, mit welcher Punktzahl die Spieler oder Parteien das nächste Spiel zu eröffnen haben. Nachfolgend zunächst eine Zusammenstellung aller Plus- und Minuswerte:

Pluspunkte:

1. jede Rote Drei (wenn der Spieler oder seine Partei mindestens einen Canasta hat	100
2. alle Roten Dreier in einer Hand (wenn der Spieler oder seine Partei mindestens einen Canasta hat	800
3. jeder echte Canasta	500
4. jeder unechte Canasta	300
5. Prämie für das Spiel	100
6. Prämie für das Ausmachen mit geschlossen ausgelegten Karten	200
7. Prämie für das Handcanasta	1000
8. alle ausgelegten Karten, und zwar	
a) jeder echte Joker	50
b) jeder unechte Joker (Zweier)	20
c) jedes As	20
d) König, Dame, Bube, Zehner, Neuner, Achter je	10
e) Siebener, Sechser, Fünfer, Vierer und Schwarze Dreier je	5

Minuspunkte:

1. jede Rote Drei (wenn der Spieler oder seine Partei noch nicht melden konnte)	100
2. alle Roten Dreier in einer Hand (wenn der Spieler oder seine Partei noch nicht melden konnte)	800
3. eine Rote Drei in der Hand	500
4. alle noch nicht ausgelegten Karten, und zwar	
a) jeder echte Joker	50
b) jeder unechte Joker (Zweier)	20
c) jedes As	20
d) König, Dame, Bube, Zehner, Neuner, Achter je	10
e) Siebener, Sechser, Fünfer, Vierer und Schwarze Dreier je	5

Das nachstehende Beispiel einer Abrechnung soll zeigen, wie ein Zählblock am zweckmäßigsten anzulegen ist:

	Nord-Süd	West-Ost
1. Spiel	180	412
2. Spiel	1140	618
	1320	1030
3. Spiel	426	– 160
	1746	870
4. Spiel	2400	620
	4146	1490
5. Spiel	1218	860
	5364	2350
	– 2350	
	3014	

Die Zahl der Spiele, die zu einer Partie gehören, steht nicht fest, die Partie endet vielmehr, sobald ein Spieler oder eine Partnerschaft 5000 Punkte erreicht oder überschritten hat. In unserem Beispiel siegte Nord-Süd mit 3014 Punkten.

Das Spiel zu zweit ② 956

Rommékarten

Hier gibt derjenige Spieler, der die niedrigere Karte gezogen hat. Der andere hat Vorhand. Jeder erhält 15 Karten, die einzeln zugeteilt werden. Beim Spiel zu zweit gibt es logischerweise keine Strafkarten. Der Verlierer zahlt dem Sieger die Differenz der Pluspunkte entsprechend den vor dem Spiel getroffenen Vereinbarungen.

Das Spiel zu dritt ③ 957

Rommékarten

Dabei gibt ebenfalls der Spieler mit der niedrigsten Karte. Vorhand sitzt links von ihm. Jeder Spieler erhält einzeln 13 Karten. Der Spieler mit der höchsten Punktzahl ist Sieger; er erhält von den beiden Gegnern die Differenz zwischen seinen und den Pluspunkten seiner Gegner ausgezahlt. Die Verlierer rechnen nicht untereinander ab, wenn das nicht ausdrücklich vereinbart wurde.

Das Spiel zu viert ④ 958

Rommékarten

Vor Beginn wird die Sitzordnung durch das Los bestimmt, und zwar bilden die beiden Spieler mit den höchsten Karten eine Partnerschaft ge-

Teufel Nr. 902 (S. 356) ▶

gen die beiden anderen; die Partner sitzen einander gegenüber. Hat beispielsweise *Süd* die höchste Karte gezogen, so muß *Ost* geben und *Nord* abheben. Beim nächsten Spiel ist dann *Süd* der Geber, während *Ost* abhebt und *West* Vorhand hat. Jeder Spieler erhält einzeln 11 Karten. Die Partner legen ihre Karten an bereits ausgelegte Figuren des Mitspielers an. Vor dem Ausmachen ist eine Verständigung der Partner untereinander möglich, und zwar mit der Frage: »Darf ich ausmachen?« und der Antwort: »Ja« bzw. »Nein«. Jeder der beiden Verlierer zahlt am Schluß der Partie die Pluspunkte an einen der Gewinner, z. B. *Nord* an *West* und *Süd* an *Ost*.

Das Spiel zu fünft ◐ ⑤ 959

Rommékarten

Dieses Spiel sieht zwei Parteien zu zwei und drei Spielern vor, und zwar finden sich nach dem Ziehen der Karten die beiden höheren gegen die drei anderen zusammen. In der Dreiermannschaft muß reihum einer pausieren, so daß immer nur vier Spieler zu gleicher Zeit im Spiel sind. Das Spiel kann darum genauso ablaufen, als wenn nur vier Teilnehmer vorhanden wären.

Etwas anders geht lediglich die Abrechnung vor sich. Wenn die Zweierpartei gewinnt, zahlt die Dreierpartei zusammen die Differenz der Punkte zwischen den Parteien; jeder Spieler der Dreiermannschaft bezahlt also ein Drittel der Differenz. Die Gesamtsumme wird zwischen den beiden Spielern der Zweiermannschaft geteilt. Gewinnt dagegen die Dreierpartei, so muß die Zweiermannschaft zusammen die Differenz der Punkte bezahlen, und die Gesamtsumme wird unter den Spielern der Dreiermannschaft zu gleichen Teilen aufgeteilt.

Das Spiel zu sechst ◐ ⑥ 960

Rommékarten

Es kann entweder mit 2 Parteien (die 3 höheren gegen die 3 niedrigeren Karten) oder mit 3 Parteien (jeweils die einander gegenübersitzenden Spieler bilden eine Partnerschaft) gespielt werden. Im ersten Fall pausiert immer ein Spieler in jeder Partei; gebräuchlicher ist dagegen das Spiel der 3 Parteien, weil hier alle 6 Spieler aktiv dabei sind. Gespielt wird dann mit 3 Kartenspielen zu je 52 Blatt sowie 6 echten Jokern. Von den insgesamt 162 Karten erhält jeder Spieler 13; der Rest bildet den Talon. Im Spiel zu sechst darf erst nach dem Auslegen von 2 Canastas ausgemacht werden. 5 Rote Dreier werden mit 1000, 6 sogar mit 1200 Punkten bewertet.

Die Abrechnung unter den 6 Teilnehmern erfolgt in der Weise, daß jede Partei, die verloren hat, die Differenz zwischen ihren und den Punkten der Siegerpartei bezahlt. Beispiel: Hat die Partei A-B mit 6000 Punkten gewonnen, die Partei C-D mit 4000 und die Partei E-F mit 3500 Punkten verloren, so zahlt die Partei C-D an A-B den Wert für 2500 Punkte. Der Gewinn wird unter den Partnern der Siegermannschaft zu gleichen Teilen geteilt.

◄ Skat Nr. 929 (S. 385)

Eine andere Verrechnungsweise sieht vor, daß jeder der Verlierer den vollen Differenzwert zu zahlen hat, so daß also in unserem Beispiel C an A und D an B je 2000, E an A und F an B je 2500 Punkte zu verrechnen hätten, was gegenüber der erstgenannten Verrechnungsweise sogar eine Verdoppelung der Vergütung bedeutet.
Über den Verrechnungswert von je 1000 Punkten müssen sich die Spieler vor Beginn des Spiels einig werden.

Poker (Draw Poker) ◑ ② ⑧ 961

Rommékarten

Bluff gegen Bluff – das ist im Grunde genommen das Wesen des Pokerspiels.
Es mag zunächst verwunderlich erscheinen, daß es überall in der Welt unter Pokerspielern üblich ist, die englischen Bezeichnungen anzuwenden. Das ist darauf zurückzuführen, daß dieses schon einige hundert Jahre alte Kartenspiel im 19. Jahrhundert in den Vereinigten Staaten seine endgültige Form erhalten hat, genauer gesagt haben die Amerikaner, denen Poker wesensmäßig vielleicht besonders liegt, die Hauptregeln entwickelt, die seither allgemein gültig sind. Trotzdem gibt es auch heute noch so viele Abweichungen, daß es ratsam ist, vor Beginn einer Pokerrunde eine Verständigung über alle Einzelheiten herbeizuführen, damit während des Spiels keine Unzuträglichkeiten und Verstimmungen mehr auftreten können.
Unter den vielen Spielarten ist Draw Poker die bekannteste und beliebteste. An dieser Spielweise können 2 bis 8 Personen teilnehmen. Es handelt sich somit um ein vortreffliches Gesellschaftsspiel. Benutzt wird ein Kartenspiel mit 52 Karten, zu denen noch ein Joker hinzutreten *kann*. Jeder Spieler ist mit der gleichen Kartenzahl und mit den gleichen Aussichten beteiligt.
Es wird mit den 4 Farben Pik, Herz, Karo und Kreuz gespielt, und zwar in der Wertabstufung: As, König, Dame, Bube, 10, 9, 8, 7, 6, 5, 4, 3, 2. Im allgemeinen stehen die Farben gleichwertig nebeneinander. Bei den wenigen Fällen völlig gleichwertiger Kartenzusammenstellungen, in denen die Farbe entscheiden muß, ist die Reihenfolge Pik, Herz, Karo, Kreuz. Pik hat also den höchsten, Kreuz den niedrigsten Farbenwert.
Spielen weniger als 7 Personen mit, so werden vielerorts die niedrigeren Karten ausgeschieden, so daß bei 4 Spielern die Karten von Sieben ab, bei 5 Spielern die Karten von Sechs ab und bei 6 Spielern die Karten von Fünf ab im Spiel bleiben. Es soll aber nicht unerwähnt bleiben, daß durch diese Verringerung der Kartenzahl dem Spiel manche Nuance genommen wird.
Bei Draw Poker wird nicht ausgespielt und gestochen, wie wir das von den meisten anderen Kartenspielen her kennen. Es zählen also nicht gewonnene Augen und Stiche, sondern ähnlich wie beim Rommé lediglich bestimmte Kartenzusammenstellungen, die sich in der Hand der Spieler befinden und gegeneinander abgewogen und gewertet werden. Das Be-

sondere am Poker besteht jedoch außerdem darin, daß es vor dem eigentlichen Vergleich der Karten noch ein Spielstadium gibt, in dem die Spieler förmlich miteinander wetten; sie suchen sich gegenseitig davon zu überzeugen, daß ihr Blatt besser ist als das des Gegners. Dabei geht es darum, den Gegner durch ständiges Erhöhen des Angebotes – und das ist oft gleichbedeutend mit Bluff und Täuschungsmanöver – zum Kapitulieren zu bringen. Wie das vor sich geht, werden wir später sehen.

Die Kartenfolgen und ihre Bewertung

Jeder Spieler verfügt nie über mehr als fünf Karten, die jedoch in ihrer Zusammenstellung sehr verschiedenartig sein können. Sie seien hier einzeln genannt, und es ist gut, wenn der angehende Pokerspieler sie sich mit ihren englischen und deutschen Bezeichnungen fest einprägt. Um so schneller kann er dann beim Spielen »schalten«, was beim Poker mehr als bei allen anderen Kartenspielen ausschlaggebend ist.

1. *Straight Flush* (zu deutsch: Farbensequenz). Das sind fünf Karten derselben Farbe in ununterbrochener Reihenfolge:

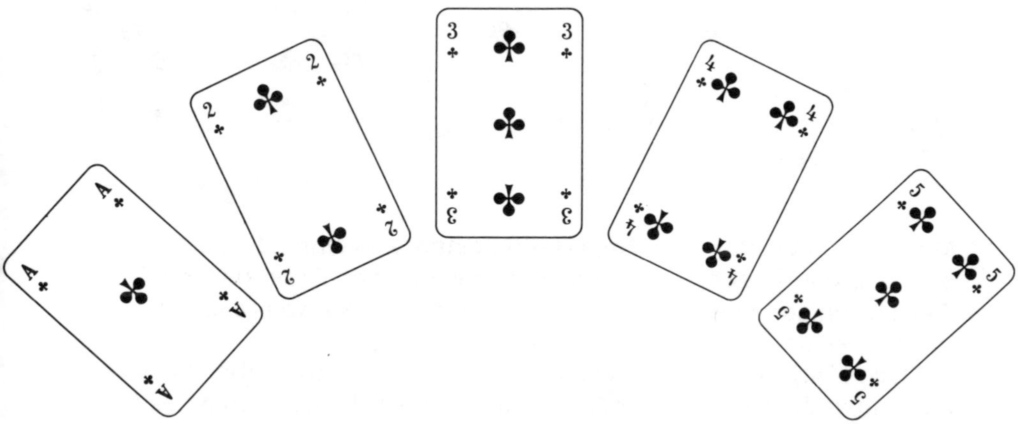

Wir sehen an diesem Beispiel, daß die Karten eine lückenlose Reihe bilden müssen. Wenn dazwischen auch nur eine Karte fehlt, handelt es sich nicht mehr um einen Straight Flush. Wichtig ist ferner, daß die Farbensequenzen nicht immer den gleichen Wert haben. Vielmehr bestimmt die erste Karte die Höhe des Wertes; eine Farbensequenz, die mit einer Dame beginnt, ist demnach höher im Wert als eine Farbensequenz, deren erste Karte eine Zehn ist. Die höchste Farbensequenz ist also diejenige, die mit einem As beginnt. Man spricht dann von einen *Royal Flush.* – In diesem Zusammenhang sei darauf hingewiesen, daß das As in einer Farbensequenz auch als Karte mit dem kleinsten Wert auftreten kann, also etwa in der Sequenz: Karo-Fünf, Karo-Vier, Karo-Drei, Karo-Zwei, Karo-As.

2. *Four of a Kind* (Viererpasch) ist die nächstwichtige und nächstwertvolle Kartenfolge. Wie schon der Name sagt, besteht sie aus 4 Karten des gleichen Wertes und einer fünften beliebigen Karte, also etwa:

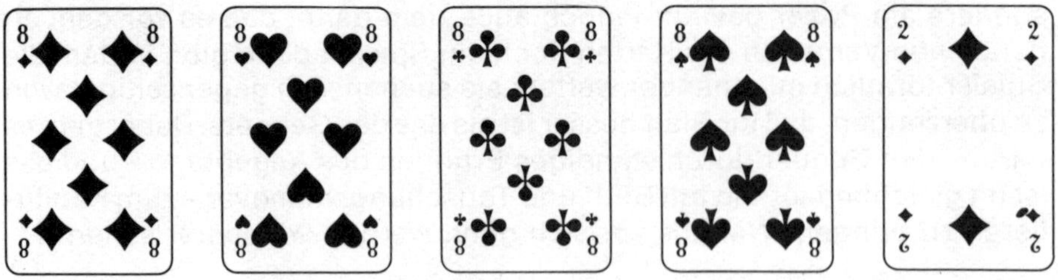

Treten in einem Spiel zwei oder mehr Viererpasche auf, so gewinnt der Spieler mit den höheren Kartenwerten. Ein Viererpasch mit Königen gilt also mehr als einer mit Buben.

3. Full House oder *Full Hand* (Volle Hand). Hierfür sind 3 Karten gleichen Wertes und 2 Karten eines anderen, aber ebenfalls gleichen Wertes erforderlich. Beispiel:

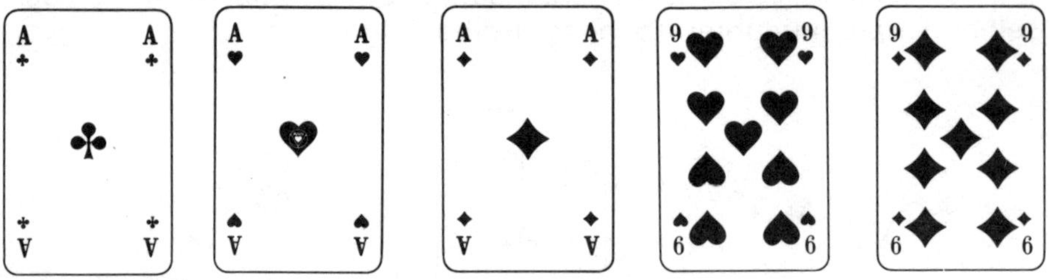

Mit anderen Worten: Die Volle Hand besteht aus einem Dreierpasch und einem Zweierpasch, wobei die Kartenwerte des Dreierpaschs für den Gewinn entscheidend sind; die Kartenwerte des Zweierpaschs bleiben unberücksichtigt.

4. Flush (Farbe). Hierbei müssen alle 5 Karten von derselben Farbe sein, also entweder Pik oder Herz, Karo oder Kreuz. Im übrigen ist es jedoch gleichgültig, welchen Wert sie haben.

Wenn 2 Spieler einen Flush haben, so entscheidet die höhere Farbe. Haben beide einen Flush derselben Farbe, so entscheidet natürlich die höchste Karte.

5. Straight (Gemischte Sequenz). Kennzeichnend ist hier wieder die ununterbrochene Kartenfolge, die aber bei Straight aus verschiedenen Farben bestehen kann. Beispiel:

Sollten zwei Spieler Gemischte Sequenzen besitzen, so ist die Karte mit dem höchsten Wert entscheidend. Wenn die beiden Straights die gleiche Kartenfolge aufweisen, so wird entweder so verfahren, daß die Farbe der höchsten Karte die Entscheidung herbeiführt oder die beiden Spieler sich den Gewinn teilen. Es ist beim Poker im allgemeinen üblich, nach der zuerst genannten Methode zu verfahren. Eine Gemischte Sequenz, die mit einer Herz-Dame beginnt, gilt also mehr als eine solche mit einer Kreuz-Dame.

6. Three of a Kind oder *Triplet* (Dreier). Diese Zusammenstellung der 5 Karten ähnelt dem Full House (siehe Nr. 3). Der Unterschied besteht nur darin, daß neben dem geforderten Dreierpasch kein Zweierpasch erscheint.

Vielmehr handelt es sich bei den anderen Karten um ganz beliebige, wie es unser Beispiel zeigt:

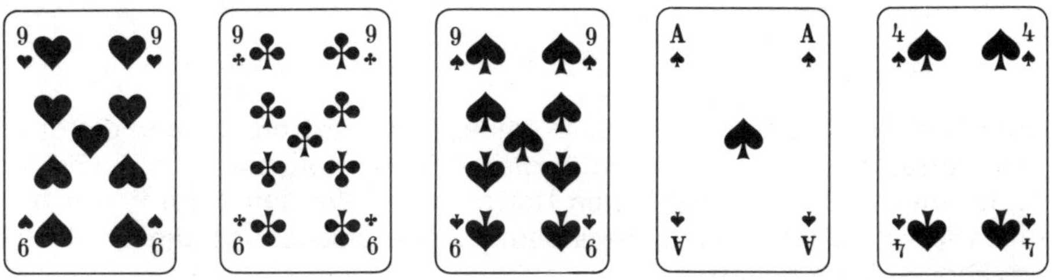

Der Dreierpasch besteht natürlich aus Karten des gleichen Wertes, aber verschiedener Farben. Die Höhe seiner Kartenwerte ist für den Gewinn maßgebend, während die Werte der Nebenkarten ohne Bedeutung sind. Ziehen wir zum Vergleich noch einmal das Full House heran! Es dürfte ohne weiteres verständlich sein, daß dieses in jedem Fall mehr zählt als ein Dreier – auch dann, wenn dessen Dreierpasch etwa aus Königen, der Dreierpasch beim Full House dagegen etwa nur aus Achten bestehen sollte.

7. Two Pairs (Zwei Paare). Allmählich nimmt die Qualität der Kartenfolgen ab. Wie schon der Name sagt, kommt es bei dieser Zusammenstellung nur noch darauf an, daß darin 2 Karten des gleichen Wertes mit 2 anderen Karten eines anderen Wertes enthalten sind, wozu dann noch eine beliebige Einzelkarte kommt wie hier:

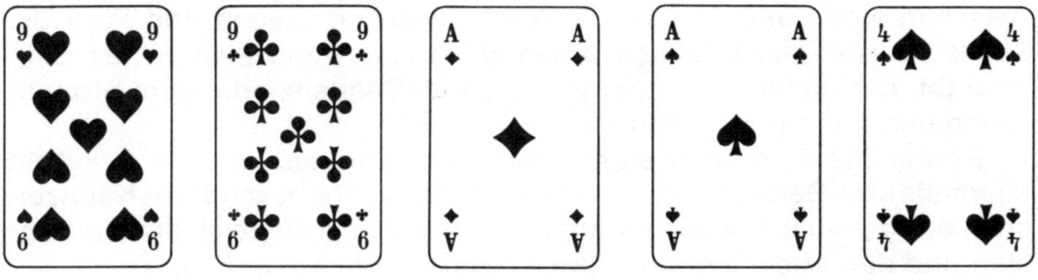

Für den Fall, daß zwei Spieler über Two Pairs verfügen, entscheidet wie in allen ähnlich gelagerten Fällen das Paar mit dem höheren Wert. Fügt es der Zufall, daß beide Spieler ein Paar des gleichen Wertes besitzen, so ist der Wert des zweiten Paares entscheidend. Bei gleichem Wert auch des zweiten Paares entscheidet der Wert der fünften Karte.

8. One Pair (Ein Paar). Hier brauchen nur 2 Karten des gleichen Wertes vorhanden zu sein, während die 3 anderen Karten beliebig sein können.

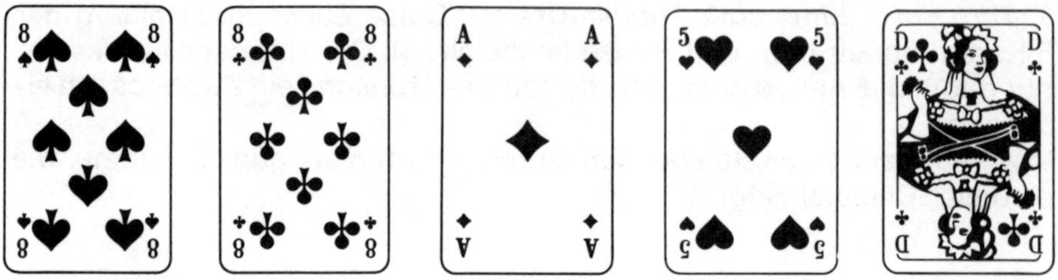

Kommen die gleichen Paare bei 2 Spielern vor, so entscheiden die dritten, vierten und fünften Karten in dieser Reihenfolge.

Außer diesen 8 hauptsächlichen Kartenfolgen werden beim Poker hin und wieder weitere Zusammenstellungen berücksichtigt, die nicht unerwähnt bleiben sollen.

9. Skip Straight (wörtlich übersetzt: Sprung-Sequenz). Es handelt sich um eine Art von Gemischter Sequenz mit gleichen Zwischenräumen zwischen den Karten, beispielsweise:

Wie man sieht, fehlt zwischen den einzelnen Karten je eine Karte, also: zwischen König und Bube die Dame, zwischen Bube und Neun die Zehn, zwischen Neun und Sieben die Acht, zwischen Sieben und Fünf die Sechs. Dieser gleichmäßige Abstand ist das Kennzeichen des Skip Straight, das gleich hinter der Gemischten Sequenz oder dem Straight (siehe unter 5) einzuordnen ist.

10. Round the Corner Straight (übersetzt: Sequenz um die Ecke) ist ebenfalls eine Gemischte Sequenz, und zwar ist ihr besonderes Kennzeichen das genau in der Mitte stehende und diesmal zugleich den niedrigsten und den höchsten Kartenwert darstellende As.

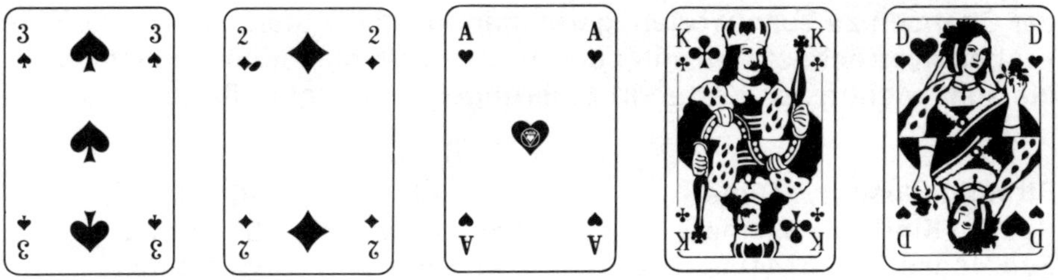

In dieser Sequenz gibt es keine Zwischenräume wie beim Skip Straight, vielmehr müssen die beiden niedrigsten Werte (Drei und Zwei) durch ein As mit den beiden höchsten (König und Dame) verbunden werden. Das As stellt also in dieser Folge einmal den niedrigsten Wert hinter Drei und Zwei und zum andern den höchsten Wert vor König und Dame dar.
Der Round the Corner Straight rangiert in seiner Bedeutung gleich hinter dem Skip Straight.
11. Blaze (nicht sinngemäß zu übersetzen). In dieser Kartenfolge findet man nur Könige, Damen und Buben, wobei es sich automatisch ergibt, daß 2 der 3 Figuren zweimal vorkommen.
Käme eine der 3 Figuren dreimal vor, dann wäre es keine Blaze mehr, sondern ein Three of a Kind (siehe unter 6). Dorthin gehört die Blaze auch nach ihrer Bedeutung, und zwar steht sie zwischen Three of a Kind und Two Pairs (siehe unter 7).
12. Four Flush (Vier der gleichen Farbe). Diese Kartenfolge bildet den Schluß der Reihe, weil seine Kartenzusammenstellung am bescheidendsten ist. Von den 5 Karten müssen zwar 4 von derselben Farbe sein, sie stehen jedoch in einer beliebigen Reihenfolge.
Der Four Flush hat nur geringen Wert. Er steht darum noch hinter Two Pairs (siehe unter 7) und vor One Pair (siehe unter 8). Sollten 2 Spieler einen Four Flush besitzen, so fällt die Entscheidung zugunsten des Spielers, der die höchste Karte im Flush hat.
Die hier wiedergegebenene Kartengruppierungen sind klar erkennbar nach ihren Werten, das heißt bei Poker: nach der Häufigkeit ihres Vorkommens geordnet. Daraus geht hervor, wie wichtig es ist, sich nicht nur Namen und Zusammenstellung, sondern auch ihre Reihenfolge fest einzuprägen. Die Reihenfolge, also der Wert, beruht natürlich auf der Häufigkeit des Vorkommens; sie ist also nicht willkürlich festgesetzt worden, sondern hat sich erst im Laufe der Zeit durch sorgfältige Beobachtung der Chancen ergeben.
Durch langwierige Beobachtungen und unter Hinzunahme der Wahrscheinlichkeitsrechnung hat man festgestellt, daß es bei Poker insgesamt 2 598 960 verschiedene Möglichkeiten in *einer* Hand gibt, d. h.: bei der Austeilung der 52 Karten können sich rund zweieinhalb Millionen verschiedene Kartenzusammenstellungen in einer Hand ergeben. Das mag zunächst ganz und gar unwahrscheinlich klingen, aber schon bei einem ersten Versuch, mit Bleistift und Papier die Frage nach der Zahl

der Chancen zu beantworten, gerät man rasch ins uferlose. Mathematiker haben errechnet, daß unter den zweieinhalb Millionen Möglichkeiten die acht wichtigsten Kartengruppierungen wie folgt auftreten:

Straight Flush	40mal	Straight	10 200mal
Four of Kind	624mal	Three of a Kind	54 912mal
Full House	3744mal	Two Pairs	123 552mal
Flush	5108mal	One Pair	1098 240mal

Die Spielweise

Sie ist verhältnismäßig einfach. Einer der Spieler verteilt die Karten so lange reihum, bis ein Bube zum Vorschein kommt. Derjenige, auf den diese Karte fällt, nimmt das ganze Kartenspiel einschließlich der ausgeteilten Karten wieder an sich, mischt es sorgfältig und läßt von seinem rechten Nachbarn abheben. Dann verteilt er die Karten verdeckt und einzeln reihum, bei seinem linken Nachbarn beginnend, bis jeder Spieler 5 Karten hat. Die dann noch nicht ausgeteilten Karten kommen als *Stamm* verdeckt auf den Tisch.

Vorhand – das ist wie immer der Spieler links vom Kartengeber – beginnt mit dem Einsetzen in den »Pott«, worunter man die Kasse mitten auf dem Tisch versteht. Bei Poker wird um Geld gespielt. Der etwas zweifelhafte Ruf des Spiels beruht zum Teil darauf, daß früher die Geldeinsätze in den Kasinos und wohl erst recht in privaten Kreisen oft bedenklich hoch waren. Aber wir wollen uns ja nicht bereichern, wenn wir mit Freunden spielen, und schon kleinste Pfennigbeträge machen Spaß, weil sie für den Gewinner sichtbarer Beweis seines Erfolges sind und dem Verlierer nicht weh tun. Der Einsatz von Vorhand beträgt im allgemeinen zwischen 10 und 15 Prozent des vereinbarten Höchsteinsatzes. Sobald Vorhand eingesetzt hat, müssen sich die übrigen Spieler entscheiden, ob sie mitspielen oder passen wollen. Wer mitspielen will, muß den gleichen Betrag wie Vorhand einsetzen. Die Entscheidung über ihre Mitwirkung werden die Teilnehmer der Pokerrunde selbstverständlich von den Karten in ihrer Hand abhängig machen. Besitzen sie eine der vorhin behandelten Kombinationen, so werden sie sicher nicht passen, auch dann nicht, wenn die Aussicht besteht, daß sie noch zu einer solchen Kartenfolge gelangen können. Jeder Mitspieler kann nämlich noch bis zu 3 Karten vom Stamm dazukaufen. Dieser Kauf vollzieht sich wiederum der Reihe nach, nachdem in der ersten Runde geklärt ist, wer mitspielen will und wer nicht. Vorhand beginnt also mit dem Kauf, der so vor sich geht, daß der Spieler nach eigener Entscheidung eine, 2 oder 3 Karten beiseite legt und dafür vom Kartengeber die gleiche Anzahl vom Stamm erhält. Bei Poker handelt es sich dabei übrigens im Gegensatz zu vielen anderen Kartenspielen um einen richtigen Kauf; man muß nämlich für jede Karte einen vorher vereinbarten Betrag (üblicherweise 10 Prozent des Höchsteinsatzes) in den Pott legen. Das Kaufen ist jedoch kein Zwang. Wer bereits gute Karten zu haben glaubt, kann also verzichten und den Kaufpreis sparen.

Die zweite Runde des Spiels nennt man das *Bieten*. Vorhand beginnt, indem er nach den Chancen in seiner Hand wiederum einen kleineren oder größeren Geldbetrag in den Pott legt. Er erklärt dabei: »Ich poke.« Der nächste, der inzwischen seine eigenen Karten studiert und abgeschätzt hat, steht vor der Entscheidung, entweder zu passen und seine Karten beiseite zu legen oder weiterzuspielen. Im letzteren Fall erklärt er: »Ich halte« und legt dabei den gleichen Betrag in die Kasse, oder er verkündet angesichts besonders guter Karten sogar: »Ich erhöhe«, womit die Verpflichtung verbunden ist, mindestens den doppelten Einsatz von Vorhand in den Pott zu tun. Ebenso verfahren nacheinander die übrigen Spieler. Jeder kann also passen, halten oder erhöhen.
Nach dem »Bieten« können folgende Situationen entstanden sein:

1. Ein Spieler hat gepokt (oder erhöht), und alle anderen haben daraufhin gepaßt. Damit hat der pokende Spieler gewonnen, und es fällt ihm der gesamte Inhalt des Potts zu. Er braucht seine Karten nicht zu zeigen, sondern darf sie verdeckt weglegen. In dieser Spielregel liegt die Möglichkeit zu bluffen. Man kann ja auch mit sehr schlechten Karten bieten und mit hohen Einsätzen operieren – immer in der Hoffnung, daß sich die Mitspieler von der dabei zur Schau getragenen Sicherheit beeindrucken und zum Passen bewegen lassen. Natürlich kann dieser Bluff auch ins Auge gehen, wenn nämlich die anderen Spieler nicht darauf hereinfallen, sondern den Hasardeur durch ständiges Mithalten und Erhöhen schließlich doch zur »Stunde der Wahrheit« zwingen. Das kostet dann im allgemeinen nicht nur eine Kleinigkeit; darum sollte man es sich immer sehr überlegen, wie weit man mit dem Bluffen gehen kann.
2. Ein Spieler hat gepokt; einige haben daraufhin gepaßt und andere gehalten. Wenn nun niemand mehr erhöht, müssen alle noch am Spiel Beteiligten ihre Karten aufdecken, damit der Gewinner festgestellt werden kann. Es ist derjenige, der die am höchsten zählende Kartenfolge aufzuweisen hat. Ihm fällt der Inhalt des Potts zu.
3. Ein Spieler hat gepokt; einige sind danach ausgeschieden, einige haben gehalten, und einer hat erhöht. Geht niemand mehr auf dessen Angebot ein, so hat er gewonnen und erhält den gesamten Einsatz.
4. Die in der ersten Erhöhung liegende Herausforderung wird von einem oder mehreren Spielern angenommen, und so geht es in die dritte und möglicherweise in weitere Runden des Spiels. Sie verlaufen wie die zweite Runde, das Halten, Passen oder Erhöhen geht weiter, wobei immer mehr Spieler ausscheiden. Häufig bleiben zum Schluß nur noch 2 Spieler übrig, die erbittert miteinander ringen, denn ihre Einsätze sind mittlerweile so hoch geworden, daß es ein schwerwiegender Entschluß ist, am Ende doch noch zu passen. Schließlich wird aber der Augenblick kommen, wo nicht mehr weitergeboten wird, und dann müssen die beiden Kampfhähne ihre Karten aufdecken. Bei einem solchen Endkampf kommt es meistens kaum noch auf die Karten an, die in den Händen der Spieler sind, sondern mehr auf das Verhalten der Spieler.

Jack Pots ◐ ② ⑧ 962

Rommékarten

Der Jack Pots ist eine Abart des Draw Poker und in den USA sehr geschätzt. Er hat seinen Namen von den Buben, den »Jacks«, die in diesem Spiel eine besondere Funktion haben, wie wir gleich sehen werden.
Jack Pots unterscheidet sich in verschiedener Beziehung vom normalen Poker. So muß jeder Spieler schon vor dem Geben der Karten seinen Einsatz in den Pott legen, und zwar im allgemeinen 5 Prozent des vereinbarten Höchsteinsatzes. Wie beim Draw Poker erhält dann jeder Teilnehmer 5 Karten. Jack Pots muß danach im Gegensatz zu den normalen Spielregeln »eröffnet« werden, und dazu ist nur ein Mitspieler in der Lage, der mindestens 2 Buben, die Jacks, oder eine noch höher zählende Kartengruppierung besitzt.
An und für sich steht natürlich Vorhand das Recht der Eröffnung zu; hat dieser aber kein Buben-, Damen- oder Königspaar oder eine noch höhere Kombination, so erklärt er: »Ich eröffne nicht« (oder er sagt auch: »Ich passe«), und das Recht der Eröffnung geht dann auf seinen linken Nebenmann oder unter Einhaltung der Sitzfolge auf die anderen Spieler über.
Bei Jack Pots besteht im übrigen kein Eröffnungszwang. Auch wenn jemand ein Bubenpaar besitzt, kann er darauf verzichten, das Spiel zu eröffnen, sofern er ein so gutes Blatt besitzt, daß er die Hoffnung haben darf, es noch verbessern zu können.
Das Risiko, das Blatt unter Umständen ungenutzt lassen zu müssen, weil es überhaupt nicht zu der Eröffnung kommt, muß er dann allerdings mit in Kauf nehmen.
Im Gegensatz zum Draw Poker darf ein Spieler im weiteren Spielverlauf sein Eröffnungspaar »zerreißen«, wie man es nennt, wenn er eine der beiden Karten beim Kauf abwirft. Das kann er, sofern er glaubt, daß er sich dadurch verbessert. Hat jemand zum Beispiel Herz-Bube, Karo-Bube, Herz-König, Kreuz-Dame und Pik-Zehn, wird er vielleicht beim Kaufen einen Buben abwerfen – in der Hoffnung, ein As oder eine Neun zu erhalten und dadurch zu einem Straight zu kommen. Er muß jedoch am Ende des Spiels einwandfrei die richtige Eröffnung mit zwei Buben nachweisen.
Erfolgt jedoch die Eröffnung mit zwei Buben oder mit einer noch besseren Kartenfolge, so wird wie beim Draw Poker weitergespielt. Es hat also jeder in der Pokerrunde die Möglichkeit, bis zu 3 Karten umzutauschen, und es wird geboten, gepaßt, gehalten oder erhöht, bis das letzte Angebot nicht mehr überboten wird. Durch Aufdecken der Karten wird dann der Spieler mit den besten Karten ermittelt.
Da bei Jack Pots die Eröffnung etwas komplizierter ist als bei Draw Poker, wollen wir sie an einem Beispiel demonstrieren. Wir gehen dabei von der Annahme aus, daß 6 Spieler beteiligt sind – nennen wir sie A, B, C, D, E und F.
A ist der Kartengeber.
B ist Vorhand, kann aber nicht eröffnen, weil ihm ein zweiter Bube oder

höhere Kartenwerte fehlen. Es fehlt ihm zwar nur eine Karte zum Straight, aber er muß passen, weil die Voraussetzung für die Eröffnung nicht gegeben ist.
C besitzt ein Paar Damen; er eröffnet also und zahlt 2 Einheiten in den Pott.
D hat zwei Buben und zwei Achten, also Two Pairs, und erhöht auf 3 Einheiten.
E besitzt nur mäßige Karten und paßt daher.
F hat in seinem Blatt Pik-Dame, Karo-Dame und Kreuz-Dame, also Three of Kind, und hält darum mit 3 Einheiten.
A muß passen, weil er kein Buben-Paar oder keine höhere Kombination besitzt und auch keine Möglichkeit einer Verbesserung seiner Kartensituation sieht.
B hat nunmehr zu erklären, ob er die Eröffnung und die Erhöhung behalten wird. In der Hoffnung, daß sich beim Kauf der bis auf eine Karte vorhandene Straight vervollständigt, erhöht er sogar auf 4 Einheiten, und im weiteren Spielverlauf haben sich nun die anderen schlüssig zu werden, ob sie halten oder gar erhöhen wollen. Sollte das nicht der Fall sein, passen sie also sämtlich, ist B der Gewinner und erhält den gesamten Pott.
Sollte kein Spieler die Voraussetzungen für die Eröffnung erfüllen, so werden die Karten zusammengeworfen, gemischt und neu verteilt. In solchen Fällen ist es üblich, daß Vorhand nach links weitergeht und daß alle Mitspieler einen Chip, die niedrigste im Spiel angewendete Münze oder Spielmarke, in den Pott zahlen.

Stud-Poker ◐ ② ⑨ 963

Rommékarten

Eine ebenfalls besonders in Amerika beliebte Spielweise ist der Stud-Poker. An ihm können bis zu 14 Personen teilnehmen; man sollte die Zahl der Spieler aber auf 7 bis höchstens 9 beschränken, da sonst aus Mangel an Spielkarten der Reiz der Abwechlsung und der Überraschung verlorengeht.
Jeder Teilnehmer erhält vom Kartengeber zunächst eine verdeckte und in der nächsten Runde eine offene Karte. Das Geben wird dann unterbrochen, um den Spielern Gelegenheit zu einem Angebot zu geben. Wer die höchste offene Karte erhalten hat, beginnt, und zwar vollzieht sich das Bieten ebenso wie beim Draw Poker. Diejenigen Teilnehmer, die erklären, daß sie »halten« wollen, müssen den gleichen Einsatz in den Pott legen wie der Bietende. Wer »erhöht«, zahlt den doppelten Einsatz, wer »paßt«, muß seine Karten niederlegen. Die nach dieser Runde noch im Spiel gebliebenen Teilnehmer erhalten vom Geber wiederum eine offene Karte, und das Bieten beginnt aufs neue, wobei wie beim ersten Mal der Besitzer der höchsten (offenen) Karte den Anfang macht. Die beiden offenen Karten können jetzt bereits Kombinationen bilden, zum Beispiel ein Paar, das unter Umständen jede andere Kartenzusammensetzung

übertrifft, etwa wenn es sich um 2 sowohl in der Farbe als auch im Wert gleiche Karten handelt. Haben 2 oder mehr Spieler Paare in der Hand, so entscheidet das werthöhere Paar darüber, wem diesmal die Rolle des Bietenden zufällt. Das Bieten vollzieht sich wie üblich. Es wird wieder gepaßt, gehalten oder erhöht. Dieser Prozeß wiederholt sich noch zweimal nach der dritten und vierten offenen Karte, bis also jeder Spieler seine 5 Karten beisammen hat. Nach der vierten offenen Karte wird zum letzten Mal geboten und danach gepaßt, gehalten oder erhöht. Wenn dann kein höheres Angebot mehr erfolgt, decken alle im Spiel verbliebenen Teilnehmer die bis dahin verdeckt gehaltenen Karten auf, und wer dann die besten Karten hat, ist Gewinner des Potts.

Seven Cards Stud ◕ ② ⑨ 964

Rommékarten

Dieses Spiel ist eine Variante des Stud-Poker. Statt der üblichen 5 Karten werden hierbei insgesamt 7 Karten an jeden Spieler gegeben, und zwar zunächst 2 verdeckt und eine offen. Danach wird in der üblichen Weise geboten, wobei Vorhand beginnt und die anderen passen, halten oder erhöhen, mit entsprechenden Einsätzen in den Pott. Nach dieser Runde erhält jeder im Spiel gebliebene Teilnehmer wieder eine verdeckte Karte, und das wiederholt sich so oft, bis jeder noch im Spiel Befindliche außer den beiden verdeckten Karten 4 offene besitzt. Daran schließt sich eine letzte Bietrunde an, und anschließend wird jedem noch mitspielenden Teilnehmer eine dritte verdeckte Karte zugeteilt. Nachdem noch einmal geboten, gepaßt, gehalten oder erhöht worden ist, legen die im Spiel Gebliebenen je 2 Karten ab, ehe sie die restlichen Karten vorzeigen. Wer die besten Karten besitzt, ist Sieger und Gewinner des Potts.

High-Low Poker ◕ ② ⑨ 965

Rommékarten

Im Prinzip wird hier ebenso gespielt wie beim Draw Poker. Aus dem Namen (high = hoch, low = niedrig) geht jedoch hervor, daß bei dieser Abart des Pokerspiels nicht nur die besten, sondern auch die schlechtesten Karten gewertet werden. Der Spieler mit den höchsten Karten muß sich also den Gewinn mit dem Besitzer der niedrigsten Karten teilen.

High-Low Seven Cards Stud ◕ ② ⑥ 966

Rommékarten

Hier handelt es sich um eine geschickte Kombination von Seven Cards Stud und High-Low Poker. Jeder Spieler besitzt am Schluß 7 Karten, von denen er 5 als sein Blatt auslegt. Er braucht dafür aber nicht die 5 besten zu wählen, sondern kann auch seine schlechtesten Karten nehmen, sofern er glaubt, daß diese in ihrer Minderqualität nicht mehr unterboten werden können. Der Gewinn wird wie beim High-Low Poker unter den Besitzern der höchsten und der niedrigsten Kartengruppierung zu gleichen Teilen aufgeteilt.

Low-Ball ② ⑥ 967

Rommékarten

Diese Variante ist sozusagen eine Umkehrung der bekannten Poker-Regeln. Low-Ball wird wie Draw Poker, aber mit verschiedenen Abänderungen gespielt. So rangieren die Asse nicht hoch oder niedrig, sondern nur niedrig; Straights und Flushs zählen nicht. Die Sequenz 5, 4, 3, 2, As ist die niedrigste, ganz gleich, ob sie aus einer oder aus mehreren Farben besteht. Da das As die niedrigste Karte ist, zählt ein As-Paar weniger als ein Zweier-Paar.
Oft wird Low-Ball in Verbindung mit Draw Poker gespielt. Wenn ein Teil der Spieler bei Draw Poker gepaßt hat, sammelt Vorhand die Runde erneut, und nun wird Low-Ball gespielt.

Poker mit Joker ② ⑥ 968

Rommékarten

Bei diesem Spiel kommt zu den 52 Karten noch ein Joker hinzu. Dieser hat wie üblich die Funktion, andere, zur Vervollständigung einer Gruppe fehlende Kartenwerte zu ersetzen. Durch die Spielerweiterung mit dieser Karte ändern sich natürlich auch einige wichtige Spielregeln. So kennt man bei dieser Spielweise z. B. statt des Four of a Kind (Viererpasch) den Fünferpasch, in dem der Joker jede fehlende Karte ersetzen kann. Eine solche Kartengruppierung liegt im Wert noch höher als Straight Flush (Farben-Sequenz). Die höchste überhaupt bei Poker vorkommende Kartenfolge ist demnach ein Fünferpasch mit 4 Assen und dem Joker.
Man kann den Poker mit Joker auch in der Weise spielen, daß der Joker nur die Asse ersetzen darf und eine andere Karte nur in Fällen, wo es sich darum handelt, einen Straight Flush, einen Flush oder einen Straight zu vervollständigen. Bei der Feststellung des Gewinners jedoch ist eine echte Farbengruppierung immer mehr wert als eine solche mit einem Joker.

Baccarat ③ ⑫ 969

Rommékarten

Aktiv am Spiel beteiligt sind der Bankhalter und 2 andere Spieler, die gegen den Bankhalter antreten. Die übrigen am Tisch sitzenden Personen wirken nur in der Weise mit, daß sie Einsätze leisten und wie die Kontrahenten des Bankhalters an Gewinn und Verlust beteiligt sind. In den Spielkasinos haben die Spieltische gewöhnlich 12 Plätze; es können also wie gesagt bis zu 12 Personen teilnehmen.
Verwendet werden 2 volle Kartenspiele mit je 52 Karten. Die Farben der Karten haben beim Baccarat keine Bedeutung; wichtig ist nur ihr Augenwert, und zwar zählen:

As	= 1	Fünf	= 5	Neun	= 9		
Zwei	= 2	Sechs	= 6	Zehn	= 0	König	= 0
Drei	= 3	Sieben	= 7	Bube	= 0		
Vier	= 4	Acht	= 8	Dame	= 0		

Vor Beginn des Spiels mischt der Bankhalter die Karten, läßt von einem der aktiven Mitspieler abheben und legt dann den ganzen aus 104 Karten bestehenden Pack auf den sogenannten Schlitten, ein schrägstehendes Gestell, dem man die Karten leicht entnehmen kann. Danach fordert der Bankhalter alle am Tisch sitzenden Personen, also sowohl die aktiven wie die passiven Mitspieler, auf, ihren Einsatz zu leisten. Das geschieht in der Form, daß jeder Teilnehmer, einschließlich des Bankhalters, seinen Einsatz (die Bank) vor sich auf den Tisch legt. Sobald das geschehen ist, deutet der Bankhalter durch Aufheben der Hand an, daß die Einsätze »stehen«. Weitere Einsätze sind von diesem Augenblick an nicht mehr gestattet, und die Einsätze dürfen natürlich auch nicht mehr zurückgezogen werden.
Das Spiel kann nun seinen Anfang nehmen. Es beginnt damit, daß der Bankhalter aus dem Schlitten die Karten gibt, und zwar zwei verdeckt an jeden Spieler, erst eine Karte nach rechts, dann eine nach links, darauf eine sich selbst und dasselbe noch einmal. Wenn das geschehen ist, nehmen die Spieler ihre Karten auf und überprüfen sie.
Worauf es bei Baccarat ankommt, ist mit wenigen Worten gesagt. Gewonnen hat derjenige, der mit der Augenzahl seiner Karten die 9 erreicht oder dieser am nächsten kommt. Die 9 kann sich errechnen durch:

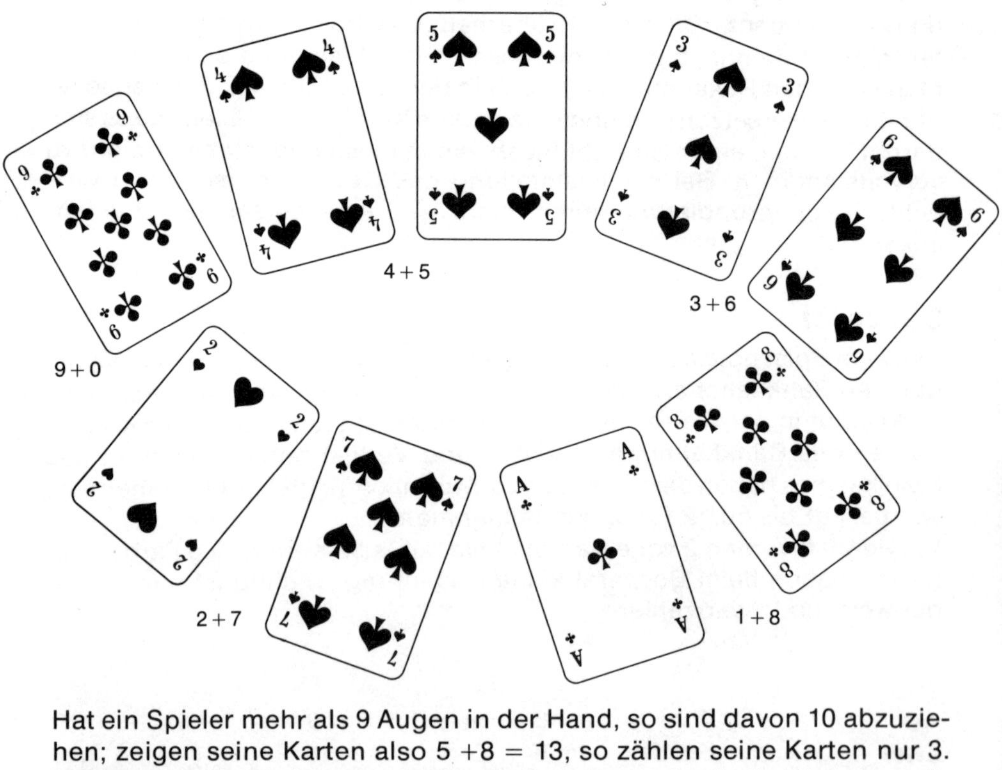

Hat ein Spieler mehr als 9 Augen in der Hand, so sind davon 10 abzuziehen; zeigen seine Karten also 5 +8 = 13, so zählen seine Karten nur 3. Besitzt einer der Spieler 6 +3 oder 7 +2, so hat er damit die höchstmögliche Augenzahl erreicht und wahrscheinlich gewonnen.

Hier sei eine häufig gespielte Abweichung erwähnt. Sie besteht darin, daß bei einer die 9 übersteigenden Augenzahl nicht 10, sondern nur 9 abgezogen werden. Bei dieser Variante zählt 10 nicht 0, sondern tatsächlich 10, so daß praktisch 10 als Augenzahl 1 bringt, nämlich 10 minus 9. Hat ein Spieler 4 +6, so ergibt das nach Abzug der 10 nur 0. Das ist ein genauso kümmerliches Ergebnis, als wenn er eine Dame und einen Buben besäße, denn zweimal 0 ergibt nun einmal ebenfalls nur 0. Diese Situation wird als »Baccarat« bezeichnet, und derjenige, bei dem sie eintritt, sagt »Bac« und legt seine Karten offen auf den Tisch, womit er zum Ausdruck bringt, daß das Spiel ungültig ist, und zwar auch dann, wenn der Bankhalter oder der andere Spieler günstigere Karten in der Hand hat. Nach dem »Bac« werden die Karten zusammengeworfen, und der Bankhalter teilt wie vorher neue Karten aus dem Schlitten aus. Die Einsätze bleiben in solchen Fällen gleich für das nächste Spiel stehen.
Hat dagegen einer der Spieler oder der Bankhalter mit 9 oder 8 Augen die höchste Augenzahl erreicht und verkündet keiner der anderen »Bac«, so gilt die Regel, daß dies ebenfalls als «Bac« gilt, und der Besitzer der 9 oder 8 Augen deckt seine Karten auf. Die hohe Augenzahl gewinnt dann also nicht, sondern das Spiel ist ebenfalls wegen »Bac« ungültig, und die Spieler erhalten wie im Fall »0« neue Karten.
Wenn jedoch weder das eine noch das andere eingetreten ist, so geht das Spiel weiter. Jeder Spieler hat jetzt die Möglichkeit, seine Karten zu verbessern. Das geht folgendermaßen vor sich: Der Bankhalter wendet sich zunächst an den Spieler zu seiner Rechten und stellt ihm – oft nur durch einen Blick – die Frage, ob er eine dritte Karte haben möchte. Der Befragte antwortet entweder mit »bitte!« (»carte!«) oder mit »danke!« (»non«). Bejaht er die Frage,so erhält er vom Schlitten die gewünschte Karte, diese aber offen. Genauso verfährt der Bankhalter dann mit dem Spieler zur Linken und schließlich mit sich selber.
Der Kauf einer dritten Karte erscheint natürlich recht verlockend, man muß sich aber vorher darüber klarwerden, ob er einen Sinn hat. Es wird damit nämlich keineswegs immer eine Verbesserung des Blattes erreicht. Man braucht nur die Wahrscheinlichkeitsrechnung zugrunde zu legen, um das zu erkennen:

Augenzahl aus den beiden ersten Karten	Verbesserung				durch die Karten			*Verschlechterung*		Chancen +	−
1	1	2	3	4	5	6	7	8	*9*	8 :	*1*
2	1	2	3	4	5	6	7	*8*	*9*	7 :	*2*
3	1	2	3	4	5	6	*7*	*8*	*9*	6 :	*3*
4	1	2	3	4	5	*6*	*7*	*8*	*9*	5 :	*4*
5	1	2	3	4	*5*	*6*	*7*	*8*	*9*	4 :	*5*
6	1	2	3	*4*	*5*	*6*	*7*	*8*	*9*	3 :	*6*
7	1	2	*3*	*4*	*5*	*6*	*7*	*8*	*9*	2 :	*7*
8	1	*2*	*3*	*4*	*5*	*6*	*7*	*8*	*9*	1 :	*8*

Aus dieser Aufstellung geht hervor, daß bis zu 5 Augen die dritte Karte unbedenklich hinzugenommen werden kann, weil bei dieser Augenzahl die Aussichten auf Verbesserung oder Verschlechterung sich ungefähr die Waage halten. Bei über 5 Augen dagegen wird die Chance, sich zu verbessern, immer kleiner. Hat ein Spieler beispielsweise in seinen beiden Karten 6 Augen, so kann er nur ein As, eine Zwei oder eine Drei gebrauchen, bei 7 Augen nur ein As und eine Zwei, und dafür sind die Aussichten sehr gering. Wer dagegen nur 1 bis 4 Augen hat, sollte unbedenklich von der dritten Karte Gebrauch machen, denn die Chancen, sich zu verbessern, überwiegen, und selbst wenn der Spieler eine der Null-Karten erhält, verschlechtert er sich dadurch nicht.
Nachdem sich die beiden Spieler rechts und links vom Bankhalter für oder gegen den Kartenkauf entschieden und eventuell ihre dritte Karte erhalten haben, muß – wie schon gesagt – auch der Bankhalter seine Entscheidung treffen. Er hat es dabei leichter, denn sowohl aus dem Umstand, daß die anderen gekauft oder auf den Kauf verzichtet haben als auch aus den offen daliegenden Karten kann er Rückschlüsse auf die Spielstärke der Gegner ziehen. Er braucht nur davon auszugehen, daß jemand, der bereits 6 oder 7 Augen besitzt, nicht kaufen wird, um ziemlich zuverlässig seine Entscheidung fällen zu können, ob es für ihn ratsam ist, die dritte Karte zu nehmen.
Natürlich ist auch der Bankhalter bei seiner Entscheidung sehr von der Laune der Glücksgöttin abhängig, denn wenn zum Beispiel einer der Gegenspieler als offene Karte eine Sechs erhalten hat, so weiß damit der Bankhalter noch lange nicht, ob das für den Betreffenden eine wirkliche Verbesserung darstellt (wenn er vorher nur 1, 2 oder 3 Augen besaß) oder ob er damit die 9 überschreitet und so (wegen des damit verbundenen Abzuges von 10) seine Lage hoffnungslos verschlechtert hat. Auf jeden Fall aber empfiehlt es sich für den Bankhalter bei dieser Situation, von der dritten Karte Gebrauch zu machen, sofern er selbst mit der Augenzahl unter 5 liegt.
Wenn der Kauf der dritten Karte erfolgt ist, nähert sich das Spiel rasch dem Ende. Der Bankhalter legt als erster seine Karten offen aus und sagt dabei die Zahl seiner Augen an. Haben die beiden anderen Spieler weniger Augen als er, so gehen alle Einsätze, auch die der passiven Mitspieler, auf den Bankhalter über.
Hat dagegen einer der Spieler eine höhere Augenzahl, so bekommt er vom Bankhalter das Doppelte seines Einsatzes ausbezahlt, ebenso alle diejenigen am Tisch, die auf den siegreichen Spieler gesetzt hatten. Dagegen zieht der Bankhalter von dem anderen Spieler, der weniger Augen hat als er, und von den Spielteilnehmern, die auf jenen gesetzt hatten, die gesamten Einsätze ein.
Es kommt selbstverständlich auch vor, daß jeder der beiden Gegenspieler mehr Augen aufzuweisen hat als der Bankhalter. Dann muß dieser arg bluten, denn er hat nicht nur an jeden Spieler, sondern obendrein an alle mit den beiden Mitgehenden das Doppelte der Einsätze zu zahlen. In den Fällen, in denen der Bankhalter und ein Spieler gleiche Augenzahlen ha-

Rommé Nr. 941 (S. 409) ▶

ben, gilt der Bankhalter als Gewinner, sofern er nicht mehr Karten in der Hand hat als der Spieler. Wenn der Spieler also auf den Kauf der dritten Karte verzichtet hat, der Bankhalter dagegen nicht, so gewinnt bei gleicher Augenzahl der Spieler.
Nach Abschluß eines jeden Spiels pflegt man die Karten, die in den Händen der beiden Spieler und des Bankhalters waren, abzulegen, und der Bankhalter verteilt neue Karten aus dem Schlitten. Auf diese Weise wird allmählich der Kartenblock aufgebraucht.

Rubicon Bézique ◐ ② 970

4 Kartenspiele

Das klassische Bézique-Spiel wird in seinem Ursprungsland, den USA, kaum noch gespielt. An seine Stelle ist Rubicon Bézique getreten. Es handelt sich dabei um ein Spiel zu zweit. Man benötigt dafür 4 Kartenspiele mit je 32 Karten, die in jeder der 4 Farben von As bis Sieben reichen, und zwar in der Reihen- und Wertfolge As, Zehn, König, Dame, Bube, Neun, Acht, Sieben. Die 4 Spiele werden gründlich gemischt. Den ersten Kartengeber bestimmt das Los, d.h. bei Rubicon Bézique die niedrigste gezogene Karte. Jeder der beiden Spieler erhält 9 Karten, die einzeln gegeben werden. Die übrigbleibenden Karten landen als Stock auf dem Tisch.
Das Hauptziel des Spiels ist, durch »Erklären« oder »Melden« Punkte zu gewinnen. Außerdem gilt es, Stiche mit sogenannten Brisques zu machen; darunter versteht man Stiche, die ein As oder eine Zehn enthalten. Schließlich geht es auch darum, den letzten Stich an sich zu bringen, der 50 Punkte zählt.

◄ Patiencen Nr. 973 (S. 457)

Der dem Kartengeber gegenübersitzende Spieler beginnt; er spielt irgendeine Karte aus. Bei Rubicon Bézique ist Farbe zu bedienen nicht Vorschrift, aber nur eine höhere Karte der ausgespielten Farbe oder eine Trumpfkarte (über den Trumpf bei Bézique wird noch zu sprechen sein) kann den Stich einbringen. Nach einem gewonnenen Stich darf der betreffende Spieler eine »Erklärung« abgeben (siehe weiter unten). Dann holt er sich die oberste Karte vom Stock, sein Gegner zieht die nächste Karte, und der Gewinner der höheren Karte spielt zum nächsten Stich aus.
Die zu Stichen ausgespielten Karten bleiben unberührt auf dem Tisch, bis ein Stich zustande kommt, der einen »Brisque« (siehe oben) enthält. Der Gewinner dieses Brisque-Stiches sammelt nun alle aus Stichen stammenden Karten auf dem Tisch ein.
Eine »Erklärung« wird wie folgt ausgeführt:
Da ist zunächst die *Carte blanche,* eine Kartenzuteilung, in der unter den 9 Karten nicht eine einzige Bildkarte vertreten ist. Der Besitzer einer Carte blanche zeigt alle Karten, bevor zum ersten Stich ausgespielt wird, und erhält 50 Punkte gutgeschrieben. Nach dem Ziehen vom Stock weist er die neue Karte vor, sofern es sich wiederum nicht um eine Bildkarte handelt, und heimst erneut 50 Punkte ein. Das wird fortgesetzt, bis er endlich eine Bildkarte zieht.
Andere Erklärungen werden auf dem Tisch vor dem die Erklärung abgebenden Spieler in Form von bestimmten Kartenzusammenstellungen niedergelegt. Wenn sie erst einmal abgegeben und punktemäßig festgehalten sind, bleiben sie auf dem Tisch liegen; der Spieler kann ihnen Karten entnehmen und damit spielen, als ob sie in seiner Hand wären. Es gibt im Rubicon Bézique folgende Erklärungen:

Trumpf-Sequenz (As, Zehn, König, Dame, Bube)	250	Punkte
Sequenz in einer anderen Farbe	150	
Trumpf-Hochzeit (König, Dame)	40	
Hochzeit in einer anderen Farbe	20	
Bézique (Pik-Dame und Karo-Bube)	40	
Doppel-Bézique	500	
Tripel-Bézique (Dreifach-Bézique)	1500	
Quadruple-Bézique (Vierfach-Bézique)	4500	
Vier beliebige Asse	100	
Vier beliebige Könige	80	
Vier beliebige Damen	60	
Vier beliebige Buben	40	

Die wichtigsten Regeln für das Erklären (Melden):

1. Wenn zuerst eine Sequenz oder Hochzeit gemeldet ist, so ist deren Farbe die Trumpffarbe für das ganze Spiel. Vorher gibt es keinen Trumpf.

2. In einer Spielrunde darf nur eine Erklärung abgegeben werden und diese nur nach einem gewonnenen Stich und vor dem Abheben vom Stock. Vorausgesetzt, daß der Spieler mindestens eine Karte aus seiner Hand nimmt und sie mit anderen Karten entweder aus seiner Hand oder vom Tisch vereinigt, um daraus eine Erklärung zu machen, darf er die Erklärung für sich buchen, auch wenn er einige der Karten in der gleichen Erklärung vorher gebraucht hat. Dafür ein Beispiel: Ein Spieler kann 4 Asse erklären und buchen, also 100 Punkte. Dann spielt er eines der Asse vom Tisch. Nachdem er einen Stich gewonnen hat, kann er ein As aus der Hand zu den 3 auf dem Tisch liegengebliebenen hinzuzählen und abermals 100 Punkte buchen.
3. Ein König oder eine Dame kann nicht in einer Hochzeit gezählt werden, nachdem diese Karte schon in einer Sequenz gewertet wurde.
4. Vielfach ist es üblich, mehr als eine Erklärung in einer Runde abzugeben, aber wie schon ausgeführt, darf nur eine der Erklärungen für jeden Stich gezählt werden. Die anderen Erklärungen bleiben unberücksichtigt, bis – nach einem später gewonnenen Stich – der Spieler wünscht, daß die Erklärung noch mitgezählt wird.
5. Ein Spieler hat 40 Punkte für einen Bézique erhalten; später kann er einen zweiten Bézique erklären und zählt daraufhin, da er 2 vor sich auf dem Tisch liegen hat, 500 Punkte. Später erhält er vielleicht noch einen dritten und zählt nun 1500 und beim vierten 4500 Punkte. Die vier Béziques bringen also nacheinander nicht weniger als 6450 Punkte ein, während sie, sofern sie gemeinsam auf den Tisch gebracht worden wären, nur 4500 Punkte gezählt hätten.

Die Spielregeln ändern sich, wenn die letzte Karte des Stocks abgeholt worden ist. Es gibt dann keine Erklärungen mehr. Der Gewinner des letzten Stichs spielt aus, und der zweite Spieler muß Farbe bedienen, wenn er kann, und er muß den Stich gewinnen, wenn es ihm möglich ist – gleichgültig, welche Farbe ausgespielt wurde. So werden die letzten 9 Stiche gespielt.

Nachdem die letzte Karte gespielt ist, erhält der Spieler mit der höheren Punktzahl eine Prämie von 500 Punkten. Zieht er nun von seinem Punktkonto die Punktzahl seines Gegners ab, so ist die Differenz sein Gewinn. »Brisques« werden nicht gezählt, ausgenommen im Fall eines sogenannten »Rubicons«, oder wenn ein Spieler Gefahr liefe, Rubicon zu erzielen, sofern sie nicht gezählt würden; jeder Brisque zählt dann 10 Punkte.

Rubicon wird verzeichnet, wenn der Verlierer, selbst wenn er seine Brisques zählt, weniger als 1000 Punkte hat. In diesem Fall erhält der Gewinner eine Prämie von 1000 statt 500 Punkten, dazu alle Punkte (einschließlich Brisques), die von beiden Spielern erzielt wurden. Der Gewinner braucht keine 1000 Punkte zu haben, um einen Rubicon zu gewinnen. Da der Kartengeber erfahrungsgemäß einen ungünstigeren Start hat, muß um der gerechteren Verteilung der Chancen willen der Gewinner eines Spiels beim nächsten Spiel die Rolle des Gebers übernehmen.

Préférence ◕ ③ 971

1 Kartenspiel

Das Wort Préférence ist französischen Ursprungs und heißt wörtlich überetzt: »Vorzug«. Auf das Spiel Préférence angewandt, bedeutet es, daß eine Farbe vor den anderen den Vorzug hat, und das ist in diesem Fall Herz. Aber auch die übrigen Farben sind untereinander differenziert, und zwar rangieren Karo vor Pik und Kreuz, Pik wiederum vor Kreuz. Wie sich diese unterschiedlichen Bewertungen in der Spielpraxis auswirken, werden wir noch sehen.

Préférence ist ein Spiel für 3 Personen. Zur Verwendung können sowohl französische als auch deutsche Karten kommen.

Jede der 4 Farben ist durch 8 Kartenblätter vertreten, die nach ihrem Wert die Reihenfolge As, König, Dame, Bube, Zehn, Neun, Acht und Sieben haben. Bei den deutschen Karten heißen die Dame »Ober«, der Bube »Unter« und das As »Daus«.

Bei Préférence geht es darum, daß einer der Mitspieler, nämlich der *Alleinspieler,* bestrebt sein muß, mindestens 6 Stiche zu machen, während die beiden anderen, die sogenannten *Helfer,* nur 2 Stiche benötigen.

Der Spielverlauf

Vor Beginn des Spiels wird der Geber ausgelost, und zwar dadurch, daß jeder Teilnehmer vom verdeckt auf dem Tisch liegenden Kartenpack eine Karte nimmt und vor sich hinlegt. Wer die Karte mit dem höchsten Wert erhalten hat, ist Geber. Er mischt die Karten, läßt vom rechten Nachbarn abheben und teilt dann jedem Mitspieler, beim Nachbarn zur Linken beginnend, je 10 Karten zu, die er in 3 Raten gibt, nämlich: in der ersten Runde erhält jeder 3, dann werden 2 Karten als »Talon« auf dem Tisch deponiert, und danach bekommt jeder Spieler noch einmal 4 und schließlich mit der dritten Zuteilung 3 Karten.

Das Spiel kann beginnen.

Vorhand – der links vom Geber sitzende Spieler – steht nun vor der Entscheidung, ob er ohne Inanspruchnahme des Talons in der Lage ist, die erforderlichen 6 Stiche zu machen. Als Hilfe hat er die Möglichkeit, eine der 4 Farben zum Trumpf – *Atout* genannt – zu erklären, und er wird dann natürlich die Farbe wählen, die in seinen Karten am aussichtsreichsten vertreten ist.

Kommt Vorhand für sich zu dem Ergebnis, daß er das Spiel wagen kann, so erklärt er: »Ich habe ein Spiel.« Das bedeutet noch nicht, daß er unbestritten der Alleinspieler ist, denn nach ihm haben auch die beiden anderen die Möglichkeit, sich ihrerseits zu entscheiden.

Es gibt also zwei Ausgangssituationen:

Entweder: Die Mitspieler glauben keine Aussicht zu haben, Vorhand das Alleinspiel zu nehmen; sie sagen dann: »gut« und erkennen damit Vorhand als Alleinspieler an. Dieser muß nun die von ihm erwählte Trumpffarbe, das Atout, bestimmen und verkünden. Die beiden Helfer müssen daraufhin ihre Karten überprüfen und entscheiden, ob sie mitspielen – man nennt das »mitgehen« – wollen. Glaubt keiner von ihnen aufgrund seiner Kartensituation – zwei Stiche muß er heimbringen! – das Mitgehen wagen zu können, so sagt er: »Ich gehe nicht mit« oder »Ich passe«. Erklären dies beide Helfer, so hat der Alleinspieler das Spiel bereits gewonnen, er darf alle im Spiel möglichen 10 Stiche für sich buchen.

Oder: Beide Mitspieler – oder auch nur einer von ihnen – erklären sich zum Mitgehen bereit; es heißt dann: »Ich habe auch ein Spiel.« Da aber nicht 2 oder gar 3 Spieler gleichzeitig ihr Spiel machen können, muß ein Weg gefunden werden, mit dessen Hilfe der Alleinspieler bestimmt wird. Das geschieht, indem jeder die Farbe angibt, die bei ihm Trumpf sein soll. Wer hierbei die höchste Farbe als Atout angeben kann, ist der Alleinspieler; die beiden anderen können nur noch entscheiden, ob sie mitgehen wollen.

Ist einer der Spieler in der glücklichen Lage, Herz – also die Préférence-Farbe – als Trumpf wählen zu können, so lautet seine Ansage nicht: »Ich habe ein Spiel«, sondern er schafft sofort Klarheit mit der Feststellung: »Ich spiele Herz« oder »Ich spiele Préférence.« Es gibt dann keinen Zweifel mehr darüber, daß sein Spiel Vorrang vor den Mitspielern hat.

Der Talon und seine Verwendung

Häufig kommt es vor, daß Vorhand insgesamt gesehen gute Karten hat, trotzdem aber noch keine Möglichkeit sieht, die 6 Stiche zu machen. In einem solchen Fall bietet sich ihm als letzter Ausweg der Talon an, also die 2 bei der Kartenausteilung auf dem Tisch deponierten Karten, die er natürlich nicht kennt. Um an sie heranzukommen, muß er sie kaufen – lizitieren nennt das der Préférence-Spieler (siehe Seite 454); er muß also »eins» sagen; das bedeutet, daß er nach dem Kauf des Talons Alleinspieler sein will. Damit hat Vorhand jedoch den Talon noch nicht; Mittelhand und Hinterhand können sich nämlich ebenfalls entscheiden, entweder ein Spiel anzusagen oder mitzulizitieren. Der Konkurrent von Vorhand sagt dann »zwei», das heißt, daß er nach dem Erwerb des Talons mindestens Pik als Trumpffarbe bestimmen wird, während Vorhand mit »eins« Kreuz (als niedrigsten Farbwert) genannt hatte.

Nehmen wir also an, Mittelhand hat »zwei« gesagt, während Hinterhand weder ein Spiel ansagen noch lizitieren kann. Hinterhand sagt also »gut«, und damit ist Mittelhand, der »zwei« lizitierte, aufgefordert, seine Atout-Farbe zu nennen und – nachdem seine Partner ihr Mitgehen erklärt haben – auszuspielen. In diesem Stadium des Spiels hat Vorhand noch das Vorrecht zu sagen: »Zwei habe ich selbst«, sofern er Pik, Karo oder Herz zum Trumpf machen kann und will. Vermag er diese Chance nicht auszunutzen, so nimmt Mittelhand, der ja lizitiert hat, den Talon in sein Blatt auf und legt 2 ihm mißliebige oder wertlose Karten beiseite, damit er wieder 10 Kartenblätter hat. Er bezeichnet die Farbe des Atout, die – da er ja bis »zwei« lizitiert hat – nur Pik, Karo oder Herz sein kann. Hinterhand und Vorhand müssen sich jetzt nur noch entscheiden, ob sie mitgehen wollen, und wenn auch nur einer der beiden dazu bereit ist, wird Mittelhand als Alleinspieler ausspielen.

Das Lizitieren und seine Folgen

Soviel ist durch die bisherige Darstellung des Spiels wohl schon klargeworden, daß beim Lizitieren Kreuz (als niedrigster Farbwert) für »eins« gilt, Pik für »zwei«, Karo für »drei« und Herz für »vier«.

Das Lizitieren beginnt also vielleicht damit, daß Vorhand »eins« lizitiert, während Mittelhand mit »zwei« und Hinterhand mit »gut« antwortet. Vorhand sagt darauf: »Zwei habe ich selbst«, sofern er mindestens Pik zum Atout machen kann.

Will jedoch keiner spielen oder den Talon mit Lizitieren kaufen, so werden die Karten zusammengeworfen und vom nächsten Geber nach sorgfältigem Mischen neu ausgegeben.

Ist jedoch der Alleinspieler festgestellt und hat dieser dann die Atout-Farbe bestimmt, so muß er bemüht sein, seine 6 Stiche zu machen, während die Helfer sich gemeinsam anstrengen werden, um ihre 2 Stiche und womöglich einen weiteren Stich zu erreichen, um den Alleinspieler zum »Fallen« zu bringen.

Oberstes Prinzip bei Préférence ist es, daß die ausgespielte Karte überstochen werden muß. Dem Alleinspieler gegenüber wird man nach Möglichkeit mit der höchsten Karte derselben Farbe stechen, die man im Blatt hat, während man sich gegenüber dem Partner mit der unmittelbar höheren Karte begnügen kann, insbesondere dann, wenn man bereits einen Stich hat und mit dem zweiten rechnen kann.

Die Praxis zeigt, daß die Zahl der Atouts dem Alleinspieler nicht unbedingt den Sieg sichert. Ein gutes Nebenblatt mit As und König von anderen Farben bringt oft die 6 Stiche sicherer ein als eine größere Anzahl kleinerer Atouts. Spiele können auch mit 3 oder auch nur mit 2 Atouts gewonnen werden.

Die Abrechnung

Vor Beginn des Spiels einigen sich die Teilnehmer darüber, um welchen Betrag gespielt werden soll. Da es bei Préférence nicht um materielle Werte und im Endziel nicht um irgendeine Bereicherung geht, sollte man den Einsatz in Grenzen halten, also beispielsweise 50 Pfennig vereinbaren, die der jeweilige Geber in die Kasse legen muß. Nach Beendigung des Spiels werden für jeden Stich 5 Pfennig ausbezahlt. Derjenige Spieler jedoch, der verloren hat, also »gefallen« ist, muß nun blechen: Er zahlt 50 Pfennig in die Kasse. Ist der »Gefallene« der Alleinspieler, so muß er sogar zweimal 50 Pfennig, also eine Mark, einzahlen und zusätzlich die Stiche an seine Gegner mit je 5 Pfennig auszahlen. Der Kassenbetrag wird demnach größer, wenn einer der Spieler »gefallen« ist, und dementsprechend erhöht sich auch der Gewinn oder der Verlust.

Um es noch einmal deutlich zu machen: Sind beim ersten Spiel sowohl der Alleinspieler als auch einer der Partner »gefallen«, so bleiben zunächst einmal die vom Geber eingezahlten 50 Pfennig in der Kasse, und dazu kommen noch der doppelte Betrag des Alleinspielers, also eine Mark, und der einfache Einsatz des »gefallenen« Helfers, so daß nun schon vier mal 50 Pfennig = 2 Mark in der Kasse liegen. Das nächste Spiel geht demnach, weil der neue Geber wiederum 50 Pfennig einzahlen muß, bereits um 2,50 Mark; auf jeden Stich entfallen somit 25 Pfennig. Um zu verhindern, daß sich unter Umständen zu hohe Beträge in der Kasse ansammeln, kann man einen Höchstsatz für den Kassenbestand vereinbaren, beispielsweise 5 Mark, und darüber hinaus sich ansammelnde Beträge in Reserve legen und sie entweder erst dann für das Spiel heranziehen, wenn der Kassenbestand unter 5 Mark sinkt, oder sie bei Beendigung des Spiels zu jeweils gleichen Teilen an die beteiligten Spieler auszahlen.

Fünfhundert ◕ ② ⑥ 972

1 Skatkartenspiel, 1 Joker

Es ist eigentlich schade, daß dieses Kartenspiel so wenig bekannt ist: Es macht viel Spaß, hat sehr viel Ähnlichkeit mit dem Bridge und ist viel leichter zu erlernen. Beteiligt sind im allgemeinen 3 Personen, man kann es aber auch mit 4, 5 oder 6 Personen spielen; außerdem gibt es noch eine Variante für 2 Spieler.
Hier die Grundregeln:
Der Kartenpack zählt 33 Blatt. Zu den auch sonst üblichen 4 Farben, die von As bis Sieben in der Reihenfolge As, König, Dame, Bube, Zehn, Neun, Acht, Sieben reichen, kommt noch ein Joker als höchster Trumpf. Beim Fünfhundert-Spiel gibt es im übrigen auch eine Trumpffarbe, bei der die Kartenfolge etwas anders als gewohnt läuft. Auch bei der Trumpffarbe ist der Joker die höchste Karte, die zweithöchste ist der Trumpf-Bube, den die Amerikaner »right bower« nennen (right bower = rechter Bube; entspricht dem deutschen Unter oder Wenzel oder Buben). Die dritthöchste Karte im Trumpf ist der Bube der anderen Kartenfolge in der gleichen Farbe (Farbe hier im Sinne von »Schwarz« oder »Rot«). Wenn z.B. der Pik-Bube »right bower« ist, so ist Kreuz-Bube »left bower«, wie man diese dritte Trumpfkarte nennt, und wenn Karo-Bube »right bower« ist, so ist Herz-Bube »left bower«. Vom letzten Beispiel ausgehend, wäre also die Kartenfolge in der Trumpffarbe: Joker, Karo-Bube, Herz-Bube, Karo-As, Karo-König, Karo-Dame, Zehn, Neun, Acht, Sieben. Die Trumpffarbe besteht somit aus 10 Karten, die Nicht-Trumpffarbe in der gleichen Farbe (Herz) dagegen nur aus 7, weil ihr Bube »left bower« ist. Die beiden anderen Kartenfolgen der Gegenfarbe bestehen dagegen aus je 8 Karten.
Der Kartengeber wird ausgelost, und zwar in der schon bekannten Weise, daß jeder Teilnehmer aus dem Kartenpack eine Karte zieht, und wer die niedrigste Karte erhält, hat Platzwahl und ist erster Geber! Originellerweise hat sich der Brauch eingeführt, beim Auslosen des Gebers die Asse hinter den Siebenen rangieren zu lassen, und die niedrigste Karte im Pack ist der Joker.
Die 33 Karten werden anschließend so auf die 3 Spieler verteilt, daß jeder 10 erhält, und die 3 übrigen sind zunächst *Witwe.* Das Kartengeben verläuft in der Folge: 3 - Witwe - 4 - 3. Die »Witwe« hat eine ähnliche Funk-

Zahl der Stiche	6	7	8	9	10
♠	40	140	240	340	440
♣	60	160	260	360	460
♦	80	180	280	380	480
♥	100	200	300	400	500
Ohne-Trumpf	120	220	320	420	520

tion wie der »Skat« bei anderen Kartenspielen; diese drei Karten kommen nach der ersten Vergabe von Karten verdeckt auf den Tisch. Der Kartengeber wechselt nach jedem Spiel, und zwar übernimmt dieses Amt immer der linke Nachbar des vorherigen Gebers.
Bei den Spielregeln von »Fünfhundert« ist uns vieles schon von anderen Kartenspielen her vertraut. Das Ziel ist, durch den Gewinn von Stichen Punkte zu sammeln.
Am Spielbeginn steht das Bieten, das auf folgenden Werten basiert: Den Anfang macht Vorhand, und die anderen folgen in der üblichen Weise, indem sie ebenfalls ihr Gebot machen oder »passen«, wenn sie kein höheres Gebot abgeben können als der Vorhergehende. Das letzte Gebote ist also auch das höchste. Die Gebote werden allein nach Zahlenangaben gemacht. Aus der obigen Tabelle geht hervor, nach welchem Schema die Erklärungen abgegeben werden müssen und wie viele Stiche der Meistbietende erzielen muß, um den »Kontrakt« zu erfüllen, den er mit dem höchsten Gebot eingegangen ist.
Wichtig ist noch die Bedeutung von »Ohne-Trumpf«, bei dem alle Farben gleichwertig sind; es gibt also auch keine »right bower« und »left bower«, und der Joker ist die höchste Karte in dem Stich, in dem er gespielt wird. Wer sich zu Ohne-Trumpf entschließt und das auch verkündet, kann beim Bieten wesentlich höhere Werte nennen, er muß sich aber auch darüber klar sein, daß sein »Kontrakt« ihm eine viel höhere Verpflichtung auferlegt.
Wie schon gesagt, ist das letzte Gebot bei Fünfhundert das höchste, und der Höchstbietende ist jetzt der Bieter und hat als solcher das Recht, die »Witwe« aufzunehmen und die Trumpffarbe zu bestimmen. Wenn ihm Karten der »Witwe« willkommen sind, fügt er sie seinem Blatt hinzu und legt dafür verdeckt 3 anderen Karten ab, die ihm weniger nützlich sind. Nunmehr sind wir soweit, daß der Bieter die Partie mit dem Ausspielen eröffnen kann. Die anderen müssen, wenn möglich, Farbe bedienen. Daraus folgert z.B. auch, daß der Spieler, der den Joker besitzt, diesen beim Ohne-Trumpf nicht spielen darf, wenn er Farbe bedienen kann. Die höchste Karte der ausgespielten Farbe gewinnt den Stich, sofern nicht ein Spieler, der nicht Farbe bedienen kann, mit einer Trumpfkarte sticht. Wir wissen von anderen Kartenspielen her, daß Trumpf jede andere Farbe und Karte sticht. Es bleibt natürlich dem Spieler freigestellt, wenn er nicht bedienen kann, mit einer Trumpfkarte zu stechen oder eine beliebige Karte abzuwerfen.
Ein Wort noch zum Joker: Wird er in einem Ohne-Trumpf-Kontrakt ausgespielt, so muß der Ausspielende die Farbe verkünden, die der Joker vertritt, und die anderen müssen mit der genannten Farbe folgen, wenn sie das können.
Wie bereits erwähnt, obliegt es dem Bieter, seinen Kontrakt zu erfüllen. Seine Gegner sind gemeinsam bemüht, ihm das Leben so schwer wie möglich zu machen, wobei sie jedoch ihre Stiche getrennt zählen. Gelingt es dem Bieter, den Kontrakt einzuhalten, also die Zahl der Stiche zu erreichen, die der von ihm gebotenen Punktzahl zugrunde liegt, so

schreibt er sich den Betrag seines Gebotes gut. Über den Kontrakt hinaus gewonnene Stiche werden nicht gerechnet, es sei denn, der Bieter gewinnt alle Stiche, und sein Gebot lag unter 250; in diesem Fall darf er 250 statt seines Gebotes buchen.
Erfüllt er den Kontrakt jedoch nicht, so wird der Bieter um den Betrag seines Gebotes »zurückgesetzt«. Auf diese Weise kann man auch zu Minuspunkten kommen. Sinkt die Punktzahl eines Spielers unter Null, so ist er »in the hole« (in der Hölle, im Loch). Diese Bezeichnung rührt wohl daher, daß sein Minuskonto durch einen um die Zahl gezogenen Kreis gekennzeichnet wird.
Dem Bieter wird übrigens das Leben noch dadurch erschwert, daß jeder seiner Gegner für jeden Stich, den er gewinnt, 10 Punkte angerechnet erhält, und zwar gleichgültig, ob der Kontrakt erfüllt wird oder nicht. Gewinner ist derjenige, der als erster 500 Punkte erreicht. So erklärt sich der Name »Fünfhundert«. Es kann vorkommen, daß 2 oder gar alle 3 Spieler in einem Spiel 500 Punkte erreichen. In diesem Falle rangiert der Bieter vor seinen Gegnern, und die Reihenfolge der beiden anderen richtet sich danach, wie sie ihre Stiche eingebracht haben. Wenn zum Beispiel jeder Gegner 490 hat, gewinnt derjenige das Spiel, der den nächsten Stich macht. Es braucht dann nicht zu Ende gespielt zu werden.

Patiencen

Patience – das heißt Geduld. Üben wir uns hin und wieder ein wenig darin! Wir können sie in unserer unruhigen Zeit wirklich gebrauchen. Patiencen gibt es wie Sand am Meer. Wir wollen uns hier mit der Beschreibung der wichtigsten und interessantesten begnügen. Vorweg wird es aber nötig sein, eine Reihe von Ausdrücken zu erklären, die bei den Patiencen immer wieder vorkommen.

Kartenfamilie (Kartenfolge): die lückenlose Folge der Karten einer Farbe von der niedrigsten bis zur höchsten Karte oder umgekehrt. Beispiel: Kreuz-As, Kreuz-Zwei, Kreuz-Drei, Kreuz-Vier, Kreuz-Fünf, Kreuz-Sechs, Kreuz-Sieben, Kreuz-Acht, Kreuz-Neun, Kreuz-Zehn, Kreuz-Bube, Kreuz-Dame, Kreuz-König.

Gemischte Folge: eine beliebige Anzahl von aufeinanderfolgenden Karten verschiedener Farben, z. B.: Karo-Neun, Herz-Acht, Pik-Sieben, Herz-Sechs, Kreuz-Fünf.

Schwarz-Rot-Folge: eine gemischte Folge, bei der schwarze und rote Karten abwechseln, z. B. Karo-König, Pik-Dame, Herz-Bube, Pik-Zehn, Herz-Neun.

Stamm: die Gesamtheit der Karten, die für eine Patience gebraucht werden.

Auslagen: die Grundkarten, die nach den Regeln der einzelnen Patiencen dem Stamm entnommen und ausgelegt werden.

Stoß (Stapel oder Talon): diejenigen Karten, die nach dem Auslegen vom Stamm zunächst nicht verwendet werden können und erst später hinzugenommen werden.

Bilder: die Karten Bube, Dame, König in allen vier Farben.

Hilfskarten: diejenigen Karten, die nach den Regeln der verschiedenen Patiencen neben die Auslagen kommen und zu gegebener Zeit zu Hilfe genommen werden können.

Die Pärchen-Patience ⊕ ① 973

1 Skatkartenspiel

Die Karten werden gut gemischt und dann so ausgelegt, daß zunächst 8 Karten verdeckt nebeneinanderliegen. Auf diese Weise legt man ein zweites und ein drittes Mal je 8 Karten verdeckt. Danach sind nur noch 8 Karten übrig, die offen auf die Dreierhäufchen kommen. Es werden nun alle Pärchen weggenommen, also zum Beispiel zwei Könige, zwei Damen, zwei Achten, zwei Asse usw. Dabei ist es gleichgültig, welche Farbe die Karten haben. Auch wenn es sich also um einen Karo-Buben und einen Pik-Buben handelt, gelten sie als Pärchen. Das Spiel könnte sonst gar nicht durchgeführt werden.

Die unter den fortgenommenen Pärchen verdeckt liegenden Karten werden danach umgedreht, und wieder scheiden die Pärchen aus. Wenn am Schluß alle Karten paarweise weggelegt werden konnten, ist die Patience aufgegangen (was selten vorkommt).

Das Orakel ⊕ ① 974

1 Skatkartenspiel

Hier haben wir es im Grunde genommen mit einer Variante der Pärchen-Patience zu tun. Die Karten werden nur nicht in einer Achter-Reihe, sondern in zwei Vierer-Reihen untereinandergelegt.

Im übrigen wickelt sich die Patience ebenso ab wie die Pärchen-Patience. Es werden also alle Pärchen fortgenommen und die darunterliegenden Karten aufgedeckt, bis alle Karten weggelegt sind oder bis man »festsitzt«, das heißt, bis man erkennt, daß das Spiel nicht aufgeht.

Die Abzähl-Patience ⊕ ① 975

1 Skatkartenspiel

Die 32 Karten werden in vier Reihen zu je acht Karten offen ausgelegt. Wir fangen nun links oben bei der ersten Karte der obersten Reihe an zu zählen, und zwar benutzen wir dafür die Reihenfolge der Kartenbenennungen: Sieben, Acht, Neun, Zehn, Bube, Dame, König, As. Natürlich treffen diese Bezeichnungen meistens nicht auf die Karten zu, weil diese durch das Mischen völlig ungeordnet durcheinanderliegen. Sobald wir aber bei diesem Abzählspiel wirklich auf eine Karte stoßen, die sich mit der Benennung deckt, beispielsweise bei einer Karte »Dame«, die wirklich eine Dame ist, so wird diese Karte weggenommen, und das Zählen geht weiter. Wenn wir am Schluß der vier Reihen angelangt sind, setzen wir das Zählen bei der ersten Karte der obersten Reihe fort. Auf diese Weise werden immer mehr Karten ausgesondert, die zufällig am richtigen Platz lagen. Häufig gelingt es so, allmählich alle Karten auszusondern. Dann ist die Patience aufgegangen.

Die Fächer-Patience ⊕ ① 976

1 Skatkartenspiel

Sie ist bereits etwas schwieriger, macht aber viel Spaß. Die 32 Karten sollen am Schluß nach Farben geordnet, und zwar von der Sieben bis zum As, beisammenliegen. Wenn das nicht gelingt, so ist die Patience mißlungen.

Die Karten werden gut gemischt und dann in zehn Fächern zu je 3 Karten, die letzten 2 am besten wiederum fächerförmig, offen ausgelegt:

Es kommt nun darauf an, die Karten in den Fächern allmählich so umzuordnen, daß die richtigen Reihenfolgen entstehen. Dabei darf grundsätzlich jeweils nur die letzte Karte eines Fächers belegt werden, sofern sie in der Reihenfolge zu einer anderen letzten Karte eines Fächers paßt. Die Fächer-Patience ist demnach ein *Anlegespiel.* Ist zum Beispiel die letzte Karte eines Fächers eine Karo-Dame, während der Karo-Bube die letzte Karte eines anderen Fächers bildet, so kann man die Karo-Dame auf den Karo-Buben legen. Wird dann im Verlauf der weiteren Umordnung irgendwo die Karo-Zehn frei, so wandern Karo-Bube und Karo-Dame auf die Karo-Zehn und so fort. Sobald eine Sieben frei wird, legt man sie aus dem Spiel heraus und benutzt sie als Stamm für die zu bildende Kartenfamilie.

Sobald jetzt die Acht dieser Farbe frei wird, nehmen wir sie ebenfalls aus dem Spiel und legen sie auf die entsprechende Sieben. Liegt durch vorher erfolgten Anbau bereits eine ganze Kartenfolge bereit, so kann diese geschlossen auf den Ablagestapel kommen, sobald der Anschluß da ist.

Ist also beispielsweise der Stapel der Karo-Familie bis zur Neun gediehen, kann die Kartenfolge Karo-Zehn, Karo-Bube und Karo-Dame geschlossen auf die Karo-Neun gelegt werden.

Zu bemerken ist noch, daß von einem Fächer auch gleich mehrere Karten fortgenommen werden können, sofern sie aneinanderpassen. Liegen zum Beispiel in einem Fächer von links nach rechts Herz-As, Pik-Zehn und Pik-Neun, so können Pik-Neun und Pik-Zehn zusammen fortgenommen werden, wenn in einem anderen Fächer die Pik-Acht zum Anbau freiliegt.

Die Wende-Patience ⊕ ① 977

1 Skatkartenspiel

Die gut gemischten Karten werden in acht Päckchen zu je vier Karten verdeckt in einer Reihe ausgelegt. Man weiß natürlich nicht, welche Karten sie enthalten, aber da es sich um acht Kartenstapel handelt, die also zahlenmäßig mit einer Farbe übereinstimmen, nehmen wir die Päckchen in der Reihenfolge: Sieben – Acht – Neun – Zehn – Bube – Dame – König –

As. Bei irgendeinem der acht Stapel wenden wir jetzt die oberste Karte und stellen fest, was für eine Karte es ist. Sie wandert dann offen auf ihren »richtigen« Platz, d. h. auf den Stapel, auf den sie nach der gegebenen Reihenfolge gehört. Nehmen wir an, die umgedrehte Karte ist eine Kreuz-Dame, so müssen wir sie aufgedeckt auf den sechsten Stapel legen. Dort wenden wir jetzt die bisherige oberste Karte um und legen sie dort offen ab, wohin sie gehört. Die oberste verdeckte Karte dieses Stapels wird wiederum gewendet, und so geht es fort, bis – nun ja, bis wir endgültig festsitzen. Denn wir wollen ehrlich sein: So leicht sich die Erklärung dieser Patience auch liest, so selten gelingt es, sie aufgehen zu lassen. Um so größer ist aber die Freude, wenn man es schließlich doch einmal geschafft hat.

Sieben bis As ① 978

1 Skatkartenspiel

Ein typisches Beispiel dafür, daß beim Patiencelegen der Phantasie und Erfindungsgabe keine Grenzen gesetzt sind, ist dieses hübsche, aber nicht ganz leichte Spiel. Hierfür gibt es eigentlich keine festen Spielregeln, und es erscheint darum richtig, dieses Legespiel so darzustellen, wie es im allgemeinen gespielt wird. Hat man es erst einige Male geübt, wird man merken, daß es die verschiedensten Möglichkeiten gibt, und das ist vielleicht gerade das besonders Reizvolle an dieser Patience. Wir mischen die Karten – bitte diesmal ganz besonders gründlich! – und legen sie in drei Reihen zu je zehn Karten offen untereinander aus. Die beiden letzten Karten kommen als Reserve über die oberste Reihe. Wenn sämtliche Siebenen in den Zehnerreihen liegen, können sie jetzt herausgenommen und unter den drei Reihen (wie bei der Fächer-Patience) als Stamm für die zu schaffenden Kartenfamilien abgelegt werden. Eine Sieben in der »Reserve« muß dagegen so lange liegenbleiben, bis sie nach den im folgenden beschriebenen Spielregeln ins Spiel gebracht werden kann. Auf den innerhalb der Reihen durch die Wegnahme der Siebenen freigewordenen Plätze können nun »passende« Karten angebaut werden. Das sind solche, die in der Farbe und in der Reihenfolge unmittelbar an eine der links oder rechts neben der Lücke liegenden Karten anschließen, und zwar an die links von der Lücke liegende Karte mit der nächsthöheren Karte der gleichen Farbe oder an die rechts von der Lücke liegende Karte mit der nächstniedrigeren Karte der gleichen Farbe. Auf diese Weise kann man mit Geschick und viel Glück allmählich zu ganzen Kartenserien kommen, mit denen man auf den Augenblick wartet, wo sie geschlossen und lückenlos auf den Stamm wandern können. Selbstverständlich können auch einzelne Karten und kurze Serien auf die Stämme kommen. Das geht aber nicht ohne weiteres, vielmehr liegt die Schwierigkeit darin, daß man die Stämme der Kartenfamilien unter den drei Reihen immer nur dann weiterbauen kann, wenn *links* neben der Karte, die als nächste auf den Stamm gehört, eine Lücke freigeworden ist. Eine Lücke *rechts* von dieser Karte nützt nichts, denn es muß logischerweise immer die Folge von links nach rechts gewahrt bleiben. Probieren Sie's, und Sie werden feststellen, daß die Aufgabe tatsächlich gar nicht so leicht ist, wie sie sich anhört. An die ganz links in den drei Zehnerreihen liegenden Karten kommt man zum Beispiel überhaupt nicht heran, wenn man sie nicht irgendwo anlegen kann. Um es dem Spieler nicht gar zu schwer zu machen, liegen oben für den Notfall ja die beiden Reservekarten bereit. Außerdem lassen die Spielregeln üblicherweise zu, daß der festsitzende Spieler die restlichen Karten zusammennehmen und nach nochmaligem Mischen erneut auslegen kann – wieder in drei Reihen, die aber je nach der Zahl der noch vorhandenen Karten wesentlich kürzer sind als zu Anfang. Nach dem Auslegen darf er die nächsten auf die Stämme passenden Karten aus den Reihen nehmen und ablegen, wodurch er die für die Fortführung des Spiels erforderlichen Lücken erhält.

Der Kleine Stern ✚ ① 979

Bridgekarten (52 Karten)

Sie ist eine der am leichtesten unter den mit Bridgekarten zu spielenden Patiencen. Dafür hat sie den Nachteil, daß sie häufig nicht aufgeht. Ihre Kenntnis ist aber trotzdem wichtig, weil das ihr zugrunde liegende Spielprinzip bei manchen anderen Patiencespielen mit Bridgekarten wiederkehrt.

Zunächst sondern wir die vier Damen aus und legen sie im Viereck zueinander auf den Tisch. Der gut gemischte Kartenpack wird nun Blatt um Blatt abgehoben. Stoßen wir dabei auf die Fünfen und Sechsen jeder der vier Farben, so werden die Sechsen senkrecht zu den Damen gelegt, während die Fünfen strahlenförmig zwischen die Sechsen kommen, und zwar derart, daß die Fünfen und Sechsen derselben Farbe immer beieinanderliegen.
Diese Karten dienen zum Aufbau der Kartenfamilien, wobei auf die Fünfen alle Karten in fallender Folge kommen , während auf die Sechsen die Karten in steigender Folge gelegt werden. Man hebt also Karte um Karte vom Stapel. Passen sie in der angegebenen Folge auf die Fünfen und Sechsen, so werden sie dort abgelegt, während sie sonst auf den Stapel der nicht zu verwendenden Karten kommen. Der Stapel darf insgesamt dreimal durchgespielt werden. Wenn zum Schluß überall auf den Sechsen die Buben (die 5. Karten in aufsteigender Folge) und auf den Fünfen die Könige liegen (die 5. Karten in fallender Folge), so ist die Patience aufgegangen.

Rangierbahnhof (auch »Die Diplomaten«) ✚ ① 980

Bridgekarten (52 Karten)

Diese originelle und recht reizvolle Patience hat ihren Namen von dem wesentlichsten Merkmal des Spiels erhalten; es besteht darin, daß die Karten dauernd von einem Ort zum andern verschoben werden – wie die

Güterwagen auf einem Rangierbahnhof (oder auch wie die Diplomaten, die sich gefallen lassen müssen, im Außendienst ständig von einem Posten auf den anderen versetzt zu werden).
Wir bilden mit den Karten vier Reihen zu je 13 Karten, die offen ausgelegt werden. Wenn das geschehen ist, werden die Asse herausgenommen und in beliebiger Folge, also unabhängig von ihren Farben, jeder der vier Reihen links angeschlossen. Das Bestreben muß es nun sein, mit den Karten der vier Reihen so lange zu »rangieren«, bis in jeder Reihe sämtliche zu dem vorn liegenden As gehörenden Karten in lückenloser Folge – also vom As über die Zwei, Drei usw. bis zum König – beisammenliegen. Die Könige müssen also die Schlußkarte in jeder Reihe sein. Zum Rangieren dienen die durch die Herausnahme der Asse entstandenen Lükken, in die man nach eigenem Ermessen solche Karten legt, die entweder an die links von der Lücke liegende Karte gleicher Farbe in aufsteigender oder an die rechts von der Lücke liegende Karte gleicher Farbe in fallender Folge anschließen. Wenn z. B. eine solche Lücke links von der Kreuz-Dame, rechts von der Pik-Zehn begrenzt wird, so kann man die Lücke sowohl mit dem Kreuz-König als auch mit der Pik-Neun schließen. Durch die eingebauten Karten entstehen nun neue Lücken, die wiederum nach den gleichen Grundsätzen geschlossen werden können, und so geht es in spannender Weise weiter.
Es liegt uns fern, hier eingehende Ratschläge für die Spielpraxis zu geben. Der »Rangierbahnhof« gehört zu den Patiencen, deren Ausgang entscheidend durch Überlegung, Konzentration und Findigkeit beeinflußt werden kann. Nur so viel sei gesagt, daß es nicht sinnvoll ist, lange Reihen von Karten einer Farbe (sogenannte Flöten) an Stellen zu bilden, wo sie nicht hingehören. Andererseits muß man sich von dem Gedanken frei machen, daß Karten, die den gewünschten endgültigen Platz erhalten haben, unter keinen Umständen mehr bewegt werden dürfen; das Gegenteil ist meistens die Rettung aus zunächst ausweglos scheinender Situation. Im übrigen trachte man danach, so schnell wie möglich die letzten Plätze in den vier Reihen für die Könige freizuspielen. Es dauert dann im allgemeinen nicht lange, bis sich von rechts nach links die erstrebte Wertfolge zu entwickeln beginnt. Dasselbe kann man selbstverständlich auch von den Assen her versuchen.

Der Keller ① 981

Bridgekarten (52 Karten)

Vor dem Mischen der Karten nimmt man die Asse heraus und legt sie in beliebiger Reihenfolge in einer Mittelachse untereinander. Nach dem Mischen des Kartenstapels werden dann sämtliche Karten links und rechts der Mittelachse in vier Fünferreihen und einer Viererreihe offen angeordnet.
Die Figur ähnelt einem Gebäude, das unten den sogenannten »Keller« hat. Welche Bewandtnis es mit ihm hat, werden wir gleich sehen.

Das Ziel dieser recht schwierigen und oft nicht gelingenden Patience ist, auf den Assen als Grundkarten die vier Stämme lückenlos und in aufsteigender Folge aufzubauen, so daß bei einem aufgegangenen Spiel schließlich alle Könige oben liegen.
Das Spiel geht nach folgenden Regeln vor sich:
Spielfähig sind immer nur die äußersten linken und rechten Karten jeder Kartenreihe (in unserer Zeichnung als »frei« angegeben). Jede freie Karte kann an eine andere freie Karte angelegt werden, sofern es sich um Karten der gleichen Farbe und zueinander gehöriger Werte handelt, ganz gleich, ob in aufsteigender oder fallender Folge. Kreuz-Zehn kann also sowohl an Kreuz-Neun als auch an Kreuz-Bube angelegt werden. Das Anlegen von Serien (Flöten) ist dagegen untersagt; das Verlegen solcher Folgen muß vielmehr Zug um Zug geschehen. Befinden sich unter den freien Karten solche, die unmittelbar auf die Asse in der Mittelachse und die sich darüber bildenden Stämme passen, so werden sie dort niedergelegt. Selbstverständlich wird in dem Fall, in dem eine freie Karte aus einer Reihe verschwindet, die nächste Karte frei.
Bei der geringen Zahl von nur zehn freien Karten kann man rasch festsitzen. Für diesen Fall sehen die Spielregeln gewisse Hilfen vor. Die erste ist der »Keller«. Wenn eine freie Karte, die man nicht anlegen kann, den Zugang zu anderen, für den Spielfortgang wichtigen Karten versperrt, so kann man sie »in den Keller legen«. Das darf aber während des Spielverlaufs nur einmal und nur mit einer Karte geschehen. Diese Karte muß dort so lange bleiben, bis sie in ihren Stamm paßt. Das zweite Hilfsmittel sind die leeren Reihen. Wenn es nämlich dem Spieler gelingt, eine der Fünfer- oder Viererreihen ganz von Karten zu leeren, so hat er in dieser Reihe ein außerordentlich wertvolles Rangiergleis, auf dem er lästige freie Karten abstellen kann, bis sie sich entweder im Stamm einbauen oder bei einer freien Karte anlegen lassen. Sogar ganze Flöten lassen sich in leeren Reihen bilden, die zu gegebener Zeit allerdings nicht auf einmal, sondern Karte um Karte abgebaut werden. Angesichts der Bedeutung eines solchen Rangiergleises bedarf es keiner Erklärung mehr, warum es von Wert ist, wenn es dem Spieler gelingt, sogar zwei Reihen zu leeren.

Die Napoleon-Patience ⊕ ① 982

Bridgekarten (52 Karten)

Diese Patience soll ihren Namen nach Kaiser Napoleon erhalten haben, der sie angeblich während seines Verbannungsaufenthaltes auf St. Helena mit Vorliebe gespielt hat. Sie hat sehr viel Ähnlichkeit mit der oben beschriebenen Keller-Patience. Das Spielschema ist völlig gleich; nur einige Regeln sind anders und spielerschwerend.
Die Stämme werden nicht auf den Assen aufgebaut, vielmehr ist die erste Karte, die vom Kartenstapel abgezogen wird, die Grundkarte für die in der Mitte des Spielfeldes zu bildenden Stämme. Wenn das zum Beispiel der Herz-Bube ist, so wandert er auf eines der Felder in der Mittelachse, und nun werden die drei übrigen Buben aus dem Stapel herausgesucht und ebenfalls auf die Felder in der Mitte des Tisches verlegt. Der Aufbau der Stämme geht nach Belieben des Spielers entweder aufsteigend oder

fallend vor sich. Auf die Buben können also als nächste Karte sowohl die Zehnen als auch die Damen gelegt werden. Die Richtungsbestimmung gilt einheitlich für alle vier Farben.
Gegenüber der Keller-Patience gibt es in der Napoleon-Patience eine erhebliche Erschwernis: sie besteht darin, daß von den beiden unteren kurzen Reihen wohl an die Fünferreihen, nicht aber von den Fünferreihen an die Viererreihen angelegt werden darf.
Der Keller hat dieselbe Bedeutung, wie wir sie bereits von der Keller-Patience her kennen. Die auf diese Weise aus dem Spiel entfernte Karte muß bei der Napoleon-Patience jedoch so lange im Keller bleiben, bis eine der Viererreihen links und rechts vom Keller ganz abgeräumt ist. Die Spielvorschriften für die leeren Reihen decken sich bei beiden Patiencen. Man darf also auch bei der Napoleon-Patience diese Freistellen dazu benutzen, um mißliebige Karten so lange umzurangieren, wie sie stören, und man kann an solche Karten weitere passende Karten anlegen. Eine Ausnahme bilden lediglich die beiden Viererreihen links und rechts neben dem Keller. Sie dürfen nicht für solche Abstellmanöver benutzt werden. Wenn eine von ihnen völlig abgeräumt ist, darf lediglich die Karte aus dem Keller befreit und wenn nötig eine andere hineingeschickt werden. Vom Keller machen jedoch geübte Spieler nur dann Gebrauch, wenn sie hoffnungslos festsitzen oder wenn die Möglichkeit besteht, dadurch zu einer Freistelle zu gelangen.

Der Große Stern ♣ ① 983

Bridgekarten (52 Karten)

Dieses Spiel hat manche Ähnlichkeit mit dem »Kleinen Stern« (s. Seite 461). Gleich die erste Karte des Stapels dient als erste Auslage (Karte 1 in unserem Diagramm). Wenn die zweite Karte von derselben Farbe ist, wandert sie auf den Ablegestapel, ebenso die dritte, vierte usw. Erst die nächste Karte einer anderen Farbe wird Karte Nr. 2; wir legen sie rechts unten quer zur ersten Karte. Die Such- und Ablegereaktion geht weiter, bis die dritte Farbe auftaucht; als Karte 3 wird sie ganz unten in das sich bildende Kreuz gelegt. Die erste Karte der vierten Farbe schließlich vervollständigt das Kreuz. Die vier nächsten Karten des Stapels werden als Hilfskarten I bis IV in der dargestellten Weise strahlenförmig dazwischengelegt.
Das Spiel ist im Grunde genommen recht einfach; man muß aber einige Geduld aufbringen, ehe es einmal gelingt, die Patience aufgehen zu lassen. Die Karten 1–4 dienen als Grundkarten für den Aufbau der Stämme, wobei der Zufall bestimmt, ob dieser Aufbau in steigender oder fallender Folge vor sich gehen soll. Sobald nämlich beim allmählichen Umwenden des Stapels eine Karte erscheint, die nach Farbe und Reihenfolge auf eine der Karten 1–4 paßt, wandert sie nicht auf den Ablegestapel, sondern wird auf die betreffende Karte gelegt. Bleiben wir bei unserem abgebildeten Beispiel:
Auf die Karte 1 (Herz-Vier) paßt sowohl Herz-Drei, womit der Aufbau fallend vor sich gehen würde, als auch Herz-Fünf (steigende Folge); auf

Karte 2 (Pik-Acht) kann sowohl Pik-Sieben (fallend) als auch Pik-Neun (steigend) gelegt werden; auf Karte 3 (Kreuz-Dame) paßt Kreuz-Bube (fallend) wie Kreuz-König (steigend), und für Karte 4 (Karo-Fünf) würde sowohl Karo-Vier (fallend) wie Karo-Sechs (steigend) willkommen sein. Ein bißchen aufpassen muß man bei diesem Spiel, weil der Zufall es mit sich bringt, daß ein Stamm sich aufsteigend, der andere dagegen fallend aufbaut.

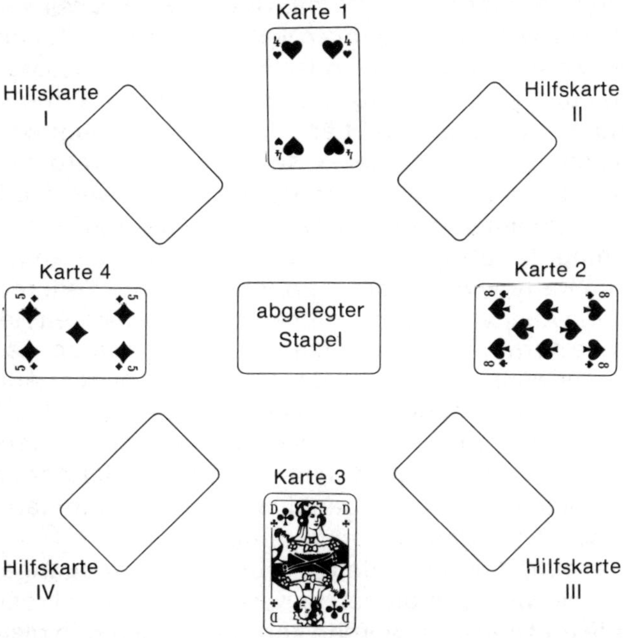

Die Hilfskarten dienen nicht zur Stammbildung! Sie sind eigentlich nur dazu da, die Aufmerksamkeit des Spielers besonders zu schärfen, denn natürlich sollen sie in dem Augenblick in die Stämme eingefügt werden, wo nach der Reihenfolge ihre Zeit gekommen ist.
Ist der Stapel einmal umgewendet, so nimmt der Spieler den Ablegestapel, und die Umwendeaktion beginnt ein zweites Mal. Sie darf auch noch ein drittes Mal durchgeführt werden, dann aber ist Schluß: wenn bis dahin nicht alle Stämme vollständig beisammen sind, ist die Patience nicht aufgegangen.

Die Kleine Harfe ♣ ① 984

Dieses Patiencespiel ist vor allem darum so unterhaltend, weil es ein neues Kartenbild und eine ganz andere Spielweise bringt.
Das Kartenbild ist schnell aufgebaut:
Sieben verdeckte Karten werden nebeneinandergelegt, und den Abschluß der Reihe bildet eine offene achte Karte. Darunter legen wir sechs verdeckte und eine offene Karte, in die nächste Reihe fünf verdeckte und eine offene und so fort, bis eine einzige offene Karte den Abschluß bildet. Von dem sich so entwickelnden Gebilde hat das Spiel seinen Namen erhalten. Zweckmäßig ist es, wenn sich die Karten schuppenförmig decken.

Die Spielweise wird verschieden gehandhabt. Wir wollen hier nur eine Aufgabe behandeln, die am gebräuchlichsten ist, während eine zweite bei der Großen Harfe dargestellt wird (siehe Seite 467). Das Ziel ist, alle verdeckt auf dem Tisch liegenden Karten zu wenden und sie untereinander so zu ordnen, daß schließlich in stetem Wechsel zwischen Schwarz und Rot nur sogenannte Leitern vorhanden sind, mit einem As an der Spitze und über König, Dame, Bube bis zur Zwei verlaufend.
Zu diesem Zweck wird von Beginn an versucht, an die offenen Karten anzulegen, und zwar immer in fallender Folge und grundsätzlich Rot auf Schwarz oder umgekehrt. Auf Karo-Zehn paßt also Pik-Neun,nicht aber Pik-Bube. Auch Leitern in jeder Länge können angelegt werden. Wenn durch dieses Anlegen eine verdecke Karte freigelegt wird, muß diese gewendet und – sofern sie paßt – wiederum angelegt werden. So geht das Spiel in unterhaltsamer Weise weiter. Kann nirgendwo mehr angelegt werden, so muß der übriggebliebene Kartenstapel herangezogen werden. Karte um Karte wird abgeblättert, und auf jede Senkrechte kommt eine Karte. Eine Ausnahme bilden nur solche senkrechten Reihen, in denen bereits alle Karten aufgedeckt sind und die, mit einem As beginnend, eine ganze oder auch eine unvollständige Leiter bilden. Auf diese wird keine Karte aus dem Stapel gelegt. Vielleicht geht nun das Anlegespiel weiter – wenn nicht, so greift man wiederum zum Kartenstapel und baut in den Senkrechten an. Das geschieht so lange, bis der Kartenstapel verbraucht ist. Sollte dann der Augenblick kommen, wo man nicht mehr weiterkann, so ist die Patience nicht aufgegangen.
Hoffen wir jedoch, daß das Anlegen munter weitergegangen ist bis zu dem Augenblick, wo auch die letzte Karte in einer Senkrechten umgewendet wurde und angelegt werden konnte! Es fehlt nun gleichsam eine Saite auf unserer Harfe. Es wird sich schnell herausstellen, daß uns diese Lücke außerordentlich willkommen ist. Mit ihr haben wir nämlich sozusagen ein wichtiges Rangiergleis gewonnen. Wir können in sie beispielsweise eine einzelne Karte hineinlegen, die uns beim Ablegen stört und die nun so lange dort bleiben kann, bis sie für das Ablegen in Frage kommt. Wir können auch ein einzelnes As niederlegen und daran allmählich einen andersfarbigen König usw. anbauen, bis die ganze Leiter bis zur Zwei vorhanden ist, und wir können auch anderswo entstandene Leiterstücke in einer solchen Lücke niederlegen, bis sie sich an anderer Stelle einbauen lassen. Man sieht, so eine Lücke ist eine großartige Hilfe, und wenn wir gar zwei davon haben, kann uns eigentlich nicht mehr viel passieren.

Patiencen mit zwei Sätzen Bridgekarten (104 Karten)

Patiencen mit zwei vollständigen Bridgekartenspielen sind naturgemäß wesentlich komplizierter als die bisher dargestellten, und man muß sich damit abfinden, daß sie häufiger nicht aufgehen. Aber an stillen, gemütlichen oder auch langweiligen Abenden lohnt es sich schon einmal, solche umfangreicheren Bilder aufzubauen – nach Möglichkeit auf einem großen Tisch! – und sich daran zu versuchen. Wir wollen hier nur drei, aber besonders interessante Beispiele für Patiencen mit 104 Karten schildern.

Die Große Harfe ⊕ ① 985

Sie ähnelt in ihrem äußeren Bild der bereits beschriebenen »Kleinen Harfe« (siehe Seite 465) und kann auch genauso gespielt werden. Sehr reizvoll ist jedoch eine andere Spielweise, die hier erläutert werden soll. Sie erfordert viel Aufmerksamkeit, weil man sonst viele Chancen übersieht und dann schließlich durch eigene Schuld festsitzt.
Die 104 gut gemischten Karten werden folgendermaßen ausgelegt: In die oberste Waagerechte legt man neun verdeckte Karten, während die zehnte offenbleibt. In die nächste Reihe gehören nur noch acht verdeckte und eine offene Karte, und so geht es bis zum Ende weiter, das von einer einzelnen offenen Karte gebildet wird.
Bei Spielbeginn stellt man zunächst fest, ob Asse offenliegen. Diese nimmt man dann heraus, denn sie sollen die Grundkarten für die insgesamt acht Stämme bilden, die auf dem As in aufsteigender Folge bis zu den Königen aufgebaut werden müssen. Wenn die Patience aufgegangen ist, dürfen demnach keine Karten der Harfe mehr vorhanden sein, und oben auf den acht Stämmen müssen überall die Könige liegen.
Die Spielweise ist wie gesagt ähnlich wie bei der Kleinen Harfe. Nur laufen die Bildung der Stämme und das Anlegen an die offenen Karten (in fallender Folge) nebeneinander her. Wenn das Anlegen im Bild der Harfe nicht mehr möglich ist, greifen wir auch hier zum Kartenspiel. Bei der Großen Harfe werden aber nicht einheitlich an alle Senkrechten neue Karten angebaut, sondern es finden nur solche Verwendung, die irgendwo angelegt oder zum Aufbau der Stämme auf den Assen verwendet werden können. Nicht brauchbare Karten bilden den Reservestapel neu, der im ganzen nicht mehr als zweimal durchgespielt werden darf. Ist man dann noch nicht am Ziel, so ist die Patience mißglückt.
Nun, zur Aufmunterung sei gesagt, daß sie in den meisten Fällen aufgehen wird. Man muß nur mit sehr großer Wachsamkeit spielen, denn in dem weiten Spielfeld bieten sich immer wieder Chancen, die es aufzuspüren gilt. Die Große Harfe ist darum die idale Patience für mehrere Personen – nach dem Motto, daß vier und sechs Augen eben mehr sehen als zwei.
Um einigermaßen sicher zum Ziel zu kommen, müssen verschiedene Grundregeln beachtet werden. Vor allem sollte man bemüht sein, die senkrechten Reihen so schnell wie möglich leerzuspielen, um dort Könige und nachfolgende Kartenwerte als Leitern (das heißt also: in stetem Wechsel von Rot und Schwarz) unterzubringen. Es hat sich immer als verhängnisvoll erwiesen, wenn man zu früh zum Reservestapel greift; zunächst sollte man wirklich alle sich innerhalb des ursprünglichen Bildes der Harfe bietenden Möglichkeiten zum Anlegen und Umbauen er-

schöpfen, und vor allem sollte man bestrebt sein, die langen Senkrechten abzubauen, weil sie später sehr hinderlich sein können.
Grundsätzlich sollen in leergespielte senkrechte Reihen nur Könige und eventuell an sie angelegte Leitern (sogenannte Königsleitern) gelegt werden. Eine wesentliche Spielerleichterung bedeutet es natürlich, wenn man leere Reihen auch als Rangiergleise benutzt, auf denen vorübergehend hinderliche Einzelkarten oder Leiterstücke abgestellt werden, damit man an dringend benötigte Karten herankommt.

Die Teufelsharfe ♣ ① 986

Sie ist eine Variante der Großen Harfe, aber sie erweist sich als noch erheblich schwieriger. Im Aufbau und in der Zielsetzung gibt es keine Unterschiede. Die Schikane besteht darin, daß die vom Reservestapel abgehobenen Karten nicht nur angelegt werden, wenn sie passen. Muß man zu den Reservekarten greifen, so ist man vielmehr gezwungen, jeder Senkrechten, also auch bereits ganz oder teilweise gebauten Königsleitern, eine neue Karte anzufügen; ja, selbst in leer gewordene Reihen muß man eine Karte legen. Mit dem ursprünglichen Hilfsmittel des Reservestapels baut man sich also unter Umständen das mühsam Erreichte wieder zu. Man käme mit der Teufelsharfe wahrscheinlich nie zurecht, wenn nicht wenigstens eine Erleichterung vorgesehen wäre:
Es gibt bei dieser Patience einen Keller, eine Einrichtung also, die es ermöglicht, unbequeme Karten, die den Zugang zu begehrten Karten versperren, für einige Zeit »auf Eis zu legen«. Dort bleiben sie, bis sie entweder angelegt oder beim Stamm eingebaut werden können.
Man kann bis zu drei Karten gleichzeitig in den Keller schicken.

Die Acht-Päckchen-Patience ♣ ① 987

Sie hat große Ähnlichkeit mit den beiden Harfen-Patiencen, insbesondere mit der Teufelsharfe. Auch bei ihr hängt das Gelingen nicht nur vom Zufall, sondern wesentlich auch von der Kombinationsgabe des Spielers ab.
Die Karten werden von links nach rechts in vier Reihen zu je zwölf Karten ausgelegt, und zwar die erste gedeckt, die zweite offen, die dritte wieder gedeckt und die letzte dementsprechend offen. Die übrigbleibenden Karten werden vorerst als Reservestapel beiseite gelegt.
Bei Spielbeginn sind nur die Karten der untersten offenen Reihe zugänglich. Hier kann nach den üblichen Gesichtspunkten angelegt werden: also im Rot-Schwarz-Wechsel oder umgekehrt und grundsätzlich nur in fallender Folge. Das Ziel ist die Bildung ununterbrochener Kartenfamilien vom As bis hinab zur Zwei. Die Patience ist dann aufgegangen, wenn am Schluß alle acht Karten offen vorliegen.
Angelegt werden dürfen nicht nur einzelne Karten, sondern auch Leitern (also kürzere oder längere Kartenfolgen). Sobald durch Anlegen eine der verdeckten Karten, in der Senkrechten gesehen, frei wird, muß sie gewendet werden. Sofern sie paßt, wird auch sie angelegt. In dieser Weise

geht es weiter, bis keine Umordnung durch Anlegen mehr möglich ist. Jetzt muß der Spieler auf den Reservestapel zurückgreifen. Er legt an jede unterste Karte der senkrechten Reihen eine Karte aus dem Stapel an – ganz gleich, ob sie paßt oder nicht. Er muß sie in der Reihenfolge nehmen, wie sie auf dem Stapel liegen. Das Anlegen, Umordnen und Auslegen neuer Karten geht so lange weiter, bis der ganze Reservestapel aufgebraucht ist.
Man muß sich vor allem davor hüten, die noch ungeordneten Reihen immer länger werden zu lassen, weil man sie dadurch geradezu systematisch zubaut. Die Möglichkeiten beim Anlegen und Umbauen sind nämlich viel größer, als man bei nur flüchtiger Betrachtung des gesamten Kartenbildes vermuten mag. Für die Durchführung des Spiels ist es besonders günstig, wenn es gelingt, eine oder sogar mehrere senkrechte Reihen völlig leerzuräumen. Den obersten Platz in solchen leeren Reihen dürfen wir nämlich mit einem As und wenn vorhanden sogar mit einer bereits andernorts gebildeten As-Reihe belegen, die dann systematisch weitergebaut werden kann, bis sie vollständig ist. Dann darf die Kartenfamilie zu einem Häufchen zusammengeschoben und aus dem Spiel genommen werden, und die leere Reihe steht wieder für andere Asse und ihre Familie zur Verfügung.
Zu beachten ist noch, daß die Karten aus dem Reservestapel nicht an As-Reihen angelegt werden dürfen, sofern das As bereits die oberste Karte der senkrechten Reihe ist. Solche As-Reihen, deren Fertigstellung ja das Ziel der Patience ist, sollen also nicht verbaut werden.

Elf ① 988

Wir mischen ein Bridge-Spiel gut durch und legen vier Reihen zu je drei Karten aus. Jede Bildkarte, also Bube, Dame, König, die dabei auftaucht, wird nicht ausgelegt, sondern wieder unter den Kartenstoß geschoben. Wenn alle zwölf Karten liegen, legen wir jeweils die beiden Karten übereinander, die zusammen den Wert 11 ergeben. Wir brauchen dabei nicht die Farbe zu berücksichtigen. Eine beliebige 2 können wir also auf eine beliebige 9 legen. Auf die erreichte 11 legen wir nun die beiden nächsten Karten unseres Kartenstoßes. Dann suchen wir weiter zwei Karten, die zusammen 11 ergeben, wobei die neu ausgelegten Karten mitrechnen. Tritt beim Auslegen der Vorratskarten eine Bildkarte auf, so fällt der Stapel, auf den wir dieses Bild legen müssen, aus dem weiteren Spiel aus. Geht die Patience auf, so liegen am Ende zwölf Bildkarten vor uns.

Schattenspiele

989 bis 1000

Hase

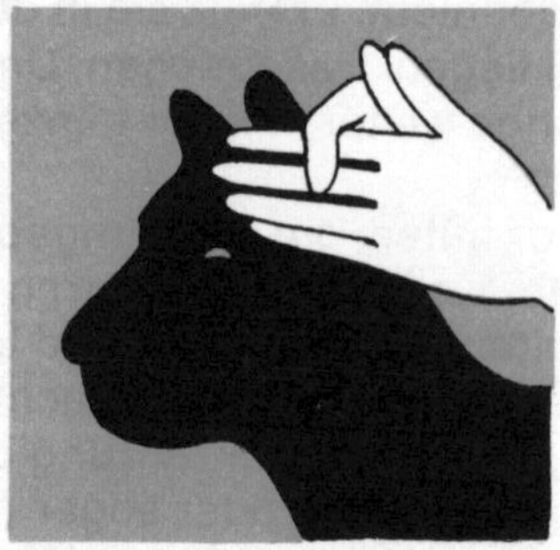

Hund

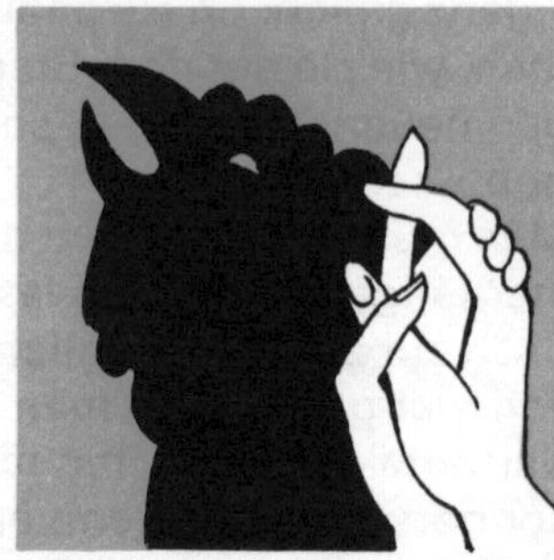

Huhn

Schwan

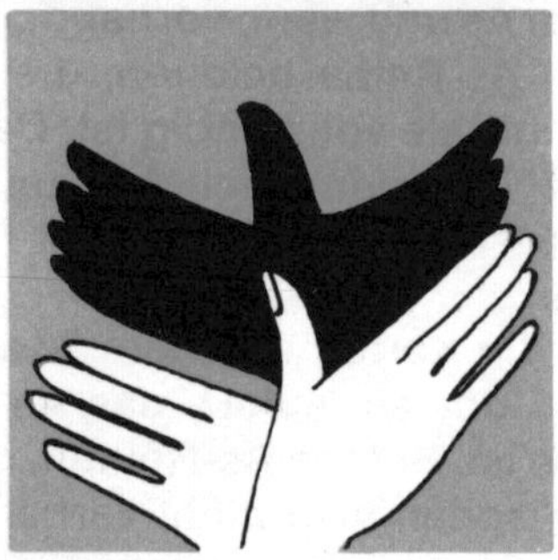

Adler

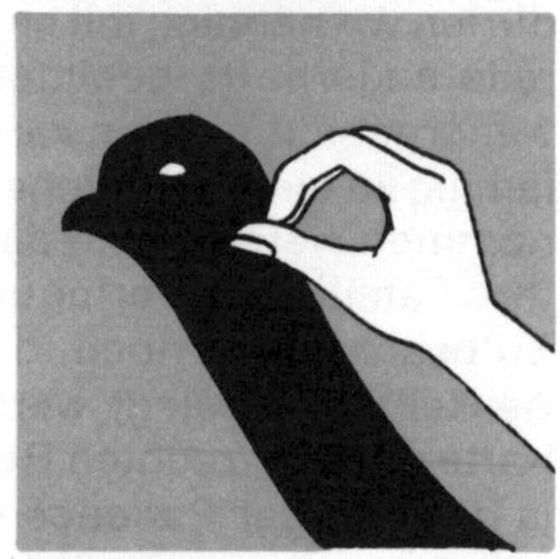

Taube

Schaf

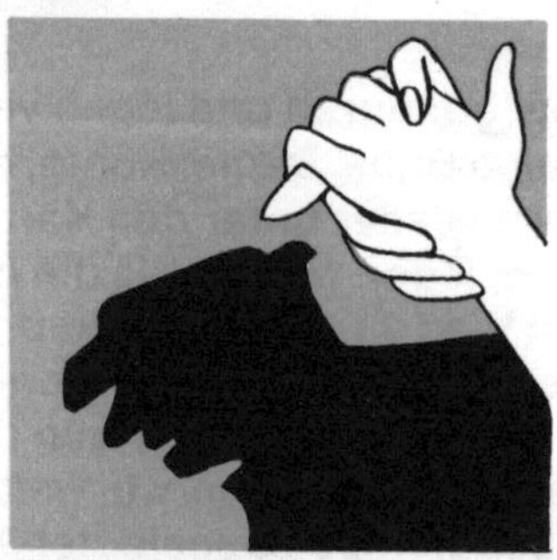

Räuber

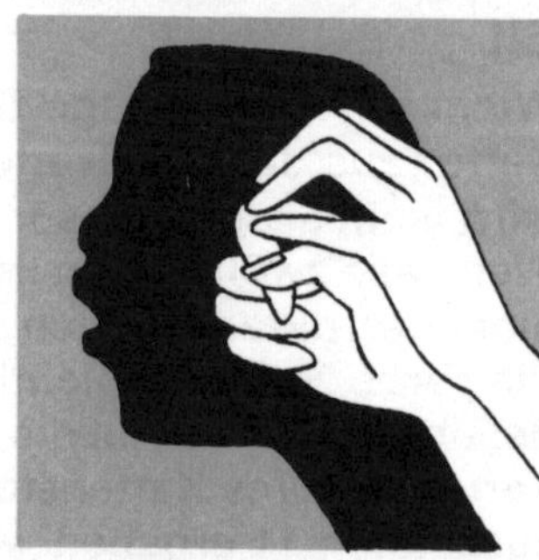

Kopf

Gans

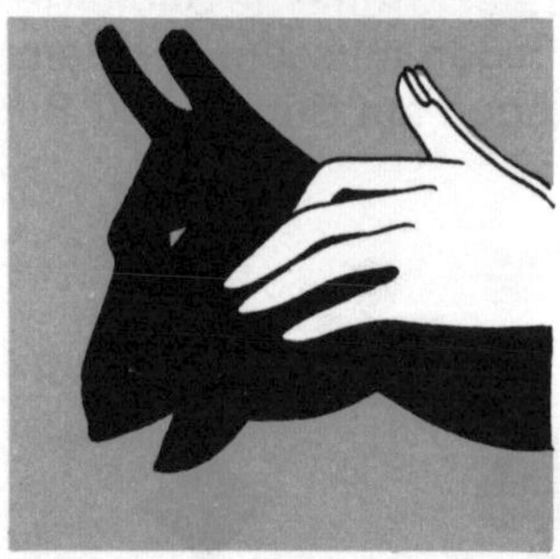

Ziege

Kaninchen

Auflösungen

374
Die Nase.

375
Die Zunge.

376
Zähne im Mund.

377
Der Schlaf.

378
Der Schatten.

379
Feige – Ohrfeige – feige.

380
Lustig – lästig – listig

381
Der Storch.

382
Jakob ist 4 Jahre alt.
Anne ist 18 Jahre alt. (Sie war ja 12, als Mary so alt war wie Anne jetzt. Die seitdem vergangenen Jahre – 12 – teilen wir auf die beiden Mädchen auf: 24 weniger 6 ist 18, genau wie 12 plus 6 auch 18 ist.)

383
Aufgehen.

384
Der Mann brachte die Ziege über den Fluß, fuhr zurück, holte den Wolf, nahm auf der Rückfahrt die Ziege wieder mit, brachte nun den Kohlkopf über das Wasser und holte schließlich die Ziege!

385
Die beiden Uhrzeiger.

386
Die Nähnadel.

387
Esser – Dessert.

388
Die Lösung ist – das Rätsel!

389
Der Schornstein.

390
Sau-er-Kraut – Sauerkraut.

391
Viel-leicht – vielleicht.

392
Nur drei Männer: Großvater – Vater Sohn!

393
Der Blasebalg.

394
Der Star.

395
Venez souper à Sanssouci: Kommen Sie zum Speisen nach Sanssouci (eigentlich: venez sous p à cent sous six). Die Antwort: – »J'ai grand appétit«: Ich habe großen Hunger.
(Il faut sous p avec six lances – Lanzen.)

Ja – das muß man nur *»deutsch«* lesen: Sie, sans so gut; dahns die Fiß da weg, Sie trädn mi!

396
Genau 2 Zentimeter (bitte im Bücherschrank nachprüfen!).

397
Es waren 4 Katzen . . .

398
Vorfahren – vorfahren.

399
Jeder schwang sich auf das Pferd seines Bruders ...

400
Nichts.

401
Heute.

402
Die Flasche kostet 1,05 DM, der Korken 5 Pfennig.

403
Die Taube – der Taube.

404
Nicht am siebenten Tag! Schon am Abend des sechsten – weil sie ja nicht mehr zurückrutschte.

405
Kalaf antwortet:
Dies zarte Bild, das, in den kleinsten Rahmen
gefaßt, das Unermeßliche uns zeigt,
und der Kristall, in dem dies Bild sich malt
und der noch Schön'res von sich strahlt,
er ist das A u g , in das die Welt sich drückt,
dein Auge ist's, wenn es mit Liebe blickt.

406
Kalafs Antwort:
Diese Schlange, der an Schnelle keine gleicht,
die aus der Höhle schießt, die stärksten Eichen
wie dünnes Rohr zerbricht, durch Schloß und Riegel dringt,
vor der kein Harnisch kann beschützen, die sich in eigenem Feuer selbst verzehrt –
es ist der *Blitz*, der aus der Wolke fährt.

407
Tag und Nacht.

408
Der Sonntag.

409
Diese Brücke, die von Perlen sich erbaut,
sich glänzend hebt und in die Lüfte gründet,
die mit dem Strom erst wird und mit dem Strome schwindet
und über die kein Wandrer noch gezogen,
am Himmel siehst du sie, sie heißt – der *Regenbogen*.

410
Der Funke (den das Eisen, wenn es auf den Stein schlägt, hervortreibt und der, wenn sich »die mächtige Schwester«, der Sturm, zu ihm gesellt, zum »furchtbar'n Gebieter«, zum Feuer, wird).

411
Es lag kein Tau auf der verwandelten Rose, weil sie nachts nicht im Freien gestanden hatte.

412
Man braucht ja nur den Inhalt des zweiten Glases von rechts in das leere zweite Glas von links zu gießen.

413
Lotte hat 7, Peter hat 5 Mark.

414
100,– DM, nämlich die 75,– DM Wechselgeld und das Buch. Für das Geld, das er dem Tankstellenbesitzer geben mußte, hatte er ja gutes Geld bekommen.

415
Das Licht.

416
Verschieden.

417
Peter ist 16, die Zwillinge sind 6, Gero ist 4 und Großvater 64 Jahre alt.

418
Man muß bedenken, daß Ali und Omar ja mitgegessen hatten. Sie hatten sich zu dritt in 8 Datteln geteilt, jeder hatte also $2^1/_2$ Datteln verzehrt. Ali hatte dem reichen Mann damit $2^1/_3$ – 7 Drittel – Datteln überlassen, Omar aber nur 1 Drittel! Also mußte Ali auch siebenmal soviel Goldstücke bekommen wie Omar. Klar?

419
Der Bart.

420
Der Handschuh.

421
Drei Jungen und vier Mädchen.

422
Neben dem Sprecher stand sein Sohn.

423
Die Zähne!

424
Geld – Geduld.

425
Der Kuß.

426
Die Nadel mit dem Faden.

427
Der Schalttag.

428
Alles.

429
Die Hose.

430
Monument – Moment.

431
Das Feuer.

432
Die Zwiebel.

433
nicht.

434
Frau Bäh und Frau Zeh sind Kusinen, denn ein Onkel von Frau Bäh ist der Vater von Frau Zeh – prüft es nach! Auch Frau Dee und Frau Bäh sind Kusinen, denn Frau Dees Schwester, also auch sie selbst, ist eine Nichte von Frau Bähs Vater.

435
Am neunten natürlich.

436
Der Täter war die Citroën-Fahrerin Fräulein Martling. Denn: Der Wagen war grau, es kann also nicht der Opel-Rekord gewesen sein; der Wagen mit der Berliner Nummer war rot – es bleibt nur der Citroën, der aus Wittlage kam. Herr Blodau hat den VW – ist also nicht der Citroën-Fahrer, und Herr Lautenbach kennt den Citroën-Fahrer, ist es also nicht selbst. Es bleibt nur die Kunststudentin übrig!

437
Die Zahl ist die 77. – Hans warf so, daß bei ihm die 6 und auf dem anderen Würfel die 1 oben lag – also hatte er nach unserer Regel 61 plus 16 = 77. Peter warf die 5 und die 2, also 52 und 25 = 77. Ulla warf 4 und 3, also 43 und 34 = 77. Sechs verschiedene Würfe, dreimal dasselbe Ergebnis! – Probiert es nach, es geht mit keiner anderen Zahl.

438
Morgen.

439
So sagt der Schnee vom Wasser.

440
Der Eiszapfen.

441
Das Loch in der Tasche.

442
Ja – die Lösung ist nicht ganz einfach zu begreifen! Jeder der drei Männer sah ja bei den anderen eine *weiße* Kappe. Jeder überlegte nun: »Wenn ich eine *rote* habe, dann sehen die beiden anderen jeder eine *rote und eine weiße* Kappe. Und dann würden die beiden anderen jeder für sich denken: ›Wenn ich auch eine rote Kappe habe, dann muß der dritte wissen, daß er eine weiße hat – denn zwei rote sind es ja nur. Und dann würde der dritte ja sofort sagen, daß er eine weiße Kappe hat. Aber keiner sagt etwas.‹ Das also überlegen sich die beiden anderen – also sieht keiner von uns eine rote Kappe. Ich habe eine weiße. Und weil sie alle auf diese Weise überlegten, kamen sie gleichzeitig zum richtigen Ergebnis, sagten alle gleichzeitig die richtige Antwort – und wurden freigelassen.

443
Es waren 20 Hunde und 15 »Herrchen« bzw. »Frauchen« (für Herr und Hund muß man ja zusammen sechs Beine rechnen. Aber vorher zieht man von der Summe die fünf Herren ab, die je zwei Hunde führen, die also »zehnbeinig« herumlaufen!).

444
Wer im Glashaus sitzt, wirft nicht mit Steinen. Eigener Herd ist Goldes wert.
Gebranntes Kind scheut das Feuer.
Wer viel fragt, geht viel irr.

445
Na – natürlich auch acht Minuten!

446
Meint ihr, daß eine sitzen bleibt, wenn der Bauer schießt?

447
Feuer-wehr-haupt-mann fiel vom Wagen (eigentlich: Feuer-wer-Haupt-Mann – viel – von – wagen). König floh nach Afrika und fiel ins Meer!

448
Na – die Oder fließt doch in die Ostsee!

449
Weil es noch nicht bis drei zählen konnte!

450
Das arme Lamm, das bachabwärts stand, konnte ja nicht das Wasser trüben, das der bachaufwärts stehende Wolf trinken wollte – er hatte einfach zu dumm gelogen!

451
Neger – Regen.

452
Der Name.

453
Wenn Frau Müller noch so rasch strickt, reicht ihr Garn doch nicht weiter . . . und anderthalb Pfund und 750 Gramm ist ja wohl dasselbe . . .

454
Das Spiegelbild.

455
Wenn sie sich begegnen, müssen sie ja wohl beide gleich weit von Adorf entfernt sein!

456
Ich bin es selbst . . .

457
45 (der erste reichte 9 Herren die Hand, der zweite den 8 anderen usw.), also: 9 + 8 + 7 + 6 . . .

458
Natürlich 1000 Gramm . . .

459
Der Milchmann konnte seine Fünfliterkanne vollfüllen, daraus zweimal Uwes Zweiliterkanne füllen, die Milch in die Schüssel leeren, dann blieb in seiner Fünfliterkanne ein Liter übrig. Umgekehrt geht es auch: Dreimal die Zweiliterkanne füllen, in die Fünfliterkanne ausgießen. Beim drittenmal muß ja ein Liter in der Zweiliterkanne zurückbleiben.

460
Er hat einen linken Fuß, einen rechten Fuß und Typhus.

461
Der Schatten.

462
Verschlagen.

463
Falsch!

464
Natürlich nur eine.

465
Jochen hat einfach drauflos geredet: Mittags gibt es doch keine langen Schatten!

466
Rat (im Rat sitzen, Rat pflegen, um Rat verlegen sein)

467
Das Wort heißt: Raetselspiele.

468
Falsch! – Das M – sonst wäre es ja ein Scherz! – 69 – Schreibt die 12 mit römischen Ziffern: XII halbiert sie: – oben und unten haben wir VII.

469
Das Möwchen – weil die Nacht dazwischen ist – Josef floh aus Ägypten – der Sonnabend – weil er auch dort »Kuckuck« ruft! – der Bückling – ein Druckfehler, es soll Tisch heißen – Pensch ist kein Druckfehler, sondern das Mittelstück vom Lampenschirm – der Kater!

470
Stern – Astern – Ostern.

471
b ist richtig.

472
Stein – Pelz – Regenwurm – Uhu – Diagonale – eben – Linde: Sprudel.

Die kleinen Wörter lauten: Fett – Esse – Rum – Igel – es – nie – Bern – Esel – Gas – in – noch – Note: Ferienbeginn.

473

Nun, wenn der Mann die schwarze Todeskugel gezogen und verschluckt hätte, wäre ja eine weiße im Kasten geblieben. Da der böse Minister aber nur schwarze hineinlegte, sah man jetzt natürlich auch nur eine schwarze im Kasten, und der Mann erklärte: »Ihr seht, ich habe die weiße gezogen – ihr müßt mich freilassen.« Das mußten sie – denn wer hätte das Gegenteil beweisen können? Der Minister hatte sich in seiner eigenen Schlinge gefangen.

474

S	A	F	T
H	A	F	T
H	A	U	T
H	A	U	S

475

Die neuen Wörter: Weit – Ochse – fahl – Schein – wacker – fauchen – Geste – bieten – Wanne. Die gestrichenen Buchstaben ergeben: Zeltplatz; die neu eingesetzten: Wohnwagen.

476

Hermann der Cherusker – Kleopatra von Ägypten – Shakespeare war Engländer – Johann Strauß der Walzerkönig in Wien – Johann Sebastian Bach war Deutscher – König Ludwig gab es in Bayern und in Frankreich – Edison war Amerikaner – Albrecht Dürer stammte aus Nürnberg – Pablo Picasso war Spanier und lebte in Frankreich – Rubens war Niederänder.

477

Aus den Stummeln der 18 Zigaretten dreht Norbert erst 6 – deren Stummel aber wieder 2 Zigaretten ergeben! Also: 8.

478

Musterschüler – Iltis – Celle – Handball – Elfenbein – Leberfleck – Arbeitslohn – Nahrungsmittel – Gegengewicht – Einzelteil – Lärche – Obstmesser: Michelangelo.

479

P	U	P	P	E
P	A	P	P	E
R	A	P	P	E
R	A	M	P	E
R	A	M	M	E

480

»Pippi Langstrumpf« ist von Astrid Lindgren; »Der Ölprinz« von Karl May; »Die Regulatoren am Arkansas« von Friedrich Gerstäcker; »Nils Holgersson« von Selma Lagerlöf; »Der letzte Mohikaner« von J. F. Cooper; »Robinson Crusoe« von Daniel Defoe; »Kein Winter für Wölfe« von Kurt Lütgens; »Die Schatzinsel« von R. L. Stevenson; »Max und Moritz« von Wilhelm Busch; »Alice im Wunderland« von L. Carroll; »Das Dschungelbuch« von Rudyard Kipling.

481

Müßiggang ist aller Laster Anfang – Was du nicht willst, das man dir tu', das füg auch keinem andern zu – Der Apfel fällt nicht weit vom Stamm – Hunger ist der beste Koch – Dummheit und Stolz wachsen auf einem Holz – Viele Köche verderben den Brei – Gleich und gleich gesellt sich gern – Was Hänschen nicht lernt, lernt Hans nimmermehr – Morgenstunde hat Gold im Munde – Ein voller Bauch studiert nicht gern – Eine Schwalbe macht noch keinen Sommer – Hochmut kommt vor dem Fall – Stille Wasser sind tief – Vorsicht ist die Mutter der Weisheit – Was du heute kannst besorgen, das verschiebe nicht auf morgen – Lügen haben kurze Beine – Kinder und Narren sprechen die Wahrheit – Salz und Brot macht Wangen rot.

482

Sahne – Chile – Hyäne – Lotto – Eber – Stiefmütterchen – Igel – Erbse – Nagel: Schlesien.

483

Köln – Hameln – Ulm – Nürnberg – Orleans – Säckingen.

484

Richtig ist: 1 b – 2 c – 3 b – 4 b – 5 a – 6 b.

485

1. Neapel; 2. München – wenn sie die erste Silbe bei Mónaco betonen (sonst Monáco); 3. Pedro – Pierre – Peter – Pietro – Pjotr.; 4. Stefan; 5. Baltic Sea; 6. La Manche (und das heißt eben »Ärmel«); 7. Köln; 8. Allemand – German – Tedesco – Tysker – Duits – Saksalainen; 9. Helsingör; 10. Genua – Padua – Mailand – Florenz.

486

Rom – Moskau (nur ganz wenig) – Paris – Athen – Mexiko-Stadt – Peking (nur ganz wenig) – Kap der Guten Hoffnung.

840

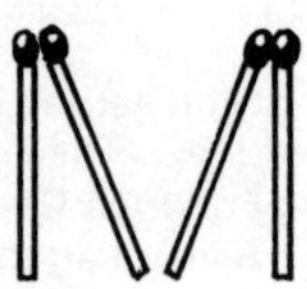

1

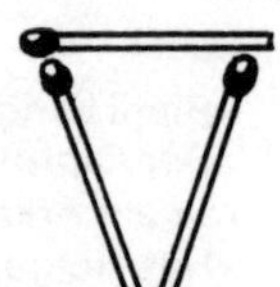

2

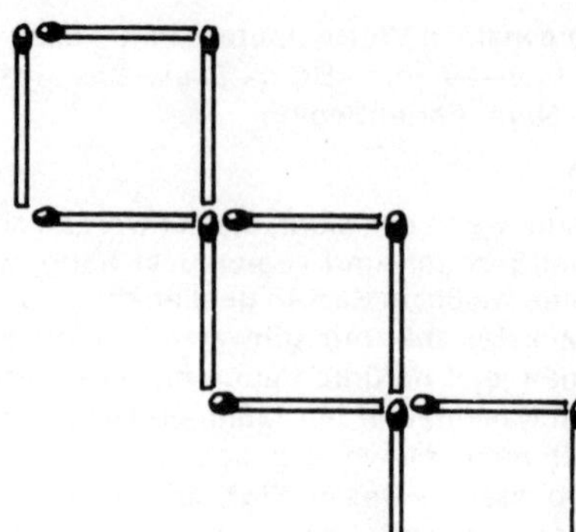

4

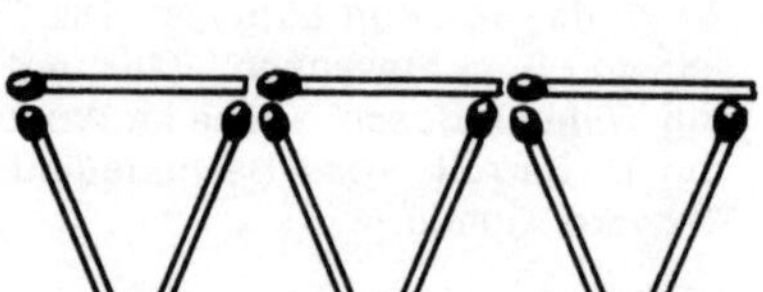

3

5

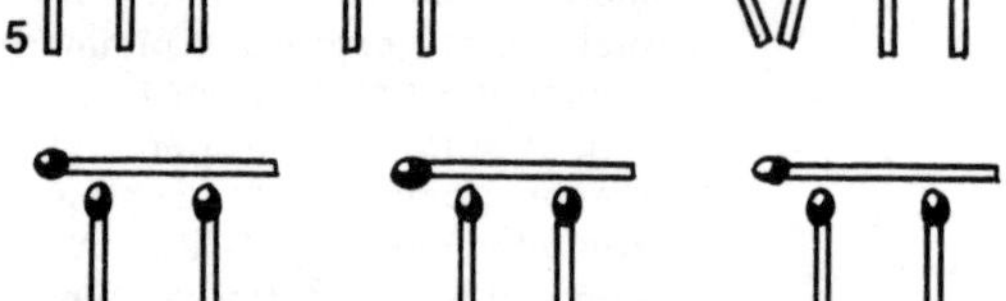

6

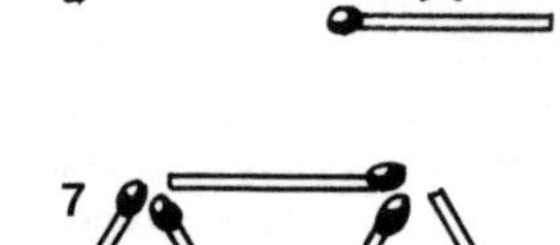

7

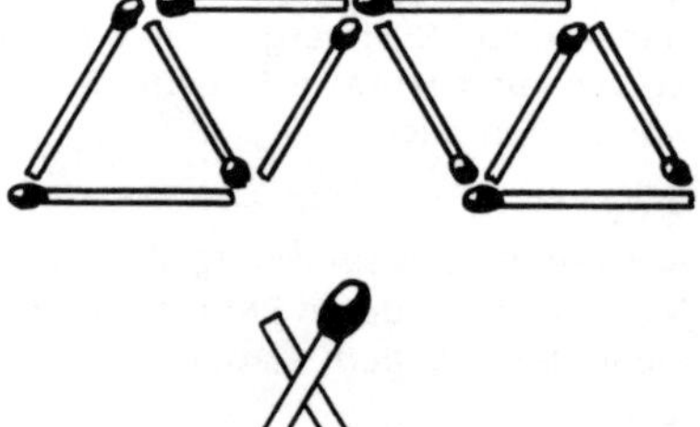

9

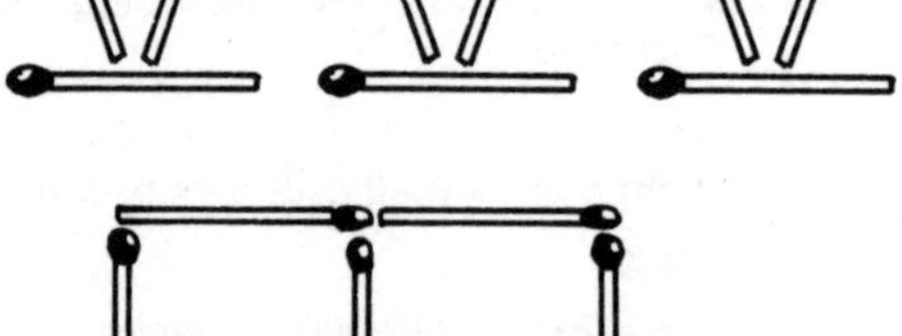

8

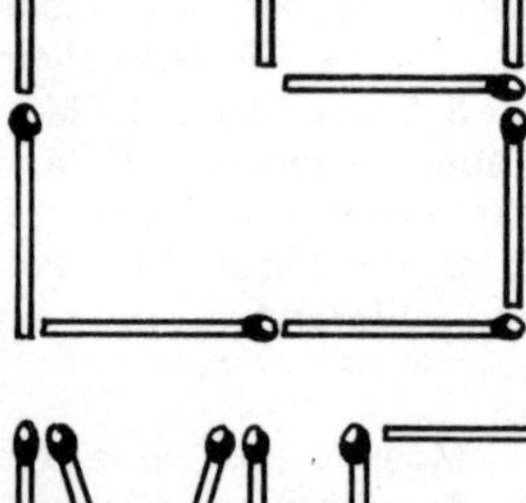

10

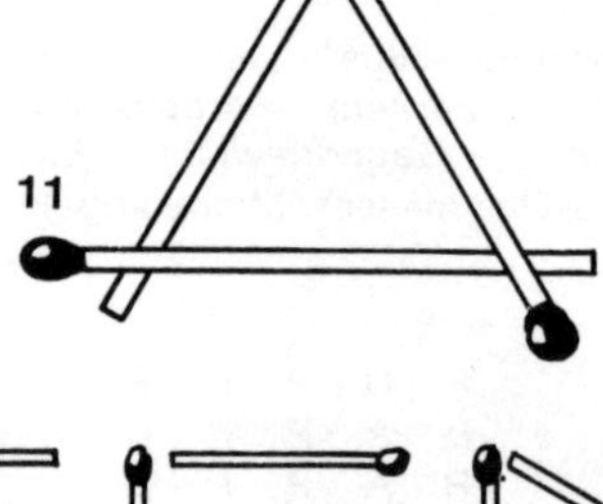

11

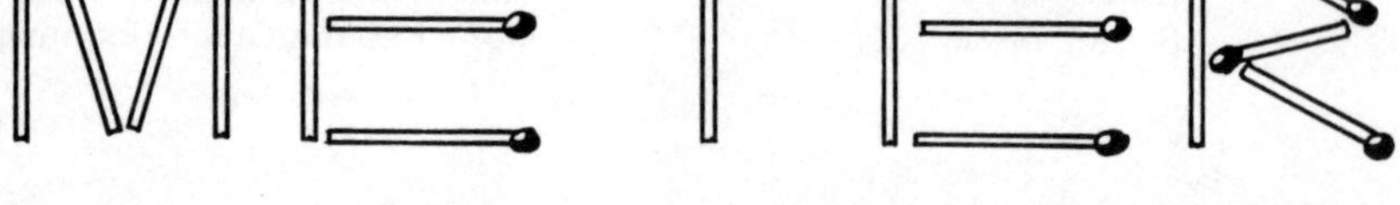

12

Stichwortverzeichnis

Die Angaben hinter den Stichwörtern beziehen sich auf die Nummern der einzelnen Spiele. Die Farbtafeln wurden gesondert aufgeführt.

G

H

I

J

K

L

M

N

O

P

Q

R

S

Sch

Sp

St

T

U

V

W

Y

Z